威科法律译丛

简明欧洲专利法

〔英〕理查德·哈康
〔德〕约亨·帕根贝格 编

何怀文 刘国伟 译

商务印书馆
2015年·北京

Richard Hacon and Jochen Pagenberg (editors)
CONCISE EUROPEAN PATENT LAW
© Kluwer Law International 2008
本书根据荷兰威科集团 2008 年第 2 版译出

出 版 说 明

我馆历来重视迻译出版世界各国法律著作。早在1907年就出版了第一套系统介绍外国法律法规的《新译日本法规大全》81册，还出版了《汉译日本法律经济辞典》。1909年出版了中国近代启蒙思想家严复翻译的法国著名思想家孟德斯鸠的《法意》。这些作品开近代中国法治风气之先。其后，我馆翻译出版了诸多政治、法律方面的作品，对于民国时期的政治家和学人产生了重要影响。新中国成立后，我馆以译介外国哲学社会科学著作为重，特别是从1981年开始分辑出版"汉译世界学术名著丛书"，西方政治法律思想名著构成其中重要部分，在我国法学和法治建设中发挥了积极作用。

2010年开始，我馆与荷兰威科集团建立战略合作伙伴关系，联手开展法学著作中外文双向合作出版。威科集团创立于1836年，是全球最大的法律专业信息服务和出版机构之一。"威科法律译丛"是我们从威科集团出版的法律图书中挑选的精品，其中涉及当前中国学术界尚处在空白状态、亟需研究的领域，希望能够对中国的法学和法治建设有所助益。除了引进国外法律图书外，我们同时也通过威科集团将中国的法律思想和制度译介给西方社会，俾使中国学人的思想成果走向世界，中华文明的有益经验惠及异域。

商务印书馆编辑部
2011年8月

译 者 序

专利制度是人类最伟大的发明之一。机缘际会，我们有幸得以翻译"威科法律译丛"系列图书中的《简明欧洲专利法》一书，深感意义与责任之重大。

自1985年4月1日我国实施专利法已近30年。我国专利制度和《欧洲专利公约》渊源很深，原中国专利局建立之初，就得到欧洲国家的技术支持。从基本制度架构乃至具体的法律条文，二者有八九分相似。

以他国为鉴，可"参省乎已，知明而学无过矣"。《欧洲专利公约》1977年以来的制度与实践经验，悉数系统而简明地收于此《简明欧洲专利法》书中。其囊括2001年修订之后的《欧洲专利公约》《欧洲专利公约实施细则》，还将《专利合作条约》和《专利法条约》也纳入其中。此外，关于生物技术保护的第94/44号指令，关于医药产品补充保护证书制度的第1758－92号条例和关于植物产品补充保护证书制度的第1610－96号条例，也属于欧盟颁布的与专利保护有关的法律文件，本书也收入进来。本书还包括创建欧洲专利组织的三个议定书，即关于《欧洲专利制度一体化和制度导入的议定书》《关于欧洲专利组织特权与豁免的议定书》和《关于授予欧洲专利权的决定承认和司法管辖的议定书》。

本书依照法律文件自身结构编排，植根权威文件，特别是经典案例，逐条评述和阐释每一个法条、每一个规则和每一个规定所蕴含的法律意义。特别是关于《欧洲专利公约》《欧洲专利公约实施细则》和《专利合作条约》的解读，对于专利法的基本原理，例如可专利性、新颖性、创造性、充分公开与支持、修改不得超出原申请文件的主题内容等评述、介绍，对于我国从事专利法理论研究、教学以及从事专利实务工作的人士来说，会感到十分熟悉与亲切，对理解专利制度和专利法的基本原理，非常有帮助。

本书的作者是一群具有深厚专利法理论基础和丰富实务经验的、来自欧洲著名的律师事务所的专家、律师,他们至今仍活跃在业内。本书作者以实务的角度,深入浅出且细致入微地讲述欧洲专利法的具体规定,使得读者在理论与实务的结合方面,能更深刻理解专利制度之精妙运行与体系和谐。本书是一本难得的、系统的工具书,特别适合我国的专利界学者和实务界人士使用。

读者在阅读时可以发现,本书虽然名为"简明欧洲专利法",但绝大部分内容可以"映射"出我国专利界所遇到的理论与实务问题,例如,关于专利法保护客体的判断标准,欧洲曾一度采用"技术贡献论"的两分法判别,正如我国专利审查实践中采用的"技术贡献论"的判断方法,而在欧洲逐渐认识到"技术贡献论"的弊端后,我国的专利审查部门也开始了对专利客体审查标准的全面思考。这也证明了"专利法原理无国界"的说法是正确的。此外,还需要说明的是,本书第二版成书于2008年,随着时间的推移,除了基本架构保持不变以外,书中所涉及的信息资料,有些已经发生了变化,译者在相应的位置给出了脚注;对于一些与中国专制度有关的概念,译者也做了必要注释,以方便读者更准确、全面地理解本书。

2012年年底,在本书译稿基本完成之际,欧洲传来了专利制度改革的新消息。此举的推出是否影响或者降低本书的作用,相信读者也会十分关心,对此,译者认为有介绍与解释的必要。

多个欧洲国家以国际公约的方式建立的现行的欧洲专利统一申请制度,其缺点在于:专利申请经欧洲专利局批准授权后,专利并不当然在指定国生效。为此,申请人仍需将该授权的欧洲专利翻译为该指定国家的官方语言,方可获得在该指定国的专利保护。日后若发生专利诉讼或专利有效性争议时,仍需在这些指定的国家依照本国法寻求救济。

有鉴于此,欧盟提出了欧洲单一专利(Unitary Patent)及建立欧洲统一专利法院(Unified Patent Court)的改革方案。该改革方案希望在欧盟的架构下,以成员国签署及国内认可(ratification)的方式,建立一种"一步到位"的对各成员国统一生效适用的欧洲共同体的"单一专利"制度,以给专利申请人多一种选择,而现行的欧洲专利制度仍然存在,且仍是申请人的选项之一。其实,制定《欧洲专利公约》的先贤们,早就意识到现有专利制度的不足,在公约的制定中,预先为建立"单一专利"制度的立法铺平了道路。《欧洲专利公约》第142条的名称即为"单一专利",其规定"集团成员国可以达成专门协议,承认对其授权的欧洲专利在所有集团成员国境内具有统一的法律效力,并规定欧洲专利申请必须同时指定所有集团成员国"。

截至2013年6月,在欧盟的27个成员国中,除西班牙及意大利因语言问题未签署外,其余的25个成员国签署了该欧洲专利改革方案。需要强调的是,即便是施行新的欧洲专利改革方案,关于专利的申请、审查与批准授权,并没有任何改变,仍然由欧洲专利局全权负责,因此,本书仍然发挥着其不可或缺的作用与价值。

除了上述欧洲单一专利制度之外,欧盟还提出建立欧洲统一专利法院的法案,意在集中行使专利诉讼的管辖权,这对于统一专利司法保护的标准,方便当事人诉讼,具有重要的意义。此法案需经由成员国签署并经由国内立法程序认可后方可生效。截至2013年6月,除西班牙、波兰外,共有25个欧盟成员国签署了欧洲统一专利法院的改革法案协议。值得注意的是,意大利虽然未签署单一专利改革方案,但却已签署了此统一专利法院的改革法案协定。这意味着,即便未来意大利不签署新的单一专利协定,但统一专利法院法案生效后,以意大利为指定国之欧洲专利的相关诉讼案件,仍可受统一专利法院管辖。

统一专利法院的改革法案协议,还提供了七年的落日条款(可视需要延长)。亦即,在统一专利法院的改革法案协议生效后的七年内,诉讼当事人仍然可选择以现行方式进行专利诉讼。

在欧盟成员国签署的版本中,生效日期以下列时间中最晚的为准:(1) 2014年1月1日;或(2)经过13个签署成员国的国内认可程序完成后的三个月,且此13个国家中必须包含法国、德国及英国。由于要经过13个签署的成员国的国内之认可程序及批准,还需要相当长的时间,因此,对于上述专利改革方案,仍未有确切的实际生效时间。可以预计,如果上述改革方案最终生效,将逐步结束欧洲专利统一授权、各国分别行使权利的历史。统一专利法院的协议生效后,欧盟专利法院对欧洲专利和根据欧盟2012年第1257号条例授权的单一欧洲专利(European Patent with Unitary Effect)所引发的纠纷,享有专属管辖权。这更彰显出《欧洲专利公约》的重要地位,进一步释放出欧洲专利法对欧盟社会经济生活的影响力。

译者何怀文先生现任浙江大学光华法学院副教授、知识产权硕士导师,系北京大学法学博士,曾留学德国马普知识产权研究所、美国乔治·华盛顿大学法学院,负责翻译本书《欧洲专利公约》(2000年修订)等部分。另一位译者刘国伟先生,在专利实务界浸淫逾二十载,致力于专利法理论与实务结合方面的研究,长期服务于国内企业和欧美客户,具有丰富而全面的专利实务工作经验,本书除《欧洲专利公约》以外的其他部分,均由刘国伟负责翻译,并担任全书的统筹校译。

过去的近两年左右的时间里,我们紧张工作,如履薄冰,力求达到信达雅的境界。然囿于学识,纰漏终究难以避免。我们欢迎读者通过各种形式联系我们,并且,对译文提出的任何批评指正,都诚挚地表示感谢。

本书的出版,得益于商务印书馆对专利法律著作的职业敏感和慧眼,特别是商务印书馆编辑严谨细致的工作态度,不厌其烦地对译者进行规范翻译的指导,从而确保本书的译文质量。除了感谢我们的家人始终的关爱、理解和支持外,我们还要感谢河北大学政法学院的宋慧献教授,他对本书的翻译提供了十分有益的意见和建议,并分享翻译心得,始终给我们以鼓励。

最后,我们还要特别感谢译者之一刘国伟先生曾供职的北京律盟知识产权代理有限责任公司和现就职的北京律和信知识产权代理事务所的领导和同仁们,他们不但对译者给予时间上的支持与宽容,还提供了各种形式的帮助与鼓励。如果没有商务印书馆对本书重要性的职业敏感和译者所在单位的支持,本书或许还"养在深闺人未识"。

何怀文、刘国伟
起草于杭州、定稿于北京
2013年8月6日

目　录

丛书序言 ……………………………………………………（1）
本书编者简介 ………………………………………………（3）
本书作者简介 ………………………………………………（5）
引言 …………………………………………………………（8）
《欧洲专利公约(2000年)》 ………………………………（11）
《欧洲专利公约(2000年)实施细则》 ……………………（267）
《关于欧洲专利制度一体化和制度导入的议定书》 ……（452）
《关于对授予欧洲专利权的决定承认和司法管辖的议定书》 ………（458）
《关于欧洲专利组织特权与豁免的议定书》 ……………（461）
《关于为医药产品建立的补充保护证书的第1768/92号条例》 ……（468）
《关于为植物保护产品建立的补充保护证书的
　　第1610/96号条例》 ……………………………………（500）
《关于生物技术发明的法律保护指令(98/44/EC)》 ……（516）
《专利合作条约》 …………………………………………（543）
《专利法条约》 ……………………………………………（643）
参考文献 ……………………………………………………（696）
索引 …………………………………………………………（714）
附录　《简明欧洲专利法》原书作者的分工 ……………（767）
译后记 ………………………………………………………（774）

丛 书 序 言[*]

"简明知识产权"(Concise IP)是一个系列丛书的简称,这套书对欧洲知识产权立法进行系统的评述,涵盖了以下主题:专利及其相关问题、商标与外观设计、著作权与邻接权、信息技术以及一个通用卷(包含司法管辖问题)。本套丛书的前身是以荷兰语成功出版的《法条与注释》(Tekst & Commentaar)一书,以及该书的德语版《法条简述》(Kurz kommentar)。自其首次出版后,这两套书就成了荷兰语和德语法律出版物中的佼佼者,被奉为这一领域的权威著作。

"简明知识产权"这套丛书的目的是让读者快速、高效地理解所有在欧洲有效的知识产权法规,无论其源于欧洲立法机构,还是其他国际机构。这套丛书依照欧盟法律和其他法律文件的自身结构编排,进行逐条评述,简明扼要地向读者阐释每一个法条、每一个规则和每一个法律规定所蕴含的法律原则。如果恰当,本书的评注来自于高级审判机构对相关法律规则的解释。通常,本书只引用欧洲法院、欧盟成员国高级法院或其他高级审判机构(例如,欧洲专利局上诉委员会)的判决。但是,也有例外,因为一些重要的法律问题当前还未进入高层级审判机构,而只停留在初级审判机构的判决中。在引用权威机构解释时,本书没有包括案件的事实分析,而只涉及有关法律问题的分析。

为让法条评注清晰,本书力求简约。如果希望更为深入的分析和讨论,读者应该参考专业人士著述的教科书。为保持简要、直接的著书风格,"简明知识产权"丛书不同于其他类型的评释出版物,例如活页形式的法律评

---

[*] 《简明欧洲专利法》是"简明知识产权"丛书中的一本。本序言为该套丛书的总序言。——译者注

注。我们认为,对于读者来说,先快捷地理解自己感兴趣的法条的含义和法律效力至关重要;如有进一步的需要,则可以在此基础上进行有针对性的深入研究。由于本丛书的编辑与作者都是各自领域的著名学者或实务专家,这可以保证读者沿着正确的方向进行进一步的探索。

最后,本书编辑和出版社希望能够每两三年就对本书进行一次系统修订和再版,以期与时俱进。

德国　卡尔斯鲁厄:托马斯·德赖尔(Thomas Dreier)

荷兰　阿姆斯特丹:查尔斯·吉伦(Charles Gielen)

英国　伦敦:理查德·哈康(Richard Hacon)

2008 年 7 月

本书编者简介

理查德·哈康(Richard Hacon)

理查德·哈康是格雷律师公会南广场 11 号律师事务所(11 South Square Chamber in Gray's lnn)的律师,1984 年起就作为伦敦知识产权律师执业。自执业起,哈康先生专攻知识产权法,他是英国法院的出庭律师,并且经常出席位于慕尼黑的欧洲专利局和位于卢森堡的欧洲法院的活动。

约亨·帕根贝格(Jochen Pagenberg) 博士、法律硕士

约亨·帕根贝格曾在汉堡大学、洛桑大学和慕尼黑大学研习法律(1974 年取得法学博士),并曾在巴黎大学和哈佛大学法学院(1973 年取得法律硕士)研修。1973—1978 年,他是位于慕尼黑的马普学会国际专利法研究所的研究人员。

自 1973 年起,约亨·帕根贝格博士就是慕尼黑马普学会(Max Planck Institute)出版发行的《工业产权和著作权法(IIC)国际评论》的联合主编。他还一直执教于斯特拉斯堡大学(法国)、皮尔斯法律中心(康科德,美国新罕布什尔州)、阿利坎特大学(西班牙)和马普学会研究生课程。约亨·帕根贝格博士以德文、英文和法文在专利、商标、计算机和许可等法律方面的著作颇丰(5 部著作,80 多篇文章)。1973 年,他通过慕尼黑的律师考试;2001 年,又通过巴黎的律师考试。1978 年,他作为共同发起人创立了名为"Badehle Pagenberg Dost Altenburg Geissler"的律师事务所,该事务所在慕尼黑、杜塞尔多夫、巴黎和阿利坎特都设有分支机构。约亨·帕根贝格博士擅

长专利、商标和著作权的诉讼和许可业务。

约亨·帕根贝格先生是起草欧洲专利诉讼协定（EPLA）时德国司法部的特别顾问，并且是政府间欧洲诉讼工作组的专家。他还是欧洲专利律师协会的副主席、国际保护知识产权协会（AIPPI）欧洲专利诉讼特别委员会的主席和国际商商标协会（INTA）的欧盟内部市场协调局（OHIM）下属委员会的主席。他还是以下机构的会员：美国知识产权律师协会（ALPLA）、国际文学和艺术协会（ALAI）、欧洲竞争电信协会（ECTA）、国际律师协会（IBA）、欧洲商标所有人协会（Marques）、医药商标协会（PTMG）、美国商会及国际促进知识产权教学与研究学会（ATRIP）。

本书作者简介

Parl van den Berg, former Chairman BA EPO, Munich(保尔·范登堡,前欧洲专利局上诉委员会主席,慕尼黑)

Luigi Boggio, Stutio Torta, Turin(路易吉·博吉欧, Stutio Torta 知识产权公司,都灵)

Stephen Geary, Bawden & Associates, Chester(斯蒂芬·吉瑞,鲍登律师事务所,切斯特)

Rhian Granleese, Mark & Clerk, London(里安·格兰尼斯,麦仁奇知识产权公司,伦敦)

Peter Hess, Bardehle pagenberg, Munich(彼得·赫斯,巴德勒知识产权律师事务所,慕尼黑)

Claire lrvine, Mark & Clerk, London(克莱尔·欧文,麦仕奇知识产权公司,伦敦)

Alan Johnson, Bristows, London(艾伦·约翰逊,布里斯托律师事务所,伦敦)

Simone Kling, Lavoix, Paris(西蒙·克林,朗瓦律师事务所,巴黎)

Johannes Lang, Bardehle pagenberg, Munich/Paris(约翰内斯·兰,巴德勒知识产权律师事务所,慕尼黑/巴黎)

Sarah Merrifield,Boult Wade Tennant,London(萨拉·梅里菲尔德,博尔特、韦德和坦南特事务所,伦敦)

Stephanie Michiels,Lavoix,Toulouse(斯蒂芬妮·米基尔斯,朗瓦事务所,图卢兹)

Jochen Pagenberg,Bardehle pagenberg,Munich/Paris(约亨·帕根贝格,巴德勒知识产权律师事务所,慕尼黑/巴黎)

Reinhadt Schuster,Bardehle pagenberg,Munich/Dosseldorf(莱因哈特·舒斯特,巴德勒知识产权律师事务所,慕尼黑/杜塞尔多夫)

Darren Smyth,Mark & Clerk,London(达伦·史密斯,麦仁奇知识产权公司,伦敦)

Friederike Stolzenberg,Vossius & Partner,Munich(弗里德里克·施托曾伯格,法思博知识产权律师事务所,慕尼黑)(注:见法思博事务所的官方网站 http://www.vossiusandpartner.com/index.php? lang=CN)

Christopher S. Tunstall,Carpmaels & Ransford,Longon(克里斯托弗·S.滕斯托尔,Carpmaels & Ransford 律师事务所,伦敦)

Nigel Tucker,Boult Wade Tennant,Reading(奈杰尔·塔克,博尔特、韦德和坦南特事务所,雷丁)

Rainer Viktor,Vossius & Partner,Munich(赖纳·维克托,法思博知识产权律师事务所,慕尼黑)

James Warner, Carpmaels & Ransford, London（詹姆斯·沃纳，Carpmaels & Ransford 律师事务所，伦敦）

Li Westerlund, Bavarian Nordic lnc., Washington DC（李·韦斯特伦德，巴伐利亚北欧股份有限公司，华盛顿哥伦比亚特区）

Gareth Williams, Mark & Clerk, Cambridge（加雷斯·威廉姆斯，麦仕奇知识产权公司，剑桥）

Gordon Wright, Elkington and Fife, London（戈登·赖特，埃尔金顿和法伊夫事务所，伦敦）

引　言

一、欧洲专利。

1.《欧洲专利公约》(European Patent Convention，简称 EPC)。《欧洲专利公约》是针对欧洲专利的法律制度，规定了欧洲专利的申请、授权和异议程序。《欧洲专利公约》的核心是构建一个统一审查欧洲专利申请的机制；如果欧洲专利局(European Patent Office，简称 EPO)审查后认为合适，决定授予欧洲专利，则该专利在申请人指定的所有公约成员国境内具有法律效力。欧洲专利授权后，并不是一个专利，而是若干个在各指定国具有各自独立法律效力的一组专利，依照欧洲专利局的授权形式获得保护。欧洲专利制度并没有取代成员国的专利制度，而是与之平行。申请人如果希望获得在某一个公约成员国取得专利权，可以选择通过向欧洲专利局提出申请，并指定该成员国，或者直接向该国提出专利申请(但是，不能就同一个发明，既申请国家专利，又申请欧洲专利)。一旦欧洲专利对某一个指定国授权生效，只有该国法院才能执行该专利。类似的，只有该国法院才有权撤销其授权。此外，专利授权后的一段时间内，任何第三方可以通过欧洲专利局的统一程序，对欧洲专利提出"异议"。如果根据该程序，欧洲专利局认为该专利授权错误，它将撤销该项专利，效力及于所有公约成员国。《欧洲专利公约》还是协调国际专利保护的典范，特别在专利授权条件和权利要求解释方面。自 2008 年 1 月 1 日开始，《欧洲专利公约》有 34 个成员国，其中包括 27 个欧盟成员国。

2.《欧洲专利公约(2000 年)》修订案(简称 EPC 2000)。2000 年，公约成员国举行了一次修订公约的重要会议，对其实体制度和程序规则都进行了调整。其中一个主要变化就是，允许程序规则的修订不再经过大会修订。新公约称为"EPC 2000"，其于 2007 年 12 月 13 日生效。欧洲专利局在

2003年7月15日出版了此次修订会议的详细记录,文件编号为MR/24/00;公众可以通过欧洲专利局网站获得:www.epo.org/patents/law/legal-texts。公约及其《实施细则》新旧条文的对应关系也附于该解释之后,可以方便地检索2008年之前的判例法。

3. 欧洲专利授权之后。理论上来说,根据同样的现有技术或其他证据,成员国法院对欧洲专利授予的垄断权范围以及其效力应该持同样的观点,它们之间的差异应局限于所有法律问题都可能出现的差异。然而,尽管公约设定了统一的法律概念,但是,成员国法院对它们的理解却并非相同。虽然欧洲专利局的上诉委员会,特别是扩大上诉委员会,对成员国法院具有相当大的影响力,但是,上诉委员会不审理侵权纠纷,它们针对其他事项的意见对成员国法院没有约束力。而且,各个成员国法院采用的诉讼程序相去甚远。换言之,尽管《欧洲专利公约》长足地推进了欧洲专利制度的统一进程,但是,欧洲专利的权利效力并没有因此而在欧洲范围之内取得统一。

二、共同体专利。自1977年以来,一直都有呼声要求建立欧洲共同体专利制度。共同体专利应当根据欧盟法律授予,而不是《欧洲专利公约》。与欧洲专利类似,共同体专利统一申请,统一审查授权。与欧洲专利不同,共同体专利将在27个欧盟成员国生效,而在其他公约成员国不产生法律效力。更为重要的是,专利权人可以通过共同体专利法院,在欧洲范围内统一行使专利权;第三方也可以通过共同体专利法院,统一撤销共同体专利。最初,大家希望通过达成一个公约来实现上述理想。2000年8月,欧盟委员会(European Commission)曾打算通过欧洲共同体条例(European Community Regulation)的方式来实现"共同体专利"。不过,自此再未取得任何进展;取而代之的是无休止的争论,特别是集中在共同体专利的语言问题上。然而,到2008年,共同体专利问题再次重启。

三、《欧洲专利诉讼协议》。由于共同体专利制度的建设没有取得进展,1999年,一种替代方案产生了,即所谓的《欧洲专利诉讼协议》(European Patent Litigation Agreement,简称EPLA)。该协议以《欧洲专利公约》为基础,是一个可选性的议定书。此协议提出要在成员国建构一个欧洲专利的共同诉讼体系,让专利权人可以通过统一的法律程序在成员国行使专利权,而第三方也可以通过一个诉讼程序在所有成员国内撤销欧洲专利(两种情况下都可以上诉)。就此项协议,欧盟委员会向相关产业和利益方提出意见征询。结果表明,此项协议享有广泛的民意支持。而且,从欧洲司法体系也得到积极反馈。但是,欧盟委员会并不赞成这一协议,因为其运行于欧盟法律之外,并且遭到法国的反对。*

四、欧盟专利法院。 2007年年末和2008年,一个结合共同体专利和EPLA制度的建议,取得了越来越多的支持。2008年5月,欧盟委员会提出一个新条例草案,提出一揽子制度,希望为EPLA的实现提供欧盟法基础。草案还拟建立欧盟专利法院,这是一个中央性质的法院,可受理共同体专利和欧洲专利纠纷。目前,共同体专利和EPLA提议处于齐头并进的状态,但是短期之内并不能建成一个统一的体系。引起争议的主要问题包括:侵权纠纷和专利权效力是否可以同时审理,欧洲法院的地位,以及诉讼语言问题。

---

* 根据此构想形成的《欧洲专利与欧盟专利法院体系草案》(European and EU Patents Court System,简称EEUPC),于2010年3月8日经欧洲法院裁决,被认为违反《欧洲联盟条约》和《欧洲联盟运行条约》(Treaty on the Functioning of the European Union, 简称TFEU)。——译者注

《欧洲专利公约(2000年)》

行政理事会2001年6月28日通过

第一编　一般性规定和机构设置

第一章　一般性规定

[授予专利的欧洲法律]

第1条

本公约是为成员国共同授予发明专利而建立法律制度。

1. 总述。《欧洲专利公约》(以下简称"公约")适用于欧洲专利申请的审查和授权;除公约第99—105条的专利异议程序和公约第105条a—c项专利撤销程序之外,公约不涉及欧洲专利授权之后的事项。欧洲专利权人只可以通过成员国国内法行使专利权。然而,对于欧洲专利的权利内容,公约或是要求成员国承担特定义务,或是给成员国提供立法选择(参见公约第63—70条)。其中,公约第69条及其议定书最为重要,其规定了权利要求所确定的专利保护范围。*

---

* 《欧洲专利公约》区别专利权的内容和专利的保护范围。前者是指权利人禁止他人从事特定行为的范围,而后者是指专利客体的覆盖范围。——译者注

[欧洲专利]
第 2 条
　　(1)根据本公约授予的专利应当称为"欧洲专利"(European patents)。
　　(2)除本公约另有规定外,欧洲专利在其指定的成员国内,与该国授予的国家专利享有同样的法律效力,也受到同样的条件限制。

　　1. 等同国家专利(第 2 款)。此款规定,欧洲专利一经授权,除非公约另有规定,法律上视作其指定国授予的国家专利。

[地域效力]
第 3 条
　　申请人有权要求欧洲专利在其指定的一个或多个成员国内发生授权效力。

　　1. 总述。公约第 80 条要求申请人至少指定一个成员国才可以让其欧洲专利申请取得申请日。申请人可以指定所有或部分公约成员国。公约第 79 条规定了申请人应如何指定成员国。不断有新的国家加入《欧洲专利公约》,公约当前所有的成员国名单,读者可以从公约第 166 条评注获得。值得注意的是,瑞士和列支敦士登是特例。根据公约第 142—149 条对"单一专利"(unitary patent)的规定,二者必须合并指定。不少欧洲国家虽然还不是公约成员国,但是,它们和欧洲专利组织(European Patent Organization)签订有"延伸协议"(Extension Agreement),允许欧洲专利延伸到"公约延伸国"(Extension States)。然而,本条明确规定,申请人应当至少要求在一个成员国要求专利保护,而不能只在公约延伸国要求专利保护。

[欧洲专利组织]
第 4 条
　　(1)本公约设立欧洲专利组织,其在行政和财务上自治。

（2）欧洲专利组织下设以下机构：a. 欧洲专利局；b. 行政理事会。

（3）欧洲专利组织的任务是授予欧洲专利，具体由欧洲专利局执行，由行政理事会监督。

1. 总述。本条规定了欧洲专利组织的职能，以及欧洲专利局和行政理事会之间的关系（特别是第3款的规定）。

[成员国部长会议]
第4a条

各成员国负责专利事务的部长应当至少每五年举行一次会议，讨论有关本组织和有关欧洲专利制度的问题。

第二章　欧洲专利组织

[法律地位]
第5条

（1）欧洲专利组织具有独立的法律人格。

（2）在各个成员国内，欧洲专利组织具有其国内法律赋予法人的全部权利能力；特别的，欧洲专利组织可以获得并处分动产和不动产，作为当事人参加法律程序。

（3）欧洲专利局局长是欧洲专利组织的法定代表人。

[总部]
第6条

（1）欧洲专利组织的总部设于慕尼黑。

（2）欧洲专利局设于慕尼黑，并在海牙设立一个分局。

1. 欧洲专利局的分局（第2款）。除在慕尼黑和海牙设立机构外，欧洲专利局还在柏林和维也纳设有办事机构。慕尼黑、海牙和柏林分局都可根据公约第75条第1款a项和《实施细则》第35条第1款受理欧洲专利申请。维也纳分局不具有此项职能。根据公约第7条，布鲁塞尔设有一个分局，但其职能限于联络。

[分局]
第7条

为沟通信息和加强联络，根据行政理事会的决定，经有关成员国或工业产权方面政府间组织的同意，欧洲专利局可以根据需要在成员国和上述组织内设立分局。

1. 联络办公室。为加强和欧共体的联络，欧洲专利局在布鲁塞尔设有分局（sub-office）。

[特权和豁免]
第8条

本公约附件《特权和豁免议定书》应当规定欧洲专利组织、行政理事会成员、欧洲专利局工作人员，以及依该议定书规定参与欧洲专利组织工作的其他人员，为履行职责而在各个成员国应当享受的必要特权和豁免权。

[法律责任]
第9条

（1）欧洲专利组织的合同责任应当适用该合同应适用的法律。

（2）欧洲专利组织或欧洲专利局工作人员履行职务时造成的非合同责任损害，应当适用联邦德国的法律。由欧洲专利局海牙分局或其他分局，及其所属工作人员造成的损害，适用该分局所在成员国的法律。

（3）欧洲专利局的工作人员对欧洲专利组织的个人法律责任适用人事条例或者雇佣合同的规定。

(4)对第1款和第2款纠纷具有管辖权的法院应当是:

(a)除非当事人签订的合同另有规定,否则第1款纠纷的管辖法院应当是联邦德国的法院;

(b)第2款纠纷的管辖法院应当是联邦德国的法院,或者是分局所在成员国的法院。

第三章　欧洲专利局

[机构管理]
第10条

(1)欧洲专利局应当由局长负责管理,并对行政理事会负责。

(2)欧洲专利局局长应当具有以下的职能和权力:

(a)采取所有必要措施,确保欧洲专利局的运行,包括发布内部指令和对外公告;

(b)除非公约另有规定,他有权规定慕尼黑欧洲专利局及其海牙分局各自的职能;

(c)向行政理事会提出建议,修订本公约、制定一般性规范或者决定行政理事会权限之内的其他事项;

(d)制定并执行财务预算和所有修订或补充预算;

(e)每一年向行政理事会提交机构管理报告;

(f)对欧洲专利局工作人员行使监督权;

(g)除非本公约第11条另有规定,有权任命欧洲专利局的工作人员并决定他们的升迁;

(h)除本公约第11条规定的工作人员外,他对其他欧洲专利局的工作人员有权进行纪律惩处;而且,他有权向行政理事会建议对第11条第2款和第3款规定的工作人员采取纪律措施;

(i)有权委托授权他人代为履行职责、行使权力。

(3)在欧洲专利局局长下,应设若干副局长,辅助局长工作。如果局长缺席或者因健康问题不适合履行职责,其中一个副局长应当根据行政理事会规定的程序,代替局长主持欧洲专利局的工作。

1. 局长职权(第 2 款 a 项)。欧洲专利局局长可以通过《欧洲专利局官方杂志》(Office Journal of the EPO,简称 OJEPO)发布局长决定,指导欧洲专利局的工作,并以此告知社会公众。《欧洲专利审查指南》(EPO Guidelines)就是根据此款发布的行政指令。

2. 副局长(第 3 款)。欧洲专利局根据其职能,分成五大业务总部,每一部由一个副局长任长官,直接对局长负责。第一业务总部和第二业务总部(DG2)负责欧洲专利申请审查和授权以及欧洲专利异议程序。传统上,第一业务总部负责专利申请和检索的形式要求;第二业务总部负责实质审查和专利异议。然而,由于欧洲专利局实行检索和审查合一制改革,这两个业务总部之间的上述职能划分已经不再存在了。* 第三业务总部包括上诉委员会和扩大上诉委员会。第四业务总部主要提供一般性的行政服务,包括财务和人事。第五业务总部,包括法律部,负责法律事务和国际事务。关于副局长代替局长主持工作的具体程序,行政理事会 1978 年 7 月 6 日曾作出决定(见《欧洲专利局官方杂志》[1978 年],第 326 页)。

[高级工作人员的任命]
第 11 条

(1)欧洲专利局局长应当由行政理事会任命。

(2)欧洲专利局副局长由行政理事会征求局长意见后予以任命。

(3)上诉委员会以及扩大上诉委员会成员,包括主席在内,经欧洲专利局局长提名建议,由行政理事会任命。征求局长意见后,行政理事会可以再次任命他们。

---

* 目前第一业务总部包括受理处、检索部、审查部和异议部。第二业务总部的主要职责是辅助支撑第一业务总部的工作,包括各种行政人员和 IT 人员。——译者注

（4）对于第1—3款的工作人员，应当由行政理事会行使纪律惩处权。

（5）征求局长意见后，行政理事会可以任命成员国法院或者准司法机构的法律专职人员作为扩大上诉委员会的成员。他们可以继续保留在成员国的原有职务。他们任期三年，可以续任。

[工作人员的义务]
第12条
欧洲专利局的工作人员，即使离职以后，也不得披露或者利用任职期间具有秘密性质的信息。

[欧洲专利组织和欧洲专利局工作人员之间纠纷的处理]
第13条
（1）欧洲专利局的现职或离职工作人员，包括其权利继受人，就其与欧洲专利组织的纠纷，可以根据国际劳工组织行政法庭的规定，依照正式工作人员的人事条例，或者养老金规章，或者雇佣合同条件，向国际劳工组织行政庭提出纠纷解决请求。

（2）当事人只有穷尽人事条例、养老金规章或者雇佣合同规定的救济途径之后，才可以允许再提出一次上诉。

[欧洲专利局、欧洲专利申请及其他文件的语言]
第14条
（1）欧洲专利局的官方语言是英语、法语和德语。

（2）欧洲专利申请应当以一种官方语言提交。以其他语言提交的，申请人应当根据《实施细则》翻译成一种官方语言。在欧洲专利局进行的所有法律程序之中，可以调整译文，使其与专利原始申请一致。如果申请人逾期没有提交要求的翻译，其欧洲专利申请视为撤回。

（3）除《实施细则》另有规定外，欧洲专利申请所采用的官方语言，或者其翻译所采用的官方语言，应当作为工作语言，适用于该专利申请在欧洲专利局进行的所有法律程序。

（4）如果成员国的官方语言不是英语、法语或德语，居住地或者主要营业地在其境内的自然人或法人，或者其在国外居住的国民，可以使用该国的官方语言提交其在特定期限内必须提交的文件。但是，他们应当按照《实施细则》的规定，随后提交欧洲专利局官方语言的翻译文本。除欧洲专利申请文件外，任何文件如果没有按照规定的语言提交，或者逾期没有提交要求的翻译文件，则该文件视为没有提交。

（5）欧洲专利申请应该按照审查程序的工作语言进行公布。

（6）欧洲专利说明书应当按照审查程序的工作语言公布，并应当附带已翻译成其他两种官方语言的权利要求书。

（7）以下文件应当以欧洲专利局三种官方语言公布：

（a）欧洲专利公告

（b）欧洲专利局公报

（8）欧洲专利登记簿应当采用三种官方语言。如果发生冲突，应当以审查程序工作语言所作登记为准。

1. 总述。《欧洲专利公约》第一部分所有条文之中，本条对实务工作者最为重要。本条是欧洲专利局对语言的一般规定，适用于所有和欧洲专利局交流联系的语言问题。为此，语言可以分为三类：所有语言，专利申请可以以任何一种语言提出；欧洲专利局的官方语言——英语、法语和德语，必须以其中之一作为欧洲专利局审查该专利申请的工作语言；特定情况下可以为后期通信使用的"可接受语言"，成员国的官方语言才可以作为"可接受语言"。

2. 以官方语言提出欧洲专利申请（第 2 款）。第 1 款规定的英语、法语和德语为欧洲专利局的官方语言，第 2 款规定欧洲专利申请可以使用上述任何一种官方语言提出。专利申请人，无论其国籍和居住地，有权选择专利申请程序所采用的语言。第 2 款要求专利申请以"一种"欧洲专利局的官方语言提出，判例法认为，这要求说明书和权利要求书所采用的语言应当相同(J18/96 *N. N.* 案)。

3. 以其他语言提出专利申请(第2款)。第2款还提供了另外一种选择:使用任何其他语言提出专利申请。1973年公约相应条款要求居住地条件,2000年公约修订案取消了这一要求。同时,这一修订也是为了符合《专利法条约》(Patent Law Treaty 2000)关于取得申请日最低条件的法律要求。《欧洲专利审查指南》A部第八章第4.1节表明,欧洲专利申请的所有文件应当以同一种语言提出。值得注意的是,第2款不适用于分案申请。根据《实施细则》第36条第2款,分案申请应当以审查程序的工作语言提出。《欧洲专利审查指南》A部第六章第1.3.3节和第八章第1.3节表明,如果未按照审查程序的工作语言提出分案申请,该分案申请不能取得申请日。

4. 向成员国专利局提出专利申请(第2款)。根据1973年公约第14条第2款,依照公约第75条第1款b项作为受理局的绝大多数成员国专利局,允许以任何一种语言提交专利申请;塞浦路斯和希腊是例外,但其要求严格。详情可见欧洲专利局刊发的《成员国与欧洲专利公约相关法律》表二第3栏。根据第2款的新规定,这些法律规定估计仍可适用。成员国专利局可能对专利申请的语言提出其他要求,比如,要求翻译成该成员国的官方语言。详情可见《成员国与欧洲专利公约相关法律》表二第5栏。成员国还可能基于国防安全审查的理由,对语言提出其他限制。

5. 提交专利申请翻译的期限(第2款)。第2款允许以任何一种语言提出专利申请,但是必须将其翻译为欧洲专利局的官方语言。《实施细则》第6条第1款规定,翻译文件应当在专利申请提出之日两个月内提交。专利说明书和权利要求书必须翻译成同一种语言。翻译错误可以改正,但是,不得增加"新内容"(参见公约第123条第2款)。

6. 对不符合语言要求的专利申请的制裁(第2款)。如果专利申请人没有提交专利申请的译文,欧洲专利局将根据《实施细则》第58条发出通知,告知其申请存在缺陷,并要求申请人应当在两个月内提交译文。第2款规定,如果逾期未提交译文,专利申请将视为撤回。在这种情况下,申请人可以根据公约第122条要求恢复权利;但是,根据《实施细则》第135条第2

款,他就不能再根据公约第 121 条提出继续审查请求。

7. 审查程序使用的语言(第 3 款)。如果欧洲专利申请以一种官方语言提出,该官方语言就是审查程序的工作语言;如果欧洲专利申请以其他语言提出,其根据第 2 款翻译所采用的语言就是审查程序的工作语言。审查程序的工作语言一旦确定,不可更改。任何对专利申请的修改,必须以工作语言提交,或者根据第 4 款,翻译成工作语言提交。但是,在书面程序中,可以采用任何一种官方语言(《实施细则》第 3 条第 1 款)。此外,经当事人同意,欧洲专利局可以使用任何一种官方语言。口头程序中,当事人可以采用任何一种官方语言,或者采用第 4 款规定的可接受语言,只要其负责安排翻译人员(《实施细则》第 4 条第 1 款)。第 4 款同时表明,为在规定期限内提交文件,申请人可以使用一种可接受语言,只要事后提交相应的翻译文本。然而,所有这些放低语言要求的规定,都不能超越《实施细则》第 3 条第 2 款的规定,即所有专利申请文件的修改,都必须以工作语言提交。

8. 文件提交的语言(第 4 款)。第 3 款允许具备第 2 款资格的人(参见以下第 9 点评注)以可接受的语言提交文件,以履行相关期限。《实施细则》要求申请人在这之后一个月内,提交翻译文本(《实施细则》第 6 条第 2 款)。对专利申请的修改必须以审查程序的工作语言提交(《实施细则》第 3 条第 2 款)。其他以可接受语言提交的文件可以翻译成任何一种官方语言,而不限于审查程序的工作语言(《实施细则》第 3 条第 1 款)。未按照《实施细则》第 6 条第 2 款规定的期限提交规定的翻译文本,文件视为未提交。在这种情况下,申请人可以根据公约第 121 条,请求继续审查;或者根据公约第 122 条,要求恢复权利。

9. 以一种可接受的语言提出申请(第 4 款)。在满足以下条件的情况下,自然人和法人可以采用一种可接受的语言,即成员国的一种官方语言,提出专利申请:他是该成员国的居民,或者其主要营业地位于该国;或者虽居于国外,却是该成员国的国民。(1)"人"。本规定所指"人"是指专利申请人,而不是专利代理人(T149/85 *Bredero* 案)。尽管公约没有明文规定,但是,至少有一个权威机构认为,至少申请人之一必须满足上述条件,才可以适用第 4 款的规定。(2)"主要营业地"。第 4 款要求法人的主要营业地位于一个成员国境内。然而,对于"主要"营业地的确切含义存在争议。这一争议根源于公约法文(Siege,意即"所在地")和德文(Sitz,意即"本座")。类似的现象也出现在公约第 132 条关于代理的规定。(3)可接受语言的清单。《成员国与欧洲专利公约相关法律》表二第 4 栏罗列了所有"可接受语言",即成员国的官方语言。一些国家可能有多种官方语言,例如瑞士德语、法语和意大利语均为其官方语言。对此,申请人可以任择其一。

10. 欧洲专利申请和欧洲专利的公布(第 5 款和第 6 款)。欧洲专利申请以审查程序的工作语言公布。公约第 93 条和第 98 条对公布还有细节规定。专利权利要求书还必须以工作语言之外的其他两种官方语言公布。应欧洲专利局根据《实施细则》第 71 条第 3 款发出的要求,申请人应当提交权利要求的翻译文本。

11.《欧洲专利公报》《欧洲专利局官方杂志》和《欧洲专利登记簿》(第 7 款和第 8 款)。第 7 款和第 8 款规定了《欧洲专利公报》、《欧洲专利局官方杂志》和《欧洲专利登记簿》的语言要求。公约第 129 条对前两者有规定,而其第 127 条对《欧洲专利登记簿》有规定。

[欧洲专利局各个部门]
第 15 条

为执行本公约规定,欧洲专利局内应当设置如下部门:

(a)一个申请受理处

(b)若干检索部

(c)若干审查部

(d)若干异议部

(e)一个法律部

(f)若干上诉委员会

(g)一个扩大上诉委员会

[受理处]
第 16 条

　　受理处负责审查欧洲专利申请是否满足受理条件,申请文件是否符合形式要求。

　　1. 申请文件的审查。受理处根据公约第 90 条和第 91 条负责对新申请进行审查。公约第 90 条规定了确定申请日的法律要求。公约第 91 条规定了欧洲专利申请文件的形式要求。

[检索部]
第 17 条

　　检索部负责作出欧洲专利检索报告。

　　1. 检索部的职责。检索部负责实施公约第 92 条关于检索报告的规定。除出具欧洲专利检索报告之外,当欧洲专利局被选作国际检索单位时,检索部还负责作出国际检索报告;并根据公约第 153 条第 7 款,为指定欧洲专利局的 PCT 申请制作欧洲专利补充检索报告。

[审查部]
第 18 条

　　(1)审查部负责对欧洲专利申请进行实质审查。

　　(2)每一个审查部由三名具有技术资格的审查员组成。在对欧洲专利申请作出决定前,原则上应该任命其中一名审查员进行审查。口头审查程序应当由审查部举行。如果审查部认为案件需要,可以增加一名具有法律资格的审查员。当投票出现平局时,审查部主任的意见具有决定性效力。

　　1. 审查部的职责(第 1 款)。审查部负责根据公约第 96 条进行实质审查。

　　2. 审查部的组成(第 2 款)。每一个审查部都由三名具备技术资格的审查员构成,但可因案件需要而临时增补一名具备法律资格的审查员。公约第33条允许放低第2款的规定,行政理事会有权组建由一名具备技术资格的审查员组成的审查部。尽管决定是以整个审查部的名义作出,但通常都是由审查部的一名审查员作为主审员,负责审查欧洲专利申请。口头审查程序由审查部举行,全体审查员参加,而且可能临时增补一名具备法律资格的审查员。

[异议部]
第19条

(1)异议部的职责是审查对欧洲专利提出的异议。

(2)每一个异议部由三名具备技术资格的审查员组成,其中至少两人未曾参与涉案专利的审查过程。参与涉案专利审查过程的审查员不得作为异议部的主任。异议决定作出之前,异议部可以将案件委派给一名审查员。口头审理应当由异议部举行。如果案件需要,异议部可以增加一名具有法律资格而未曾参与涉案专利审查过程的审查员。当出现投票平局时,异议部主任的意见具有决定性效力。

1. 异议部的职责(第1款)。异议部根据公约第99条审查对欧洲专利提出的异议。

2. 异议部的组成(第2款)。各异议部通常由三名具备技术资格的审查员组成。类似于审查部,异议部可以根据案情的需要,临时增加一名具备法律资格的审查员。异议部的组成成员中,只有一名审查员可以曾经参与过涉案专利的审查过程。通常,审查部主审涉案专利的审查员会成为异议部成员,并将成为异议请求的主审员。由此产生的任何偏见因为存在另外两名或三名未曾审查涉案专利的审查员而消除。而且,只有未曾介入涉案专利审查过程的人员才可以作为异议部的主任。在投票平局时,主任的意见具有决定意义。异议决定由异议部全体作出,口头审理程序亦必须由异议部举行,全体审查员参加。

[法律部]
第 20 条

(1)法律部负责欧洲专利登记簿登记事项,以及欧洲专利局专业代理人的注册和注销。

(2)法律部的决定由一名具有法律资格的工作人员作出。

1. 总述。法律部首先负责欧洲专利登记簿,其次,负责欧洲专利局专业代理人注册。特别是,对于欧洲专利登记簿而言,法律部负责以下程序:申请人或专利权人资格(公约第 61 条第 1 款);发明人更正(公约第 81 条和《实施细则》第 19 条);程序中止或恢复(《实施细则》第 142 条);转让、许可或其他权利登记或撤销(公约第 71—152 条)。对于欧洲专利局专业代理人名录而言,法律部负责注册和注销工作,以及欧洲专利局专业代理人协会工作(公约第 134 条和《实施细则》第 152 条)。不服法律部决定,可以向法律上诉委员会上诉。

[上诉委员会]
第 21 条

(1)上诉委员会审查对受理处、审查部、异议部和法律部决定不服的上诉。

(2)审理不服受理处和法律部决定的上诉,上诉委员会应当由三名具备法律资格的成员组成。

(3)审理不服审查部决定的上诉,上诉委员会应当:

(a)由两名具备技术资格和一名具备法律资格的成员组成,如果上诉之决定涉及驳回欧洲专利申请,或者涉及欧洲专利授权、欧洲专利授权后限制性修改或撤销,且决定是由少于四人组成的审查部作出的;*

---

* 参见公约第 105a—105c 条。——译者注

(b)由三名具备技术资格的成员和两名具备法律资格的成员组成,如果上诉之决定由四人组成的审查部作出,或者上诉委员会根据案件性质认为有此必要的;

(c)在所有其他上诉案中,由三名具备法律资格的成员组成。

(4)审理不服异议部决定,上诉委员会应当:

(d)由两名具备技术资格和一名具备法律资格的成员组成,如果上诉之决定由三名成员组成的异议部作出的;

(e)三名具备技术资格和两名具备法律资格的成员组成,如果上诉之决定是由四人组成的异议部作出,或者上诉委员会根据案件性质认为有此必要的。

1. 总述(第1款)。检索部未列入第1款上诉委员会可受理上诉的范围,因为检索部不作出决定,而只出具意见。例如,检索部可以对单一性发表意见。此外,对欧洲专利局局长的决定不可以上诉。对上诉委员会的决定不服,只有在有限的情况下,才可以提出上诉(参见公约第22条和第112a条)。

2. 上诉委员会的组成(第2—4款)。所有上诉委员会都至少包括一名具备法律资格的成员。**(1)技术上诉委员会**。技术上诉委员会由三名或五名成员组成,前者包含一名具备法律资格的成员,而后者包含两名具备法律资格的成员。所有技术上诉委员会审理的案件和作出的决定,以"T"字母标识,例如:"T1173/97"。技术上诉委员会审理所有技术性质的上诉,以及审理所有不服异议部决定的上诉,无论其性质如何。此外,2000年公约修订后,技术上诉委员会还审理所有不服限制性修改和撤销程序的上诉。
(2)法律上诉委员会。第2款和第3款c项规定,法律上诉委员会由三名具有法律资格的成员组成。法律上诉委员会无权审理不服异议部决定的上诉。法律上诉委员会主要负责法律性质的纠纷,其审理的案件和作出的决定以字母"J"标识。

[扩大上诉委员会]
第 22 条
（1）扩大上诉委员会负责：
(a)对上诉委员会根据本公约第 112 条规定提请的法律问题作出决定；
(b)对欧洲专利局局长根据本公约第 112 条提请的法律问题提供法律意见；
(c)根据本公约第 112a 条规定，审查不服上诉委员会决定的上诉。
（2）依照第 1 款 a 项和 b 项规定进行的审理程序，扩大上诉委员会应当由五名具备法律资格的成员和两名具备技术资格的成员组成。依照第 1 款 c 项规定进行的审理程序，应当依照《欧洲专利公约实施细则》规定，由三名或五名成员构成。在所有程序中，应当由具备法律资格的成员担任主任。

1. 请示扩大上诉委员会。 历史上，只有上诉委员会或者欧洲专利局局长，可以向扩大上诉委员会请示法律问题；扩大上诉委员会不受理败诉一方不服上诉委员会决定的上诉。2000 年公约修订案新设第 112a 条，允许当事人对上诉委员会的决定进行有限范围的上诉。当事人仍可以依照原有规定，请求上诉委员会将争议的法律问题提请扩大上诉委员会审理，但是，是否要请示扩大上诉委员会，最终决定权在于上诉委员会。而且，社会公众也可以请求欧洲专利局局长向扩大上诉委员会请示法律问题。扩大上诉委员会审理的案件和作出的决定是以字母"G"标识，例如"G3/99"。

2. 扩大上诉委员会的组成（第 2 款）。 对于上诉委员会或者欧洲专利局局长请示的法律问题，扩大上诉委员会由七名成员组成，其中五名具备法律资格，两名具备技术资格。为确保扩大上诉委员会不为公约第 112a 条规定的上诉工作所累，《实施细则》第 109 条第 2 款允许由少于七人组成的扩大上诉委员会对此类上诉进行审理。首先，由三名成员组成审议小组，筛选去除明显不可受理或者没有胜诉希望的上诉；然而，只有在审议小组形成一致意见时，才可以作出拒绝受理的最终决定。如果上诉未予驳回，则由四人组成的扩大上诉委员会进行审理。

3. 外部法律专家作为扩大上诉委员会的成员。公约第 11 条第 5 款允许外部法律专家(例如成员国的法官)在适当时候参加审理扩大上诉委员会的案件(例如案件具有重大法律意义)。但是,审理公约第 112a 条规定的上诉,则无须外部法律专家参加审理。

[上诉委员会和扩大上诉委员会成员的独立性]
第 23 条

(1)上诉委员会和扩大上诉委员会的成员任期五年。他们在任期之内不得被免职。除非存在严重的理由,并且经扩大上诉委员会提议,才能由行政理事会作出免职决定,但是,如果他们根据《欧洲专利局常任工作人员人事条例》辞职或者退休,其任期可以提前终止,前述规定不再适用。

(2)受理处、审查部、异议部或者法律部的成员,不得作为上诉委员会和扩大上诉委员会的成员。

(3)上诉委员会和扩大上诉委员会的成员,应当根据本公约规定作出决定,不受任何行政指令的约束。*

(4)上诉委员会和扩大上诉委员会的审理程序应当符合《欧洲专利公约实施细则》的规定,并经过行政理事会的批准。

1. 审理程序(第 2 款)。上诉委员会和扩大上诉委员会各自采用了相应的审理程序。参见《实施细则》第 12 条第 3 款和第 13 条第 2 款。

[回避和申请回避]
第 24 条

(1)如果上诉委员会或扩大上诉委员会的成员对案件存在个人利益,

---

* "行政指令"(instruction)包括《欧洲专利局专利审查指南》。检索部、审查部以及异议部都受到《欧洲专利局专利审查指南》的约束,但是,上诉委员会不受此约束,它只受《欧洲专利公约》的约束。——译者注

或者曾担任一方当事人的代表,或者曾参与被上诉决定的作出过程,则不应当参与案件审理。

(2)根据第1款规定的理由,或者其他理由,上诉委员会和扩大上诉委员会的成员认为自己不适合参与案件审理的,应当通知委员会。

(3)上诉委员会或扩大上诉委员会的成员,如果存在第1款规定的情况,或者被怀疑存有偏私,任何一方当事人均可要求回避。但是,如果当事人知道回避理由而继续进行审理程序,则回避要求不应当允许。回避要求不得基于上诉委员会或扩大上诉委员会成员的国籍。

(4)上诉委员会和扩大上诉委员会对第2款和第3款事项进行决定时,相关成员不得参与,而应由其候补人代位。

1. 总述。本条规定是为了确保上诉委员会和扩大上诉委员会成员公平无偏私地审理案件。根据判例法,这一法律原则也适用于初审程序(G5/91 *Discovision* 案)。**(1)曾代表当事人。**虽然公约英文本第1款规定,如果曾经担任当事人代表,则不得参与上诉委员会和扩大上诉委员会审理案件,但是,公约的法文本和德文本表明,这只适用于该成员曾经担任在审案件的当事人代表的情况。**(2)当事人需及时提出回避请求。**第3款表明,当事人在知道上诉委员会或扩大上诉委员会成员缺乏公正性时,应该及早提出回避申请。如果当事人继续进行相关审理,没有及时提出回避请求,则回避请求可能不再被接受。**(3)确定委员会的人员组成。**在上诉程序早期,专利申请人或专利权人会即可得知案件分派到的上诉委员会。欧洲专利局每年年初都会刊发《欧洲专利局官方杂志》特刊,称为"常务委员和工作分配",公布每一个上诉委员会和扩大上诉委员会的人员组成。每一个上诉委员会审理工作的范围根据国际专利分类标准而设置。但是,审理特定案件的上诉委员会或扩大上诉委员会的具体人员组成,只有通过口头审理通知书(或者通过不举行口头审理的决定书)才能具体确定。

[技术意见]
第 25 条

根据审理专利侵权之诉或专利撤销之诉的成员国法院请求,在收取适当费用之后,欧洲专利局有义务对诉讼涉及的欧洲专利提供技术意见。为此,审查部负责出具技术意见。

1. 总述。本条规定欧洲专利局应对成员国法院审理欧洲专利案件提供支持。

2. 侵权之诉或专利撤销之诉。成员国法院在审理欧洲专利侵权之诉或欧洲专利撤销之诉时,如果出现技术问题,可以要求欧洲专利局提供技术意见。所谓"法院",包括依照成员国法律,对本条所称之诉享有管辖权的国家机构。所谓"诉",包括"反诉""积极抗辩"和"限制性修改程序",其中发生了关于欧洲专利的技术问题。根据《欧洲专利审查指南》第 E 部第七章第 1 节,审查员无须审查成员国机构是否有权审理。

3. 审查部出具的技术意见。欧洲专利局只受理技术性质的问题,而不是法律性质的问题。然而,欧洲专利局通常对专利申请审查程序中经常出现的问题提供意见,即便涉及法律方面的问题。对于专利是否有效,是否被侵犯,诸如此类直接的法律问题,欧洲专利局不予回答。然而,欧洲专利局可以根据公约第 25 条,依照与专利相关的现有技术提供评估意见。这种评估意见可以间接地影响专利的效力和欧洲专利根据公约第 69 条享有的保护范围。由三人组成的审查部有权根据公约第 25 条出具技术意见。一般来说,审查部可以临时增加一名具备法律资格的成员。

4. 适当费用。《缴费规则》第 2 条第 20 项规定了本条适当费用的具体数额。* 如果在欧洲专利局准备出具技术意见之前撤回申请,可以返还

---

* 具体的费用金额可查看:http://www.epoline.org/portal/portal/default/epoline.Scheduleoffees/PublicScheduleOfFeesWindow;jsessionid=517E1854DB9F47527BC8891742D67455.jboss_portal_epoline_prod_0?action=2&feespageSize=40&feespageNum=1(2013 年 6 月 18 日访问)。现为 3695 欧元。——译者注

75%的费用。

第四章　行政理事会

[成员]
第26条
　　（1）行政理事会应当由成员国的代表和候补代表组成。每一个成员国可以指派一个代表和一个候补代表到行政理事会。
　　（2）行政理事会的成员可根据《行政理事会规程》在顾问或专家的辅助之下履行职务。

　　1. 总述。通常，成员国任命其专利局的行政长官担任行政理事会代表。欧洲专利局官方网站上提供了行政理事会的人员组成。

[主席]
第27条
　　（1）行政理事会应当从成员国代表和候补代表中选举一名理事长和一名副理事长。如果理事长无法履行职责，由副理事长依职权代替其履行职责。
　　（2）理事长和副理事长任期三年，可以连选连任。

[委员会]
第28条
　　（1）当本公约至少有八个成员国时，行政理事会可以设立由其中五个成员国组成的委员会。
　　（2）理事长和副理事长依职权成为委员会的成员。委员会的其他三个成员应当通过行政理事会选举产生。

(3)由行政理事会选举产生的委员会成员任期三年,不可连任。

(4)委员会履行行政理事会依照《行政理事会规程》指定的职责。

[会议]

第29条

(1)行政理事会的会议应当由理事长负责召集。

(2)欧洲专利局局长应当参与行政理事会的审议过程。

(3)行政理事会应当每年举行一次年度会议。此外,经理事长提议,或者应三分之一成员国要求,行政理事会应当举行临时会议。

(4)行政理事会应当根据预定日程并按《行政理事会规程》进行审议。

(5)临时会议的日程应当包含成员国根据《行政理事会规程》要求列入的事项。

[观察员列席]

第30条

(1)世界知识产权组织根据其与欧洲专利组织的协议,应派代表参加行政理事会的会议。

(2)其他从事专利国际事务的政府间组织,根据其与欧洲专利组织的协议,应派代表参加行政理事会的会议。

(3)其他政府间组织或者国际非政府组织,其活动与欧洲专利组织存在利益关系的,可以应行政理事会邀请,派遣代表参加讨论双方共同关心的问题。

[行政理事会的工作语言]

第31条

(1)行政理事会应当采用英语、法语和德语进行审议。

(2)向行政理事会提交的文件,以及会议记录,应当采用前款规定的三种语言。

[工作人员、办公场所和设备]
第 32 条
　　欧洲专利局应当为行政理事会及其设立的委员会提供履行职责所必要的人员、办公场所和设备。

[行政理事会对特定事务的权力]
第 33 条
　　(1)行政理事会有权修订:
　　(a)本公约制定的期限;
　　(b)本公约第二编至第八编和第十编,以使相关规则与国际专利协议或者欧洲共同体专利相关立法保持协调一致;
　　(c)本公约的实施细则。
　　(2)行政理事会依照本公约,有权制定或者修订:
　　(a)财务条例;
　　(b)欧洲专利局正式工作人员的人事条例、欧洲专利局其他工作人员的聘用条件、薪金等级、福利及福利发放规则;
　　(c)养老计划规章,以及根据薪金增长而对养老金进行适当调整;
　　(d)缴费规则;
　　(e)《行政理事会规程》。
　　(3)对于特定种类的专利申请,除第 18 条第 2 款另有规定外,行政理事会有权根据经验决定,相应的审查部只由一名具备技术资格的审查员组成。这一决定可以撤回。
　　(4)行政理事会可以授权欧洲专利局局长代表欧洲专利组织,与政府、政府间组织及依照其协议设立的文件中心,协商合作事宜。经行政理事会批准后,欧洲专利局局长可以代表欧洲专利组织签署协议。
　　(5)在以下情况下,行政理事会不得行使第 1 款 b 项权力:
　　(a)所涉及的国际专利协议尚未生效的;

(b)所涉及的欧洲共同体法律尚未生效的,或者其规定的生效期限尚未届满的。

1. 修订《欧洲专利公约》和《欧洲专利公约实施细则》。虽然原则上公约修订必须经过"修订会议"(公约第 172 条),但第 1 款 a 项和 b 项规定,行政理事会享有有限的修订权。根据第 1 款 a 项,行政理事会可以修订公约关于期限的规定;根据第 1 款 b 项,行政理事会可以为符合专利国际协议或者专利相关立法(例如 TRIPS 协议)而修订公约。第 5 款对后者进行了限制。并且,根据公约第 35 条第 3 款,为此进行修订需要经过严格的投票程序。然而,根据第 1 款 c 项,行政理事会可以自由修订《实施细则》和《缴费规则》。

[表决权]
第 34 条
(1)只有公约的成员国才享有在行政理事会的投票权利。
(2)除第 36 条规定外,一个成员国一票。

[表决规则]
第 35 条
(1)除第 2 款和第 3 款规定外,行政理事会应当依照投票成员国简单多数作出决议。
(2)对以下事项,行政理事会应当依照投票成员国四分之三多数作出决议,即公约第 7 条,第 11 条第 1 款,第 33 条第 1 款 a 项和 c 项及第 2—4 款,第 39 条第 1 款,第 40 条第 2 款和第 4 款,第 46 条,第 134a 条,第 149a 条第 2 款,第 152 条,第 153 条第 7 款,第 166 条和第 172 条。
(3)对于第 33 条第 1 款 b 项事项,行政理事会全体一致方可作出决议。只有当所有成员国代表都出席时,行政理事会方可进行此项决议。如果一个成员国在决议作出 12 个月内宣布不受决议约束,根据第 33 条第 1 款 b

项作出的决议不得生效。

(4)弃权票不应当作为有效投票参与投票计算。

1. 总述。第2款和第3款所指条款包括：公约第7条,建立欧洲专利局分局；公约第11条第1款,任命欧洲专利局局长；公约第33条,《欧洲专利公约》若干规定的修订；公约第39条第1款,成员国按比例上缴的欧洲专利维持费；公约第40条第2款和第4款,成员国缴纳特别出资；公约第46条,欧洲专利局财务预算；公约第134a条,欧洲专利局专业代理人；公约第149a条第2款,上诉委员会成员供职成员国法院；公约第152条,欧洲专利局作为PCT国际检索单位和国际初步审查单位；公约第153条第7款,欧洲专利补充检索报告；公约第166条,加入公约的条件；公约第172条,公约修订。

2. 票数要求。对于绝大多数决议,行政理事会要求四分之三多数才可以通过。然而,对于根据公约第33条第1款b项修订欧洲专利公约以符合国际协议和欧共体立法,则要求全体一致表决,并且决议作出12个月内可以再投否决票。之所以要求如此严格,原因在于,此项决议对所有成员国具有约束力。相反,根据第2款,应当通过"修订会议"才可以修订公约,对所有成员国具有拘束力。这一程序允许成员国不批准对公约的修订,但是,不批准公约修订之成员国将不得继续作为公约的成员国(参见公约第172条第4款)。

[票数计算]
第36条

(1)在以下两种情况下,任何成员国在根据一国一票制投票后,无论投票结果如何,都可以要求立即进行第二轮投票,并按照本条第2款规定计算成员国的票数,第二轮投票结果对有关事项具有决定效力:其一,通过或者修订《缴费规则》;其二,在可能要求成员国增加对欧洲专利组织的出资时,通过欧洲专利组织预算和通过预算调整或预算补充。

(2)第二轮投票时,成员国的票数按照以下规则计算:

(a)每一个成员国按照第 40 条第 3 款和第 4 款规定的特别出资额等级所得百分数乘以成员国总数并除以五；

(b)由此得到的票数应当近似为整数；

(c)在此基础上，应当再增加五票；

(d)但是，任何一个成员国的票数不得过 30 票。

第五章　财务规定

[预算性资金]*
第 37 条

欧洲专利组织的预算应当通过以下方式筹措：

(a)欧洲专利组织自有的资产；

(b)成员国就各自收取的欧洲专利维持费而按规定上缴欧洲专利组织的款项；

(c)必要的情况下，成员国提供的特别出资；

(d)适宜的情况下，依照第 146 条规定获得的收入；

(e)适宜的情况下，以土地和建筑物抵押而向第三方的借款，但只限于有形财产；

(f)适宜的情况下，第三方特别项目委托的经费。

[欧洲专利组织自有的资产]**
第 38 条

欧洲专利组织自有的资产应当包括：

(a)所有收费或其他来源的收入以及欧洲专利组织的储备；

(b)养老储备金，其作为欧洲专利组织所有的一项特别资产，旨在通过

---

*　本条是 2000 年 11 月 29 日《欧洲专利公约修订案》修订形成的法条。——译者注

**　本条是 2000 年 11 月 29 日《欧洲专利公约修订案》修订形成的法条。——译者注

适当的储备用于欧洲专利组织的养老金计划。

[成员国按比例上缴的欧洲专利维持费]
第 39 条

（1）每一个成员国都应当按照行政理事会制定的比例，上缴收取的欧洲专利维持费。该比例不应当超过75%，而且对所有成员国适用同样的比例。但是，如果某一成员国按照上述比例应缴的数额低于行政理事会统一制定的最低金额，则该成员国应上缴最低金额。

（2）每一个成员国应当将行政理事会确定上缴金额所需的信息通知欧洲专利组织。

（3）上述款项的上缴时间应当由行政理事会确定。

（4）如果成员国在期限届满之日没有完全支付上述款项，该成员国应当从到期日开始支付余款的利息。

[收费水平和上缴款比例，特别出资]
第 40 条

（1）根据第38条的收费标准和第39条的比例标准，应当足以让欧洲专利组织实现财务预算平衡。

（2）但是，如果根据第1款的条件，欧洲专利组织无法平衡财务预算，成员国应当向欧洲专利组织提供特别出资，具体金额应当由行政理事会根据所在会计年度制定。

（3）成员国所应提供的特别出资应当以上一年度（除公约生效年外）在该国提出的专利申请件数为基础，并且按照下列方式计算：

（a）一半特别出资与在该成员国提出的专利申请件数成比例；

（b）另一半特别出资与相关申请人在其他成员国提出的专利申请件数第二高成比例。所谓"相关申请人"是指在该成员国有居住地或者主要营业地的自然人或法人。

但是，如果在一些成员国内的专利申请件数超过25000件，它们应当提供的特别出资应当作为一个整体计算,并且与在这些成员国提出的专利申请总数成比例。

(4)成员国应提供的特别出资标准通过第3款无法确定的,行政理事会征得该成员国同意后,应当予以确定。

(5)第39条第3款和第4款可比照适用于特别出资。

(6)特别出资应当按照对所有成员国适用的单一利率偿还。在财务预算允许时,应该安排偿还特别出资。为此,应当根据第3款和第4款的比例向各个成员国偿还特别出资。

(7)一个会计年度内提供的特别出资应当优先于其后会计年度提供的全部或部分特别出资而全额偿还。

[预付账款]
第41条

(1)根据欧洲专利局局长的请求,成员国应当同意在行政理事会制定的额度范围之内,预先向欧洲专利组织支付上缴款和特别出资。各成员国应支付的预付账款当与其在该会计年度须支付的金额成比例。

(2)第39条第3款和第4款的规定可比照适用于预付账款。

[预算]
第42条

(1)欧洲专利组织应当实现财务平衡。财务预算应当按照《财务条例》制定的一般公认会计准则进行编制。如有必要,可以调整或者补充预算。

(2)财务预算应当按照《财务条例》规定的计量单位编制。

[经费支出授权]
第43条

(1)除《财务条例》另有规定外,财务预算中的经费支出授权期间是一个个会计年度。

(2)根据《财务条例》,除人事支出外,任何拨款如果在一个会计年度末没有执行完毕,可以结转,但是不得超过下一个会计年度末。

(3)拨款应当根据支出的类型和目的设置科目,必要时,可根据《财务条例》划分明细分类科目。

[对不可预见开支的拨款]
第44条

(1)欧洲专利组织财务预算可以对不可预见的支出安排拨款;

(2)使用上述拨款应当事前获得行政理事会的批准。

[会计年度]
第45条

会计期间从每一年的1月1日开始,当年的12月31日结束。

[编制和通过预算]
第46条

(1)欧洲专利局局长应当在《财务条例》规定的截止日期前向行政理事会提交预算草案。

(2)预算及其调整或补充应当由行政理事会审议通过。

[临时预算]
第47条

(1)如果财会期间开始时,行政理事会还未通过当期预算,欧洲专利局局长可以按月依照预算科目或者明细分类科目,根据《财务条例》进行支出,但不得超过前一会计年度预算拨款的十二分之一,也不得超过当期预算草案规定的十二分之一。

(2)在符合第1款规定前提下,行政理事会可以授权超过前期或当期预算十二分之一之外的拨款。

（3）对于第 37 条 b 项规定的上缴款，成员国应当临时性地继续上缴，其具体条件根据公约第 39 条，参照预算草案适用年度的前一年度来确定。

（4）为执行第 1 款和第 2 款，成员国应当依照第 40 条第 3 款和第 4 款所确定的比例，临时性地按月向欧洲专利组织提供特别出资。为此，第 39 条第 4 款应当比照适用。

[预算执行]
第 48 条

（1）欧洲专利局局长应当根据职责在拨款限度内执行预算、预算调整或者补充。

（2）在财务预算内，欧洲专利局局长可以根据《财务条例》，在科目或者明细分类科目间调配资金。

[财务审计]
第 49 条

（1）欧洲专利组织的收支账目和资产负债表应当由行政理事会任命的独立审计师进行审计。审计师任期五年，可以续任或者续展。

（2）审计应当根据财务凭证进行，必要时，应当现场审计。审计应当确定所有收入是否已经收讫，所有支出是否合法合理，财务管理是否健全。每一财会期间结束前，审计师应当制作并签署审计报告。

（3）欧洲专利局局长应当每年向行政理事会提交上一年度预算的决算、欧洲专利组织的资产负债表和审计师的审计报告。

（4）行政理事会应当审核批准年度财务报告和审计报告，应当就欧洲专利局局长财务预算执行情况进行审议。

[财务条例]
第 50 条

（1）《财务条例》应当具体规定：

（a）预算及预算执行、记账和审计；

（b）成员国向欧洲专利组织支付根据第 37 条规定的上缴款和特别出资以及第 41 条规定的预付账款的方法和程序；

（c）会计和财务审查员的职责分配和相关的监督办法；

（d）第 39 条、第 40 条和第 47 条规定的比例；

（e）根据第 146 条规定应付出资的计算方法；

（f）行政理事会设置的"预算兼财务委员会"的组成和职责；

（g）财务预算以及年度财务报告应当遵循的一般公认会计准则。

[收费]
第 51 条

（1）欧洲专利局可以对依照本公约进行的工作或者程序收取费用。

（2）除本公约另有规定外，缴费期限应当由《实施细则》规定。

（3）《实施细则》规定缴费时，应当同时规定不缴费的法律后果。

（4）《缴费规则》应当规定费用额度和缴费方式。

第二编　实体专利法规则

第一章　专利性条件

[可授予专利的发明]*
第 52 条**

（1）所有技术领域的发明都可以授予欧洲专利，只要其具有新颖性、创

---

*　参见扩大上诉委员会决定 G1/98、G1/03 和 G2/03 。——译者注

**　本条是 2000 年 11 月 29 日《欧洲专利公约修订案》修订形成的法条。——译者注

造性,并适合产业应用。

(2)以下各项不属于第1款规定的发明:

(a)发现、科学理论和数学方法;

(b)审美创造;

(c)智力活动、游戏或者商业活动的方案、规则和方法,以及计算机程序;

(d)信息表述方法。

(3)当且仅当欧洲专利申请或者欧洲专利只涉及第2款规定的对象或者活动本身时,才应当根据第2款规定排除于专利授权之外。

(4)【已经删除】

1. 总述。本条规定了可以授予专利的发明,还规定了授予专利的基本标准、若干不可授予专利的对象。欧洲专利制度的目的是鼓励科学和工程领域的创新,而不包括艺术领域。艺术领域的创新可以通过其他法律获得保护,例如著作权制度和外观设计保护制度。故欧洲专利制度一般性地将艺术创新排除于专利保护之外。而且,在科学领域之内,科学知识本身也不能授予专利权,因为这可能妨碍进一步的科学研究。欧洲专利制度认为,科学知识的应用应该给予法律保护,从而鼓励创新。本条明确规定,"各种"技术发明——不限于技术领域——都可以获得专利保护,这与TRIPS协议第27条第1款的规定一致。公约第52条具有追溯力,对公约2000年修订案生效之后提出的专利申请,以及生效时处于审查阶段的欧洲专利申请或已授权专利,都可以适用。原第52条第4款删除,转移成为第53条c项。

2. 可授予专利的发明(第1款)。本款规定奠定了专利法实体规则的基本法律原则:范围广泛的发明,只要符合专利授权的严格条件,就可以获得有效的法律保护。专利授权需要满足四项核心条件:必须构成发明;必须具有新颖性、创造性并可供产业应用。公约第54条、第56条和第57条分别规定了"新颖性"、"创造性"和"实用性"三个基本概念。公约第53条规定了不授予专利权的具体例外。公约没有明确规定何谓"发明",但暗示发明应当包含技术特征,尽管何谓"技术"也没有明确的定义。例如,《实施细则》第 42 条第 1 款 a 项和 c 项要求专利说明书载明发明的技术领域、针对的技术问题以及解决技术问题的技术方案,而《实施细则》第 43 条第 1 款要求权利要求表明发明的技术特征。然而,公约并没有要求发明必须具有技术进步,或者产生积极有用的效果。尽管如此,由于技术效果对于衡量创造性具有重要意义,所以,应在说明书中予以讨论。

3. 不授予专利的对象(第 2 款)。公约第 52 条第 2 款 a—d 项以非穷尽的方式,给出了若干不作为"发明"而不授予专利的对象。它们本质上都是抽象概念,不具有技术特征。判断要求保护的对象是否应予以排除,应当考虑整个权利要求的内容是否具有技术性。由于它们是例外,根据公约第 52 条第 3 款,应该进行限制性解释。对此,下文第 10 点评注将作进一步的讨论。

4. 发现、科学理论和数学方法(第 2 款 a 项)。这几项的性质抽象,其本身不具有技术特征,所以被排除在可授予专利的对象之外。然而,它们常常是发明的基础:发现、科学理论和数学方法的应用就是可以授予专利的对象。例如,确定物质具有一种新属性是一项发现,而以某种方式利用这一属性可以成为满足专利授权条件的一项发明。

5. 审美创造(第 2 款 b 项)。纯粹审美性质的创造可以成为其他知识产权(例如著作权或外观设计)的保护对象,但是由于缺乏技术特征,它们不能授予专利。但是,如果一项创造既有审美效果,又有技术效果,则可以授予专利。轮胎纹理就是典型的例子。轮胎的纹理富有美感,但同时又有技术效果,可以增强轮胎的抓地力,所以可以授予专利。

6. 智力活动、游戏或者商业活动的方案、规则和方法(第 2 款 c 项)。这几项本质上是一系列的指令,其执行可以得到特定的结果。就此,它们不具有技术特征,从而排除于专利授权之外。然而,如果实施这些指令可以产生某些技术结果,或者带来技术性贡献,则属于可以授予专利的对象。对游戏而言,根据其规则是一个抽象存在,但是,进行游戏的道具却可以授予专利。对于商业方法，下文有更为详细的讨论。如果权利要求的内容包括实现方案、规则或方法的装置或技术方法，则应当在考虑整个权利要求的内容之后，确定是否存在"技术特征"。

7. **商业方法**（第 2 款 c 项）。概而言之，如果实施商业方法只能得到纯经济性或行政性的效果，或者只是处理信息，则其不具有技术特征，不可授予专利。判断一个商业方法相关的权利要求是否构成公约第 52 条第 2 款排除的对象，与判断"计算机实施之发明"（下文第 8 点评注）近似：二者都需要考察权利要求是否包含"技术因素"，无论其是技术手段，抑或是针对技术问题的技术解决方案。故计算机实施之发明的判例法可以作为考察商业方法发明的规则参考。"技术贡献"曾是判断权利要求是否含有"技术因素"（T1173/97 IBM 案）的法律标准；但是，判例 T258/03 Hitachi 案明确指出，考虑是否属于公约第 52 条第 2 款排除对象时，不应当依据现有技术状况。而根据判例 T208/84 Vicom 案，如果权利要求包括有技术手段，则可以满足"技术因素"的法律要求。一项权利要求如果既包括技术手段，又包括非技术手段，仍旧可以满足公约第 52 条第 2 款，可以授予专利（T641/00 Comvik 案）。为此，权利要求的内容，而不是表现形式，具有实在的法律意义。权利要求形式上针对技术设备（例如计算机），或者针对一个利用技术手段的方法，都不影响最终的法律判断（参见 T258/03 Hitachi 案）。然而，与计算机实施之发明类似，很多商业方法相关的发明可能不违反公约第 52 条第 2 款，但是，却不满足公约第 56 条规定的创造性要求。例如，在判例 T258/03 Hitachi 案中，权利要求 1 要求使用"服务器"，上诉委员会认为其满足公约第 52 条第 2 款，但却不具有创造性。上诉委员会认为，该权利要求要解决的客观问题具有技术性质，但是，其解决方案属于商业方法领域，不能用于认定该权利要求具有创造性。

8. **计算机程序**（第 2 款 c 项）。计算机程序本身不可授予专利。然而，计算机相关的发明和计算机实施的发明，根据公约第 52 条第 2 款，可以授予专利。对这一技术领域，针对公约第 52 条第 2 款的专利授权资格和公约第 52 条第 1 款以及公约第 56 条规定的创造性，欧洲专利局上诉委员会已经发展出大量的判例法规则。尽管大多数判例法都针对具体的案件事实，但是，还是确立了一些法律原则。权利要求是否指向公约第52条第2款规定的"发明"，曾经需要依据T1173/97 IBM案确立的"技术贡献"标准予以判定。这一法律标准要求将权利要求主张的技术内容与现有技术进行比对。现在，上诉委员会已经舍弃了这一法律标准。在"Hitachi案"（T258/03 Hitachi案）中，上诉委员会裁判认为，是否具有公约第52条第2款规定的专利授权资格，应当独立于新颖性和创造性判断，即不应当考虑现有技术。权利要求必须符合公约第52条第2款规定的"发明"，即包含"技术因素"。换言之，权利要求要么采用了技术手段，要么针对客观的技术问题提出了技术解决方案。权利要求只要包括了技术手段，即符合第52条第2款的法律要求（T208/84 Vicom案）。一项权利要求即便混合了技术手段和非技术手段，也可以授予专利（T641/00 Comvik案）。而且，无论权利要求指向技术设备（例如，计算机），还是具体载明技术手段的使用方法，只要其内容包含技术因素，无论其具体形式，都具备了授予专利的资格（参见T258/03 Hitachi案。该案对T931/95 PBS Partnership案的裁决进行了批判）。尽管新近的案例不再采用"技术贡献"的法律标准，表面上扩大了公约第52条第2款"发明"的外延，但是，计算机领域却并没有因此而授予更多的专利权。这是因为许多专利申请不能满足公约第52条第1款和公约第56条要求的创造性。例如，一项权利要求的发明内容是利用计算机实现一个方法，而该方法为众人所知，只是从前仅以人工方法来实现。这项权利要求很可能被驳回。权利要求载明利用计算机实现该方法，即符合公约第52条第2款和公约第54条的要求，其针对一项发明，并且具有新颖性。但是，此项权利要求应予以驳回，因为缺乏公约第56条要求的创造性——其仅仅是利用计算机对熟知方法进行的显而易见的自动化操作。实践中，欧洲专利局审查员通常首先考虑与计算机相关的发明是否具有创造性，然后才考虑其是否满足公约第52条第2款规定的"发明"。如果确定发明对客观的技术问题提供了技术解决方案并体现了创造性的进步，其通常满足公约第52条第2款对"发明"的要求。在 Aerotel v. Telco 案，*英格兰和威尔士上诉法院特别指出上诉委员会计算机程序方面的判例之间存在法律适用不一致，并且强烈建议扩大上诉委员会明确有关的法律标准。

9. 信息表现方法(第 2 款 d 项)。对信息内容本身而言，其呈现、展示或者再现不得授予专利。例如，利用颜色标记物品以便对其进行快捷组织，或者标记乐器键盘以辅助其学习，都只是传递信息，辅助思维活动，都没有涉及技术贡献。类似地，视觉或者声音信号本身只是提供信息。然而，呈现信息所使用的设备或者方法可能包含技术特征，从而享有被授予专利的资格。

10. 对专利授权排除对象的法律解释(第 3 款)。第 3 款规定，只有当权利要求指向第 2 款规定对象本身时，它们才不可授予专利。可见，第 2 款法律限制的适用范围要受到严格限制。所以，如果一项权利要求只针对第 2 款规定的内容，则不可授予专利权。然而，如果一项权利要求既包括技术内容，又包括予以排除的非技术内容，它仍可以构成一项"发明"。所以，科学发现的实际应用可以授予专利，因为权利要求并没有仅仅指向被排除的科学发现本身。而且，权利要求应当作为一个整体予以考虑。排除于专利授权资格之外的对象也可以让发明具有专利授权所需要的新颖性和创造性。即便科学发现一旦完成，其应用即为显而易见，针对这一应用的权利要求也还是可以授予专利。

[专利授权资格的若干例外]
第 53 条

对于以下各项，不得授予欧洲专利：

(a)发明的商业利用会违背公序良俗或道德。但是，不能仅仅因为其

---

* 参见 Aerotel Ltd. v. Telco Holding Ltd. and others, and Neal William Macrossan's application [2006] EWCA Civ.1371 (27 October 2006)。

欧洲专利局上诉委员会批评该案不符合《欧洲专利公约》。参见 Decision T154/04 of November 15, 2006, Reasons 13。——译者注

商业利用为部分或所有成员国法律或者行政规定禁止就认定该商业利用违反公序良俗或道德;

(b)植物或动物品种,或者本质上利用自然生物过程生产植物或动物的方法。这一规定不应当适用于微生物过程及其产生的产品;

(c)医治人体或动物的外科方法或者治疗方法,以及人体或动物体之上实施的诊断方法。但是,这不应当及于这些方法所采用的产品,特别是物质或组合物。

1. 总述。本条规定,若干对象不可被授予专利。(a)项所排除的对象是基于公序良俗和道德的考虑,其目的是禁止对扰乱社会秩序或不容于欧洲文化道德的发明给予专利保护。(b)项是关于动植物品种和本质上利用自然生物过程的方法。它们之所以被排除,理由各不相同。植物品种之所以被排除,是为了防止植物新品种权和专利权保护重叠。动物品种并不享有类似植物新品种权的法律保护,其被排除可能是为了防止专利权限制长期以来的动物养殖。类似地,通过排除"本质上利用自然生物过程的方法",让利用杂交和选种方式培育新动物和植物品种的活动不受到专利权的限制。(c)项将特定治疗方法排除于专利授权之外。这一条款曾是1973年公约第52条第4款。这一项排除完全基于政策考虑,即医疗方法和兽医方法应该自由使用,不应垄断。然而,如后所述,在实际适用中,这一政策的效力范围受到严格限制。

2. 生物技术发明——《实施细则》第26—29条和《欧盟生物技术发明保护指令》(Directive 98/44,以下简称 98/44 指令)。根据《实施细则》第26条的总体规定和第27—29条的具体说明,对于生物科技领域的发明,98/44 指令对公约具有补充解释作用。实际上,《实施细则》第26—29条和98/44 指令的条款相符。由于该指令的绪言不构成公约的组成部分,但是,其整体可为解释公约提供进一步的帮助。

3. 公序良俗和道德(本条 a 项)。公约没有定义"公序良俗"和"道德"。上诉委员会认为,对它们应该作狭义解释。公序良俗是指保护公共安全和保护社会个体生理上的完整性。这一法律概念涵盖了环境保护。而公约第53条a项规定的"道德"则是指植根于欧洲社会文明、广为接受的准则体系。无论是公序良俗还是道德,都不能以社会调查或者民意测验来证明(T 356/93 *Plant Cells* 案)。此外,公约第53条a项还明确规定,一项发明不能只因为其商业利用为部分或所有成员国法律或者行政规定禁止就被认定为违反公序良俗或道德。《实施细则》第29条具体规定,根据公约第53条,克隆人类的发明和影响基因遗传特征的方法,不得授予专利。

4. 植物品种。《实施细则》第26条第4款将"植物品种"定义为:"植物品种"是指按照植物分类学,具备以下条件的最低一级的植物种群:第一,具有一个基因型或多个基因型组合所得特性的表达;第二,可以根据至少一个特性的表达与其他植物种群区别开来;第三,作为一个整体经过繁殖而保持不变(这一定义和《国际植物新品种保护公约》第一条的定义相符)。在 G1/98 *Transgenic Plants* 案中,扩大上诉委员会指出,由一个DNA重组序列生成的植物不构成一个品种。相反,"品种"通常经由育种方法得来(选种、杂交以及现代科技中的细胞融合)。如果产品权利要求没有特别指明具体的品种,根据 G1/98 *Transgenic Plants* 案,则权利要求的发明内容既不限于(也不指向)一个或多个品种,不违反公约第53条b项规定(同时参见 T49/83 *Propagating Material* 案和 T320/87 *Hybrid Plants* 案)。《实施细则》第27条a也采用这一观点,认为只要发明的技术可行性不限于一种特定的动物品种或植物品种,则该技术方案产生的动物或植物可以授予专利(同时参见98/44指令第4条)。

5. 动物品种。无论是公约,还是欧洲专利局的判例,还是98/44指令,都没有明确定义"动物品种"。而且,由于三种语言文本的公约存在差异,这一问题更显复杂。在 T315/03 *Onco-mouse* 案中,上诉委员会将 G1/98 *Transgenic Plants* 案的法律原则适用到动物品种之上。特定一个动物品种(或者"种"[species],或"类"[race],根据不同文本的公约而不同)不得授予专利。尽管如此,如果权利要求覆盖多个动物品种("种"或"类"),则可以授予专利。根据动物分类学来定义"动物品种"和根据植物分类学定义

"植物品种"的法律思路是一致的。但是,上诉委员会没有考虑不同语言文本公约的用语不同,各自暗示了不同的分类层级。上诉委员会判决认为,"鼠"(mouse)是动物分类学上的一个"属",高于"种"。这一定义是对公约第 53 条 b 项规定之动物品种不授予专利所可能得出的最宽解释。所以,要求保护的转基因老鼠没有被公约第 53 条 b 项排除于专利授权之外。

6. 本质上利用自然生物过程的方法。本质上利用自然生物过程生产植物或动物的方法,不得授予专利权。这是指全部利用自然现象的方法,例如采用杂交或选种的方法(《实施细则》第 26 条第 5 款)。如果一个方法之中至少有一个步骤需要人的介入,则不属于此类方法(参见,例如 T320/87 *Hybrid Plants* 案、T356/93 *Plant Cells* 案和 G1/98 *Transgenic Plants* 案)。

7. 微生物方法。微生物方法是指任何涉及、实施于或形成微生物材料的方法(《实施细则》第 26 条第 6 款)。同时参见《实施细则》第 27 条 a 项和 c 项,98/44 指令第 4 条第 3 款关于涉及微生物或其他技术方法专利授权资格的规定。

8. 治疗方法(本条 c 项)。外科或治疗人体或动物的方法,以及人体或动物体上实施的诊断方法,都不可授予欧洲专利。公约在 2000 年修订前,这一排除规定见于 1973 年公约第 52 条第 4 款,其理由是这类发明不具有产业实用性。将这一排除规定转移至 2000 年公约第 53 条,是因为可以更准确地表明,这一排除规定是基于公共政策的考量。在 G1/04 *Diagnostic methods* 案中,扩大上诉委员会即指出,1973 年公约将这类发明排除于专利授之外,其理由是社会伦理和公共健康。2000 年公约修订案重新安排这一法条的位置,并不是要调整公约法律适用。这一排除是为了保证医疗工作者和兽医工作者进行救治时,可以自由采用方法,不为专利保护所累。但是,对于医治方法所采用的产品,公约第 53 条 c 项并不禁止授予专利。

(1)限制解释。公约第 53 条 c 项是一般规则的法定例外,所以应当作限制性解释。在 G5/83 *Eisai* 案中,扩大上诉委员会对此予以肯定,认为非商业性或非产业性的治疗方法不得授予专利。相反,如果一个方法具有产业效果而不只是具有纯粹的治疗效果,并且权利要求就指向产业效果本身,则可以授予专利权。一种治疗方法是否涉及医疗工作者并不是其是否可以授予专利的决定性因素；然而，这可表明其具有治疗性而应排除于专利保护之外（参见以下治疗方法讨论中的 G1/04 Diagnostic methods 案）。**（2）不进行专利检索**。欧洲专利局对属于公约第 53 条 c 项的技术内容不进行检索（《欧洲专利审查指南》B 部第六章）。

9. 瑞士型权利要求或第二医疗用途型权利要求（本条 c 项）。2000 年公约修订案新增第 54 条第 5 款，明确将已知物质或组合物的新用途从现有技术之中排除，准予对其授予专利。在此之前，根据 G5/83 Eisai 案，如果此类发明采用瑞士型权利要求或第二医疗用途型权利要求，则可以获得专利保护。在该案中，扩大上诉委员会认为，如果权利要求是"为治疗人体或动物体的一种物质或组合物的应用"，则不可授予专利，因其关于治疗或提高接受者的健康。然而，如果权利要求采用如下形式，则可以授予专利："一种物质或组合物在制备具有某一新用途药物中的应用"。这一种权利要求本质上是指一种生产方法，具有产业应用性。这即所谓的"瑞士型权利要求"，也称"第二医疗用途型权利要求"。欧洲专利局未来可能仍旧允许采用这种形式的权利要求。* **（1）成员国的法律适用**。公约成员国法院对这类权利要求采取不同的态度。德国法院倾向于允许以下形式的权利要求："一种物质在治疗人体或动物体的应用"。瑞士专利局，英国和瑞士的法院，以及荷兰上诉法院都允许瑞士型权利要求，只要新用途体现了新的措施或方法。

10. 外科方法（本条 c 项）。对活人或动物活体上实施的外科方法不得授予专利，即便是为美容目的而不是为治疗目的。对于活体取出的材料或者死亡人体或动物体的外科处理方法，则可以授予专利（《欧洲专利审查指南》C 部分第四章第 4.8.1 节）。在 T182/90 See-Shell biotechnology 案中，上诉委员会认为，涉及在活体之上切口的方法，通常应排除于专利授权之外，

---

* 在 G2/08 案中，扩大上诉委员会认为，2000 年公约修订后，其第 53 条第 5 款已经明文规定物质的特定医药用途可授予专利，所以，不再允许瑞士型权利要求。——译者注

因为其构成外科方法;然而,由于动物已经在此过程中已经被处死,所以,涉案权利要求不构成外科方法,可以授予专利。对于已知医疗器械的"第二外科用途"不可授予专利。《欧洲专利审查指南》C 部分第四章第 4.8.1 节提出,"外科"(surgery)一词是指行为的性质,而不是目的。在 T227/91 *Cadman & Shirtleff* 案中,上诉委员会认为以下形式的权利要求不构成"第二医疗用途型权利要求",因为涉及的医疗器械并没有在外科方法实施过程中消耗掉:"一个治疗装置的组成部件在制造拦截激光束的一种外科激光器械中的应用,该拦截激光束的装置具有特定涂层和基板"。可见,在第二医疗用途型权利要求中,所涉物质或组合物必须在使用过程消耗掉。

11. 治疗方法(本条 c 项)。虽然物质或组合物具有新的医疗效果可以根据第 54 条第 5 款受到专利保护,但是,治疗方法被排除于专利授权之外。如果一个方法的多个步骤之一构成治疗方法,则其落入原公约第 52 条第 4 款排除的范围之内。在 T820/92 *General Hospital Corp.* 案中,上诉委员会认为,一种避孕方法因涉及一个治疗步骤或诊断步骤而不可授予专利,因为这一步骤具有预防作用,是用来避免未来的一个健康问题。但是,一个方法具有美容效果,即便附带有治疗效果,也仍可以授予专利,只要权利要求只针对美容。在 T144/83 *Du Pont* 案中,上诉委员会认为,一种减肥的方法可以授予专利,因为该法的目的是美容。虽然减肥可以具有治疗效果,但是,体重减轻也有负面效果。一个方法如果有非治疗效果,例如可以增加肉的产量,但是因为其增进了适用对象的健康而具有治疗效果,则不应授予专利(T780/89 *Bayer* 案)。避孕方法本身不具有治疗效果,并不当然排除于授权之外(T820/92 *General Hospital Corp.* 案)。但是,如果其包含一个治疗步骤,例如使用一种可以降低避孕副作用的药物,则该方法整体不得授予专利。治疗疼痛,无论是根治,还是康复,还是减轻症状,都属于治疗方法(T81/84 *William H Rorer* 案),都不得授予专利。

12. 人体或动物体之上实施的诊断方法(本条 c 项)。在 T385/86 *Brukker* 案中,一种利用磁共振的非介入性的测量方法,其测量结果本身并不提供最终诊断,而只是用于随后的诊断活动,上诉委员会认为其可以授予专利。根据上诉委员会的意见，在这个方法发明中，数据经由一个技术人员从患者获得，而后用于分析，再得到诊断结果，所以，这一诊断方法没有在人体上实施，所以不违反原公约第52条第4款的公共政策。然而，在T964/99 *Cygnus* 案中，上诉委员会认为，涉案方法本质上具有诊断性质而不可授予专利，因为其提供之结果或是与诊断直接相关，或是对诊断具有重要意义。上诉委员会适用法律的这一矛盾，已经为扩大上诉委员会在G1/04 *Diagnostic methods* 案中解决。扩大上诉委员会对原公约第52条第4款的"诊断方法"作了狭义解释，认为：只有当一个方法包括诊断疾病所需的全部步骤，并且在人体或动物体上实施，才应当排除于专利授权之外。该案同时明确指出，方法涉及医疗工作者或兽医工作者也不必然不应授予专利；公约排除的是特定方法，这不能通过认定实施方法的人来确定。

13. 不授予专利之方法所用的产品（本条 c 项）。本条 c 项的最后一句明确规定，其排除范围不涉及产品，特别是治疗方法所采用的物质或组合物。根据第53条 c 项而不授予专利的方法，其使用的物质或组合物可认定为具有新颖性，只要该物质或组合物用于该方法构成"新用途"。

[新颖性]

第54条

（1）发明如不属于现有技术即是新的技术。

（2）现有技术包括欧洲专利申请日前通过书面或者口头描述，或者使用，或者任何其他方法，为公众所知的所有事物。

（3）此外，现有技术还应当包括欧洲专利申请书的内容，如果其申请日先于第2款规定之日，并且在此日或之后公布。

（4）任何属于现有技术范围内的物质或者组合物，如果用于第53条 c 项规定的方法，只要该用途不属于现有技术，则该用途不应当因为本条第2款和第3款的规定而不满足专利授权条件。

（5）第4款规定的任何物质或者组合物，如果具体用于第53条 c 项规定的方法，只要该特定用途不属于现有技术，则不应当因为本条第2款和第

3款的规定而不满足专利授权条件。

1. 总述。发明必须是"新的",方可获得专利,这是专利法的基本要求。本条第1款规定,发明如果不属于"现有技术"即是新的。第2款总体上定义了何谓"现有技术",第3款对此现有技术的概念进行了延伸。而第55条对第54条规定的现有技术范围进行了限定,将为公众所知的特定信息排除在外。

2. 术语使用:"已有技术"(prior art)与"公开技术"(disclosure)。现有技术由若干"已有技术"组成,通常又称为"公开技术"。

3. "新颖性"和"占先技术"(anticipation)。发明之"新",通常又描述为"新颖的",或者具有"新颖性"。这些术语都可以延伸而用于"权利要求"。如果发明不具有新颖性,它(以及其权利要求)即"为他人抢先",而破坏它新颖性的已有技术通常又称之为"占先技术"。

4. 本领域技术人员。尽管公约第54条没有明确提及本领域技术人员,但是这一抽象主体还是本条适用的关键。就本领域技术人员的法律属性,参见公约第56条的评注。

5. 现有技术——基准日。公约第54条第2款的逻辑是,应当根据欧洲专利申请提出之前的最近时间点来衡量现有技术。实践中,这也就是欧洲专利申请提出的前一天(如果一项技术公开的时间与专利申请的优先权日相同,则不构成现有技术——同一日当中时间的绝对先后,法律不作区别)。然而,对此有一个限制条件:欧洲专利申请的实际提交日之前的特定日期,即"优先权日",在法律上可以视为欧洲专利申请的"申请日"(参见公约第89条)。同时需要注意的是,为考察新颖性起见,现有技术的基准日不同于特定文件解释的作准日(有时也称为文件的"有效日",参见下文第8点评注)。

6. 现有技术——公开方式。公约第54条明确规定了三种公开方式:书面描述公开、口头描述公开和使用公开。然而,任何为公众所知的信息都可以成为现有技术的组成部分。为此,本条同时兜底性的规定"以任何其他方式"为公众所知的信息,也属于现有技术。换言之,现有技术可以是任何信息,无论其传播方式为何。值得注意的是,专利权人公开的信息与其他人公开的信息一样,都可以毫无例外地构成现有技术。专利权人可能因为无意或有意的行为而扩展现有技术的范围,例如在实验性试用中展示设备的原型、在科技会议上发表文章公开发明的内容。**(1)书面描述公开**。书面描述(文件)是已有技术最常见的公开形式,而且是证明公开信息最直接的方式。书面描述可以包括附图。图形或者图形化的信息也可以单独构成已有技术,只要本领域技术人员可以从中得出有关的信息(T896/92 *Avidel Systems* 案)。**(2)口头公开**。口头公开是指一个或多个人的口头表述。典型的例子是科技会议上的发言。**(3)使用公开**。对于一个产品而言,使用公开并不要求该产品在通常意义上被"使用"。使用公开包括产品以任何形式的展示,或者更确切的来说,是指产品处于公众可触及的状态。这与公众是否事实上接触到该产品没有关系,更不用说是否有人实际使用它了。但是,对方法而言,"使用"必定意味着实际应用。证明公约第54条第2款的使用公开,无一例外地需要大量的证据,包括使用发生的日期、产品或方法的性质及其使用的情况,特别是产品或方法是否处于公众所知的状态(参照《欧洲专利审查指南》D部分第五章第3.1.2节和第3.1.3.3—5节)。如果这些情况不为专利权人知晓,欧洲专利局将要求异议人提出完全而彻底的证据(T472/92 *Sekisuit* 案)。**(4)以其他任何方式获知**。根据《欧洲专利审查指南》D部分第五章第3.1.1节,培训课程或电视节目中的示范和展示行为,或者应用技术方法,都可以构成"以其他方式获知"。这表明,通过任何新技术手段(例如"播客")披露信息都可以构成"公开"。

7. 现有技术——为公众所知。技术信息要构成现有技术,它必须在申请日或优先权日前为公众所知(除公约第54条第3款规定外)。换言之,它必须发表或者以其他方式向公众的一个成员传播,而该成员不承担任何保密义务。然而,"为公众所知"的法律概念并不要求公众实际考察或者使用特定技术信息。例如,图书馆的资料即便从没有人借阅过,也不妨碍其为公众所知。类似地,技术信息的地理位置和其表达的语言,也是无关的因素:技术信息可以发生在世界任何一个地方,以任何一种语言存在,都不妨碍其成为破坏新颖性的已有技术。再有,技术信息为公众所知的人数,也是无关因素。为公众的一员所知已经足以。**(1)受制于保密义务下的信息公开**。然而,技术信息必须已经"自由地"为公众所知。如果信息公开受制于保密义务,即接受信息的人不得自由地传播它,则该信息不为公众所知(参见,例如 T482/89 *Telemcanique* 案)。很多情况下都可能存在保密限制。这一义务或是来源于双方的意思表示,或是来自于特定情况下法律推定的默示义务。例如,如果信息披露方和信息接受方之间存在诚信关系或信赖利益,即可以推定二者之间存在保密义务(参见《欧洲专利审查指南》D 部分第五章第 3.1.3.2 节)。

8. 新颖性考察时对比文件解读的作准日——有效日。考察新颖性时(也只有在考察新颖性时),构成已有技术的对比文件应当通过本领域技术人员于其"发表日"(the date of its publication)可能的理解来进行解读(有时称之为"有效日",参见《欧洲专利审查指南》C 部分第四章第 6.3 节)。对此,公约第 54 条 3 款规定的对比文件是一个例外,参见下文第 22 点第(2)项评注。在发展迅速的技术领域,或者当对比文件发表时间明显早于申请日或优先权日时,"有效日"具有重要的法律意义。而且,对于多次发表的文献(例如教科书)来说,"有效日"对于考察同一文件、不同版本的多种解释,也有重要的法律意义(这与创造性考察截然相反。考察创造性时,本领域技术人员解读对比文件的时间基准是专利申请的申请日或优先权日)。

9. 发明必须可以直接且毫无疑义地从现有技术中得出。专利法并不要求对比文件必须要使用与权利要求同样的语言才可以破坏其新颖性。一些细节的差别可能无关紧要。新颖性判断的关键是,一个公开技术破坏一个发明的新颖性即意味着本领域技术人员可以直接且毫无疑义地从中获知所要求保护的发明内容(G1/92 *Availability to the public* 案)。为此,一个通常适用的法律原则是:某一在先公开的技术信息要破坏某一发明的新颖性,则该发明必须可以直接且毫无疑义地从中得出(《欧洲专利审查指南》C 部分第四章第 9.2 节)。为此,存在一系列的法律标准。下文第 10—21 点评注将对其一一进行阐释。

10. 多种含义。如果某一已有技术存在不止一种的解读方式,则只有当所有解读其说明的方式都引向要求保护的发明时,此已有技术才会破坏权利要求的新颖性。所以,如果已有技术包含的技术说明可以以侵犯权利要求的方式实现,也可以以至少一种不侵犯该权利要求的方式实现,则此已有技术不能破坏该权利要求的新颖性,即便如此,权利要求还是可能因为其缺乏创造性而不能被授予专利。同理,如果一个理性人可能对某一已有技术的说明产生多种合理的理解,而只有一种涵括了要求保护的发明,则从该已有技术中无法获得相应的权利要求。这和下述情况不同:对比文件包括两个以上的技术方案或者技术说明,至少其中一个毫无疑义地落入权利要求之内。在这种情况下,构成已有技术的对比文件可能破坏权利要求的新颖性。

11. 发明的全部技术特征必须都已公开。一个技术可以破坏一个发明的新颖性,为"公众所知",即隐含着本领域技术人员可以从中知道权利要求的全部技术特征。**(1)专利侵权检验法**。上述法律标准是否满足,可以通过以下方法进行检验:本领域技术人员在其发表之日,如果实施已有技术的说明,是否侵犯所要求保护的发明内容。如果是,则该已有技术可破坏该权利要求的新颖性。这是因为,要证明侵权,必须证明产品或方法包含权利要求的全部技术特征。尽管这一方法很有用,但是,其适用应当谨慎。已有技术可能"侵犯"专利,即包括发明的全部技术特征,但是,却没有"公开"全部技术特征。换言之,从中无法获得发明内容的全部相关信息(下文第12—18 点评注将详细讨论已有技术充分公开信息的法律标准)。所以,已有技术"侵犯"专利只是缺乏新颖性的必要条件,而不是充分条件。

12. 单一对比文件破坏新颖性。概而言之,发明缺乏新颖性要求其全部技术特征为单一一篇对比文件所公开。通常,不允许合并对比文件(对比文件交叉引用)。然而,如果一篇对比文件明确具体地引用其他在先文件,则属于例外。例如,如果某一对比文件明确指出,在另一个文件中可以找到相关方法的技术详情,而该文件处于公开状态(而不是属于私人控制之下),则可以认定其技术说明全文引用到第一份对比文件中。在先专利申请没有要求保护的内容(即不属于要求保护的发明内容)也视为属于该文件的组成部分(《欧洲专利审查指南》C 部分第六章第 9.1 节)。

13. 一篇对比文件中彼此独立的技术特征。 即使一篇对比文件公开了一项发明的全部技术特征,也不意味着该发明必然缺乏新颖性。如果发明由技术特征组合而成,则这些技术特征的连结方式必须或是为已有技术毫无疑义地公开,或是可为本领域技术人员从已有技术之中无可争辩地推断得出(《欧洲专利审查指南》C 部分第四章第 9.1 节)。例如,不可将一本教科书中不相关两章的说明内容进行合并。再例如,对某一个产品或方法而言,如果对比文件上有两个以上的技术特征列表,但只有依据一个以上的列表才可以导出发明,而该对比文件却没有毫无疑义地公开这一特定技术特征组合,那么,该发明的新颖性没有被破坏(参见 T12/81 *Bayer* 案;同时参见下文第 19 点评注的"选择发明")。

14. 对比文件无须公开要求保护的全部发明内容。 已有技术无须公开专利权人要求保护的全部发明内容,就可能破坏其新颖性。已有技术可以只覆盖要求保护的部分发明内容,也可能破坏权利要求的新颖性。换言之,只要已有技术至少公开一种产品或方法,而其毫无疑义地落入权利要求之内,则该权利要求不具有新颖性(需要同时满足其他条件,参见下文第 15—21 点评注)(《欧洲专利审查指南》C 部分第四章第 9.5 节)。

15. 能够实现。 新颖性判断最重要的一个方面是,发明必须根据已有技术能够实现,其新颖性方才丧失。这意味着本领域技术人员阅读对比文件后,必须能够实施发明。《欧洲专利审查指南》C 部分第四章第 9.4 节将这表述为:"只有当对比文件的信息足以让本领域技术人员在其有效日能够实施其技术说明,对比文件的内容才应认定'为公众所知',并构成公约第 54 条第 2 款规定的'现有技术'。为此,应该考虑该技术领域的普通技术人员在有效日应具有的公知常识。"成员国的法院也采用这一法律标准(例如英国和德国)。**(1) 无须过度试验就能够实现。** 通常,已有技术公的技术内容和要求保护的发明内容之间存在差别。如果已有技术表现为文件,则其具体文字表述与权利要求很可能不同。在法律上,本领域技术人员具有本领域的知识和技能,并可以利用它们来解读对比文件。但是,已有技术要破坏发明的新颖性,本领域技术人员必须能够利用已有技术的信息,无须过度试验,即能够实现该发明(G01/92 *Availability to the public* 案)。无须过度试验即能够实现发明的检验标准和公约第 83 条规定的"充分公开"的检验标准是一致的。何谓"过度试验"取决于个案事实。但是,法律假设本领域技术人员为实现发明而愿意进行试错,并利用其知识和技能纠错。

(2)在先使用某一产品。对于某一产品的在先使用而言,其结构通过简单检查可能就足以全部了解了。如果这足以让本领域技术人员制造该产品,则这一在先公开的产品"能够实现"。然而,简单的视觉检查可能不足以获得实现发明的全部信息,而需要分析才可以发现其内部结构或者组成。在这种情况下,只有当申请日或优先权日前已经存在的分析工具足以让本领域技术人员制造所要求保护的产品,对应的发明才不具有新颖性(参见 T952/92 *Packard* 案。该案对 G01/92 *Availability to the public* 案的诸多法律点进行了阐释,并应在"使用公开"的语境下理解)。无论如何,是否构成使用公开,不需要证明公众具有分析特定产品的特定理由或动机(G01/92 *Availability to the public* 案)。**(3)化合物。**已有技术以化学名称或结构式描述化合物的,只有当通过现有技术披露的信息和公知常识能够制备和分离它时(如果是自然物质,则需要和原始混合物分离),才具有破坏新颖性的法律效力(《欧洲专利审查指南》C 部分第四章第 9.4 节)。同理,已有技术描述的任何其他产品,如果根据相关信息是不能够制造的,则其不具有破坏新颖性的法律效力。

16. 隐含公开(implicit disclosure)。本领域技术人员阅读对比文件后,会得出特定的隐含假定,这应当予以考虑。例如,如果从已有技术背景下的橡胶使用可以清楚地知道这是利用了橡胶的弹性,当权利要求针对一种弹性材料的用途时,该对比文件可以破坏其新颖性,尽管对比文件没有明确提到"弹性材料"(《欧洲专利审查指南》C 部分第四章第 9.2 节)。**(1)**

必定发生的结果。如果发明是对比文件指导技术人员采取特定技术手段的必然结果,则即便对比文件没有对其进行描述,该发明也隐含性地被公开了。例如,一种化合物在一个专利说明书未曾命名,也未曾指认,但可能是说明书所述反应的产物。只要该产品是说明书中反应的必然产物,则要求保护该产品的权利要求就没有新颖性(G1/92 *Availability to the public* 案)。

(2)隐含公开的范围。适用隐含公开的法律原则,应当特别谨慎。从已有技术中确定本领域技术人员头脑中隐含的技术特征,与向已有技术增加其他技术特征之间,存在显著区别,即便所增加的技术特征属于本领域技术人员的公知常识。向已有技术增加技术特征属于公约第56条"创造性"的考察范围。例如,如果已有技术没有规定材料的层数,而本领域技术人员从经验知道材料超过三层就没有实际意义,而发明明确要求使用三层材料,则该发明具有新颖性,因为对比文件并没有明确说明使用三层材料的技术方案(T763/89 *Fuji* 案)。然而,发明可能因此而不具有创造性。

17. 技术公开之中的错误。如果技术公开之中包含技术错误,考察其是否破坏发明新颖性时,就会产生如何解释的问题。这可能包括两种情况。其一,从字面上理解公开的技术,其没有公开发明,但是,如果没有发生错误,则会公开发明;其二,从字面上理解公开的技术,其公开了申请专利的发明,但是,如果没有发生错误,则不会让发明公开。这两种情况都取决于本领域技术人员如何解读对比文件。如果本领域技术人员基于公知常识知道对比文件存在明显的错误,则该对比文件应视为已经得到补正,并依此解读,因为对比文件的技术说明并不只取决于其文字,还依赖于本领域技术人员对其的理解。相反,如果本领域技术人员不能意识到对比文件的错误,则其内容整体(包括其错误)都构成现有技术(T412/91 *Kawasaki Steel Corporation* 案)。

18. 偶然公开。有时,发明可能不幸地碰巧为已有技术所公开。当要求保护的发明所针对的技术问题与已有技术所解决的技术问题不同时,应当仔细比对权利要求和已有技术(T161/82 *AMP* 案)。然而,经过比较之后,如果已有技术充分公开了发明,则该发明缺乏新颖性,尽管经过适当的修改专利申请可能幸免于被驳回(参见公约第123条第12点评注)。

19. **选择发明**。现有技术可能包括一类产品或方法。通过选择这一类产品或方法之中具有某一性质的亚类,可以构成"选择发明"。专利法的原则是,如果构成现有技术的组成部分,则不具有新颖性。选择发明表面上来看是这一法律原则的例外,因为理论上大类的所有成员都已经为公众所知。但是,如果亚类所具有的技术特征不属于现有技术,则要求保护这一特征的权利要求具有新颖性。这对于化学领域(特别是医药)特别重要,因为已有技术往往描述一大类化学物质,其可以包括数百万计的化合物。从非常有限的意义来说,它们每一种都为人所知:如果本领域技术人员拥有无限的时间,他可以通过常规方法制造其中的每一种。选择发明是确定其亚类的性质,而这之前并不为公众所知。**(1) 构成选择发明的条件**。T279/89 *Texaco* 案确立了选择发明的构成条件。从一个数字范围中选择一个子范围,如果满足以下三个条件,则可以构成发明:第一,所选范围应当小;第二,所选范围应当区别与既有范围的优选实施范围(例如专利说明书所举实施例);第三,所选范围不得是从已有技术中随机选出,仅用于实施已有技术的指导,而应当构成一个新发明(有目的的选择)。以下逐一说明这三项条件。**(2) 所选范围应当小**。显然,所选范围应当比既有整体范围小。这一条件可能是指,所选范围应当足够小,从而不落入熟悉整体范围的本领域技术人员的知识范围中。但是,这一法律标准让人感觉是混淆了新颖性和创造性之间的区别。**(3) 所选范围区别于优选实施范围**。在 T17/85 *Pliiss - Staufer* 案中,上诉委员会认为,如果已有技术之中的实施方式和要求保护的范围重叠,二者之间没有足够的距离,并且已有技术说明了本领域技术人员使用要求保护的范围,则该选择发明不具有新颖性。**(4) 所选范围并非任意**。只是从整个范围中挑选一个从未选择的范围而要求专利保护,并不足以构成选择发明。所选范围必须表现出不同于整体范围的显著特征(例如高产量),并且必须已在专利文件中明确说明。如果不具备这样的技术特征,则所谓的选择不过是从现有技术中形式主义地划定范围,缺乏新颖性(T1122/02 *Innovene Europe* 案,第 5.3—5.5 段)。

20. **用途类权利要求**。已知产品的新用途可以构成一项发明(下文将特别讨论新医疗用途)。G2/88 *Mobil* 案和 G06/88 *Bayer* 案是两个经典的例子。在 G2/88*Mobil* 案中,要求保护的发明是一种配方之中的某一种化合物之作为润滑添加剂的新用途。该配方已为公众所知,而且该化合物可以作为除锈剂的属性也为公众所知。对本领域技术人员来说,润滑作用和除锈作用截然不同。该化合物的润滑作用是其固有的属性,如果本领域技术人员留意,即可发现。然而,只有当本领域技术人员事前知道要注意其润滑作用,才可能发现这一化合物具有润滑的技术特征。所以,扩大上诉委员会认为,对该配方的在先使用并没有让公众知道要求保护的新用途,所以针对其润滑用途的权利要求具有新颖性。**(1)发现技术效果的实现方式**。如果技术效果本身已知,而专利权人只是发现该技术效果的实现方式,这与 G2/88 *Mobil* 案不同。这类权利要求不具有新颖性,因为专利权人只是发现已知技术效果的实现方式,而没有发现一种新的技术效果(T892/94 *Robertet* 案)。**(2)用途类权利要求和申请日之前从事的行为**。对用途发明授予专利,意味着第三方在优先权日前已从事的某些活动可能要被禁止,尽管他们其时并不知道专利保护的新用途。这是侵权认定的难题。扩大上诉委员会回避了这一问题,将其留给成员国法院解决。**(3)用途发明的使用公开**。在先使用要可以破坏产品新用途的新颖性,使用人或者公众成员必须要知道该产品是为要求保护的目的而使用。否则,任何一个要求保护已知产品新用途的权利要求都将因为其老用途而丧失新颖性。

21. 适合应用 B 的产品 A。以上讨论的用途类权利要求应当和另外一种常见的权利要求相区别。尽管二者表面上相似,但是法律效果截然不同。这种权利要求表现为"适合应用 B 的产品 A"。这种权利要求意指"产品 A,其适合应用 B"(《欧洲专利审查指南》C 部分第三章第 4.13 节)。它们要求保护一种产品,其具有特定的物理特征或其他特性而使之适合按照要求的保护方式使用。然而,这种权利要求是严格意义上的产品权利要求。如果对比文件公开的产品具有该产品发明的所有特征,但不具有适合特定应用的技术特征,则不能破坏其新颖性。**(1)适合医疗应用 B 的产品 A**。产品的医疗用途是以上一般原则的例外(参见公约第 53 条 c 项)。

22. 未公开的在先专利申请(第 3 款)。不同发明人常常在差不多相同的时间完成相同的发明。如果他们都提出专利申请,则在先提出的申请,即便没有公开而不为公众所知,仍可根据本条第 3 款构成现有技术,用于评价在后申请的新颖性(公约第 54 条第 3 款的对比文件,不可用作考察创造性,因为公约第 56 条明确将之排除在外)。虽然 2000 年公约修订案对第 54 条第 3 款的对比文件的处理方式有所调整,但是,在未来一段时间内,仍旧需要参酌 1973 年公约(第 54 条第 4 款和《实施细则》第 23a 条),其对 2000 年公约生效前提交的绝大多数专利申请仍然适用(之所以是"绝大多数",原因在于,根据 2000 年公约的过渡条款,可以在申请提交时明确要求,公约生效前一个月之内提交的专利申请都依照公约生效日期作为申请日,而不是其实际提交之日作为申请日)。所以,下文"共同指定国"将讨论 1973 年公约第 54 条第 4 款。对于过渡条款的详细规定,可以参见欧洲专利局 2007 年 9 月 20 日的公告,以及《欧洲专利审查指南》C 部分第三章第 8.1 节。

(1) 共同指定国要件。1973 年公约第 54 条第 4 款规定:"只有当在后专利申请所指定的国家也为公布的在先申请所指定,第 3 款才应当适用"。这一条款的目的是限制公约第 54 条第 3 款对比文件的范围。只有当在先和在后专利申请都指定相同国家时,这类对比文件才具有破坏新颖性的法律效力。只有当这类对比文件指定所有公约成员国,欧洲专利申请才可能在所有成员国无效。如果此类对比文件只指定了涉案专利申请指定国的部分国家,而不是全部国家,这可能让相同权利要求在一些成员国获得保护,而在另一些成员国不获得保护,或者不同权利要求在不同成员国获得保护(参见《欧洲专利审查指南》[1999 年 7 月版,2005 年 6 月修订]C 部分第四章第 6.3 节)。* 而且,在这种情况下,还应当参考 1973 年公约的《实施细则》第 23a 条,其规定:"只有当指定费依照公约第 79 条第 2 款已经缴纳后,欧洲专利申请才可依照公约第 54 条第 3 款和第 4 款的规定成为现有技

---

* 根据欧洲专利局 2009 年 11 月 19 日决定,《欧洲专利审查指南》予以修订,并于 2010 年 4 月 1 日生效。——译者注

术。"这一规定明确在先专利申请指定成员国生效的法律条件,即申请人需要依照 1973 年公约第 79 条第 2 款规定缴纳指定费。具体来说,申请人应当在《欧洲专利公报》公布专利检索报告之日起六个月内,缴纳规定的指定费。1973 年公约第 54 条第 4 款删除后,对于依照 2000 年公约提出的专利申请而言,这一问题就不复存在了。**(2)根据第 3 款享有在先权利的日期**。根据第 3 款规定,在先专利申请自其申请日即作为现有技术。然而,根据公约第 89 条,如果在先专利申请有优先权日,则依照优先权日(《欧洲专利审查指南》C 部分第四章第 9.3 节)。**(3)在先申请的相关内容**。第 3 款指的是在先申请的"内容",这包括说明书、附图、权利要求、放弃掉的内容及依照法律为专利申请引用的其他文件,以及专利申请明确记载的任何现有技术。然而,"内容"不包括优先权文件(《欧洲专利审查指南》C 部分第四章第 7.1 节)。**(4)对欧洲专利申请的抵触**。《欧洲专利审查指南》C 部分第四章 7.1.1 节进一步明确,在先申请要构成现有技术,其必须"有效",即到公布之日,其仍然存在,没有撤回或放弃。如果在先申请破坏了在后专利申请对特定指定国的权利要求的新颖性,根据《实施细则》第 138 条,申请人可以修改其对该指定国的权利要求,或者应欧洲专利局的要求,修改附图和说明书。**(5)指定欧洲专利局的 PCT 申请**。根据《实施细则》第 153 条和第 165 条的规定,指定欧洲专利局的 PCT 申请要构成公约第 54 条第 3 款规定的现有技术,其必须已经按照《实施细则》第 159 条第 1 款 c 项缴纳进入国家阶段的费用,并已经提交欧洲专利局官方语言的译文(《欧洲专利指南》C 部分第四章第 7.2 节)。**(6)成员国专利申请**。根据公约第 139 条,公约第 54 条第 3 款对于成员国国家专利申请和专利具有其对于欧洲专利申请同样的法律效力。根据公约第 139 条第 1 款,对于成员国的国家专利申请或专利而言,在先欧洲专利申请具有成员国国家专利申请或专利同等的法律效力。根据公约第 139 条第 2 款,反之亦然:成员国国家专利或专利申请,如果申请在先,对其后才提出的欧洲专利申请具有其对成员国国家专利的法律效力。

23. 第一医疗用途类之权利要求(第 4 款)。医治人体或动物的外科方法或者治疗方法,或者人体或动物体之上实施的诊断方法,如果使用某一种已知物质或组合物,这一用途可以授予专利,只要这种使用具有新颖性。这不违反公约第53条c项规定。上述类型的权利要求又称之为"第一医疗用途类权利要求",通常采用以下形式:"物质或化合物X在治疗方法之中的应用";或者"物质或化合物X在手术方法或诊断方法之中的应用"。其新颖性在于已知物质或组合物的新的医疗效果。由于可以对所有治疗方法都要求保护,第一医疗用途类权利要求的保护范围很宽。根据T128/82 *Hoffman-La Roche*案,如果发明人首次确认某一物质或化合物的医疗作用,他可以使用概括性的语言要求保护其医疗用途,而不需要限定于发现的特定用途。为此,如果现有技术公开相关产品的任何一种医疗用途,都将导致第一医疗用途类权利要求丧失新颖性(但是,参见第24点评注)。一项产品权利要求如果根据公约第54条第4款限定用于特定目的,权利要求并不一定限定于该目的,如果该产品权利要求采用"适合用于特定目的"的形式;相反,该产品权利要求覆盖该产品的任何形式(G05/83 *Eisai*案)。

24. 第二医疗用途类权利要求(第5款)。2000年公约新引入了第5款,其明确规定新医疗用途可以授予专利,即公约第53条c项规定之方法中的新用途,即便其他这类用途已经公开。第二(及以上)医疗用途类权利要求可以采用以下系列形式:"物质或化合物X在治疗方法之中的(特定)应用",不需要采用"瑞士型权利要求"的形式。然而,一些成员国的法律与第5款规定,仍要求采用原来形式的权利要求来保护第二医疗用途型发明。**(1)瑞士型权利要求**。在2000年公约修订之前,第二医疗用途可以通过所谓的"瑞士型权利要求"获得。为此,需要采用以下典型的形式:"物质或组合物X在制备治疗病Y的药物中的应用"。只要满足公约第52条的规定,这种权利要求可以保护第二医疗用途,以及任何新发现的医疗用途。**(2)针对新动物群**。在T19/86 *Duphar Pigs II*案中,上诉委员会曾认为,对同一大类动物的不同亚类具有治疗效果,构成新的医疗用途。**(3)权利要求的形式**。对于第二医疗用途类权利要求而言,发明的核心技术特征具有重要意义,而不是具体形式的语言表述。在T958/94 *Therapeutiques*案中,上诉委员会允许了以下形式的权利要求:"为特定治疗目的而生产某种物质的方法"。上诉委员会认为,在本案中,"方法"(process)和"用途"(use)之间没有本质区别。

[不丧失新颖性的公开]
第 55 条

(1)在适用本公约第 54 条时,如果技术公开发生在欧洲专利申请提出*前六个月之内,并缘于下列情况,则不应当予以考虑:

(a)该公开行为属于与专利申请人或其法律上的前手专利权人有关的明显滥用;**

(b)该公开行为是专利申请人或法律上的前手专利权人根据 1928 年 11 月 22 日巴黎签署的《国际展览公约》(1972 年 11 月 30 日最新修订)的规定,在官方举行或者受官方承认的国际展览会议上展览的。

(2)对于第 1 款 b 项规定的情况,只有满足以下条件,第 1 款才应当适用:申请人提出欧洲专利申请时声明其发明曾经如此展览过,并根据本公约《实施细则》规定的期限和条件,提交有关的证明。

1. 总述。对公约第 54 条规定的一般法律原则,本条规定了两个已有技术公开不破坏发明新颖性的例外。当已有技术公开是因为滥用信任或者展览会上展示,只要符合给定的条件,就可以适用本条。然而,这两个例外的适用范围非常狭窄,实际意义也很有限。如果符合这两个例外的技术公开发生在欧洲专利申请提交之日前六个月内,则不属于公约第 54 条所定义的现有技术。此六个月的期限通常称之为"宽限期",即便技术已经在此期

---

* 欧洲专利申请提出日(filing of European patent application)不同于欧洲专利申请日(date of filing of the application)。前者强调申请人的行为。欧洲专利申请提出日并不必然等同于欧洲专利申请日。例如,如果附图在提交欧洲专利申请时并没有一并提交,当申请人提交附图时,除非他申请将以附图提交日作为申请日,否则该附图以及所有对附图的引用视为被删除(《欧洲专利公约实施细则》第 43 条)。但是,欧洲专利申请日却关系到欧洲专利保护期间的起算(《欧洲专利公约》第 63 条)。——译者注

** 参见扩大上诉委员会 G3/98 University patents 案和 G2/99 Dewert 案的决定。——译者注

间内公开,也仍旧可以提出欧洲专利申请并取得授权。本条清楚地规定,申请人在此宽限期内必须提出"欧洲专利申请"——如果在此期间内提出的申请只是作为优先权的基础,而后再提出欧洲专利申请并要求优先权,则不得享受宽限期。实际上,公约第89条涉及优先权的效力,其并不包括对公约第55条的参照,两者没有关系(G3/98 *University patents* 案和G2/99 *Dewert* 案)。

2. 明显滥用的行为(第1款a项)。第三方违反对申请人或者其前任专利权人(通常是发明人)的保密义务,泄露发明内容,是滥用行为的主要类型(注意,这种情况与向具有保密义务第三方披露不同,后者不需要宽限期保护。参见公约第54条)。为此,《欧洲专利审查指南》(C部分第四章第10.3节)举例说明如下:专利申请人违反保密义务,提出专利申请,并且该专利申请已为欧洲专利局公布。G3/98 *University patents* 案和G02/99 *Dewert* 案的事实也可以很好地说明这个问题。在前一案中,项目的合作者口头地泄露了发明内容;在后一案中,原申请人妻子公司的销售经理不顾原申请人的明确指示,转让了包含该发明的装置。法院认为,销售经理违反了对原申请人的保密义务,构成明显滥用的行为。相反,在前一案中,扩大上诉委员会认为巴西专利局提前公布专利申请属于"可悲的错误",不构成明显滥用的行为。上诉委员会曾认为,"滥用"(更不用说"明显滥用")意味着不仅仅是"错误",行为人的主观过错具有决定性意义。"滥用"要求具有造成损害的恶意,或者明知或应知其泄露行为可能造成的损害。在更早的案件中(T173/83 *Telecommunications* 案),上诉委员会曾经指出,"滥用"不要求具有造成损害的恶意。或有人主张,"明显滥用"的认定如果取决于主观故意,这样的法律规则很蹊跷。然而,前后两案实际上可以相容:"应知泄露行为造成的损害"应理解为客观法律标准,涵括了"明显滥用"的行为,即行为人应该知道或可能知道泄露发明内容的后果,构成过失性泄露。

3. 官方承认的展览会(第1款b项和第2款)。本条规定只适用于官方承认的少数展览会。具体的展览会,读者可以参考国际展览局提供的信息(Bureau International Exhibitions 34, Avenue d'rena Paris 75116 France;网站:www.bie-paris.org;电话:+33 1 45 00 38 63)。如果是在这类展览会上公开了技术的,申请人可以享受宽限期。为此,申请人在提出欧洲专利申请时,应当提出宽限期请求,并提供相关的证明(《实施细则》第25条)。

[创造性]*
第56条
如果对于本领域技术人员来说,发明相对于现有技术不是显而易见的,则该发明应当认定为具有创造性。为此,第54条第3款规定的对比文件不应当用于考察创造性。

1. 总述。(1)创造性的定义。本条第一句话定义了何谓"创造性"。这涉及三个概念:发明应当与"现有技术"相比较;通过"本领域技术人员"的视角考察;不是"显而易见的"。这三个概念将在下文进行讨论。在公约的三个作准文本中,英文本最能表明公约第56条的立法目的,即发明应当由创造性活动来界定——本领域技术人员通过显而易见的手段,无法从现有技术之中得到发明(T641/00 *Comvik* 案)。**(2)公约第54条第3款的对比文件与创造性判断无关**。根据本条第二句,为考察创造性,根据公约第54条第3款构成现有技术的专利申请**不在考虑范围之内。

2. 现有技术。根据公约第54条第2款,现有技术包括"欧洲专利申请日前通过书面或者口头描述,或者使用,或者任何其他方法,为公众所知的所有事物"。这包括书面或口头的描述,在先使用,以及其他方式的公开,统称"已有技术"(参见公约第54条第6点评注)。(1)**排除公约第54条第3款的对比文件**。根据公约第54条第3款,在先欧洲专利申请可以构成现有技术。然而,它们不得进入创造性的考察。这类对比文件对新颖性和创造性之所以作用不同,原因在于,只有当本领域技术人员实际可以接近现有技术,潜在的发明对其来说,才可能显而易见。这意味着现有技术必须公

---

* 参见扩大上诉委员会的下列决定:G2/98、G3/98、G2/99、G1/03 和 G2/03。——译者注
** 即抵触申请,其不能用来评价创造性。——译者注

开。为此,对于考察创造性而言,现有技术的范围应当是公约第54条第2款规定的范围。与此相对,新颖性同时涉及到禁止重复授权,因此很有必要考察公约第54条第3款规定对比文件。**(2) 对比文件解释的基准日**。书面形式的对比文件对新颖性和创造性判断,还有一个公约没有明确规定的区别。衡量新颖性时,构成现有技术的对比文件应当按照其公开日进行解释(《欧洲专利审查指南》C部分第4章第6.3节)。然而,衡量创造性时,对比文件应当以被考察专利的优先权日作为基准日进行解释。两种情况下,其法律标准都是本领域技术人员(参见下文)。二者之所以不同,原因在于,如果本领域技术人员在对比文件公开之日阅读它时不能知晓发明,则对比文件不能自当日破坏发明的新颖性。但是,本领域技术人员在此日之后,优先权日之前,可以根据所获得的公知常识,对对比文件产生新的认识。这种新认识来源书面公开的技术内容和后来获得的知识,属于创造性考察的领域。

3. 本领域技术人员。本领域技术人员是专利法意义上的拟制人。在现实生活中,几乎不可能找到具有这一抽象人所有特性的人。本领域技术人员应当是相关技术领域内的普通工作者,具有通常的技能,熟悉该技术领域的所有公知常识,并且接受与之相关的惯常错误认识。而且,他会认真而勤勉地理解和应用所有相关的已有技术。但是,他不具有创造能力(参见T39/93 *Allied Colloids* 案)。**(1) 技能水平**。普通技能水平随技术领域不同而不同。在一些技术领域(例如生物科技)通常会聘任博士后从事研发,则本领域技术人员应当具备类似的技能和研发经验。其他领域的发明可能是为了提供给经验丰富的商人使用,则本领域技术人员应当具备相当的经验。公约第56条和公约第83条对本领域技术人员的技能水平要求是一致的,但是,公约第83条还要求他知道要求专利保护的发明内容(T694/92 *Myco-gen* 案)。**(2) 技术领域**。上诉委员会指出,对于公约第56条来说,应当以最接近现有技术所在领域的普通技术人员为准(T422/93 *Jalon* 案)。其原因在于,如果普通技术人员来自于技术解决方案所在领域,而与最接近现有技术的领域不同,则他很可能倾向认为技术解决方案显而易见。这种系统性的偏差不应当允许。然而，为衡量专利申请是否充分公开发明，则应当以发明创造所在技术领域的普通技术人员为标准。换言之，T422/93 *Jalon* 案认为，这两个法律规则下的本领域技术人员不是同一个人。更恰当的法律标准应该是，本领域技术人员所在领域始终应当是发明（即技术解决方案）所在之技术领域，因为其对这一领域具有现实的关注。如果这与最接近现有技术所在领域不同，需要解决的问题是，本领域技术人员是否会考虑这一技术领域的现有技术，或者会向这一技术领域的普通技术人员请教，从而形成本领域技术人员团队（参见下文第 4 点评注）。

4. 本领域技术人员可以是一个团队。假想的本领域技术人员可能要求具有若干领域的知识和经验，从而更适合看作一个团队。当要求保护的发明针对多个技术领域的技能时，则会出现这一情况。在 T986/96 *M. A. I. L. Code Inc.* 案中，上诉委员会认为："根据上诉委员会确立的判例规则，公约第 56 条规定之下的本领域技术人员通常不知道远距离技术领域的专利或技术文献（T11/81）。然而，在适当情况下，可以考虑由不同技术专长人员所组成的团队的知识（T141/87 和 T99/89）。例如，当要解决某一部分技术问题时，需要找这一领域的专家；而要解决另一部分技术问题时，又需要找另一不同领域的专家，就属于这种情况。"上诉委员会同时指出，本领域技术人员的知识不超过其技术领域。然而，完成发明可能就需要结合不甚关联的技术领域的知识。所以，应当注意，不要根据要求保护的发明所提供的事后之明，拼凑一个假想的本领域技术人员团队，其由技术领域彼此迥然不同的人员构成。显然，这样一个本领域技术人员团队一定倾向认定专利申请显而易见。判断本领域技术人员团队是否合法，其标准是团队成员是否"通常会"请教团队的其他成员。例如，如果现有技术中的相关文件表明其详情可以从附录的程序列表中得到，则可以认为电子领域普通技术人员通常会向电脑程序员请教有关问题（T164/92 *Robert Bosch* 案）。

5. 本领域技术人员的公知常识。本领域技术人员总是带着其所在技术领域的公知常识来考察现有技术。他具有良好的背景技术知识，即特定技术领域技术人员公知的知识。公知常识是本领域技术人员职业生活的"认知工具",可能没有在任何地方正式公开过。然而,它最常出现在标准的教科书、工具书、参考书之中。所以,它可能不实际的保存在真实个体的大脑记忆里。然而,这些信息仍旧为本领域技术人员所知。在需要时,本领域技术人员可以随时查阅。一些材料之所以进入教科书,就是因为它们是公知常识(T766/91 *Boeing* 案)。科技期刊所载内容,尽管没有进入教科书,但是因为其在全球享有的声誉,也可以构成公知常识(T378/93 *Toshiba* 案)。然而,这并不是常见的情况,更妥当地来说,科技论文(当然也包括专利)所公开的信息,其内容并不具有公知常识的地位。

6. 考察创造性的基准日。根据公约第 56 条,创造性取决于现有技术。根据公约第 54 条第 2 款,现有技术是指欧洲专利申请日之前为公众所知的所有技术。所以,创造性应当以申请日作为其衡量的基准日(严格来说,是申请日之前的一日)。但是,这有一个限制条件:优先权日常视为"申请日"(参见公约第 89 条)。

7. 显而易见性。在基准日,如果发明相较于现有技术,对于其领域普通技术人员来说是显而易见的,则缺乏创造性。《欧洲专利审查指南》指出:"'显而易见'是指没有超出技术正常的演进,可以从现有技术直接或者通过逻辑得到,仅仅是本领域技术人员知识和技能发挥的结果。"(《欧洲专利审查指南》C 部分第四章第 11.4 节)。尽管可以比较简单的定义"显而易见",但是,具体认定"显而易见"和"非显而易见"却相当困难。为此,欧洲专利局的判例法规则发展出诸多的法律方法。下文第 8—23 点评注将对其进行阐释。

8. "问题—解决"范式。欧洲专利局几乎采用统一的方式来衡量显而易见性,即所谓的"问题—解决范式"。《欧洲专利审查指南》C 部分第四章第 11.7 节规定,考察显而易见性包括三个步骤:第一,确定最接近的现有技术;第二,确定客观需要解决的技术问题;第三,以最接近的现有技术和需要解决的技术问题为出发点,考察要求保护的发明对本领域技术人员是否显而易见。这种方法的法律基础是《实施细则》第 42 条第 1 款,其规定专利说明书应当公开要求保护的发明,让本领域技术人员可以理解其技术问题(即便没有明确提出)和解决方案,并且阐述其发明相对于背景技术的优越性。欧洲专利局采用"问题—解决范式"已经超过 25 年。下文将针对"问题—解决"范式的每一个步骤,一一进行讨论。

9. 只有技术特征才相关。发明可能既包含技术特征,也包含非技术特征(特别是与公约第 52 条第 2 款规定相关的不构成发明的内容)。非技术特征甚至可能成为发明的主导部分。然而,判断是否具有创造性时,应当只考虑具有技术性质的特征(T641/00 *Comvik* 案)。

10. 最接近的现有技术。最接近的现有技术是指和发明最为接近并针对同样技术问题的一份对比文件。它是最有希望得到发明的出发点。一般而言,这样一个对比文件表明了与发明具有类似用途的产品或方法,其结构或功能经过最小的调整,即可以得到要求保护的发明内容。相比于结构上的相似性,其目的与发明的近似性具有更重要的法律意义(T506/95 *Grote & Hartmann* 案)。在欧洲专利局的异议程序中,通常是由当事人提出最接近的现有技术;而他们常常意见不同。实务上,异议人有证明缺乏创造性的举证责任(并且有更大的积极性纠正授权错误)。所以,通常先由异议人提出最接近的现有技术,并且论证争议权利要求缺乏创造性,而后,再由专利权人进行应答。视上诉委员会的容忍程度,异议人可以提出多个最接近的现有技术和异议专利缺乏创造性的相应论证。

11. 确定客观需要解决的技术问题。要求专利保护的发明所要解决的技术问题,应当通过本领域技术人员在优先权日的知识和能力水平,根据最接近现有技术构建得出。**(1)根据事后之明构建要解决的技术问题**。以最接近现有技术作为出发点,根据头脑中已知的发明来构建技术问题,必然包含事后之明的成分,因为这已经假设本领域技术人员在不知道发明的情况下,已经知道现有技术中的特定技术问题。这意味着,本领域技术人员被认为研发一开始,就是带着特定的技术问题,从最接近的现有技术之中去寻找解决技术问题的方法。这对发明人来说,相当不公正。这一法律风险几乎不可避免。从实务来说,问题的焦点是最接近的现有技术与发明之间的差距。所以,应该谨慎小心的构建技术问题,避免所构造的问题直接指向技术解决方案,这样才可以减少上述风险。例如,如果本领域技术人员在优先权日不会意识到要求保护之发明针对的特定技术问题,则不应该如此具体的构建客观需要解决的技术问题,而是应该采用概括性的方式,譬如一种不特定的改进现有技术的需要。**(2)重新构建技术问题**。专利申请的说明书应该表明技术问题和解决方案(《实施细则》第 42 条第 1 款 c 项)。由此,应该假设说明书陈述的技术问题是正确的。但是,这对当事人(包括专利权人)不具有拘束力。具体来说,在专利审查或专利异议程序中,可能发现不同但更接近发明的现有技术,以至于专利申请的说明书所称技术问题相对于这一现有技术而言,客观上不再正确。任何时候,包括专利异议程序,技术问题都可以重建(T13/84 *Sperry* 案)。但是,申请人重新构建技术问题的范围受到限制。如果重新构建的技术问题与说明书陈述冲突,譬如发明的优点,则不被允许。而且,申请人也不得为避免上述冲突而修改说明书,因为这可能违反公约第 123 条第 2 款。

12. 根据"问题—解决"范式判断显而易见性。判断创造性就是要回答如下问题:本领域技术人员面临客观需要解决的技术问题,从最接近的现有技术出发,在专利申请日或优先权日,是否可以实现要求专利保护的技术解决方案。如果不是,则具有创造性。然而,这一关键问题常常难以回答。为此,欧洲专利局根据"问题—解决"范式发展出诸多辅助法律标准。下文第 13—23 点评注将对此进行说明。

13. "可能—必然"的区别。很多情况下,要求保护的发明是本领域技术人员解决技术问题的一个选项。本领域技术人员甚至可能将其列为一系列探究方向之一。但是,这并不足以使发明根据公约第 56 条而"显而易见"。这是因为,创造性的检验标准并不是本领域技术人员是否"当时可能"修改或调整最接近的现有技术,从而取得要求保护的发明;而是本领域技术人员是否"当时必然"如此作为。这即所谓"可能—必然检验法"(could-would test)(参见,例如 T2/83 *Rider* 案)。这是为了防止对发明作"事后评价",即在考察最接近现有技术时,有意或无意地认为本领域技术人员头脑之中已经存有发明;如此一来,考察的问题不再是创造性,而是发明在技术上是否可行。然而,本领域技术人员应当被认为对要求保护之发明一无所知。所以,正确的问题是,在当时的情况下,本领域技术人员是否应会按照特定方式改进现有技术。

14. 现有技术之间的结合。判断本领域技术人员是否会改进现有技术而得到要求保护的发明时,欧洲专利局通常采用的方法是考察最接近的现有技术结合另外的现有技术(包括在先使用)是否会提供发明的全部技术特征。当然,也可以考虑结合最接近的现有技术和多个其他现有技术。然而,这反而可能证明这些技术的结合是非显而易见的(参见下文第(2)点说明)。在欧洲专利局,一般而言,如果在另一对比文件之中,可以找到最接近现有技术之中技术问题的解决方案,则可推定本领域技术人员应会结合它们,而要求保护的发明因此显而易见。例如,在异议程序之中,关键是论证两份对比文件是否公开了要求保护之发明的全部技术特征。尽管如此说,实际情况却远非如此简单明了。**(1)现有技术不应当结合的情况。**即便两份对比文件结合公开了一项发明的全部技术特征,也不能因此简单地认定发明不具有创造性,因为这将不正当地推定本领域技术人员具有事后之明。一个面临客观需要解决的技术问题的本领域技术人员,从最接近的现有技术出发时,其在优先权日可能根本不会考虑或使用另外一个对比文件之中的信息。为此,应当注意以下问题(参见《欧洲专利审查指南》C部分第四章第11.8节):从对比文件公开的技术来看,本领域技术人员面临发明要解决的技术问题时,是否可能结合它们——例如,对比文件公开之发明的核心技术特征在内质上不相容,其作为整体不易结合,则不应认定对比文件破坏发明的创造性。再如,对比文件公开的技术是属于类似或近似技术领域,还是属于迥然不同的技术领域。**(2)将最接近的现有技术和多个对比文件结合。**本领域技术人员结合两个以上对比文件公开的现有技术而得到发明的可能性,比其结合两份对比文件公开的现有技术得到发明的可能性,一定要小,特别是因为上文(1)点所述之理由。通常,这种情况很难证明发明缺乏创造性。**(3)**同一份对比文件公开的多个彼此独立的技术特征。如果一份对比文件之中公开了发明的多个技术特征,但是并没有公开它们的结合方式——例如,它们处于同一份对比文件的不同部分——则它们应该被认为是相互独立的技术公开。本领域技术人员是否可能将它们结合,是否可能将它们和该对比文件之中的其他技术特征结合,都应当根据前述原则处理。**(4)发明包括多个功能相互独立的技术特征。**有时,一个发明并不是由功能上相互联系的技术特征组成,而是由两个或多个功能相互独立的技术特征构成,而每一个技术特征是对一个不同技术问题的解决方案。在这种情况下,有必要针对每一不同的技术问题,确定其最接近的现有技术(参见《欧洲专利审查指南》C 部分第四章第 11.5 节、第 11.7.2 节和第 11.8 节)。**(5)公知常识的作用。**考察新颖性和创造性,都必须根据拥有本领域公知常识的普通技术人员来判断。例如,技术术语应当根据公知常识来解读。然而,为判断创造性,公知常识的使用可以更进一步:公知常识可以和现有技术相结合(这和判断新颖性截然不同:只有可以从现有技术适当推断的信息,或者现有技术明确引用的信息,才可以作为判断新颖性的基础)。所以,判断创造性时,可以认为本领域技术人员在最接近现有技术(或与之相结合的现有技术)之外,还具有公众常识,即便后者不见于对比文件之中。它们共同构成本领域技术人员解决技术问题的认知工具。

15. **"问题—解决"范式并非总是适用。**偶尔,上诉委员会拒绝采用"问题—解决"范式来考察发明是否具有创造性。在 T465/92 *Alcan International* 案中,上诉委员会(第9.5段)阐释道:"由于'问题—解决'范式所依赖的检索结果是在实际知道发明之后作出的,其本质上来自于事后之明,因此在一些情况下,应当谨慎适用。而且,在支持或否定创造性的事实已经清楚的情况下,这一范式可能导致繁复的多步推理。所以,当发明开创新领域时,与其根据似是而非的现有技术构建一个需要客观解决的技术问题,还不如更妥当地承认不存在接近的现有技术。"

16. **问题发明。**"问题发明"(problem inventions)是指发明来源于发现特定技术问题。这种发明的创造性贡献来自于确定技术问题;一旦问题确定,技术解决方案就显而易见,甚至轻松易得,不值一提(T2/83 *Rider*

案)。此时,"问题—解决"范式不适用,因为唯一的问题是,本领域技术人员是否会发现该技术问题。

17. 基于发现作出的发明。 根据公约第 52 条第 2 款,发现本身不构成发明。但是,发现的技术应用可以构成发明而享受专利保护,即便发现一旦完成,该技术应用对于本领域技术人员而言,就是显而易见的(参见《欧洲专利审查指南》C 部分第四章第 11.6(iii)节)。

18. 特定情况下的显而易见性。 永远不要忘记,创造性是要回答以下的法律问题:根据现有技术,发明对本领域技术人员而言,是否显而易见? 为此,一些特殊情况需要特别考虑。下文第 19—23 点评注将对其进行阐释。

19. 明显可尝试*的技术方案。 判断本领域技术人员是否应会修改现有技术而得到发明,通说认为,本领域技术人员不会仅仅因为不确定某一方法的结果而放弃它。只有当某一技术方案明显地可尝试,具有合理的成功机会时,相应的发明才不具有创造性。技术方案是否明显地可尝试,与技术方案是否有成功的希望,并不是同一回事。它暗示,本领域技术人员在开始研发项目前,根据既有知识,可以合理地预测得出,该项目可以在可接受的时间之内顺利完成。越是前人未曾探究的技术领域,越是难以预测其成功完成的时间,其成功机会也就越低(T296/93 *Biogen* 案)。

20. 意想不到的技术效果。 如果技术方案显而易见,即便发现意想不到的技术效果,也不因此而减少显而易见的程度。这只是意味着没有人在"发明人"之前注意到显而易见的技术所具有的意外效果,所以,发明不具有创造性。然而,对此应当谨慎。一般而言,有充分的理由认为,让人惊讶的效果之所以未曾被人注意是因为凭借事后之明才可发现相应的技术方案显而易见。让人意想不到的技术效果也可作为创造性的指针之一(T181/82 *Ciba Geigy* 案)。

21. 克服技术偏见。 对比文件或者公知常识可能代表技术偏见。这对

---

* 美国联邦最高法院在 KSP 案中,也使用了"obvious to try"一词,即"明显可尝试"。——译者注

于判断本领域技术人员是否当时应该会（而不是当时可能会）采用一种显而易见的技术方案直接相关。技术偏见必须广泛存在，即本领域技术人员应当也会怀有这一偏见。技术偏见的存在必须通过证据证明。主张克服技术偏见的当事人（专利权人）应当举证证明技术偏见（参见，例如 T119/82 *Exxon* 案）。

22. 长期渴望解决的技术难题。如果发明满足了相关技术领域长期渴望解决的需求，这可以作为发明具有创造性的有力证据。如果发明克服的问题曾经长期困扰该技术领域的技术人员，则更可以说明其具有创造性。为此，必须搞清楚技术突破产生的真实原因。如果只是因为经济环境改变，例如原材料成本下降，则发明是否解决长期渴望解决的技术难题与其是否具有创造性没有关系。

23. 商业成功。时常有人主张商业成功能够说明发明解决了长期渴望解决的技术难题，从而具有创造性。然而，这很难证明，因为商业成功取决于很多因素，例如商业机会、广告和促销等。

24. 法国判断显而易见性的法律方法。法国采取类似欧洲专利局的方法来判断发明是否具有创造性。二者的主要差别在于，法国法院并不正式采用"问题—解决"的分析范式。特别的，法国法院并不系统地定义"最接近的现有技术"。举证证明发明不具有创造性时，当事人常提出多份对比文件及其结合。"问题—解决"范式被作为一个工具，用来分析现有技术的说明、要求保护的发明，以及本领域技术人员面对技术问题时的推理方式。换言之，法国法官在考察发明、现有技术和本领域技术人员采用的手段时，倾向将注意力投向技术问题和解决方案。通常，法官会首先考察所有对比文件的技术说明，而后判断本领域技术人员是否有理由按照专利效力质疑方给出的方式结合它们，以及这些结合是否可以得到要求保护的发明。此外，法国法院还可能指出若干线索，用于辅助判断创造性。如果要认定发明"非显而易见"，法院可能指出发明产生了意想不到的效果、克服了曾存在的技术偏见、解决了长期渴望解决的技术难题，或者取得了商业成功（相对而言，这很少见）。如果要认定发明"显而易见"，法院可能指出发明所采取的各种技术手段之间没有协调,发明提出的技术解决方案来自于临近技术领域,或者要求保护的发明等同于现有技术。对于本领域技术人员的特征,法国法院尚未承认本领域技术人员可以指一个团队。除此之外,法国的判例对于本领域技术人员的专业领域、知识水平和技能水平与欧洲专利局的实践并无二致。法国法院不接受证人证言,而是认为申请日前发表的现有技术更可靠,也更令人信服。

25. 德国判断显而易见性的法律方法。德国并不像欧洲专利局那样严格地适用"问题—解决"范式。尽管大多数判决都指明了"最接近现有技术"的对比文件,然而,根据案件具体事实,德国法院也以替代对比文件作为创造性判断的出发点。不同对比文件的现有技术可以结合。判断创造性时,德国法院采用的检验法(参见 *Schmielfettszuammensetzung*[*Lubricant Composition*])基于以下四项标准:确定涉诉专利(独立)权利要求的技术内容;确定本领域技术人员;考察相关现有技术;判断相关现有技术和涉诉专利之间的区别是否显而易见。标准一是法院采用的第一步,根据本领域技术人员优先权日的认知来确定涉诉专利的技术内容。对于标准二,一般而言由最高法院根据专家证人听证的形式来确定。法院给技术专家的问题通常如下行文:"关心发明所在技术领域创新活动的技术人员,其普通教育水平和职业经验如何?"标准三可能涉及考虑替代对比文件,特别是当对比文件是否公开"最接近的现有技术"存在争议之时。对于标准四,法院需要再次考察专家证据,用以判断相关现有技术和涉诉专利之间的区别是否显而易见。在取证令中,通常包括如下针对专家的问题:"(1)本领域技术人员得到发明需要采用哪些步骤?(2)本领域技术人员是否有动机进行这样的探究?(3)本领域技术人员根据以上两点,'当时应该会'(would have)得到发明的正面和反面理由具体有哪些?"但是,显而易见性毕竟是法律问题,应该严格由法院来判定。

26. 荷兰判断显而易见性的法律方法。荷兰《专利法》(1995年)第2条第1款和第6条借鉴了公约第52条和第56条,要求发明应当具有创造性。荷兰上诉法院和海牙特别地区法院接受了欧洲专利局采用的"问题—

解决"范式，将其作为判定发明是否具有创造性的有用工具。它们也常采用一些不太结构化的方法，例如，根据公知常识来判断是否具有创造性。尽管上诉法院所采用的方法已经和"问题—解决"范式有所偏离(*Parteurose/Modulmed*案将"问题—解决"方式作为判断创造性的一种方法，并援引了T465/92 *Alcan International*案)，但是，地区法院仍深入贯彻这一法律方法。上诉法院判断非显而易见性时，似乎已经转向"最接近现有技术"的事实性分析，而不再采用典型的技术问题和解决方案的术语，但是，地区法院通常会明确地进行每一步"问题—解决"范式的分析。在 Geotechnic/Meeuwissen 案中，地区法院甚至指出，"问题—解决"范式不仅是判断创造性的一种方法，而且是最有用的方法(也是欧洲专利局最常用的方法)。法院特别指出，法院决定不采用这一方法时，需要特别说理；而采用它时，应该避免采用事后之明。地区法院在以下法律问题上，也采取欧洲专利局的做法：确定最接近现有技术；确定本领域技术人员的公知常识；判定非显而易见性时，对比文件之中需要有的技术指南；创造性考量的辅助因素，*例如商业秘密和长期渴望解决的技术难题等。尽管当事人证明显而易见性或非显而易见性时，常常提出专家报告，但是，专家在荷兰法律程序中的作用远不如其在盎格鲁-撒克逊法律程序之中的作用。由于荷兰法院通常不听取证人证言，也就没有办法对其书面证言进行质证。而且，荷兰法院更倾向于采信书面对比文件在相关基准日为人所知的记录，对专家关于申请日何为"显而易见"(或"非显而易见")的证言却不甚关心。

27. 英格兰和威尔士判断显而易见性的法律方法。英国法院不采用"问题—解决"范式来判断创造性，也不确定"最接近现有技术"，而是由请求撤销专利的当事人提出一个相关现有技术的列表，其中每一个都可以独立的作为否定创造性的出发点。对于每一个对比文件，上诉法院在 *Windsurfing* 案所确立的四步检验法都应当适用。在该案中，奥利弗大法官指出，显而易见性问题是一个"陪审团问题"，即本质上属于事实问题，

---

* "辅助因素"(secondary indicia)是指判断创造性的若干客观因素。——译者注

而不是法律问题,需要满足四步检验法。该检验法为 *Pozzoli* 案所修订。其第一步是确定本领域技术人员这一抽象主体和这一主体所具有的公知常识。而后,法院需要确定权利要求的发明构思。如果无法确定,则解释权利要求。第三步是确定对比文件所引用的现有技术内容和权利要求(或依照其解释)的发明构思之间的区别。最后,法院需要回答,如果不知道要求保护的发明,这些区别对于本领域技术人员而言是只包括显而易见的步骤,还是要求一定程度的创造。最后一步考察显而易见性是,必须依据经过质证的证据,这对于最终判断创造性通常具有关键性的意义。更为重要的是,这包括当事人各方提出的专家证据。专家的作用是教育法院。尽管专家必然会对是否显而易见发表意见,但是,最终由法院来决断这一问题。

28. 权利要求的范围应和对现有技术的贡献相符合。公约第 56 条适用的一个重要法律原则是,权利要求的范围应和专利权人对现有技术的技术贡献相符。尽管这一利益平衡通常适用于公约第 83 条和第 84 条,但是,其同样也适用于公约第 56 条。落入一个有效权利要求的所有内容都必须具有创造性。否则,应当修改权利要求,去除显而易见的内容,才可以正当地取得垄断权(T939/92 *Agrevo* 案)。

[*产业实用性*]
第 57 条
   发明可以在任何产业(包括农业)中制造或使用即具有产业实用性。

   1. 总述。发明在任何产业中的制造或使用,都可使之具有公约第 57 条要求的产业实用性。发明必须满足这一条件,才可以根据公约第 52 条第 1 款获得专利授权。公约第 57 条明确将"农业"作为"产业"的范围(参见 T116/85 *Wellcome* 案)。因为公约第 57 条是公约第 52 条第 1 款规定的授予专利的条件之一,缺乏产业实用性既是根据公约第 100 条 a 项规定提出专利异议的法定理由之一,也是根据公约第 138 条第 1 款 a 项在成员国撤销欧洲专利的法定理由之一。

2. 产业应用(industrial application)。《欧洲专利审查指南》规定："'产业'应该作广义解释,包括具有技术特征的实在活动……也即是说,任何有别于审美技艺的有用或实用的技术"(C 部分第四章第 5.1 节)。所以,"产业应用"的范围很广,但似乎排除了私人和个人使用。避孕方法如果适用于私人或个人领域,则不适合产业应用(参见 T74/93 *British Technology Group* 案。该案涉及的专利方法是直接将一种化合物用于子宫)。一项发明具有产业实用性,并不必然授予专利,因为其可能不满足公约规定的其他法定条件,特别是公约第 52 条第 4 款。例如,T116/85 *Wellcome* 案涉及一种农业方法,上诉委员会认为其具有产业实用性。但是,其同时构成治疗方法,所以被驳回。产业应用包括商业应用和金融应用。所以,商业方法可以具有产业应用性,尽管这类发明可能因为不符合公约第 52 条而不予以授权(T204/93 *AT&T* 案)。一个产品只要可以制造,即具有产业实用性,无论其是否有用(《欧洲专利审查指南》C 部分第四章第 1.3 节)。* 在生物科技领域,发明如果搞清楚了物质结构或功能,并公开了商业规模制造它的方法,或者从自然状态获得它的方法,可以具有产业实用性,如其可为本领域技术人员制造或使用(T870/04 *Max-Planck* 案)。

3. 不可实施的发明。不可以实施的发明不具有产业实用性。公约第 83 条的充分公开要求与产业实用性相关。如果公开不充分,例如发明违反物理规律,则将导致发明不可实施,进而缺乏产业实用性(T54/196 *Zachariah* 案)。

---

* 这种说法值得商榷。在 2005 年 T870/04 案中,上诉委员会认为,一种物质,例如一种多肽,可以通过某种方式获得,但这并不意味着就满足公约第 57 条,除非该物质有某种"有利可图的用途"(profitable use)。——译者注

第二章　有权申请和获得欧洲专利的人：
发明人表明身份的权利

[提出欧洲专利申请的资格]
第 58 条
　　任何自然人或法人，以及根据有关法律等同于法人的组织，都可以以自己的名义提出欧洲专利申请。

　　1. 总述。根据公约第 58 条，任何自然人和法人，无论其国籍或居住地，都有权提出欧洲专利申请。这有别于有权获得欧洲专利的人（公约第 60 条）。

　　2. 有权提出专利申请的人。任何自然人和法人都有权提出欧洲专利申请；根据成员国法律，其应当具备法律行为能力。根据成员国私法或公法设置的法人，例如政府机构、大学或基金会，都可以提出专利申请。只要根据成员国法律这些主体可以享受权利，承担义务即可。如果对申请人的资格没有疑虑，欧洲专利局并不会审查申请人是否获得申请欧洲专利申请的适当授权。

　　3. 形式要求。《实施细则》第 41 条第 2 款规定了欧洲专利申请的请求书信息的形式要求。如果申请人是法人，则应当使用正式名称，例如其登记注册所使用的名字。请求书所留地址应该满足顺利邮寄的传统要求。

[多个申请人]
第 59 条
　　欧洲专利申请可由多个申请人联合提出，也可以由指定不同成员国的两个及以上申请人提出。

1. 总述。本条表明,多个申请人可以基于同一个发明提出一个欧洲专利申请。这有别于所谓的"平行发明"(parallel invention),其是指多个不同人完成了相同或近似的发明,并独立提出专利申请(参见公约第 62 条第 2 款)。本条典型的情况是,两个或多个公司共同研发而完成了发明,并共同提出专利申请。

2. 共同申请人。多个自然人或法人可以一起提出一项欧洲专利申请。根据《实施细则》第 41 条第 3 款,专利申请之请求书最好指明多个申请人之一作为欧洲专利局法律程序的共同代表人。

3. 两个及以上申请人。本条允许针对不同指定国分别指定申请人。如果专利申请审查程序之初,已经明确哪一个申请人享有欧洲专利授权后在特定成员国的专利保护,则这一制度设计可以节省当事人分配权利的成本。即便不同指定国的申请人不同,但是,欧洲专利审查程序仍是单一程序(参见《实施细则》第 118 条)。如果欧洲专利申请获得授权,每一个申请人将取得相应指定国的授权证书(《实施细则》第 72 条和第 74 条)。

4. 共同代表人。如果公约要求指定代表(公约第 133 条第 2 款),而又有多个申请人,则应当指定共同代表人(《实施细则》第 4 条第 3 款)。

5. 申请人更正。可以根据《实施细则》第 139 条更正申请人的姓名或名称(参见 J18/93)。

[欧洲专利的专利权人]
第 60 条

(1)欧洲专利应当属于发明人或其权利继受人。如果发明人是雇员,欧洲专利的专利权人应当根据其主要工作地所在国的法律来确定;如果其主要工作地所在国不能确定,则应当根据其雇主单位营业地所在国的法律来确定。

(2)如果两个及以上的人独立完成了同一个发明,欧洲专利申请日最早的人有权获得欧洲专利,只要该专利申请已被公布。

（3）在欧洲专利局的各种程序中，专利申请人应当视为有权行使对欧洲专利的权利。

1. 总述。本条规定是关于如何确定欧洲专利的专利权人。"对欧洲专利的权利"包括申请专利的权利、请求审查授予专利的权利和拥有最终授权专利的权利。如果对此发生纠纷，无论是在发明人之间，还是在雇员与雇主之间，都应根据公约第60条处理（参见公约第61条第1款和第74条）。但是，公约第60条赋予成员国法院对这些问题享有终审权。

2. 对欧洲专利的权利（第1款）。本条第1款规定，发明人或其权利继受人享有对欧洲专利的权利。然而，如果发明人是一个雇员，则由成员国的国内法规定谁应享有欧洲专利的权利。为此，应当以发明人的主要工作地所在国法律作为准据法；如果这难以确定，则应以发明人的雇主单位营业地所在国法律作为准据法。如果上述规则都不足以确定准据法，则应参考发明人工作中心地点来确定准据法（参见欧洲法院 C－383/95 *Rutten* 案）。对欧洲专利的权利可以转让或许可给第三方（公约第72条和第73条）。欧洲专利的权利转让、许可和继承，均由成员国国内法调整（公约第74条），包括国际私法。任何关于欧洲专利的权利纠纷都必须由成员国法院审理裁决（参见公约第61条）。

3. 共同发明人（第2款）。如果多人参与发明的完成，他们将作为共同发明人。公约并没有规定何种性质的贡献可以使一个自然人享有共同发明人的资格，所以这一问题应由成员国法律来调整。在德国，通说认为，共同发明人对发明的创造性贡献不必相同。对于任何发明来说，共同发明人对发明的创造性贡献几乎不可能相同。公约第60条第2款所谓"共同发明人"应当是对整体发明构思中创造性组成部分具有智力贡献的人（德国 *Motorkettensaege* 案和 *Spanplatte* 案）。但是，一个只对发明作出普通贡献的人没有资格成为共同发明人。共同发明人对欧洲专利共同享有权利。

4. 平行发明和先申请（第2款）。第2款规定了多人独立完成相同发明创造，并各自申请欧洲专利的情况。这一法条确立了"先申请原则"，即欧洲专利授予最先提出欧洲专利申请的人,只要该申请已经根据公约第93条公布。需要注意的是,根据公约第89条,优先权日视为申请日。所以,谁先完成发明并不重要。最先提出专利申请的人只在其指定的国家享有授予专利的权利。如果多人同一日(一日之中的具体时间差异对于确定先申请人无关紧要)就同样的发明提出专利申请(这种情况很少见),并且其指定国有重叠,则法律上属于同时申请,欧洲专利局对每一个申请进行独立审查,并同时视其他申请不存在(《欧洲专利审查指南》C部分第四章第6.4节)。

5. 资格推定(第3款)。欧洲专利局从不对专利申请人是否应享有欧洲专利的权利进行实质审查。欧洲专利局假定申请人如果不是发明人,则他已经从发明人那里合法的获得了对欧洲专利的权利。

[无资格人所提出的欧洲专利申请]
第61条
　　(1) 经终审决定,欧洲专利的申请人不具有法律资格,而第三方有权取得欧洲专利授权的,他可以根据本公约实施细则的规定:
　　(a) 取代申请人,以自己的名义继续该专利申请的审查程序;
　　(b) 就同样的发明,提出一个新的欧洲专利申请;或者
　　(c) 要求驳回该欧洲专利申请。
　　(2) 第76条第1款的规定可比照适用于根据第1款b项所提出的新欧洲专利申请。

1. 总述。关于欧洲专利的权属纠纷,都由成员国法院根据成员国的国内法予以裁决。就成员国法院的管辖权和判决执行,成员国签订有《欧洲专利权利纠纷的管辖权和司法判决相互承认议定书》(Protocol on Jurisdiction and the Recognition of Decisions in respect of the Right to the Grant of a European Patent)(简称《司法判决相互承认议定书》)(根据公约第164条第1款,此议定书属于公约的组成部分)。本条规定了成员国法院认定欧洲专

利的真正专利权人后,如何处理未授权欧洲专利申请的法律规则。《实施细则》第14—18条规定了相应的审查程序,而其第78条规定了相应的异议程序。

2. 成员国当局的终局决定(第1款)。如果成员国当局终局裁定欧洲专利的申请人为非法申请人,第三方对其享有真正的权利,则该第三方在自这一终局决定之日起三个月内,该欧洲专利申请未获得授权之前,可以决定如何处理该欧洲专利申请。为此,他有三个选择:以自己名义继续进行该欧洲专利申请的审查程序;就相同发明提出一个新的欧洲专利申请;或者要求欧洲专利局驳回该欧洲专利申请。只有在该终局决定作出的指定国,或者根据《司法判决相互承认议定书》应当执行该终局决定的指定国,上述选择才有效。**(1)继续进行既有专利申请的审查程序。**为此,欧洲专利局的法律部门将更正专利登记簿,将原专利申请转让给真正的专利权人。**(2)提出新的欧洲专利申请。**如果选择这一救济方式,新提出的欧洲专利申请将视为原申请的分案申请,并适用公约第76条第1款的相关规定。当原欧洲专利申请已经不再处于审查之中(例如,已经撤回、视为撤回、或者驳回),这是唯一的救济方式(G3/92 *Unlawful Applicant* 案)。新欧洲专利申请仅限于原申请所指定的成员国。这是为了保护第三方的信赖利益。第三方不可能知道未被指定的成员国可能会出现对同一发明的专利申请。如果成员国当局确认原申请人有权申请专利,则原欧洲专利审查程序将重新启动。

3. 第三方只对欧洲专利申请的部分技术内容享有所有权。如果成员国的终局决定认为申请公开的技术内容只有部分属于第三方,对该部分也可以适用公约第61条和《实施细则》第16条和第17条(参见《实施细则》第18条第1款)。

4. 成员国的有权当局。"有权当局"是指对于欧洲专利权利纠纷享有管辖权的机构(《司法判决相互承认议定书》第1条第2款),通常就是各国法院。但是,英国专利局是个例外。如果被告(原申请人)在成员国具有居住地或者主要营业地,则应当在该国进行相关法律程序(《司法判决相互承认议定书》第2条)。如果被告的居住地或主要营业地不在任何一个成员国,但是原告的居住地或主要营业地在某一成员国之内,则该国法院独享管辖权(《司法判决相互承认议定书》第3条)。此外,对于雇员和雇主之间的纠纷(《司法判决相互承认议定书》第4条和第5条第2款),以及当事人之间有管辖法院约定的情况(《司法判决相互承认议定书》第5条第1款),还有特别的法律规则。

5. 终局决定的相互承认。对于某一成员国有权当局作出的终局决定,其他成员国应当予以承认,并不得要求通过特别的法律程序。尤其是,不得对其管辖权和判决的有效性进行审查(《司法判决相互承认议定书》第9条)。只有当申请人证明其未获得充分的通知,或者终局决定和在先决定相互冲突(《司法判决相互承认议定书》第10条)时,成员国才可以拒绝执行该终局决定。为终局决定的相互承认,决定无须采用特定形式的判词,但需要明确说明是将欧洲专利申请从原申请人转让给特定的第三方。

6. 申请中止审查程序。第三方一旦在成员国内发动法律程序,挑战欧洲专利的权利归属,在终局裁判之前,他可以通知欧洲专利局。欧洲专利局接到通知后,将中止审查程序,除非他在欧洲专利申请公布之后,以书面形式同意欧洲专利局继续审查程序(《实施细则》第14条第1款)。《实施细则》第15条规定,一旦欧洲专利局接到权利纠纷诉讼的通知,原申请人不得撤回欧洲专利申请,也不得撤回其对成员国的指定。这是为了保护提出权属异议的当事人。审查程序一旦中止,所有相关期限也中止,但是,专利维持费期限除外(《实施细则》第14条第4款)。

7. 已授权专利。根据公约第61条,一旦欧洲专利申请已经授权,真正的专利权人就不再可以根据本条的规定要求任何救济。如果专利异议期间尚未届满,或者专利异议程序尚未终结,权利归属的争议人可以要求中止专利异议程序(《实施细则》第78条第1款)。在欧洲专利申请取得授权后,如果真正的专利权人要对由此产生的所有专利要求中止程序,他必须在每一个指定国就权利归属分别提起诉讼。如果授权专利的指定国是欧盟或欧洲自由贸易联盟(European Free Trade Association,简称EFTA)的成员国,则可以根据《欧盟布鲁塞尔条例》和《欧盟自由贸易联盟卢加诺公约》,在其中一个成员国起诉。

8.《实施细则》。《实施细则》第14—18条规定了相关的审查程序,而《实施细则》第78条规定了相关的异议程序。

[发明人表明身份的权利]
第62条
发明人享有通过专利申请人或欧洲专利的所有人在欧洲专利局程序之中表明其为发明人的权利。

1. 总述。本条保护发明人的精神权利。

2. 发明人表明身份的权利。根据公约第91条,欧洲专利申请必须指明其发明人。经申请,欧洲专利局可以更正对发明人的错误表述或不全表述(《实施细则》第21条)。为此,欧洲专利的申请人或专利权人并不需要取得其他发明人的同意(J8/82 *Rectification of designation of inventors* 案)。为行使其身份权,发明人可以在成员国内对申请人或专利权人提起诉讼。由于《司法判决相互承认议定书》只是明确规定"对欧洲专利的权利",而没有规定发明人的身份权,因此只能根据《欧洲理事会关于民事和刑事管辖权、判决相互承认和执行条例》(Regulation 44/2001)以及《欧盟自由贸易联盟卢加诺公约》确定管辖权(参见奥地利 *Holzlamellen* 案)。

3. 不审查——时间限制。欧洲专利局并不审查专利申请所示的发明人是否正确或完全。这与公约第60条第3款规定的申请人权利类似。然而,申请人必须表示出其对欧洲专利享有权利的法律基础(公约第81条)。如果指定时间之内,即自申请日起16个月内(公约第91条第5款),申请人没有指出要求保护的发明的发明人,则该专利申请视为撤回。

第三章　欧洲专利和欧洲专利申请的法律效力

[欧洲专利的保护期]*
第 63 条

（1）欧洲专利保护期从欧洲专利申请日起算 20 年。

（2）前款规定并不限制成员国根据适用于国家专利的同等条件，延长欧洲专利保护期，或者在欧洲专利保护期届满后授予相应的法律保护：

（a）鉴于影响该国的战争状态或者类似紧急状况；

（b）鉴于产品专利、生产方法专利或用途专利所针对或涉及的产品在进入该国市场前，需要依法经过事先的行政审批。

（3）第 2 款规定可比照适用于依据第 142 条而对一组成员国共同授予的专利。

（4）成员国如果设立了专利保护期延长制度或者第 2 款 b 项的相应法律保护制度，可以根据其与欧洲专利组织签订的协议，委托欧洲专利局实施相关法律规定。

1. 总述。一般而言，专利保护期从申请日起算 20 年。这意味着专利于 20 年后的同一日（例如，2000 年 4 月 1 日申请，2020 年 4 月 1 日届满）或前一日（例如，2000 年 4 月 1 日申请，2020 年 3 月 31 日届满）保护期届满。成员国法律对此存在差异。

2. 补偿行政审批期间的专利保护期延长制度（第 2 款第 b 项）。1991 年 12 月，公约第 63 条修正案第一次引入第 2 款第 b 项。其针对那些需要经过长时间的行政审批方可进入市场的产品（例如医药）。在行政审批期

---

* 本条经过 1991 年 12 月 17 日《欧洲专利公约第 63 条修订案》修订，该修订从 1997 年 7 月 4 日生效（OJ EPO 1992）。——译者注

间,该产品或涉及该产品的方法都不可以商业应用,所以给予专利权人额外的保护期以利用其专利权。

3. 专利保护期延长的范围(第 2 款 b 项)。根据欧洲理事会《医药产品补充保护条例》(Regulation 1768/92),专利保护期延长并不适用专利的全部保护范围,而只适用于在各国受专利保护的特定产品或活性成分。欧洲理事会和欧洲议会联合颁布的《植物保护产品补充保护条例》(Regulation 1610/96)也有类似的保护。为此,可以参见本书关于这两个条例的评述。

[欧洲专利的权利内容]*
第 64 条

(1)除第 2 款另有规定外,自欧洲专利授权在《欧洲专利公报》的公告之日起,欧洲专利授予其专利权人在每一指定国内享有与其国家专利同样的权利。

(2)如果欧洲专利的技术内容是方法,其保护范围应当延及该方法直接获得的产品。

(3)欧洲专利侵权应当由各成员国的本国法调整。

1. 总述。本条要求成员国法律对欧洲专利授予与其国家专利同样的权利。第 2 款要求成员国法律保护专利方法直接获得的产品。

2. 享受国家专利同样的权利内容(第 1 款)。第 1 款体现了公约的基本原则,即欧洲专利授权在所有指定国具有效力,等同于在这些国家授予了形式完全相同的一组国家专利(参见公约第 2 条第 2 款)。

3. 生效日(第 1 款)。欧洲专利的专利权人自欧洲专利授权在《欧洲专利公报》的公告之日起享有垄断权。说明书同时公布(公约第 98 条)。一

---

* 公约第 64 条第 1 款所规定的"欧洲专利的权利内容"(right of conferred by a European patent)和第 69 条规定的"专利保护范围"(protection conferred by a European patent)不同。后者只是涉及到专利技术内容受保护的范围,而前者是指权利人所拥有的权利,即可以禁止他人未经许可从事特定行为的法律能力。——译者注

些成员国还要求专利权人把说明书翻译成该国的一种官方语言(公约第65条)。然而,由于《关于公约第65条适用的伦敦协议》(Agreement on the application of Article 65 of the Convention on the Grant of European Patents)于2008年5月生效,一些成员国不再要求这种翻译,如:法国、德国、列支敦士登、卢森堡、摩纳哥、瑞士和英国(截至2008年5月)。其他国家只要求专利权人提供权利要求的官方语言翻译。这些国家包括:克罗地亚、丹麦、冰岛、拉脱维亚、荷兰、瑞典和斯洛文尼亚。为使这些翻译要求与公约本款规定一致,专利在其指定国根据公约要求获得授权,但是,如果专利权人未在规定时间提供翻译(在绝大多数国家是三个月),则授权专利将被撤销,并具有追溯力。如果翻译不准确,第三方根据不准确翻译已善意使用发明,且其使用行为不构成专利侵权,一些成员国(例如,德国)允许第三方继续使用。

4. 依照专利方法直接获得的产品(第2款)。第2款针对如下的情况:权利要求不覆盖侵权嫌疑产品(常因为这样的产品权利要求会无效),而覆盖制造该产品的方法。当产品在成员国外生产,而后进口到成员国销售时,专利权人常援引本条第2款。这一条款源自德国法。自19世纪末,德国法律即授予专利方法直接获得的产品以垄断权,视方法专利包含了一项产品权利要求(德国《专利法》,1891年4月7日颁布)。其目的是为了保护德国本土的化工和医药产业不受外来进口产品的损害。**(1)直接获得**。通常,确定产品是否直接获得并不存在困难。如果专利要求保护"一种制造产品Z的方法",则产品Z就是该方法直接获得的产品。但是,保护不限于方法权利要求或者说明书明确指明的产品(德国 Building element 案)。只要产品是要求保护的方法最接近的结果,或者保留了该产品的核心特性或者本质属性,都可以为该方法专利所覆盖(德国 Semiconductor elements 案)。然而,如果权利要求是一项制造中间产品的方法,专利保护不延及该中间产品所得的最终产品(英格兰 Pioneer Electronics v. Warner Music 案)。如果一个产品需要经过进一步的处理或者需要更多的添加剂才能完成,则该产品不是依照方法直接获得的产品(德国 Dikalziumphosphat 案)。产品所依照的方法和要求保护的方法尽管不同,但根据等同原则可以享受专利保护的,由其直接获得的产品也落入本款保护范围之内(德国 *Alkylendiamine II* 案)。**(2)举证责任倒置**。如果专利权人不能证明制造进口产品的生产方法的细节,证明侵权将异常困难,除非成员国法律允许下令公开生产方法,或者要求外国生产商作为当事人加入诉讼。但是,如果要求保护的方法是为了获得新产品,成员国法律通常规定了举证责任倒置,即如果没有相反证据,这种产品推定是依照专利方法获得的。这种举证责任倒置规定于《共同体专利公约》,后为成员国广泛采纳,并成为了 TRIPS 协议第 34 条。**(3)不影响方法权利要求的效力**。公约第 64 条第 2 款无关乎权利要求的效力审查。即便依照方法直接获得的产品不可以授予专利,这并不意味着该方法也不得授予专利(G1/98 *Novartis II* 案)。类似的,方法具有新颖性并不意味着依照该方法直接获得的产品因此而具有新颖性。实际上,欧洲专利局通常不允许以方法特征表征产品权利要求,除非没有其他可行的方式来表示该产品(参见公约第 84 条)。**(4)用途类权利要求**。本款规定不适用于用途类权利要求,因为这种权利要求针对的技术内容是使用一种产品获得特定的技术效果,而不是生产产品(G2/88 *Mobil Oil* 案和德国 *Covering Sheeting with Slits* 案)。

5. 适用侵权判断的准据法(第 3 款)。第 3 款规定,欧洲专利侵权适用成员国国内法。虽然这种表述是正确的,但同时也是误导人的。欧洲专利侵权所适用的直接法律渊源是侵权诉讼发生国。然而,专利侵权诉讼中最重要的问题是确定权利要求的保护范围,而这一方面的国内法必须符合公约第 69 条及其议定书。而且,尽管本条第 2 款法律意义不甚重要,但是,当专利侵权涉及依照专利方法直接获得的产品时,它是最终的法律渊源。除此之外,国内法可以采取不同的做法。由于欧盟的早期成员国依照《共同体专利公约》(Community Patent Convention,简称 CPC)第 25 条和第 27 条来起草国家专利法,所以,公约成员国的专利法在以下方面具有广泛的相似性:构成侵权的行为(销售、进口、帮助侵权等),以及特定的抗辩(私人非商业使用、实验使用等)。成员国之间的法律差异主要在于法律程序和诉前措施(证据保全、诉前禁令等)。**(1)欧洲专利局的作用**。只有当成员国法院要求欧洲专利局介入专利侵权的特定问题,欧洲专利局才会介入(参见公约第 25 条)。**(2)管辖权和判决执行**。对欧盟成员国和欧洲自由贸易联盟的成员国来说,专利侵权的管辖和判决的执行遵守《欧盟布鲁塞尔条例》和《欧盟自由贸易联盟卢加诺公约》的规定。

[欧洲专利的翻译] *
第 65 条

(1)如果欧洲专利局批准的欧洲专利授权文本、修改文本或者限制性修改文本不是成员国的官方语言,成员国可以要求欧洲专利的专利权人向该国中央工业产权局提交一份上述文本的官方语言翻译。如果该国有多种官方语言,专利权人可以任选其一;但是,如果该国规定使用某一特定的官方语言,则应当使用该种官方语言。自欧洲专利授权、依修改后专利维持专利授权决定或者限制性修改文本在《欧洲专利公报》的公告日起三个月内,专利权人应当提交上述官方语言翻译,除非成员国法律规定有更长的期限。

(2)任何一个成员国,如果按照第 1 款要求专利权人提交欧洲专利翻译文本的,都可以规定专利权人应当在规定的时间内支付全部或者部分刊印欧洲专利翻译文本的费用。

(3)任何一个成员国有权规定,如果专利权人不履行其根据第 1 款和第 2 款所制定的国内法律,则该欧洲专利对该国应当自始无效。

1. 总述。欧洲专利申请以三种官方语言(英语、法语和德语)之一进行公布,具体语言取决于申请人所选的专利申请审查用的工作语言(公约第 14 条)。欧洲专利授权也采用此工作语言公告,并且其权利要求书应当翻译成另外两种官方语言(公约第 14 条第 7 款和第 95 条第 5 款)。根据公约第 65 条,成员国可以要求欧洲专利翻译成该国的一种官方语言。欧洲专利

---

* 本条已经 2000 年 11 月 29 日《欧洲专利公约修订案》修订。——译者注

局颁布的《成员国与欧洲专利公约相关法律》的表四列出了成员国的各种要求，可以通过以下欧洲专利局网站获得：http://www.european-patent-office. org/legal/national/index. htm。

2. 提交翻译的期限（第 1 款）。根据公约要求，成员国要求提交翻译的期限不得少于自《欧洲专利公报》公告授权起算三个月。只有爱尔兰规定了 6 个月的期限。

3. 翻译公布的费用。任何成员国如果按照第 1 款设置了国内法规，则可以规定欧洲专利申请人或专利权人应当在规定的期限内，缴纳翻译公布的全部或部分费用。绝大多数成员国都要求缴纳翻译公布费，详情可以参见《成员国与欧洲专利公约相关法律》，其可以通过以下欧洲专利局网站获得：http://www.european-patent-office. org/legal/national/index. htm。

4. 逾期未提交翻译的法律后果（第 3 款）。目前，所有要求提交翻译的国家都可以采用本条第 3 款的选择性规则，即在国内法规定，如果专利权人逾期未提交翻译，则授权欧洲专利在该国自始无效。在绝大多数国家，提交翻译的期限不得延长。所以，一旦错过，专利权人就只能根据公约第 122 条的规定要求恢复权利了。

[欧洲专利申请和国家专利申请的等同性]*
第 66 条
欧洲专利申请取得申请日后，在所指定的成员国内，应当等同于正式的国内申请，并在适当的情况下，其所要求的优先权亦复如是。

1. 总述。欧洲专利申请在其指定国享有国家专利申请同等的法律效力，并且可以作为国内在后专利（或实用新型）申请的优先权基础。

---

* 参见扩大上诉委员会决定 G4/98 的意见。如果申请人没有按时缴纳国家指定费（designation fee），并不具有法律回溯力。也就是说，到缴费期限为止，申请人的指定都具有法律效力。但是，如果没有缴纳国家指定费，自缴费期限届满，其指定将不再具有法律效力。除非明文规定，《欧洲专利公约》的规定一般不具有溯及力。——译者注

2. 国家专利申请的等同性。 欧洲专利申请等同于其指定国的国家专利申请。这意味着，欧洲专利申请可以作为《巴黎公约》第 4A 条规定的"首次申请"，作为后续在任何《巴黎公约》成员国提出的专利申请的优先权基础。这同时适用于根据《德国实用新型法》第 5 条提出的申请。根据指定国相应于公约第 54 条第 3 款"抵触申请"的国内专利法，未公布的欧洲专利申请还可以作为指定国法下的现有技术。

3. 要求申请日已经取得。 只有当欧洲专利申请已经取得申请日并满足公约第 80 条的要求，公约第 66 条才可以适用。事后未缴纳指定费或者申请费，对公约第 66 条适用的法律效力不具有溯及力（G4/98 Designation Fees 案）。

[欧洲专利申请公布后享有的权利]*
第 67 条

（1）自欧洲专利申请公布之日，申请人在其指定的成员国内应当临时享受第 64 条规定的权利。

（2）任何成员国有权规定已公布的欧洲专利申请不应当享受第 64 条规定的权利。但是，欧洲专利申请公布后享受的保护不得弱于成员国给予未审查的国家专利申请已为强制公布后的法律保护。无论如何，每一个成员国都应当至少确保，自欧洲专利申请公布之日，其申请人有权向已经使用自己发明的第三方要求合理的补偿，只要第三方的使用行为根据该成员国法律构成专利侵权。

（3）当成员国的官方语言不同于欧洲专利申请所使用的语言时，成员国有权规定，第 1 款和第 2 款的临时保护只有在满足以下条件时才生效：专利权人依照自己选择的该成员国的一种官方语言，或者该成员国所指定的一种官方语言，翻译权利要求，并且：

（a）已按照成员国法律将翻译公之于众；或

---

* 本条已经 2000 年 11 月 29 日《欧洲专利公约修订案》修订。——译者注

(b) 已将翻译传送给在该国内使用其发明的第三方。

(4) 如果欧洲专利申请已撤回、视为撤回或者最终被驳回,则视为从未具有第 1 款和第 2 款规定的法律效力。如果欧洲专利申请的指定已撤回或视为撤回,前述规定同样适用。*

1. 总述。本条规定欧洲专利申请公布之后的法律保护。成员国可以选择限制这一法律保护,或者以专利权人提交专利权利要求的翻译为前提条件,提供这种法律保护。

2. 同于公约第 64 条授予的保护(第 1 款)。第 1 款首先规定,欧洲专利申请公布之后,可以享受其经过实质审查获得专利授权之后的同等保护。这一"临时保护"自欧洲专利申请公布之日生效,即最早从优先权日起 18 个月(公约第 93 条第 1 款,虽然申请人可以要求提前公布)。然而,如下所述,所有的成员国都选择根据第 2 款规定,限制已公布欧洲专利申请的临时保护。公约第 67 条所谓的临时保护同时也适用于指定欧洲专利局的 PCT 申请(公约第 153 条第 3 款和第 4 款)。**(1)临时保护范围受限于授权专利的权利要求**。如果授权专利,或经过异议或无效程序修改之后的专利,不同于公布的专利申请,只要其保护范围未曾扩张,则授权专利的权利要求对于专利申请所享有的临时保护范围具有追溯力(公约第 69 条第 2 款)。成员国关于临时保护的法律规定必须符合这一法律要求。

3. 临时保护的限制(第 2 款)。专利申请得享有公约第 64 条授权专利的保护,但仅当有关成员国没有根据第 2 款另行规定。实际上,所有的成员国都选择了限制临时保护。成员国虽然可以降低对欧洲专利申请的临时保护,但是必须给予其和国内已公布、未审查专利申请同等的法律保护。而且,成员国必须允许专利申请人有权获得合理的补偿,作为他人未经授权侵犯其欧洲专利申请的最低法律救济。以下各国法律都规定了损害赔偿,但没有规定其他救济:爱沙尼亚、法国、芬兰、希腊、匈牙利、意大利、爱尔兰、列

---

* 参见扩大上诉委员会决定 G4/98 的意见。——译者注

支敦士登、马其顿、摩纳哥、波兰、罗马尼亚、瑞士、英国和土耳其,而其他国家只允许合理补偿。法国、希腊、匈牙利、意大利、摩纳哥、葡萄牙和土耳其还规定,专利申请人可以要求扣押专利申请侵权的商品。详情可以参见《成员国与欧洲专利公约相关法律》第三节 A 部分(可以通过以下欧洲专利局网站获得: http://www.epo.org/patents/law/legal-texts/national-law-epc.html)。

4. 权利要求的翻译(第 3 款)。成员国可以规定临时保护以提交其官方语言的权利要求翻译为前提条件。所有成员国都利用了本款规定。阿尔巴尼亚、立陶宛、拉脱维亚、马其顿、摩纳哥、荷兰和斯洛文尼亚的国内法规定,从专利申请人将翻译好的权利要求亲自通知侵权嫌疑人,临时保护才开始发生效力。在其他所有成员国,临时保护自权利要求的翻译"公之于众"之时发生效力。在丹麦,权利要求的翻译公布于专利公报公告,则构成公之于众。在瑞士、列支敦士登、爱尔兰、意大利和卢森堡,当翻译交存专利局则构成"公之于众"。除此之外,相关专利局出版物引用该翻译,并且该翻译可供公众查阅的,也构成"公之于众"。如果成员国有一种以上的官方语言,除非成员国法律规定应当采用特定的一种语言,申请人可以任选其一。对于申请人何时应该提交权利要求的翻译,公约并没有规定期限。除比利时、丹麦、芬兰、冰岛、意大利、列支敦士登、摩纳哥、荷兰、斯洛文尼亚、瑞士和英国之外,所有成员国都要求缴纳公布专利申请权利要求或其通告的费用。一些成员国要求通过国内代理机构提交翻译,或者之后指定国内代理机构。详情可以参见《成员国与欧洲专利公约相关法律》第三节 B 部分(可以通过以下欧洲专利局网站获得:http://www.epo.org/patents/law/legal-texts/national-law-epc.html)。

5. 效力丧失(第 4 款)。欧洲专利申请公布之后享受的法律保护属于临时保护。如果该申请失去法律效力,则不再存在临时保护(具有追溯力)(G4/98 *Designation Fees* 案和 J25/88 *New Flex* 案)。根据第 4 款,当欧洲专利申请撤回、视为撤回或者最终被驳回,则其法律效力消失。

[欧洲专利撤销或限制性修改的法律效力]*
第68条

欧洲专利在异议程序、限制性修改程序或者撤销程序之中撤销或限制的,相应的欧洲专利申请和该欧洲专利应当在其撤销或限制的范围之内,视为自始不具有第64条和第67条规定的法律效力。

1. 总述。经公约第102条第1款的异议程序,公约第105条a项和b项的限制性修改程序,或成员国国内的专利无效程序,欧洲专利被限制或撤销时,对欧洲专利申请的法律保护具有追溯力(参见《斯特拉斯堡公约》第1条第3句)。

2. 自始不具有公约第64条和第67条的法律效力。欧洲专利一旦撤销,则具有追溯力,丧失公约第64条所规定的效力。这也适用于公约第67条规定的欧洲专利申请的临时保护。这种溯及力限于专利权被撤销的范围之内。所以,如果专利权基于权利要求限制性修改的形式而维持,则专利权视为自始限定于修改后的权利要求的范围之内。已撤销专利的上述法律效力及于所有指定国。已经缴纳的专利维持费不予退还。专利的其他效力,例如其作为现有技术的法律效力,并不因为撤销而消失。**(1) 支付许可费之债。**专利权撤销对于支付许可费的合同债务的法律效力,由成员国国内法规定。在德国,除非合同另有规定,被许可人有义务支付截止撤销之日的许可费(德国 *Metal Frame* 案、*Advertising Mirror* 案和 *Bridge Building Tank I* 案)。被许可人并不能仅仅因为专利权有撤销的可能性而有权停止支付许可费(德国 *Verwandlungstisch* 案)。

[欧洲专利的保护范围]
第69条

(1) 欧洲专利的保护范围应当由权利要求确定。但是,说明书和附图

---

* 本条已经2000年11月29日《欧洲专利公约修订案》修订。——译者注

应当用于解释权利要求。

（2）欧洲专利授权以前,欧洲专利申请的保护范围应当根据公布之专利申请的权利要求来确定。但是,授权的欧洲专利,或者异议程序、限制性修改程序或者撤销程序中修改后的欧洲专利,应当溯及既往地确定欧洲专利申请的保护范围,只要其保护范围没有因为前述程序而扩张。

[《解释公约第69条的议定书》]
[总体原则]
第1条

公约第69条一方面不得解释为,专利的保护范围严格依照权利要求的字面意思确定,说明书和附图只是用于解决权利要求的歧义;另一方面,也不得解释为,权利要求只是专利保护范围确定的参考,而实际的保护范围延伸到专利权人依照本领域技术人员对说明书和附图的理解而预见到的内容。相反,公约第69条应理解为处于上述两个极端之间,既公平地保护专利权人,也确保第三方可以享受合理的法律确定性。

[等同特征]
第2条

为确定欧洲专利的保护范围,应当适当地考虑权利要求技术特征的任何等同特征。

1. 总述。本条及《解释公约第69条的议定书》是关于在所有成员国采用相同的法律标准,统一地解释欧洲专利和欧洲专利申请,在欧洲建立统一的确定专利保护范围的法律方法。

2. 专利的保护范围(第1款)。1973年10月5日,为建立授予专利的欧洲法律制度,在慕尼黑举行了外交会议。公约第69条和《解释公约第69条的议定书》即在这次会议上通过,由此建立了确定欧洲专利和欧洲专利申请的保护范围的统一法律标准。为此,主要的规则是,由权利要求确定专利的保护范围。根据公约第 84 条,权利要求的功能是界定要求保护的发明内容。发明内容取决于权利要求的类型和构成权利要求的技术特征(G2/88 Friction reducing additive 案)。公约明确将权利要求分为产品权利要求和方法权利要求。欧洲专利局的判例还允许用途类权利要求。**(1)产品权利要求**。产品权利要求针对实体,例如器械、机器、物质或组合物。如果权利要求针对一个实体,则该实体获得绝对的法律保护,不受实体使用目的或生产方法的限制(T0020/94 Amorphous TPM/Enichem 案)。**(2)方法权利要求**。方法权利要求针对物理过程,包括生产方法、使用方法、操作方法、测量方法或分析方法等。**(3)用途类权利要求**。用途类权利要求是根据专利描述的新技术效果,为特定的新目的使用已知物质。解释这种权利要求时,必须涵盖这一技术效果,将其作为功能性技术特征(G6/88 Agent for regulation of vegetable growth/Bayer 案)。由于公约第 69 条及其议定书均没有提到它,用途类权利要求不包括生产方法,所以,不得享受公约第 64 条第 2 款针对产品权利要求的保护范围。**(4)开拓性发明**。开拓性发明(即开创新技术领域的发明)不享受比其他发明更宽范围的专利保护(荷兰 NASBA 案)。然而,发明与现有技术越接近,则权利要求的保护范围通常越窄(参见以下第 15 点评注)。所以,实践中,新领域的发明可以享受相对宽的保护。

3. 根据 2000 年修订公约的外交会议,1973 年公约第 69 条有细微的改变。原公约第 69 条第 1 款规定了如何确定欧洲专利和欧洲专利申请保护范围,其曾采用"权利要求的用语"的术语,2000 年公约修订时将"的用语"删除。所以,专利申请的保护范围现在应由"权利要求"确定。2000 年公约的起草者一致认为,这一修订可以让专利的解释规则在成员国进一步协调。1973 年公约第 69 条三种官方文字用语不同(德文"Inhalt"[内容],英文"Terms"[用语]和法文"teneur"[内容]),范围也不同,在三种官方文本中具有不同的意思。这导致了不同国家的不同解释。而且,《世界知识产权组织关于专利法条约的基本建议(1991 年)》(WIPO Basic Proposal for a Patent Law Treaty of 1991)没有对此进行特别界定。特别的,根据"用语"的狭义意思,英国法院似乎采用狭义解释,仍旧保持英国法院之前的立场。当公约三种官方语言的文本取得相同之后,公约更有可能取得良好的法律统一效果。

4. 确定权利要求的意思(第1款)。专利侵权诉讼程序,首先需要确定要求保护的发明内容。这要求解释权利要求,确定专利的保护范围。权利要求解释从权利要求用词的通常意思出发,确定每一个特征的技术含义(德国"Wortsinn" or "Sinngehalt": *Tension Screw* 案和法国 *Cosmao v. Materiel Marchand* 案)。权利要求用词的意思并不只是其在字典之中的解释,而应该从专利说明书中获得,因为技术特征的含义来自发明人的定义(德国 *Tension Screw* 案和法国 *Garets and Perigot v. LCM* 案)。

5. 说明书作为解释权利要求的"字典"(第1款)。绝大多数欧洲国家的法院已经达成共识,认为专利由国家机构授权,其法律上应该独立对待。特别的,用于解释合同双方主观意思的解释规则不应当适用于权利要求的解释,因为唯一相关的人是发明人,其主观意图必须客观地反映到专利说明书和权利要求书之中,才具有决定意义(法国 *Dolle v. Emsens* 案)。然而,对权利要求的客观解释并不局限于权利要求所用词汇在字典中的意思(英国 *Kirin-Amgen* 案)。例如,发明人可能在说明书之中对权利要求的用语给出自己的定义。这一定义在法律上具有决定意义。所以,说明书应该作为解释权利要求的"字典"(德国 *Tension Screw* [*Spannschraube*] 案和法国 *Suspa v. Morel* 案)。

6. 专利审查档案(禁止反悔原则)(第1款)。专利审查档案在美国 *Festo* 案和欧盟法律,具有不同的法律效力。尽管欧洲各国法院通常认为说明书中明确否定性的表述具有拘束力(意大利 *Cam Srl. v. Ego Car Component* 案和德国 *Moistening Device* 案),然而,狭义上的禁止反悔原则并不为接受。所以,欧洲各国法院解释权利要求时,并不参考申请人在审查过程中的行为和陈述(德国 *Plastic Pipe Part* 案、英国 *Bristol-Myers Squibb v. Baker Norton and Kirin-Amgen* 案、瑞典 1981 年 6 月 2 日 *Svea* 上诉法院案、荷兰 *Contacts Lens Liquid* 案和德国 *Cutting Blade II* 案)。2000 年公约修订的外交会议上,曾有提议增加一个条款,规定申请人在专利审查程序之中对专利授权或效力的限制性陈述,应当给予适当考虑。然而,这一提议并未获得多数票支持。

7. 权利要求和侵权物的比对(第1款)。为确定是否侵权,应当比对侵权嫌疑物和发明内容。为此,不应当关注二者的不同,而应关注二者的共同特征。

8. 法律问题和事实问题的区分(第1款)。权利要求解释的法律性质直接影响到上诉的审查范围和专家证言的相关性,因此绝大多数国家对权利要求解释是法律问题还是事实问题进行区分。现有技术和本领域技术人员的知识水平是事实问题;而根据证据证明的事实,确定是否成立侵权,这是法律问题,必须由法官判断,而不能交由专家裁夺(德国 *Bottom Separating Mechanism* 案和德国 *Side-view Mirror* 案)。但是,并非所有法院都持上述看法(奥地利 15 R158/98 *legal question for equivalence* 案和 4Ob 1128/94 *factual question for obviousness* 案)。

9. 说明书和附图的用途(第1款)。说明书和附图应该用于解释权利要求,这是一般法律原则。由于要求保护的发明必须充分公开,使其技术问题和解决方案为本领域技术人员理解,说明书和附图对于清楚而完整地公开发明而言,起到实质性(尽管并非唯一)的作用。说明书和附图是用来解释权利要求的用语,理解发明内容,确定专利的保护范围。所以,不能孤立地看待权利要求,而应该依照说明书和附图来理解权利要求。**(1)同公约第84条的关系**。权利要求包含不清楚的词语,其含义根据权利要求书不能确定,即便说明书给出了其确切含义,也并不意味着权利要求符合公约第84条。该条规定,权利要求应该表达清楚,这意味着其用词在不参考说明书的情况下,含义就应该清楚(*Benzimidazole Derivatives* 案)。有人曾认为,这种理解违反公约第69条。

10. 本领域技术人员(第1款)。权利要求解释应基于本领域技术人员的知识和能力。本领域技术人员接受过特定领域典型的教育,拥有普通的知识、特质和常见的技术偏见。他同时可以接触和熟悉其他技术领域(法国 *Funnanite International* 案、德国 XZR 4/73 号案和欧洲专利局技术上诉委员会 T39/93 案)。本领域技术人员如何在权利要求的技术背景下,借助说明书和附图来理解权利要求所含技术特征的意义,这由法院来决定(德国 *Plastic Pipe* 案和英格兰 *Kirin-Amgen* 案)。由于本领域技术人员阅读权利要求时,并不能借助专利审查档案,所以,解释权利要求是,不应当考虑申请人在审查过程中的行为。在考察权利要求时,本领域技术人员应该排除不符合逻辑或不合理的解释(德国 *Custodiol* II 案)。对权利要求的解释应该在技术上合理,并考虑专利公开的整体技术内容,以及权利要求每个特征的技术功能。

11. 欧洲专利申请的保护范围(第 2 款)。欧洲专利申请的保护范围和欧洲专利的保护范围,适用同样的法律规则。欧洲专利授权之前,其保护范围根据欧洲专利局依照公约第 93 条最新公布的专利申请的权利要求来确定。如果欧洲专利是依照申请人修改之后的文本授予,或者其权利要求经过异议或上诉程序而被修改,则新近版本的权利要求可以溯及既往地决定专利申请的保护范围,只要这些程序未导致保护范围扩张。为此,只有当专利已经授权并且公告后,绝大多数成员国才允许专利权人根据专利申请主张权利。在专利授权前即允许提出侵犯专利申请之诉的国家,如果因为事后修改使得专利权人之前的诉讼行为丧失法律支持,则他需要因此而对被告承担损害赔偿责任。如果欧洲专利申请撤回,或经异议程序而撤销,则该专利申请视为自始不享有临时保护(公约第 67 条第 4 款),申请人因此不得主张任何损害赔偿。

12. 2000 年公约的文本修改(第 2 款)。2000 年公约所采修订文本对上述做法予以肯定。第 2 款作了如下的阐释:公约第 69 条第 2 款第一句话表明,欧洲专利申请的保护范围不应当根据"最新提交"的权利要求来确定,而应当根据已公布专利申请的权利要求来确定。其或是根据公约第 93 条公布的欧洲专利申请,或是根据新公约第 153 条第 3 款或第 4 款公布的指定欧洲专利局的 PCT 申请。

13. 公约第 69 条第 2 款第 2 句。2000 年公约第 69 条第 2 款第 2 句在"异议程序"之后增加了"限制性修改程序和撤销程序"。这一修订反映了公约新增加的"限制性修改程序",同时明确规定,经过成员国专利撤销程序而修改的权利要求,具有确定欧洲专利申请保护范围的法律效力。这其实只是肯定欧洲专利局和成员国的既有做法。第三处文本修改,即删除"欧洲专利申请",只是为了避免不必要的重复。

14. 公约第 69 条解释的议定书。根据公约第 164 条第 1 款,《公约第 69 条解释的议定书》是公约的组成部分。该议定书希望通过协调权利要求解释规则,使成员国适用统一的法律规则来确定欧洲专利和欧洲专利申请的保护范围。对权利要求的解释应该结合两个方面:专利权人的适当保护和第三方合理的法律确定性。议定书既没有采先前德国的做法,即宽泛的解释权利要求,将其作为专利保护范围确定的参考,而根据发明构思来确定专利保护范围;也没有采先前英国的做法,即字面解释权利要求,严格根据权利要求的字面意思确定专利的保护范围。

15. 等同原则(议定书)。权利要求所提供的法律保护超过严格按照权利要求意义所涵盖的范围。所有欧洲大陆的公约成员国都通过等同原则,给予专利权人超过权利要求确切用语之外的法律保护(德国 *Moulded Curbstone* 案、奥地利 *Sliding Gate* 案和瑞士 *Dental Abrasive Disk* 案)。等同原则首先要求比对受专利保护的技术解决方案和侵权嫌疑物的解决方案。为与国际专利保护相协调,德国最高法院重新界定了等同特征的判断标准:在侵权发生之时,侵权嫌疑物包含的一个技术特征,如果满足以下条件,则构成权利要求对应技术特征的变形:(1)该技术特征表现出实质上相同的功能,并产生实质上相同的效果;(2)对于本领域技术人员来说,通过权利要求明确记载的技术手段所得到的技术效果,可以显而易见地通过侵权嫌疑物包含的该技术特征得到;(3)本领域技术人员会将该技术特征作为权利要求对应技术特征的等同特征(德国 *Custodiol* II 案和 *Cutting Blade* I 案)。

16. 英国的做法(议定书)。英国法院从未采用严格意义上的等同原则(最先在美国,而后为欧洲大陆成员国调整的原则)。英国通过一个类似(但从严格法律意义上讲是不同的)的法律手段,处理等同技术特征的问题,给予专利权人以权利要求语词严格意义之外的保护。这就是对权利要求进行"目的性解释":扩张性的解释权利要求,使之符合权利要求之客观确定的目的(而不是将功能性等同特征视为落入了表面上排除该特征的权利要求之内)。在英格兰 Catnic v. Hill & Smith 案中,法院即采用"目的性解释"。此方法后为 Improver Corporation v. Remington 案所重构,成为"三部检验法"(three-part test)。英国法院明确采用这种检验法,将之作为适用议定书的指南,并称之为"议定书问题"(英格兰 Assidoman Multipack 案)。"议定书问题"一方面考察侵权嫌疑物是否为权利要求的首要含义所涵盖;另一方面也考察侵权嫌疑物是否构成权利要求首要含义涵盖之物的"变形"(变形是潜在的"等同技术特征")。"议定书问题"具体包括:这一变形是否会实质性地影响发明的运作?如果是,则该变形落于权利要求之外。如果否(即变形对发明的运作不产生实质性影响),其在专利公布之日,是否对本领域技术人员来说显而易见?如果否,则该变形落入权利要求之外。如果是,本领域技术人员是否会认为,专利权人是否将严格遵循权利要求的首要含义作为发明的核心要求?如果是,则该变形落入权利要求之外。如果否,则根据正确的(目的性)权利要求解释,该变形落入权利要求的保护范围之内。在英格兰 Kirin-Amgen 案中,上议院法官强调,"议定书问题"只是帮助适用议定书关于等同物的规定,其提供的指导只在一些案件中适用。它不能取代议定书本身的规定。议定书要求确定本领域技术人员如何理解专利权人在权利要求中用语的含义。专利权人所采用的语言具有关键性的法律意义。但是,不应该苛责专利权人,采用超越本领域技术人员在相应语境下根本不会采用的分析方法来解释权利要求。**(1)与德国实践的比较。**虽然自 Kirin-Amgen 案后,"议定书问题"就少有适用,但是,可以据此比较英国和德国的司法实践。"议定书问题"的第一项和第二项与德国司法实践类似。英国上议院甚至更喜欢德国对应问题的提出方式,即:变形是否通过相同技术效果的手段,解决了发明内在的技术问题(英格兰 Kirin-Amgen 案)。类似地,德国实践之中的第二个问题是,对于本领域技术人员而言,在其不知发明内容的情况下,变形的不同之处是显而易见的,还是需要创造性劳动的。然而,对于第三个"议定书问题",两国实践存在差异。德国法要求在权利要求之外,考察本领域技术人员事实上是否会认为变形所含技术特征与相应权利要求技术特征构成等同。如果是,则其落入权利要求的保护范围。但是,英国法的第三个"议定书问题"仍要求关注权利要求的语言。如果变形在本领域技术人员看来构成功能上的等同特征,但是专利文件整体上要求严格地(或许并没有明确的理由)符合权利要求语言所采的狭窄的首要含义(primiary meaning),则其应排除于权利要求的保护范围之外。

17. 等同特征的新条款(议定书)。2000 年公约修订的外交会议在议定书中新增一个条款,其目的同修订公约第 69 条第 1 款一样,意在协调成员国关于权利要求解释方面的法律规则。原第 69 条和议定书希望借助司法实践来尽可能地统一权利要求的解释规则,但是,这一个目的没有能够成功地实现,在等同技术特征这方面尤其如此。尽管经常有欧洲法官会议,且绝大多数法官希望界定统一的法律标准,但是,法院目前还没有能够对权利要求的解释和欧洲专利的保护范围,达成适用于全欧洲的统一法律标准和法律规则。等同原则是最微妙的问题。法官目前甚至对以下问题都还没有达成共识:议定书下是否有必要承认等同原则?其应采取何种形式?

18. 等同特征之作为专利保护范围考察的必要部分(议定书)。外交会议决定增加《议定书》第 2 条,回答了如下的问题:确定专利保护范围之时,是否必须考虑等同技术特征?2000 年公约的立法目的是:"加强和明确公约第 69 条规定的专利保护范围,促进欧洲各国法院统一等同特征的法律适用。"等同技术特征一经纳入公约第 69 条的解释之中,法院就难以再拒绝保护等同特征。成员国之间的区别表现为英国和德国的不同做法。在欧洲大陆的专利工作者看来,英国的司法实践认为,如果适当的解释规则可以让权利要求的保护范围超过其字面表述,则不需要引入等同原则,在权利要求语义解释确定保护范围之后,画蛇添足地增加一个法律步骤。事实情况是否如此,还存在争议。有意见认为,英格兰所适用的"议定书问题"和德国最高法院所适用的"刀锋 *I* 检验"(Cutting Blade *I*),不存在实质差别。在 2000 年公约提供新法律基础后,大家希望成员国法院能够达成共识。专利实务工作者和专利权人都希望法律规则更加统一,更具有可预期性,特别是在跨国专利诉讼制度建设遥遥无期的现实情况下。有人建议在第 2 条第 2 款定义等同技术特征,但是最终未能在外交会议上获得多数票支持。

19. 变劣方案(议定书)。一项技术方案的效果比专利明确公布的技术方案低劣,并不因此而落入专利保护范围之外,因为即便是其实施效果低劣,该发明仍旧可以被付诸实施。

20. 现有技术抗辩(议定书)。绝大多数公约成员国的法律都认为,如果被控产品(方法)和现有技术相同,或者在优先权日可以从现有技术之中显而易见地得到,则不得禁止被告使用被控产品(方法)。被控产品(方法)或者落于权利要求之外,或者所主张的权利要求因为不具有新颖性或创造性而无效。在德国,这被称之为"Formstein 抗辩"(德国 Formstein 案),在英国被称之为"Gillette 抗辩"(英国 Gillette 案以及新近的 Windsurfing 案)(另参见瑞士 Polyurethan-Hartschaumplatten 案、意大利 Iemca v. Cucch 案和美国 Wilson 案)。

21. 判定等同技术特征的时间基准日(议定书)。目前,就等同技术特征判断的基准日,成员国还没有形成共识。英国认为应该以专利公告之日为准(英国 Kirin-Amgen 案),德国认为应该以优先权日为准(德国 Removal Plate 案)。在 2000 年公约修订的外交会议上,曾有建议协调这一法律问题,但未能取得成功。

22. 数值、范围和维度技术特征(议定书)。如果权利要求包含数值特征(例如数值范围),而被控产品(方法)在该数值范围之外实现了相同的技术效果,此时如何解释权利要求是一大法律难题。一些成员国根据等同原则,允许给予扩张保护,其上限和下限可以最高延展 10%。为确保法律确定性,德国最高法院采取严格的解释。其认为,根据本领域技术人员的理解,数值可能具有关键意义,而不应当作灵活解释(德国 Cutting Blade I 案和 Custodial II 案)。

23. 部分侵权规则(议定书)。议定书要求在确定专利保护范围时,应该优先考虑权利要求,而不是说明书。但是,这并不意味着被控产品或方法必须包含权利要求的每一个技术特征,才构成侵权。如果某一个技术特征在技术上对发明不必要,并且没有出现在被控产品(方法)之中,一些成员国认为还是可以构成专利侵权,即所谓"部分侵权规则"。如果被控产品之中的另一个技术特征实现了缺失技术特征的功能,从而利用了发明构思,这种行为根据上述规则可以构成侵权(荷兰 *Meyn v. Stork* 案、法国 *Tecmobat v. SEJ BOF* 案、意大利 *Euralluminio v. Schaco* 案和法国 *Marchal v. Jourmee* 案)。特别是当被控产品缺少的技术特征是权利要求中一个冗余的技术特征时,更是这样。但是,另外一些成员国的法院却持如下的法律观点:专利权人选择了特定的语言来表述要求保护的发明,除非存在相反证据,应当认为他以权利要求的全部技术特征限制其垄断权范围。例如,英国(*STEP v. Emson* 案和 *Kirin-Amgen* 案)。即使在承认"部分侵权"的成员国,如果专利说明书表明被控产品缺失的技术特征对实施发明的技术效果具有决定意义,则仍然不构成侵权。一些成员国不采用"部分侵权规则",而采用其变形"必要技术特征规则"(参见下文)。

24. 必要技术特征规则(议定书)。如果认为专利的保护范围可延及到不相同的技术特征,则必须设置相应的法律限制规则,方能保证法律的确定性。在绝大多数国家,如果被控产品没有或改变了权利要求的"必要技术特征"(essential elements),则依照公约第69条,专利权人不能获得保护(参见,例如法国 *Cosmao v. Materiel Marchand* 案)。对于"必要技术特征规则"而言,当技术特征对解决技术问题具有重要意义时,则构成必要技术特征(德国 *Appaiatus for washing Vehicle* 案和法国 *Bobst v. USM* 案)。另一种界定"必要技术特征"的方法是,考察被控侵权产品利用专利技术教导的方式是否达到实际重要的程度。如果被控产品缺少的技术特征明显是技术解决方案的组成部分,特别是当发明人如此认为时,则不存在专利侵权(德国 *Heatable Breathing Air Hose* 案)。**(1)与部分侵权规则的区别和联系**。必要技术特征规则和部分侵权规则存在重叠。但是,必要技术特征规则还涵盖被控产品不缺失技术特征,而含有替代技术特征或者新增技术特征的情况。

[欧洲专利申请和欧洲专利的作准文本]
第70条

（1）欧洲专利申请或欧洲专利在申请审查程序中所采的工作语言文本是其在欧洲专利局及所有成员国法律程序之中的作准文本。

（2）然而，如果欧洲专利申请是以欧洲专利局官方语言之外的语言提出的，则作准文本应当是按照本公约提出的专利申请文本。

（3）任何成员国都可以规定，欧洲专利申请或者欧洲专利依照公约规定翻译成一种本国官方语言的，该翻译文本在该成员国内是作准文本。但是，如果专利保护范围根据翻译文本小于申请审查工作语言文本，上述规定对撤销程序不得适用。

（4）根据第3款采用相关规定的成员国：

（a）应当允许欧洲专利的申请人或者专利权人补正欧洲专利申请或者欧洲专利的翻译。上述翻译补正必须满足成员国根据本公约第65条第2款或者第67条第2款规定的所有条件之后，方产生法律效力。

（b）有权规定，如果任何第三方出于诚信在本国已经实施该发明，或者已经做好有效的准备实施该发明，而此实施行为依照原始翻译文本不构成侵权，则该第三方在翻译补正生效之后，可以在其商业活动中或者为其商业活动的需要，继续上述使用，并不需支付任何费用。

1. 总述。本条规定了欧洲专利申请和欧洲专利的作准文本。它同时规定成员国有权要求欧洲专利申请和欧洲专利应当翻译为一种本国官方语言，以及翻译文本的法律效力。

2. 欧洲专利申请审查程序的工作语言（第1款）。欧洲专利申请和欧洲专利的作准语言文本是其审查过程的工作语言文本。审查过程的工作语言是欧洲专利申请所采用的欧洲专利局三种官方语言（英语、法语和德语）之一（公约第14条第1款）。如果欧洲专利申请没有采用欧洲专利局的官方语言，则审查过程的工作语言是申请人依照公约第14条第2款所提交的欧洲专利局官方语言译本（公约第14条第3款）。审查程序的工作语言一旦确定,在审查过程中就不得更改。该语言文本不仅是整个欧洲专利局程序的作准文本,而且也是成员国涉及欧洲专利申请或欧洲专利的法律程序(例如,侵权或无效程序)的作准文本。

3. 为特定目的的原始文本(第2款)。如果原始欧洲专利申请未曾按照欧洲专利局的官方语言提交,公约第14条第2款要求将其翻译成一种欧洲专利局的官方语言。**(1)超出范围的主题内容**。修改欧洲专利或欧洲专利申请不得超过原始专利申请文件的内容(公约第123条第2款)。为此,以非欧洲专利局官方语言提出的原始专利申请具有决定意义。然而,欧洲专利局有权推定原始申请的翻译是准确的,除非存在相反证明(《实施细则》第7条)。当事人也常常依据翻译文本,而不细究原始申请。**(2)现有技术**。类似地,非官方语言的原始欧洲专利申请文本是其根据公约第54条第3款构成现有技术的作准文本(《欧洲专利审查指南》C部分第四章第7.1节)。**(3)译文的更正**。根据公约第14条第2款,任何翻译错误都可以在欧洲专利局的审查过程中予以更正。但是,一旦欧洲专利授权,权利要求的保护范围即依照官方语言文本固定下来。如果更正会导致保护范围扩张,则违反公约第123条第3款,故不得在专利异议程序之中进行更正(《欧洲专利审查指南》A部分第八章第6.2节)。

4. 成员国有权要求提供译文翻译(第3款)。成员国有权规定,将欧洲专利翻译为本国官方语言之后,方可在本国发生法律效力(公约第65条第1款和第3款)。除了卢森堡和摩纳哥,其他成员国都规定有这种翻译要求,但是,一些成员国只要求翻译权利要求。详情可以参见欧洲专利局颁布的《成员国与欧洲专利公约相关法律》第四节,该文件可以通过以下欧洲专利局网站获得:http://www.epo.org/legal/national/index.htm。而且,成员国可以进一步要求,只有当翻译文本的专利保护范围比专利审查程序中所使用的工作语言文本的范围小时,该翻译文本才是作准文本。除了比利时和德国,各个成员国都有此类规定。然而,审查用工作语言文本总是专利撤销程序的作准文本,既包括以专利应予以撤销作为反诉的情况,也包括以专利应予无效作为侵权抗辩的情况。在一些成员国的专利撤销程序中,专利权人可以通过审查程序的工作语言或成员国官方语言,限制专利的保护范围(德国 Lens Grinder 案)。类似地,成员国进行临时保护也可以要求将欧洲专利申请的权利要求翻译成本国的官方语言(公约第 67 条第 3 款)。

5. 欧洲专利译文的更正和继续使用权(第 4 款 a 项和 b 项)。如果成员国根据第 3 款要求将欧洲专利翻译成本国官方语言,则应当允许专利权人更正译文。成员国可以进一步规定,如果第三方的善意行为不会侵犯原始译文下的专利申请或专利权,其可以在专利译文的补正生效后,在其商业活动中或者为其商业活动的需要,继续上述使用,并不需支付费用。这一继续使用的权利不得单独转让,除非连同企业一起转让。详情可以参见《成员国与欧洲专利公约相关法律》第五节(参见上文第 4 点评注)。

第四章 作为财产标的的欧洲专利申请

[权利的转让和形成]
第 71 条
欧洲专利申请可在其指定的一个或多个成员国内转让或形成权利。

1. 总述。本条规定了欧洲专利申请的转让,以及欧洲专利申请下各种权利的授权或转让。关于转让和许可的登记,参见《实施细则》第 22—24 条;关于转让的形式要求,参见公约第 72 条。

2. 欧洲专利申请的转让。公约第 71 条只适用于欧洲专利申请,而不适用于欧洲专利。后者依据成员国法律规定而进行转让(奥地利 Shower Partition 案;然而,就异议期间或异议程序专利转让登记,参见《实施细则》第 85 条)。转让意味着欧洲专利申请的完整权利从申请人转移给另一方,或是根据转让合同,或者根据法律(例如,继承)。只有当有关证明文件已经提交欧洲专利局,并且缴纳行政管理费用后,转让始对欧洲专利局发生效力(《实施细则》第 22 条第 1 款和第 2 款;T553/90 Marlboro 案)。以上两项条件都成就之日,即是转让登记之日。转让登记请求书可以采用任何一种欧洲专利局的官方语言。登记完成后,欧洲专利局将正式通知转让人和受让人。

3. 对部分指定国的转让或许可。欧洲专利申请的转让和许可可以整体对全部指定国,也可以部分针对一些指定国。对个别指定国的转让只能针对该指定国的全部疆域。然而,根据公约第73条,许可却可以针对一个指定国的部分疆域。

4. 形成其他权利。专利权人根据公约第71条可以授给他人的权利包括源自成员国法院的执行措施。为此,必须提交成员国法院的判决,才可以在欧洲专利局进行登记(《实施细则》第23条)。

[转让]

第72条

欧洲专利申请转让应当采用书面形式,合同双方当事人应当签章。

1. 总述。本条规定了欧洲专利申请转让的形式要求,这属于公约的管辖范围,而不属于成员国国内法调整的范围。就转让登记,参见《实施细则》第22条。

2. 书面形式和合同当事人签章。书面转让欧洲专利申请的合同必须具备当事人的签章。仅向欧洲专利局提交受让人接受转让的声明,而不提交转让合同,不产生转让效力(J18/84 *Entry into patent register* 案)。如果错误指称当事人,转让根据欧洲法律而无效(德国 *Magzinbildwerfer* 案)。欧洲专利授权以后,其转让适用成员国国内法。一些情况下,不再有书面合同的形式要求(奥地利 *Shower Parition* 案)。

[许可]

第73条

欧洲专利申请的全部或者部分可以在其指定的成员国的全境范围或部分疆域内许可。

1. 总述。欧洲专利申请的专利权人可以就其全部发明,或者部分发明,许可他人,还可以将这一许可限制到指定国的部分疆域。

2. 许可的范围。许可的范围可以是特定技术领域,或者发明的特定用途。许可可以是排他许可,也可以是普通许可。为此,应该特别注意欧洲和成员国的竞争法,特别是欧共体条约(EC Treaty)第 81 条第 3 款和《欧共体关于技术转让协议的第 772/04 号条例》。

3. 许可的地域范围。许可可以授予全部成员国,或者一个或多个成员国的部分疆域。

4. 不要求书面形式。公约不要求欧洲专利申请的许可必须采用书面形式。然而,成员国法律将适用于许可合同,包括其生效的形式要求(参见,例如德国 *Magazinbildwerfer* 案)。

5. 许可合同登记。欧洲专利申请的许可或许可的转让,其登记与欧洲专利申请转让的登记相同(《实施细则》第 23 条和第 24 条)。当有关证明文件已经提交欧洲专利局,并且缴纳行政管理费用后,欧洲专利申请许可的转让才对欧洲专利局发生效力。关于欧洲专利申请许可的转让,公约并没有规定其登记的法律效力,也没有规定其不登记的法律效力。但是,成员国国内法可能对此有规定。一旦专利授权,则不能再向欧洲专利局登记许可合同(J17/91 *Cohen* 案)。

[适用法律]
第 74 条

除公约另有规定外,欧洲专利申请作为财产标的,在每一个指定国内都应当适用该国对国家专利申请的有关法律规定,且法律效力局限于该指定国。

1. 总述。欧洲专利申请在每一个指定国都可以作为财产标的,并由该国法律予以调整。

2. 国内法的适用。本条所指成员国国内法包括该国适用的国际私法原则。所以,在特定情况下,适用的法律也可以是其他国家的,例如,用于确定申请人具有国民身份的国家,或者其具有营业地的国家。为此,相关成员国的国际私法原则也适用。

第三编　欧洲专利申请
第一章　欧洲专利申请的提出和欧洲专利申请文件的法律要求

[提出欧洲专利申请]*
第75条

(1) 欧洲专利申请可以通过以下途径提出:

(a) 向欧洲专利局提出;**

(b) 向成员国的中央工业产权局或者其他有权机构提出,只要该成员国法律允许,并且符合本公约第76条第1款规定。以此方式提出的欧洲专利申请享有同日向欧洲专利局提出同样的法律效力。

(2) 第1款规定不妨碍成员国适用下列法律规范:

(a) 规定未经本国有权机关的事先批准,不得向外国散布特定性质的发明;

(b) 规定所有专利申请应当首先向本国当局提出,或者经过事先批准后,才可以直接向其他机构提出。

1. 申请提出地(第1款)。欧洲专利申请可以直接向欧洲专利局提出,也可以根据成员国法律,向成员国专利局提出。(1) 向欧洲专利局提出。欧洲专利局有四个受理处(《欧洲专利局官方杂志》,2007年特刊3,第3

---

* 本条已经过2000年11月29日《欧洲专利公约修订案》修订。——译者注
** 参见欧洲专利局局长决定(Special edition No. 3, OJEPO 2007, A. 1.)。——译者注

页):欧洲专利局慕尼黑主楼,欧洲专利局海牙分局大楼,以及慕尼黑欧洲专利局 Pschorrhofe 楼和欧洲专利局柏林分局。欧洲专利局维也纳分局不受理申请。此外,在欧洲专利局和德国专利局之间的行政协议终止后,德国专利局接收的需要转送给欧洲专利局的文件,以欧洲专利局实际收到日为申请日(《欧洲专利局官方杂志》,2005 年,第 444 页)。**(2)向成员国专利局提出**。依据公约第 75 条第 1 款 b 项,除了荷兰,所有公约成员国都允许向本国专利局提出欧洲专利申请,而不必直接向欧洲专利局提出。大多数成员国接受以任何成员国官方语言撰写的欧洲专利申请。但是,并非所有成员都如此。例如,希腊只接受英语、德语、法语和希腊语的欧洲专利申请。而且,如果以希腊语之外的语言撰写申请,必须提交希腊语的译文。向成员国专利局提交的欧洲专利申请视为向欧洲专利局提出,其将依照公约第 77 条转送欧洲专利局(同时参见《实施细则》第 37 条)。

2. 本国专利局有权对专利申请进行限制(第 2 款)。所有成员国都有权规定,特定性质的发明不得向外散布。向本国专利局提出的欧洲专利申请如果涉及这类性质的发明,下文讨论公约第 77 条时再讨论。所有成员国都有权规定,欧洲专利申请必须首先向本国专利局提出,或者必须经过事前批准,才可以向其他机构提出。英国曾经有这类规定。但是,这类规定只适用于涉及军事技术的申请,或者公布可能危害国家安全和公共安全的申请(《英国专利法》[1977 年修订]第 23 条)。事实上,许多成员国都有类似的规定,只有在欧洲专利申请涉及敏感技术时才采取限制措施。然而,有些成员国要求所有欧洲专利申请都必须向本国专利局提出(除非该申请以在先提出的国内申请为基础,要求优先权),而另有一些成员国则不作任何限制。*

3. 分案申请(第 1 款 b 项的限制)。欧洲分案申请不得向成员国专利局提出,而只能直接向欧洲专利局提出。原因在于,如果母案申请尚且不因

---

* 在欧洲专利局的网站上,有一个介绍欧洲各国的本国法的页面,即"National law relating to the ERC",有兴趣的读者可访问"http://www.epo.org/Law-practice/legal-texts/html/natlay index.html"。——译者注

为其包含的技术内容而被禁止向欧洲专利局转送，其分案申请自然不包含成员国法律禁止的技术内容。而且，第1款b项也不适用于根据公约第61条第1款b项提出的新申请。该新申请也必须向欧洲专利局直接提出（参见公约第61条第2款）。

[欧洲专利分案申请]*
第76条

（1）欧洲专利分案申请应当根据本公约《实施细则》直接向欧洲专利局提出。分案申请的内容不得超过原申请提出的内容。如果符合上述条件，欧洲专利分案申请视为与原申请同日提出，并且享受所有原申请的优先权。

（2）欧洲专利分案申请提出时，所有原申请指定的成员国都应当视为其分案申请的指定国。

1. 总述。一件欧洲专利申请可以拆分为一项或多项分案申请。这意味着原申请（母案申请）披露的一项或多项发明，通过分案申请而要求保护。任何处于审查阶段的专利申请都可以拆分而进行分案申请，即使其本身已经是一项分案申请。分案申请提出之后，欧洲专利局将其视作一项新申请。但是，分案申请享有母案申请的申请日和优先权（公约第76条第1款，详见下文），对其进行独立审查。**（1）分案申请的理由**。申请人提出分案申请，常常是为了保护母案申请在审查过程中被迫删除的技术内容。在专利审查过程中，为了尽快取得专利授权，申请人对驳回理由常常不予争辩，而更愿意删除不为允许的发明内容。当然，申请人也可能因为接受审查员的驳回意见（通常是公约第82条规定的缺乏单一性）而删除专利申请的特定技术内容。**（2）删除的发明内容**。但是，需要注意的是，申请人在审查

---

* 本条已经过2000年11月29日《欧洲专利公约修订案》修订。参见扩大上诉委员会决定G4/98和G1/05。——译者注

过程中明确表示放弃而删除的任何发明内容,不得再提出分案申请要求专利保护(《欧洲专利审查指南》C部分第六章第9.1.3节)。为此,申请人在审查过程中提出任何修改时,都应当附带声明,主张任何删除的发明内容并不因此而放弃,其保留提交一项或多项分案申请,对该删除内容要求专利保护的权利。

2. 分案申请的发明内容(第1款第2句)。分案申请针对的发明内容不得超过母案申请公开的内容。如果满足这一条件,分案申请视为同母案申请同日提出,并可以享受母案申请要求的任何优先权,无论离母案申请的申请日多久远(《欧洲专利审查指南》A部分第四章第1.2.1节)。分案申请的发明内容是否满足上述要求,需要适用公约第123条第2款的法律标准,进行实质审查(T514/88 Alza 案)。如果申请人不移除分案申请中超过母案申请公开内容的发明内容,欧洲专利局将以分案申请违反公约第76条第1款而驳回分案申请(《欧洲专利审查指南》C部分第四章第9.1.4节)。在这种情况下,申请人不能要求将分案申请依照其提出日转换为独立的专利申请,也不可能通过再提出一个分案申请,要求保护超过母案申请范围的发明内容(《欧洲专利审查指南》C部分第四章第9.1.4节)。而且,如果分案申请授权后,第三方发现其发明内容超过母案申请的内容范围,可以以其违反公约第76条第1款而提出异议(公约第100条c项);也可以以此为由,要求成员国法院撤销专利(公约第138条1条c项)。**(1)分案申请的修改。**分案申请的修改必须要符合第123条第2款的要求(修改不超范围),不得超过原分案申请的公开内容。分案申请提出后,也不允许再将母案申请中的发明内容纳入分案申请。就公约第76条第1款而言,如果分案申请在其实际提出日包含了超过在先申请范围的发明内容,申请人事后可以修改分案申请,避免超范围,即使此时在先申请不再处于审查阶段。此外,其他对非分案申请修改所适用的法律限制,也适用于对分案申请的修改。**(2)重复授权。**分案申请的权利要求通常限定于特定的发明内容。尽管公约没有明文禁止同一申请人对同样的发明提出两项专利申请(通常称为"重复授权"),《欧洲专利审查指南》表明,欧洲专利局不接受这一做法

（《欧洲专利审查指南》C 部分第六章第 9.1.6 节和 C 部分第四章第 7.4 节）。因此，分案申请和其母案申请不得对同样的发明要求保护。**(3) 系列分案申请。**申请人可能提出系列分案申请，即一个根申请（root application）之后，出现若干分案申请，且每个分案申请又以前一分案申请为基础提出。对于系列分案申请的每一个分案申请而言，公约第 76 条第 1 款第 2 句是其成立的充分必要条件，其公开的内容必须可以从前一分案申请提出时披露的内容之中，直接且毫无疑义地得出（G1/06 Seiko 案）。

3. 分案申请提出的时间要求。只有当母案申请仍处于审查阶段，申请人才可以提出分案申请（《实施细则》第 36 条第 1 款）。如果根据在审的分案申请再提出分案申请，则在先分案申请的母案申请不必仍处于审查阶段。专利授权公告前，专利申请都处于审查阶段，但是，不包括公告日。如果专利申请被驳回、撤回或视为撤回，则不再处于审查阶段。然而，如果欧洲专利局驳回申请，申请人可以对驳回决定提出上诉，而根据公约第 108 条，如果驳回决定处于上诉审查阶段，则专利申请仍处于审查阶段。如果母案申请视为驳回，申请人可以通过提出继续审查请求或权利恢复请求，使之回归审查阶段。指定欧洲专利局的国际申请，如果没有进入欧洲地区阶段，则没有进入审查阶段。

4. 分案申请的形式要求（第 1 款第 1 句）。分案申请只能以母案申请所标明的申请人的名义提出，并且直接向欧洲专利局的受理处（慕尼黑、海牙和柏林）提出，或者通过欧洲专利局在线申请提交系统提出（参见《实施细则》第 36 条第 2 款）。分案申请的请求书必须标明其为分案申请，并指明母案申请的申请号（参见《实施细则》第 41 条 e 项）。分案申请的形式审查、检索、公布和实质审查，与其他专利申请并无二致。**(1) 分案申请的语言。**通常，分案申请必须以母案申请的工作语言提出（参见《实施细则》第 36 条第 2 款）。**(2) 缴费期限。**《实施细则》第 46 条第 3 款和第 4 款规定了分案申请缴纳申请费、检索费和指定费的期限。**(3) 费用。**即便分案申请要求保护的发明是母案申请检索报告包括的内容，申请人也应当缴纳检索费，尽管该项费用可以根据《缴费规则》第 10 条第 1 款予以返还。如果分案申请包括10项以上的权利要求,则需要对每一个额外的权利要求缴纳检索费,无论申请人是否因为同一权利要求出现在母案申请中已经缴纳过额外的检索费。自分案申请提出之日起三年以及后续年份,申请人都需要缴纳申请维持费。根据公约第76条第1款,缴费日是其母案申请的申请日。所以,如果一项母案申请的专利申请维持费已经到期,其分案申请的维持费自分案申请提出日到期。《实施细则》第51条第3款规定了专利申请维持费缴纳的期限,以及分案申请提出之后四个月内到期的维持费缴纳期限。**(4)标明发明人。**如果申请人在提出分案申请时没有标明发明人,欧洲专利局将通知申请人,要求其在两个月内补正这项缺陷(《实施细则》第60条第2款)。

5. 分案申请的指定国(第2款)。分案申请只能指定其提交时母案申请有效保留的指定国(G4/98 *Designation Fees* 案)。母案申请的指定国如果再发生变化,不影响分案申请指定国的法律状态。分案申请提交时,如果申请人指定其他国家,该指定不具有任何法律效力。类似地,分案申请只能延伸到其提交时母案申请有效保留的延伸国。

6.《实施细则》对分案申请的特别规定(第1款)。《实施细则》中关于分案申请及其审查的特别规定包括:第6条(期限和费用减免);第36条(欧洲专利分案申请);第41条第2款(请求书);第51条第3款(维持费缴纳)和第60条第2款(事后指定发明人)。

[欧洲专利申请的转送]*
第77条
（1）成员国的中央工业产权局应当根据本公约《实施细则》,向欧洲专利局转送其或本国其他机关接收的欧洲专利申请。

（2）欧洲专利申请的发明内容被认定为秘密的,成员国的中央工业产权局不应转送欧洲专利局。

---

* 本条已经过2000年11月29日《欧洲专利公约修订案》修订。——译者注

（3）逾期未转送欧洲专利局的欧洲专利申请,应当视为撤回。

1. 总述。本条规定了向成员国专利局提出的欧洲专利申请,如何转送欧洲专利局。本条同时允许成员国立法规定,其有权审查欧洲专利申请,并决定某些申请应当保密,不转送欧洲专利局。

2. 程序(第1款和第2款)。成员国专利局收到欧洲专利申请后,会向申请人出具申请接收凭据(《实施细则》第35条第2款),并通知欧洲专利局(《实施细则》第35条第3款)。绝大多数成员国专利局都将对欧洲专利申请进行保密审查。如果认定申请需要保密,则毋须向欧洲专利局转送该申请。否则,成员国专利局必须根据《实施细则》第37条将欧洲专利申请转送欧洲专利局。

3. 未向欧洲专利局转送的欧洲专利申请(第3款)。如果欧洲专利局在专利申请日(如果要求优先权的,即优先权日)起四个月内,没有收到该欧洲专利申请,该项申请视为撤回。只有当成员国专利局认为欧洲专利申请需要保密,才可能发生这种情况,尽管这无须明确说明。申请人所有已经缴纳的费用,都将返还。申请人可以根据公约第135条,要求将该项申请转换成为国家专利申请。申请人不能以欧洲专利申请没有及时转送欧洲专利局而视为撤回为由,要求权利恢复。这是因为,成员国专利局——而不是申请人——具有转送欧洲专利申请的义务(J3/80 *Chubb* 案)。

[欧洲专利申请书的要求]

第78条

（1）欧洲专利申请书应当包括:

(a)授予欧洲专利的请求书;

(b)对发明的说明书;

(c)一项或多项权利要求;

(d)说明书或权利要求书所引用的附图;

(e)摘要;并满足本公约《实施细则》规定的其他条件。

（2）欧洲专利申请应当支付专利申请费和检索费。申请费或者检索费没有按时支付的，欧洲专利申请视为撤回。*

1. 欧洲专利申请书的内容（第1款）。一项欧洲专利申请通过公约第90条第1款规定的形式审查后，即可以取得申请日。一项申请是否满足第1款a—e项的要求（即一项完整欧洲专利申请要求的所有文件，并满足《实施细则》的有关规定[参见《实施细则》第57条]），需要通过公约第90条第3款规定的形式审查。如果申请文件存在缺陷可以补正，欧洲专利局给予申请人改正的机会。公约第80条规定了欧洲专利申请取得申请日的条件，其要求比本条宽松（参见《实施细则》第40条），例如，其不要求权利要求书。尽管请求书不是取得申请日的必要条件，但是，要满足全部形式要求，欧洲专利申请之中必须包括它（《实施细则》第41条第1款）。

2. 缴纳申请费和检索费（第2款）。如果申请人逾期未缴纳申请费和检索费，一个月的期限届满后，申请视为撤回（《实施细则》第38条）。2000年公约修订案生效后，逾期未缴纳这两项费用的申请人可以根据公约第121条和《实施细则》第135条，在缴纳继续审查费后，要求继续审查其专利申请。

[指定成员国]**
第79条

（1）所有在欧洲专利申请提出时是本公约成员国的国家都应当视为已由其请求书指定。

（2）对成员国的指定以缴纳指定费为生效条件。***

---

* 《欧洲专利公约》规定"视为撤回"（deemed to be withdrawn）具有统一的法律意义。如果没有按时交纳申请费或者检索费，"视为撤回"不具有溯及既往的法律效力，而只是对缴费期届满之后的相关行为具有法律效力。参见扩大上诉委员会决定G4/98的意见。——译者注

** 本条已经过2000年11月29日《欧洲专利公约修订案》修订。——译者注

*** 参见扩大上诉委员会决定G4/98的意见。如果申请人没有按时交纳国家指定费（designation fee），并不具有法律回溯力。也就是说，到缴费期限为止，申请人的指定都具有法律效力。但是，如果没有缴纳国家指定费，自缴费期限届满，其指定将不再具有法律效力。——译者注

(3) 在欧洲专利取得授权前,申请人可以随时撤回对任何成员国的指定。

1. 申请提出时,指定成员国(第1款)。 申请人必须在提出欧洲专利申请时,指定公约成员国。然而,除非申请人明确表示排除特定成员国,所有在申请日是公约成员国的国家,都视为经专利申请的请求书指定。如果采用欧洲专利局提供的申请表格,则可以保证在申请时指定全部的成员国,因为该表格已经预先选定,自动覆盖全部成员国,除非申请人作出不同的意思表示。申请人必须在指定费缴纳期限届满前,确认所指定的成员国。如果两人以上共同提出申请,他们可以指定不同的成员国(公约第50条)。如果申请提出时没有指定全部成员国,申请人可以补充指定国,但是,必须根据《实施细则》第139条,采用补正错误的方式。此外,欧洲专利申请还可以延伸到非公约成员国,依据其和欧洲专利局签订的延伸协议(延伸国)。为此,欧洲专利局提供的申请表格也包括预先选定的延伸国,自动覆盖所有的延伸国。当然,申请人可以对此提出不同的请求。然而,如果申请人在缴纳指定费的期限内没有缴纳延伸费,则相应的延伸国视为撤回。

2. 缴纳指定费(第2款)。 2000年公约修订案生效后,公约第79条第2款已经修订,允许欧洲专利局根据需要对不同成员国实施不同的指定费缴纳方式。目前,申请人应当自检索报告在《欧洲专利公报》公布之后六个月内(《实施细则》第39条),缴纳用以确认其申请提出时所选定的指定国的指定费。如果指定国数量达到7个,则涵盖了对全部成员国的指定(《收费细则》第2条)。指定瑞士和列支敦士登的,可以只缴纳一份指定费。欧洲专利局提供的申请表格允许申请人在提出申请时,在其拟缴纳指定费的国家数少于7个时,表明其有意缴纳指定费的国家。再者,根据2000年公约修订案,逾期未缴纳指定费的申请人,可以根据公约121条,在缴纳继续审查费(每一应缴指定费的50%)后,要求继续审查其申请。但是,根据《实施细则》第121条第1款规定,欧洲专利局只会通知申请人,其丧失了对拟指定国的权利。如果继续审查阶段缴纳的指定费不足以覆盖申请人全部拟指定国的费用,欧洲专利局将要求申请人说明其希望指定的国家。如果申请人逾期没有答复,欧洲专利局将适用《缴费规则》第 8 条第 2 款。申请人缴纳的费用将依照国家被指定的顺序,适用于能覆盖的国家数(J23/82 Clouth 案)。根据《实施细则》第 39 条第 3 款,在同条第 1 款规定的期限内没有缴纳指定费的所有指定国,都视为撤回指定(G4/98 Designation Fees 案)。如果申请人在规定时间内没有缴纳延伸费,也可以在请求继续审查之后重新缴纳。对于请求审查(《实施细则》第 70 条第 1 款),以及《实施细则》第 69 条第 1 款规定的关于告知检索报告公布通知的提醒,也适用于相同的期限。

3. 撤回指定(第 3 款)。在专利授权前,申请人可以随时撤回指定。但是,如果第三方向欧洲专利局证明,其有取得欧洲专利的资格,并因此而启动法律程序,自此以后,原申请人不得撤回指定(《实施细则》第 15 条)。申请人之所以撤回指定,可能是为了避免欧洲专利与国家专利共存(即对同一公约成员国,对同样的发明既要求欧洲专利保护,又要求国家专利保护),因为取得国家专利对其更为有利。根据公约第 139 条第 3 款,很多成员国不允许同一申请日(优先权日)的欧洲专利和国家专利同时发生重叠保护。申请人撤销指定后,其缴纳的指定费不予返还。然而,如果申请人所指定的国家在专利申请提出时还不是公约的成员国,欧洲专利局将返还指定费,因为收取该项费用没有任何法律基础。《欧洲专利公约》成员国和延伸国的名录,可以从欧洲专利局的官方网站上获得。如果所有指定国都撤回或者视为撤回,则欧洲专利申请视为撤回,欧洲专利局将根据《实施细则》第 112 条第 1 款,通知申请人已经丧失权利。

[申请日]*

第 80 条

本公约《实施细则》规定的所有要求满足之日是欧洲专利申请的申

---

* 本条已经过 2000 年 11 月 29 日《欧洲专利公约修订案》修订。另外参见扩大上诉委员会决定 G2/95 和 G4/98。——译者注

请日。

1. 总述。公约第 78 条规定了欧洲专利申请书应该满足的所有要求，而公约第 80 条只规定了欧洲专利申请取得申请日需要满足的最低要求。2000 年公约修订后，这些要求规定在《实施细则》第 40 条第 1 款和第 2 款。

2. 取得申请日的法律要求。欧洲专利申请依照规定的方式,向公约第 75 条规定的机关提出,在其文件满足《实施细则》第 40 条第 1 款全部要求之日,即是其申请日。欧洲专利局的受理处根据公约第 90 条第 1 款,审查申请是否满足条件,可以给予申请日。根据 J20/84 *Strabag* 案,如果欧洲专利申请是向成员国专利局提出的,可以采用欧洲专利局不允许、但该成员国专利局认可的方式提出。如果申请人没有向规定的受理单位(例如,欧洲专利局维也纳分局)提出欧洲专利申请,或者没有采用规定的方式(例如,电子邮件)提出欧洲专利申请,欧洲专利局不得给予申请日。然而,如果欧洲专利局维也纳分局误收了欧洲专利申请,它需要把申请转送受理单位。受理单位将以实际收到日作为申请日。如果因为邮政延误导致欧洲专利申请迟收,申请日仍依照实际接收日计算。但是,如果申请人要求优先权,并于优先权期限届满之前至少五日内,以适当方式邮递(或者其他公认的物流方式)传送申请文件,欧洲专利局将认定其遵守了优先权期限(《实施细则》第 133 条)。

3. 缴费。对于取得欧洲专利申请的申请日而言,缴费不是必须的。

[指定发明人]
第 81 条

欧洲专利申请应当指定发明人。如果申请人不是发明人或者不是唯一的发明人,申请人应当在指定发明人的同时,说明原始权利来源。

1. 指定发明人。本条实行公约第 62 条规定的发明人表明其身份的权利。除非发明人放弃这一权利,公布的欧洲专利申请和欧洲专利的首页,都应当表明发明人。如果申请人不是发明人,或者不是唯一的发明人,其应指定发明人(《实施细则》第 19 条第 1 款)。如果欧洲专利申请基于国际申请,发明人身份已经在其国际母案申请的请求书中正确地表明,则可以免除此项义务(《专利合作条约》第 27 条)。欧洲专利局的在线申请系统亦包含有"发明人"一件。如果申请人以纸质文件提交专利申请,则需要另附一页指定发明人。如果一件欧洲专利申请需要指定发明人,而申请人在申请日未指定,或者其提交的文件包含严重缺陷而未有效地指定发明人,受理处审查申请是否符合公约第 81 条时,应当将这一缺陷通知申请人,要求进行补正(公约第 90 条第 3 款和第 4 款;《实施细则》第 60 条第 1 款)。如果一件欧洲专利申请依法应当指定发明人,而申请人自优先权日或申请日起 16 个月内没有提交指定发明人的文件,欧洲专利局将驳回该项欧洲专利申请。但是,如果在专利申请公布的准备工作完成之前,申请人将有关的信息通知欧洲专利局,则上述期限视为合法履行(《实施细则》第 60 条第 1 款)。申请人即便逾期未提交发明人指定文件,他仍可以根据公约第 121 条和《实施细则》第 135 条,请求继续审查。

2. 关于享有权利资格的说明。 如果一件欧洲专利申请依法应当指明其发明人,申请人同时应当说明其何以享有资格,可以对相关发明申请欧洲专利。

[单一性]*
第 82 条**

一件欧洲专利申请应当只涉及一个发明或者在一个单一的总发明构思下的一组相关发明。

---

* 参见扩大上诉委员会决定 G1/91 和 G2/92。——译者注
** 我国《专利法》第 31 条与此条规定完全对应:"一件发明或者实用新型专利申请应当限于一项发明或者实用新型。属于一个总的发明构思的两项以上的发明或实用新型,可以作为一件申请提出。"——译者注

1. 总述。为防止申请人规避缴费义务,本条规定,一件欧洲专利申请不得涉及一项以上的发明,除非该项欧洲专利申请涉及的多项发明彼此关联,属于一个单一的总发明构思。欧洲专利局在检索和实质审查阶段,都可以认定申请缺乏单一性。审查部既可以事前认定缺乏单一性(即未考虑现有技术之前),也可以事后认定这一缺陷(即考虑现有技术后,一项或多项权利要求被认定为无效之后)。检索部处理缺乏单一性的缺陷时,需要遵守《实施细则》第64条第1款规定的法律程序。对于检索部作出的缺乏单一性的认定,审查部在实质审查中可以作出不同的认定。然而,缺乏单一性既不是专利异议的法定理由,也不是撤销欧洲专利的法定理由(G1/91 Unity Siemens 案)。所以,专利权人可以在异议程序中修改专利,而不必受制于单一性的法律要求。

2. 一组相互关联的发明。公约第82条承认,一件欧洲专利申请通过多项权利要求或者一项权利要求的多个技术方案,要求保护多项发明,也可以满足单一性的要求,只要这些发明相互关联并且属于一个单一的总发明构思。《实施细则》第44条进一步详细规定了单一性的判断标准(同时参见《实施细则》第64条、第137条第4款和第164条)。

[发明的公开]*
第 83 条

欧洲专利申请应当对发明作出充分清楚和完整的公开,以本领域技术人员能够实施为准。

1. 总述。公约第83条规定了专利制度的一个基本原则:为获得垄断权,申请人必须向公众公开如何实施发明。这一法律原则非常重要。为此,公约第100条b项将其作为异议理由,而公约第138条b项将其作为专利撤销理由。

---

* 参见扩大上诉委员会决定 G2/93 和 G2/98。——译者注

2. 本领域技术人员。欧洲专利申请是针对本领域技术人员。所以,公约第 83 条的法律标准是本领域技术人员是否可以实施发明。为此,法律上假定本领域技术人员已经熟读专利申请,并根据公知常识补充专利申请所含的信息。本领域技术人员也会依赖专利申请说明书明确引用的文件,只要本领域技术人员可以获得该文件(T11/89 *Hiils Troisdorf AG* 案和 T267/91 *Pluss-Staufer AG* 案)。本条和公约第 56 条规定的本领域技术人员具备相同水平的技能,但是,知识范围有所不同(T694/92 *Mycogen* 案)。关于本领域技术人员的详细讨论,可以参见公约第 56 条的评注。

3. 要求公开的程度。公开是否充分,需要根据专利申请整体(包括说明书及附图和权利要求书),而不只是权利要求书。专利申请必须足够具体地公开发明实施的全部必要技术特征,以使发明对本领域技术人员显而易见,足以将发明付诸于实施(《欧洲专利审查指南》C 部分第二章第 4.9 节)。**(1)至少公开一种实施发明的方法。**专利申请必须至少具体描述一种可以实施要求保护的发明的方法(《实施细则》第 42 条第 1 款 e 项)。这足以满足公约第 83 条的要求(T292/85 *Genentech* 案)。而且,如果有足以实现发明的信息,公约第 83 条并不要求专利申请举出的例子必须可以精确地重复(T281/86 *Unilever* 案)。**(2)公开内容覆盖权利要求的保护范围。**然而,专利申请公开的技术内容必须可以使本领域技术人员实施权利要求界定的整个发明内容(T409/91 *Exxon* 案)。对于特定类型的发明,如果专利申请公开的技术内容让本领域技术人员只能实施部分发明内容,则权利要求的保护范围和专利申请公开的范围不相适应,或者说,得不到后者的支持,从而不满公约第 83 条的要求。只有当本领域技术人员可以实施权利要求保护范围之内所有技术方案的实现方式,才可以认定专利申请公开充分。例如,对一项组合物发明(其中一个组分由其功能来定义)而言,如果专利申请只公开了若干孤立的例子,而没有公开适于概括的技术概念(如果必要,考虑相关的公知常识),以使本领域技术人员无须经过过度的技术困难,即可以实现包含功能特征的权利要求的全部预计结果,则不属于公开充分(T0435/91 *Unilever N. V.* 案)。如果权利要求的保护范围宽,则可能需要更详细的技术信息、多个发明实施例，才足以支持权利要求。对此，需要进行个案审查。通常而言，权利要求越宽，专利申请需要公布其保护范围之内更多可替代的实施例。然而，公开的具体程度和实施例的数目，取决于个案的具体情况（《欧洲专利审查指南》C 部分第二章第 4.9 节）。

4. 公约第 83 条和第 84 条的关系。参见公约第 84 条的评注。

5. 无须过度试验就可实施发明。要求保护的发明必须可以在上文范围内可以重复，且不需要经过过度试验。合理范围内的试错，并不影响专利是否充分公开发明（T014/83 *Sumitomo* 案）。**(1) 偶然侥幸**。如果本领域技术人员只有通过偶然侥幸才能实现发明，则专利公开的实施发明的方法完全不可靠，本领域技术人员需要经过过度试验，才可以实现发明（《欧洲专利审查指南》C 部分第二章第 4.11 节）。**(2) 专利申请中的错误**。专利申请如果存在错误（例如，错误的数字），但是本领域技术人员知道该错误，并可以通过公知常识予以更正，则该错误不影响专利是否公开充分（T171/84 *Air Products* 案）。

6. 基准日和修改。发明必须在专利申请提出之日就被充分公开。如果专利申请公开不充分，申请日后予以补救（例如，增加实施例或者技术特征），必然违反公约第 123 条第 2 款。在这种情况下，对公开不充分就没有办法进行补救，专利申请通常将面临被驳回（《欧洲专利审查指南》C 部分第二章第 4.10 节）。然而，申请人通常可以通过修改权利要求，限制其保护范围，克服上述法律困难。

7. 异议。公约第 83 条只针对专利申请，所以严格意义上只适用于专利申请的审查程序。专利授权后，第三方可以根据公约第 100 条 b 项规定的相同理由，提出异议。举证责任由异议人承担（T182/89 *Sumitomo* 案）。只有对是否公开充分存在真实怀疑，并有切实证据支持，才可以认定专利公开不充分（T19/90 *Harvard* 案）。

8. 生物技术发明。上述充分公开原则也适用于生物技术方面的发明。例如，如果专利申请公开了至少一种可以让本领域技术人员实施发明的方法，则发明已经充分公开（T292/85 *Genentech* 案）。在 T292/85 案中，上诉委员会准予了保护范围很宽的生物技术专利权利要求,尽管只有一个实施例支持。然而,一种实施发明的方法要满足公开充分的法律要求,必须足以让本领域技术人员实施权利要求保护范围之内的全部发明内容(T409/91 *Exxon* 案)。如果专利申请公开的结果不能完全重复,但是,本领域技术人员实施发明不会面临过度的技术困难,则发明仍旧已经充分公开(T301/87 *Biogen* 案和 T0281/86 *Unilever* 案)。然而,说明书只给出一个实施例,这是否满足公开充分的法律要求,应该根据个案事实具体决定(T548/91 *Schering Corporation* 案)。如上述第 5 点评注所讨论的,要满足充分公开的法律要求,申请专利的发明必须可为本领域技术人员不需要经过过度试验就可以重复。针对生物技术发明,技术上诉委员会已经多次考虑何谓"过度试验"。例如,上诉委员会认为,从一个特定病毒糖蛋白表达的实施例中,推测得出不同的糖蛋白,这会要求本领域技术人员进行过度试验,方可实施发明(T187/92 *Genentech* 案)。上诉委员会还认为,如果发明过分依赖于概率,则本领域技术人员需要经过过度试验,才可能实施发明(T727/95 *Weyershaeuser Company* 案)。而且,如果专利申请提供的技术指导不完整,欧洲专利局也可基于公开不充分驳回申请(T694/92 *Mycogen* 案)。由于生物技术方面的发明很复杂,根据《实施细则》第 31 条第 1 款,如果发明使用或涉及的生物材料不为公众所得,其又无法在欧洲专利申请中充分地描述,而可让本领域技术人员可以实施发明,则只有当申请人在专利申请提出之前,就将该生物材料的样品保存于广为接受的保存机构之中,才可以认定发明已经充分公开,满足公约第 83 条的法律要求。

9. **《实施细则》的特别规定**。《实施细则》第 42 条规定了专利申请说明书公开发明的结构和内容。《实施细则》第 30 条规定了核苷酸和氨基酸序列公开的法律要求。《实施细则》第 33 条和第 34 条分别规定了生物材料的保存和再保存。

[权利要求]*
第 84 条
　　权利要求应当界定要求保护的发明内容。权利要求应当清楚、简要并得到说明书的支持。

　　1. 总述。本条规定涉及权利要求的内容,具有两大法律功能。其一,保护公共利益,明确权利要求保护的范围;其二,明确权利要求和现有技术的界限,为评价发明对现有技术的贡献奠定基础。《实施细则》第 43 条第 1 款对公约第 84 条进行了补充,其要求:"权利要求应用技术特征界定要求保护的发明内容"。

　　2. 必要技术特征。权利要求必须表明发明的全部必要技术特征,即解决发明针对的技术问题所要求的全部技术特征(T32/82 ICI 案)。所以,如果申请人在说明书中表明某一技术特征是必要技术特征,该技术特征必须纳入权利要求。当然,申请人可以将非必要技术特征写入权利要求;申请人撰写的权利要求,可以比法律要求的范围窄,这是他的自由(T582/93 HYMO 案)。

　　3. 权利要求书和说明书之间的矛盾和不一致。公约第 84 条要求权利要求书清楚,这意味着权利要求书不得出现矛盾(T2/80 Bayer 案)。而且,权利要求书和说明书也不得存在不一致。例如,如果说明书没有强调某一技术特征,而权利要求将这一技术特征作为限定特征,则应该通过扩大权利要求的保护范围,或者限制说明书,消除二者之间的不一致。如果说明书描述的实施例没有落入权利要求的保护范围,也会产生不一致。在这种情况下,应该扩大权利要求的保护范围,或者修改说明书,消除权利要求书和说明书之间的不一致(例如,在说明书中补充声明,强调该实施例只起示例作用,其不落入权利要求的保护范围)。

　　4. 权利要求的用词。权利要求中的语词应采用通常含义。如果是使

---

　　* 参见扩大上诉委员会决定:G2/98、G1/03、G2/03 和 G1/04。——译者注

用一个特定的含义,则该特定含义必须可以从说明书中清楚地得到,例如,在说明书中予以定义(《欧洲专利审查指南》C部分第三章第4.2节)。如果权利要求包含不清楚的技术特征,相关领域没有形成唯一且普遍承认的认识,该项权利要求很可能违反公约第84条,特别是当该技术特征是发明的必要技术特征时(T728/98 Albany案)。所以,相对性的词语,例如:"细"(thin);"宽"(wide);"强"(strong)等等,欧洲专利局可能都不允许使用(《欧洲专利审查指南》C部分第三章第4.3节)。用于数值的副词,例如"大约"(about);"近似"(approximately)和"实质上"(Substantially)等,只有当不影响发明的新颖性和创造性判断(发明仍旧可以毫无疑义地区别于现有技术)时,才可以被允许(《欧洲专利审查指南》C部分第三章第4.7节)。

(1)特定词语的解释。欧洲专利局对一些特定的词语,例如"in"(在……里);"for"(对,为,用于);"comprising"(包含)和"consist of"(由……组成),已经形成了一套判例规则(《欧洲专利审查指南》C部分第三章第4.13节、第4.15节和第4.21节)。比如,介词"in"可能发生歧义,让人不知道申请人是对一个特定的小部件要求保护,还是对包含该小部件的整个部件要求保护。对此,欧洲专利局将不予允许,而要求申请人修改。例如,如果权利要求是"一个四冲程发动机中的气缸头"(Cylinder head in a four-stroke engine),则应该修改为"带一个气缸头的四冲程发动机"(Four-stroke engine with a cylinder head),明确是保护整个部件,其包含一个气缸头;或者修改为"用于一个四冲程发动机的气缸头"(Cylinder head for a four-stroke engine),明确只是对"气缸头"要求保护。类似的,在以下形式的权利要求中,"对一个方法/系统/装置……其改进在于……"(In a process/system/apparatus... the improvement consisting of ...),对"in"也可产生歧义,申请人可能是要求保护"改进",也可能是要求保护权利要求描述的全部技术特征。欧洲专利局也不会允许,而要求申请人修改。当然,此类修改也要受到公约第123条第2款的限制。用途限制的第二非医疗用途类权利要求,即"一种物质,用作涂料或漆组合物中的一种防腐剂"(use of a substance ... as an anticorrosive ingredient in a paint or lacquer composition),却是允许的(G2/88

Mobil Oil 案）。介词"for"的解释,取决于权利要求的类型。对于产品权利要求而言,介词"for"表示"适用于"。例如,"一个装置供实施一个方法"（Apparatus for carrying out the process, etc），将解释成适合实施该方法的装置。然而,第一医疗用途发明（即要求保护一种物质或组合物在外科方法、治疗方法或诊断方法中的应用）,是上述一般规则的例外。如果一个方法权利要求写为："A method for re-melting galvanic layers"（一个适于再溶解电偶层的方法）,其中"for re-melting"不再解释为该方法"适用于"（suitable for）再次溶解电偶层,而是解释为涉及再溶电偶层的一个功能性技术特征,定义方法权利要求的一个步骤（T848/93 案）。"comprise"（包含）宽泛的解释为"包括"。例如,"一种组合物,包含对苯二甲酸二甲酯"（a composition comprising dimethyl terephthalate）解释为任何包含对苯二甲酸二甲酯的组合物,无论其是否包含其他物质（T522/91 *Amoco* 案）。与此相反,"consist"（由……组成）解释为"只包括"（consist only）。所以,一种组合物,由乙烯乙二醇和对苯二甲酸二甲酯组成（A composition consisting of ethylene glycol and dimethyl terephthalate）将解释为"只"包括乙烯乙二醇和对苯二甲酸二甲酯,而不包括其他任何组分。

5. 以技术效果定义的发明。一些权利要求企图以发明要得到的技术效果来定义发明,例如,"一种组合物……其一组分的分量可产生协同除草的效果"（A composition comprising ... a component in an amount producing a synergistic herbicidal effect）。此类权利要求可能因为不符合公约第 56 条、第 83 条或第 84 条而被驳回。如果该权利要求只是要求保护要解决的技术问题,欧洲专利局将根据公约第 56 条拒绝。如果该技术效果不能使本领域技术人员,在不通过过度试验的情况下就可以实施发明的话,欧洲专利局可以根据公约第 83 条拒绝该权利要求,特别是当说明书没有道明哪一个实验可以用于验证该技术效果的情况下。而如果该技术特征可能导致权利要求不清楚,欧洲专利局也可以根据公约第 84 条驳回申请。偶尔,欧洲专利局也可能接受这种权利要求,但是,当且仅当没有其他方式定义该发明,或者以其他方式定义发明会不适当的限制权利要求的保护范围时。而且,技术效果要能够直接、肯定地经过测试或方法予以验证,经说明书充分描述,或为本领域技术人员熟知,而无须过度试验(《欧洲专利审查指南》C 部分第三章第 4.1 节以及 T68/85 *Ciba-Geigy* 案)。

6. **功能特征**。一些权利要求以功能特征(效果定义的特征)来定义发明。一般来说,功能特征不同于技术效果特征(参见第 5 点评注),因为功能特征属于现有技术,而技术效果特征和发明要解决的技术问题相关。功能特征界定其功能时,可以不和其他特征相关,例如,"终端位置检测装置";也可以和其他特征相互关联,例如"向输入端传输信息的装置"。如果本领域技术人员知道其他方式也可以实现同一功能,欧洲专利局可以接受该功能特征,即便说明书对该功能特征只提供了一个实施例(《欧洲专利审查指南》C 部分第三章第 6.5 节)。例如,本领域技术人员会将"终端位置检测装置"理解为包括光电管或应变计,即便说明书只以极限开关作为"终端位置检测装置"的唯一实施例。

7. **参数**。参数是特征性数值,可以是可测量的物质属性(例如,物质的熔点、钢材的抗弯强度、电导体的电阻),也可以是配方之中多个变量的复杂组合(《欧洲专利审查指南》C 部分第三章第 4.11 节)。在特殊情况下,产品可以用其参数界定。只有当发明不能通过其他方式予以充分界定,而参数可以清楚、可靠地确定时(或是通过说明书描述的方法,或是本领域通常使用的客观方法),才可以利用参数来界定产品发明(T94/82 *ICI* 案)。如果权利要求采用了不同一般的参数,或者公众不能获得测量参数的仪器,权利要求通常会因不清楚而遭欧洲专利局拒绝,因为该发明不能和现有技术进行有意义的比对,难以确定其是否具有新颖性。在下列情况下,权利要求书不必包括测量参数的方法:在权利要求之中描述参数测量方法,将导致权利要求不简要或不清楚(此时,可以在权利要求中引用说明书的相关部分);或者本领域技术人员知道采用何种测量方法,或是因为只有一种测量方法,或是因为存在一种通用的方法,或是因为所有可知的方法,都将产生相同的结果(在要求的精度范围之内)。在其他情况下,必须在权利要求中包含参数测量的方法和装置,才能满足公约第 84 条的要求(《欧洲专利审查指南》C部分第三章第4.18节)。如果一项装置权利要求所包括的一项参数和人为因素相关,而与该装置本身无关,它可能被认定不清楚,违法公约第84条。例如,权利要求针对一个激光系统,其中代表激光有效脉冲时间的参数(这只和激光工作条件相关,而和装置的结构无关)将不被允许(T277/91 *Codman & Schurtleff* 案)。

8. 方法表征的产品权利要求。方法表征的产品权利要求应当理解为对产品要求保护(也就是说,方法特征不视为该权利要求的限定特征)。所以,以方法限定产品的权利要求,将解释为"可从方法 Y 获得产品 X"(product X obtainable by process Y)的权利要求,无论是采用"可得"(obtainable)、"得到"(obtained),还是"直接获得"(directly obtained)等用词(T20/94 *Enichem* 案)。所以,产品本身必须符合专利授权条件,其并不因为制造方法具有新颖性而具有新颖性(T150/82 *Bayer* 案)。所以,如果新颖性在于制造方法,而不在于制造所得产品,则应当采用方法权利要求,对该方法要求保护,而不是采用方法表征的产品权利要求。如果采用方法权利要求,根据公约第64条第2款,其保护范围延伸到依照方法直接获得的产品之上。

9. 适于实施方法或用途 B 的产品 A。权利要求常撰写成以下的形式:"适于实施方法 B 的产品 A"(Product A for carrying out process B)或"适于用途 C 的产品 A"(Product A for use C)。在产品权利要求中,"for"(用于)表示"适用于"(suitable for)(参见上文第5点评注)。所以,"适于实施方法 B 的产品 A"会解释为覆盖所有适合实施方法 B 的产品。类似的,"适于用途 C 的产品 A"会解释为覆盖所有适合用途 C 的产品。例如,"用于钢熔液的模具"(mold for molten steel)不包括塑料冰盒,其显然不适合用于钢熔液。一个已知产品事实上适合用于上述权利要求所载的用途,这可以破坏该权利要求的新颖性,即便这种产品的此项用途从未被文献记载。第一医疗用途类权利要求是上述一般解释规则的例外(参见上文第5点评注)。如果权利要求中的用途特征规定了第一实体和第二实体之间的关系,而第二实体没有包含在权利要求的范围之内,则该项权利要求可能因为不清楚而驳回。例如,如果一项权利要求是:"一个适于接入墙体的插头,该插头的长度与墙体的厚度相关",则它将因为没有包括墙体的特征而不清楚,而遭欧洲专利局驳回。然而,如果第二实体的特征已经标准化,或者在相关技术领域的技术人员公知,则权利要求可以允许。例如,"一种用于干草垛的盖板,其大小和干草垛的三维相关"(T455/92 *Alcatel* 案)。

10. 保护范围宽的权利要求。只要本领域技术人员不会对权利要求的用词产生歧义,保护范围宽的权利要求其并不当然不清楚(T688/91 案)。所以,权利要求并不因为保护范围宽本身而应驳回,但是,可能因为违反公约第 54 条、第 56 条或第 83 条而驳回(T523/91 *Bayer* 案)。在一些情况下,保护范围宽的权利要求,可能导致权利要求得不到说明书支持,从而违反公约第 84 条(参见下文第 14 点评注和第 17 点评注)。

11. 简要。权利要求不简要(例如,多项独立权利要求),可能违反公约第 84 条(同时参见《实施细则》第 43 条第 2 款和第 5 款)。当权利要求因为不简要而使得本领域普通技术人员难以(如果不是不可能)确定申请人要保护的发明内容,让公众为确定专利垄断范围承担过度负担时,就属于这种情况。**(1)复杂性。**权利要求即便复杂,只要本领域技术人员根据权利要求和说明书,可以清楚而毫无疑义地确定专利要求保护的发明内容和保护范围,权利要求也不因为复杂而不清楚,不会违反公约第 84 条(T574/96 *American Cyanamid* 案)。

12. 总括性权利要求和附图标记。(1)总括性权利要求。如果权利要求的全部技术特征都引用说明书,称为"总括性权利要求",这不为欧洲专利局所允许。但是,如果绝对必要,权利要求中的特定技术可以引用说明书,欧洲专利局可以允许这种做法(可参见第 7 点评注的例子)。**(2)参考标记。**权利要求通常使用符号(通常是数字)来表明特定技术特征和附图相同标记所指特征一致。欧洲专利局允许使用这种参考标记。使用参考标记是为了让权利要求容易理解(《实施细则》第 43 条第 7 款)。参考标记不影响权利要求的保护范围,但是可以帮助提高权利要求的清楚程度,使其更为简洁明确(T237/84 *Philips* 案)。

13. 具体放弃(disclaimer*)。具体放弃是一个否定性的技术特征,表明权利要求不包括特定的技术特征。尽管权利要求应该采用肯定性的技术特征界定,但是,在特定情况下,具体放弃也为欧洲专利局所允许(《欧洲专利审查指南》C 部分第三章第 4.20 节)。如果权利要求内的发明内容不能通过肯定性技术特征予以清楚而简要的表述,则具体放弃可以允许(T4/80 *Bayer* 案)。而且,如果采用肯定性技术特征可导致权利要求的保护范围不适当地缩窄,具体放弃也可以允许(T1050/93 案)。具体放弃还可以用于排除非功能实施例(T1050/93 案),恢复新颖性(T433/86 案)和放弃掉不满足公约第 52—57 条专利授权条件的发明内容(T36/83 *Roussel-Uclaf* 案)。**(1)原申请之中存在具体放弃的基础**。原申请可能明示或隐含地为具体放弃提供基础(T170/87 *Sulzer* 案)。**(2)原申请之中不存在基础的具体放弃**。在特定情况下,即使原申请不能为具体放弃提供基础,欧洲专利局也允许申请人增加具体放弃(G1/03 案和 G2/03 *Admissibility of disclaimer* 案):(i)依据公约第 53 条第 3 款和第 4 款规定的现有技术,权利要求没有新颖性,具体放弃是为了恢复其新颖性;(ii)根据公约第 52 条第 2 款,存有对比文件意外地破坏权利要求的新颖性,具体放弃是为了恢复权利要求的新颖性;(iii)根据公约第 52—57 条的规定,特定内容因为非技术原因而应当排除于专利授权之外,具体放弃是为了放弃掉不得授予专利的内容。在上述(ii)项条件下,所谓"偶然先占"(accidental anticipation)是指,对比文件与要求保护的发明如此之不相关,从本领域技术人员的角度来看,其根本不会在发明完成过程予以考虑。然而,如果具体放弃在原申请没有基础,无论是为了获得新颖性,还是为了放弃掉不予授予专利的内容,具体放弃都必须限于"必要"的范围之内。而且,如果具体放弃会影响到权利要求的创造性判断或是否充分公开的判断,则具体放弃已经补入了新技术内容,违反公约第 123 条第 2 款。此外,原申请提供基础的具体放弃,必须符合公约第 84 条

---

* 根据"claim"一词的本意,可翻译为"主张"或"要求","disclaimer"的本意是指对权利要求中的某些特征的放弃,所以,译者认为将其翻译为"具体放弃"比较妥帖。——译者注

的要求——权利要求应当清楚、简要。

14. 权利要求必须得到说明书的支持。 公约第 84 条规定,权利要求必须得到说明书的支持,这意味着权利要求的保护范围应当与说明书及附图,以及发明对现有技术的贡献相匹配(T49/91 *Exxon* 案)。换言之,权利要求保护的发明内容,都可以从说明书和附图之中找到"基础"。这体现了以下法律原则:由权利要求界定的专利保护范围,应当与说明书对现有技术的贡献一致,或者,专利垄断权不应该超过发明的贡献。绝大多数情况下,欧洲专利局都假设权利要求得到了说明书的支持,除非切实的证据和充分的理由表明,本领域技术人员使用原申请的信息,利用通常的方法,无法将说明书的技术指导适用于权利要求的全部保护内容。

15. 从实施例中概括权利要求。 绝大多数权利要求从申请书记载的一个或多个发明实施例概括得来。欧洲专利局根据个案事实和相关的现有技术,具体决定可以允许的概括程度(《欧洲专利审查指南》C 部分第三章第 6.2 节)。所以,相比于已知领域的技术改进,开拓新领域的发明可以享受相对高程度的概括,取得相应更大的潜在垄断权。

16. 专利授权后不得再适用公约第 84 条。 不同于公约第 83 条,公约第 84 条不是异议理由(参见公约第 100 条),也不是成员国法院撤销欧洲专利的理由(参见公约第 138 条第 1 款)。然而,专利权人修改欧洲专利,修改得到的权利要求必须符合所有公约对权利要求的条件,包括公约第 84 条(T301/87 *Biogen* 案)。而且,公约第 84 条和公约第 83 条存在相当的重叠(参见下一评注),异议人可以根据公约第 83 条提出异议。

17. 公约第 83 条和第 84 条的关系。 公约第 83 条和第 84 条存在重叠。**(1)权利要求得到说明书支持。** 当权利要求根据第 84 条而缺乏支持时,该项申请常常也可因为公开不充分(申请人公开的技术信息不足以让本领域技术人员实施权利要求保护的全部发明内容)而违反公约第 83 条,应予驳回。权利要求保护的范围越宽,欧洲专利局越可能因此而驳回申请。公约第 83 条和第 84 条都反映了以下这个共同的法律原则:权利要求的用词应当与发明本身相匹配。在审查程序中,欧洲专利局是以缺乏支持还是以公开不充分为由驳回申请,并不重要。然而,在异议程序中,这二者存在差别,因为只有公开不充分才可以作为异议理由(《欧洲专利审查指南》C 部分第三章第 6.4 节)。另一种观点认为,这种性质的驳回应该只援引公约第 83 条,因为公约第 84 条所谓的"支持"只是一个形式问题,可以非常容易地处理,例如,通过修改说明书。公约签订的准备文件,以及公约第 84 条没有作为异议理由的事实,都可以佐证这种观点(T1020/03 *Genetech Inc.* 案,对此有讨论)。**(2)权利要求应当清楚。**如果权利要求包含未曾界定的参数(参见第 7 条评注),又没有提供测量方法,欧洲专利局可以根据公约第 84 条(T230/87 案)或第 83 条(T123/85 *BASF* 案)驳回申请。

[摘要]
第 85 条

摘要只提供技术信息;不得为其他任何目的使用摘要,特别不得使用摘要来解释专利保护范围,也不得根据摘要适用第 54 条第 3 款。

1. 总述。摘要不是专利申请的组成部分,其不得用于考察修改是否超范围(公约第 123 条第 2 款);不属于抵触申请,不具有现有技术的法律效果(公约第 54 条第 3 款);不得用于解释专利保护范围。然而,一旦摘要作为专利申请的组成部分公布,其立即成为现有技术的组成部分,可以根据公约第 54 条第 2 款作为对比文件。

[欧洲专利申请的维持费]*
第 86 条

(1)申请人应当根据本公约《实施细则》的规定,向欧洲专利局缴纳欧洲专利申请维持费。自申请日起算第三年以及以后每一年份,都应当缴纳维持费。如果逾期未缴纳维持费,欧洲专利申请将被视为撤回。

---

* 本条已经过 2000 年 11 月 29 日《欧洲专利公约修订案》修订。——译者注

（2）欧洲专利申请授权经《欧洲专利公报》公告，专利权人缴纳了专利授权当年的维持费后，缴纳申请维持费的义务终止。

1. 总述。本条规定了申请人向欧洲专利局缴纳申请维持费的义务。此项义务持续到欧洲专利授权。在欧洲专利授权之后，专利权人应当向欧洲专利生效的所有成员国专利局，根据各自国内法律，缴纳专利维持费[*]。公约第141条具体规定了从向欧洲专利局缴纳专利申请维持费到向成员国专利局缴纳专利维持费的过渡规则。如果维持费逾期未缴纳，申请人多交附加费后，可以视为有效缴纳。维持费的具体数额规定在《缴费规则》中。维持费逐年递增，直到第十个维持费缴纳年。《实施细则》第51条具体规定了维持费缴纳的详情（例如，缴费日、延迟缴纳等等）。

2. 维持费缴费日（第1款第2句）。（1）**一般规则**。第一次维持费缴纳的时间是欧洲专利申请提出的第三年。每笔维持费都应当提前一年缴纳。由于本条适用于欧洲专利申请，欧洲专利授权后，维持费缴纳义务即告终止。申请人应当向欧洲专利局缴纳的最后一笔维持费是欧洲专利授权公告的当年。如果欧洲专利申请提出未满三年即获得授权，则申请人无须向欧洲专利局缴纳任何维持费。维持费缴费日和欧洲专利申请的实际申请日相关，而与优先权日无关。维持费的缴费日是每一年欧洲专利申请日当月的最后一天。而且，维持费可以提前一年缴纳。如果维持费费率发生变化，应缴纳的数额依照缴费日时的规定计算。（2）**"Euro-PCT 申请"**。对于"Euro-PCT 申请"而言，可能发生以下的特殊情况：在其进入欧洲专利局欧洲地区阶段的31个月期限届满前，已经到了应该缴纳维持费的时间。在这种情况下，维持费缴费日推迟到该期限届满之日（《实施细则》第159条第1款 g

---

[*] 在中国专利制度中，也曾有所谓申请维持费（renewal fees）的概念。2001年《专利法实施细则》第94条规定："发明专利申请人自申请日起满2年尚未被授予专利权的，自第三年度起应当缴纳申请维持费。"2010年修改后的《专利法实施细则》中，为了表示对"申请人友好"，删除了该第94条。故当前的中国专利制度中，已经没有关于缴纳申请维持费的规定了。但读者还是有必要了解"申请维持费"这个概念。——译者注

项）。**(3) 分案申请**。分案申请的维持费，在母案申请审查期间内到期应予缴纳的，在分案申请提出日应一并予以缴纳（《实施细则》第 51 条第 3 款）。如果申请人在分案申请提出四个月内缴纳上述累积的维持费，欧洲专利局不收取滞纳金。* 特别方便申请人的是，维持费应予缴纳的数额依照实际缴费日时的规定确定，而不是以每一笔维持费到期日计算。这和德国专利法截然不同，其规定分案申请维持费率应依照母案申请的维持费缴费日期进行计算。**(4) 期间中止**。如果发生期间中止，维持费缴费日延迟到期间恢复（《实施细则》第 142 条）。

3. 逾期未缴费的法律后果（第 1 款第 3 句）。如果申请人逾期未缴纳维持费和规定的附加费，欧洲专利申请将被视为撤回，欧洲专利局将根据《实施细则》第 112 条通知申请人。视为撤回具有溯及力，溯及到六个月宽限期结束之日。在这种情况下，申请人不能根据公约第 121 条请求继续审查。然而，申请人可以要求恢复权利。为此，申请人应在原维持费缴费日起，一年内提出请求。这和德国专利法的规定不同，德国规定，此一年期限从六个月宽限期结束开始计算。对于分案申请而言，此一年期限从提出分案之日起四个月的缴费期届满开始计算。

4. 向欧洲专利局缴费义务的终止（第 2 款）。最后一笔应向欧洲专利局缴纳的维持费是在专利授权公告的当年。由于专利申请提出周年日之后，即开始新的一个专利年份，如果专利申请周年日作出授权，其将于专利年的最后一天公告。专利维持费在授权公告后两个月内应予缴纳的，专利权人可以在此期间内缴纳，并无须支付附件费。

5. 维持费的返还。对于错缴维持费（即没有法律根据），欧洲专利局将予以返还。

---

* 举例而言，母案申请于 2002 年 2 月 4 日提出，分案申请于 2007 年 1 月 20 日提出。对于母案申请而言，其第三年到第五年的维持费已经于 2004 年 2 月 29 日、2005 年 2 月 28 日和 2006 年 2 月 28 日到期。对于分案申请而言，这三笔维持费也在上述时间到期，但是，申请人仍可在 2007 年 5 月 20 日前缴纳，并无须缴纳滞纳金。参见《实施细则》第 51 条第 3 点评注。——译者注

第二章　优先权

[优先权]*
第 87 条
（1）任何人如果在
（a）任一《保护工业产权的巴黎公约》（以下简称《巴黎公约》）成员国或；
（b）任一世界贸易组织成员

提出专利申请、实用新型申请或实用证书的申请，或者在上述申请中指定它们，他或他的权利继受人对同样的发明提出欧洲专利申请时，应当在首次申请提出日之后 12 个月内享受优先权。

（2）专利申请如果根据申请国法律或者双边、多边国际协议（包括本公约）等同于正式的国家专利申请，则可以作为优先权的基础。

（3）正式的国家专利申请是指专利申请符合该国法律规定，足以取得申请日，而无论此申请后续情况如何。

（4）为确定优先权起见，如果一项在后专利申请的主题内容和在先第一次专利申请的主题内容相同，并且二者是在或对同一国家提出的，则此在后专利申请应当视为首次申请，只要在其提出时，在先专利申请已经撤回、放弃或者驳回，未曾向社会公布，其上不存在任何未决权利，并且也不曾作为要求优先权的基础。此在先专利申请此后也不得作为要求优先权的基础。

（5）如果首次申请所提交的工业产权机关不属于《巴黎公约》成员国或者《建立世界贸易组织协定》成员国，但是根据欧洲专利局局长发布的通告，该机关承认，第一次向欧洲专利局提出的申请如果满足《巴黎公约》规定的同等条件，具有《巴黎公约》规定的优先权效力，则本条第 1 款至第 4 款应当适用。

---

* 本条已经过 2000 年 11 月 29 日《欧洲专利公约修订案》修订。另参见扩大上诉委员会决定：G3/93、G2/95、G2/98、G1/03 和 G2/03。——译者注

1. 总述。本公约第三编第二章(公约第87—89条)规定了一套欧洲专利申请和欧洲专利要求优先权的完整自足的制度。2000年公约修订案适用于该修订生效日及以后提出的欧洲专利申请,而1973年公约对此之前提出的申请继续有效。有效地要求优先权的法律效力是使得专利申请视为在其实际提出之日前提出。申请人可以依据其向《巴黎公约》成员国或WTO成员(自2000年公约修订,实施TRIPS相关协议)提出的专利申请,或其指定的上述国家专利申请,要求欧洲专利局对其提出的欧洲专利申请准予优先权。实际上,世界各地提出的专利申请都可以作为要求优先权的基础,因为绝大多数国家或者是《巴黎公约》的成员国,或者是WTO成员,而且欧洲专利申请和PCT申请也可满足要求(参见第2款)。目前,《巴黎公约》有173个成员国(完整名录可参见世界知识产权组织网站:http://www.wipo.int);WTO有152个成员国(完整成员名录可见WTO官方网站:http://www.wto.org)。以下国家是WTO成员国,但不是《巴黎公约》成员国,所以,2000年公约修订案生效后,以下国家的专利申请可以作为优先权的请求基础:文莱达鲁萨兰国、斐济、科威特和坦桑尼亚。中国台湾地区既不是《巴黎公约》的成员,也不是WTO成员(参见《欧洲专利审查指南》A部分第三章第6.2节)。为成立有效的优先权,第一次专利申请必须依照有关程序适当地提出(例如,欧洲专利申请需要满足公约第80条)。**(1)优先权的法律效力**。欧洲专利申请依据在先申请取得优先权,意味着在先申请的申请日,而不是欧洲专利申请的实际提出日,将作为公约第54条新颖性和公约第56条现有技术的基准日(参见公约第89条)。所以,由在先申请而产生了"优先权",而在先申请通常称为"优先权申请或者优先权文件"。它使得欧洲专利申请获得优先权日。**(2)优先权对授权专利的重要性**。公约第87条是针对欧洲专利申请而作出规定。然而,如果欧洲专利申请经审查而取得授权,欧洲专利也同样可以因为优先权日而取得法律利益,因为现有技术依照优先权日确定(参见公约第54条)。也就是说,当欧洲专利的效力遭受挑战时,其新颖性和创造性以优先权日为基准进行评价。**(3)"首次申请"概念。公约第 87 条还创设了"首次申请"的法律概念,其含义简单直白:发明人就一项发明所提出的第一项专利申请。除本条第 4 款规定外,同一申请人对同一发明随后提出的第二次和其他后续专利申请,都不能作为优先权的请求基础。本条第 4 款允许事实上不构成"首次申请"的专利申请,作为优先权的请求基础。由此产生一种常见的做法,即所谓的"重新确定优先权日",即提交"新的首次申请",代替"早先的首次申请"。但是,这必须满足严格的法律条件(参见公约第 87 条第 4 款和下文第 9 点评注)。

2. 请求优先权的资格(第 1 款)。在《巴黎公约》成员国或 WTO 成员内的任何首次申请,都可以作为欧洲专利申请要求优先权的基础。这不限于首次申请是专利申请的情况。本款明文规定,首次申请如果是实用新型申请或实用证书申请,也同样适用。但是,其他类型的申请却排除在外(J15/82 Arnehold 案,申请人以外观设计申请为基础要求优先权)。首次申请的申请人或其权利继受人,享有要求优先权的资格(参见下文第 5 点评注)。**(1) "Euro-PCT 申请"**。公约第 87 条没有规定指定欧洲专利局的 PCT 申请可以要求优先权。然而,根据《专利合作条约》关于优先权的规定,这已经可以实现,因为这些规定优先于公约第 87 条适用(公约第 150 条第 2 款)。

3. 优先权期间(第 1 款)。本款规定可以要求优先权的期间是 12 个月。在特殊情况下*(例如,自然灾害导致邮政服务延迟),上述期限可以延长(参见公约第 120 条和《实施细则》第 134 条)。

4. "同样的发明"(第 1 款)。只有当优先权文件已经公开了同样的发明,才可以要求优先权。所以,如果优先权文件没有公开欧洲专利申请要求保护的发明内容,则在先申请不可作为要求优先权的基础(G3/93 Priority interval 案)。在 G2/98 Requirement for claiming Priority of the "Same invention"案中,扩大上诉委员会进一步指出,欧洲专利申请要求保护的发明内容与优先权文件公开的发明是否相同,取决于本领域技术人员,利用公

---

* 我国没有优先权期间可以延长的特殊规定。相反地,在《专利法实施细则(2010 年)》第 6 条第 5 款还专门规定,《专利法》第 29 条规定的优先权期限不得延长。——译者注

知常识,是否可以直接且毫无疑义地从在先申请整体之中得出欧洲专利申请要求保护的发明内容。这一法律标准和判断修改是否满足公约第123条第2款,并且和新颖性判断标准也很相关——发明是否可以直接且毫无疑义地得出,也是新颖性的判断标准。但是,并不能将新颖性判断的法律标准完全类推到"同样的发明"的判断之中。优先权文件公开的内容可能落入欧洲专利申请的权利要求之中,从而破坏其新颖性;但是,其范围可能过窄,与欧洲专利申请权利要求的发明内容不构成"同样的发明"。尽管如此,公约第54条评注关于"可从对比文件之中直接且毫无疑义得出发明"的讨论,仍旧和本款相关,读者可以参考。**(1) 部分优先权**。专利申请时常要求保护多个发明,例如,技术特征为 A+B 的技术方案,和技术特征为 A+B+C 的技术方案。如果优先权文件只公开了其中一项发明,例如技术特征为 A+B 技术方案,则欧洲专利申请可以对技术特征为 A+B 技术方案要求优先权,但是,对技术特征为 A+B+C 的技术方案不可要求优先权。**(2) 在优先权日和申请日之间公开的技术方案(intervening publication**[*]**)**。如果在优先权日和欧洲专利申请提出日之间,欧洲专利申请要求保护的一项或多项发明为第三方公开,部分优先权规则尤为关键。在 G3/93 *Priority Interval* 案中,扩大上诉委员会曾举出以下示例:一件欧洲专利申请有两项权利要求,分别针对技术方案 A+B 和技术方案 A+B+C。这两项权利要求是不同的发明,但是满足公约第82条规定的单一性。优先权文件公开了技术方案 A+B,而优先权日到欧洲专利申请提出日之间,一份文件 D(可能是学术论文)也公开了这一技术方案。扩大上诉委员会认为,针对技术方案 A+B 的权利要求可以要求优先权,而针对技术方案 A+B+C 的权利要求不得要求优先权。对于前者而言,文件 D 不是现有技术,不影响其法律效力;但是,对于后者而言,文件 D 属于现有技术,可以影响其法律效力。

5. "人"的含义(第1款)。优先权文件中标明的"人"要与欧洲专利申

---

[*] 英文的"intervening publication"的本意是,插入在某个期间的"公开",这个期间,就是"优先权日和申请日之间"的期间。或许,可以用"居间公开"来表达。译者此处采取意译。——译者注

请中列明的人是同一人,才可以合法地要求优先权。在 T785/05 *Terumo* 案中,上诉委员会认为,两个申请人共同提出的申请要作为要求优先权的基础,在后申请必须以他们为共同申请人。共同提出申请的多个申请人构成了一个"法律整体"*(legal unity),他们共同享有优先权。在本案中,只有其中一个申请人提出了欧洲专利申请,他没有提供任何证据表明,曾合法有效地从其他申请人取得了优先权。所以,在先申请不构成公约第 87 条第 1 款意义下的"首次申请"。

6. 多项优先权(第1款)。欧洲专利申请的多项权利要求,甚至同一项权利要求包含的不同技术方案,如果满足特定条件,可以根据多份优先权文件要求优先权(参见公约第 88 条评注)。

7. 等同于正式国家专利申请(第2款)。一件申请是否构成一件正式的国家专利申请,应根据《巴黎公约》成员国或 WTO 成员国的国内法律,或者诸如《欧洲专利公约》的多边协议的规定。向欧洲专利局提出的首次申请,如同 PCT 申请一样,可以作为申请人在公约成员国提出的后续申请的优先权基础。

8. 首次申请的后续状况不影响其作为优先权文件(第3款)。第 3 款明确规定,无论首次申请的后续命运如何,只要其根据有关国家法律可以取得申请日,都不影响其作为优先权基础的法律效力,无论该申请后来是否得到授权,是否被驳回,或者放弃。

9. 视为首次申请(第4款)。根据第 1 款,申请人只能根据首次申请公开的发明内容要求优先权。然而,第 4 款规定了一个例外,在严格的条件下,事实上不构成首次申请的专利申请可以在法律上构成首次申请。通常,申请人提出首次申请是为了尽早确立优先权日。但是,申请人事后可能发现,发明需要完善,或者说明书存在错误,或者还未筹措到支持其系列国际

---

* 上述"法律整体"概念,与中国的规定不一样。中国《专利审查指南(2010 年)》第一部分第一章6.2.1.4规定:"要求优先权的在后申请的申请人与在先申请文件副本中记载的申请人应该一致,或者是在先申请文件副本中记载的申请人之一。"也就是说,中国的规定认为:在先申请文件副本中记载的"法律整体"中的任何一个申请人,都有权要求在后申请的优先权。——译者注

申请的经费。此时,有必要以另一个专利申请作为优先权的基础,进行国际专利申请,或者推迟国际专利申请。**(1)重新确定优先权日的条件**。在后提出的专利申请要成为要求优先权的有效基础(即视为首次申请),在先提出的专利申请必须未曾作为要求优先权的基础,并必须未曾公开被放弃,不致产生任何未决的优先权。而且,最迟在第二次申请提出前(最晚不得迟于第二次申请的申请日),在先提出的专利申请已经被放弃。**(2)依赖于失效的首次申请**。一种常见的情况是,申请人没有放弃首次申请,而只能凭借首次申请失效的事实,要求重新确定优先权日。如果在十二个月的优先权期间内,申请人提出了第二次申请,但是没有采取积极的行为放弃首次申请,则首次申请将不会公布而失效。在这种情况下,申请人不会再要求审查首次申请,也不会再对首次申请要求权利。所以,尽管法律上申请人不应根据第二次申请要求优先权,但是,如果申请人的确如此行事,任何人都不可能发现申请人违反了本款规定。在这种情况下,如果事后发现首次申请,而优先权丧失可能导致对比文件成为现有技术,这可能产生负面的法律后果。然而,如果没有证据证明首次申请已经撤回,欧洲专利局可能不允许重新确定优先权日。当相关国家的专利局文件损毁(T1056/01 *Haberman* 案)时,就可能导致这一情况。

10. 来自非《巴黎公约》成员国或非 WTO 成员国的首次申请(第 5 款)。本款规定,一项国家专利申请即便不来自《巴黎公约》成员国或 WTO 成员国,仍旧可能成为要求优先权的基础,只要存在双边或多边协议(《欧洲专利审查指南》A 部分第三章第 6.2 节)。

[要求优先权]*
第 88 条

(1)申请人要求对在先专利申请要求优先权的,应当按照本公约《实施

---

* 本条已经过 2000 年 11 月 29 日《欧洲专利公约修订案》修订。另参见扩大上诉委员会决定 G3/93 和 G2/98。——译者注

细则》,提交优先权声明和其他规定的文件。

（2）申请人可对一件欧洲专利申请要求多项优先权,这些优先权可以源自不同的国家。在适当的情况下,对一项权利要求也可以要求多个优先权。申请人要求多个优先权时,期限从最早的优先权日起算。

（3）如果申请人对一件欧洲专利申请要求一项或多项优先权,优先权适用的技术特征应当是作为优先权要求基础的专利申请已经公开的技术特征。

（4）如果要求优先权的技术特征未曾出现于在先申请的权利要求书中,但是在先申请作为整体已经具体公开了它们,则仍可以允许优先权。

1. 总述。本条规定了欧洲专利申请人基于一件或多件在先申请(后者会导致多项优先权)要求优先权的法律标准。本条同时规定了优先权的适用对象。所以,本条常常和公约第 54 条(新颖性)以及公约第 123 条(修改超范围)一起适用。本条还影响若干期限的计算(例如,公约第 91 条和第 93 条)。

2. 要求优先权的形式要求(第 1 款)。申请人要求优先权的,必须根据《实施细则》的规定,提交优先权声明和其他文件。《实施细则》第 52 条和第 53 条对此进行了更详细的规定,包括期限要求、声明应该包括的在先申请的相关信息,以及优先权文件没有使用欧洲专利局官方语言的情况下,提交译文的要求。

3. 多项优先权(第 2 款)。申请人可以根据多件在先申请要求优先权,只要其在最早优先权文件提出后的十二个月内提出专利申请。当发明人改进其发明后,不想"重新确定优先权日"(参见公约第 87 条第 9 点评注),而是希望利用最早的优先权日时,就有多项优先权的问题。例如,第一个优先权文件公开的技术方案是"A + B"。而后,发明人改进了发明,在不同国家提出第二次专利申请,公开的技术方案是"A + B + C"。发明人后来提出欧洲专利申请时,其针对技术方案"A + B"的权利要求,只能根据首次申请要求优先权;而针对技术方案"A + B + C"的权利要求,只能根据第二次申请要求优先权。自然地，每一项优先权都必须满足本条第 1 款的要求。**(1) 对一项权利要求请求多项优先权**。第 2 款明确规定，对一项权利要求可以同时并存多项优先权。这适用于有两种以上实现方式的一个发明。例如，第一个优先权文件公开的技术方案是"A + B"；第二个优先权文件公开的技术方案是以技术特征 C 代替技术特征 B。如果一项欧洲专利申请的权利要求针对技术方案"A + B 或 C"，这就是一个有两种技术方案可实现的发明：第一个技术方案"A + B"可以要求第一个优先权日；而第二个技术方案"A + C"可以要求第二个优先权日。**(2) 期限**。如果期限以优先权日为起点计算，而又有多项优先权，无论它们是否共存一项权利要求，该期限从最早的优先权日起计算。

4. 优先权应当只适用于优先权文件公开的技术特征（第 3 款）。只有当优先权文件公开了一项发明的全部技术特征，该发明才可以享受该优先权文件的优先权日。进一步来说，如果一项发明有多个实现的技术方案，每一个技术方案只能依据公开其全部技术特征的优先权文件享受优先权（参见本条第 3 点评注讨论的例子）。所以，不同的技术方案可以享受不同的优先权日。所谓"技术特征"是发明内容的组成部分。对上述规则，扩大上诉委员会在 G3/93 案中，进行了详细讨论。在扩大上诉委员会在该判决所举例子中，按照时间先后发生了如下事件：优先权文件 P1 公开了技术方案"A + B"；对比文件 D1 公开了技术方案"A + B"；优先权文件 P2 公开了技术方案"A + B + C"。申请人提出欧洲专利申请，其权利要求 1 针对技术方案"A + B"；其权利要求 2 针对技术方案"A + B + C"，申请人根据优先权文件 P1 和 P2 分别要求优先权。扩大上诉委员会认为，对比文件 D1 可以破坏权利要求 2 的效力。对这一例子进行一下扩展，如果权利要求针对技术方案"A + B + C + D"，可以援引 D1 来判断其是否应授予专利权，但是，该权利要求不能根据优先权文件 P1 或 P2 要求优先权。《欧洲专利审查指南》C 部分第五章第 2.4 节举出了更多确定优先权日的例子，读者可以参考。

5. 优先权文件是否公开发明的全部技术特征（第 3 款）。以字母形式，例如"A+B"表示技术方案,隐藏了实践中的一个法律难题。优先权取决于本领域技术人员是否可以直接且毫无疑义地从优先权文件公开的内容中得到要求保护的发明内容(参见公约第87条)。这一法律标准和新颖性标准并不完全相同(参见公约第87条第4点评注)。尽管如此,在认定一项发明是否可以从在先文件之中直接且毫无疑义地得出时,仍旧可以参考公约第54条的评注(特别是第9—21点评注)。特别值得注意的是,本领域技术人员可以从优先权文件中得出的信息,不限于其明确陈述的内容,还可以包括隐含公开的内容。同等重要的是,无论是明确公开的技术内容,还是隐含公开的技术内容,都必须是本领域技术人员可以实施的。专利申请是否应享受优先权,常常因为以下两个问题而变得复杂:权利要求明确记载的技术特征,是否为优先权文件隐含公开;优先权文件公开的技术方案,本领域技术人员是否可以实施?

6. **是否享有优先权,取决于在先申请文件整体,而不仅是权利要求书(第4款)**。通常而言,优先权文件公开的主要技术特征会被纳入其权利要求书之中。然而,事实并非总是如此。所以,第4款明确规定,一个文件是否可以作为要求优先权的基础,应当依据其整体内容来判断。说明书正文或附图都可以为没有出现在权利要求书中的技术特征提供基础。**(1)优先权文件具体公开发明的全部技术特征**。第4款表明,只有当在先申请具体公开发明的全部技术特征时,该发明才可以根据该在先申请要求优先权。"具体公开"(specific disclosure)本质上强调,发明的全部技术特征必须可以直接且毫无疑义地从优先权文件公开的内容之中得出(参见上文第4点评注和公约第87条)。

[优先权的法律效力]*
第89条
　　优先权的法律效力是让优先权日视作本公约第54条第2款和第3款

---

* 参见扩大上诉委员会决定:G3/93、G3/98和G2/99。——译者注

以及第 60 条第 2 款规定的欧洲专利的申请日。

1. 总述。 本条明确了优先权的法律效力,即优先权日视为欧洲专利申请的申请日。然而,值得注意的是,本条并没有规定所有情况下都是如此,而只是规定对公约第 54 条第 2 款和第 3 款以及公约第 60 条第 2 款具有以上的法律效力。

2. 优先权对现有技术的效果。 在欧洲专利申请的申请日之前公开的所有信息,都构成现有技术。然而,根据公约第 89 条,优先权文件提交日视为欧洲专利申请的申请日。为此,优先权日是确定现有技术的作准日,无论是对新颖性判断还是对创造性判断而言,都是如此。本条明确规定,这适用于公约第 54 条第 3 款。所以,如果对比文件是一件专利申请,其在优先权日未曾公开(参见公约第 54 条第 3 款),该专利申请本身也可以要求自己的优先权,从而视为自该优先权日即构成现有技术。

3. 冲突的欧洲专利申请。 根据公约第 60 条第 2 款,如果两个以上的发明人完成了相同的发明,都提出欧洲专利申请,则首先提出申请的发明人有资格获得欧洲专利。然而,根据公约第 89 条,首先提出申请是指首先提出优先权文件。所以,享有最早优先权日的发明人才有资格获得欧洲专利,而无论其实际提出欧洲专利申请的日期是否比其他发明人晚。

第四编　专利申请的审查程序

[欧洲专利申请的受理和申请文件的形式审查]
第 90 条

(1) 欧洲专利局应当根据本公约《实施细则》,审查专利申请是否符合给予申请日的要求。

(2) 如果根据第 1 款审查后,欧洲专利局认为不应给予申请日,则此申请不得作为欧洲专利申请。

（3）欧洲专利申请取得申请日后，欧洲专利局应当根据本公约《实施细则》审查其是否满足本公约第 14 条、第 78 条、第 81 条、第 88 条第 1 款和第 133 条第 2 款的规定，以及本公约《实施细则》规定的其他要求。

（4）欧洲专利局根据第 1 款或第 3 款审查时发现专利申请有可补正的缺陷，应当给予申请人一次补正的机会。

（5）如果申请人没有补正第 3 款规定的缺陷，除本公约另有规定外，该项欧洲专利申请应予驳回。如果是关于优先权的缺陷，申请人丧失要求优先权的权利。

1. 总述。本条规定了欧洲专利申请提交后的初始审查，包括其是否符合取得申请日的审查（第 1 款），也包括专利申请取得申请日后的形式审查（第 3 款）。本条适用于所有的欧洲专利申请，包括分案申请。然而，本条不适用于欧洲专利局作为受理局的 PCT 申请（《实施细则》第 157 条），以及进入欧洲专利局欧洲地区阶段的国际申请（《实施细则》第 159 条）。

2. 取得申请日的法律要求（第 1 款）。《实施细则》第 40 条规定了专利申请取得申请日的法律要求，包括：一份请求书；申请人信息，含联络信息；一份说明书，或者引用先前已经提交申请书的说明文件。

3. 不能取得申请日（第 2 款）。如果一件专利申请不满足取得申请日的条件，则不能成为一件欧洲专利申请，并不得作为要求优先权的基础。

4. 形式审查（第 3 款）。欧洲专利局根据《实施细则》第 55 条进行形式审查。公约第 14 条第 2 款规定了欧洲专利申请文件翻译的提交问题。公约第 78 条列出了欧洲专利申请文件的法律要求，明确规定一件欧洲专利申请应包括：一份请求书；一份说明书；一项或多项权利要求；若干为说明书引用的附图；一份摘要；并应按规定缴纳申请费和检索费。公约第 81 条要求欧洲专利申请指定发明人。公约第 88 条第 1 款要求申请人提交优先权声明。公约第 133 条第 1 款规定，在成员国没有经常居住地或营业地的自然人和法人，必须委托专业代理人。《实施细则》第 57 条还规定了其他欧洲

5. 补正缺陷的机会（第4款）。对于本条第1款提及而规定于《实施细则》第55条的缺陷，申请人有机会予以补正。但是，申请人补正缺陷通常会改变申请日，即原申请日失效，而将补正日作为新申请日。对此，有例外。如果是说明书缺失，申请人可以根据优先权文件补正这一缺陷，而不丧失其根据《实施细则》第56条享有的申请日。申请人可以应《实施细则》第58条规定的通知，补正本条第3款规定的缺陷；应《实施细则》第59条规定的通知，补正优先权要求中的缺陷；应《实施细则》第60条规定的通知，补正申请书关于发明人指定的缺陷。

6. 法律后果（第5款）。如果逾期没有补正第3款规定的缺陷，申请将予以驳回。如果是逾期未缴纳申请费和检索费，则申请视为撤回（公约第78条第2款）。如果未补正优先权要求中的缺陷，则丧失优先权。值得注意的是，如果未按照要求指定发明人，申请将被驳回。

[形式要求的审查]

第91条

【已经删除】*

[欧洲专利检索报告]**

第92条

欧洲专利局应当根据本公约《实施细则》，基于每件欧洲专利申请的权利要求书，在适当考虑其说明书和附图后，对每件欧洲专利申请作出欧洲专利检索报告，并予以公布。

1. 检索报告。对所有处于审查阶段，并已经缴纳检索费的欧洲专利申

---

* 经由2000年11月29日《欧洲专利公约修订案》删除。——译者注

** 本条已经过2000年11月29日《欧洲专利公约修订案》修订。——译者注

请,欧洲专利局都要作出欧洲专利检索报告。只有当专利申请根据公约第90条第1款取得申请日后,才可以作欧洲专利检索报告。如果专利申请没有取得申请日,根据公约第90条第2款,它就不是欧洲专利申请。

2. 检索报告的内容。《实施细则》第61条规定了欧洲专利检索报告的形式。概括的说,检索报告必须列出检索到的对比文件,明确其与权利要求之间的对应关系,可以的话,还需要列出对比文件中的相关段落。检索报告还应表明对比文件公是在优先权日前,在优先权日到申请日之间,还是申请日之后才公之于众。检索报告也可以列出申请日之前以口头形式公开的对比文件(例如,会议纪要)。而且,检索报告还要对欧洲专利申请的主题内容进行国际专利分类,其附件需列出检索到的国际同族专利。根据《实施细则》第65条,欧洲专利局需要把检索报告发给申请人。

3. 欧洲专利延伸检索报告(Extended European Search Report,简称EESR)。2005年7月1日及以后提出的所有欧洲专利申请,其检索报告都要带有《实施细则》第62条规定的书面意见,说明要求保护的发明是否满足专利授权条件。2005年7月1日及以后提出PCT申请,其进入欧洲专利局欧洲地区阶段的,欧洲专利局也要出具上述书面意见。申请人可以根据该书面意见,在请求实质审查前,自主决定是否进行专利申请的审查程序。如果申请人继续专利申请的审查程序,但是没有回应书面意见提出的质疑,欧洲专利局将自动生成第一次审查意见,要求申请人回应书面意见提出的意见。如果欧洲专利局根据《实施细则》第71条第1款或《实施细则》第71条第3款出具了审查报告,则不需再出具上述书面意见。如果申请人已经根据公约第94条支付审查费,并要求欧洲专利局在检索报告完成前即进行实质审查,欧洲专利局也无须再出具上述书面意见。

4. 不完整检索。如果不能对所有权利要求都作出有意义的检索报告,欧洲专利局会仅对部分权利要求作出检索报告,并指明无法进行检索的权利要求(《实施细则》第63条)。

5. 部分检索报告。如果专利检索审查员认为,专利申请的权利要求书不只涉及一项发明,他只需要检索权利要求书中的第一项发明。如果该专利申请不源自 PCT 申请,欧洲专利局将出具部分检索报告,并要求申请人在二到六周内(通常是一个月,参见《实施细则》第 64 条),补缴检索费。部分检索报告只针对已经检索过的权利要求。对于指定欧洲专利局的 PCT 申请而言,如果其权利要求书涉及不止一项发明,在其进入欧洲地区阶段后,欧洲专利局只需对权利要求书中的第一项(或第一组)发明进行补充检索。然而,申请人没有机会补缴检索费,无权再要求检索。只有当欧洲专利局不是 PCT 申请的国际检索单位,其才可能对该申请进行补充检索。而如果欧洲专利局已经对该 PCT 进行过国际检索,其将根据《实施细则》第 164 条第 2 款进行实质审查。

6. 摘要。在出具检索报告时,检索部还将审查申请人提交的摘要,或是批准采用原文,或是对其进行改写(《实施细则》第 66 条)。

[欧洲专利申请的公布]*
第 93 条

(1)在下列情况下,欧洲专利局应当尽早公布欧洲专利申请:

(a)自申请日满 18 个月;如果要求优先权的,从优先权日起算 18 个月;或者

(b)在上述期限届满前,应申请人要求提前公布的请求。

(2)在第 1 款 a 项规定的期限届满前,如果欧洲专利局已经决定授予欧洲专利的,欧洲专利申请和欧洲专利应当同时公布。

1. 总述。欧洲专利申请公布具有重要的法律意义,因为欧洲专利申请自公布即根据公约第 67 条获得一定的法律保护。而且,专利申请一旦公布,申请人就很难补正优先权文件公开的信息(J6/91 *Du Pont* 案)。最后,

---

* 本条已经过 2000 年 11 月 29 日《欧洲专利公约修订案》修订。另参见欧洲专利局局长决定(Special edition No. 3, OJ EPO 2007, D3),以及扩大上诉委员会的决定 G2/98。——译者注

自专利申请公布,第三方有权查阅专利申请文件、欧洲专利登记簿(公约第127条)和与该申请有关的欧洲专利局案卷(公约第128条)。《实施细则》第68条具体规定了专利申请公布的形式要求。欧洲专利局需要根据《实施细则》第69条,通知申请人其专利申请公布的日期。

2. 提前公布(第1款b项)。通常,自申请日(或优先权日)起18个月届满,专利申请即行公布。但是,申请人有权要求及早公布,而且,无须提供任何理由。

3. 公布前的刊印准备工作。申请日(优先权日)起18个月期限届满前五周最后一天,视为专利申请公布的刊印准备工作完成时间(《欧洲专利局通知》,载《欧洲专利局公告》,2006年第6期,第409页)。* 在此之前,如果专利申请撤回,或驳回,其将不进行公布(《实施细则》第67条第2款)。在此之后,如果申请人撤回专利申请,欧洲专利局将依据J5/81案的法律原则,尽量不公布该申请。而且,在作出检索报告之后、专利申请公布刊印准备工作完成之前,申请人提出的任何修改都将纳入新权利要求书中,并在原权利要求之后予以公布(《实施细则》第68条第4款)。最后,如果申请人在申请公布刊印准备工作完成前放弃优先权,该专利申请的公布时间将被推迟到申请日起算18个月届满之日(《欧洲专利局官方杂志》,1993年第1/2期,第55页)。

4. 公布的形式。欧洲专利局只以电子形式公布欧洲专利申请(《欧洲专利局官方杂志》,2007年特刊3)。电子形式公布的欧洲专利申请,可以从以下网址获得:https://publications.european-patent-office.org。

5. 禁止公布的内容。根据《实施细则》第48条,专利申请如果涉及任何违反公共秩序或善良道德的内容,欧洲专利局公布时,将予以删除。类似地,如果专利申请中有贬低他人产品或方法的内容,也将从专利申请公布中予以删除。

---

* 该通知可从以下网址获得:http://archive.epo.org/epo/pubs/oj006/06_06/06_4096.pdf。——译者注

6. 公布相关的期限。自《欧洲专利公报》公布专利检索之日起,申请人应当在六个月内,根据《实施细则》第 70 条第 1 款要求实质审查,并按照有关规定缴纳指定费。

7. 国际申请。根据《专利合作条约》第 48.3 条,如果 PCT 申请以德语、英语、汉语、西班牙语、法语、日语或俄语提出,就将以原始提交语言公布。如果 PCT 申请以其他语言提交,而申请人根据《专利合作条约实施细则》第 12.3 条,向国际检索单位提交了上述一种公布语言的翻译,该翻译文本将予以公布。如果申请人没有提交翻译,国际检索单位将负责准备翻译,在征求申请人意见后,即公开该翻译后的专利申请文本。对 PCT 申请公布而言,刊印准备工作的期限是四个星期。

8. 分案申请。分案申请依照普通申请同样的方式予以公布。分案申请或者根据第 61 条第 1 款规定提交的新申请公布之后,第三方有权查阅母案申请或者该新申请的在先申请。

9. 临时保护。根据公约第 67 条,专利申请公布之后,其专利权人通常可以获得欧洲专利同等的法律保护。但是,成员国可以根据公约的规定,降低这一法律保护(参见公约第 67 条第 2 款)。如果成员国的官方语言不同于欧洲专利局的官方语言,其可以规定,申请人在提交欧洲专利申请的本国官方语言翻译后,才可以享受临时保护。

[欧洲专利申请的审查]
第 94 条

(1)应申请人请求,欧洲专利局应当按照本公约《实施细则》的规定,审查欧洲专利申请及所涉发明是否满足本公约的要求。在申请人缴纳审查费前,上述审查请求视为没有提出。

(2)如果申请人逾期没有提出实质审查请求,欧洲专利申请应当视为撤回。

(3)如果审查发现欧洲专利申请及所涉发明不满足本公约的要求,审查部应当给予必要的机会,让申请人发表意见,并且根据第 123 条第 1 款的规定修改其专利申请。

(4)如果专利申请人逾期没有答复审查部的通知,其欧洲专利申请应当视为撤回。

1. 总述。本条规定了实质审查请求和专利申请的审查程序。审查的目的是确定专利申请是否符合公约的要求。审查限定于公约规定的要求,而不受成员国国内法的影响(G7/93 *Whiby Research* 案)。

2. 实质审查请求(第 1 款)。根据《实施细则》第 70 条,实质审查请求包括两个部分:实质审查请求和审查费(J25/92 *Ostolski* 案)。根据《实施细则》第 68 条第 2 款,实质审查请求的截止期限是检索报告公布起六个月。

3. 提前缴纳审查费。申请人可以在欧洲专利局出具检索报告前,缴纳审查费。在这种情况下,欧洲专利局将根据《实施细则》第 70 条第 2 款,要求申请人说明其是否希望进行实质审查。申请人在提出专利申请时,可以放弃获得上述通知的权利。如果申请人如此行事,并于 2005 年 7 月 1 日以后提出专利申请,欧洲专利局将同时作出检索报告和审查报告。

4. 逾期未提出实质审查请求。如果申请人在《实施细则》第 70 条第 1 款规定的时间内,没有提出实质审查请求,他仍可以根据公约第 121 条要求继续审查。但是,如果不提出实质审查请求,则欧洲专利申请视为撤回。

5. 进入欧洲地区阶段的申请。根据公约第 150 条第 2 款,在《专利合作条约》第一章或第二章规定的进入欧洲地区阶段的期限届满之前,申请人不得要求实质审查。《实施细则》第 159 条第 1 款要求申请人在提交进入欧洲地区阶段请求的同时,提出实质审查请求。对于进入欧洲地区阶段的国际申请的分案申请,《实施细则》第 70 条第 1 款规定了实质审查请求提出的期限。

6. 审查过程(第 3 款)。《实施细则》第 71 条更为详细地规定了专利审查的全过程。根据本条第 3 款,审查部如果发现专利申请存在缺陷,应当在必要的范围内,要求申请人发表意见,或者补正缺陷。公约第 123 条规定了申请人修改专利申请方面的法律规则。《实施细则》第 132 条规定,欧洲专利局可以要求申请人在二到四个月内(特殊情况下,六个月内),回复审查意见。《实施细则》第 132 条第 2 款允许延长上述期限。《欧洲专利审查指南》E 部分第八章第 1.2 节进一步规定,对于小缺陷,申请人答复的期限是两个月,并可以延长两个月;对于实质性的缺陷,申请人答复的期限是四个月,并可以延长至六个月。只有在特殊情况下,上述期限才可以进一步延长(《欧洲专利审查指南》E 部分第八章第 1.6 节)。申请人还可以通过公约第 121 条规定的继续审查程序,取得额外的回复审查意见的时间。

7. 修改专利申请的权利。在欧洲专利局根据《实施细则》第 137 条第 1 款作出欧洲专利检索报告之后,或申请人收到审查部第一次审查意见之后(《实施细则》第 137 条第 3 款),申请人有权修改专利申请。第一次审查意见可能是根据公约第 94 条第 3 款作出的审查报告,也可能是审查部根据《实施细则》第 71 条第 3 款作出的拟授权通知。任何对专利申请的其他修改,都必须经过审查部的批准(《实施细则》第 137 条第 3 款)。在审查程序的后期,申请人如果有充分理由,也可以进行修改(G7/93 Whitby Research 案)。这是因为,公约第 113 条第 2 款规定,欧洲专利局作出的决定必须依据申请人提交或同意的专利或专利申请文本。

8. 对不同公约成员国提出不同权利要求。对于审查部根据公约第 94 条第 3 款发出的审查意见,如果存在公约第 139 条第 2 款规定的现有技术,申请人可以对不同公约成员国提出不同的权利要求。

9. 欧洲专利申请加快审查程序(Programme for Accelerated Prosecution of European Patent,简称 PACE)。申请人可以要求加快审查欧洲专利申请(《欧洲专利局官方杂志》,1997 年,第 340 页)。欧洲专利局致力于三个月内发出第一次审查意见。

[实质审查请求提出期限的延长]
第 95 条
【已经删除】*

[欧洲专利申请的审查程序]
第 96 条
【已经删除】**

[授权与驳回]
第 97 条
　　(1) 如果审查部审查后认为，欧洲专利申请及所涉发明满足本公约规定的要求，也满足本公约《实施细则》规定的条件，则应当作出授予欧洲专利的决定。
　　(2) 如果审查部审查后认为，欧洲专利申请及所涉发明不满足本公约规定的要求，除本公约另有规定外，则应当作出驳回申请的决定。
　　(3) 欧洲专利的授权决定自其在《欧洲专利公报》公布之日起生效。

　　1. 总述。欧洲专利局根据公约第 94 条审查欧洲专利申请后，即作出授权或驳回决定。本条规定了欧洲专利申请的授权程序和驳回程序。
　　2. 授权（第 1 款）。一件满足公约要求的专利申请，必须满足《实施细则》第 71 条规定的形式条件，才能取得专利授权。一旦审查部认为专利申请满足公约的要求，欧洲专利局将根据《实施细则》第 71 条第 3 款，向申请人发出通知，告知拟对该申请进行授权。申请人必须在四个月内予以回复，此期限不得延长。申请人必须缴纳授权费和刊印费，并将权利要求书翻译成其他两种欧洲专利局的官方语言。此外，申请人还需缴纳专利维持费，补

---

　　* 经由 2000 年 11 月 29 日《欧洲专利公约修订案》删除。——译者注
　　** 经由 2000 年 11 月 29 日《欧洲专利公约修订案》删除。——译者注

交未缴纳的费用。如果专利审查过程中,申请人增加了权利要求的数目,他还要为附加的权利要求缴纳额外费用。如果欧洲专利申请是经过"欧洲专利申请加快审查程序",申请人可能还需补交指定费。如果在《实施细则》第 71 条第 3 款规定的通知书发出之后、专利拟授权之前,专利申请维持费到期应予缴纳的,申请人必须缴纳这一维持费,才能获得专利授权。一旦上述形式条件满足,欧洲专利局将通知申请人具体的专利授权日期。授权后,专利授权通知将以三种欧洲专利局的官方语言(公约第 14 条)公布在《欧洲专利公报》上(公约第 129 条)。授权公布后,申请人有三个月时间,到指定国确认欧洲专利的效力(公约第 65 条)。授权后两个月内应缴纳的维持费,如果向欧洲专利局缴纳(而不是向成员国专利局缴纳),视为有效缴纳(公约第 141 条)。

3. 驳回(第 2 款)。如果欧洲专利申请驳回,欧洲专利局将作出相应的决定。驳回决定所依据的理由和证据,必须是申请人有机会发表意见的。驳回决定应当签章,申请人可以根据公约第 106 条提出上诉。

[欧洲专利说明书的公布]
第 98 条

自《欧洲专利公报》公布欧洲专利授权决定后,欧洲专利局应当尽快公布欧洲专利说明书。

1. 总述。本条规定了欧洲专利说明书的公布。欧洲专利说明书和授权决定一起公布在《欧洲专利公报》上,并带有《实施细则》第 73 条规定的授权证书。

2. 公布的方法。《欧洲专利局官方杂志》2007 年特刊 3 规定,欧洲专利说明书以电子形式公布。公众可通过以下网站获得公布的欧洲专利说明书:http://publications.european-patent-office.org。然而,专利权人可以要求欧洲专利局发送纸质的授权证书(《欧洲专利局官方杂志》,2007 年特刊 3)。

3. 作准文本。根据 J17/90 *Legal Advice* 案,公布的欧洲专利说明书没有法律约束力,其作用只是为了方便公众查阅欧洲专利的内容。欧洲专利的作准文本经申请人同意,由欧洲专利局决定传送给申请人的专利文件。

第五编　专利异议程序和限制性修改程序

[专利异议]*
第99条

（1）从欧洲专利授权决定在《欧洲专利公报》公告的九个月内,任何人可以根据本公约《实施细则》,向欧洲专利局对该专利提出异议请求。只有当异议费用缴纳后,异议申请才可视为有效提出。

（2）专利异议适用于欧洲专利具有法律效力的所有成员国。

（3）异议人和专利权人是异议程序的当事人。

（4）如果第三方举证证明,其根据终审判决应代替原专利权人登记到成员国的专利登记簿,则应其请求,可由其代替原专利权人行使关于欧洲专利在该成员国内的权利。为此,尽管第118条另有规定,除非原先专利权人和该第三方同时要求,否则他们不应当作为共同专利权人。

1. 总述。本条是关于欧洲专利异议程序的规定。设立异议程序是为了通过授权后的再审程序,提高专利授权质量。但是,异议理由限于公约第101条规定的理由。2000年公约对此条进行了修订,将之前的诸多规定转移到《实施细则》。然而,公约仍旧规定了异议提出的时间和异议费用的缴纳。本条对2000年公约生效时已经授权的专利适用,对其生效后授予的专利也适用,无论对应的专利申请在该生效时间是处于审查阶段,还是尚未提出。

＊ 本条已经过2000年11月29日《欧洲专利公约修订案》修订。另参见 G4/88、G5/88、G7/88、G8/88、G10/91、G9/93、G1/95、G7/95、G3/97、G4/97、G3/99、G1/02、G2/04 和 G3/04。——译者注

2. 异议人(第1款)。第一句规定,异议人是"任何人"。然而,这一定义并非如此之广泛。相反,它有例外:专利权人不能对自己的专利发动异议程序(G09/93 *Peugeot and Citroen* 案)。被许可人提出的异议,也属于可以受理之列。如果合同规定被许可人不得提出异议,质疑专利的效力,这是一个纯粹的国内法问题(和欧盟法律问题)(G3/97 *Indupack* 案)。异议人可以假借他人名义,代表第三方提出异议请求,但是不得代表专利权人(G4/97 *Genentech* 案)。多个人可以一起提出一个共同的异议请求,但是,他们必须通过选定的共同代表人进行异议程序(《实施细则》第151条第1款)。

3. 异议请求书。异议请求书应当向慕尼黑、海牙或者柏林欧洲专利局提交。异议请求书应该包括以下内容:异议人的身份信息;被异议的专利;异议请求内容,至少包括公约第100条所列异议理由之一;支持异议理由的证据;指定的代理人(《实施细则》第76条)。从欧洲专利授权在《欧洲专利公报》上公告之日起九个月内,应当提交异议请求书,并缴纳异议费。多人联合提出一项异议的,只需要缴纳一份异议费(G03/99 *Howard Florey* 案)。根据第14条第4款,异议请求书可以采用成员国的官方语言,只要申请人为该国国民,或者在该国有居所或者主要营业地。然而,如果未在适当的期限内提交欧洲专利局官方语言的翻译文本,或者申请人没有资格使用成员国的官方语言,则其异议请求书将不予受理。其他可以导致异议请求不被受理的缺陷,可以参见公约第101条的第3点评注。异议费应当自欧洲专利授权在《欧洲专利公报》上公告之日起九个月内缴纳。如果欧洲专利局认定当事人没有按照规定缴纳异议费,当事人只能根据《实施细则》第112条第2款,寻求救济,向欧洲专利局请求书面审查。如果其不服欧洲专利局的决定,可以上诉。但是,异议人过期提交异议请求书或者异议请求书翻译(公约第14条第4款),或者过期缴纳异议费,则不能通过公约第121条和第122条取得救济,因为异议人不是专利申请人或者专利权人。如果异议请求书在欧洲专利授权公告之前提交,或者异议请求书视为未提交(《欧洲专利审查指南》D部分第四章第1.2.1节)(例如,未按期缴纳异议费,或者提交翻译),则异议请求书将根据公约第128条第4款,公开供公众查阅,并根据公约第115条,作为第三方的评论意见。在这种情况下,如果异议费已经缴纳,将予以退还(《欧洲专利审查指南》D部分第四章第4.1节)。

4. 专利权的转让和异议人资格的转让(第1款)。受异议的专利可以在异议程序中转让。《实施细则》第76条要求,欧洲专利局应当告知异议程序的当事人。《实施细则》第85条明确规定,即使受异议的专利在异议程序中转让,欧洲专利局应当始终明确异议程序的当事人。特别是,《实施细则》第85条规定,其第22条关于欧洲专利申请转让登记的规定,适用于异议程序之中的专利转让。与此相反,异议人资格不得自由转让。特别是,母公司代表其全资子公司提出专利异议后,该全资子公司整体转让给第三方后,异议人资格并不随之转移给该第三方(G02/04 *Hoffmann-La Roche* 案)。然而,异议公司将其一个部门转让给第三方后,异议人资格却允许转移(G4/08 *Man* 案)。其法律基础在于,子公司是一个法人,可以自己的名义参与异议程序;而公司的一个部门不是一个法人,不能以自己的名义进行异议程序。此外,异议人资格也可以转移给继承人,这可以从《实施细则》第84条第2款推出。

5. 专利异议的地域效力(第2款)。尽管专利异议对所有成员国都适用,但是,其效果在成员国之间可以存在差别,因为根据《实施细则》第18条第2款和第138条,不同国家可能授予不同组合的权利要求。而且,公约第54条第3款关于在先权利效力的修订(即删除了共同指定制度)将影响2000年公约生效以后的专利申请。不同成员国的不同文本,不再能以单一一个欧洲在先权利为基础了(《欧洲专利审查指南》D部分第七章第4.2节)。

6. 异议程序的当事人(第3款)。根据公约第105条,只有专利权人、异议人和介入权人,才是异议程序的当事人。第三方虽然根据公约第115条可以提出意见,但是,不得作为程序的当事人。异议程序的当事人有权获得听审(heard)机会(公约第113条第1款),有权要求口头审理(公约第116条),有权对异议部的决定提起上诉(公约第107条)。异议请求被撤回,或者因为不可受理而驳回,异议人自其请求撤回或驳回决定生效之日,不再是异议程序的当事人。

7. 异议过程中发生的权属争议（第 4 款）。根据公约第 78 条第 1 款，如果第三方在专利异议程序进行中，或者异议期之内，向欧洲专利局提供证明，自己已经通过法律程序，主张自己才是欧洲专利的真正专利权人，则异议程序可以因此而中止，除非第三方同意异议程序可以继续进行。权属纠纷由国内法调整，《司法判决相互承认议定书》只适用于欧洲专利申请，而不适用欧洲专利。如果第三方不能在欧洲专利的全部指定国替代原先专利权人，则两个异议程序可以同时进行，并且形成不同的决定。

[异议理由]*
第 100 条
异议人只能根据以下理由提出专利异议：
（a）欧洲专利申请要求保护的内容不符合公约第 52 条至第 57 条规定的；
（b）欧洲专利没有足够充分和完整地公开发明，让本领域技术人员无法实现的；
（c）欧洲专利的保护内容超过其专利申请提出时的内容范围的；或者，欧洲专利根据分案申请或者第 61 条提出的新专利申请而授权的，其保护内容超过在先专利申请提出时的内容范围的。

1. 总述。本条规定了提出专利异议所有可能依据的法律理由。
2. 明确陈述异议理由。第 100 条所列的每一个理由都可以作为提出异议的独立理由（G1/95 *De La Rue* 案和 G7/95 *Ethicoll* 案），应当在异议请求书中明确指明（《实施细则》第 76 条第 2 款）。所以，九个月的专利异议期届满以后，提出新理由的机会非常有限。原则上，异议部应当只审查异议人提出的异议理由（G10/91 *Examination of opposition appeals* 案）。只有当

---
* 参见扩大上诉委员会决定：G3/89、G10/91、G11/91、G1/95、G2/95、G7/95、G1/99 和 G3/04。——译者注

异议部发现有关事实不支持其作出维持专利的决定时,其才需在异议人提出的异议理由之外,据此审查被异议专利(G10/91 *Examination of opposition appeals* 案)。所以,异议程序启动之后发现的新异议理由,通常只能根据公约第 114 条第 1 款,由异议部依职权进行审查。新的异议理由可能来自于检索报告、审查程序或者第三方根据公约第 115 条提出的意见。此外,新异议理由还包括:已撤回、不受理或者视为未提出的异议请求所提出的异议理由,以及逾期未提出的异议理由。然而,异议部应该考虑到当事人的程序权益。如果异议决定需要根据公约第 114 条第 1 款作出,则应当给当事人陈述自己意见的机会。

3. 无效的异议理由。只有第 100 条规定的理由,才可以作为异议审查的基础。所以,以下理由不构成异议理由(《欧洲专利审查指南》D 部分第三章第 5 节):发明缺少单一性(公约第 82 条);权利要求得不到说明书的支持(公约第 84 条);权利要求不清楚、不简要(公约第 84 条);权利恢复没有法律基础(公约第 122 条);专利权人没有资格享有欧洲专利权(公约第 61 条);未正确指明真正的发明人(公约第 61 条)。而且,不得只基于优先权无效而提出专利异议。然而,如果公约第 100 条 a 项的异议理由是根据一个现有技术文件,则异议部必须审查优先权的有效性,因为作为现有技术的对比文件,是否与异议程序相关,这取决于专利权人的优先权是否有效。

4. 不满足专利授权条件(a 项)。可以基于以下理由,提出专利无效:不具有授予专利的资格(公约第 52 条和第 53 条);缺少新颖性(公约第 54 条或第 55 条);缺少创造性(公约第 56 条);不具有产业实用性(公约第 57 条)。异议部应采取审查程序的实体标准来审查这些异议理由是否成立。当专利因为在先口头公开或者在先使用而不应授予专利时,异议程序是最佳的法律救济程序。在这些情况下,异议人必须提交在先使用或在先口头公开的时间、内容和情境(《欧洲专利审查指南》D 部分第五章第 3.1.2 节)。现有技术包括先于涉诉专利提出而在其优先权日或申请日之后公布的欧洲专利申请(公约第 54 条第 3 款)。优先权日前未公布的成员国专利申请,不得作为公约第 100 条 a 项的异议理由基础,因为它们不属于公约第

54 条第 3 款的现有技术。然而,它们可以作为成员国法院专利撤销程序的事实基础(公约第 139 条第 2 款)。指定欧洲专利局的国际专利申请,只要已经翻译成一种欧洲专利局的官方语言,并且已经缴纳申请费(公约第 153 条第 3 款和第 4 款,《实施细则》第 159 条第 1 款 c 项和第 165 条),则根据公约第 54 条第 3 款,可以作为现有技术的组成部分。

5. 没有清楚而完整地公开发明(b 项)。如果欧洲专利没有足够清楚和完整的公开发明,让本领域技术人员无法实现(公约第 83 条),公约第 100 条 b 项允许第三方就此提出异议。当发明内容只是部分没有充分公开时,该部分剔除后,专利权可以得到维持(《欧洲专利审查指南》D 部分第五章第 4.4.1 节)。

6. 修改超范围(c 项)。公约第 100 条 c 项第一分句照应公约第 123 条第 2 款,其禁止申请人在修改专利申请时,纳入原始欧洲专利申请之外的内容。类似的,c 项的第二句话反映出禁止对分案申请(公约第 76 条第 1 款)和权属争议后的新申请(公约第 61 条第 2 款)增加新内容。当欧洲专利申请(或者分案申请的在先申请以及第 61 条规定的新申请的在先申请)是根据公约第 14 条第 2 款,未以欧洲专利局的官方语言提交时,是否存在修改超范围应根据其审查程序工作语言的翻译本进行判断(公约第 70 条第 2 款)。如果有证据证明,该翻译不准确(《实施细则》第 7 条),则其非官方语言的文本可以用来考察是否修改超范围(《欧洲专利申请指南》D 部分第五章第 5.1 节)。

7. 异议程序。一旦根据《实施细则》第 79 条完成了异议程序的准备工作(参见下文第 101 条的评注),异议部即应当开始审查异议理由。即便异议人在此期间内撤回异议请求,异议部仍可以开始异议程序。如果异议人死亡或者丧失行为能力,异议程序可以在其继承人或代表人缺席的情况下,继续进行。

[审查异议请求——撤销或维持欧洲专利]*
第101条

（1）异议部受理异议请求后，应当按照本公约《实施细则》进行审查，是否至少第100条规定的异议理由之一成立。在审查之中，异议部应视需要，准予当事人针对对方当事人和异议部的来文陈述意见。

（2）如果异议部审查后认为，至少第100条规定的异议理由之一成立，则应当作出决定，撤销欧洲专利授权；否则，应当驳回异议请求。

（3）如果异议部审查后认为，受异议的专利和相关的发明，经专利权人在异议程序中修改后，该专利和相关的发明：

（a）符合本公约要求的，则应当作出决定，依照修改后的专利维持授权，只要满足本公约《实施细则》规定的相关条件；

（b）不符合本公约要求的，则应当撤销该专利。

1. 总述。本条规定是关于异议请求的实质审查。它将1973年公约第101条第1款和第2款与其第102条第1—3款进行合并。本条对2000年公约生效时已经授权的专利适用，对其生效后授予的专利也适用，无论对应的专利申请在该生效时间是处于审查阶段，还是尚未提出。本条第1款同时重申了当事人获得听审的权利。

2. 异议请求的提出（第1款）。在审查异议请求是否可以受理前，形式审查员将审查异议请求的提出是否合法有效。特别是，异议人必须在公约第99条第1款规定的时间内，足额缴纳有关费用；并且异议请求书应当满足有关签章、代理和语言的形式要求。形式审查员将通知异议人尚可补正的法律缺陷，并要求异议人补正。如果是缴费或者文本语言的法律缺陷，异议人应在异议期间届满之前予以改正；如果是其他方面的缺陷，异议人应该在形式审查员指定的时间内改正。异议请求通过电报、电传或传真提交的，

---

* 本条已经过2000年11月29日《欧洲专利公约修订案》修订。另参见扩大上诉委员会决定：G1/88、G1/90、G1/91、C9/91、G9/92、G4/93、G1/99 和 G1/02。——译者注

异议人可以要求书面确收。如果异议人未能及时改正异议请求存在的缺陷，形式审查员将通知异议人，其请求视为未曾提出（公约第 119 条，《实施细则》第 112 条第 1 款）。异议人接到通知两个月内，可以要求欧洲专利局对上述事项作出裁决，并可以对由此得出的决定提出上诉（《实施细则》第 112 条第 2 款）。如果异议人没有提出裁决要求，又不存在有效的在审异议请求，则异议程序终止。欧洲专利局将通知当事人，并返还已经缴纳的费用。

3. 异议请求的受理条件（第 1 款）。经审查认定异议请求已经有效提出后，则需进一步审查异议请求是否满足受理条件。对此，《实施细则》第 77 条、公约第 99 条，以及《实施细则》第 3 条第 1 款和第 76 条，规定了相关的法律标准。特别是，《实施细则》第 77 条第 1 款规定，如果以下的缺陷未能在异议期间届满前得到改正，则异议请求不满足受理条件：在异议期间内，没有以书面形式向慕尼黑欧洲专利局、海牙或柏林分局提出异议请求；没有提供所异议专利的详细情况；未说明专利异议的范围、异议请求基于的异议理由或者支持异议理由的证据和论证（公约第 99 条第 1 款和《实施细则》第 76 条第 2 款 c 项）。与此相反，《实施细则》第 77 条第 2 款规定，如果以下缺陷未能在欧洲专利局规定的期限内改正，则异议请求不满足受理条件：没有提供异议人的名字和地址详情（《实施细则》第 76 条第 2 款 a 项）；没有提供异议专利的专利号、发明名称和专利权人（《实施细则》第 76 条第 2 款 b 项）；没有提供异议人代表的详细信息（《实施细则》第 76 条第 2 款 d 项）；当异议人在成员国没有居所或主要营业地时，没有指定代理人。虽然异议请求实质审查开始之前就已经审查了异议请求是否满足受理条件，但是，当事人可以随时在异议程序中对此进行质疑，并要求重新审查。

4. 不满足受理条件的异议请求（第 1 款）。经审查认定异议请求不可受理的，欧洲专利局将通知异议人和专利权人。如果不可受理的异议请求是唯一的异议请求，则无论程序进展的阶段如何，异议请求将被驳回，异议程序终止。但是，如果不可受理的异议请求是若干有效提出的异议请求之一，异议部可以选择，或是就其不满足受理条件作出中间决定，或是继续进行异议程序,将其不满足受理条件作为最终决定的组成部分。对此,异议部享有充分的自由裁量权。前一选择将使异议人不得再参与实质性的异议程序,因为其异议请求不可受理。如果异议人对中间决定提出上诉,则可能导致相当严重的程序延迟。异议请求一旦认定为不可受理,异议费用也不可退还。

5. 审查异议请求(第1款)。《实施细则》第79—82条规定了如何审查异议请求。根据《实施细则》第79条第1款,欧洲专利局接到异议请求书后,应立即将副本送交专利权人。专利异议期届满后(公约第99条第1款),欧洲专利局将规定期限,要求专利权人在期限内陈述意见,或者应异议请求修改专利。如果收到对同一欧洲专利的多份异议请求,欧洲专利局将向每一个异议人转送其他异议请求书(《实施细则》第79条第2款)。专利权人陈述的意见和对专利的任何修改,都将由欧洲专利局送交所有其他当事人(《实施细则》第79条第3款)。如果异议部认为情况适当,可以要求所有其他当事人在指定的时间内,针对专利权人的主张陈述自己的意见。其他当事人逾期不陈述意见,并不会招致直接的法律不利。然而,如果当事人在异议部规定的期限之外,要求针对专利权人的主张提交进一步证据,这种逾期证据可能不被考虑(公约第114条第2款)。为此,异议部将根据当事人的主张,审查异议理由是否成立,并作出决定。在作出决定前,应某一当事人请求,或者视情况需要,异议部可以举行口头审理(公约第116条第1款)。

6. 异议审查的范围(第1款)。根据G9/91 *Rollm and Haas* 案和G10/91 *Examination of opposition appeals* 案,异议部审查异议请求的范围限于专利被异议的范围。所以,如果异议请求只是针对特定的专利保护内容,则异议请求书未包括的内容,不属于被异议的范围。尽管如此,如果异议请求只是针对专利的独立权利要求,异议部仍可能审查从属权利要求的保护内容是否符合专利授权条件,只要异议请求书之中的证据和理由具有表面证据的效力,可使其效力遭受质疑。而且,公约第114条允许异议部基于职权,引入异议请求书不包括的异议理由。此外,对于异议期间届满后才提出的异议理由,异议部也有权决定是否进行审查。然而,原则上,只有当初步证据表明,被异议专利不应授权,异议部才会审查异议请求书之外的异议理由。

7. 根据实质理由撤销欧洲专利(第2款)。第2款规定了欧洲专利基于实质理由被撤销的条件。只要异议部认为第100条规定的异议理由之一成立,则应当撤销欧洲专利授权。此外,如果表面证据表明,欧洲专利基于其他理由而不应授权,异议部可以依照职权进行相应的审查,并作出相应的决定(公约第100条)。一旦专利权人对异议请求书提交答辩,异议部即可以作出决定,撤销欧洲专利授权。如果异议请求未驳回,而专利权人希望避免上述快速地作出撤销决定,则可以请求口头审理(公约第116条)。撤销欧洲专利的决定将以书面形式作出,并可以上诉(公约第106条)。如果异议部举行了口头审理,决定可当庭作出,书面决定将随后发布(《实施细则》第111条)。自收到异议决定通知两个月内,当事人可以提出上诉请求。如果口头审理之中已经作出决定,这一期限从当事人收到书面决定时起算。

8. 异议请求的驳回(第2款)。如果异议部认为,异议理由不成立,将作出决定,驳回异议请求,而专利将以其授权形式维持,无须满足任何其他形式要求。驳回异议请求的决定也采用书面形式,异议人可以对此提出上诉(公约第106条)。如果异议部举行了口头审理,这一决定通常在听审程序中作出。然而,欧洲专利局随后将通过书面形式,将其决定通知当事人(《实施细则》第111条)。自收到异议请求的驳回决定两个月内,异议人可以提出上诉(公约第108条)。

9. 依照专利修改后的形式维持授权(第3款)。第3款规定,如果异议部审查后认为,受异议的专利和相关的发明,经专利权人异议程序之中的修改之后,符合本公约要求,则应当作出决定,依照专利修改后的形式,维持其授权。不同于第1款和第2款,第3款不限于第100条规定的专利授权条件,而准予考察整个公约规定的授权条件。例如,权利要求不清楚(公约第84条)不是公约第100条规定的异议理由,但是,当事人可以基于这一理由,要求异议部审查异议程序中修改后的权利要求。只有当专利修改本身可能导致违反公约规定时,异议部才可以审查被异议专利是否满足公约第100条规定以外的条件(T301/87 *Biogen* 案)。如果异议部认为,专利可依照修改的形式维持授权,则需作出一个中间决定。与第 1 款和第 2 款规定类似,异议部可以在口头审理中作出这一决定,并事后书面通知当事人。当事人自收到该决定两个月内,可以提出上诉。这一中间决定的性质意味着,只有当欧洲专利局最终确定维持专利授权的修改形式,专利权人才需要承担准备新版权利要求的成本。而只有当上诉程序终止,才能形成最终决定。此外,第 3 款明确规定,如果修改形式的权利要求不满足公约的要求,则应当予以撤销。

10. 同意修改的文本(第 3 款)。只有当专利权人同意专利修改的文本,异议人已经就此陈述意见,异议部才可以依照专利修改后的形式,维持专利授权(《实施细则》第 82 条第 1 款和第 113 条)。这些要求既可以在口头审理程序中,以口头方式来完成;也可以通过书面程序,以书面形式来完成。一旦这些要求满足了,异议部就不必向双方当事人发送《实施细则》第 82 条第 1 款规定的通知,再告知当事人其拟依照修改形式维持专利授权,要求当事人在两个月陈述不同意见(G1/88 *Hoechst* 案)。通常,只有当异议部认为,经过专利权人同意的修改形式的专利文本还需要进行编辑修改时,才会发送《实施细则》第 82 条第 1 款的通知。如果专利权人不同意修改后的专利文本,或者反对修改后的文本,但未按照要求提交新的、适当修改后的专利文本,则该专利在后续程序之中可能被撤销。撤销决定可以上诉。

11. 缴纳刊印新专利的费用和提交权利要求的翻译(第 3 款)。一旦中间决定成为最终决定,或者专利授权维持的修改文本在异议程序之中已经拟定,欧洲专利局将通知专利权人,要求其在三个月内,缴纳刊印新专利的费用,并且提交另外两种欧洲专利局官方语言的权利要求书(《实施细则》第 82 条第 2 款)。如果专利权人逾期没有履行上述义务,其仍可以在接到逾期未履行的通知书后的两个月宽限期内,继续履行上述义务,但是,他需要缴纳规定的附加费用(《实施细则》第 83 条第 3 款)。如果在此宽限期内,费用未曾缴纳,或者权利要求书的翻译未曾提交,欧洲专利局将决定撤销专利。专利权人可以对这一决定提出上诉。

[欧洲专利的撤销或维持]
第 102 条
【已经删除】*

[新欧洲专利说明书**的公布]
第 103 条

如果欧洲专利根据第 101 条第 3 款 a 项依照修改形式而维持授权,欧洲专利局应当在异议决定于《欧洲专利公报》上公告后,尽快公布该欧洲专利的新专利说明书。

1. 总述。如果异议程序结束时,涉诉欧洲专利依照其修改形式维持的,新专利说明书需要公布。公约修订时,虽然本条经历修改,但是,并没有发生实质性变化。本条对 2000 年公约生效时已经授权的专利适用,对其生效后授予的专利也适用,无论对应的专利申请在该生效时间是处于审查阶段,还是尚未提出。

2. 公布修改后的专利说明书。如果涉诉欧洲专利依照修改形式维持授权,《欧洲专利公报》将公告这一异议决定。在这之后,欧洲专利局将依照公布普通欧洲专利授权的方式,公布修改形成的新专利说明书。所以,专利全文将依照其审查程序的工作语言公布,而修改后的权利要求还应翻译成欧洲专利局的另外两种官方语言。而且,公约成员国和延伸国还可以要求,在欧洲专利局公布经修改的专利说明书之后的一段时间内,专利权人应将其全文翻译成该国语言。新专利说明书公布之后,专利权人将获得新专利证书,其后附有公布的新专利说明书。无论是公布经修改的专利说明书,还是颁发新专利证书,都不改变专利的授权日。原专利的授权日继续有效。

---

* 经由 2000 年 11 月 29 日《欧洲专利公约修订案》删除。——译者注

** 请读者注意,专利说明书的对应英文是"specification",其属于各国专利局批准公布的文本,包括:著录项目页(含摘要)、权利要求书、说明书、附图。而其中的说明书,对应的英文是"description"。——译者注

类似地,在专利权效力仍旧持续的成员国,缴纳维持费的时间也不受影响。

[费用]*
第 104 条

(1) 异议程序的当事人应当承担各自发生的费用;但是,异议部可以基于公平原则,根据《实施细则》的规定,决定以另外的方式分配当事人发生的费用。

(2)《实施细则》应当规定费用确定的程序。

(3) 欧洲专利局确定费用数额的终局决定在成员国执行时,各成员国应当依照其本国民事案件终局判决同样的方式处理。成员国只能就上述决定的真实性要求认证。

1. 总述。原则上,异议程序的各方当事人承担各自发生的费用。特殊情况下,出于公平原则,异议部可以裁决以其他形式分担费用。第 2 款规定,由《实施细则》具体规定费用的确定程序。第 3 款规定了欧洲专利局作出的费用决定如何执行的问题。由于公约对当事人支付费用的问题不具有直接效力,这应由成员国的国内法进行调整。本条对 2000 年公约生效时已经授权的专利适用,对其生效后授予的专利也适用,无论对应的专利申请在该生效时间是处于审查阶段,还是尚未提出。

2. 可予考虑的费用(第 1 款)。可以采用另外方式分配的费用包括取证、口头审理或其他情况下发生的费用。"取证"通常是指异议部取得证据,无论证据的形式。这包括当事人陈述、证人证言、专家意见、检查、宣誓确认的书面证言和书证(公约第 117 条第 1 款)。通常而言,这只包括那些为保障相关权利而发生的必要费用,包括代理费、当事人发生的直接费用,即参加口头审理或取证而发生的交通费。如果一方当事人滥用程序、拖延

---

* 本条已经过 2000 年 11 月 29 日《欧洲专利公约修订案》修订。另参见扩大上诉委员会的决定 G3/99。——译者注

或者违反异议部的指示,导致他方当事人发生费用,欧洲专利局可以不适用自行承担费用的原则。如果仅仅是文件错误,即便这增加了他方当事人的成本,其严重程度并不足以让欧洲专利局背离当事人自行承担费用的法律原则。根据公平原则,需要合理地另行分配费用的典型的例子包括:一方当事人为准备预先确定的口头审理,发生了费用,但是,专利权人在临近口头审理日却放弃被异议的专利的;没有合理理由而要求推迟口头审理,其他当事人无法适时得到通知的;不必要地拖延提供相关事实;在异议程序晚期才提供早已知晓的现有技术。

3. 确定费用的步骤(第2款)。费用的程序规则已经转而成为《实施细则》第88条。费用的分配方式由异议决定具体作出(《实施细则》第88条第1款)。异议部可以依职权,或者依当事人申请,对费用承担作出决定。但是,当事人不能仅仅因费用分配而对异议决定提出上诉(《实施细则》第97条第1款)。

4. 执行(第3款)。欧洲专利局对费用分配的决定,在效力上等同于成员国国内法院的民事判决。所以,其在成员国国内执行时,除了确认真实性外,法院不应进行任何额外审查。

[侵权嫌疑人的介入]*
第 105 条

(1)在异议期限届满后,任何第三方可以根据本公约《实施细则》的规定,介入异议程序,如果他能证明:

(a)自己被诉侵犯了同一专利;或者

(b)在接到专利权人要求停止侵权的请求后,他已经向法院提出请求确认不侵权之诉;

(2)第三方介入异议程序的请求可受理的,应视同异议请求。

---

* 本条已经过 2000 年 11 月 29 日《欧洲专利公约修订案》修订。另参见扩大上诉委员会决定:G4/91、G1/94、G2/04、G3/04 和 G1/05。——译者注

1. 总述。被诉侵犯专利的当事人，可以要求介入并参与正在进行的异议程序，或者相应的上诉程序。

2. 异议程序中的介入（第1款）。本条经过2000年的修订，其具体实施的规定转而成为《实施细则》第89条。根据该条规定，侵权嫌疑人应当向欧洲专利局提交书面的介入请求书，并在侵权程序启动之日起三个月内，缴纳异议费。介入请求有效的前提条件是，针对同一专利的欧洲专利局异议程序和成员国法院侵权诉讼程序，同时处于在审状态。侵权诉讼程序既包括专利权人发动的侵权诉讼程序，也包括侵权嫌疑人发动的确认不侵权之诉。对于前者（第1款a项），专利权人如果只是向侵权嫌疑人发出侵权警告函，要求停止生产或销售专利产品，还不构成发动侵权诉讼程序。对于后者（第1款b项），异议程序介入人必须证明，其启动确认不侵权之诉之前，已经收到专利权人要求停止侵权的警告函。如果专利权人只是向介入人的子公司发出通知，要求停止侵权，这并不满足第1款b项的法律要求。介入请求在九个月的异议期限尚未届满时提出，则视为普通的异议请求。介入请求在异议程序终止后才提出，如果异议程序的当事人没有对异议决定提出上诉，则介入请求不产生任何法律效力，即便介入请求在异议决定上诉期间之内提出（公约第108条规定，上诉期限为两个月）。原因在于，此时并没有公约第105条第1款所要求的"在审程序"（G4/91 *Spanset* 案）。但是，如果异议程序的当事人对异议决定提出上诉，则介入请求可以受理。一旦异议决定作出，异议程序即终止，无论该决定是否生效。在书面审理程序中，异议决定提交欧洲专利局的邮政服务时，即视为最终作出（G12/91 *Novatome* 案）。

3. 异议决定上诉程序中的介入（第1款）。如果异议决定的上诉审查程序正在进行，介入请求也可以受理，因为异议程序不局限于异议部进行的法律程序。异议程序也包括异议决定之后，在上诉委员会进行的上诉程序（G1/94 *Allied Colloids* 案）。然而，介入人自身却不可以发动上诉程序，因为只有当异议程序已经启动，尚未终止，介入请求才可以受理（G4/91 *Spanset* 案）。尽管上诉程序的目的是让不服异议决定的当事人可以挑战异议部作出的决定,但是,侵权嫌疑人提出的介入请求可以依据公约第 100 条规定的任何异议理由,即便该理由并不是异议决定作出的根据。原因在于,介入程序的目的是让侵权嫌疑人可以对抗专利权的侵权指控;如果侵权嫌疑人不能利用所有可能的途径,攻击其被诉侵权的专利的有效性,这有违异议介入程序设置的目的(G1/94 *Allied Colloids* 案)。然而,异议请求受到在审异议程序或异议上诉程序的限制。介入人不得挑战上诉委员会已经作出的决定和介入请求提出时已经终局的决定。特别是,如果上诉委员会决定,依照特定的权利要求书维持授权,并责令专利权人相应地调整说明书,介入请求人在后续上诉程序之中,对于说明书的调整问题,不得挑战之前上诉委员会决定的既判力,无论其是否引入新的异议理由。在特殊情况下,如果上诉委员会允许介入请求人引入全新的异议理由,则应将案件发回异议部,由其作出决定,除非存在特别的理由,例如,专利权人不希望案件发回重审(G1/94 *Allied Colloids* 案)。如果上诉程序的唯一上诉人撤回上诉请求之后,介入请求才提交,则介入请求不具有任何法律效力,因为不存在第 1 款要求的"在审程序"。撤回上诉请求是程序行为,即刻发生效力,没有时间迟延。所以,如果介入请求提出之日,唯一的上诉人已经撤回上诉请求,而介入请求提交的时间迟于上诉请求的撤回时间,则介入请求不再具有任何法律效力。然而,对于唯一的上诉人在上诉审查程序之中撤回上诉请求,已经介入上诉审查程序的请求人是否享有独立的程序权利,目前尚无定论。

4. 介入请求之作为异议请求(第 2 款)。可以受理的介入请求,即符合《实施细则》第 89 条规定,视同异议请求。

[限制性修改或撤销欧洲专利的请求]*
第 105a 条

(1)专利权人可以请求撤销欧洲专利,或者对欧洲专利进行限制性修改。专利权人应当按照本公约《实施细则》提出限制性修改或撤销欧洲专

---

* 本条是 2000 年 11 月 29 日《欧洲专利公约修订案》的新增条款。——译者注

利的请求。专利权人缴纳限制性修改费或撤销费后，上述请求才视为有效提出。

（2）如果存在未决异议程序，则不得对异议专利提出前款请求。

1. 总述。本条新引入了一个集中的程序，使专利权人自己可以要求撤销自己的专利，或者修改权利要求而限制自己的专利。专利权人可以请求撤销欧洲专利，或者对欧洲专利进行限制性修改，即便该欧洲专利在之前的异议程序或限制性修改程序中已经修改过。对此，《实施细则》规定了具体的程序规则。本条适用于 2000 年公约修订生效之日已经授权的专利，也适用于该日之后授权的专利。

2. 提交请求书的期限。《欧洲专利审查指南》D 部分第十章第 1 节明确指出，专利权人提交撤销或限制性修改的请求，不存在期限限制。欧洲专利授权以后的任何时间，甚至于异议程序终止之后，或者专利过期以后，都可以提出上述请求。

3. 限制性修改请求的法律性质。请求对欧洲专利进行限制性修改，就是提交修改后的权利要求书，必要时，还包括经修改的说明书和附图。

4. 费用（第 1 款）。专利权人支付限制性修改费或撤销费后，欧洲专利的限制性修改请求或撤销请求才视为有效提出（《欧洲专利审查指南》D 部分第十章第 2.1 节第 3 项）。

5. 对请求书存在缺陷的审查。如果请求书存在《实施细则》规定的缺陷，将视为未曾提交。如果专利权人未按照规定补正缺陷，欧洲专利局将拒绝受理请求（《实施细则》第 92 条）。《实施细则》具体规定了补正请求中缺陷的法律程序（《实施细则》第 94 条）。

6. 撤销/限制性修改程序与异议程序的关系（第 2 款）。第 105a 条第 2 款禁止专利权人对处于异议程序的专利，要求进行限制性修改。在这种情况下，限制性修改请求视为未曾提出（《实施细则》第 93 条第 1 款）。如果异议程序启动之时，针对同一项专利已经存在未决的限制性修改程序，则该程序将终止，费用将退还（《实施细则》第 93 条第 2 款）；而异议程序将按照通常的方式进行(《欧洲专利审查指南》D 部分第十章第 7 节第 2 段,倒数第 2 句)。

[审查限制性修改请求或撤销请求]*
第 105b 条
（1）欧洲专利局应当审查限制性修改请求或撤销请求是否满足本公约《实施细则》规定的要求。

（2）如果欧洲专利局认为限制性修改请求或撤销请求满足上述要求,则应当根据本公约《实施细则》,限制或者撤销该欧洲专利。否则,欧洲专利局应当驳回请求。

（3）限制或撤销欧洲专利的决定对其指定国有效,并且自《欧洲专利公报》上公告之日起生效。

1. 总述。《实施细则》规定了允许限制性修改或撤销欧洲专利的条件。本条适用于 2000 年公约修订生效之日已经授权的专利,也适用于该日之后授权的专利。

2. 请求的受理条件(第 1 款)。限制性修改请求或撤销请求,请求书中应当表明:请求人;请求限制或撤销的欧洲专利;代理人;以及代表其他专利权人行使权利的证据。其他具体要求,可参见《实施细则》第 92 条的评注。根据《实施细则》第 94 条,对于请求书的缺陷,请求人有机会进行补正。如果请求人未按照欧洲专利局的通知书补正请求书的缺陷,或者欧洲专利局认定其未充分补正上述缺陷,则将拒绝受理。根据欧洲专利局局长 2007 年 7 月 12 日令,形式审查员负责审查请求书是否满足受理条件。

3. 撤销欧洲专利的决定和/或限制性修改欧洲专利的决定(第 2 款)。撤销请求只要满足受理条件,即可允许(《实施细则》第 95 条)。限制性修改请求还需要经过审查部的实质审查(《实施细则》第 95 条第 2 款)。具体

---

* 本条是 2000 年 11 月 29 日《欧洲专利公约修订案》的新增条款。——译者注

来说,审查部需要审查权利要求的保护范围是否的确受到限制,是否符合公约第 84 条(权利要求应当清楚的要求)、公约第 123 条第 2 款(修改内容是否超范围)和公约第 123 条第 3 款(专利授权后的权利要求修改条件)。专利权人可以要求增加新权利要求,但是,新增权利要求必须符合上述条件。提交限制性修改请求时,专利权人无须陈述理由。如果审查部审查后认为,限制性修改请求不满足上述各项法律要求,则将通知专利权人,并给予其一次补正的机会(《实施细则》第 95 条)。对此,详情可以参见《实施细则》第 95 条的评注。如果限制性修改请求不符合要求,欧洲专利局会将通知专利权人;专利权人可以对欧洲专利局的这一决定提出上诉。

4. 限制性修改决定和撤销决定的地域效力(第 3 款)。撤销决定和限制性修改决定对所有指定国发生效力,故专利权人不可能对某些成员国要求撤销欧洲专利。然而,专利权人可以要求,对不同成员国限制一件欧洲专利的不同权利要求项。特别是,专利权人可以要求对特定成员国限制特定的权利要求项,从而防止与该成员国的在先权利相冲突。如公约第 68 条规定,撤销决定和限制性修改决定具有溯及力。所以,已撤销专利自始不具有公约第 64 条和第 67 条规定的权利;而根据公约第 68 条和第 69 条第 2 款,已为限制性修改的专利,溯及既往地缩窄专利授权的保护范围。

[公布经修改的欧洲专利说明书]*
第 105c 条
　　欧洲专利根据第 105b 条第 2 款而限制的,欧洲专利局应当在《欧洲专利公报》公布该决定后,尽快公布经修改的欧洲专利说明书。

1. 总述。本条适用于 2000 年公约修订生效之日已经授权的专利,也适用于该日之后授权的专利。

2. 专利限制性修改后的公布。欧洲专利局允许限制性修改请求后,应

---

　　* 本条是 2000 年 11 月 29 日《欧洲专利公约修订案》的新增条款。——译者注

当及时公布经修改的专利文件。这类文件的类别编码是 B3。根据公约第 65 条第 1 款,成员国的官方语言如果不同于欧洲专利局的官方语言,可以要求专利权人向其工业产权局提交修改之后专利的翻译文本。该翻译文本应当在限制决定于《欧洲专利公报》公告之日三个月内提交。

第六编　上诉程序

[可上诉的决定] *
第 106 条

(1)对受理处、审查部、异议部和法律部的决定不服,可以提出上诉。上诉期间,上述决定的法律效力中止。

(2)如果决定不会对当事人产生法律程序终止的效力,则当事人只能将之和最终决定一并提出上诉,除非此决定允许对其独立提出上诉。

(3)本公约《实施细则》可以限制当事人对异议费用分配或确定的决定提出上诉的权利。

1. 总述。本条规定了可以上诉的欧洲专利局各部门的各种决定。

2. 可上诉的决定(第 1 款)。公约确立了对欧洲专利局受理处、审查部、异议部和法律部决定提出上诉的法律程序。对任何决定提出上诉,都必须符合公约第 107 条的规定(该条规定了可以提出上诉的当事人和上诉程序的当事人)。本条之外,公约没有规定其他的上诉机制,当事人对欧洲专利局内部其他机构决定不服也就没有上诉权。例如,当事人对检索部和上诉委员会的决定提出上诉不可受理(《实施细则》第 101 条)。在 G1/97 案中,扩大上诉委员会认为,对上诉委员会的决定提出上诉不可受理。所以,

---

* 本条已经过 2000 年 11 月 29 日《欧洲专利公约修订案》修订。另参见扩大上诉委员会决定:G1/90、G1/99 和 G3/03。——译者注

公约只规定了一次上诉机会,而成员国的法律一般允许多审终审。而且,公约也不允许对不构成"决定"的通知提出上诉。如果当事人根据《实施细则》第 112 条第 1 款接到了丧失权利的通知,当事人可以依照《实施细则》第 112 条第 2 款要求欧洲专利局作出决定,进而对该决定提出上诉。(1) **上诉程序具有司法程序的性质**。与原审程序不同,上诉程序具有司法性质,其目的是审查原审决定是否正确。在 G1/90 案中,扩大上诉委员会明确指出,撤销专利必须作出决定,专利并不因为专利权人退出异议程序而撤销。如果因为审查部驳回专利申请而提出上诉,根据扩大上诉委员会 G10/93 的意见,上诉委员会可以直接判定该专利申请是否符合公约的要求,而不必将其发回审查部再次作出审查。

3. 上诉具有中止执行决定的法律效力(第 1 款)。如果对欧洲专利局作出的决定提出了上诉,该决定在上诉审查程序终止前,不发生法律效力。例如,如果异议部撤销了一件欧洲专利,该专利在上诉审查期间内仍旧有效。类似地,如果对驳回专利申请的决定提出上诉,申请人可以在上诉审查期间内,基于该申请提出分案申请。

4. 专利权放弃或者过期后,仍可以针对异议部的决定提出上诉。如果对一件专利提出异议,即便该专利权已经放弃或者过期,异议部仍旧可以对异议请求作出决定,并对所有指定国有效(参见《实施细则》第 98 条,其替代了 1973 年公约第 106 条第 2 款)。即便专利已经不再有效,当事人对该异议决定也仍可以提出上诉。在专利权放弃或过期之前,专利权人可以根据成员国的法律享有各种权利,例如,对专利保护期间之内的行为,获得许可费的债权,以及发动侵权诉讼的权利。异议部或者上诉委员会的决定,具有追溯力,可以消灭或维持上述残留权利。

5. 中间决定的上诉程序(第 2 款)。如果程序中的决定不会对当事人产生法律程序终止的法律效力,而该决定又不允许对其提出上诉,则当事人只能在对最终决定提出上诉时,对中间决定进行上诉。但是,中间决定并非都不可以上诉。例如,在异议程序之中,上诉委员会决定依照经修改的专利维持专利效力,同意专利权人所提出的辅助请求(auxiliary request)。该决定包括不允许在先请求的说理,并特别允许当事人在最后决定之外,独立对该决定提出上诉。扩大上诉委员会 G1/88 案对这一法律程序有详细阐释。在 T839/95 和 T89/90 案中,上诉委员会对比了审查程序和异议程序。前一法律程序在 Legal Advice No. 15/98 有更为详细的阐释。

6. 对异议费用的上诉程序(第 3 款)。对于异议费用的决定,当事人不可将其作唯一的上诉对象(《实施细则》第 97 条第 1 款)。在 T753/92 案中,上诉委员会认为,当事人除异议费用承担之外,不因为异议决定而利益受损,所以,其上诉不可受理。除非当事人需要承担的异议费用超过《缴费规则》规定的数额,才可以对该费用决定提出上诉(《实施细则》第 97 条第 2 款)。

[上诉资格和上诉程序当事人]*
第 107 条

因决定而受不利影响的当事人可以提出上诉。同一法律程序的其他当事人依法当然作为上诉程序的当事人。

1. 总述。任何当事人,如果在原审决定之中,未获得完全成功,都可以上诉。该法律程序的其他当事人当然成为上诉程序的当事人。两个及以上的当事人,甚至于全部当事人,可能没有获得全部成功,他们每一个人都可以对同一决定提出上诉。

2. 遭受不利影响。上诉请求要满足受理条件,当事人必须因决定受到不利影响。这意味着当事人的主请求或辅助请求被欧洲专利局的内部机构驳回。即便辅助请求后来被允许,当事人仍然受不利影响,因为早先的请求未被允许。在 T73/88 案中,异议部认为,专利权应予维持,但是,专利权人不应享有优先权。专利权人没有因为该决定而受到不利影响,因为异议部

---

* 参见扩大上诉委员会决定:G1/88、G2/91、G4/91、G9/92、G1/99、G3/99、G3/03、G2/04 和 G3/04。——译者注

维持了专利权,所以,不可对该决定提出上诉。

3. 原审程序所有当事人都是上诉程序的当事人。上诉提出后,原审法律程序的其他当事人,勿需采取任何行为,即依法当然成为上诉程序的当事人。他们有权获得上诉程序法律文件的副本,并有权书面陈述自己的意见,或在口头审理中陈述自己的意见。但是,依法当然成为的当事人不享有与上诉人同样的权利。虽然,依法当然成为的当事人可以参与上诉程序,但只限于针对上诉人提出的问题作出答复。如果唯一的上诉人撤回上诉,上诉程序即告终止;依法当然成为的当事人无权继续上诉程序(G7/91案、G8/91案和G2/91案)。所以,唯一的上诉人撤回上诉,法律程序即告终止,除非专利权人已经提出上诉。**(1)上诉不加罚原则**(*Reformatio in peius*)。根据"上诉不加罚原则",上诉委员会不得使上诉人处于比其上诉前更不利的地位。在G4/93案中,扩大上诉委员会认为,当异议部依照经修改的专利维持专利授权时,上诉委员会不得修改决定使专利权人处于比不上诉更坏的境地。所以,对于依法当然成为的当事人,其不能在上诉程序中主张比原审更为有利的地位。在G1/99案中,对于"上诉不加罚原则",扩大上诉委员会确立了一个例外*,该案中,专利中出现了一个不该被接受的错误修改,但却经之前的异议程序得以维持;扩大上诉委员会认为,如果不给其纠正该错误的机初会,对作为唯一的异议上诉人的专利权人来说,这是不公平的,尽管这样做会让作为唯一的异议上诉人因上诉而受到比上诉前更不利的影响,否则,就会导致该专利由于修改超范围而撤销。此例外下所允许的修改形式,受到了严格的限制。

---

* 在欧洲专利局的判例法中,G1/99案被认为是一个关于"上诉不加罚"原则的例外。但译者认为,此案例更深刻地诠释了"上诉不加罚"原则的实质。该案中,对异议决定不服的上诉人(该案中的专利权人)发现其在异议程序中作出的修改超出原始申请文件的范围,但却被异议决定所维持,表面上,专利权人是"占了便宜"了,但他主动提出上诉是为了纠正这个错误,以防因为违反《欧洲专利公约》第123条第2款的规定被撤销,因此,不能认为上诉人所主动追求的结果落入了比原来更为不利的地位,反而应认为是比原来更有利的地位。因为,如果他不通过上诉,就没有这个修改机会,反而可能使其专利因为修改超范围被撤销,这才是对其更为不利的事情。——译者注

[上诉期限和形式要求]*
第 108 条

上诉人应当按照本公约《实施细则》，自收到决定两个月内，向欧洲专利局提出上诉请求。未缴纳上诉费用之前，上诉请求视为未曾提出。自收到决定四个月内，上诉人应当按照本公约《实施细则》，提交上诉理由书。

1. 总述。本条规定了上诉提出的期限和形式要求。无论作出决定的是哪个部门，上诉都必须遵守公约第 108 条。上诉书包括两部分：上诉请求书和上诉理由书。这两部分可以一并提交，也可以分别提交，但是必须在第 108 条规定的期限内。之所以二者提交时间有所不同，原因在于，这样可以让公众在上诉实质内容提交之前，即可得知该决定将要受到上诉的挑战。

2. 上诉的期限。上诉请求书应当自收到决定起两个月内提出。上诉费也应该在上述期间之内缴纳。如果上诉请求书或上诉费未在上述期间之内提出或缴纳，专利权人可以根据公约第 122 条恢复权利，而异议人则不可以。自收到上诉决定书四个月，应当提交上诉理由书。自决定提交邮寄第十天，当事人视为收到决定（《实施细则》第 126 条）。提交上诉请求书、缴纳上诉费用和提交上诉理由书的期限不可延长；如果逾期未提交上诉请求书或上诉理由书（《实施细则》第 101 条），上诉委员会将不予受理。在 G2/97 案中，扩大上诉委员会指出，欧洲专利局和当事人应当遵守诚实信用原则，但是，这并不意味着在上诉人应当承担责任的范围内，上诉委员会还有义务通知上诉人其上诉存在的缺陷。例如，上诉费未按期缴纳，上诉人应当按照规定的期限和适当的形式提交上诉，并对此承担全部责任。

3. 上诉请求书的形式要求。《实施细则》第 99 条规定了上诉请求书应当包括的内容。上诉请求书应当以书面形式向欧洲专利局提交。上诉人或其代表，可以通过书信（没有特定的官方形式要求）或者传真形式提交。上诉请求书应当包括上诉人的姓名、地址（《实施细则》第 41 条第 2 款），指明

---

* 本条已经过 2000 年 11 月 29 日《欧洲专利公约修订案》修订。另参见扩大上诉委员会决定：G1/86、G2/97、G1/99、G3/03、G2/04 和 G3/04。——译者注

被上诉的决定,请求改判或撤销决定的范围。上诉请求书和上诉理由书中存在缺陷,可以根据《实施细则》第 101 条,在公约第 108 条规定的期限内补正。如果上诉人的名称和地址存在缺陷,上诉人应在上诉委员会指定的期限内补正。如果逾期未补正,则上诉请求将因不满足受理条件而驳回。上诉请求可以欧洲专利局的官方语言之一提交(根据《缴费规则》第 12 条第 1 款,可以获得 20% 的费用减免),或者以上诉人为国民或居民的成员国的官方语言提交(需要遵守《实施细则》第 3 条和公约第 14 条),但随后需要提交欧洲专利局官方语言的翻译本。

4. 上诉理由书的形式要求。《实施细则》第 99 条还规定了上诉理由书应当包括的内容。上诉理由书必须以书面形式提交,但可以通过传真提交。其可以独立于上诉请求书提交。上诉理由书应具体陈述决定应予撤销或修改的理由。上诉理由书应当充分说理,提供支持上诉的全部证据。在受理上诉时,以及上诉程序进行中,上诉委员会有权决定是否接受新证据。但是,只有当存在充分理由支持上诉人的情况下,上诉委员会才可能在上诉受理后接受新材料。上诉委员会接受新证据的自由裁量权,受到以下因素的影响:新证据的相关性;新证据在上诉程序早期提交的可能性;新证据在原审程序提交的可能性。所以,上诉人最好在提出上诉时,就提交新证据;或者在找到新证据后,尽快提交,并说明为何不能早些时间提交。如果上诉人是专利权人,他可以采用辅助请求的方式,向上诉委员会提交经修改的权利要求。辅助请求是否允许,这取决于上诉委员会的自由裁量。

5. 上诉费。缴纳上诉费是提出上诉的前提条件。即便上诉请求书已经实际向欧洲专利局提交,如果未缴纳上诉费用,其在法律上也视为未曾提出。上诉费可随时间变化而变化(《缴费规则》第 2 条第 11 项),读者可以通过《欧洲专利局官方杂志》获得相关信息。

[上诉程序之中的决定更正]
第 109 条
(1)如果决定作出部门认为上诉可受理并且理由充分,则应当更正其决定。

但是,如果决定作出的法律程序还存在另一方当事人,则上述规定不适用。

(2)如果决定作出部门自收到上诉理由书三个月内不接受上诉理由,则应当及时将上诉请求移送上诉委员会,并不得对上诉请求的实质问题发表意见。

1. 总述。对经单方法律程序作出的决定提出上诉,原审部门有权预先审查上诉请求,并在规定的期限内,更正其决定。然而,一旦期限届满,上诉请求将移送上诉委员会,按照通常的程序处理。

2. 更正决定(第1款)。如果上诉请求满足受理条件,并且理由充分,决定作出部门应当更正被上诉的决定。当上诉请求并不无不当,其对决定的异议理由成立,原审部门通常会更正决定,并继续原来的审查程序。上诉程序是独立的法律程序,以上法律程序与此并不冲突。但是,如果存在另一方当事人,决定作出部门则无权更正已经作出的决定,因为这将剥夺该方当事人对上诉请求发表意见的机会。如果原决定作出违反程序,决定更正后,上诉费将予以返还。原审部门有权更正其决定,但是,必须向上诉人返还上诉费,或者将有关决定移送上诉委员会。

3. 不更正决定和移送上诉委员会(第2款)。原审部门必须在收到上诉理由书的三个月内,决定是否更正被上诉的决定。否则,需要将上诉请求立即移送上诉委员会,并不得对上诉请求的实质问题发表任何意见。

[审查上诉请求]*
第110条

如果上诉请求满足受理条件,上诉委员会应当审查上诉理由是否成立。上诉委员会应当按照本公约《实施细则》审查上诉请求。

1. 总述。本条规定上诉请求应当依照《实施细则》要求的方式(《实施

---

* 本条已经过2000年11月29日《欧洲专利公约修订案》修订。另参见扩大上诉委员会决定:G10/91、G10/93和G3/99。——译者注

细则》第100条和第101条)进行审查。这一法律程序具有一定的灵活性。上诉委员会可以根据案情需要,自由决定当事人发表意见的机会次数。

2. 过渡性规定。本条为2000年公约修订,既适用于2007年12月13日新公约生效前已经授权的专利,也适用于其时仍处于审查阶段,或者之后才提出的专利申请。

3. 上诉请求的受理条件和实质依据(第1款)。接收到上诉请求后,上诉委员会首先应当审查上诉请求是否符合《实施细则》第101条规定的受理条件,而后审查上诉请求是否具有实质依据。上诉委员会将对上诉请求进行全面审查。任何请求或程序问题,即便在原审中已经提出,也必须在上诉程序之中再次明确提出。在G9/91案和G10/91案中,扩大上诉委员会明确了上诉程序的性质和目的。扩大上诉委员会认为,上诉请求必须基于原审程序中已经争议过的理由;但是,在异议过程中,专利权人允许加入新理由的除外。所以,当事人在对异议决定不服而提出上诉的,上诉委员会没有义务审查所有的异议理由。而且,由于异议请求必须说明欧洲专利被异议的范围,上诉请求质疑异议决定,也不得超过这一范围。

4. 上诉的审查程序。《实施细则》第101条规定了上诉的审查程序。上诉理由书和答辩书提交后,上诉委员会需要告知当事人后续的法律程序。根据争议问题和程序的复杂程度,上诉委员会可以视情况需要,要求当事人发表各自的意见。为此,当事人通常需要在四个月之内回复。如果有特殊情况,当事人可以说明理由,请求延长期限。是否允许,上诉委员会拥有自由裁量权。经当事人请求,上诉委员会可举行口头审理,并且口头审理通常在书面审理结束之后才进行。对于上诉程序中提交的新证据,上诉委员会享有自由裁量权。但是,当事人必须提供充分理由,新证据才可能被接受。新证据越早提供,越有可能被上诉委员会接受。一旦决定举行口头审理,只有在非常特殊的情况下,上诉委员会才可能接受新证据。在考虑是否接受新证据时,上诉委员会将权衡新证据相关问题的复杂性,以及上诉程序的效率。如果接受新证据需要中止口头审理,新证据通常不会被接受。在口头审理之前,上诉委员会可能向当事人发出通知,告知口头审理程序涉及的争议或者其他问题。一般来说，上诉委员会将在口头审理中作出决定，而后再将书面决定送达当事人。上诉委员会可以允许，也可以驳回上诉请求。如果上诉委员会认为有必要，还可以将案件发回原审部门，要求重新作出决定。在 G10/93 案和 J29/94 案中，扩大上诉委员会和法律上诉委员会都指出，上诉请求一旦提出，上诉委员会即可排除审查部，对案件享有专属权力，可以重新审查审查部认为已经成就的事项。所以，如果上诉委员会不同意审查部的决定，则可以驳回审查部已经允许的当事人主张。根据 1998 年 5 月 19 日《欧洲专利局关于加快上诉程序的通知》，一方当事人如果有正当理由（例如，涉嫌侵权）——最好同时提供证据支持——可以要求上诉委员会加快审查上诉请求。加快审查的请求，可以在上诉程序开始或进行中提出。如果原审部门违反程序规则，当事人可以基于实质性程序违法要求返还上诉费。上诉请求可以随上诉请求相关的公司或利益关系，一起转移给第三方。

5. 上诉委员会要求对欧洲专利申请发表意见，而当事人逾期未予回复的情况。对受理处或审查部的决定不服而提出上诉，当事人如果在规定期限之内，没有根据上诉委员会的要求发表意见，则欧洲专利申请视为撤回（《实施细则》第 100 条第 3 款）。但是，这不适用于对法律部决定不服的上诉请求。而且，这种惩罚对授权专利的上诉程序，也不适用。如果发生"视为撤回"的情况，当事人可以根据公约第 121 条寻求救济。

[上诉委员会的决定]
第 111 条

（1）上诉委员会审查上诉请求后，应当作出决定。上诉委员会可以行使被上诉部门的职权，也可以将案件发回原审部门。

（2）上诉委员会将案件发回原审部门后，就相同的事实而言，上诉委员会决定的理由对原审部门具有拘束力。如果所上诉的决定是受理处作出的，则上诉委员会决定的理由同时对审查部具有拘束力。

1. 总述。上诉请求审查结束后，上诉委员会将作出决定，或是判决上诉请求成立,或是驳回上诉请求,或是将案件发回原审部门。应当事人请求,或者依照职权,上诉委员会可以就是否返还上诉费作出决定(《实施细则》第 103 条)。《实施细则》第 102 条和第 111 条第 2 款对决定的形式和内容,具有详细的规定。

2. 上诉委员会的决定(第 1 款)。在审查上诉请求时,上诉委员会除了法律规定的其他权力外,还享有被上诉部门享有的所有职权。上诉委员会可以对上诉请求进行全面审查。上诉委员会可以自由决定,是自行听审案件,还是将案件发回原审部门。如果原审之后,案件事实发生改变,例如,争议对象是新的辅助请求,或者发生了原审未予考虑而不利于一方当事人的新情况,上诉委员会通常会将案件发回原审部门重新审查。在对异议决定不服的上诉程序之中,当事人延迟提交对比文件,但该对比文件不影响维持专利效力的,上诉委员会可以不将案件发回重审(T326/87 案和 T97/90 案)。但是,如果对比文件是在该上诉程序之中首次提交的,并且和案件特别相关,上诉委员会通常会将案件发回,要求原审部门重新审查,以便原审部门可以考虑该对比文件,而专利权人也可以对由此作出的决定提出上诉(T258/84 案),从而维护专利权人的程序权利。上诉委员会的决定需要进行全面的推理,具有终局性,在欧洲专利局具有既判力。对上诉委员会的决定不服,只有在特定条件下,当事人才可以提起上诉(参见公约第 112a 条)。

3. 上诉委员会决定的法律效力(第 2 款)。原审部门接到发回重审的案件后,法律上受到上诉委员会决定作出论理的限制。对于上诉委员会发出的命令(order),原审部门在原有事实状态范围内,应当遵守。对于上诉委员会发出的要求(request),原审部门将按照其通行做法,继续审查,但是,应该遵循上诉委员会决定作出的论理逻辑。如果上诉委员会决定认为,权利要求应予以允许,但是将案件发回原审部门,让其考虑说明书的修改问题,则上诉委员会关于权利要求的决定具有既判力,无论是原审部门,还是另一方当事人,都不得再质疑权利要求的合法性。如果当事人对原审部门作出的新决定又不服,再次提出上诉请求,则上诉委员会已经作出的决定对新上诉请求审理也具有拘束力,用以防止对已经决定的事项再次作出新决定。对受理处的决定不服的上诉请求,对审查部具有拘束力,对审查部决定的上诉请求也具有拘束力。但是,根据 T167/93 案确定的规则,对专利申请审查阶段中的上诉请求,对异议部,以及主持听审不服异议决定上诉请求进行听审的上诉委员会,都没有法律拘束力。

[扩大上诉委员会的决定或意见]*
第 112 条

(1)为统一法律适用,或者解决重大法律争议,

(a)上诉委员会在审查上诉请求中,如果认为必须通过扩大上诉委员会才可以实现上述目的,可依职权或者应当事人请求,将有关问题提请扩大上诉委员会审查决定。上诉委员会拒绝将当事人要求将有关问题提请扩大上诉委员会审查的,应当在最终决定中说明拒绝的理由;

(b)如果欧洲专利局局长认为两个不同的上诉委员会就同一法律问题的决定不同,可以将有关法律问题提请扩大上诉委员会审查决定。

(2)在第 1 款 a 项的情况下,上诉程序的当事人应当作为扩大上诉委员会法律程序的当事人。

(3)扩大上诉委员会根据第 1 款 a 项请求所作出的决定,对上诉委员会审查的上诉请求具有拘束力。

1. 总述。扩大上诉委员会由七位资深的上诉审查专业人员组成。其职责包括两个方面:其一,当上诉委员会决定之间发生冲突时,听审和裁决相关的法律问题,以便维护法律适用的统一性;其二,当特定案件引起了重要法律问题,对提请的法律问题进行裁决。但是,扩大上诉委员会不是上诉法院。《扩大上诉委员会程序规则》(Rules of Procedure of the Englarged

---

* 参见扩大上诉委员会决定:G1/86、G2/88、G4/88、G5/88、G6/88、G7/88、G8/88、G1/90、G1/92、G3/95、G6/95、G2/97、G2/98、G3/98、G4/98、G1/99、G2/99、G3/99、G1/02、G1/03、G2/03、G3/03、G1/04、G2/04、G3/04 和 G1/05。——译者注

Board of Appeal)规定了相关的程序规则。第三方可以向扩大上诉委员会提交自己的意见。如果扩大上诉委员会同意,持有不同意见的成员,可以在判决理由之中独立发表自己的意见。

2. 提请扩大上诉委员会审查(第 1 款)。扩大上诉委员会的职责是,审查上诉委员会根据第 112 条第 1 款 a 项,以及欧洲专利局局长根据第 112 条第 1 款 b 项,提请审查的法律问题。上诉委员会可以依照职权,或者依当事人请求,向扩大上诉委员会提请审查法律问题。但是,对于当事人的请求,上诉委员会没有义务提请扩大上诉委员会审查。上诉委员会不能将案件的全部问题,都提请扩大上诉委员会审查。除非上诉委员会决定的法理之间出现冲突,上诉委员会通常会拒绝提请扩大上诉委员会审查。扩大上诉委员会只听审法律问题,而不听审事实问题或者技术问题。如果上诉委员会的决定对一方当事人有利,其要求将有关问题提请扩大上诉委员会的请求,通常会遭拒绝。只有当上诉请求满足受理条件(除非提请审查的法律问题就是受理条件),并且上诉程序正在进行,才可以将有关法律问题提请扩大上诉委员会审查。欧洲专利局局长也可以提请扩大上诉委员会审查法律问题,用于解决上诉委员会决定之间的冲突,或者重大的制度问题。

3. 扩大上诉程序的当事人和扩大上诉委员会决定的法律效力(第 2 款和第 3 款)。如果上诉程序进行中,有关法律问题被提请扩大上诉委员会审查,上诉程序的当事人将成为扩大上诉程序的当事人。当事人可以向扩大上诉委员会提出主张。扩大上诉委员会作出的决定,对上诉委员会具有拘束力。

[请求扩大上诉委员会复审] *
第 112a 条

（1）受上诉委员会决定不利影响的当事人,可以请求扩大上诉委员会对上诉委员会作出的决定进行复审。

＊ 本条是 2000 年 11 月 29 日《欧洲专利公约修订案》的新增条款。——译者注

(2) 上款规定的请求只能基于以下理由提出：

(a) 上诉委员会成员违反本公约第 24 条第 1 款规定参与作出决定, 或者尽管其根据本公约第 24 条第 4 款作出的决定而不得参与作出决定, 但仍旧参与作出相关决定的;

(b) 上诉委员会包括了未被任命为上诉委员会成员的人;

(c) 发生了根本违反本公约第 113 条的情况;

(d) 在上诉程序中, 发生了任何本公约《实施细则》规定的根本性程序缺陷; 或者

(e) 按照本公约《实施细则》所规定的条件构成的犯罪行为, 可能对上诉委员会作出的决定产生影响的。

(3) 依照本条规定提出的复审请求并不影响上诉委员会决定的效力。

(4) 依照本条规定提出复审请求, 应当按照本公约《实施细则》的规定, 提交理由书。如果请求是基于第 2 款 a—d 项的理由, 则应当在收到上诉委员会决定通知起两个月内提出。如果请求是基于第 2 款 e 项理由, 则应当在认定构成犯罪行为之日两个月内、收到上诉委员会决定通知五年之内提出。未按规定交付上诉费之前, 该请求视为没有提出。

(5) 扩大上诉委员会应当根据本公约《实施细则》审查本条规定的请求。如果请求成立, 扩大上诉委员会应当撤销上诉委员会的决定, 并且按照本公约《实施细则》规定, 要求上诉委员会重新审查。

(6) 在《欧洲专利公报》公布上诉委员会决定与公布扩大上诉委员会决定之间的期间内, 第三方在指定国, 基于善意, 已经实施或者已经做好有效的实施准备, 已公布的欧洲专利申请或者欧洲专利所保护的发明, 可以在其商业活动中或者为其商业活动的需要, 继续上述使用, 并无需支付费用。

1. 总述。 本条是在 2000 年公约修订时新增并生效的。本条规定引入了当事人对上诉委员会的决定不服请求扩大上诉委员会进行复审的可能性。然而, 这种请求的理由是受到限制的, 本条并没有规定可以对上诉

委员会的决定提出上诉的一般性权利。《实施细则》第104—110条具体实施公约第112a条。特别是，《实施细则》规定，请求扩大上诉委员会复审的理由必须已经在上诉委员会程序中提出过，并且未被采纳（《实施细则》第106条）。如果上诉程序结束之后，才提出反对意见，这不足以请求扩大上诉委员会复审上诉委员会的决定。**(1)过渡条款**。第112a条适用于2000年公约生效（即2007年12月13日）以后，上诉委员会作出的所有决定。

2. 请求扩大上诉委员会复审的理由(第2款)。请求扩大上诉委员会复审，必须基于四种理由，其中三种涉及上诉审查程序违法，而第四种涉及影响上诉委员会决定的刑事犯罪行为。**(1)违反公约第24条第1款**。根据公约第24条第1款，如果上诉委员会或者扩大上诉委员会的成员，对案件存有个人利益，或者有前期介入，则不得参与作出决定。如果发生这些情况，该成员应该告知相应的委员会，当事人也可以要求该成员回避。无论哪一种情况，委员会的其他成员加上另外一位成员，应作出该成员是否应当回避的决定。如果违反公约第24条第1款（即委员会成员根据公约第24条第4款的决定，应当回避而未回避），当事人可以根据这一程序违法事实，申请扩大上诉委员会复审。本条第2款虽然规定违反公约第24条第4款可以作为请求的理由，但当事人通常不会基于此提出请求。之所以如此规定，立法者希望表明，一旦公约第24条第4款的决定已经作出，则没有必要再考虑是否违反了公约第24条第1款。**(2)违反公约第113条**。根据公约第113条，欧洲专利局所作出的决定，必须根据当事人已经发表过意见的理由或证据，并且针对专利权人同意的专利申请或者专利文本。如果违反其中任何一项而作出的决定，并且构成根本性违法，当事人可以因此而请求扩大上诉委员会复审。但是，如果此种程序违法是轻微的，则不足以成为扩大上诉委员会审查的理由。**(3)其他根本性程序缺陷**。《实施细则》第104条规定了所谓的公约第112a条第2款d项中所有"根本性程序缺陷"。**(4)犯罪行为**。《实施细则》第105条界定了何谓"犯罪行为"，并明确规定并不要求已经定罪。

3. 不中止上诉委员会决定的法律效力（第3款）。对原审部门的决定提出上诉，可以导致原决定效力中止；但是，对上诉委员会的决定提出申请，要求扩大上诉委员会复审，却不产生任何法律效力。例如，如果上诉委员会决定撤销某个专利，此专利将处于撤销状态，除非扩大上诉委员会要求上诉委员会重审案件，并且推翻原决定。公约第112a条第6款规定了这种情况，以及如何处理由此可能引起的不当效果。

4. 请求扩大上诉委员会复审的期限和请求书的内容（第4款）。请求扩大上诉委员会复审应当依照《实施细则》第107条规定的形式提出。第4款规定的期限如此严格，以至于通常适用于专利申请的灵活性期限都不适用（参见公约第121条第4款）。但是，公约第122条规定的权利恢复仍旧适用。如果上诉委员会重启审查程序，则第4款最后一句规定的上诉费将予以返还（《实施细则》第110条）。

5. 对复审请求的审查（第5款）。《实施细则》第108—110条规定了如何审查复审请求。如果扩大上诉委员会认为，申请成立，其将撤销上诉委员会的决定，但是，并不自己作出决定。扩大上诉委员会将案件发回，由上诉委员会重新审查。

6. 第三方因信赖上诉委员会决定而享有的权利（第6款）。如果请求的理由成立，上诉委员会撤销专利的决定或驳回专利申请的决定被推翻，则法律上曾经可以自由实施该发明的第三方，或者已经做好实施准备的第三方，因此可能成为侵权人（或在专利申请得以恢复的情况下，成为潜在的侵权人）。在这种情况下，第6款允许第三方继续使用。但是，第三方要获得这一保护，必须善意，限于其商业活动或者为其商业活动的需要，并限定于已经使用的范围之内，或者已经做好使用准备的范围之内。

第七编　共同性规定

第一章　程序方面的共同性规定

[听证权和决定依据]*
第 113 条

（1）欧洲专利局作出的所有决定，只可依据当事人已有机会发表意见的理由和证据。

（2）只有专利申请人或者专利权人自己提交的或者经其同意的欧洲专利申请文本或者欧洲专利文本，才可以作为欧洲专利局审查和决定的依据。

1. 总述。本条第 1 款规定了公约最为重要的程序规则之一：听审权（right to be heard）（G4/92 basis of decisions 案）。公约第 114 条、第 116 条和《实施细则》第 71 条，对这一原则进行了具体规定。第 2 款规定，欧洲专利局的决定应当依据专利申请人或专利权人的请求（G7/93 Whitby II 案）。

2. 欧洲专利局的决定（第 1 款）。尽管第 1 款只是针对一般性的决定，这一规定也适用于根据公约第 106 条第 3 款作出的原审决定。

3. 理由和证据（第 1 款）。对于欧洲专利局作出决定依据的理由和证据，当事人应当有机会发表意见。根据《实施细则》第 111 条第 2 款，所有可上诉的决定都必须说理。而且，根据《实施细则》第 102 条 g 项，所有上诉委员会作出的终局决定，也应当包含决定作出的理由。"理由"包括事实，以及得出决定的法律考虑。然而，欧洲专利局在其决定之中，没有义务对当事人提出的所有争议都进行具体讨论。

---

* 参见扩大上诉委员会决定：G7/91、G8/91、G4/92 和 G2/04。——译者注

4. 发表意见的机会(第1款)。对于当事人发表意见的权利,在审查程序之中,体现在公约第 90 条第 2 款,《实施细则》第 55 条,公约第 91 条第 2 款,公约第 96 条第 2 款和《实施细则》第 71 条第 2 款;在异议程序之中,体现在公约第 101 条第 2 款,《实施细则》第 77 条第 2 款、第 79 条等;在上诉程序之中,表现为公约第 110 条第 2 款,《实施细则》第 101 条和第 100 条第 1 款。原则上,欧洲专利局的程序应该采用书面形式。然而,公约第 116 条明确规定,当事人可以请求口头审理。所以,当事人通常以书面形式发表意见,经同意而可采用口头形式。当事人接受传唤,但未出席口头审理,欧洲专利局不得依据口头审理中首次出现的证据作出对其不利的决定。类似地,上诉委员会不得依据口头审理出现的新证据作出决定,除非该证据之前已经提供给当事人,并且只用于支持举证人的主张。但是,原则上,当事人可以在口头审理中提出新论理(new argument),欧洲专利局也可以采用新论理支持其决定的推理(G4/92 *Basis of decision* 案)。一旦决定转给欧洲专利局邮递服务,决定作出过程即告终止,当事人之后提出的任何主张都不得再予以考虑(G12/91 *Novatome II* 案)。在口头审理中,一旦欧洲专利局的有关委员会宣告庭审辩论结束,当事人就不得再提出新的论理。

5. 作出决定所依据的欧洲专利申请或欧洲专利文本(第2款)。欧洲专利局对欧洲专利申请作出决定时,必须依据申请人提交的欧洲专利申请文件。权利要求书和说明书的最终文本只有经过申请人同意,欧洲专利局才可作出授予专利权的决定。如果申请人未依照欧洲专利局的决定修改权利要求书或者说明书,欧洲专利局只能驳回申请(G7/93 *Whitby II* 案)。根据《实施细则》第 71 条第 3 款,只有在申请人同意最终形式的专利文件后,欧洲专利局才可以授予专利权。在异议程序中,维持授权决定依据的专利文本必须要经过专利权人的同意。如果专利权人不同意修改权利要求书,上诉委员会不得以经修改的专利文件维持专利权,而应当宣告专利全部无效。

[欧洲专利局依职权审查]*
第 114 条

（1）在所有欧洲专利局的法律程序中，欧洲专利局应当依照职权审查事实，不受当事人提供的事实、证据和论理以及请求救济的限制。

（2）对当事人逾期提供的事实或证据，欧洲专利局可以不予以考虑。

1. 总述。第 114 条第 1 款规定了"依职权审查"的原则，即欧洲专利局有权自主审查事实问题。对逾期提交的事实或其他证据，第 114 条第 2 款授予欧洲专利局自由裁量权，以防止当事人滥用程序。

2. 欧洲专利局的法律程序（第 1 款）。依职权审查适用于所有欧洲专利局进行的法律程序。（1）异议程序和异议决定的上诉程序。在异议程序和异议决定的上诉程序中，依职权审查的范围受到初限制（G9/91 *Rohm and Haas* 案和 G10/91 *Examination of oppositions/appeals* 案）。原因在于，异议程序是双方当事人的法律程序。原则上，异议程序的实质审查应当局限于异议请求书提出的法律和事实问题（G09/91 *Rohm and Haas* 案第 6 点）。只有依照公约第 99 条第 1 款和《实施细则》第 76 条第 2 款提出并有事实支持的异议理由，才是异议部应该审查的异议理由。在特殊情况下，如果某一异议理由可以导致被异议专利无效，异议部才可以根据公约第 114 条第 1 款，考虑当事人未曾提出的异议理由（G10/91 *Examination of oppositions/appeals* 案）。而异议决定的上诉程序主要是让败诉一方可以挑战异议部的决定。为此，异议决定的上诉程序不应考虑异议部作出决定时未曾依据的异议理由。再有，异议部的初审程序具有行政性质，而异议决定的上诉程序具有司法性质。这一程序性质决定了异议决定的上诉程序不如初审行政程序那样强调事实调查。所以，尽管第 114 条第 1 款形式上涵盖所有的上诉程序，扩大上诉委员会指出，这一条款在上诉程序的适用比其在原审程序的适

---

* 参见扩大上诉委员会决定：G7/91、G8/91、G9/91、G10/91、G4/92、G9/92、G8/93、G10/93、G1/95、G7/95 和 G1/99。——译者注

用受到更多的限制,特别是当事人在上诉程序提出新的异议理由时(G09/91 Rohm and Haas 案,扩大上诉委员会决定第18点)。而且,依职权审查原则也受到"上诉不加罚原则"(参见公约第107条)的限制。当且仅当上诉请求要求改正或推翻原决定,上诉委员会才可以作出不同于异议决定的决定(G9/92 BMW 案)。**(2)单方程序(ex parte proceedings)**。在单方当事人的法律程序中,例如对审查部决定不服而提出上诉时,上诉委员会的审查范围不限于原决定作出的理由,也不限于原决定依据的事实和证据(G10/93 Siemens 案)。**(3)当事人撤回上诉**。如果上诉程序的唯一上诉人撤回上诉,则上诉程序终止(G7/91 BASF 案)。但是,在异议程序中,即便所有(或唯一)的异议人撤回异议请求,异议部仍可以继续审查异议请求(《实施细则》第84条第2款以及G8/91案)。

3. 欧洲专利局需要审查的事实(第1款)。欧洲专利局需要审查的事实包括授予专利权的所有形式和实质要求。然而,公约第114条第1款第2句话表明,其第1句话所规定的"事实"的外延更大,审查不限于当事人所提出的事实、证据和论理。当事人,特别是专利申请人,有义务配合欧洲专利局的审查工作,并且举证证明自己的请求。每一个当事人对其主张的事实,都负有举证责任。

4. 逾期提交的事实或证据(第2款)。公约第114条第2款规定了欧洲专利局审查事实和证据的自由裁量权范围。对当事人未在规定期限内提交的事实和证据,欧洲专利局可以不予考虑。但是,这只限于事实和证据,而不适用于法律论理(G4/92 basis of decisions 案和 T124/87 DuPont 案)。在绝大多数口头审理中,根据《实施细则》第115条a款规定,提交口头审理的书面主张期限届满以后,欧洲专利局无需再考虑当事人提交的新事实和新证据,除非口头审理的争议问题发生改变。但是,《实施细则》第115条a款不适用于上诉委员会,因为其应遵守《上诉委员会的程序规程》(Rules of Procedure of the Boards of Appeal)(RPBA, OJEPO 2003, 89)。根据该规程第10b条第1款,当事人在提交上诉理由书或答辩书之后再要求修改的,上诉委员会可以根据自由裁量权进行裁决。为此,上诉委员会应该考虑当事人要求修改的性质,程序进行的情况,以及程序经济的需要。**(1)对逾期提交事实或证据的自由裁量权**。根据判例形成的法律原则,上诉委员会行使自由裁量权时,需要考虑逾期提交的事实和证据对审理案件的相关性。在异议程序中,逾期事实或证据要为异议部接受,应存在合理理由让人相信,它们足以否定专利的效力。在上诉程序中,新事实、证据和论理只有在非常特殊的情况下,才可能为上诉委员会接受。为此,新证据应该具有高度的相关性,即有合理的理由让人相信,其可能改变上诉程序的最终结果,维持专利授权的决定可因此而不成立。同时,还应考虑案件的其他因素(特别是专利权人是否反对接受新证据,以及反对的理由)以及新证据引入对程序进行的影响(T1002/92 *Petterson* 案)。当然,如果事实和证据支持欧洲专利局维持专利授权,上述规则也同样适用。

[第三方意见]*
第 115 条

欧洲专利申请公布以后,任何第三方可以依照本公约《实施细则》在欧洲专利局的法律程序中,对所涉发明是否满足专利性要件发表意见。但是,第三方不是程序的当事人。

1. 第三方意见(第 1 款)。对欧洲专利申请是否满足专利性条件,任何人都可向欧洲专利局发表意见。"任何人"是指申请人或者其他当事人以外的第三方。第三方发表意见,没有期限限制。所以,第三方可以在异议程序和上诉程序之中提交意见。如果第三方在欧洲专利局决定移交内部邮递服务前,或者庭审辩论结束前提交书面意见,欧洲专利局的相关部门在作出决定时,应当予以考虑(G12/91 *Novatome* 案)。

2. 对发明是否符合专利性要件发表的意见(第 1 款)。第三方发表的意见必须针对申请专利的发明是否符合专利性要件,才可以受理。为此,第

---

* 本条已经过 2000 年 11 月 29 日《欧洲专利公约修订案》修订。——译者注

三方发表的意见必须依据公约第52—57条的规定。其他专利授权的法律要求,例如单一性(公约第82条)、公开充分(公约第83条),或不适当的扩大保护范围(公约第123条),都不属于第三方可以发表意见的范围。

3. 形式要求。第三方意见应当以书面形式提交,并且说明法律依据(《实施细则》第114条第1款)。第三方意见应该清楚、完整,以使欧洲专利局可以直接审查而无需进一步询问第三方。

4. 第三方的法律地位(第1款)。第三方发表意见,并不因此而成为程序的当事人。欧洲专利局没有义务要将决定告知第三方,而第三方只能通过自己查阅文件获得相关的信息(公约第128条第4款和《实施细则》第144条)。

5. 通知专利申请人或专利权人。第三方意见将转送给专利申请人或专利权人(《实施细则》第114条第2款)。欧洲专利局收到第三方意见之后,即进行上述转送程序。专利申请人或专利权人可以对第三方意见发表自己的意见,但是,这并不是他的法律义务。

[口头审理]

第 116 条

(1)欧洲专利局认为必要或者应当事人请求,可以举行口头审理。但是,如果当事人请求同一部门对同样的当事人和同样的法律问题再次进行口头审理,欧洲专利局可以驳回。

(2)然而,只有当受理处认为有必要或拟驳回欧洲专利申请时,受理处才应当根据申请人的请求,举行口头审理。

(3)受理处、审查部和法律部举行的口头审理不应公开进行。

(4)欧洲专利申请公布之后,上诉委员会和扩大上诉委员会应当举行公开的口头审理,作出的决定也应当公开。以上规定也适用于异议部;但是,如果异议部在个案中认为,公开审理将产生严重的不公正影响,特别是对其中一方当事人,则不应进行公开审理。

1. 总述。原则上,欧洲专利局的所有程序都是书面程序(G4/95 *Bogasky* 案)。然而,公约第 116 条规定当事人可以向以下部门请求进行口头审理:受理处、审查部、法律部、异议部、上诉委员会和扩大上诉委员会。

2. 口头审理的法律要求(第 1 款)。欧洲专利局认为需要,或应当事人请求,都可以举行口头审理。这意味着,如果一方当事人请求举行口头审理,即便欧洲专利局认为没有必要,也需要安排时间举行口头审理(满足第 2 款规定的例外)。然而,公约第 116 条第 2 款明确规定,当事人只有一次请求口头审理的权利,不得就同样的事实和当事人要求同一部门进行第二次口头审理。

3. 受理处的口头审理(第 2 款)。经当事人请求,受理处认为有必要,或者其拟驳回欧洲专利申请时,应举行口头审理。如果口头审理可以使案件更快了结,则有"必要"举行口头审理。受理处进行形式审查时,如果发现专利申请存在缺陷,可导致驳回(参见公约第 90 条第 3 款),而申请人请求口头审理,则应当举行口头审理。

4. 口头审理原则上应当公开进行(第 3 款和第 4 款)。欧洲专利授权之后,所有相关程序的口头审理都必须公开进行。特别是,这适用于异议部审理异议请求,也适用于上诉委员会审理对异议决定的上诉请求。而且,欧洲专利申请公布之后,所有在上诉委员会和扩大上诉委员会举行的口头审理,也都应当公开进行。口头审理公开包括决定公开,这是口头审理的组成部分。在特殊情况下,例如在权利恢复的案件中,如果涉及自然人的身体状况,需要保密,则在提交相关信息和进行有关论辩时,需要将公众排除在外。对于在欧洲专利申请公布之前的法律程序中举行的口头审理(即审查部和受理处举行的口头审理)以及法律部举行的口头审理,并不需要公开(公约第 116 条第 3 款)。

5. 口头审理的规则。《实施细则》第 115 条、第 116 条和第 124 条规定了口头审理的程序规则,包括口头审理的召集通知(《实施细则》第 115 条),口头审理的准备(《实施细则》第 116 条)和口头审理的记录(《实施细则》第 124 条)。然而,《实施细则》第 116 条(1973 年公约《实施细则》第 71

条 a 项)不适用于上诉委员会(G6/95 *GE Chemicals* 案)。上诉委员会遵守自己的程序规则,即《上诉委员会的程序规程》。根据该规程第 7 条第 1 款规定,如果第一次口头审理之后,上诉委员会的成员组成发生变化,应当事人请求,应当重新举行口头审理。

[方式和取证]

第 117 条

(1)欧洲专利局程序中,提供或者取得证据的方式包括:

(a)听取当事人陈述;

(b)请求提供信息;

(c)提供书证;

(d)听取证人证言;

(e)专家意见;

(f)调查;

(g)宣誓确认的书面陈述。

(2)本公约《实施细则》应当规定收集上述证据的法律程序。

1. 总述。本条规定了审查部、异议部、法律部、上诉委员会和扩大上诉委员会收集证据应当遵守的规则。此外,欧洲专利局还可以请求成员国的法院在该成员国内收集证据(《实施细则》第 120 条)。尽管没有明确规定,这一规定也适用于受理处(J20/85 *Zenith* 案)。根据 2000 年公约,收集证据的具体程序转而在《实施细则》中规定,具体地,是《实施细则》第 119 条和第 120 条。

2. 举证责任。当事人对其主张和论理承担举证责任。虽然公约第 114 条第 1 款规定,欧洲专利局可以依职权调查事实,并且不受当事人提供的事实、证据、论理和要求的救济限制,但是,如果欧洲专利局依照职权不能证明有关的事实,论理依赖该事实的当事人需要承担败诉的责任(T219/83 *BASF* 案)。

3. 证据提供的语言要求。公约第 14 条的规定对证据提供同样适用。根据《实施细则》第 3 条第 3 款,作为证据提供的文件,特别是出版物,可以是任何语言。但是,欧洲专利局可以要求当事人将其翻译成欧洲专利局的官方语言。在收集证据时,当事人、证人和专家,都可以使用自己的语言。如果这不是欧洲专利局的官方语言,提供证据的当事人应当提供翻译,将其翻译成该法律程序的工作语言,或者,经欧洲专利局同意,翻译成欧洲专利局的一种官方语言(《实施细则》第 3 条第 3 款)。证人或专家的陈词,如果没有采用欧洲专利局的官方语言,则需要依照其翻译语言,记录在案(《实施细则》第 4 条第 6 款)。

4. 提供或取得证据的方式(第 1 款)。一般而言,欧洲专利局的法律程序遵守自由心证原则(G3/97 Indupack 案判决理由第 5 点)。欧洲专利局允许以各种方式提供证据。公约第 117 条第 1 款对举证形式予以列举,包括:听取当事人陈述、依照职权调查、书证、听取证人证言、专家意见、检查和宣誓确认的书面陈述。**(1)听取当事人陈述**。这和口头审理不同。在本条规定下,听取当事人意见是指欧洲专利局确认当事人主张的事实。**(2)请求提供信息**。这是指欧洲专利局从外界(特别是公共机构,也包括从公司和私人)取得信息,例如,请求出版社提供书刊出版时间的信息,请求大学图书馆提供博士论文公之于众的具体时间。**(3)书证**。这包括所有书面文件,包括为公众所知的现有技术文献。**(4)听取证人证言**。不是当事人的自然人,才可以以证人身份,向欧洲专利局提供证言。然而,这不适用于当事人的雇员(T482/89 Telemechanique 案)。**(5)专家意见**。欧洲专利局认为需要,或者经当事人请求,可以接受专家意见(《实施细则》第 117 条)。《实施细则》第 121 条规定了提供专家意见的法律程序。**(6)调查**。如果必要,欧洲专利局可以直接调查产品或方法的物理特性或状况,例如,现场演示机器、模型或方法。**(7)宣誓确认的书面陈述**。这种证据形式遵守成员国的相关法律。

5. 欧洲专利局收集证据的法律规则(第 2 款)。《实施细则》以下条款规定了欧洲专利局收集证据的法律程序:第 117—121 条(委托专家的法律程序);第 122 条(收集证据的费用);第 123 条(证据保全);第 124 条(口头审理的记录和证据收集);第 150 条(函调程序)。

[欧洲专利申请或欧洲专利的统一性]
第 118 条
　　如果欧洲专利的申请人或者专利权人在所指定的不同成员国内不同,在欧洲专利局的程序中,他们应当视为共同申请人或者专利权人。欧洲专利申请或者欧洲专利的统一性不因欧洲专利局的法律程序而变化;特别是,除非公约另有规定,欧洲专利申请或者欧洲专利的文本在所有指定国内应当全部相同。

　　1. 共同申请人。 公约第 59 条允许多个申请人共同提出一项欧洲专利申请。他们可以指定不同的成员国。公约第 118 条表明,不同指定国的不同申请人或不同专利权人视为"一个"申请人。他们对专利授权享有一项共同的权利,单个的申请人并不享有独立的权利。所以,欧洲专利局将不同申请人视为"一个"申请人。《实施细则》第 151 条规定了共同代表,由其享受代表多个申请人的权利。然而,公约第 99 条第 5 款第 2 句规定了一项例外,即:如果根据公约第 61 条的最终决定,第三方合法地在一个或多个指定国取代了原专利权人,该第三方不能视为共同申请人。

　　2. 欧洲专利申请或专利的统一性。 公约第 118 条规定的统一性是指欧洲专利申请或欧洲专利文本在各个成员国内一致,这不同于公约第 82 条规定的单一性。根据公约第 118 条第 2 句,对于所有指定国,只有一个统一的专利申请或专利文本。这一法律原则存在例外,包括公约的如下规定:根据公约第 54 条第 3 款和第 4 款,在先欧洲专利申请构成现有技术的情况(参见《实施细则》第 138 条关于对不同国家提交权利要求、说明书和附图的规定);根据公约第 139 条,成员国在先申请构成在先权利的情况(同时参见公约第 138 条);根据公约第 61 条,对欧洲专利不享有权利的第三方非法提出的专利申请,合法主体取而代之进行专利申请的情况(参见《实施细则》第 18 条)。在以上情况下,在审查程序和异议程序中,都可能出现不同的专利申请或专利文本(参见《实施细则》第 78 条、第 80 条和第 138 条)。

[文件送达]*
第 119 条
　　欧洲专利局应当按照本公约《实施细则》送达决定、传唤书、通告书和通知书。如有特殊情况,可以通过成员国中央工业产权局送达文件。

　　1. 需要送达的文件。欧洲专利局需要送达的文件包括:决定(《实施细则》第 111 条第 1 款),传唤书(《实施细则》第 115 条第 1 款和第 118 条第 2 款),期限通告书和其他通知书(例如,受理处审查程序中的文件。《实施细则》第 55 条、第 58 条、第 60 条和第 69 条),专利申请审查程序中的通知书(公约第 96 条第 2 款和《实施细则》第 71 条),异议程序中的通知书(公约第 101 条等规定,《实施细则》第 77 条第 3 款)以及上诉程序中的通知书(公约第 110 条,《实施细则》第 101 条等)。

　　2. 通过成员国专利局送达。根据第 119 条第 2 句话,在特殊情况下,欧洲专利局可以通过成员国中央工业产权局送达文件。如果欧洲专利局多次联系当事人未果,则可以采用这一种方式。这种送达将依据成员国专利局送达的程序(参见《实施细则》第 125 条第 3 款)。

　　3. 送达的规则。有上诉期限的决定和传唤书,应当通过可确收的挂号信送达。其他文件(例如专利申请审查程序中的通知书)可以通过邮政挂号信送达(《实施细则》第 126 条第 1 款)。《实施细则》第 125—130 条规定了送达的一般规则。根据《实施细则》第 126 条第 2 款,欧洲专利局送达文件的日期以寄出日为准,这是计算相关期限的依据。

---

* 本条已经过 2000 年 11 月 29 日《欧洲专利公约修订案》修订。——译者注

[期限]*

第 120 条

本公约《实施细则》应当规定：

(a)欧洲专利局程序应当遵守而本公约又没有规定的期限；

(b)期限的计算方式以及延长的条件；

(c)欧洲专利局有权决定的最短和最长期限。

1. 总述。对于欧洲专利局应当遵守而公约又没有规定的期限，本条授权《实施细则》规定其计算方式，以及延长的条件。本条同时授权《实施细则》规定欧洲专利局有权确定的最长和最短期限。欧洲专利局的期限是具有确定开始时间点和结束时间点的期间。

2. 期限的相关规则。期限的具体规定包括《实施细则》第 131 条(期限的计算)、第 132 条(欧洲专利局规定的期限)、第 133 条(迟收文件)、第 134 条(期限的延长)和第 142 条(程序中止)。

[欧洲专利申请的继续审查]**

第 121 条

(1)申请人如果未履行欧洲专利局的期限，有权请求欧洲专利局继续审查欧洲专利申请。

(2)前款规定的请求如果符合本公约《实施细则》的要求，欧洲专利局应当允许。否则，欧洲专利局应当驳回请求。

(3)如果欧洲专利局受理第 1 款的请求，未履行期限的法律后果应当视为未曾发生。

(4)对于本公约第 87 条第 1 款、第 108 条和第 112a 条第 4 款，以及继续审查请求的期限或权利恢复的期限，不适用继续审查。本公约《实施细

---

* 本条已经过 2000 年 11 月 29 日《欧洲专利公约修订案》修订。——译者注

** 本条已经过 2000 年 11 月 29 日《欧洲专利公约修订案》修订。——译者注

则》可以规定其他不适用于继续审查的期限。

1. 继续审查(第1款)。 2000年公约第121条扩大了"继续审查"(further processing)请求的适用范围。继续审查已经成为申请人未履行申请审查程序相关期限的一般法律救济。公约第121条为欧洲专利申请人提供了一条简单的法律途径,可以避免未履行期限而导致的不利法律后果。这种法律救济只适用于欧洲专利申请。对于专利授权以后的程序,例如,异议程序,则不适用。**(1)指定欧洲专利局的PCT申请(Euro-PCT application,Euro-PCT申请)。** 公约第121条也适用于以欧洲专利局作为指定局或选定局的国际申请。根据公约第150条第3款,"Euro-PCT申请"视为欧洲专利申请。如果该"Euro-PCT申请"的受理局根据《专利合作条约》第14条第1款宣布国际申请撤回,公约第121条规定的"继续审查请求"程序可以适用(《关于PCT申请的建议》,载《欧洲专利局官方杂志》1992年第12期增补第1号,A节第2点)。

2. 准予继续审查请求(第2款)。 如果申请人提出的继续审查请求符合《实施细则》第135条的要求(即自接到不履行期限或权利丧失的通知的两个月内提出,并且缴纳规定的费用),欧洲专利局应当允许。而且,申请人应当在提出继续审查请求的期限内,履行其未曾履行的行为(《欧洲专利审查指南》E部分第八章第2.1节)。

3. 准予继续审查的法律后果(第3款)。 如果欧洲专利局同意继续审查,则申请人未履行期限的法律后果不发生。如果已经发生,则溯及既往地消除。

4. 公约第121条适用的期限(第4款)。 根据2000年公约,第121条不仅适用于欧洲专利局设定的期限,也适用于公约和《实施细则》制定的期限,除非予以明确排除。继续审查请求不适用的期限包括:优先权期限(公约第87条第1款);上诉请求提出的期限(公约第108条);根据公约第112a条提请扩大上诉委员会审查的期限;请求继续审查的期限以及权利恢复的期限。《实施细则》第135条规定了其他继续审查请求不适用的期限。

[权利恢复]

第 122 条

（1）欧洲专利的申请人或专利权人已经尽到当时情况下的所有努力，仍旧不能履行欧洲专利局程序的期限，并因此而导致专利申请或其他请求被驳回，或者导致专利申请视为撤回、专利被撤销，或导致丧失其他权利或者救济的，经其请求，其权利应当恢复。

（2）如果恢复权利的请求符合第 1 款的条件以及本公约《实施细则》规定的其他条件，欧洲专利局应当准予；否则，应当驳回。

（3）如果欧洲专利局准予第 1 款的请求，未履行期限的法律后果应当视为未曾发生。

（4）但是，权利恢复不适用于第 1 款规定的恢复权利请求应当遵守的期限。本公约《实施细则》可以规定权利恢复不适用的其他期限。

（5）第三方出于诚信，在第 1 款所指权利丧失和《欧洲专利公报》公告权利恢复的期限内，如果在欧洲专利指定国内已经使用、或者已经作好有效的使用准备，受已公布欧洲专利申请或欧洲专利保护的发明，则第三方可以在其商业活动中或者为其商业活动的需要，继续上述使用行为，并不需支付费用。

（6）对于本公约规定应该向成员国当局履行的期限，本条不限制成员国恢复与之相关的权利。

1. 总述。 当事人未履行期限，并因此而丧失第 1 款所规定的权利，公约第 122 条规定了权利恢复程序。然而，只有当当事人尽到当时情况下所有努力，仍旧不能按期履行，才可以请求权利恢复。换言之，必须是特殊情况导致了当事人未履行期限。可见，对于未履行期限的救济，公约第 122 条的适用范围相对狭窄，不如公约第 121 条规定的继续审查请求适用范围广泛（或公约其他条款）。但是，公约第 122 条不限于欧洲专利申请的审查程序。除了公约第 121 条继续审查请求适用的期限和其他一些特别例外（见下文），公约第 122 条对几乎所有期限（包括授权前和授权后）都适用。根据公约第 122 条的规定,只有欧洲专利申请人或专利权人才有资格要求恢复权利的救济,第三方(例如异议人)不享有此项权利。

2. 有关的权利(第 1 款)。除第 1 款明确规定的权利,"其他权利或救济"丧失,也可以适用第 122 条,例如,优先权丧失。为此,未履行期限应当是当事人因公约规定而丧失权利的直接原因。如果欧洲专利局已经指明可以补正的缺陷,并给予申请人补正的机会,公约第 122 条则不再适用。例如,申请人未在《实施细则》第 53 条第 1 款规定的 16 个月期限内,提交公约第 88 条第 1 款要求的优先权文件。此时,欧洲专利局将要求申请人在指定的期限内(公约第 91 条第 2 款和《实施细则》第 58 条),提交优先权文件。只有当申请人未履行欧洲专利局的要求,其优先权才会丧失(J1/80 *Siemens* 案)。

3. 权利恢复请求适用的期限(第 1 款)。公约第 120 条规定了"期限"。原则上,对于欧洲专利申请人或专利权人未履行的所有期限,都可以适用公约第 122 条,只要根据公约规定,不履行期限可导致专利申请或其他请求被驳回,或者导致专利申请视为撤回、专利撤销,或导致其他权利或者救济丧失。但是,有些期限是明确予以排除的(公约第 122 条第 4 款和《实施细则》第 136 条第 3 款,见下文),不适用第 122 条。除非另有规定(参加下文第 4 点评注),本条还适用于指定或选定欧洲专利局的 PCT 申请(公约第 150 条),以及在国际阶段指定欧洲专利局的 PCT 申请(G2/91 *Fabritius II* 案)。

4. 请求恢复权利的资格(第 1 款)。根据公约第 122 条第 1 款,只有欧洲专利的申请人或专利权人才可以要求恢复权利。然而,根据扩大上诉委员会的判例,如果原审异议人作为上诉人,未能在指定的期限内提交上诉理由书的,可以作为例外,准用第 122 条。在这种情况下,异议决定的上诉人如果未履行期限,无论其为异议人,还是专利权人,都可以要求恢复权利(G1/86 *Voest Alpine* 案)。

5. 尽到当时情况下的所有努力(第 1 款)。欧洲专利申请人或专利权人要求权利恢复,必须尽到当时情况下的所有努力而不能履行期限。"所有努力"具有重要意义,必须考虑个案的全部具体情况(T287/84 Brunswick 案)。提出权利恢复请求时,当事人应当充分描述所有相关情况,并且提供证据支持。"尽到所有努力履行期限"意味着具备履行期限的行政组织结构,在有关人员缺勤或生病的情况下,安排有替代人员,等等。负责履行期限的职员应当是经过细致挑选和培训的。如果当事人有委托代理人,则代理人必须尽到所有努力(J5/80 案)。

6. 准予权利恢复请求(第 2 款和第 3 款)。如果满足第 1 款(参加以上第 2—4 点评注)和《实施细则》规定的条件,欧洲专利局应当准予恢复权利。否则,应驳回权利恢复请求。《实施细则》第 136 条第 1 款和第 2 款规定,应当在不能履行期限的原因消除之后两个月、期限届满之后一年之内,以书面形式请求恢复权利。为此,当事人应当说明依据的理由,并提供证据支持。而且,期限之内未履行的行为应当在请求提出的期限内履行完毕。

7. 不适用的期限(第 4 款)。权利恢复这一项救济不适用于权利恢复请求应履行的期限。此外,根据公约第 121 条继续审查请求适用的所有期限,也不适用权利恢复(《实施细则》第 136 条第 3 款)。

8. 继续使用的权利(第 5 款)。公约第 122 条第 5 款规定,在第 1 款规定的权利丧失与权利恢复为《欧洲专利公报》所公布的期间之内,任何第三方于欧洲专利指定国内开始使用相关的发明,则可以继续免费使用。如果在上述期间之内,第三方作好有效使用准备的,也有这一继续使用的权利。为此,使用或准备行为应当是善意的。**(1)继续使用权的限制**。上述继续使用的权利限于第三方在其商业活动或为其商业活动的需要。所谓"为其商业活动的需要",典型的例子是继续使用专利方法生产商品。第 5 款规定,第三方有权继续"这一"使用行为。因此,继续使用的权利限于同一指定国。第 5 款还规定,继续使用的权利适用于特定曾经使用或者作好准备使用的第三方。这表明,继续使用的权利不可转让。这一权利只适用于已经公布的欧洲专利申请,或者已经授权的欧洲专利,或者指定欧洲专利局并公布的 PCT 申请(其根据公约第 153 条第 2 款,视为欧洲专利申请)。

9. 向成员国当局提出恢复权利(第 6 款)。公约第 122 条只适用于在欧洲专利局程序需要遵守的期限,而不适用于在成员国当局需要遵守的期限(例如,根据公约第 65 条规定,向成员国当局提交欧洲专利翻译的期限;缴纳欧洲专利年费的期限)。成员国可以根据其本国法,规定是否允许权利恢复。

[修改]*
第 123 条

(1)欧洲专利申请或者欧洲专利可以依照本公约《实施细则》修改。无论如何,应当至少给予欧洲专利申请人一次主动修改其专利申请的机会。

(2)修改之后的欧洲专利申请或者欧洲专利的主题内容,不应包括超出相应申请提出之时的主题内容。

(3)修改之后的欧洲专利不得超出其授权之时的保护范围。

1. 总述。 公约第 123 条规定了在欧洲专利局的修改欧洲专利申请或欧洲专利的法律要求。第 1 款规定了修改的程序规则,而第 2 款和第 3 款规定了修改的实体限制条件。

2. 修改的权利和程序规则(第 1 款)。 第 1 款第 2 句规定申请人至少有一次自己主动修改说明书、权利要求书和附图的机会。根据第 1 款第 1 句,行使这项需要满足《实施细则》的规定,具体包括《实施细则》第 80 条(欧洲专利的修改)、第 137 条(欧洲专利申请的修改)、第 138 条(对不同的指定国提出不同权利要求、说明书和附图)和第 139 条(已提交文件中错误的补正)。

3. 主题内容的范围(第 2 款)。 第 2 款对修改之后的欧洲专利申请或欧洲专利的主题内容,禁止其超出相应申请提交时的主题内容。欧洲专利局严格执行这一重要规则,并且具有追溯力。也就是说,如果欧洲专利

---

* 本条已经过 2000 年 11 月 29 日《欧洲专利公约修订案》修订。另参见扩大上诉委员会决定:G2/88、G3/89、G11/91、G1/93、G2/95、G2/98、G1/99、G1/03、G2/03 和 G1/05。——译者注

申请修改超范围而欧洲专利局错误地授予了专利,其可在异议程序(公约第 100 条 c 项)或成员国法院撤销(公约第 138 条第 1 款 c 项)。类似地,如果欧洲专利局违反这一规则,错误地批准了在异议程序中修改超范围的欧洲专利,该欧洲专利可被成员国法院撤销(公约第 138 条第 1 款 c 项)。**(1)主题内容的比对**。判断是否主题内容超范围,需要比对专利申请的主题内容与修改之后的专利申请或专利的主题内容。专利申请或专利的主题内容就是其包含的技术信息,尽管其中某些信息比另外的信息更相关(参见下文)。

4. 第 2 款的法理基础。扩大上诉委员会认为,公约第 123 条第 2 款的立法目的在于,禁止申请人通过增加原申请文件没有公开的内容而改变其原有法律地位,获得不正当的利益,损害第三方基于原申请文件内容的法律信赖利益(G1/93 *Advanced Semiconductor Products* 案,裁决理由第 9 点)。公约第 123 条第 2 款立法的第二个理由——保护第三方对原申请技术内容的信赖利益——对于欧洲专利申请公布之前的修改不适用,因为第三方只有通过公布的专利申请文件,才可以预测专利申请人可能获得的专利保护范围。而对于公约第 123 条第 2 款立法的第一个理由,即禁止专利申请人或专利权人通过修改取得不正当的利益,扩大上诉委员会对此并没有予以详细解释。由于"不正当的利益"的具体界定,有利于认定违反公约第 123 条第 2 款的修改类型,因此,有必要进一步讨论它。**(1)不正当的利益(unwarranted advantage)**。如果不存在公约第 123 条第 2 款,专利申请人或专利权人可以通过修改,取得新颖性和创造性两方面的不正当利益。申请专利时,必须以权利要求界定发明,而权利要求必须得到说明书的支持(公约第 84 条)。而发明是否具有新颖性和创造性,应当以专利申请日的现有技术为准(公约第 54 条和第 56 条)。在专利申请提出之后,发明人常常继续研发与已申请专利的发明内容相关的新技术,进一步完善了原发明。如果申请人在修改专利申请时,可以增加新的技术内容(例如,将其改进后的发明加入说明书中),他就可以撰写相应的权利要求,要求对完善之后的发明进行专利保护(专利授权之前,根据公约第 123 条第 3 款,申请人可以通过修改权利要求而扩大保护范围),而该权利要求还可以获得说明书的支持。而且,在判断新颖性和创造性时,将依照原专利申请的申请日来确定现有技术的范围。这样,专利申请人可以对申请日之后完成的改进发明取得专利授权。但是,事实上,专利申请人在这一天还没有对该改进发明提出专利申请。而且,在这一天,发明人可能甚至还未想到过这一改进的技术方案。公约第 123 条第 2 款就是禁止申请人取得这一不正当的利益。**(2)提出发明申请之后的技术改进**。专利申请提交之后,如果发明人改进了技术方案,申请人对这一新的技术方案可以要求保护,但是,应该另行提出新的专利申请。欧洲专利局可能对原发明和改进后的发明都授予专利权。对于原申请,其发明范围相对狭窄,可以根据早先的申请要求优先权,并依照相应的优先权日来判断是否具有新颖性和创造性。对于改进后相对更宽的发明,则只能根据后来提出的申请确定其优先权,并依据后一优先权日来判断是否具有新颖性和创造性(参见公约第 87 条和第 89 条)。

5. 相关主题内容:对发明的技术贡献。扩大上诉委员会对以下两类技术特征进行区分:对发明主题内容有技术贡献的技术特征;对发明主题内容没有技术贡献,但将部分内容排除于专利保护范围之外的技术特征。如果修改引入的技术特征影响了专利申请的技术启示(technical teaching),这种修改将给申请人带来不正当的利益,违反公约第 123 条第 2 款,增加了新的技术内容。相反,如果修改仅仅是将特定内容排除于权利要求的保护范围之外("具体放弃",disclaimer),而对要求保护的发明内容没有技术贡献,则不违反公约第 123 条第 2 款(G1/93 Advanced Semiconductor Products 案裁判理由第 16 点,为 G1/03 案和 G2/03 Admissibility of disclaimer 案所肯定)。

(1)对要求保护的发明没有技术贡献。如果修改没有引入对发明具有技术贡献的技术特征,又不构成"具体放弃"(参见下文第 12 点评注),又当如何呢?理论上来说,判断一项权利要求是否可以对特定优先权文件享受优先权的法律标准(公约第 87 条)与判断修改是否超范围而违反公约第 123 条第 2 款的法律标准,应当一致(《欧洲专利审查指南》C 部分第五章第 2.2 节)。对于公约第 87 条,扩大上诉委员会指出,依照是否与发明的功能和效果相关来区分技术特征,在法律上不可行:由于客观上并没有清楚而合适的法律标准,这种区分也就必然是武断的(G2/98 Requirement for claimin gpriority of "the same invention"案裁判理由第8.3点)。如果对于公约第87条来说,这种区分是困难和武断的,那么对于公约第123条第2款来说,也应该是这样。然而,在G2/98案中,扩大上诉委员会认为该案不同于G1/93案,因为其处理的法律问题截然不同(裁判理由第10点,这为G1/03案和G2/03 Admissibility of disclaimer案所肯定,见裁判理由第2.1.2点)。此种不同是因为G1/93案关涉公约第123条第2款,还是因为其讨论的是"具体放弃",或者二者兼而有之,扩大上诉委员会并未明确;但是,扩大上诉委员会指出,"具体放弃"因为政策原因而具有特殊的法律地位(G1/03案和G2/03 Admissibility of disclaimer案)。这表明,如果修改增加了新技术内容,而又不构成"具体放弃",则违反公约第123条第2款,无论其是否对要求保护的发明具有技术启示。另一方面,在扩大上诉委员会看来,公约第123条第2款是禁止欧洲专利申请人或专利权人通过修改取得不正当利益,这取决于修改是否影响专利申请的技术指导。所以,不同于公约第87条,如果技术特征对要求保护的发明没有技术启示,则可引入而不违反公约第123条第2款,除非存在下文将讨论的情况。

6. 准予修改的法律标准(第2款)。 对于公约第123条第2款而言,关键的问题是,修改形成的内容是否可以从原申请文件之中直接且毫无疑义地导出(T288/92 Schering Agrochemicals 案和G3/89 Correction under Rule 88案)。这一法律标准与判断权利要求是否可以享受某一优先权文件的优先权日相同:优先权文件必须已经公开了与专利申请"同样的发明"(《欧洲专利审查指南》C部分第五章第2.2节和C部分第六章第5.3.1节)。这取决于权利要求的技术内容,在考虑本领域技术人员公知常识的情况下,是否可以直接且毫无疑义地从在先申请的整体之中导出(公约第87条)。而且,这一法律标准和新颖性(公约第54条)的法律标准也有类似性。这是因为公约第54条、第87条和第123条所谓的"公开",具有相同的法律性质(G1/03案和G2/03 Admissibility of disclaimer案)。但是,判断修改超范围的法律标准与认定新颖性的法律标准只是类似,而并不相同(参见公约第87条)。尽管如此,公约第54条"公开"的评注,特别是关于发明何时可以从对比文件之中直接而毫无疑义地导出的评注,可以帮助用于判断修改是否超范围。

7. 原始提交的专利申请内容(第2款)。原始提交的专利申请内容就是说明书、权利要求书和附图所公开的信息,但是,不包括摘要和优先权文件公开的信息(G3/89案,裁判理由第1.4点)。任何修改都应推定具有技术意义(G1/03案和G2/03 Admissibility of disclaimer案,裁判理由第2点)。
(1)原专利申请引用的文件。在专利申请的说明书中未曾公开的技术特征,如果只是在专利申请文件引用的文件中描述过,推定不属于该申请的内容。只有满足特定的条件,这种技术特征才可以通过修改补入权利要求。比方说,原申请的说明书让本领域技术人员可以毫无疑义地导出:这些技术特征为申请人所要求保护;它们有助于解决发明针对的技术问题;它们至少清楚地隐含在原专利申请文件的说明书之中,从而属于原专利申请的内容;它们可以从对比文件公开的内容之中清晰地认出(T689/90 Raychem Corporation案,《欧洲专利审查指南》C部分第六章第5.3.8节)。**(2)未以欧洲专利局官方语言提交的专利申请**。如果专利申请没有采用欧洲专利局的官方语言,根据公约第70条第2款,原始申请文件是判断欧洲专利申请或欧洲专利修改是否超范围的基础。所以,专利申请的原始语言文本是判断补正是否违反公约第123条第2款的作准语言文本(T287/98 Galloomental案)。**(3)原专利申请文件的错误**。公约第123条也适用于对原申请文件错误的补正。根据《实施细则》第88条第2句,申请人补正欧洲专利申请或欧洲专利的技术公开部分(说明书、权利要求书和附图)的范围,限于公约第123条第2款规定的范围(即本领域技术人员,以其在申请日所有的公知常识,客观地可以从原申请文件整体之中,直接且毫无疑义地导出的内容范围之内)。根据《实施细则》第139条(1973年公约《实施细则》第88条)补正专利申请的说明书、权利要求书或附图,具有修改专利申请的法律效果,属于公约第123条第2款"修改"的特例(G3/89 Correction under Rule 88

案；G11/91 *Celtrix* 案，裁判理由第 1 点）。

8. 删除技术特征（第 2 款）。删除技术特征可能导致修改超范围。删除技术特征可能导致其他技术特征的概括范围增大，从而超出了原专利申请的公开内容。根据 T331/87 *Houdaille* 案，取代或去除权利要求中的技术特征要符合公约第 123 条第 2 款的要求，必须是本领域技术人员可以直接且毫无疑义地认定：该技术特征不是公开内容的必要技术特征；其对解决发明针对的技术问题来说，并非必不可少；并且，替代或去除该技术特征并不要求调整其他技术特征来弥补由此产生的变化。

9. 技术特征的概括（第 2 款）。如果修改会改变专利申请的内容，即修改形成的内容相对于原申请内容具有新颖性（T194/84 *General Motors* 案），则违反公约第 123 条第 2 款。为此，新颖性标准也适用于技术特征的概括。在 T194/84 案中，"天然纤维素纤维"被上位概括为"纤维素纤维"。新内容（"纤维素纤维"）相对于原申请的内容而言，具有新颖性，因为原申请文件对于天然纤维素纤维以外的纤维素纤维，既没有明确公开，也没有隐含公开。所以，假想一个权利要求保护纤维素纤维的技术方案，并明确排除了天然纤维素纤维的技术方案，则经修改的专利申请可以破坏其新颖性，而原专利申请则不能（T194/84 *General Motors* 案，裁判理由第 2.5 点）。

10. 改变权利要求的类型（第 2 款）。如果修改导致权利要求类型发生转变，例如，从方法权利要求变为产品权利要求，这可能导致不当地概括技术特征，扩大了原专利申请的内容范围，从而违反公约第 123 条第 2 款。如果原专利申请只是明确公开了一种方法，而权利要求针对这一方法，要将其转变为装置类权利要求，或者新增加一个这样的权利要求，当且仅当该装置类权利要求限定用于实施原专利申请特别公开的方法而是不用于其他方法时，才符合公约第 123 条第 2 款（T784/89 *General Electric* 案）。

11. 增加权利要求的技术特征（第 2 款）。申请人修改权利要求时，如果希望补入一个原申请文件中的一个孤立的技术特征，又不违反公约第 123 条第 2 款，原专利申请文件必须表明，修改后的权利要求的技术特征组合可以产生专利申请所要的技术效果（T17/86 *Satam Brandt* 案）。如果原专利申请说明书表明，其实施例的诸多技术特征都是必要技术特征，并且需要一起才可以发挥作用，则它们必须一并纳入修改之后的权利要求，才可以符合公约第 123 条第 2 款。如果申请人只摘选某一个技术特征，将其补入权利要求，则不符合公约第 123 条第 2 款(T6/84 *Mobil Oil Corporation* 案)。

12. **具体放弃(第 2 款)**。根据欧洲专利局的做法，"具体放弃"是指，权利要求修改时引入的否定性技术特征，将特定的实施例或技术内容从一个概括的技术特征之中予以排除。在 G1/03 和 G2/03 两案中，扩大上诉委员会认为，不能仅仅因为被"具体放弃"排除于专利保护范围之外的技术内容在原专利文件之中没有基础，就认定违反公约第 123 条第 2 款。在这些判例中，扩大上诉委员会还发展出特殊的法律标准，用于评判原申请文件没有披露的具体放弃是否构成修改超范围。根据这一法律标准，下列情况下的具体放弃是可以允许的：依据公约第 53 条第 3 款和第 4 款规定的现有技术，权利要求没有新颖性，具体放弃是为了恢复其新颖性；根据公约第 54 条第 2 款，有对比文件意外地破坏权利要求的新颖性(也就是说，对比文件与要求保护的发明如此之不相关，以至于本领域技术人员根本不会在发明完成过程考虑它)，具体放弃是为了恢复权利要求的新颖性；根据公约第 54—57 条的规定，特定内容因为非技术原因而应当排除于专利授权之外，进一步说，具体放弃是为了放弃掉那些不得授予专利的内容。无论是为了恢复新颖性，还是为了放弃掉那些不得授予专利的内容，具体放弃都必须限于"必要"的范围之内。然而，如果具体放弃会影响到专利申请的创造性或者充分公开，则具体放弃补入了新技术内容，违反了公约第 123 条第 2 款。此外，包含具体放弃的权利要求必须符合公约第 84 条的要求，即应当简明、清楚。

13. **分案申请(第 2 款)**。公约第 76 条第 1 款第 2 句规定，只有当分案申请的技术内容不超过母案申请的技术内容时，才可以被允许。根据公约第 76 条第 1 款审查分案申请与母案申请的关系，与根据公约第 123 条第 2 款审查修改之后的专利申请与原专利申请的关系，二者是一致的(T514/88 *Alza* 案)。**(1)成员国法院的意见**。即便欧洲专利局接受申请人基于公约

第123条第2款的修改,成员国法院仍可采取不同的观点,认定修改超范围,并宣告相应的专利无效(公约第138条第1款c项)。在德国法律未与公约协调之前,修改超范围并不是什么法律难题,因为它不是宣告专利无效的理由。如果修改以一个下位概念取代一个上位概念,则法院将要求纳入该上位概念(德国 *Regelventil* 案);如果修改从一个技术特征组合之中删除了技术特征,则法院将要求重新补入该删除的技术特征(德国 BPatG20, 146);而如果修改是增加技术特征,则法院将要求删除该技术特征(德国 *Fadenvlies* 案和 *Bagger* 案)。根据德国现行专利法第21条第1款第4项和第22条第1款,德国法院将依照《德国专利法》第14条(对应于公约第69条)比对原专利申请和修改后专利申请的专利保护范围。具体放弃可以允许。如果专利授权之后进行的修改超范围了(例如,根据德国专利法的限制性修改程序),而补正又会再次导致超范围,德国法院起初的判决是撤销整个专利(德国 *Einspruchveifahren* 案)。现在,德国法院的做法不同于欧洲专利局,法院之间也没有达成一致。这是因为德国联邦专利法院基于不同案件事实,以及发明专利和实用新型专利的不同,持有不同的法律意见。绝大多数案件不允许删除超范围修改引入的技术特征,但允许将其纳入权利要求(德国 *Gestellmagazin* 案)或说明书(德国 *Flanschverbindung* 案)中。这表明,法院认为,不得引入一个具体的技术特征,否则修改超范围,而在这样一个技术特征之上,不存在任何权利,所以,专利应当部分被认定为无效。瑞士最高法院也采用这种专利部分无效(partial invalidation)的做法(瑞士 *Resonanzetikette* 案)。相反的观点认为,超范围修改引入的技术特征不应导致专利无效,而应当予以删除;并且应由审理侵权纠纷的法院来确定权利要求的保护范围(德国 *Steuerbare Filterschaltung* 案和 *Zerkleinerungsanlage* 案)。

14. 专利授权之后的权利要求修改(第3款)。公约第123条第3款禁止在异议程序之中,修改欧洲专利,使其超过授权时的保护范围。这一法律规则禁止扩张权利要求和整个专利的保护范围,只适用于已经授权的专利。这具有溯及力:如果欧洲专利局在异议程序中,错误地允许了专利权人对异议专利的修改,导致专利保护范围扩张,成员国法院可以根据公约第138条第 1 款 d 项,宣告专利无效。无论是对既有权利要求的修改,对新增的权利要求,还是对说明书的修改,这一法律规则都可适用(参见下文第 18 点评注)。

15. 第 3 款的法理基础。第 123 条第 3 款旨在保护第三方的信赖利益,禁止对授权专利的权利要求书和说明书进行扩张性修改,即便原专利申请文件可以为扩张性修改提供基础(G1/93 *Advanced Semiconductor Products* 案)。具体来说,社会公众有权信赖专利授权之日的专利权利要求书和说明书,认定由此授予的专利垄断权在任何条件下都不会扩张。

16. 授权专利的保护范围(第 3 款)。为确定专利的保护范围,欧洲专利局和成员国法院都应当适用公约第 69 条及其议定书。判断专利权人在异议程序对权利要求的修改是否违反公约第 123 条第 3 款,欧洲专利局必须要判断修改是否导致权利要求的保护范围超过原授权专利的保护范围(即由权利要求类型和技术特征组合所确定的保护范围)。然而,欧洲专利局可以不考虑成员国法院关于侵权判定的法律规则(G2/88 *Mobil Oil III* 案)。

17. 修改说明书和附图(第 3 款)。根据公约第 69 条及其议定书,专利的保护范围由权利要求确定,而说明书和附图应当用于解释权利要求。所以,在 2000 年公约的新版本中,第 123 条第 3 款适用于对授权专利整体上所作的修改。修改说明书和附图也可以导致专利的保护范围超过原授权专利的保护范围,即使权利要求保持不变(T1149/97 *Solartron Group Limited* 案)。

18. 公约第 123 条第 2 款和第 3 款的冲突。公约第 123 条第 2 款和第 3 款的法律要求不同,可能给申请人造成一个法律陷阱。如果在专利审查过程中修改欧洲专利申请,并引入了原专利申请中没有的内容,则违反公约第 123 条第 2 款。这种修改通常会限制权利要求的保护范围,而且很可能是申请人根据欧洲专利局的要求所作出的,其目的是规避现有技术。如果欧洲专利局在专利授权前没有发现修改超范围,专利申请人(现在的专利权人)可能要面对一个法律难题。一旦发现违反公约第 123 条第 2 款,专利将被欧洲专利局的异议程序撤销,或者被成员国的诉讼程序宣告无效。此时,撤销修改,取消对权利要求保护范围的限制,又可能违反公约第 123 条第 3 款,因为专利授权之后,其保护范围不得再扩张。所以,这种专利必然会被宣告无效,除非满足下列条件之一:原专利申请文件中存在撤销申请人在审查过程中所做修改的基础;或者该修改对发明没有技术贡献。这种情况可称为"无路可逃的陷阱"。虽然申请人是根据欧洲专利局的建议而对专利申请文件进行修改的,但是,申请人需要为所有专利申请的修改承担最终的法律责任(G1/93 Advanced Semiconductor Products 案)。

[现有技术资讯]*
第 124 条

(1)欧洲专利局可以按照本公约《实施细则》的规定,要求申请人提供与申请欧洲专利保护的发明相关、并且在其他国家或地区专利审查过程中考虑过的现有技术资讯。

(2)如果申请人逾期未答复前款要求,该欧洲专利申请视为撤回。

1. 总述。根据本条规定,欧洲专利局可以要求申请人提供以下信息:其在哪些国家提交了专利申请,指明专利申请号。2000 年公约对本条进行了修订,目的是扩大其适用范围,以便欧洲专利局可以从申请人处获得相关的现有技术资讯,了解同族专利申请的审查情况,从而让审查程序更为合理和高效。然而,到目前为止,本条并没有对欧洲专利局产生过实质性的影响。在很大程度上,这是因为欧洲专利局拥有强大的检索设施,而在线数据库又可以提供充分的同族专利信息。

2. 提供资讯的义务范围(第 1 款)。提供平行专利申请资讯的义务并不局限于与欧洲专利申请具有相同优先权日的国家专利申请。无论专利申请提出的国家,只要涉及发明相同或部分相同,都属于资讯提供义务的范围。公约第 124 条只适用于专利审查程序。所以,只有审查部,或者受理不

---

* 本条已经过 2000 年 11 月 29 日《欧洲专利公约修订案》修订。——译者注

服审查部决定的上诉委员会,才有权要求申请人提供相关的资讯。而需要提交的资讯内容限于其他申请提交的国别和申请号。根据《实施细则》第141条,欧洲专利局应该在其要求书中规定提交相关资讯的期限。

3. 逾期未予回复(第2款)。如果申请人逾期未予回复欧洲专利局根据公约第124条的要求,这将导致欧洲专利申请视为撤回。尽管第2款没有明确规定,但是可以推知,申请人如果没有在他国另外提出专利申请,也需要作出回复。如果专利申请人逾期未予回复,他可以根据公约第121条请求继续审查,或者根据公约第122条请求恢复权利。

[参照一般原则]*
第 125 条

本公约没有规定的程序事项,欧洲专利局可以考虑采用成员国普遍承认的程序法原则。

1. 总述。本条是对公约程序规则进行兜底规定。《欧洲专利公约》是独立的国际协议,但是,它以成员国的法律为根据,所以,公约可以吸纳成员国普遍承认的程序法原则,处理自身程序规定方面的法律缺陷。本条只适用于程序法,而不适用于实体法。公约实体法存在的任何缺陷,只能通过修订公约来补救。

2. 公约第125条的适用。在 G5/88 *Administrative agreement/Medtronic* 案中,扩大上诉委员会认为,保护正当期待是欧盟法所承认的法律原则,为成员国广泛承认,并构成了上诉委员会裁判的法理组成部分,所以可以适用。上诉委员会在 T167/93 *Procter & Gamble* 案中,也适用了公约第125条,用以支持以下决定:根据公约规定和既判力原则,上诉委员会对于不服审查部决定所作出的上诉决定,不拘束之后发生的异议程序和后续的上诉程序。

---

* 参见扩大上诉委员会决定 G1/99 和 G3/04。——译者注

[财务义务的终止]*
第 126 条
【已经删除】

第二章　面向公众和官方机构的信息

[欧洲专利登记簿]**
第 127 条
　　欧洲专利局应当编制欧洲专利登记簿,记载本公约《实施细则》规定的事项。欧洲专利申请公布前,欧洲专利登记簿不得作任何记录。欧洲专利登记簿应当公开供公众查阅。

　　1. 总述。自优先权日起 18 个月届满后,欧洲专利局会尽快公布欧洲专利申请(公约第 93 条)。欧洲专利申请公布之时,即记录在案,并供公众查阅。欧洲专利局的法律部负责欧洲专利登记簿的工作。《实施细则》第 143 条规定了登记簿应当包含的事项。在 G1/97 ETA 案中,扩大上诉委员会认为,上诉委员会决定的补正不能记载到欧洲专利局登记簿中。

　　2. 转让和许可。《实施细则》第 143 条第 1 款 w 项规定,应当根据《实施细则》登记欧洲专利申请和欧洲专利的权利及其转让事项(参见《实施细则》第 22 条和第 23 条)。然而,《实施细则》第 143 条不要求对许可进行登记,但是,排他许可或转许可,在适当的情况下,也可以登记。

　　3. PCT 申请。没有登记 PCT 申请的专利登记簿。指定欧洲专利局的 PCT 申请视为欧洲专利申请,可登记在欧洲专利登记簿中。

---

　　*　本条已经由 2000 年 11 月 29 日《欧洲专利公约修订案》删除。——译者注
　　**　本条已经过 2000 年 11 月 29 日《欧洲专利公约修订案》修订。——译者注

[**案卷查阅**]*
第 128 条

（1）未经专利申请人许可,未经公布的欧洲专利申请的案卷不供公众查阅。

（2）任何人如果能证明专利申请人已基于欧洲专利申请对其主张权利的,可以在该申请公布之前,不经专利申请人同意,查阅该申请的案卷。

（3）欧洲专利分案申请或者根据本公约第 61 条第 1 款提出的新欧洲专利申请已经公布的,相应的在先欧洲专利申请,即便未曾公布,任何人也可以不经申请人同意而要求查阅。

（4）欧洲专利申请公布后,公众可以请求查阅该申请及其授权专利的案卷,但需遵守本公约《实施细则》规定的限制条件。

（5）在欧洲专利申请公布之前,欧洲专利局可以将本公约《实施细则》规定的特定事项通知第三方或者公之于众。

1. 总述。 自欧洲专利申请依照公约第 93 条公布之日,公众就可以查阅案卷。在分案申请或者根据公约第 61 条第 1 款所提新欧洲专利申请开放供公众查阅之后,其母案申请也可以供公众查阅（参见公约第 128 条第 3 款）。

2. 基于专利申请主张权利。 如果申请人依据欧洲专利申请对第三方主张权利,则第三方有权根据公约第 128 条第 2 款,查阅专利申请案卷。在 J14/91 Alt. 案中,申请人向第三方发出了警告函,并援引了一项欧洲专利申请。上诉委员会需要决定何谓"基于专利申请主张权利"。上诉委员会认为,尽管专利申请不是警告函的首要内容,但是,第三方有权查阅该申请的案卷。在该案中,上诉委员会还认为,所有关于第三方是否有权不经过申请人同意查阅专利申请的纠纷,都应该通过听审程序来决定。

3. 发明人的权利。 根据《实施细则》第 19 条,发明人可以作为当事人,

---

* 本条已经过 2000 年 11 月 29 日《欧洲专利公约修订案》修订。——译者注

享有对专利申请有关事项的知情权。《实施细则》第 19 条第 3 款规定,应当告知发明人申请号、申请日以及有关的优先权、申请人姓名、发明的名称和申请人指定的成员国。

4. 文件查阅和传送。根据《实施细则》第 144 条,部分案卷内容可以不公开。简单来说,这包括:申请上诉委员会成员回避的文件,以及回避决定的文件;不传送给当事人的准备文件;发明人的信息(当发明人放弃表明其身份的权利时),以及无助于公众知晓欧洲专利申请和欧洲专利的文件。根据《实施细则》第 145 条,公众可以查阅有关的文件;应第三方要求,欧洲专利局可以根据《实施细则》第 146 条向请求人传送有关文件。然而,如果所要求的信息量过大,欧洲专利局可以只提供查阅机会。现在,文件可以通过互联网,以电子方式便捷地查阅和下载。《实施细则》第 147 条规定,电子文档视为原始文档,并要求欧洲专利局在以下情况下至少额外再多保存五年:申请撤回或视为撤回;专利在异议程序中撤销;或专利失效。如果存在分案申请,则其母案申请案卷的保存时间至少应和分案申请案卷的保存时间相同。

5. 例外。公约第 128 条的限制不适用欧洲专利局与成员国中央工业产权局之间的文件交换,也不适用欧洲专利局向非成员国中央工业产权局、向审查专利的政府间组织或者其他与欧洲专利局签署有工作协议的组织传送文件。而且,根据公约第 131 条,欧洲专利局应当和成员国法院共享信息。《实施细则》第 98 条规定了上述组织查阅欧洲专利局案卷的规则,并要求欧洲专利局不得收取任何费用。

6. PCT。根据公约第 128 条,指定欧洲专利局的 PCT 申请视为欧洲专利申请。根据《专利合作条约》第 94 条第 2 款和第 3 款(对 1998 年 1 月 1 日后提出的国际申请适用)以及公约第 128 条,如果欧洲专利局被指定或被选定,即使由其他国际初步审查单位完成国际初步审查报告,第三方在该报告完成之后,也可以查阅制作该审查报告的有关文件。

[定期出版物]*
第 129 条

欧洲专利局应当定期出版：

（a）《欧洲专利公报》，公布本公约、本公约《实施细则》规定以及欧洲专利局局长所制定的特定事项；

（b）《欧洲专利局官方杂志》，公布欧洲专利局局长发布的、具有一般意义的通知和信息，以及其他与本公约及其实施相关的信息。

1. **总述**。本条规定了欧洲专利局定期出版的两份期刊。
2. **欧洲专利公报**（European Patent Bulletin）。《欧洲专利公报》每周三出版，公布所有根据《实施细则》第 143 条在欧洲专利簿登记的欧洲专利申请。特定行为一旦进入《欧洲专利公报》，有关期限即开始起算。例如，公约第 99 条的异议期间自专利授权在《欧洲专利公报》公布之日起算九个月；《实施细则》第 70 条规定的审查费缴纳时间，自检索报告在《欧洲专利公报》公布起算六个月。PCT 申请进入欧洲地区阶段，如果其语言是一种欧洲专利局的官方语言，则不再公布；根据公约第 158 条第 1 款，《欧洲专利公报》将只公布其进入欧洲地区阶段。
3. 《**欧洲专利局官方杂志**》（Official Journal of the EPO）。《欧洲专利局官方杂志》公布欧洲专利局局长的通知；新专利代理人的名录；具有特别意义的上诉委员会决定；来自成员国的重要信息以及国际专利协议（例如《专利合作条约》的信息）。

[信息交换]**
第 130 条

（1）除非本公约或者成员国国内法另有规定，欧洲专利局和成员国中

---

* 本条已经过 2000 年 11 月 29 日《欧洲专利公约修订案》修订。——译者注
** 本条已经过 2000 年 11 月 29 日《欧洲专利公约修订案》修订。——译者注

央工业产权当局应当根据对方请求,相互传送与欧洲专利申请、欧洲专利和国家专利申请、国家专利的有用信息,以及与之相关的法律程序信息。

(2)前款规定应当适用与欧洲专利局签署有工作协议的下列主体:

(a)非成员国的中央工业产权当局;

(b)任何有权授予专利的政府间组织;

(c)其他组织。

(3)根据第1款和第2款a项与b项的信息交换,不受本公约第128条规定的限制。行政理事会可以决定根据第2款c项的信息交换也不受上述限制,但是,该组织在欧洲专利申请公布前应当将有关信息作为秘密加以保护。

1. 总述。本条是关于欧洲专利局和其他专利局或类似组织之间的信息交流。本条不限于成员国有关组织之间的信息交流。

2. 立法或行政管制(第1款)。这规定于公约第75条,主要是为了保障国家安全。很多国家对专利进行保密审查,以确定相关技术方案的公布不会损害国家安全。在此之前,很多国家不允许向国外传送有关专利申请的信息。

3. 不受限制的信息交换(第3款)。第3款允许欧洲专利局在专利申请公布之前,向任何组织自由传送信息。为此,信息的接受组织不需要从事专利审查和授权活动。然而,如果其不具有这项职能,它必须对接到的欧洲专利局传送的信息保密。《实施细则》第148条规定了公约第130条组织间信息交换的具体形式。

[行政和法律合作]

第131条

(1)除非本公约或者成员国国内法另有规定,欧洲专利局和成员国的法院或国家机关应当根据请求,相互给予协助,交换信息,提供文件查阅。如果欧洲专利局向法院、检察机关或中央工业产权局提供文件查阅,不受本公约第 128 条规定的限制。

（2）根据欧洲专利局的请求，成员国法院或其他机关应当代表欧洲专利局，在其权限内进行必要的调查或者采取其他法律措施。

1. 总述。本条规定了欧洲专利局和成员国法院或国家机关共享信息和取证合作。

2. 欧洲专利局文件查阅和传送。欧洲专利局允许成员国法院或国家机关查阅文件，并不受公约第 128 条的法律限制。《实施细则》第 149 条第 2 款允许成员国法院或国家机关向第三方传送其接收到的欧洲专利局文件，但是须要遵守公约第 128 条的限制。为此，欧洲专利局应当将上述限制告知成员国的法院或国家机关（《实施细则》第 149 条第 3 款）。

3. 取证。根据《实施细则》第 118 条第 2 款 c 项，经欧洲专利局或证人请求，证人可以向其所在国法院提供证言，作为欧洲专利局有关法律程序的证据。《实施细则》第 120 条规定了取证的具体规则。《实施细则》第 148 条规定了欧洲专利局和成员国法院或国家机关进行信息交换的形式。当欧洲专利局请求成员国法院取证时，需要发出调查函。调查函的具体处理程序规定于《实施细则》第 150 条。

[出版物交换]
第 132 条

（1）根据对方请求，欧洲专利局和成员国的中央工业产权机关应当将各自的出版物免费发送一份或多份给对方以供使用。

（2）欧洲专利局有权签订出版物交换或寄送的有关协议。

1. 总述。本条允许欧洲专利局和成员国的中央工业产权机关免费交换使用各自的出版物。本条不牵涉未公布或需要保密的信息。然而，本条规定现在已无太大用处，因为欧洲专利局和成员国专利局都通过网络，以电子形式免费提供文件。

第三章　专利代理

[代理的一般原则]*
第133条

（1）除第2款规定外，在本公约设立的所有程序中，不得强制任何人委托专业代理。

（2）在成员国内没有居住地或主要营业地的自然人或法人应当委托专业代理人进行本公约规定的法律程序。但是，提交欧洲专利申请除外。本公约《实施细则》可以规定其他例外。

（3）在成员国内有居住地或主要营业地的自然人或法人，可以委托一名雇员代理进行本公约规定的法律程序。该雇员不必是专业代理人，但必须要根据本公约《实施细则》获得授权。本公约《实施细则》可以规定法人自己的雇员是否可以代表在公约成员国有主要营业地、并与该法人具有经济联系的其他法人，以及有关的法律条件。

（4）本公约《实施细则》可以特别规定若干共同行为的当事人的共同代表规则。

1. 总述。只有当申请人或异议人在成员国内没有居住地或主要营业地，本条才要求其必须委托专业代理人进行有关的法律程序。对此，有两个例外：根据 J5/91 *Legal Advice* 案，任何人都有权提交欧洲专利申请；任何人都可以缴纳有关的费用。然而，只有授权人才可获得退款，即代理人或者申请人（如果未委托代理人的话）。如果申请人委托有代理人，根据《实施细则》第143条，这一事项应当登入欧洲专利簿。

---

* 本条已经过2000年11月29日《欧洲专利公约修订案》修订。参见扩大上诉委员会决定：G2/94、G4/95 和 G3/99。——译者注

2. 标明代理人。代理人可以根据《实施细则》第41条,在请求书上标明身份;或者根据《实施细则》第76条,在异议请求书上标明身份。受理处根据《实施细则》第57条进行形式审查时,将考虑申请是否符合公约第133条第2款。如果不符合,申请人没有指定代理人,或申请不是由代理人提交的,受理处将根据《实施细则》第58条,要求申请人在两个月内指定代理人。申请人逾期没有指定代理人的,受理处就要驳回该申请。

3. 授权书。欧洲专利局可以根据《实施细则》第152条要求提交授权书。通常,欧洲专利局代理人名录内的专业代理人无需提交授权书,除非存在特殊情况。例如,当欧洲专利局接到申请人改换代理人的通知,新代理人和原代理人不属于同一个专利代理事务所,而又没有接到原代理人的通知,欧洲专利局可能要求新代理人提交授权书。如果当事人所委托的代表不是专业代理人,则必须提交授权书。

4. 口头审理的代理。根据 G2/94 *Hautau* 案和 G4/95 *Bogasky* 案,辅助人员(例如,专家)可以在代理人发言之外,发表自己的意见,以便欧洲专利局的有关部门或上诉委员会在作出决定前,可以了解所有相关的情况。但是,代理人应当对辅助人员发表的意见负责。辅助人员发表意见并不是一项权利,是否允许是欧洲专利局相关部门或上诉委员会的自由裁量权。如果希望由辅助人员发表意见,当事人应当在口头审理之前提出请求。在双方程序中,如果当事人在口头审理即将进行前或者进行中才提出上述请求,除非对方当事人同意,否则该请求将遭驳回。上诉委员会曾经的成员不得在口头审理中为一方当事人发表意见,除非他从上诉委员会退出的时间已经满三年。

5. 共同代表。如果有多个申请人或多个异议人,则必须指定共同代表。对于共同申请人或共同异议人而言,第一申请人或第一异议人就是共同代表,除非其中一个申请人或异议人依照公约规定必须指定专业代理人(《实施细则》第151条)。如果专利申请转让给两个或以上的申请人,而在规定的时间内没有指定共同代表的,欧洲专利局将根据《实施细则》第151条第2款指定共同代表。如果多个共同异议人发动异议程序,在缴纳一份异议费之后,任何一个异议人在通知专利权人后,都可以退出异议程序。而且,其中任何一个异议人可以因不服异议决定而独立地提起上诉(G3/99 Howard Florey Institute 案)。

6. 程序中止。 如果代理人死亡或丧失法律行为能力,或者遭遇诉讼而不能继续进行欧洲专利局的法律程序,根据《实施细则》第 142 条,欧洲专利局可以中止有关的法律程序。

[欧洲专利局注册的专业代理人]
第 134 条

(1)自然人或者法人在本公约所规定程序中的代理工作,只能由在欧洲专利局注册的专业代理人担任。

(2)任何自然人符合下列条件的,可以注册成为专业代理人:

(a)是本公约成员国的国民;

(b)在本公约成员国有事务所或者受雇单位;

(c)已经通过欧洲专利局代理人执业资格考试。

(3)自一国加入本公约之日起一年内,任何自然人符合下列条件,即可申请成为欧洲专利局注册的专业代理人:

(a)是本公约成员国的国民;

(b)在已加入本公约的国家有事务所或受雇单位;

(c)拥有在该国中央工业产权局代理自然人或法人专利事务的资格。如果这一资格不要求特殊专业资格,则应当在该国至少从事五年专利代理工作。

(4)注册应当依照申请办理,并应当提供符合第 2 款或第 3 款条件的证明文件。

(5)经注册的专业代理人有资格在本公约规定的所有法律程序中从事代理工作。

(6)为进行专业代理工作,注册专业代理人有权在可以进行公约规定的法律程序的成员国内设立事务所,但应遵守本公约所附的《一体化议定书》。成员国当局要剥夺此项权利,只能根据公共安全、法律法规执行,并充分考虑个案具体情况。成员国当局在作出上述决定前,应当征求欧洲专利局局长的意见。

(7)欧洲专利局局长有权免除下列对注册专业代理人的要求:

(a)在特殊情况下,免除第2款a项或者第3款a项的要求;

(b)如果申请人证明其已通过其他方法取得必要的资格,免除第3款c项第2句的要求。

(8)在成员国具有律师工作资格并设有事务所的法律工作者,如果在该成员国有代理专利事务的资格,则可以按照注册专业代理人同样的方式,代理本公约规定的法律程序。为此,第6款可比照予以适用。

1. 总述。本条规定了专业代理人的法律要求。满足本条规定的代理人可以使用"欧洲专利律师"(European Patent Attorney)的称谓(《欧洲专利局官方杂志》,1979年,第452页)。

2. 不溯及既往条款*(第3款)。第3款的规定涉及新加入公约的成员国。本款规定允许新成员国的代理人注册成为欧洲专利局的专业代理人(需要满足第3款a—c项的要求),从而免除公约第134条第2款c项关于执业资格考试的要求。

3. 法律从业者(第8款)。公约第134条第8款允许成员国的法律从业者(Legal Practitioner),担任专业代理人。根据J19/89案,法律从业者包括德国法的"律师"(rechtsanwalt)和英国的"出庭律师"(Barrister)以及"事务律师"(Solicitor),但是,不包括德国的"专利律师"(Patentanwalt),也不包括英国的专利代理人(patent agent)。类似地,法国的"律师"(avocats)也应包括在内,但"工业产权顾问"(Conseil en propriété industrielle)不包括在内。

[欧洲专利局专业代理人协会]

---

* "不溯及既往条款"即"grandfather clause",通常译为"祖父条款"。"祖父条款"是一种法律适用规则,即立法变化以后,旧法适用于既成事实,新法适用于未来情形。这种规则的目的是减少法律制定和执行过程中的政治阻碍,是一种务实的折中手段。——译者注

第 134a 条

(1) 行政理事会对下列事项有权制定和修改规范:

(a) 欧洲专利学会,以下简称为"学会";

(b) 注册专业代理人资格考试的资格和培训,以及考试;

(c) 协会或欧洲专利局对专业代理人的纪律处分权;

(d) 专业代理人的保密义务,以及他在欧洲专利局程序中拒绝披露与委托人或其他任何人之间通信的特权。

(2) 任何根据第 134 条第 1 款注册的专业代理人都应当是协会的会员。

1. 总述。本条涉及欧洲专利学会*。所有注册专业代理人都是这一学会的会员。学会运行受《欧洲专利局专业代理人学会设立条例》(Regulation on the establishment of an Institute of Professional Representative before the EPO)的规范(《欧洲专利局官方杂志》,1997 年,第 350 页;相关更正和修订可以参见《欧洲专利局官方杂志》,1997 年,第 130 页,以及《欧洲专利局官方杂志》,2002 年,第 429 页;《欧洲专利局官方杂志》,2004 年,第 361 页)。

2. 资格和培训(第 1 款 b 项)。报名参加欧洲专利代理人资格考试,需

---

* 欧洲专利学会(EPI,Eropean Patent Institute)成立于 1977 年,由欧洲专利组织(EPO)行政管理委员会批准成立,其成员全部是欧洲专利律师,《欧洲专利公约》中包含了对该学会及欧洲专利律师的规定。

EPI 成员的资格是强制性的,在 EPO 名单上登记的所有欧洲专利律师必须是 EPI 的会员(包括工业界和自由职业者代表)。只有放弃这一职业,才能离开 EPI。EPI 目前有会员 8800 多人,来自 32 个国家。

EPI 的任务包括:

(1) 在专利职业律师方面与 EPO 合作,特别是在纪律训戒和欧洲资格考试方面,包括培训考试候选人;

(2) 传播与 EPI 会员工作有关的知识;

(3) 促进会员遵守职业行为准则(code of professional conduct);

(4) 在有关知识产权方面,与 EPO 和其他的机构建立联系。

EPI 的负责人是 EPO 行政管理委员会的观察员,EPI 的会员活跃在各个部门,包括常设顾问委员会、纪律惩戒委员会、以及 EPO 考试委员会、上诉纪律委员会和资格考试委员会。——译者注

要具备大学理工科背景。此外,考生或者在某一个成员国接受了三年专业代理人培训,或者为成员国内有居住地或营业地的自然人或法人并从事过三年以上的欧洲专利或欧洲专利申请事务,或者在欧洲专利局担任过四年以上的审查员职务。资格考试的考卷采用欧洲专利局的三种官方语言。考生报名参加考试时,可以提出申请,要求以某一成员国的官方语言作答。但是,考生必须能够至少读懂两门欧洲专利局的官方语言,方才可以通过考试(《欧洲专利局官方杂志》,2004年12月增刊)。

3. 管理规范和纪律处分程序(第1款c项)。这些管理规范见诸于《专业代理人纪律条例》(1997年10月21日)(《欧洲专利局官方杂志》,1978年,第91页);《纪律委员会纪律处理程序补充规定》(1980年6月6日)(《欧洲专利局官方杂志》,1980年,第176页);《欧洲专利局专业代理人协会行为准则》(《欧洲专利局官方杂志》,2003年,第523页)。

4. 保密义务。《行为准则》要求专业代理人对客户承担保密义务。此项要求规定于第1款d项。纪律处分包括罚款、注销专业代理人资格。行政理事会可以根据第1款c项,赋予上诉委员会行使纪律处分的权力。而且,第1款d项规定了"律师—委托人特权"(attorney-client privilege)。这条规定是为了保护欧洲专利局的专业代理人和委托人之间的通信秘密能够在美国司法程序之中受到保护。

第八编 对成员国法律的影响

第一章 转换为成员国国家专利申请

[请求转换为成员国的国家专利申请或国家专利]
第135条

(1)在下列情况下,应欧洲专利的申请人或专利权人请求,申请人指定的成员国的中央工业产权局,可以对下列情况的欧洲专利申请或欧洲专利适用国家专利审查程序：

(a)欧洲专利申请依照第 77 条第 3 款视为撤回的；

(b)在成员国法律规定的其他情况下，欧洲专利申请被驳回、撤回、视为撤回，或者欧洲专利根据本公约被撤销的。

(2)对于第 1 款 a 项规定的情况，欧洲专利的申请人或专利权人应当向原提交欧洲专利申请的中央工业产权局提出转为国家专利申请的请求书。在不损害该国国家安全的前提下，该中央工业产权局应将转换请求书直接转送给申请人或专利权人在请求书中指定的成员国的中央工业产权局。

(3)对于第 1 款 b 项规定的情况，欧洲专利的申请人或专利权人应当根据《实施细则》向欧洲专利局提交转换为国家专利申请的请求。在转换费缴纳之前，该请求不应视为已经提交。欧洲专利局应当将转换请求书转送给申请人或专利权人在请求书中指定的成员国的中央工业产权局。

(4)如果欧洲专利的申请人或专利权人没有在规定期间内提交转换请求，第 66 条规定的欧洲专利申请的法律效力即告终止。

1. 总述。本条规定了欧洲专利申请或欧洲专利依照专利权人的请求而转换为成员国国家专利申请或国家专利。本条不适用公约的延伸国。

2. 根据第 1 款 a 项的转换。在实践中，只有当欧洲专利申请根据公约第 77 条向成员国专利局提交后，该国专利局未能在自优先权日起 14 个月内将该申请转送欧洲专利局时（公约第 77 条第 3 款），才可以根据第 1 款 a 项转换为成员国专利申请。典型的情况是，专利申请涉及国家安全，成员国的专利局因此而逾期未将专利申请转送给欧洲专利局。

3. 根据第 1 款 b 项的转换。第 1 款 b 项允许成员国专利局根据国内法处理转换请求。对于瑞士和列支敦士登来说，如果专利申请被驳回或专利被撤销是因为相对于一份向该国提交的或指定该国的引证专利文献而缺乏新颖性的缘故，则瑞士和列支敦士登允许转换。承认实用新型专利的成员国，通常允许将被驳回的欧洲专利申请转换为国内实用新型专利申请

（参见公约第140条）。最后，对于因为任何原因撤回、视为撤回的欧洲专利申请，或者撤销的欧洲专利，斯洛伐克（Slovakia）都允许转换为其国家专利申请或国家专利。

4. 受理转换请求的机构（第2款和第3款）。如果欧洲专利申请根据公约第77条第3款视为撤回，欧洲专利的申请人应当向作为受理局的成员国专利局提交转换请求书。一般而言，受理局应当将转换请求书转送所有申请人或专利权人在请求书中指定的成员国。然而，如果受理局因国家安全而认为应该对该申请采取措施，则没有义务进一步转送转换请求。如果受理局未在申请日（或优先权日）起二十个月内（即是公约第77条第3款期限届满的六个月内）转送转换请求，则公约第66条不再适用。如果欧洲专利的申请人或专利权人根据第1款b项提交转换请求，则必须向欧洲专利局提交，并指定要转换为国家专利申请或国家专利的成员国名称。

5. 公示。《实施细则》第156条要求成员国专利局对转换请求相关的信息，通过国家专利申请相关信息同样的方式予以公布。对转换为成员国的国家专利的欧洲专利申请，如果在成员国内授予国家专利权，则必须在其授权文本中公告原欧洲专利申请。

6. 期限。转换请求必须在欧洲专利申请撤回的三个月内提交，或者在收到欧洲专利申请视为撤回、驳回或者欧洲专利撤销的通知后三个月内提交。《实施细则》第155条第1款具体规定了上述期限。

[转换请求的提出和转送]
第136条
【已经删除】

[转换成国家专利申请或国家专利的形式要求]
第137条

（1）对于依照第135条第2款或第3款转送的欧洲专利申请，成员国不得提出与本公约规定不同的形式要求，也不得附加本公约未曾规定的形式要求。

（2）任何成员国的中央工业产权局接到转送来的欧洲专利申请之后，可以要求申请人在不少于两个月的期限内：

（a）缴纳国家专利申请的申请费；

（b）提交原欧洲专利申请的本国官方语言翻译。当申请人要求以在欧洲专利局程序中修改后的文本作为国家专利申请审查依据时，在适用的情况下，成员国还可以要求申请人提交该文本的本国官方语言翻译。

1. 总述。对于依照公约第 135 条转送的转换请求，本条规定了成员国可以施加法律条件的一般要求。成员国法律不得规定与公约不同的形式要求，也不得增加公约未规定的形式要求。

2. 翻译和缴纳费用。实践中，几乎所有成员国的专利局都要求缴纳国家专利申请费；如果申请未采用合适的语言，还要求提交翻译文本。这为公约第 137 条第 2 款所允许。许多成员国的专利局还要求委托在该专利局获得授权执业的专业代理人。

第二章　欧洲专利的撤销和在先权利

[欧洲专利的撤销]
第 138 条

（1）在符合第 139 条规定的前提下，欧洲专利在指定国只可根据以下理由予以撤销：

（a）不符合第 52—57 条授予专利条件的；

（b）未以足够清楚、完整的方式公开发明，致使本领域技术人员不能实现该发明的；

（c）超出原欧洲专利申请公开内容的；如果是分案申请取得专利授权或根据第 61 条提交的新专利申请取得授权，超出原先专利申请公开内容的；

(d)欧洲专利的保护范围扩大的;或者

(e)专利权人根据第60条第1款没有资格获得专利的。

(2)如果撤销理由只影响欧洲专利的一个部分,则其权利要求应作相应的修改,专利受到相应的限制,并部分地予以撤销。

(3)成员国法院或有权机关审查欧洲专利效力时,专利权人有权对专利进行限制性修改,并要求以修改后的专利作为审查的基础。

1. 总述。本条规定适用于欧洲专利的撤销和限制性修改,协调了成员国法律和公约。为此,可以参考公约第52条到第57条的评注,以及公约第139条的规定。

2. 欧洲专利局和成员国法律程序的关系。欧洲专利局异议部进行的法律程序和上诉委员会进行的法律程序是否等同于成员国法院进行的法律程序,在很多成员国内都有争议。争议的焦点在于,成员国法院是否应该中止撤销程序,等待欧洲专利局作出相关决定;或者,欧洲专利局上诉委员会作出的决定是否对成员国法律程序具有既判力。成员国的法院还未达成共识。欧洲专利在成员国法律程序中被修改或被撤销时,根据公约第68条的规定,具有溯及既往的法律效力。

3. 欧洲专利局和成员国当局决定的冲突。尽管欧洲专利局异议欧洲专利的法律理由和成员国法院撤销欧洲专利的法律理由是相同的(除公约第139条的不同规定外),但是,欧洲专利局和成员国法院却可能作出不同的决定。然而,这并不意味着法律适用不一致,因为成员国法院裁判依据的证据可能不同于欧洲专利局决定的证据。特别的,成员国可能设置了文件强制开示制度。

4. 限制性修改(第3款)。在成员国法院或有权机关审查欧洲专利效力的法律程序中,欧洲专利权人有权对专利进行限制性修改。然而,一些成员国对此有特别的限制。例如,根据德国法,在专利授权之后,对权利要求的限制性修改只能基于权利要求,而不能基于说明书。所以,有时最好利用公约第105条a项规定的限制性修改程序,因为它允许基于说明书对专利作限制性修改。

[在先权利和由于申请日相同产生的权利]
第 139 条

（1）在欧洲专利申请人指定的成员国，欧洲专利申请或欧洲专利对在其之后提出的国家专利申请或国家专利，应当具有在先国家专利申请或国家专利同等的法律效力。

（2）成员国的国家专利申请或国家专利，对其之后提出并指定该国的欧洲专利申请，具有在先欧洲专利申请同等的法律效力。

（3）成员国有权规定，在欧洲专利申请或欧洲专利与国家专利申请或国家专利申请日相同（或者优先权日相同）的情况，它们是否可以同时受到保护以及相关的条件。

1. 总述。 本条为协调成员国关于在先权利法律效果的规定（参见下文）。第 1 款规定了在先的欧洲专利申请和欧洲专利对在后国家专利申请和国家专利的法律效力。第 2 款规定了相反的情况，即在先国家专利申请和国家专利对在后欧洲专利申请和欧洲专利的法律效力。而第 3 款规定了欧洲专利申请或欧洲专利与国家专利申请或国家专利申请日（或优先权日）相同的情况下，其效力如何。虽然本条只规定了专利和专利申请，但是，也适用于实用新型专利和实用证书（参见公约第 140 条）。

2. 在先权利（prior right）。 根据公约第 54 条第 3 款，以特定日期为基准的现有技术可以包括此日尚未公布的欧洲专利申请的技术内容。为此，该欧洲专利申请必须是在该基准日前提出，并且在该日之后公布（在此种情况下，优先权日视为申请日，参见公约第 89 条）。这种专利申请所产生的权利称为"在先权利"。公约第 54 条第 3 款只规定了在先欧洲专利申请所产生的"在先权利"，而第 54 条只规定了这种在先权利对欧洲专利或欧洲专利申请的法律效力。公约第 139 条扩张了在先权利的适用范围，使之可以适用到成员国的国家专利申请或国家专利。然而，值得注意的是，本条规定对在先国家专利申请或国家专利对在后国家专利申请或国家专利的法律效力，没有任何影响，因为这超出了公约的范围。

3. 欧洲专利或欧洲专利申请具有的在先权利(第1款)。 成员国法律应当规定,欧洲专利或欧洲专利申请对在其之后提出的国家专利或国家专利申请,享有国家专利或国家专利申请同等的在先权利效力。然而,这并不意味着要和公约第54条第3款规定的效力完全一样。例如,对在先权利,瑞士和列支敦士登采用"权利要求制",不同于《欧洲专利公约》所采取的"全文内容制"。

4. 国家专利或国家专利申请具有的在先权利(第2款)。 第2款扩张了成员国法律规定的在先权利,使在先国家专利或国家专利申请可以对在其之后提出的欧洲专利或欧洲专利申请具有在先权利的法律效力。**(1)必须是同样的指定国**。根据第2款,基于成员国国家专利或国家专利申请的在先权利,只适用于该国。这缘于《实施细则》第138条。根据该条规定,欧洲专利申请人可以对不同指定国采用不同的权利要求书(甚至不同的说明书和附图),用以回避公约第139条第2款的在先权利。

5. 国内在先权利和欧洲专利局的检索报告(第2款)。 公约第139条只影响成员国的国内法,而不影响欧洲专利申请人的权利。所以,欧洲专利局对欧洲专利申请进行检索时,不会对成员国国家专利予以关注。但是,如果检索过程中发现了相应的成员国国家专利,则应该提请申请人注意(《欧洲专利审查指南》B部分第六章第4.2节)。

6. 为避开在先权利进行的修改(第2款)。 在专利审查决定作出前,如果申请人知道产生在先权利的成员国国家专利或国家专利申请,他可以根据《实施细则》第138条,针对不同指定国提交不同的权利要求书。而且,由于在先权利只破坏新颖性而不损害创造性,申请人也可以采用"具体放弃"避开它们(参见 G1/03 和 G2/03 *Admissibility of disclaimer* 案)。

7. 欧洲专利和成员国国家专利具有同样的申请日或优先权日(第3款)。 第3款规定了一种特殊情况,即欧洲专利申请和成员国国家专利申请针对同样的发明,并在同一日(申请日或优先权日)提出。在这种情况下,成员国法律有权规定其中之一或者二者是否应予驳回,或者是否继续审查的条件。在大多数国家,如果欧洲专利在该国有效,则申请人必须放弃国家专利,才能取得欧洲专利对该国的法律效力。然而,成员国法律通常允许申请人修改国家专利申请,从而避免对同样的发明授予两项专利权。奥地利、丹麦、芬兰和瑞典允许国家专利和欧洲专利并存。**(1)不同申请人**。虽然第3款没有明文规定,但是该款显然只涉及同一当事人提出两项以上的专利申请。《欧洲专利审查指南》表明,如果两个不同的申请人同一日对同样的发明提出专利申请,则他们都可以继续审查程序(C部分第四章第7.4节)。**(2)国内申请是优先权文件**。当国家专利申请是欧洲专利申请的优先权文件时,常常发生对同样的发明要求重复保护的情况。在此种情况下,并不存在相同的申请日或优先权日;第3款是否适用,存在争议。公约第89条对此也没有提供解决方案,因为其不适用于公约第139条第3款规定的情况。答案或许是,第3款只适用于同一申请人在同一日(申请日和优先权日相同)就同样的发明提出欧洲专利申请和成员国专利申请的情况。无论如何,第3款授权成员国调整这一法律问题。

第三章　对成员国法律的其他效力

[成员国的国内实用新型专利和实用证书]
第140条

如果成员国设有实用新型专利或实用证书制度,公约第66条、第124条、第135条、第137条和第139条应当适用于在该国登记或注册的实用新型专利和实用证书以及相应的申请。

1. 总述。下列国家设有实用新型专利(utility model)和实用证书(utility certificate)*制度:奥地利、丹麦、芬兰、德国、希腊、意大利、葡萄牙和西

---

* 中国《专利法》第2条规定了发明创造的三种类型:发明、实用新型和外观设计。而美国专利法下只有"utility patent"和"design patent",分别对应我国的发明和外观设计。读者需要注意的是:虽然美国的"utility patent"从字面上翻译为"实用专利",但其并不对应我国的"实用新型"专利,而是相当于我国的发明专利。而本条出现的"utility certificate",是欧洲一些国家(例如法国)的专利制度中所特有的制度,类似于我国的"实用新型"专利,故"utility certificate"翻译为"实用证书"。——译者注

班牙。在法国,发明人可以申请实用证书。它们是对发明提供一种相对弱的保护形式。一般而言,实用新型专利和实用证书比专利的保护期要短,且创造性要求低。在一些国家,实用新型专利只要求新颖性。它们可以享受宽限期,并且可能只要求具有本国新颖性。

[欧洲专利的维持费]
第141条

(1)欧洲专利维持费应当在公约第86条第2款规定的年份之后收取。

(2)任何在《欧洲专利公报》公布专利授权的两个月内应予缴纳的维持费,必须在此期间之内缴纳,才视为有效缴纳。成员国不得另行收取国内法规定的其他费用。

1. 总述。本条规定欧洲专利的维持费,而公约第86条规定的是授权前对欧洲专利申请收取的维持费。

2. 授权前的维持费(第1款)。第86条第2款规定,欧洲专利授权公告年应缴纳的维持费应向欧洲专利局缴纳。在此之后,专利权人应当向成员国专利局缴纳有关的费用。

第九编 专门协议

[单一专利]
第142条

(1)成员国集团可以达成专门协议,承认对其授权的欧洲专利在所有集团成员国境内具有统一的法律效力,并规定欧洲专利申请必须同时指定所有集团成员国。

(2)任何一个成员国集团利用第1款的授权,应当适用本编规定。

1.《共同体专利公约》(Community Patent Convention)。公约第九编

"专门协议"包括第 142—149 条,本来是为了《共同体专利公约》的生效作立法上的准备。例如,第九编规定,欧洲专利的申请人可以指定"欧盟",这种申请一经授权即成为在欧盟范围内具有统一效力的共同体专利。

2. 瑞士和列支敦士登的单一专利(unitary patent)。《瑞士联邦和列支敦士登公国专利保护条约》属于第 1 款规定的专门协议,也属于《专利合作条约》第 45 条规定的地区性专利协议。所以,瑞士和列支敦士登构成"一个成员国集团",而在其境内有效的专利属于"单一专利"。根据公约第 149 条第 1 款,欧洲专利申请必须同时指定瑞士和列支敦士登,而不能只指定其中之一。

[欧洲专利局的专门部门]
第 143 条

(1)特定成员国集团可以向欧洲专利局委托专项事务。

(2)为完成前款事务,欧洲专利局可以建立服务成员国集团的专门部门。由此建立的专门部门由欧洲专利局局长负责领导,比照适用公约第 10 条第 2 款和第 3 款。

1.《共同体专利公约》的附加任务(第 1 款)。《共同体专利公约》第一编第二章规定了可向欧洲专利局委托附加事务,包括共同体专利的管理、共同体专利有效性的裁判、共同体专利保护范围的咨询意见等。《共同体专利条例》也规定了可以委托欧洲专利局的特别任务。

2. 专门部门的领导(第 2 款)。公约第 10 条第 2 款和第 3 款规定了欧洲专利局局长和副局长的权力。

[专门部门的代理活动]
第 144 条

成员国集团可以制定专门的规则,调整第 143 条第 2 款规定的专门部门的代理活动。

1. 欧洲专利律师的权利。可以推测,欧洲专利局注册的专业代理人可以代表当事人,参加根据《共同体专利公约》或其他协议建立的专门部门进行相关的法律程序。

[行政理事会的特别委员会]
第 145 条
(1)成员国集团可在行政理事会下设置特别委员会,监督依照公约第 143 条第 2 款成立的专门部门。欧洲专利局应当向特别委员会提供履行职责所需的人员、场所及设施。专门部门的活动由欧洲专利局局长向行政理事会的特别委员会负责。

(2)成员国集团有权决定特别委员会的组成、权力和职能。

1.《共同体专利公约》的特别委员会。《共同体专利公约》第一编第三章规定有特别委员会。该特别委员会有权修订《共同体专利公约》的期限、财务规章、收费标准和特别委员会的程序。

[专项事务的费用开支]
第 146 条
对于依照第 143 条委托给欧洲专利局的专项事务,成员国集团应当承担欧洲专利组织由此承担的费用开支。欧洲专利局建立专门部门开展上述事务时,成员国集团应当承担人员、场所和设施的费用开支。为此,可以比照适用第 39 条第 3 款和第 4 款、第 41 条和第 47 条的规定。

1.《共同体专利公约》。《共同体专利公约》第 20 条规定了成员国的财务义务,与本条对应。《共同体专利公约》成员国承担有关费用开支的具体规定包括该公约第 39 条第 3 款和第 4 款(费用支付的期限)、第 41 条(预付款)和第 47 条(临时预算)。

[有关单一专利的年费缴纳]
第147条

如果成员国集团对欧洲专利制定有共同的统一年费标准,这应当作为第39条第1款规定比例的计算基础。第39条第1款规定的最低数额适用于单一专利。为此,需比照适用第39条第3款和第4款。

195 **1. 专利年费。**公约第39条规定,成员国对在其境内有效的欧洲专利所收取的年费,其中的一部分应该上缴欧洲专利局。依照公约第147条,并结合第39条,规定了成员国上缴单一专利所收取的年费的比例部分,例如,对于瑞士和列支敦士登,只需按照一个成员国的标准向欧洲专利局上缴规定的年费。

[欧洲专利申请作为财产标的]
第148条

(1)除非成员国集团的特殊协议另有规定,应当适用第74条的规定。

(2)成员国集团有权规定,以成员国集团为指定国家的欧洲专利申请,其转让、抵押和应满足的法律形式要求,必须遵照成员国集团达成的特殊协议,并对集团中的所有成员国一并作出。

1. 成员国法律仍旧优先适用。公约第74条规定,欧洲专利申请作为财产标的,其处分准用成员国对国家专利的法律规定。所以,本条第1款的法律效果是让单一专利的申请在成员国集团内产生不同的权利。目前,这已经没有任何实际意义,因为《共同体专利公约》(第2条第2款)和《瑞士联邦和列支敦士登公国专利保护条约》(第4条)都采用了第1款允许的减让性规定。《瑞士联邦和列支敦士登公国专利保护条约》第4条规定了单一专利对瑞士和列支敦士登两国的统一效力,而该条约第5条同时规定,为此应当适用瑞士法律。而且,《共同体专利公约》第38条包含了一系列的限定条件,具体规定了特定情况下,对共同体专利应当适用的成员国的法律。

[共同指定]
第 149 条
　　(1)成员国集团可以规定,欧洲专利申请必须联合指定集团成员国,而指定成员国集团其中之一或部分成员国,视为指定成员国集团的全部国家。
　　(2)国际申请人依照第 153 条第 1 款指定欧洲专利局的,如果其在国际申请中表明希望取得的欧洲专利在集团成员国的一个或以上国家内生效,则本条第 1 款应当适用。如果申请人在国际申请中指定了成员国集团内的一个国家,而该国法律规定,指定该国具有申请欧洲专利的法律效力,则本条第 1 款同样应当适用。

　　1. 瑞士和列支敦士登。瑞士和列支敦士登采用了本条第 1 款的授权,允许共同指定。所以,指定它们二者之一,即自动同时指定它们二者。第 2 款将共同指定延伸适用于指定欧洲专利局的 PCT 申请。《专利合作条约》第 3 条允许 PCT 申请直接进入国家阶段,成为覆盖瑞士和列支敦士登两国的单一专利。
　　2.《共同体专利公约》。《共同体专利公约》第 3 条执行本条第 1 款,该公约的成员国只能一并指定。

[成员国之间的其他协议]
第 149a 条
　　(1)本公约的任何规定不应解释为限制部分或所有成员国达成特殊协议,调整依照本公约而应适用成员国法律的欧洲专利申请或欧洲专利的有关事项,尤其包括以下事项:
　　(a)协议建立成员国共同的欧洲专利法院;
　　(b)协议建立服务成员国的共同机构,其应成员国法院或准司法机关

的请求,对欧洲专利法或成员国专利法协调提供意见;

(c)协议当事国全部或部分免除第 65 条要求的欧洲专利翻译义务;

(d)协议当事国制定规则,准予将第 65 条规定的欧洲专利翻译提交给欧洲专利局,并由其公布。

(2)行政理事会有权决定:

(a)上诉委员会或者扩大上诉委员会的成员,可以根据成员国之间缔结的前款协议,在欧洲专利法院或共同机构供职并参与相关的法律程序;

(b)欧洲专利局应当对前款规定的共同机构提供履行职责必需的人员、场所和设施,并由欧洲专利组织承担全部或部分费用开支。

1. 总述。本条为成员国未来签订欧洲专利诉讼和翻译方面的专门协议,创建了法律基础。

2. 集中诉讼(central litigation)。第 1 款规定是为了将来可以建立第一审级和第二审级的欧洲专利法院,由其处理欧洲专利侵权和专利有效性的争议。这正是《欧洲专利诉讼协议》(European Patent Litigation Agreement,简称 EPLA)所希望达成的目的。此外,"共同机构"(common entity)是指建议成立的"特设咨询委员会"(Faculative Advisory Council)。该委员会可以根据成员国法院或准司法机关的请求,提供欧洲专利或成员国专利协调方面的法律意见。第 2 款规定了欧洲专利组织与成员国间协议的关系。例如,上诉委员会或扩大上诉委员会的委员可以供职拟建立的欧洲专利法院。

3. 翻译要求。《关于适用欧洲专利公约第 65 条的伦敦协议》(Agreement on the application of Article 65 of the Convention on the Grant of European Patents),至少部分地豁免了公约第 65 条关于翻译的法律要求(《欧洲专利局官方杂志》,2001 年,第 549 页)。

第十编　根据《专利合作条约》提出的国际申请
——Euro-PCT 申请

[《专利合作条约》的适用]
第 150 条

（1）《专利合作条约》（1970 年 6 月 19 日）应按照本编规定适用。

（2）依照《专利合作条约》提出的国际申请，可以作为欧洲专利局法律程序的对象，适用《专利合作条约》及其《实施细则》，而本公约的有关规定可以作为补充。但是，如果发生冲突，《专利合作条约》及其《实施细则》的规定应该优先适用。

1.《欧洲专利公约》和《专利合作条约》之间的关系。 公约第十编包括第 150—158 条，规定了指定欧洲专利局的国际申请以及公约和《专利合作条约》之间的关系。第 2 款明确规定，如果发生冲突，《专利合作条约》及其《实施细则》的规定应当优先于公约适用。

2. 欧洲专利局的角色。 本编特别规定了欧洲专利局在 PCT 申请国际阶段的角色，以及在欧洲地区阶段（特别是进入欧洲地区阶段）的角色。修订后的《欧洲专利局和世界知识产权组织国际局关于欧洲专利局作为〈专利合作条约〉国际检索单位和国际初步审查单位的协议》(《欧洲专利局官方杂志》,2001 年，第 601 页）规定了欧洲专利局作为国际检索单位（International Searching Authority，简称 ISA）和国际初步审查单位（International Preliminary Examination Authority，简称 IPEA）的职能。

[欧洲专利局作为受理局]
第 151 条

欧洲专利局应当根据本公约《实施细则》履行《专利合作条约》规定的

受理局职责。本公约第 75 条第 2 款应当适用。

198   **1. 欧洲专利局作为受理局**。本条规定,欧洲专利局可以担任受理局,但必须遵守《实施细则》第 157 条的补充规定和公约第 75 条第 2 款的国家安全条款。

[欧洲专利局作为国际检索单位或国际初步审查单位]
第 152 条

对于本公约成员国居民或国民提出的国际申请,欧洲专利局应当根据欧洲专利组织和世界知识产权组织国际局之间的协议,担任《专利合作条约》规定的国际检索单位和国际初步审查单位。该协议也可以规定,欧洲专利局可以向欧洲以外的其他申请人提供上述服务。

1. 选择国际检索单位。公约成员国同时加入《专利合作条约》的,对其居民或国民提出的国际申请,本条允许欧洲专利局担当其国际检索单位,负责出具国际检索报告。**(1)欧洲申请人**。一些公约成员国的国民或居民,可以选择国际检索单位:例如,芬兰人可以选择欧洲专利局、瑞士专利局和芬兰国家专利与注册委员会(National Board of Patent and Registration of Finland)。一些申请人可以选择奥地利专利局和西班牙专利商标局作为国际检索单位(详情参见《PCT 申请人指南》,来源于:www. wipo. int)。**(2)欧洲以外的申请人**。本条允许欧洲专利局为《欧洲专利公约》成员国之外国家的申请人,担任国际检索单位(详情参见《欧洲专利局作为国际检索单位和国际初步审查单位规程》,载《欧洲专利公报》,1982 年,第 323 页[对美国申请人];《欧洲专利公报》,1985 年,第 331 页[对日本申请人]和《欧洲专利公报》,1991 年,第 124 页[对波兰申请人])。然而,欧洲专利局作为国际检索单位的职能近年受到限制:对 2002 年 3 月 1 日以后美国国民或居民提出的国际申请(以美国专利商标局或国际局作为受理局),如果其包含一个或多个涉及商业方法的权利要求,则不再出具国际检索报告(《欧洲专利局局长对于欧洲专利局作为 PCT 单位职能限制的通告》(2001 年 11 月 26 日)，载《欧洲专利局官方杂志》(2002 年)第 52 页；本通告经《欧洲专利局关于部分取消欧洲专利局作为 PCT 单位职能限制的通告》(2003 年 10 月 31 日)修订，该通告载《欧洲专利局官方杂志》(2003 年)第 633 页。

2. 国际检索报告和书面意见。 除了出具国际检索报告外，《专利合作条约实施细则》第 43 条之二要求作为国际检索单位的欧洲专利局，同时出具书面意见，即针对权利要求是否符合授予专利的条件，发表非正式、不具有约束力的意见。此书面意见不同于国际初步审查报告，既不供公众查阅，也不转送给申请人指定国的专利局(《专利合作条约实施细则》第 44 条之三)。

3. 选择国际初步审查单位。 公约成员国在 PCT 申请提出之日同时受《专利合作条约》)第二章拘束的，对其居民或国民提出的国际申请，本条允许欧洲专利局担当其国际初步审查单位。本条同时允许欧洲专利局为《欧洲专利公约》成员国之外国家的申请人担当国际初步审查单位。例如，美国申请人可以要求欧洲专利局作为其申请的国际初步审查单位。《专利合作条约》没有要求国际检索单位和国际初步审查单位必须相同。然而，只有当国际检索报告由欧洲专利局、瑞士专利局、奥地利专利局、西班牙专利商标局和芬兰国家专利与注册委员会出具，欧洲专利局才会担当国际初步审查单位。而且，欧洲专利局作为国际初步审查单位的职能近年受到限制：对 2002 年 3 月 1 日以后美国国民或居民提出的国际申请(以美国专利商标局或国际局作为受理局)，如果其包含一个或多个涉及商业方法的权利要求，欧洲专利局不再受理其国际初步审查的请求(《欧洲专利局局长对于欧洲专利局作为 PCT 单位职能限制的通告》(2001 年 11 月 26 日)，载《欧洲专利局官方杂志》(2002 年)第 52 页；该公告经《欧洲专利局关于部分取消欧洲专利局作为 PCT 单位职能限制的公告》(2003 年 10 月 31 日)修订，并载于《欧洲专利局官方杂志》(2003 年)第 633 页)。

4. 国际初步审查报告。 作为国际初步审查单位，欧洲专利局负责对 PCT 申请作出国际初步审查报告。国际初步审查报告针对权利要求是否符合授予专利的条件，发表非正式而不具有约束力的意见，其目的是减轻指定国专利局在国家阶段审查专利申请的负担。

[欧洲专利局作为指定局或选定局]
第153条

（1）欧洲专利局应当：

（a）作为指定局，如果国际申请的申请人指定本公约成员国，希望取得的欧洲专利在该国境内生效，而该国同时又是《专利合作条约》的缔约国；

（b）作为选定局，如果国际申请的申请人已经选定依照 a 项指定的国家。

（2）国际申请指定或者选定欧洲专利局并且取得国际申请日的，等同于正式提出的欧洲申请（简称为"Euro-PCT 申请"）。

（3）"Euro-PCT 申请"已经以欧洲专利局官方语言之一进行了国际公布，则可以替代相应的欧洲专利申请公布，但应在《欧洲专利公报》上予以说明。

（4）如果"Euro-PCT 申请"以非欧洲专利局官方语言公布的，申请人应当向欧洲专利局提交一种官方语言的译文，由其进行公布。在符合第 67 条第 3 款规定的前提下，第 67 条第 1 款和第 2 款规定的临时保护从专利申请以欧洲专利局官方语言公布之日起生效。

（5）"Euro-PCT 申请"应当作为欧洲专利申请对待；如果其满足第 3 款或第 4 款以及本公约《实施细则》规定的条件，则应当作为第 54 条第 3 款规定的现有技术。

（6）"Euro-PCT 申请"的国际检索报告或者替代性声明，可代替欧洲专利检索报告；而上述文件的国际公布可代替《欧洲专利公报》的相应公布。

（7）对第 5 款规定的"Euro-PCT 申请"应当作补充检索报告。行政理事会有权决定是否免除补充检索报告或减免检索费。

1.《欧洲专利公约》成员国（第 1 款）。本条和《专利合作条约》第一章和第二章都相关。欧洲专利局可以作为欧洲专利公约成员国的指定局或选

《欧洲专利公约(2000年)》　249

定局,但是其在国际申请提交时必须是欧洲专利公约的成员国。由于国际申请在申请日后 31 个月才进入欧洲地区阶段,申请人应当谨慎注意哪些是可供选择的公约成员国(包括公约延伸国)。

2. 术语。第 2 款规定了允许指定欧洲专利局的 PCT 申请(或者根据《专利合作条约》第一章作为指定局,或者根据《专利合作条约》第二章作为选定局)作为欧洲专利申请的法律框架。这种申请称之为"Euro-PCT 申请"。

3. PCT 申请的公布(第 3 款)。PCT 申请通常在国家阶段、进入欧洲地区阶段之前公布,并且可以代替公约第 93 条规定的欧洲专利申请公布。PCT 申请在国际阶段已经公布的,则涉及以下两条公约的规定:公约第 54 条第 3 款和第 4 款规定的在先权利,以及公约第 67 条规定的临时保护。然而,PCT 申请的公布要具有欧洲专利申请公布同样的效力,公约的这两条规定要求有所不同(详见下文评注第 4—6 点)。

4. 提交 PCT 申请的译文(第 4 款)。如果 PCT 申请没有以英文、法文或德文之一公布,则第 4 款要求申请人向欧洲专利局提交译文。提交译文的期限为从申请日(或要求优先权的,从优先权日)起算 31 个月内。《实施细则》第 160 条第 3 款规定的宽限期适用于 PCT 译文的提交。如果要求提交译文,则该译文将在《欧洲专利公报》上公布。

5. 在先权利。只有当申请人向欧洲专利局缴纳国家费(national fee)和第 4 款及第 5 款要求的译文之后,公布的 PCT 申请才可以作为公约第 54 条第 3 款规定的"现有技术"。这并不要求申请人缴纳除国家费以外的、进入欧洲地区阶段要求的费用。而且,PCT 申请公布的语言对其是否构成公约第 54 条第 3 款规定的现有技术,没有任何法律影响。

6. 临时保护。如果 PCT 申请以英语、法院或德语之一公布,则公约第 67 条规定的临时保护自其公布日起生效。否则,临时保护自 PCT 申请译文公布之日起生效。不同于在先权利,临时保护不以满足第 2 款为前提条件,所以,PCT 申请未进入欧洲专利局的欧洲地区阶段,同样可以享受临时保护。但是,要享受临时保护,就必须满足公约第 67 条第 3 款的规定,也就是说,公约成员国可以要求申请人将权利要求书翻译成本国官方语言之后,才给予临时保护。

7. 国际检索报告的公布(第6款)。国际检索报告可以替代欧洲专利检索报告,而国际检索报告的公布可以替代欧洲专利检索报告在《欧洲专利公报》上的公布。相应地,公约第94条第2款规定的期限(即申请人请求实质审查的期限和缴纳审查费的期限)是从国际检索报告公布之日起算两个月。根据公约第150条第2款,这一期限延长到国际申请进入欧洲地区阶段的截止日期。国际检索单位根据《专利合作条约》第17条第2款声明无法进行有意义的检索的,该声明也可以替代欧洲专利检索报告;而该声明一旦公布,也可以代替在《欧洲专利公报》上公布欧洲专利检索报告。

8. 补充检索报告(第7款)。根据第7款,有些PCT申请,而不是全部PCT申请,需要作补充检索。根据《缴费规则》第2条第2款,补充检索需要缴纳普通欧洲专利申请同样的检索费,但是,可以有所减免。如果申请人在申请日(或优先权日)起31个月内未缴纳检索费,则申请视为撤回。然而,申请人在接到《实施细则》第160条第3款规定的通知之后,可以享受两个月的宽限期。对所有在2005年7月1日或之后提出的国际申请,《实施细则》要求补充检索报告必须随附书面意见,说明该申请是否满足公约的授权条件。如果申请人在补充检索报告发出前已经缴纳审查费,欧洲专利局将根据《实施细则》第70条第2款,询问申请人是否要求欧洲专利局继续审查其申请。但是,申请人可以放弃获得此项通知的权利。

9. 免除补充检索(第7款)。如果欧洲专利局已经出具了国际检索报告,则不会再出具补充检索报告(《行政理事会关于对奥地利专利局、芬兰国家专利和注册委员会、西班牙专利商标局和瑞士专利和注册局出具国际检索报告的PCT申请减免补充检索费的决定》[2005年6月10日],载《欧洲专利局官方杂志》,2005年,第422—423页)。这是因为根据《实施细则》第62条的规定,出具补偿检索报告时应当随附书面意见。

10. 减免检索费(第7款)。如果PCT申请的国际检索报告是奥地利专利局、芬兰国家专利和注册委员会、西班牙专利商标局和瑞士专利和注册局出具的,则补充检索的费用可以获得相当大的减免。对于其他PCT申请,如果补充检索报告部分或全部以欧洲专利局出具的检索报告（或欧洲专利局出具的另外一份检索报告）为基础，申请人可以要求25%或100%的检索费减免（《欧洲专利局局长关于根据〈缴费规则〉第10条第2款返还检索费的决定》[2005年7月1日]，载《欧洲专利局官方杂志》，2005年，第431—432页）。关于补充检索报告是否以部分或全部国际检索报告为基础的判断标准，可以参见《欧洲专利局局长关于检索费返还标准的通知》[2005年7月1日]（载《欧洲专利局官方杂志》，2005年，第433—435页）。本质上来说，这一法律标准主要考虑两份检索报告的权利要求是否存在对应关系。

[欧洲专利局作为国际检索单位]
第154条

（1）除欧洲专利组织与世界知识产权组织国际局另行协议外，欧洲专利局应当对《专利合作条约》已经生效的公约成员国的国民或居民，履行《专利合作条约》第一章规定的国际检索单位的职责。

（2）经行政理事会的事先批准，欧洲专利局可以根据欧洲专利组织与世界知识产权组织国际局签订的协议，对其他申请人履行国际检索单位的职责。

（3）如果申请人对欧洲专利局根据《专利合作条约》第17条第3款a项收取的附加费用存在异议，可以要求上诉委员会裁决。

1. 过渡条款。2000年公约修订后，本条被删除，但是，对于2000年公约生效时还处于审查阶段的PCT申请，第3款仍旧适用。根据1973年公约《实施细则》第105条第1款、《专利合作条约》第17条第3款和《专利合作条约实施细则》第40条的规定，如果专利申请不满足单一性要求，欧洲专利局对第二项发明以及此外的每项发明可要求缴纳附加检索费。申请人在缴纳附加检索费的同时，可以提出异议，表示不服欧洲专利局关于申请缺乏单一性的认定。第3款授权上诉委员会对这种异议作出裁决，而《实施细则》第105条第3款规定了附加费缴纳异议的程序事项。

[欧洲专利局作为国际初步审查单位]
第 155 条

(1) 除欧洲专利组织与世界知识产权组织国际局另行协议外,欧洲专利局应当对《专利合作条约》已经生效的公约成员国的国民或居民,履行《专利合作条约》第二章规定的国际初步审查单位的职责。

(2) 经行政理事会的事先批准,欧洲专利局可以根据欧洲专利组织与世界知识产权组织国际局签订的协议,对其他申请人履行国际初步审查单位的职责。

(3) 如果申请人对欧洲专利局根据《专利合作条约》第 34 条第 3 款 a 项收取的附加费用存在异议,可以要求上诉委员会裁决。

1. 过渡条款。2000 年公约修订后,本条被删除,但是,对于 2000 年公约生效时还处于审查阶段的 PCT 申请,第 3 款仍旧适用。根据 1973 年公约《实施细则》第 105 条第 2 款、《专利合作条约》第 34 条第 3 款 a 项和《专利合作条约实施细则》第 68 条,如果专利申请不满足单一性要求,欧洲专利局对第二项发明以及此外的每项发明可要求缴纳附加审查费。申请人在缴纳附加审查费时,可以提出异议,表示不服欧洲专利局关于申请缺乏单一性的认定。第 3 款授权上诉委员会对这种异议作出裁决,而《实施细则》第 105 条第 3 款规定了附加费缴纳异议的具体程序事项。

[欧洲专利局作为选定局]
第 156 条

如果国际申请的申请人选定本公约第 153 条第 1 款规定的指定国,或第 149 条第 2 款规定的指定国,且《专利合作条约》第二章已经对该指定国发生效力,欧洲专利局应当按照《专利合作条约》第 2 条第 14 项的规定担任选定局。经行政理事会事先批准,对于非《专利合作条约》成员国的国民或居民,或者不受《专利合作条约》第二章拘束的国家的国民或居民,上述规定同样可以适用,只要国际专利合作联盟大会根据《专利合作条约》第 31

条第 2 款 b 项决定,准予他们提出国际初步审查的请求。

1. 删除。本条为 2000 年公约修订时删除。

[国际检索报告]
第 157 条
(1)《专利合作条约》第 18 条规定的国际检索报告或该条约第 17 条第 2 款 a 项所作的声明,应当代替欧洲专利检索报告;而上述文件根据《专利合作条约》公布的、可以代替《欧洲专利公报》对相应欧洲专利申请的公布。本款规定不影响本条第 2—4 款的规定。

(2)除行政理事会根据第 3 款另行规定外:

(a)所有国际申请都应当经过补充检索并出具报告;

(b)申请人应当缴纳检索费,缴费期限应当与申请人依照《专利合作条约》第 22 条第 1 款或第 39 条第 1 款规定的缴纳国家费的期限相同。逾期未缴纳检索费的,专利申请视为撤回。

(3)行政理事会有权决定以下事项的条件和程度:

(a)补充检索的免除;

(b)检索费的减免。

(4)行政理事会可以随时撤销依照第 3 款作出的决定。

1. 删除。本条为 2000 年公约修订时删除。

[国际申请的公布及其向欧洲专利局的提交]
第 158 条
(1)除本条第 3 款规定外,指定欧洲专利局的国际申请依照《专利合作条约》第 21 条公布的、应当代替相应欧洲专利申请的公布,并应在《欧洲专利公报》上说明。但是,如果不满足本条第 2 款规定的条件,该申请不得作为本公约第 54 条第 3 款规定的现有技术。

(2)申请人应当以欧洲专利局官方语言之一向欧洲专利局提交国际申

请，并向欧洲专利局缴纳《专利合作条约》第 22 条第 1 款或第 39 条第 1 款所规定的国家费。

(3) 如果国际申请没有以欧洲专利局的官方语言公布，欧洲专利局应公布申请人依照第 2 款提交的国际申请。除本公约第 67 条第 3 款另有规定外，本公约第 67 条第 1 款和第 2 款规定的临时保护应当从国际申请以欧洲专利局官方语言公布之日起生效。

1. 删除。 本条为 2000 年公约修订时删除。

第十一编　过渡条款

1. 删除。 本编为 2000 年公约修订时删除。

[过渡时期的行政理事会]
第 159 条

(1) 本公约第 169 条第 1 款规定的国家应当任命驻行政理事会的代表。应德意志联邦共和国请求，行政理事会应在本公约生效后的两个月内召开会议，特别是为了任命欧洲专利局局长。

(2) 本公约生效之后任命的首届行政理事会的理事长任期应为四年。

(3) 本公约生效后行政理事会下设立的第一个委员会，两名当选成员的任期应分别应为五年和四年。

1. 删除。 本条为 2000 年公约修订时删除。

[过渡时期职员的任命]
第 160 条

(1) 在《欧洲专利局常任职员和其他职员人事条例》* 通过前，行政理

---

* 即 Service Regulations for permanent employees and the conditions of employment of other employees of the European Patent Office. ——译者注

事会和欧洲专利局局长应在各自职权范围内,招聘必要的工作人员,签订短期雇佣合同。为此,行政理事会可以制定招聘的一般性原则。

(2)行政理事会有权决定过渡时期的期限。在过渡时期内,行政理事会在征求欧洲专利局局长意见后,可任命在成员国法院或主管机关供职的、具备技术或法律资格的人员作为扩大上诉委员会或者上诉委员会的成员,他们在任命后仍可继续原工作单位的工作。他们的任期可低于五年,但不得少于一年,并可连任。

1. 删除。本条为2000年公约修订时删除。

[第一个会计年度]
第161条
(1)欧洲专利组织的第一个会计年度应自本公约生效之日起至当年12月31日截止。但是,生效日在当年下半年的,会计年度应延至下一年度的12月31日。

(2)本公约生效之后,应当尽快制定第一个会计年度的预算。在欧洲专利组织收到第一个会计年度根据公约第40条规定的出资前,各成员国应当根据行政理事会的要求和规定的额度,支付预付款。预付款应从预算出资中扣除。预付款应当按照公约第40条规定的标准确定,并比照适用公约第39条第3款和第4款。

1. 删除。本条为2000年公约修订时删除。

[欧洲专利局工作范围的推进]
第162条
(1)应欧洲专利局局长的建议,行政理事会有权决定可以向欧洲专利局提交欧洲专利申请的起始日期。

(2)应欧洲专利局局长的建议,行政理事会有权决定,自第1款所指日起,限制欧洲专利申请的审查工作。此种限制可以针对特定的技术领域。但是,无论如何,欧洲专利局都应当审查欧洲专利申请是否满足给予申请日的条件。

(3)行政理事会如果根据第 2 款规定作出决定,则事后不得再对欧洲专利申请的审查施加进一步的限制。

(4)如果欧洲专利申请因第 2 款规定的程序限制而不能继续审查,欧洲专利局应当通知申请人,并告知其可以提出转换请求。自申请人收到上述通知,欧洲专利申请视为撤回。

1. **删除**。本条为 2000 年公约修订时删除。

[过渡时期的专业代理人]
第 163 条

(1)行政理事会有权决定过渡时期的持续时间,在过渡时期内,尽管公约第 134 条第 2 款另有规定,但符合以下条件的任何自然人都可以注册成为专业代理人:

(a)必须是一成员国的国民;

(b)必须在一成员国境内有事务所或受雇单位;

(c)必须在其开业或受聘的成员国,有资格在该国的中央工业产权局从事代理自然人或法人的专利事务。

(2)当事人要注册,必须提出请求,并提供成员国中央工业产权局出具的证书,证明其满足本条第 1 款规定的各项条件。

(3)如果第 1 款 c 项所指的资格在一成员国内不以特殊专业资格为条件的,在该国中央工业产权局从事专利代理事务的人要申请注册为欧洲专利局的专业代理人,必须至少从事五年以上的专利代理工作。然而,如果其在成员国中央工业产权局代理法人或自然人专利事务的专业资格受到该国制定的法规承认,则不受上述从业期间的限制。该国中央工业产权局出具的证书应表明申请人满足本款规定的条件。

(4)在下列情况,欧洲专利局局长有权决定是否免除:

(a)第3款第1句的要求,当申请人可以证明以其他方式取得必备资格时;

(b)第1款a项的要求,当存在特殊情况时。

(5)如果申请人在1973年10月5日已满足第1款b项和c项规定的要求,欧洲专利局局长应当免除第1款a项规定的要求。

(6)申请人的事务所或受雇单位所在国,如在第1款规定的过渡时期届满前一年内加入本公约,或者在该时期届满后才加入本公约的,申请人如果满足第1款到第5款规定条件,可以在该国加入公约生效日后的一年内,申请注册成为欧洲专利局的专业代理人。

(7)在不影响公约第134条第8款c项纪律措施执行的前提下,过渡时期届满之后,在此期间内注册的专业代理人可以保留注册,或者应其请求,在满足第1款b项规定的条件下,恢复其注册。

1. 删除。本条为2000年公约修订时删除。

第十二编　最后条款

[《实施细则》和议定书]
第164条

(1)《实施细则》、《司法判决相互承认议定书》、《特权和豁免权议定书》、《一体化议定书》及对《解释公约第69条的议定书》,都应当作为本公约整体的组成部分。

(2)如果本公约的规定和《实施细则》发生冲突,本公约的规定优先适用。

1.《欧洲专利公约》(第1款)。根据第1款规定,公约的组成包括《实施细则》,《司法判决相互承认议定书》(Protocal on Recognition)、《特权和豁免权议定书》(Protocol on Privileges and Immunities)、《一体化议定书》(Protocol on Centralisation)、《解释公约第69条的议定书》(Protocol on the Interpretation of Article 69)以及《欧洲专利局人员编制议定书》(Protocol on Staff Complement)。但是,《缴费规则》(Rules Relating to Fees)不是公约的组成部分。

2. 法律冲突(第2款)。尽管上诉委员会至今未发现公约和《实施细则》存在冲突,但是,如果发生,则公约优先《实施细则》适用。《司法判决相互承认议定书》(参见其第11条规定)和《一体化议定书》(参见其第七节规定),如同《专利合作条约》(参见公约第150条第2款)一样,都优先公约适用。

[签字和批准]
第165条
(1)至1974年4月5日截止,本公约对下列国家开放签字:建立欧洲专利授权制度的政府间会议的与会国,以及接到上述与会通知并有权选择参会的国家。
(2)本公约应得各签字国批准,而批准书应由德意志联邦共和国政府保存。

[加入]
第166条
(1)本公约应当开放给下列国家加入:
(a)本公约第165条第1款规定的国家;
(b)行政理事会邀请的其他欧洲国家。
(2)本公约曾经的成员国,如因公约第172条第4款规定而丧失成员国资格,可以再次加入成为本公约的成员国。
(3)加入书应由德意志联邦共和国政府保存。

1. 总述。欧洲国家可以应邀请而加入《欧洲专利公约》(第1款)。公约成员国如果未能根据公约第172条第4款批准公约的修订文本,可以根据第2款再次加入修订以后的公约。

2. 成员国。截至2008年7月,公约的成员国及其批准日或加入时间如下:奥地利(1979年5月1日);比利时(1977年10月7日);保加利亚(2002年7月1日);克罗地亚(2008年1月1日);瑞士(1977年10月7日);塞浦路斯(1998年4月1日);捷克(2002年7月1日);德国(1977年10月7日);丹麦(1990年1月1日);爱沙尼亚(2002年7月);西班牙(1986年10月1日);芬兰(1976年3月1日);法国(1977年10月7日);英国(1977年10月7日);希腊(1986年10月1日);匈牙利(2003年1月1日);爱尔兰(1992年8月1日);冰岛(2004年11月1日);意大利(1978年12月1日);列支敦士登(1980年4月);立陶宛(2004年12月1日);卢森堡(1997年10月7日);拉脱维亚(2005年7月7日);摩纳哥(1991年12月1日);马耳他(2007年3月1日);荷兰(1977年10月7日);挪威(2008年1月1日);波兰(2004年3月1日);葡萄牙(1992年3月1日);罗马尼亚(2003年3月1日);瑞典(1978年5月1日);斯洛伐克(2002年12月1日);斯洛文尼亚(2002年7月1日);土耳其(2000年11月1日)。

3. 延伸国。以下国家尽管没有加入公约,但是欧洲专利可以延伸到该国(自2007年11月开始):阿尔巴尼亚(1996年12月1日生效);波斯尼亚和黑塞哥维那(2004年12月1日);马其顿共和国(1997年11月1日);塞尔维亚和黑山(2004年11月1日,现为塞尔维亚)。塞尔维亚和黑山[*]解体并形成独立的国家后,诸多事项都不明朗。黑山专利局预计在2008年成立。所有2006年6月3日之前对塞尔维亚和黑山联盟授权的专利,在黑山专利局成立以后,预计继续有效。类似地,所有2006年6月3日之后、新专利局成立之前对塞尔维亚授权的专利,预计继续对黑山有效。在上述两种

---

[*] 2008年6月28日,第60届联合国大会一致通过决议,接纳黑山共和国为联合国第192个成员国。——译者注

情况下,到黑山专利局成立时,应缴纳的专利维持费即到期应予缴纳。然而,截至 2007 年 11 月,以下事项仍旧不清楚:仍处于审查阶段的欧洲专利申请以及指定塞尔维亚或塞尔维亚和黑山的欧洲专利申请,在黑山专利局成立时,对黑山应具有何种法律效力。

4. 公约生效。公约第 169 条规定了公约对批准国和加入国的生效日期。上述罗列的日期适用于欧洲专利申请的申请日(或者"Euro-PCT 申请"的国际申请日),也就是说,只有当申请日同于或晚于成员国加入公约的日期,申请人才可以在申请中指定该成员国。这也适用于延伸国。由于"Euro-PCT 申请"要在国际申请日之后经过一段期间才进入欧洲地区阶段,申请人应当注意哪些成员国和延伸国是可供指定的。

[保留]
第 167 条

(1)所有成员国在签字时或者提交批准书或加入书时,只能对本条第 2 款规定的事项作出保留。

(2)每一个成员国都可对下列事项要求保留:

(a)如果欧洲专利对化学物质、药品或食品本身授予专利保护,则应当根据本国适用于国家专利的法律规定,没有法律效力或可以撤销。然而,此项保留不应影响对化学物质的制造方法或用途授予专利权,也不影响对药品或食品的制造方法授予专利权。

(b)如果欧洲专利对于本公约第 53 条 b 项之外的农业或园艺方法授予专利保护,则应当根据本国适用于国家专利的法律规定,没有法律效力或可以撤销;

(c)欧洲专利的保护期间应当依照适用于国家专利的法律规定,少于二十年;

(d)不受《司法判决相互承认议定书》约束。

(3)成员国所作的任何保留,自本公约生效起,其效力不得超过十年。但是,成员国如果作出第 2 款 a 项和 b 项保留,并在上述十年期届满前一年向行政理事会提交请求,论理说明其在十年期届满时还不可取消上述保留,行政理事会有权对其授予不超过五年的宽限期。

(4)作出保留的成员国,一旦情况允许,应尽快撤回保留。成员国撤回保留的,应当书面通知德意志联邦共和国政府。自德意志联邦政府接到通知后一个月,保留撤回生效。

(5)根据第2款a项、b项或c项所作的保留,对在保留有效期内提交申请并取得授权的欧洲专利适用,效力延及整个专利保护期。

(6)除第4款和第5款另有规定外,在第3款第1句规定的期限届满后(如果该期限延长的,在宽限期届满后),任何保留都不再有效。

1. 过渡条款。本条为公约2000年修订时所删除。但是,对于在保留有效期内提交申请而授权的欧洲专利,本条第5款规定仍旧适用。

[申请的地域范围]
第168条
(1)成员国在批准书或加入书中,或在此以后的任何时间向德意志联邦共和国政府发出的书面通知中,有权声明本公约适用于由其负责对外关系的一个或多个属地。欧洲专利授权对其发生效力,同时也对上述声明覆盖的属地发生效力。

(2)第1款规定的声明如果包括在批准书或加入书之内,该声明应当和批准或加入同日生效;如果第1款规定的声明在批准书或加入书交存以后的书面通知中提出,该声明应在德意志联邦共和国政府收到通知书后六个月生效。

(3)成员国可以随时声明,本公约对依照第1款所作声明指定的部分或全部属地不再适用。为此,该声明应在德意志联邦共和国政府接到书面通知后一年生效。

1. 属地效力和登记。欧洲专利在成员国内生效后,其效力的地域范围可以覆盖到成员国负责对外关系的属地。这种效力的地域延伸可以自动产生，也可以通过登记程序产生。例如，一项欧洲专利在英国生效，便自动延伸到马恩岛；但是，如果要延伸到泽西岛和香港地区，则需要经过登记程序。各成员国的属地可以参见《成员国与欧洲专利公约相关法律》*（National Law relating to the EPC）表十。关于登记程序，详情参见《欧洲专利局官方杂志》（1997 年）第 429—433 页，以及《欧洲专利局官方杂志》（2004 年）第 179 页。

[生效]
第 169 条

（1）根据 1970 年专利申请量，如果六个国家的专利申请量的总和超过 18 万件，则在该第六个国家交存批准书或加入书后三个月，本公约生效。

（2）本公约生效后，任何批准书或加入书在交存后第三个月的第一天生效。

1. 公约生效。根据第 1 款，《欧洲专利公约》于 1977 年 10 月 7 日生效。各个国家的加入日期，可以参见公约第 166 条的有关评注。这些日期适用于欧洲专利申请的申请日（或者"Euro-PCT 申请"的国际申请日），也就是说，只有当申请日同于或晚于成员国加入公约的日期，申请人才可以在申请中指定该成员国。由于"Euro-PCT 申请"要在国际申请日之后经过一段期间才进入欧洲专利局的欧洲地区阶段，申请人应当注意哪些成员国和延伸国是可供指定的。

[成员国的首次出资]
第 170 条

（1）本公约生效之后，批准或加入本公约的国家应当向欧洲专利组织

---

* 读者可登陆欧洲专利局官方网站查阅与欧洲专利公约相关的成员国法律，目前该网站发布的是 2003 年 9 月第 16 版。——译者注

缴纳首次出资。首次出资不予返还。

（2）首次出资应当依照下列方式计算：以批准或加入生效日为基准，依照公约第40条第3款和第4款规定的标准所得百分比乘以基准日前一会计年度其他成员国应缴纳的特别出资所得总额，再乘以5%。

（3）如果第2款规定的基准日的前一会计年度不要求缴纳特别出资，该款所指标准应为成员国在最近一个要求缴纳特别出资的会计年度应缴纳出资的标准。

[公约有效期]
第171条

本公约持续期间不受限制。

[公约的修订]
第172条

（1）本公约可由成员国大会修订。

（2）公约的修订大会应由行政理事会准备和召集。只有当四分之三以上的成员国出席大会时，修订大会才可以合法召开。只有经过出席大会并参加投票的四分之三多数成员国的同意，才可以通过本公约的修订。为此，弃权不是有效的投票。

（3）批准或加入公约修订本的国家满足修订大会规定的国家数后，公约修订本才可以在修订大会规定的时间生效。

（4）公约修订本生效之后，尚未批准或加入公约修订本的国家，从即日起不再是本公约的成员国。

1. 关于公约第63条的修订。1991年12月17日，成员国举行外交会议，修订公约第63条关于专利保护期的规定。修订后的第63条允许通过"补充保护证书"制度（Supplementary Protection Certificates，简称SPCs）来延长保护期。该修订于1997年7月4日生效。

2. 2000年公约修订。 成员国2000年11月举行外交会议,第一次对公约进行全面修订。《欧洲专利修订案》(Act revising the EPC)刊印在《欧洲专利局官方杂志》(2001年,特刊4)第1—53页。行政理事会随后起草了新公约文本,其中包含了一些小修订,并且通过了该新公约文本。行政理事会通过的文本,包括《实施细则》、议定书和解释,重新刊印在《欧洲专利局官方杂志》(2003年,特刊1)。2005年12月13日,希腊成为第15个交存批准书的成员国。根据公约修订案第8条规定,2000年的公约修订自此两年后(即2007年12月13日)生效。然而,2000年公约修订案对一些重要问题没有予以考虑,比如,软件专利和生物技术专利。这意味着最终还需要再举行一次外交会议,才能解决上述这些问题。

3. 逾期未批准公约修订本(第4款)。 公约修订本生效之后,尚未批准或加入公约修订本的国家,从即日起不再是本公约的成员国。但是,其可以根据公约第166条第2款,再次加入公约。所有公约成员国都在截止日前批准了2000年公约修订本,所以,它们都还是公约的成员国。

[成员国之间争议的解决]
第173条
 (1)成员国因本公约解释或适用而发生争议,通过协商不能解决的,根据当事国的要求,应将争议提交行政理事会,由其尽力促成当事国达成协议。

 (2)如前款争议在提交行政理事会后六个月内,当事国未能达成协议的,任何一方当事国可以将争议提交国际法院,由其作出有约束力的判决。

[退出]
第174条
 成员国可以随时退出本公约。为此,成员国应当书面通知德意志联邦共和国政府;自德意志联邦共和国政府收到退出通知后一年,退出发生效力。

[既得权利的保护]
第 175 条
　　(1)成员国根据本公约第 172 条第 4 款或者第 174 条的规定,不再属于本公约成员国的,不影响已经根据本公约取得的权利。
　　(2)在欧洲专利申请审查过程中,如果其指定国终止作为本公约的成员国,欧洲专利局仍应当继续审查,如同本公约仍旧适用该指定国一般。
　　(3)如果在第 2 款规定的日期,对一项欧洲专利的异议的程序仍在进行,或者异议期间尚未届满,第 2 款规定的规则也应当适用于该欧洲专利。
　　(4)本条不影响终止作为本公约成员国的国家,依照参加的公约文本对待欧洲专利的权利。

　　1. 总述。本条涉及有效的指定某些国家的欧洲专利和正处在审查阶段的欧洲专利申请,而该指定国在指定之后退出公约的情况如何处理的规定。对专利申请人或专利权人已经取得的权利,在其指定国退出本公约后,继续受到保护。但是,目前还没有国家退出《欧洲专利公约》。

[成员国退出公约后的财务权利和义务]
第 176 条
　　(1)成员国根据本公约第 172 条第 4 款或者第 174 条的规定,终止作为本公约成员国的,其依照本公约第 40 条第 2 款支付的特别出资,当且仅当欧洲专利组织在同一会计年度向其他成员国返还特别出资时,才应当予以返还。
　　(2)第 1 款规定的国家,在其终止作为本公约成员国之后,应当依照终止作为本公约成员国之日的费率水平,将在该国继续有效的欧洲专利的维持费,依照本公约第 39 条规定的比例,上缴给欧洲专利局。

[公约的语言]
第 177 条

（1）本公约唯一原件以德语、法语和英语撰写，应当在德意志联邦共和国存档。三种语言文本具有同等的法律效力。

（2）第1款规定之外成员国官方语言的公约文本，经行政理事会同意，可以作为官方文本。如果对公约各文本产生不同理解，应当以第1款规定的文本为准。

1. 公约三种语言文本具有同等法律效力。《欧洲专利公约》以三种语言撰写（英语、法语和德语）。三种语言文本都是作准文本，没有任何一种是翻译文本。然而，它们之间必然存在差别。为解决它们之间的差别，三种语言文本以及准备文件都应当根据《维也纳公约》进行考虑，用以确定立法者的真实意图。

2. 公约的其他官方文本(第2款)。尽管第2款允许其他语言的公约官方文本，但是，行政理事会至今尚未批准任何一个。

[文件转送与通知]
第178条
（1）德意志联邦共和国政府应当制作本公约的真实副本，并予以证明，而后将其送达所有签字国和加入国政府。

（2）德意志联邦共和国政府应当将下列事项通知第1款规定的国家政府：

（a）公约批准书或加入书的交存；

（b）根据公约第168条收到的任何声明或通知；

（c）根据公约第174条收到的任何退出通知以及成员国退出的生效时间；

（3）德意志联邦共和国政府应当在联合国秘书处登记备案本公约。

《欧洲专利公约(2000年)实施细则》

2006年12月7日行政理事会通过

第一编 适用于公约第一编的实施细则

第一章 一般规定

[书面程序]
第1条
　　在欧洲专利局的书面程序中,如果文件的内容能够以清晰的形式复制在纸上,即满足使用书面形式的要求。

　　1. 总述。本条允许专利申请和其他文件采用电子提交的方式。

[文件的提交和格式要求]
第2条
　　(1)在欧洲专利局的书面程序中,文件可以通过面交、邮寄或以通讯技术方式提交。欧洲专利局局长应制定具体规定和条件,并且,在适当的情形下,对文件的提交制定专门的表格和技术要求。特别是,局长可以规定必须提供确认。如果此种确认在规定的时间内未提供,欧洲专利申请将被拒绝;后续提交的文件将被视为未收到。

　　(2)如果公约规定文件必须签署,文件的认证可以通过手写签字或者使用其他被欧洲专利局局长允许的适当手段来确认。被此种其他手段认证的文件,应被视为与记载在已提交文件上的手写签字同样的方式,满足了签字的法律要件。

1. 总述。欧洲专利公约允许采用传真和电子方式提交专利申请。采用传真方式提交专利申请和其他文件是在 2007 年 7 月 12 日《关于通过传真提交专利申请和其他文件的欧洲专利局局长决定》中提出的(见《欧洲专利局官方杂志》,2007 年特刊 3,第 7 页)。采用电子方式提交专利申请和其他文件的规定见于 2007 年 7 月 12 日的《关于通过电子方式提交专利申请和其他文件的欧洲专利局局长决定》中提出的(见《欧洲专利局官方杂志》,2007 年特刊 3,第 12 页)。这些局长决定中要求:对于传真提交方式,根据欧洲专利局的要求,还需要再提交纸件确认文本;而对于电子提交方式,则不要求提交纸件确认文本。

2. 签字(第 2 款)。采用传真方式提交的签字,涉及 2007 年 7 月 12 日发布的《关于通过传真提交专利申请和其他文件的欧洲专利局局长决定》的第 4 条的规定(见《欧洲专利局官方杂志》,2007 年特刊 3,第 7 页)。采用电子方式提交的签字,涉及 2007 年 7 月 12 日发布的《关于通过电子方式提交专利申请和其他文件的欧洲专利局局长决定》中的第 6 条(见《欧洲专利局官方杂志》,2007 年特刊 3,第 12 页),以及涉及 2007 年 7 月 12 日发布的《关于电子签名、数据传输和提交专利申请和其他文件所使用的软件的欧洲专利局局长决定》中的第 1 条(见《欧洲专利局官方杂志》,2007 年特刊 3,第 17 页)。

[书面程序所使用的语言]
第 3 条

(1)在欧洲专利局的书面程序中,任何人可以使用任何一种欧洲专利局官方语言。《欧洲专利公约》第 14 条第 4 款所称的译文,可以采用任何一种欧洲专利局官方语言提交。

(2)对于欧洲专利申请或欧洲专利的修改,应使用该程序中最初使用的语言提交。

(3)文字证据,特别是出版物,可以以任何语言提交。但是,欧洲专利局可以要求在指定的期限内,提交任何一种官方语言的译文。如果所要求的译文未能按时提交,欧洲专利局可以对该相关文件不予考虑。

1. 总述。本条是落实《欧洲专利公约》第14条的规定。尽管本条第2款规定应使用该程序中最初使用的语言对欧洲专利申请或欧洲专利进行修改,此种修改属于《欧洲专利公约》第14条第4款的范围,且如果在本细则第6条第2款规定的时间之内,可以用任何一种官方语言或者所允许的语言提交。这样的做法特别有用,因为其允许以母语呈交所要求文件届满期限的最迟时间(例如说明书的修改),然后,允许在一个月的期限内准备译文。

[口头审理程序所使用的语言]
第4条

(1)欧洲专利局口头审理程序的任何当事人,如果该当事人在该口头审理程序之日前至少一个月通知欧洲专利局,可使用除该程序使用语言以外的任何一种官方语言,否则就要提供该程序使用语言的口头翻译。任何当事人都可以用成员国的一种官方语言,如果他准备提供该程序使用语言的口头翻译。欧洲专利局可以允许对这个规定作出变通处理。

(2)在口头审理程序中,欧洲专利局的雇员可以使用除该程序用语言以外的任何一种欧洲专利局官方语言。

(3)当进行举证时,如果参加庭审的任何一方、证人或者专家不能用欧洲专利局或成员国的任何一种官方语言正确地表达,则可以使用另外的语言。当应某一方当事人的请求举证时,如果其他当事人、证人或者专家不能用欧洲专利局的任何一种官方语言正确地表达,只有该方当事人提供该程序用语言的口头翻译时,才进行听证。但是,欧洲专利局可允许翻译成其另一种官方语言。

(4) 如果当事人各方和欧洲专利局同意,可以使用任何一种语言。

(5) 如果有必要,欧洲专利局应自己承担费用来提供该程序用语言的口头翻译,或者,在适当的情况下,翻译成其他的官方语言,除非此种翻译是属于当事人一方的责任。

(6) 欧洲专利局的雇员、各方当事人、证人或专家,以欧洲专利局的一种官方语言作出的陈述,应采用该官方语言记录在案。以任何其他语言作出的陈述,应以翻译后的官方语言记录在案。对欧洲专利申请或欧洲专利作出的修改,应以该程序使用的语言记录在案。

1. 总述。 本条是落实《欧洲专利公约》第 14 条的规定。《欧洲专利审查指南》中的 E 部分第五章详细阐述了本条规定。

2. 官方语言。 相对于书面程序,任何当事人在口头审理程序中可以使用任何一种欧洲专利局的官方语言。如果进行了充分的事前通知,欧洲专利局将提供同期翻译。这个问题是在发出召集口头审理程序中提出,并且请求翻译的要求是在口头审理程序的一个月前,越早越好。否则,希望使用另一种官方语言的当事人应提供他们自己的翻译。

3. 可允许的语言。 与书面程序不同的是,任何一方当事人,可以使用一种可允许的语言,且没有对应于《欧洲专利公约》第 14 条第 4 款的资格要求。由希望以可允许的语言发言的一方提供翻译。

4. 记录(第 6 款)。 本款规定了口头审理程序记录的语言要求。本细则第 124 条规定了口头审理程序中记录的一般性规定。

[译文的证明]

第 5 条

如果文件需要翻译,欧洲专利局可以要求在规定的时间内提供与最初提交的文本对应一致的证明。如果在规定的时间内未提交该证明,除另有规定外,则文件将被视为未提交。

1. 总述。本条为落实《欧洲专利公约》第 14 条和本细则第 53 条第 3 款的规定,后者涉及可能要求提供优先权文件的通知。一般说来,欧洲专利局不会要求提供证明,除非译文的准确性受到怀疑。

[译文的提交与费用减收]
第 6 条

(1) 根据《欧洲专利公约》第 14 条第 2 款提供的译文,应在提出欧洲专利申请的两个月内提交。

(2) 根据《欧洲专利公约》第 14 条第 4 款所提交的译文,应在提交文件的一个月内提交。本条也适用于《欧洲专利公约》第 105a 条的规定。如果文件是异议或上诉的通知,或者是上诉理由的意见陈述,或者是复审请求,译文可以在提交此种通知、意见陈述或请求的期限内提交,如果该期限的届满日更晚的话。

(3) 如果《欧洲专利公约》第 14 条第 4 款所称的某个人,以一种该规定允许的语言,提出了欧洲专利申请、审查、异议或者上诉的请求、复审请求、限制或者撤销的请求,则申请费、审查费、异议费、上诉费、请求复审或者限制、撤销的费用,应按照有关费用的细则规定减收。

1. 总述。本条为落实《欧洲专利公约》第 14 条的规定。

2. 新申请(第 1 款)。根据《欧洲专利公约》第 14 条第 2 款的规定,提交译文的期限是自提出申请之日起两个月。未能在该期限内提交将导致欧洲专利局根据本细则第 58 条的规定发出通知,指出该缺陷并要求在两个月内提交译文。根据《欧洲专利公约》第 122 条的规定,权利恢复是可能的,尽管本细则第 135 条第 2 款排除了根据《欧洲专利公约》第 121 条规定继续处理的可能性。《欧洲专利公约》第 14 条第 2 款规定,对于未能提交译文的惩罚是:该专利申请视为撤回。

3. 其他文件(第 2 款)。根据《欧洲专利公约》第 14 条第 4 款的规定,提交其他文件的译文期限是自提交该文件之日起一个月。对于异议通知、上诉的通知、上诉的理由,或者复审请求,第 2 款明确地将提交译文的期限扩展到比正常的一个月期限更长的合适期限的结束。未能按时提交译文将导致原始的文件被视为没有收到。如果这个结果导致权利丧失,将按照本细则第 69 条第 1 款规定的程序通知申请人。根据《欧洲专利公约》第 121 条规定的继续处理是可利用的,且根据《欧洲专利公约》第 122 条的规定,权利恢复也是可能的。

4. 费用减收(第 3 款)。如果某些行为是以可允许的语言履行的,除了《欧洲专利公约》第 14 条第 4 款规定的资格要求,一些费用的减收是可以的。例如:以可允许的语言提交申请的说明书和权利要求书,以可允许的语言提出审查请求。可能的减收列在《缴费规则》第 14 条第 1 款中,关于申请费、异议费、上诉费、复审请求费、限制费和恢复费的减收幅度为 20%。按照 G6/91 *Asulab*(EPO)案,如果最初的行为是以欧洲专利局的一种官方语言履行的,之后又用可允许的语言来履行,则不适用减收,尽管使用可允许的语言提交译文是可以接受的。进一步的规定可以在《欧洲专利审查指南》的 A-XI,9.2 中找到。

[欧洲专利申请译文的合法认证]
第 7 条

除非有相反的证据,为了确定欧洲专利申请或欧洲专利的主题内容是否超出了该申请提交时的主题内容,欧洲专利局应假设根据《欧洲专利公约》第 14 条第 2 款和本细则第 40 条第 3 款规定提交的译文,是与该申请提交的原始文本一致的。

1. 总述。本条是落实《欧洲专利公约》第 14 条第 2 款和第 70 条第 2 款的规定。为了程序效率起见,欧洲专利局通常会假设专利申请的译文符合该申请的原始文本。因此,提交相反的证据的责任就落在了反对者或第三方的身上了。

第二章 欧洲专利局的组织

第一节 一般事务

[专利分类]
第8条

欧洲专利局使用1971年3月24日发布的《国际专利分类斯特拉斯堡协定》第1条所称的分类法,以下称为国际分类。

[欧洲专利局的行政架构]
第9条

(1)欧洲专利局在行政上划分为若干个业务总部,总部内设置按照公约第15条规定的部门,以及设立负责法律事务和内部行政管理的服务机构。

(2)每个总部由一名副局长负责。经与欧洲专利局局长谘商后,主管某个总部的副局长由行政理事会任命。

1. 总述。本条为落实《欧洲专利公约》第15条的规定。

[受理处与审查部的职责]
第10条

(1)受理处负责欧洲专利申请的申请提出和形式要件的审查,直至审查部根据《欧洲专利公约》第94条第1款的规定开始审查时为止。

(2)除第3款、第4款的规定以外,审查部从审查请求提出时起,负责按照《欧洲专利公约》第94条第1款的规定对欧洲专利申请进行审查。

(3)如果审查请求是在欧洲检索报告传送到申请人之前提出的,除第4

款的规定以外,从欧洲专利局收到按照本细则第70条第2款的明确答复后,审查部开始负责审查。

(4)如果审查请求是在欧洲检索报告送达到申请人之前提出的,并且申请人已经放弃了本细则第70条第2款所规定的权利,从检索报告送达到申请人起,审查部开始负责审查。

1. 总述。《欧洲专利公约》第16—18条主要关注的是受理处与审查部的责任分工,而本条则更关注的是欧洲专利申请从受理处到审查部的职责转移。这个职责转移出现在标准的请求审查的情形下,即审查请求是在收到检索报告之后提出的。对于在检索报告作出之前提出审查请求的专利申请(例如指定欧洲专利局的Euro-PCT申请),职责转移取决于当申请人收到欧洲专利局发出的询问申请人是否希望程序继续进行的通知后,申请人是否放弃了本细则第70条第2款所规定的程序权利。如果放弃了该程序权利,职责就在检索报告传送后发生转移。如果不放弃该程序权利,职责就在收到申请人是否希望该申请继续的答复后发生转移。

[第一审级机构的职责范围]
第11条

(1)由各总部负责任命技术上胜任的审查员作为检索部、审查部或异议部的成员。欧洲专利局局长根据国际分类表确定各总部的职责范围。

(2)除了公约规定的职责范围以外,欧洲专利局局长可以给受理处、检索部、审查部、异议部和法律部指派其他任务。

(3)欧洲专利局局长可以将属于审查部或异议部的,然而并不特别困难的技术或法律工作交给一些尚不具备技术或法律资格的审查员。

1. 总述。本条为落实《欧洲专利公约》第15—20条的规定。

2. 委托给法律部的任务(第2款)。2007年7月12日发布的关于法律部职责的欧洲专利局局长决定规定(见《欧洲专利局官方杂志》,2007年特刊 3,第 113 页)专属于法律部职责的某些事务。这些事务主要涉及代表人和专利登记簿的登记管理。

3. 委托给程序官员(第 3 款)。第 3 款允许将任务委托给在审查部和异议部负责的程序官员。这只适用于在技术上或法律上并不特别困难的工作。在 2007 年 7 月 12 日发布的关于通常属于审查部或异议部的某些职责委托给非审查人员的欧洲专利局局长决定(见《欧洲专利局官方杂志》,2007 年特刊 3,第 106 页)中,详细地说明了所委托的任务。G1/02 关于程序官员的权力(EPO)案中,证实了程序官员由于接受任务委托的缘故,也可以发出权利丧失的决定和通知。

第二节 上诉委员会和扩大上诉委员会的组织结构

[上诉委员会的主席团]
第 12 条

(1)包括上诉委员会在内的组织单元中的自治权力机构(上诉委员会的主席团),由主管上诉委员会工作的副局长作为主席团主席,以及 12 名成员组成,其中六位是上诉委员会的主席,六位为其他成员。

(2)主席团的所有成员由主席和具有两年以上工作经历的上诉委员会成员选举产生。如果不能选出全部的主席团组成人员,差额部分指定最资深的主席和成员填补上去。

(3)主席团应制定上诉委员会的程序规则和选举、指定其成员的程序规则。主席团应就上诉委员会总体上的职责事宜向主管上诉委员会的副局长提出建议。

(4)每个工作年度开始之前,主席团,扩大到所有的主席,应划分各个上诉委员会的职责。在同样的组织结构下,主席团应就涉及两个或多个上诉委员会的职责冲突作出决定。扩大主席团应对各个上诉委员会任命常任的和轮换的成员。上诉委员会的任何成员可被任命为不止一个上诉委员会的成员。如果有必要,可在当前的工作年度中对这些措施进行修改。

(5)如果有至少五位成员出席会议,则主席团可以作出决定;这些出席者中，必须包括主管上诉委员会工作的副局长或者其代理人，以及两个上诉委员会的主席。如果涉及第4款所述及的任务，必须有九位成员出席会议，其中包括主管上诉委员会工作的副局长或者其代理人，以及三个上诉委员会的主席。决定必须通过多数投票作出；当出现赞成与反对票数相同的情况时，主席或者其职务代理人的投票具有决定性，弃权不被当作是投票。

（6）行政理事会可以根据公约第134a条第1条c项的规定，对上诉委员会的职责进行划分。

1. 总述。本条为落实公约第15条f项、第21条和第23条的规定。本条规定上诉委员会的主席团负责制定委员会的程序规则。主席团和上诉委员会的组成人员在每一年度开始时公布在"主席团与职责划分"中。

225 [扩大上诉委员会的业务分配计划与所采用的程序规则]
第13条

（1）每个工作年度开始之前，根据公约第11条第3款任命的扩大上诉委员会成员，应按照公约第22条第1款a项和b项的程序指定扩大上诉委员会常任的和轮换的成员，以及按照公约第22条第1款c项的程序指定常任的和轮换的成员。

（2）按照公约第22条第1款a项和b项的程序指定扩大上诉委员会常任的和轮换的成员，应采用扩大上诉委员会的程序规则。

（3）关于第1款和第2款所述及事宜的决定，仅当至少有五名成员出席会议时方可作出，包括扩大上诉委员会主席或其职务代理人；当出现赞成与反对票数相同的情况时，主席或者其代理人的投票具有决定性，弃权不被当作是投票。

1. 总述。本条为落实公约第15条g项和第23条的规定。扩大上诉委员会的组成人员在每一年度开始时公布在"主席团与职责划分"中。

第二编 适用本公约第二编的实施细则

第一章 申请人不适格时的程序

[程序中的中止]
第 14 条

（1）如果第三方向欧洲专利局证明其已就寻求公约第 61 条第 1 款意义上的决定对申请人提起诉讼，欧洲专利局将中止审查程序，除非第三者同意继续该程序。这种同意是不可撤回的。但是只能在欧洲专利申请公开后，才能中止审查程序。

（2）如果所提供证据证明关于第 61 条第 1 款意义上的终局决定已经作出，欧洲专利局应通知申请人或其他当事人；审查程序自通知中规定之日起开始恢复，除非按照第 61 条第 1 款 b 项在各指定成员国中提出一件新的欧洲专利申请。如果决定有利于第三方，批准程序只能在该终局决定作出后三个月届满方可恢复，除非第三者要求恢复审查程序。

（3）欧洲专利局可以在决定中止审查程序的同时或在以后的一个日期规定其计划恢复审查程序的日期，而不考虑第 1 款所涉的国家诉讼已进行到的阶段，这一日期应通知第三者、申请人以及任何其他当事人。如果在此日期前未提交终局决定的证明，欧洲专利局可以恢复审查程序。

（4）自审查程序中止之日起，除缴纳维持费以外，所有的期限都由于审查程序的中止而中断计算。尚未届满的期限从程序恢复之日起开始计算。但是，自程序恢复后计算的期限不得短于两个月。

1. 总述。 本细则第 14—18 条规定了有关欧洲专利申请的申请人受到第三方就获得专利授权资格的挑战*后欧洲专利局的程序。这种关于获得专利授权资格的诉求必须向国家法院提出。一旦欧洲专利局接到诉讼通知,其必须中止该申请的程序,直至作出关于获得专利授权资格的终局决定。如果第三方挑战成功且该专利尚未被授权,公约第61条规定,取得胜诉的第三方有选择权:取代前申请人继续进行欧洲专利申请的审查程序;或者提出新的专利申请;或者请求驳回该欧洲专利申请。本细则第14条规定的中止程序,旨在保护在资格诉讼还处在国家法院审理期间第三方免受当前申请人作出的不利动作,例如撤回申请或者修改权利要求书。

2. 程序上的证明(第1款)。如果欧洲专利局收到第三方与申请人之间就专利申请资格进行国家法院程序的证明,且满足第1款中的其他要件(见下面),欧洲专利局必须依职权中止专利审查程序(见J28/94 *Suspension of Proceedings* 案)。因此,并不需要第三方提出中止请求。在关于中止的问题上欧洲专利局不具有任何的自由裁量权,也不能评估国家法院程序中的任何一方的成功机会。但是,欧洲专利局在决定中止审查前要听取专利申请人的意见。如果专利申请人向欧洲专利局提出程序中止的条件并不适用的证据,欧洲专利局的法律部必须作出决定。无论是拒绝中止程序还是驳回专利申请人的意见,对该决定不服的可以上诉。双方当事人都有权上诉(见J28/94 *Suspension of Proceedings* 案)。**(1)第三方同意继续审查**。第三方可以同意欧洲专利局继续进行审查,但其必须用书面形式作出声明,且声明不可撤回(本细则第14条第1款)。**(2)申请公开之前不中止**。欧洲专利局的专利审查程序的中止仅可发生在欧洲专利申请被公开之后(见本细则第14条第1款的第三句话)。

3. 程序恢复(第2款)。根据公约第61条的规定,如果对专利申请人的资格作出了法律上的终局决定,第三方必须在三个月内作出选择:是否取代前申请人继续该欧洲专利申请的审查;或者提出一件新的专利申请;或者请求驳回该欧洲专利申请。从恢复审查之日起(如果选择了该选项),必须

---

* 这种"第三方就获得专利授权资格的挑战",在我国称为"权属纠纷"。——译者注

通知所有当事人。按照本细则第 14 条第 2 款的规定，在关于专利申请资格的决定作出之后的三个月届满之前，正常情况下还不能恢复审查程序。当然，这个期限的存在是为了允许胜诉的第三方决定该专利申请何去何从，因此，如果该第三方同意，也可能出现更早地恢复审查程序的情况。

4. 继续审查程序（第 3 款）。根据本细则第 14 条第 3 款的规定，欧洲专利局在作出中止审查决定的同时，还有权设定对专利申请继续审查的日期，不必考虑国家法院关于专利申请资格的诉讼审理进程。此举是为了防范在国家法院出现可疑的拖延战术。到了相关的日期，如果没有来自国家法院的终局决定（包括上诉）的证据，欧洲专利局可以恢复审查程序，但这属于欧洲专利局自由裁量的范畴。

5. 期限（第 4 款）。审查程序或者异议程序的中止，造成在该中止期间的所有期限被中断。当程序继续进行之后，期限按照中止结束后的剩余时间恢复计算，但在任何情况下，都不能自恢复之日起少于两个月的期限。维持费*的缴纳期限是个例外，按照公约第 86 条的规定必须符合期限的规定，即便是第三方提出专利申请权或专利权的资格诉讼时，如果有必要，他自己也需要明白了解该期限并缴纳维持费。

[对撤回的限制]
第 15 条

自第三方向欧洲专利局证明其根据本细则第 14 条第 1 款的规定已提出国家诉讼程序起，直至欧洲专利局恢复审查程序之日止，无论是欧洲专利申请，抑或对任何成员国的指定，均不得撤回。

---

* 这里所称的"维持费"，英文为"renewal fee"，相当于《中国专利法实施细则》（2001 年）第 94 条规定的"申请维持费"。但请读者注意的是：中国《专利法实施细则》（2010 年）已经取消了"申请维持费"这一收费项目。另外，也请注意，中国《商标法》中，目前存在着"续展费"的概念。中国《商标法》第 40 条规定："注册商标有效期满，需要继续使用的，应当在期满前六个月内申请续展注册；在此期间未能提出申请的，可以给予六个月的宽展期。宽展期满仍未提出申请的，注销其注册商标。"可见，商标法意义上的"续展费"是在商标核准注册之后的每隔 10 年才产生的"维持费"，而"申请维持费"是指在尚处在审查阶段的专利申请"维持费"。——译者注

1. 总述。本细则第15条包含着绝对禁止条件,一旦第三方证明其已经向某个国家法院提起专利资格纠纷的诉讼,无论是整个专利申请的撤回,还是其对成员国的指定,都是绝对禁止的。此规定为确保申请人不能作出对提出诉讼的第三方不利的行为(见 J7/96 *Suspension of the Proceedings* 案)。对于该第三方就同样的发明在证明国家诉讼程序已经提起之前(见 G3/92 *Unlawful Applicant* 案)所提出新的专利申请,该申请人撤回申请则不在禁止之列,但不能阻止在先的专利申请使新申请的新颖性丧失。

[按照公约第61条第1款的程序]

第16条

(1) 只有具有取得授予欧洲专利资格的人才可利用公约第61条第1款的规定进行救济,如果满足下列条件:

(a) 在不迟于承认他的资格的决定已经成为终局之后的三个月提出救济;且

(b) 该欧洲专利尚未获得授权。

(2) 此种救济仅适用于已经接受决定并承认或者基于承认议定书*必须认可的有关欧洲专利申请指定的成员国。

1. 总述。关于有权获得授予专利资格的争端必须由主管的国家司法机构适用本国法律作出决定,见公约第61条第1款的规定。公约第61条确定了国家司法机构裁决申请人以外的人具有取得授予专利的资格之后的待审查欧洲专利申请的后续事宜。本细则第16条则在其内容中规定了根据公约第61条第1款可资利用的时间安排。

2. 国家司法机构作出的终局决定(第1款)。如果国家司法机构作出

---

* 此"承认议定书"是指《关于对授予欧洲专利权的决定承认和司法管辖的议定书》。——译者注

了申请人之外的某个人具有取得授予专利的资格的终局决定,该人从决定之日起有三个月的时间决定如何对该申请进行后续处理。他有三种选择:一是作为他自己的专利申请继续进行审查程序;或者就同样的发明提出一件新的申请;或者请求驳回该申请。这些选项仅仅对已经接受决定并承认的欧洲专利申请指定的成员国有效,或者基于承认议定书必须认可的有关欧洲专利申请指定的成员国有效。**(1)当前专利的审查**。由欧洲专利局法律部对专利登记簿记载的原专利申请进行必要的转移变更发生效力。**(2)提出新的专利申请**。如果作出此项选择,则适用公约第76条第1款的规定,将新申请当作一件欧洲的分案申请(见公约第61条第2款的规定)。如果原欧洲专利申请不再处在审查阶段中,这是一个唯一的能够选择的选项(见 G3/92 *Unlawful Applicant* 案)。新申请被限制在在先申请的指定成员国范围内。这样对那些不希望专利申请面对未指定国家的第三方提供了保护。如果国家司法机构证实了原申请人的资格,则恢复审查程序。

3. 第三方仅就部分主题内容拥有申请资格。如果国家司法机构的终局决定仅就专利申请所公开的有关部分主题内容转移了申请权利,也适用公约第61条和本细则第16条、第17条(本细则第18条第1款)。

4. 授权的专利。根据公约第61条,一旦专利被授权,就不再可能对本条规定的选项进行选择了。如果异议期尚未届满,或者异议程序尚未终结,已经向国家法院提起专利申请资格诉讼的一方有权请求中止异议程序(本细则第78条第1款)。但是,关于中止是否有可加以利用的可能性,提起专利申请资格诉讼请求的人还必须针对全部的授权专利在每一个指定国家提起诉讼。有关的国家属于欧盟成员国或者欧洲自由贸易区的成员国,其有可能根据欧盟的《布鲁塞尔条例》*或者欧洲自由贸易区的《卢加诺公约》的规定仅在成员国之一的国家里提起诉讼。

---

* 所谓《布鲁塞尔条例》,是指欧盟于2000年12月22日颁布的《关于民商事司法管辖的判决执行条例》。所谓《卢加诺公约》,是指1988年于卢加诺签订的《关于民商事司法管辖权和判决执行公约》。——译者注

[有资格的人提出的新的欧洲专利申请]
第 17 条

(1) 一旦由终局决定裁判确定的有资格申请欧洲专利的人根据公约第 61 条第 1 款 b 项的规定提出了新的专利申请,原专利申请自新申请提出之日起在已经接受决定并承认或者基于承认议定书必须认可的原专利申请指定的成员国视为撤回。

(2) 申请费及检索费必须在新申请提出之日起一个月内缴纳。如果未能在指定的期限内缴纳申请费及检索费,该申请将被视为撤回。

(3) 指定费应在欧洲专利公报上所注明的关于新申请的欧洲检索报告的公布之日起六个月内缴纳。适用本细则第 39 条第 2 款和第 3 款。

1. 总述。本细则第 17 条适用于第三方已经决定提交一件新专利申请的情形。该申请提出之后,根据公约第 76 条第 1 款的规定,其就被当作是欧洲分案申请。这是当在先申请已不处在审查阶段时唯一的获得专利的方式。新申请被限制在与在先申请的指定国家相同的范围。这样就保护了那些在先专利申请未指定国家的公众,因为公众对原专利申请没有预期。当新的申请提出之后,原未经授权一方提出的申请被视为撤回。

2. 申请视为撤回(第 1 款)。在新申请提出之日,原未经授权一方提出的申请在与新申请相关的指定国家视为撤回。这意味着,在先申请的撤回仅仅与国家法院的决定所涉及的指定国有关。

3. 费用与期限(第 2 款)。对于新申请而言,适用缴纳申请费、检索费和指定费的具体期限。新申请提出的一个月内,应按时缴纳申请费、检索费。指定费是在自新申请的检索报告公布后的六个月缴纳。

4. 通过国家专利局提出新申请(第 3 款)。按照公约第 75 条第 1 款的规定,新专利申请可在某个国家专利局提出。遵照公约第 77 条第 3 款的规定,对这类申请案可适用四个月的期限向欧洲专利局转送。在此情形下,按照本细则第 60 条第 2 款,发明人身份的声明也可以在之后提交。

[欧洲专利权的部分转移]
第18条

(1)如果终局决定确定了第三方仅有权就有关原欧洲专利申请中的部分主题内容获得欧洲专利的授权,公约第61条和本细则第16条以及第17条的规定也将适用。

(2)如果有必要,对于已经接受决定并承认或者基于承认议定书必须认可的原专利申请指定的成员国而言,原欧洲专利申请中包含与其他的指定成员国不同形式的权利要求书、说明书和附图。

1. 总述。本条涉及当第三方仅在关于专利申请的所有权诉讼中部分胜诉且相关法院的决定成为终局的情形下所适用的形式要求。

2. 在部分所有权之下的选择(第1款)。如果第三方被判定为仅有权就专利的某一部分获得权利,第1款规定,公约第61条和本细则第16条及第17条的规定也将对该部分适用。该第三方要么接受未经授权人所提出的专利申请中的该部分内容,或者,就其自己的那部分内容提出新的申请,或者请求驳回在先申请中相关的部分内容。如果其就自己的那部分内容提出新的申请,在先申请中相关的部分内容就被视为撤回。很显然,第三方有资格在某些指定国申请专利,也即存在着地域分割。如果申请资格的分割还涉及不同的发明要素,就会出现更多的问题。因此,在双方当事人都参与继续申请时,就会变得敏感。

3. 在不同国家的不同的专利申请(第2款)。与公约第118条规定的欧洲专利申请的统一性概念不同的是,第2款规定了分案的可能性。如果原申请人和第三方希望在与其有关的指定国中有不同的权利要求书,则在不同的指定国有不同的权利要求书、说明书和附图,是可能的。

4. 在不同国家的不同的权利要求书、说明书和附图(第2款)。如果国家法院的决定仅涉及到一个或几个指定国,在根据公约第99条第5款的规定已经提交证据之后,新的第三方所有人可以请求这些有关的国家将其自己变更成权利人。新权利人就成为了共同权利人,与公约第118条第二句话*不同的是,在异议程序中新权利人可以提交不同的权利要求书、说明书和附图。在此种情形下,前专利权人与该第三方通常不认为是共同的权利人,除非有特别请求。在异议程序中被维持的欧洲专利在此之后将在不同的指定国包含着不同的权利要求书、附图或者说明书。

第二章　发明人的署名

[发明人的指定]
第19条
　　(1)在请求书中应指定发明人。然而,如果申请人不是发明人或不是唯一的发明人,则应在单独的文件中加以指定。该指定应包括发明人的姓名、详细地址、公约第81条所提到的声明及申请人或其代理人的签字。
　　(2)欧洲专利局不负责核实发明人指定的准确性。
　　(3)如果申请人不是发明人或不是唯一的发明人,欧洲专利局向发明人发出通知,告知他文件中指定他的信息和下列数据:
　　(a)欧洲专利申请号;
　　(b)欧洲专利申请日,如果要求了优先权,在先申请的国别、申请号和申请日;
　　(c)申请人的姓名;
　　(d)发明名称;
　　(e)所指定的成员国。
　　(4)申请人、发明人不得利用第3款中所指的通知中可能带有的错误和遗漏。

---

　　*《欧洲专利公约》第118条第二句话:"欧洲专利申请或者欧洲专利的统一性不因欧洲专利局的法律程序而变化;特别是,除非公约另有规定,欧洲专利申请或者欧洲专利的文本在所有指定国内应当全部相同。"——译者注

1. 指定发明人的表格（第 1 款）。对于所有直接提交的欧洲专利申请，即不是起源于国际专利申请的，必须提供指定的发明人信息，如果申请人是发明人，在请求书中写明（本细则第 41 条第 2 款 j 项），或者，单独填写指定发明人的表格。如果申请人不是发明人或不是唯一的发明人，必须用单独的文件指定发明人，写明每一位发明人的全名（姓氏在先）、本细则第 19 条第 3 款所指的适合邮寄通信的详细地址。这样的发明人指定还必须包含着为了专利申请资格的目的，每一位发明人的相关权利是如何授予给申请人的声明，写上"于某年某月某日达成协议"这句话就足矣。在发明是由雇员作出的情况下，作出发明人是申请人之雇员的声明是合适之举。如果申请人资格是通过继受获得的，也要进行声明。欧洲专利局的推荐做法是使用 EPO 的第 1002 号表格，该表格包括了这些可能情况，但应采用适合具体情况的措辞。发明人的指定必须由申请人或其代表人签字，不满足这个条件就成为可补正的缺陷（见本细则第 50 条第 3 款）。

2. 准确性的责任（第 2 款）。欧洲专利局不承担核实任何所提供的指定发明人信息的责任，因此对其内容的核实，全凭提供签字的申请人或其代表人。参考本细则第 21 条和第 139 条的规定，可以进行更正，包括删除、改变或增加姓名。如果欧洲专利局注意到发明人的指定出现了微小瑕疵，例如，漏掉了发明人的地址，申请人被通知要求在公约第 90 条第 4 款指定的期限内作出合适的更正。如果没有在指定的期限内更正，该申请将被驳回。对于此种更正，可根据公约第 121 条的规定作出继续处理。

3. 通知发明人（第 3 款）。尽管欧洲专利局不核对单独提交指定发明人的文件，但其应根据本细则第 19 条第 3 款 a—e 项的规定，将相关文件中的数据连同相关申请中的著录项目数据通知列明的发明人。根据本细则第 19 条第 3 款发出的通知使用指定文件中提供的地址信息。如果该通知被邮政部门退回，欧洲专利局应请求申请人提供新的地址，若提供了更新过的地址信息，应再次发出通知。对于任何起源于国际专利申请的欧洲专利申请，也应按照本细则第 19 条第 3 款的规定向申请人发出通知。

4. 通知发明人（第 4 款）。对于按照本细则第 19 条第 3 款发出的通知中可能有遗漏或者此种通知出现的错误,欧洲专利局不受处罚。

[指定发明人的公布]
第 20 条
　　(1)被指定的发明人应在公开的欧洲专利申请文件中和欧洲专利说明书单行本中予以署名,除非发明人以书面形式通知欧洲专利局他已放弃署名的权利。
　　(2)如果第三方向欧洲专利局提交一份关于专利申请人或专利权人应指定该第三者为发明人的终局决定,应适用第 1 款的规定。

　　1. 放弃发明人的署名权(第 1 款)。欧洲专利申请的发明人可以向欧洲专利局发出放弃其作为发明人在公开的欧洲专利申请或欧洲专利单行本上署名权的书面通知,在此情形下,根据该请求,相关的姓名就自动地予以排除。在这种情况下,按照本细则第 143 条第 1 款 g 项的欧洲专利局登记簿和欧洲专利公报上也不提及发明人。此外,按照本细则第 144 条 c 项的规定,发明人的指定,以及有关的书面放弃文件,都不属于公约第 128 条第 4 款的文件查阅的范围。然而,这样的安排并不影响到发明人的地位。
　　2. 申请日之后增加发明人(第 2 款)。由于国家的发明人资格程序的结果而在申请日之后确定的发明人,可以利用本细则第 20 条第 2 款的规定作为发明人在欧洲专利局获得承认,尽管其不包括在按照本细则第 60 条及时提出的发明人指定之内。

[更正发明人的指定]
第 21 条
　　(1)对发明人的错误指定,只有在提出请求并在得到被错误指定人的同意下,而且如果是第三方提出请求,只有在欧洲专利申请人或专利权人同意下,方可更正。本细则第 19 条的规定可以比照适用。
　　(2)如果对发明人的错误指定已在欧洲专利登记簿上登记或在欧洲专

利公报上公布,则对其进行的更正或取消,也应在欧洲专利登记簿上登记或在欧洲专利公报上公布。

1. 更正发明人的指定(第1款)。 要去掉欧洲专利申请中的指定的发明人,需要得到被错误指定人的书面同意。然而,增加发明人并不需要任何已被指定发明人的同意,因为该人不属于被错误指定的(见 J8/82 *Designation of inventor/Fujitsu* 案)。更正发明人身份的请求必须是由申请人或权利人提出或经过其同意。如果从一开始就错误地指定了发明人,或者审查过程中发明人的贡献已从权利要求的保护范围中去除,则发明人可以被去掉。正确的发明人指定的通知可以按照原来指定的同样方式来完成。

2. 发明人身份更正的登陆(第2款)。 不正确的发明人身份的登陆将在欧洲专利局的登记簿上或欧洲专利公报上得以纠正。

第三章 转让、许可和其他权利的登记

[转让登记]
第22条

(1)在相关当事人提出请求并且收到转让的证明文件后,将在欧洲专利登记簿上登记欧洲专利申请的转让。

(2)只有缴纳手续费后,请求才被视为提出。只有在第一款规定的条件未能满足的情况下才驳回请求。

(3)对于欧洲专利局的效力而言,只有在收到第1款所指的证明文件,并在该证明文件的限制范围内,转让才有效。

1. 总述。 本条涉及欧洲专利申请在公约第127条所规定的欧洲专利登记簿上的转让登记。按照公约第129条a项的规定,姓名的变更也同时在欧洲专利公报上公布。根据本细则第85条的规定,对于处在异议期内和异议程序内,包括任何上诉程序,欧洲专利的转让比照适用本细则第22条的规定。

2. 登记请求（第1款）。相关当事人可以提交转让登记请求，转让人或受让人均可提出。按照本细则第3条第1款，该请求可以用任何一种官方语言提出。符合欧洲专利局要求的证明转让已经发生的文件是必备的。为此目的，可提交任何一种书面证据。根据《欧洲专利审查指南》E-XIII-1 的规定，双方当事人签署转让声明是恰当的做法。但只由转让人签署声明也认为足够了，因为受让人在任何情况下都能收到欧洲专利局的通知。正式的证明文件（原本或经证明无误的副本），例如转让证明文件或证明转让的官方文件或该文件的摘要，都被同等地看作是合适的。如果发现所提供的证据不满足要求，则欧洲专利局将向提出转让请求的当事人发出通知，请其对所指出的缺陷进行补正。

3. 手续费（第2款）。对于请求而言，必须按照《缴费规则》第3条第1款缴纳手续费，目前的标准是80欧元。此手续费缴纳之后，该请求视为已经提出。

4. 对欧洲专利局的效力（第3款）。符合公约第72条的有效的关于转让专利申请的契约性的协议对欧洲专利局并不产生效力，除非已经请求登记。在请求符合上述要求之日，该转让才对欧洲专利局产生效力。上述做法体现了一致原则，即任何时候谁作为程序的当事人应该是明确无疑的（见 G2/04 *Hoffmann-La Roche* 案）。这与转让登记的实际完成日期无关，而是在请求登记之日起转让登记发生效力。从请求登记之日起，新的申请人就有资格面对欧洲专利局行使欧洲专利申请的相关权利。如果申请的转让是在按照公约第97条第3款于欧洲专利公报上公布专利授权之前就已生效，新申请人就变成了专利的所有人。

5. 变更姓名（名称）。一旦收到支持性的证据后，例如商业注册证副本，申请人或专利权人的姓名（名称）变更将记载在登记簿上。对于请求变更的，不收费。

6. 主管部门。根据本细则第11条第3款的规定，有关转让登记和姓名变更（名称变更）的工作授权给形式审查的官员。依照公约第20条规定设立的法律部,是对登录登记簿作出不利决定进行审查的主管部门。

7. 国家登记簿。按照公约第 2 条第 2 款的规定,授权后,欧洲专利就具有了国家专利的效力。因此,直至异议程序结束前,欧洲专利登记簿与国家专利登记簿可能是平行登记的。许多成员国认可欧洲专利局的转让登记信息并且在收到欧洲专利局作出的转让证明后(EPO 第 2544 号表格,详见"与欧洲专利公约有关的国家法律"(National Law relating to the EPC),表 IX),登记在该国的登记簿上。

[许可与其他权利的登记]
第 23 条
　　(1)本细则第 22 条第 1 款及第 2 款的规定适用于许可证的出让或转让登记,也适用于对欧洲专利申请物权的确定和转让的登记,以及任何以合法手段实施欧洲专利申请的登记。
　　(2)收到请求并提供支持权利已经消失的证明文件,或者权利所有人书面同意取消登记,根据第 1 款规定的登记应被取消(本细则第 22 条第 2 款的规定比照适用)。

1. 总述。本条涉及欧洲专利登记簿上的许可与其他权利的登记,以及权利转让的登记和对这些项目的取消。

2. 本细则第 22 条第 1 款和第 2 款的适用(第 1 款)。第 1 款所称可比照适用本细则第 22 条第 1 款和第 2 款的规定,意思是指在提交了已经授予许可或存在着其他权利的符合欧洲专利局规定的文件并且已经缴纳应缴的请求费的情况下,请求可以由申请人提出,也可以由转让人或受让人提出,还可以由在其他权利方面有资格提出的人提出。手续费则按照本细则第 22 条第 2 款规定的相同的费用来确定。

3. 某项登录的取消(第 2 款)。当提出请求并且缴纳规定的手续费,提供符合欧洲专利局要求的证明权利已经消失的文件,或者提交权利人出具其同意取消的声明,根据第 1 款规定的某项登录可以被取消。取消登录的手续费按照与登记该登录相同的数额来确定。

4. 授权后的登录。虽然本细则第 85 条涉及本细则第 22 条所称的授权专利的转让登记,但其没有涉及本细则第 23 条的规定。因此,《欧洲专利审查指南》E-XIII-3 中,并没有对已授权专利的许可登记作出规定。在 J17/91 *Cohen* 案中,审查决定认为,即便是假设本细则第 85 条能类推适用到已授权专利的许可方面,在异议期届满之后或不存在异议的情况下,不再有登录的可能性。

[许可登记的特别登录]
第 24 条

(1)关于欧洲专利申请的下列许可应被登记:
(a)如果申请人与被许可人以排他性的许可提出请求;
(b)由已经登记在欧洲专利登记簿上的被许可人授予的分许可。

1. 总述。本条涉及特别形式的许可登记。

2. 排他性的许可(第 1 款)。如果申请人与被许可人请求排他性的许可,应作为排他性许可来登记。这意味着即使所请求登记事件确定了该许可是排他性的许可,也有在他们双方都提出请求的时候,才将此事实登记在登记簿上。

3. 分许可(第 2 款)。登记簿中涉及许可的登录应前后一致。因此,对于登记请求而言,第 2 款规定了对于作出分许可的许可人,其先前获得的许可已经被记载在登记簿上。

第四章 展出证明

[展出证明]
第 25 条

申请人应在提出欧洲专利申请后的四个月内,出示公约第 55 条第 2 款所指的证明文件：

(a)该证明文件由展览期间负责在该展览会中保护工业产权的主管部门出具的；

(b)证明该发明确实已经在该展览会中展出；

(c)该证明文件证明了展览开幕日，如果该发明是在开幕日之后展出的，还要记载发明被首次公开日；且

(d)证明文件应附带有发明标识的文件，这些文件应缀附前述主管部门的证明真实性标志。

1. 总述。此条为执行公约第55条第2款的规定。受理处应认可根据本条规定提交的证明文件。对于证明文件中的明显缺陷应引起重视，在适当的情形下，将根据《欧洲专利审查指南》A-Ⅳ,3.2的规定，通知申请人，允许其在四个月内对这些缺陷作出补正。

第五章　生物技术发明

1. 总述。第五章由本细则第26—34条组成，旨在使欧洲专利公约与欧共体第98/44号指令相一致。

[概述与定义]

第26条

(1)对于涉及生物技术发明的欧洲专利申请和专利，适用公约的相关规定，并按照本章的规定进行解释。1998年7月6日发布的欧共体第98/44号关于生物技术发明法律保护的指令应作为补充的解释手段。

(2)"生物技术发明"是指由生物材料组成或者包含生物材料的产品，或者借助于生物材料手段进行生产、加工或使用的方法。

(3)"生物材料"意指含有基因信息的、且能自我复制或在生物学系统

中进行复制的任何材料。

（4）"植物品种"是指任何已知植物最低分类单元中单一的植物群,不论授予植物品种权的条件是否完全满足,该植物群可以是：

（a）以某一特定基因型或基因群的组合产生的特性表达来确定；

（b）至少表现出上述的一种特性,以区别于任何其他植物群；并且,

（c）作为一个分类单元考虑,其适用性经过繁殖而不发生改变。

（5）如果整体上是由自然现象组成的,例如杂交繁殖或选择,则植物或动物的生产基本上是生物学的方法。

（6）"微生物方法"是指任何涉及微生物材料、以微生物材料来完成的、或产生出微生物材料的方法。

1.《欧洲专利公约》与欧共体第 98/44 号指令的关系。第 1 款规定了适用《欧洲专利公约》并且按照第 98/44 号指令进行解释,该指令作为补充的解释手段来使用。第五章中的定义和细则是按照符合该指令的精神来起草的,所以,第 1 款的主要作用是将该指令作为公约中的等同部分的解释手段来引入的。欧洲法院对该指令的解释具有最终的管辖权,并且,可以设想的是：尽管欧洲法院的相关判决对欧洲专利局和非欧盟成员国不具约束力,但欧洲专利局和非欧盟成员国会对欧洲法院的相关判决给予应有的重视。同样地,可以期待的是：面临着需要解释该指令的时候,欧洲法院也会把基于公约第 53 条和本细则第五章作出的欧洲专利局判例当作是具有说服力的证据来对待。

2. 生物技术发明。本细则第 27 条针对第 2 条提出的生物技术发明,作出了更为详细的规定。

3. 植物品种。第 4 款给出的"植物品种"的定义与欧共体第 98/44 号指令是一样的,都取自于第 2100/94 号条例的第 5 条规定。

［可专利的生物技术发明］

第 27 条

生物技术发明应是可授予专利的,如果其涉及：

（a）从自然环境中分离出的生物材料，或者通过技术方法生产出来的生物材料，即便是其先前以自然状态存在；

（b）该发明的技术可行性不局限在具体的植物或动物品种上的植物或动物；

（c）微生物的方法或其他的技术方法，或者借助于植物或动物品种之外的方法所得到的产品。

1. 总述。细则第 27 条给出了可以授予专利主体的清单。但该清单并非是穷举的。细则第 28 条提出了可专利性的例外。

2. 发明与发现。本细则并不影响到由国家的、欧洲的或者国际专利法所提出的关于发明（潜在的可授予专利的）和发现（不可授予专利的）之间的区别（见第 98/44 号指令中的绪言第 34 段和公约第 3 条第 2 款的规定）。

3. 从自然环境中分离的材料。从自然环境中分离出的生物材料的可授予专利的案例（与公约第 53 相关的决定）是 T272/95 *Relaxin*（松弛肽）案。

4. 借助于技术方法生产的材料。借助于技术方法生产的材料的案例是 T356/93 *Plant Cells*（植物细胞）案。在该案中，通过赋予植物抵抗某种化合物的特性而修改该植物。

5. 植物或动物的可专利性。本条 b 款确认，若发明可以应用于一种以上的植物或动物品种，则植物或动物是可专利的。例如，发明特征在于将某一特定基因引入到一个以上的植物品种中的发明是可专利的。例如 G1/98 *Transgenic Plants*（转基因植物）案就属于这类案例。进一步地，在 T315/03 *Onco-mouse* 案中，对动物也采取了这一原则。

6. 微生物或技术方法。"微生物方法"被定义为任何涉及微生物材料、以微生物材料来完成的、或产生出微生物材料的方法（本细则第 26 条第 6 款）。"技术方法"为那些需要人为干预的方法：例如，通过人工操作采取不同于自然现象步骤顺序并对最终产品有决定性影响的方法（见 T320/97 *Hybrid Plants* 案）。类似地，至少包括一个利用技术的步骤方法发明，例如基因工程步骤,就属于涉及技术方法的发明。此种方法即为可专利的方法(T356/93 *Plant Cells* 案)。

[可专利性的例外]
第28条

根据公约第53条a项的规定,涉及下列的生物发明将不被授予专利权:

(a)克隆人类的方法;
(b)修改人类微生物线遗传特性的方法;
(c)为工业或商业目的使用人类干细胞;
(d)修改动物遗传特征的方法,该方法很可能使动物遭受对人类或动物毫无医学上益处的痛苦,或者采用这类方法生产出的动物。

1. 总述。本条以非穷尽方式规定了不授予专利的发明列表,其理由是:根据公约第53条a项的规定,这类发明的商业开发利用将违反"公共秩序"和道德。

2. 对人的克隆。第98/44号指令指出,对人类克隆的方法包括采用胚胎分裂技术,制造与另一个活人或死人的核遗传信息相同的人体的任何方法(绪言第41段)。

3. 人类胚胎的利用。欧洲专利局已经直白地表明利用人类胚胎的不可专利性。在T79/03转基因干细胞(T79/03 *Transgenic Stem Cells*)一案中,异议部认为要适用第98/44号指令的第6.2(c)条和细则第23(d)条(现细则第28条)的规定。权利要求中包括了涵盖人类干细胞的分离干细胞的方法,可是其没有直接地排除。因此,驳回这些宽泛的权利要求。

4. 动物痛苦。在确定修改动物遗传特征的方法或者采用这类方法生产出的动物是否可专利方面,本细则第28条d项要求考虑动物痛苦与人类或动物的实质上获益的平衡。如果存在着实质上的医学益处,可能使动物遭受痛苦的发明还是可专利的(T315/03 *Onco-mouse* 案)。值得注意的是,这表明其部分地偏离了早期的还要考虑其他因素(具体地说,对环境的危害或威胁)的判例法。在涉及修改动物遗传特性的发明案例中,不再适用早期的判例法。

[人体及其要素]
第 29 条
　　(1)人体,在其成长发育的各个阶段,以及任何一个人体要素的简单发现,包括基因序列或部分基因序列,都不能成为可授予专利的发明。
　　(2)从人体分离出来的要素或者借助于技术方法产生的其他要素,包括基因序列或部分基因序列,即使该要素与自然形态的要素相同,能够成为可授予专利的发明。
　　(3)专利申请中必须公开基因序列或部分基因序列的工业应用。

　　1. 人体(第 1 款)。本款从两个方面排除了可专利性。首先,基于道德理由,人体不可专利。这也包括人体胚胎。其次,仅仅发现了人体要素,包括全部或者部分基因,也不可专利。然而,第二点的排除必须根据第 2 款与第 3 款的规定来确定。欧洲专利局在 T1079/03 的转基因干细胞(*Transgenic Stem Cells*)一案中适用了这个规则。
　　2. 分离或用技术方法生产的人体要素(第 2 款)。从人体分离出来的要素或者借助于技术方法产生的其他要素,可以成为可专利的发明。本条确认,即使是先前出现过的要素,这样的生物材料也是可专利的(见本细则第 27 条 a 项)。
　　3. 基因序列的工业应用(第 3 款)。基因序列和部分基因序列的工业应用必须在专利申请中公开。此举并非限制相关人类基因的应用。如果基因序列是用于生产蛋白质或部分蛋白质,必须指明该蛋白质或部分蛋白质及其功能(第 98/44 号指令之绪言第 24 段)。为解释专利授予的权利之目的,当序列的重叠仅涉及发明的非实质性部分时,每个序列应视为独立序列(第 98/44 号指令之绪言第 25 段)。同时,工业应用这个要求在上下文中并不起到重要的作用。如果基因序列能够在实验室中分离或者合成,就足以满足工业应用这个判别标准了。然而,最近欧洲专利局异议部适用公约第 53 条(以及本细则第 23 条)的规定认为:蛋白质功能的公开,以及与用来证实该功能的方法结合在一起,并不充分满足工业应用性的判别标准(T1191/01 *Seven Transmembrane Receptor* 案)。

[涉及核苷酸和氨基酸序列的欧洲专利申请的要求]
第 30 条
（1）如果欧洲专利申请中公开了核苷酸和氨基酸序列,说明书中应包含符合欧洲专利局公布的关于核苷酸和氨基酸序列规范表达式的规则的核苷酸和氨基酸序列表。

（2）申请日之后提交的序列表不应构成说明书的部分。

（3）如果在申请日没有提交符合第 1 款规定要求的序列表,欧洲专利局将通知申请人要求其提供此序列表并且要求缴纳延迟提供费。如果申请人未能在此通知后的两个月内提供此序列表并缴纳延迟提供费,该申请将被驳回。

1. 总述。本条为落实公约第 78 条第 1 款 b 项的规定,其规定了申请中要包含发明的说明书,而说明书中要包括核苷酸或氨基酸序列。

2. 核苷酸或氨基酸序列的表达(第 1 款)。如果欧洲专利申请中公开了核苷酸或氨基酸序列,这些序列应符合 1998 年 10 月 2 日发布的欧洲专利局局长令中所制定的规则(补充文件第 2 号,见《欧洲专利局官方杂志》,1998 年第 11 期)。该规则要求提供可以在遍及世界所使用的单一的序列表,这与世界知识产权组织(WIPO)制定的被所有的主要的国家专利局所接受的标准是一致的。此外,所提交的序列表作为符合第 1 款规定的说明书的一部分,局长令中还要求必须以计算机可读的形式提交,格式上要遵守世界知识产权组织的标准。以计算机可读形式提交的信息必须与书面的序列表相同(书面的序列表是正式文本),并且,还必须与数据盘一起提交关于书面版本效力的声明。

3. 序列表的提交日期(第 2 款)。序列表最好是作为说明书的一部分一起提交,但也可在申请日之后提交,在此情形下,序列表不构成申请的一部分。如果在申请之后提交序列表,其也不能对原始提交的申请增加内容。

4. 迟交序列表应遵守的事项(第 3 款)。第 3 款考虑到在欧洲专利局按照第 1 款的要求发出通知之后的两个月内,序列表迟交或者更正序列表的可能性。这必须同时提交一份关于序列表或者更正没有对原始提交的申请增加内容的声明。

[生物材料的保存]
第 31 条

(1)如果发明中涉及公众无法获取的且未在欧洲专利说明书中以本领域技术人员能够实现的方式进行说明的生物材料,该发明仅在下列情况下被认为按照公约第 83 条规定的公开:

(a)该生物材料的样品在不迟于申请日时已经按照 1977 年 4 月 28 日签署的《国际承认用于专利程序的微生物保存布达佩斯条约》的相同条件在所承认的保存机构保存;

(b)所提交的申请中给出了申请人能够获取到的关于生物材料特性的相关信息;

(c)申请中写明了保存机构和所保存的生物材料的保存号;且

(d)如果该生物材料是由申请人以外的人作出保存的,在申请中要写明保存人的姓名和地址,以及呈交给欧洲专利局的证明保存人已经授权申请人在申请中引证所保存的生物材料的文件,并按照本细则第 33 条的规定无保留地、不可撤回地同意公众能获取所保存的生物材料。

(2)第 1 款 c 项和 d 项中所指的信息可在下列期限内呈交:

(a)在该申请的申请日起六个月内,要求优先权的,自优先权日起六个月内,如果该信息是在欧洲专利申请公布的技术准备之前通知的,该期限被视为已经得到遵守；

（b）一直到根据公约第 93 条第 1 款 b 项规定的请求呈交日；

（c）在欧洲专利局通知申请人存在着公约第 128 条第 2 款规定的文件查阅权后的一个月内。

上述期限以最早到期的为准。信息通知本身将构成了申请人无保留地、不可撤回地同意公众能根据本细则第 33 条的规定获取所保存的生物材料。

1. 总述。细则第 31 条适用于涉及生物材料或者其利用的发明，如果该生物材料不能被公众获取，并且，也不能以本领域技术人员能够实现的方式在专利申请中予以描述说明。在这种情况下，此种公开不满足《欧洲专利公约》第 83 条规定的充分公开的要件，除非本细则第 31 条第 1 款、第 31 条第 2 款的第一句与第二句话、第 33 条第 1 款的第一句话已经满足。细则第 31 条遵守《布达佩斯条约》的规定，认可为了使生物材料能被公众所获取目的下的在国际承认的保存机构对生物材料的保存。

2. 生物材料（第 1 款）。此生物材料的定义源于本细则第 26 条第 3 款。

3. 国际承认的保存机构（第 1 款 a 项）。保存日不得晚于专利申请的申请日。保存机构必须是《欧洲专利局官方杂志》（2006 年第 4 期，第 317—319 页）定期公布的保存机构名单之中的保存机构之一。

4. 关于生物材料特性的信息（第 1 款 b 项）。专利申请中，必须对何种生物材料以及申请人已经获知的生物材料特性作出说明。这类说明具体包括与请求保护的发明相关的任何生物材料的结构性或功能性特性。例如，如果请求保护所保存的生物材料本身，说明书中应包括足够的关于该生物材料特性的信息以满足公约第 83 条的要求，并且要考虑到其可专利性的审查（见 T418/89 *Ortho* 案）。

5. 进一步的信息（第 1 款 c 项）。申请人必须确定保存机构的名称和保存登记编号。通常，可以通过提交有保存机构出具的保存收据来满足此要求。

6. 交存人的身份(第 1 款 d 项)。在交存人与申请人不是同一人的情况下,例如,保存由发明人交存的,必须在欧洲专利申请中给出实际交存人的姓名和地址。还必须向欧洲专利局提供证据,证明申请人已经得到授权引用该生物材料且交存人出具了其无保留的不可撤回地同意按照本细则第 32 条第 1 款和第 33 条第 1 款、第 2 款向公众开放所保存的生物材料。如果未能满足此项要求,则该保存不符合细则第 31 条的要求,因此不能据此认为符合公约第 83 条的充分公开要求。

7. 信息的迟交(第 2 款)。对于第 1 款 c 项、d 项所指的信息迟交,第 2 款给出了可供选择的迟交期限。以其中先到期的为准:自申请日起六个月,有优先权的,自优先权日起六个月;请求对该申请提前公开的提出之日;自欧洲专利局通知申请人根据公约第 128 条第 2 款的规定允许提早查阅文件之日起一个月。在迟交第 1 款 c 项的信息的情况下,该保存必须在申请中能够以该迟交的信息能够毫无疑义地被追溯到该申请的相关引证部分的方式被确认(见 G2/93 *Hepatitis A virus* 案)。通常可通过指明交存人在该申请中能证明的引用部分来确认。如果第 1 款 c 项或 d 项的信息未能在第 2 款指定的期限内提交,则逾期就再不能提交了。如果欧洲专利申请是源自于根据《专利合作条约》提交的申请,则期限计算涉及到该 PCT 申请的优先权日、申请日和公开日。所以,如果欧洲专利局作为指定局或者选定局,有关的 PCT 申请还必须满足第 1 款 d 项的要求(见《专利合作条约》的《申请人指南》附录 L)。

8. 同意公众获取生物材料(第 2 款)。申请人就第 1 款 c 项、d 项的信息给欧洲专利局的来信,就产生了其无保留地、不可撤回地同意公众能获取所保存的生物材料的效力。

[专家方案]
第 32 条

(1)在公布欧洲专利申请的技术准备完成之前,申请人可以通知欧洲专利局：

(a)在欧洲专利的授权登录公布之前，或者，如果可以适用的情况下，

(b)如果申请被驳回、撤回或者视为撤回，自申请日起20年内，本细则第33条所指的获取，其效力仅限于向请求人指定的专家提供样本。

(2)下列人员可以作为被指定的专家：

(a)若请求人提供证据证明，在提出请求之时，已经被申请人批准指定的任何自然人；

(b)已被欧洲专利局局长作为专家认可的任何自然人。

在指定中还要同时提供专家声明，表明其根据细则第33条的规定向申请人作出承诺，直至该专利在所有指定国的期限届满，或者在申请被驳回、撤回或者视为撤回的情形下，直至第1款b项所指的日期到期为止，请求人被当作为第三方。

1. 仅向专家提供的保存（第2款）。 在公布欧洲专利申请的技术准备完成之前的任何时间，申请人都可以对所保存的生物材料的获取作出限制，直至专利授权，或者在申请被驳回、撤回或者视为撤回的情形下，自专利申请之日起20年。在这种情况下，只有请求人所指定的专家才能获取所保存的样本。被指定的专家要么是被申请人批准的，要么是被欧洲专利局所认可的。被批准的专家由欧洲专利局定期公布在其官方杂志上（自《欧洲专利局官方杂志》1992年第470期公布以来，至今没有变化）。获取所保存材料样本的请求向欧洲专利局提出，由欧洲专利局审核该请求是否符合本细则的规定，并将请求传送给申请人或专利权人和保存机构。

[生物材料的获取]
第33条

(1)任何人自欧洲专利申请被公布之日起，以及根据公约第128条第2款的规定，凡有权在该公布日之前查阅文件的人，都有权获取按照本细则第31条规定保存的生物材料。在满足本细则第32条规定的前提下，

此种获取的结果是向作出请求的人(以下称之为"请求人")提供生物材料的样本。

(2)所述样本只有当请求人向专利申请人或专利权人作出承诺后方可提供,即:在该专利申请被驳回、撤回或者视为撤回之前,或者专利在所有指定国的期限届满之前,不把该生物材料或者源于该生物材料获得的任何生物材料向任何第三方提供,且仅限于实验目的下的使用,除非专利申请人或专利权人明确表示放弃这种承诺。

就请求人根据强制许可使用该材料而言,仅限于实验目的下使用的承诺将不再适用。"强制许可"这个术语应被解释为包括依职权作出的许可和在公共利益下有权使用授予专利的发明的权利。

(3)对于第2款的目的而言,由生物材料得到的材料是指任何仍带有所保存的材料特性的材料,该特性对于实现发明而言是必不可少的。根据第2款规定作出的承诺不应妨碍为专利程序目的必须将由生物材料得到的材料所进行的保存。

(4)第1款所指的请求应采用欧洲专利局认可的表格提交。欧洲专利局应基于该表格证明某欧洲专利申请中所涉及生物材料已经保存,并且,请求人或者根据本细则第32条规定由其指定的专家有资格获得该材料的样本。授予欧洲专利之后,仍应向欧洲专利局提出请求。

(5)欧洲专利局应把请求的副本,连同第4款规定的证明,传送给保存机构以及专利申请人或专利权人。

(6)欧洲专利局应在其官方杂志上公布保存机构清单和依照本细则第31条至第34条之目的认可的专家清单。

1. 依请求向公众提供保存的生物材料(第1款)。第1款对何时、何人以及如何获取所保存的生物材料作出了规定。同时还规定为了得到该材料请求人必须满足的条件,包括请求人就所保存的材料和由生物材料得到的材料所作承诺的细节规定。第2款对"由……得到的材料"作出了界定。

[生物材料的重新保存]

第 34 条

当国际认可的保存机构不再提供按照本细则第 31 条规定保存的生物材料时，如果该材料按照 1977 年 4 月 28 日签署的《国际承认用于专利程序的微生物保存布达佩斯条约》所制定的相同条件向国际承认的保存机构作出了重新保存，并且，如果在重新保存之日起四个月内向欧洲专利局提交了由该国际承认的保存机构出具的保存收据副本，写明欧洲专利申请号或欧洲专利号，则视为没有发生获取中断的情况。

1. 总述。在整个专利申请或专利的生命周期中必须保持所保存的生物材料的可获取性。细则第 34 条针对所保存的材料不能再被获取的情况作了规定——例如在保存机构保存的生物材料已不再存活的情况。在此种情况下，必须在中断保存通知之后三个月内重新作出保存。对重新保存，交存人必须作出证实重新保存的生物材料与原保存的生物材料相同的声明。

第三编　适用于本公约第三编的实施细则

第一章　欧洲专利申请的提出

[总则]

第 35 条

（1）可以用书面形式向位于慕尼黑、海牙或者柏林的欧洲专利局，或者公约第 75 条第 1 款 b 项所指的机构提交欧洲专利申请。

（2）收到欧洲专利申请的主管部门在该申请文件上记载接收申请的日

期并立即发给申请人回执,回执至少要包括申请号码、文件的性质和数量,以及收到文件的日期。

(3)如果欧洲专利申请是向公约第75条第1款b项所指的机构提交的,则该机构应当立即将申请文件的收据通知欧洲专利局,并向其说明该文件的性质、收到文件的日期、申请号,以及所要求的优先权日期。

(4)一旦收到由某一成员国的中央工业产权局转来的欧洲专利申请,欧洲专利局应当通知申请人,并告知收到日。

1. 提交申请的方式(第1款)。申请欧洲专利的方式可以是:以书面方式直接面交或邮寄给欧洲专利局的受理处或者某一个准许接受欧洲专利申请(分案申请除外)的成员国专利局;或者,通过传真向欧洲专利局的受理处或者向某一个准许接受欧洲专利申请(分案申请除外)的成员国专利局递交;以电子形式向欧洲专利局的受理处或者向某一个准许接受欧洲专利申请(分案申请除外)的成员国专利局递交(关于向欧洲专利局提交欧洲专利申请的申请手段的进一步信息见《欧洲专利局官方杂志》2007年特刊第3号,A.1—A.5;关于根据公约第75条第1款b项的规定向国家专利局提交申请的进一步信息见《欧洲专利局官方杂志》2007年特刊第3号,A.3)。如果欧洲专利申请人是通过传真的方式提交的,只有在文件的传真品质低劣的情况下,才会发出书面确认通知。在这种情况下,欧洲专利局将通知申请人在两个月内提供此种文件(可根据公约第121条请求延长继续处理的期限以防根据本细则第2条第1款驳回该申请)。最初传真到位于欧洲专利局海牙总部的申请将会被自动地转发到位于慕尼黑的传真服务器上,并会收到来自于欧洲专利局慕尼黑总部申请号码段的申请号。欧洲专利申请可以使用电子方式提交:在线使用规定的软件提交,或使用电子数据承载盘(进一步的信息见《欧洲专利局官方杂志》2007年特刊第3号,A.4和A.5)。欧洲专利局通过减收申请费的规定来鼓励这类在线提交的申请方式。

2. 向国家专利局提交申请的处理(第2款和第3款)。上述收到申请的主管机关必须发给申请人回执。然而,收到回执并不意味着确定了申请日。向一个国家专利局提交的申请应当在最短的时间内以符合该国家有关发明保密法律的方式转交给欧洲专利局。

3. 欧洲专利局收到转交的申请(第4款)。欧洲专利局收到由国家专利局转交申请的确认回执要发送给申请人,但没有在本细则第37条第2款指定的期限内转交的申请,将视为撤回。

248 [欧洲分案申请]

第 36 条

(1)对于任何尚未审结的较早的欧洲专利申请,申请人可以提出分案申请。

(2)分案申请应采用较早的欧洲专利申请所使用的语言并应该向位于慕尼黑、海牙或柏林的欧洲专利局提交。

(3)分案申请提出后一个月内,应缴纳申请费和检索费。如果未能按时缴纳申请费和检索费,该申请将被视为撤回。

(4)指定费应在作出关于分案申请的欧洲检索报告公布在欧洲专利公报之日起六个月内缴纳。将适用本细则第39条第2款和第3款的规定。

1. 总述。细则第36条涉及分案申请的详细规定,特别是分案申请的提出时机和相关的费用。

2. 较早的专利申请(第1款)。分案申请可以与任何尚在审查之中的较早的欧洲专利申请相关。行政理事会于2001年10月18日对本细则第36条作出最新一次修改,为了说明分案申请与母案申请的类型无关,加入了"任何"这个词。母案申请也可以是较早的分案申请。此新修改文本自2002年1月2日起生效(见《欧洲专利局官方杂志》,2002年,第112页)。只要较早的申请仍处在欧洲专利局的审查阶段中,在任何时间申请人都可以按照其自己的意愿对其申请进行分案。在欧洲专利的授权在欧洲专利公报的登录日之前(不包括该日)或者专利申请被驳回、撤回或视为撤回之前,专利申请都处在审查阶段中。针对驳回决定,如果提出上诉请求,在上诉程序进行的过程中(细则第 100 条第 1 款),仍可以提出分案申请。按照公约第 112 条规定的权利恢复不包括提出分案申请(见 G10/92 *divisional application* 案)。在母案申请为 EPO-PCT 申请(通过 PCT 申请进入欧洲的申请)的情况下,只有当该 EPO-PCT 申请已经处在作为指定局或者选定局的欧洲专利局的审查程序中,才能提出分案申请。也就是说,该 EPO-PCT 申请已经进入了欧洲阶段(《欧洲专利审查指南》A-Ⅳ,1.1.1)。

3. 语言(第 2 款)。分案申请应采用其较早申请程序中使用的语言。即便是原始申请使用的是欧洲专利局官方语言之外的语言,申请人在提出的分案申请中也要使用原来程序中所选择的语言。如果不满足这些要求,该分案申请就不会保留母案申请的申请日(《欧洲专利审查指南》A-Ⅳ,1.3.3)。分案申请可以向欧洲专利局在慕尼黑、海牙或柏林的三个总部之一提出。

4. 费用(第 3 款和第 4 款)。对于分案申请,必须缴纳与正常申请相同的费用。细则第 36 条第 1 款设置了缴纳申请费与检索费的一个月期限。即使母案申请中对应于分案申请中的主题内容部分已经按照本细则第 64 条第 1 款的规定缴纳了检索费,也仍需(针对分案申请)再次缴纳检索费(《欧洲专利审查指南》A-Ⅳ,1.4.1)。指定费应在关于分案申请的欧洲检索报告作出并公布在欧洲专利公报之日起六个月内缴纳。如果在规定的时间内没有缴纳针对某一指定国的指定费,则相对于该指定国,该申请将被视为撤回,如果对于整个欧洲专利申请而言没有缴纳任何指定费,则该申请将被视为撤回(见本细则第 39 条第 2 款和第 3 款)。权利要求费和申请维持费应按照本细则第 45 条第 1 款和公约第 86 条第 1 款的规定缴纳。

[转送欧洲专利申请]
第 37 条

(1)成员国的中央工业产权局应在符合涉及国家利益发明需要保密的国家法规定下以最短的时间将欧洲专利申请转送给欧洲专利局,并且采取所有适当的步骤确保在下列期限内转送:

（a）如果按照国家法的规定，发明属于明显不需要进行保密的情况下，自提出申请后的六个星期；或者

（b）如果发明需要进行进一步的保密审查的，自提出申请后的十四个月，如果要求优先权的，自优先权日起十四个月。

（2）自申请日起十四个月，要求优先权的，自优先权日起的十四个月，欧洲专利局没有收到该欧洲专利申请，该申请将被视为撤回。关于该申请的任何已缴纳费用将被退还。

1. 总述。本条为公约第77条关于向国家专利局提出的欧洲专利申请传送给欧洲专利局规定的补充规定。

2. 成员国国家专利局的期限（第1款）。如果未能遵守本细则第37条第1款a项、b项指定的期限，并没有任何惩罚；仅有的关键期限规定在第2款中。

3. 欧洲专利局收到的期限（第2款）。在本细则第37条第2款设定的不可延长期限内，未能传送给欧洲专利局的欧洲专利申请将被视为撤回，但按照公约第135条的规定可以转换成国家申请，并退还已缴纳的费用（也见公约第77条第2款的规定）。

[申请费与检索费]

第38条

申请费与检索费应在欧洲专利申请提出后的一个月内缴纳。

1. 总述。本条针对公约第78条第2款的规定，补充规定了缴纳申请费与检索费的期限，按照公约第121条和本细则第135条的规定，该期限经请求可以延长。对于根据公约第80条规定（见本细则第40条）确定申请日而言，此种缴费不是必须的。因此，当一件欧洲申请是专门为了将申请日作为优先权日而提出时，则不必考虑缴费。

[指定费]

第 39 条

(1) 指定费应在《欧洲专利公报》上记载了欧洲检索报告公布日起六个月缴纳。

(2) 如果在规定的时间内没有缴纳针对某一指定国的指定费,则相对于该指定国,该申请将被视为撤回。

(3) 如果在规定的时间内没有缴纳任何指定费,或者撤回对所有成员国的指定,则该申请将被视为撤回。

(4) 除本细则第 37 条第 2 款第 2 句话的规定外,指定费将不予退还。

1. 总述。本条是对公约第 79 条的补充规定,涉及对国家的指定、规定了申请之后缴纳指定费的期限和未缴纳指定费的法律后果。

2. 缴纳指定费(第 1 款)。缴纳指定费的期限设立在《欧洲专利公报》上记载了欧洲检索报告公布日起。同样的期限(从相关公布日起六个月)适用于请求审查的情形(细则第 70 条第 1 款)。在此期限内申请人收到按照本细则第 69 条第 1 款发出的提醒通知,告知检索报告的公布。逾期缴纳指定费的,还要根据公约第 121 条和本细则第 135 条的规定缴纳附加的继续审查费(50%,见《缴费细则》第 2 条的规定)。然而,如果申请人在授予专利的请求书中针对进行审查的国家放弃接收通知的权利,则不会向申请人发出根据本细则第 112 条设定的对于未缴纳指定费所给予的继续审查的两个月期限的通知。

3. 未缴纳指定费的后果(第 2 款和第 3 款)。对于最初的指定如果未缴纳指定费,在根据细则第 39 条第 1 款规定的正常期限结束时,将导致视为指定撤回。当所缴纳的指定费不足时,需要请申请人说明其要求的指定为何,可缴纳的指定费最大数量为 7 个指定费。根据本细则第 39 条的规定,如果未缴纳指定费,欧洲专利申请将被视为撤回。还可参见关于公约第 79 条第 2 款的评述。

4. 指定费的退还(第 4 款)。对按照公约第 79 条第 3 款规定在授权前所允许的撤回指定,指定费将不予退还。唯一的退还指定费的情形是,欧洲专利申请是向成员国的国家专利局提出的但该申请没有按照公约第77条的规定(细则第37条第2款)按时转送到欧洲专利局。

[申请日]
第40条

(1)在申请人所提交的文件满足下列全部要求之日,即是欧洲专利申请的申请日:

(a)请求授予欧洲专利的意思表示;

(b)识别申请人或允许与申请人联系的信息;以及

(c)说明书或者关于在先提出的申请的说明文件。

(2)按照第1款c项规定所做的关于在先提出的申请的说明文件,应陈述该申请的申请号、申请日,以及是向哪一个专利局提出的申请。此说明文件应该表明其取代的说明书和任何附图。

(3)申请中含有第2款规定的说明文件,则应在该申请提出后的两个月内提交关于在先提出的申请的证明文件副本。如果在先提出的申请不是以欧洲专利局的一种官方语言提出的,在该两个月期限内还应提供采用任何一种官方语言的译文,本细则第53条第2款的规定同等适用。

1. 总述。 本条规定了按照公约第80条取得申请日规定的最低要求,其是对2000年修订的《欧洲专利公约》所规定条件的放宽。值得注意的是,对于取得申请日而言不再要求有一个或多个权利要求,并且可以在申请提出之后,按照公约第78条的规定,增加满足欧洲专利申请要求的文件(细则第57条c项和第58条)。此举,以及申请日的取得无需缴费,对于仅仅作为优先权而提出的申请而言,是有用的。然而,特别是考虑到公约第123条第2款关于拒绝申请后增加主题内容的规定,在申请提出时就提交权利要求书,仍是一个通常会建议的做法。欧洲专利局受理处负责审查是否符合取得申请日的要求(细则第90条第1款)。如果审查中发现了缺陷,当欧洲专利局能够与申请人或其代表人联络上的前提下,也即满足细则第 40 条第 1 款 b 项的规定下,将会按照细则第 55 条的规定,向申请人发出补正缺陷的通知。然而,关于适用细则第 40 条规定的指南指出,只有当所有关于取得申请日的要求得以满足,并且有关的主题内容已被欧洲专利局确认,或者至少可以被欧洲专利局确认满足细则第 40 条第 1 款 c 项规定后,申请日才能被确定。在细则第 40 条的规定未能满足的情况下,按照公约第 90 条第 2 款和细则第 55 条的规定,所提供的文件将不作为欧洲专利申请来处理,将退还任何已缴纳的费用。

2. 取得申请日的最低要求(第 1 款)。最低要求仅仅有三个要件,并且,即便是没有提交任何形式的专利申请文件或说明书,也可得到申请日:**(1)请求授予欧洲专利的意思表示**。这种意思表示并没有任何具体的形式。欧洲专利局的申请请求书中包含了适当的意思表示。不过,为满足按照公约第 78 条规定提出欧洲专利局的要求,强制性要求使用细则第 41 条第 1 款规定的请求书表格,此表格可以在迟些时候提交。不使用这种申请请求书表格是一种缺陷,将在按照公约第 90 条第 3 款的形式审查中要求改正(也见细则第 57 条 b 项)。**(2)识别申请人或允许与申请人联系的信息**。如果有多个申请人,仅要求提供其中一个申请人的信息即可。任何一种能够联络到申请人的信息都被认为是满足要求的,例如,申请人的代表人的姓名与地址或传真号码。在确定是否满足要求时,受理处应考虑所提出文件中的全部数据(见 J25/86 *Warheit* 案)。在细则第 40 条第 1 款 b 项的规定未能满足并且不能按照细则第 55 条规定发出缺陷补正通知的情况下,如果申请人在两个月内主动提出缺陷更正,可取得申请日。**(3)说明书或者关于在先提出的申请的说明文件**。如果受理处能辨认出某份文件(或某些文件)似乎是作为说明书提供的,就足够了。作为一种选择,允许提供在任何国家以符合细则第 40 条第 2 款所要求的信息的任何语言的在先申请的说明文件。在先提出的申请并不是要求作为优先权的申请。如果提交了说明书但后来发现其中丢失了部分说明书内容或附图,应按照细则第 56 条的规定作出相应的更正,但先前取得的申请日将被更改为补交所丢失部分的日期,除非请求了优先权且满足细则第 56 条第 3 款的要求。

3. 依赖于在先提出的申请确定申请日的详细要求(第 2 款)。这些要求包括:先前申请的申请日、申请号和先前受理的专利局,加上该说明文件是作为说明书和任何附图的意思表示。如果受理处注意到这些信息有任何遗漏,若可以联络到申请人,会按照细则第 55 条的规定发出补正缺陷的通知,但《欧洲专利审查指南》建议细则第 55 条不能用于完全符合细则第 40 条第 3 款有资格取得申请日的情形。申请人还有表达其希望把先前申请中的权利要求书作为所提出申请的权利要求书的选择机会。此种选择的意思表示必须在提出申请之日作出,最好是在请求书表格中适当的方框中打上叉。如果作出了此种意思表示,那么,先前提交申请中的权利要求书将满足细则第 57 条 c 项的要求,不需要再提交额外的权利要求了。

4. 基于说明文件取得申请日的其他要求(第 4 款)。在依赖于在先提出申请的说明文件确定申请日的情况下,在先申请的证明副本也必须提交,除非被当作欧洲专利申请处理的申请,欧洲专利局根据细则第 53 条第 2 款的规定,可以自动地获得。根据细则第 40 条第 3 款的规定,证明副本必须在两个月内提交,尽管受理处在审查过程中根据公约第 90 条第 1 款的规定会发现缺少证明副本并且会根据细则第 55 条的规定发出要求提交该副本的补正通知,但此通知设置了新的两个月期限。如果在先提出申请没有使用欧洲专利局的官方语言,上述同样的期限也适用于提交译文,除非欧洲专利局可以自动地得到。缺少证明副本或译文不会影响到按照细则第 40 条第 1 款和第 2 款确定申请日。

第二章 关于申请的规定

[授予专利的请求]
第 41 条

(1)请求批准一件欧洲专利,应当按欧洲专利局规定的表格提交申请。

(2)请求书应当包括:

(a)旨在批准欧洲专利的请求;

(b)发明名称,发明名称应明确、扼要地指出发明特征,而不应模棱两可;

(c)申请人的姓名、地址、国籍、长期居住国或其营业所所在国。自然人应填写姓名,姓在名前。法人及按照该本国法被视为法人的公司,要填写其正式名称。地址应按使邮局迅速投递的习惯要求填写。总之,地址应标明有关行政区划,有时要填写门牌号码。要求填写电报地址、电传地址及电话号码;

(d)如果申请人指定了代理人,填写本款 c 项规定的申请人的代理人姓名和工作地址;

(e)如果是分案申请,写明该申请是分案申请并填写在先的欧洲专利申请号;

(f)在公约第 61 条第 1 款 b 项的情况下,填写原欧洲专利申请号;

(g)如要求优先权的,则应有提出要求在先申请优先权的声明,声明应指出该在先申请的申请日,该在先申请的国家或该在先申请向其提交的国家;

(h)申请人或其代理人的签字;

(i)附在请求书中的文件清单,该清单上写明说明书、权利要求书、附图和摘要的页数;

(j)如申请人是发明人,指定发明人;

(3)如有多个申请人,请求书中应指定一个申请人或代理人作为共同代表。

1. 总述。细则第 41 条为落实公约第 78 条第 1 款 a 项关于欧洲专利申请的内容规定,并规定了授予专利的请求书的要求。

2. 请求书表格(第 1 款)。尽管使用官方的表格对于取得申请日而言不是必须的(公约第 78 条第 1 款 a 项),但欧洲专利局的 1001 号表格是必不可少的形式要求。按照本细则第 57 条 b 项的规定检查表格的使用,并且,如有必要,根据本细则第 58 条规定,给予申请人更正任何缺陷的机会。更正的期限是两个月。

3. 请求书的内容(第 2 款)。本款规定了请求书的内容。使用欧洲专利局的 1001 号表格能确保包含所有规定的信息。对于分案申请,参见公约第 76 条的规定,而对于优先权声明,参见公约第 87—89 条的规定。值得注意的是,当申请人就是发明人的情况下,仅需要在请求书中指定发明人,而当申请人不是发明人时,或者申请人不是唯一的发明人时,必须提交单独的指定发明人的文件,参见公约第 81 条和本细则第 19 条的规定。

4. 多个申请人(第 3 款)。如果有多个申请人,必须指明一位共同代表人。如果没有指明,则适用本细则第 151 条规定确定共同代表人。

[说明书的内容]
第 42 条

(1)说明书应包含:

(a)写明发明所涉及的技术领域;

(b)尽申请人所知,写明对发明的理解、撰写欧洲检索报告和对审查欧洲专利申请有用的背景技术,有可能的话,最好是引证反映这些背景技术的文件;

(c)所请求保护的发明内容,写出要解决的技术问题,即便是没有明确的使用技术问题的字样,以及解决其技术问题采用的技术方案,并对照背景技术写明发明的任何有益效果;

(d)如有附图,对每一幅图作简要说明;

(e)详细说明实现发明的至少一种方式,必要时,参考附图举例说明;

(f)当根据说明书或发明的性质看不是很明显时,明确说明发明具有工业实用性的方式。

(2)申请人应当按照第 1 款规定的方式和顺序撰写说明书,除非其发明的性质用其他的方式撰写便于更好地理解或者更为简洁。

1. 说明书的内容(第 1 款)。(1)背景技术。所谓"背景技术"(background art),在公约第 54 条第 2 款的意义下,等同于"已有技术"(prior art)(见 T11/82 *Lansing bagnall* 案)。随着审查的进程,进一步的背景技术被申请人所知,在专利授权之前,欧洲专利局将要求参考新的背景技术修改说明书。**(2)技术问题**。发明所解决的技术问题不需要明确地写出,但是必须能从说明书中解读出问题和解决方案。问题的初步描述可随着所请求保护的发明的改变在审查过程中重新形成(见 T419/93 *Rohn GmbH* 案)。**(3)发明内容**。可陈述与背景技术相比发明的任何有益效果,但发明事实上所具有的所有这类效果不是必须的。必须描述至少一种能够实现发明的方式,但如果权利要求的范围相对地宽泛,则需要多个这类实施方式。**(4)工业实用性**。通常,发明是如何具有实用性这一点是明显的,但在某些情形下,在说明书中必须明确地写明(例如,基因序列,见本细则第 29 条第 3 款的规定)。

2. 说明书的顺序。所规范的说明书撰写顺序应遵守,但如果更适合理解发明,也是可以改变的。

[权利要求书的内容与形式]
第 43 条

(1)权利要求应根据发明的技术特征,确定所要求保护的主题。如有可能,权利要求应包括:

(a)写明发明的主题名称和确定所要求保护的主题必不可少的技术特征,这些技术特征的结合构成现有技术部分;

(b)特征部分:以"其特征在于"或"特征是"字样开头,说明技术特征,并与 a 项中所指的特征结合在一起,共同构成要求保护的主题内容。

(2)除公约第 82 条另有规定应依其规定外,当申请的主题涉及下列之一时,一件欧洲专利申请可包括同类的多个独立权利要求(产品、方法、装置或用途)。

(a)多个相互关联的产品;

(b)产品或设备的不同用途;

(c)替代的解决方案,如果单一权利要求不能恰当地涵盖这些替代的解决方案的话。

(3)任何界定发明的必要特征的权利要求,都可以附带有关该发明具体实施例的一项或几项权利要求。

(4)每项包括另外一项权利要求所有特征的权利要求(从属权利要求)都应尽量在开始的时候,引用另一项权利要求,并限定附加的特征。从属权利要求直接引用另一项从属权利要求也是允许的。所有的引用一项或几项在前的权利要求的从属权利要求,都应尽可能地以适当的方式排列。

(5)权利要求的数量应根据要求保护发明的性质作出合理安排。如有多个权利要求,应以阿拉伯数字按顺序编号。

(6)除绝对必要外,权利要求中不得引用说明书或附图界定技术特征。特别是,权利要求中不能包含有"如说明书……部分所述"或者"如图 x……所示"的这类用语。

(7)如果欧洲专利申请中包括带有参考标记的附图,在有助于理解权利要求时,权利要求中的技术特征之后最好紧跟着与该特征相关的参考标记,这些参考标记应当用括号括起来,参考标记不得解释为对权利要求的限制。

1. 总述。细则第 43 条是落实公约第 78 条第 1 款 c 项之规定,该条规定欧洲专利申请中必须含有一项或多项权利要求。

2. 权利要求的内容(第 1 款)。权利要求必须采用发明的技术特征来界定请求保护的主题。因此,关于商业上的优点的陈述是不合适的。对于发明的技术属性的隐含要求还体现在本细则第 42 条中的措辞上,其要求发明必须涉及技术领域,必须包含技术问题。"技术"的定义在判例法下还存在某些争议,特别是在关于根据公约第 52 条第 2 款的规定排除商业方法和计算机程序的问题上(见 T931/95 *Penson benefit System* 案和 T208/84 *Vicom* 案)。如果可能,权利要求应该写成两部分形式,其中第一部分写明发明主题中与现有技术共有的特征。现有技术是指结构的最接近的现有技术(见 T13/84 *Sperry* 案)。第二部分(特征部分)限定了相对于现有技术或在其上所增加的特征。细则第 43 条第 1 款仅适用于独立权利要求。正如细则第 43 条第 1 款所承认的那样,两部分形式不总是那么合适的。例如,当涉及化学方面的主题内容时,就不适合两部分形式的写法。在不能使用两部分形式的情况下,说明书应写明确相关的现有技术(见 T170/84 *Bossert* 案)。

3. 独立权利要求(第 2 款)。细则第 43 条第 2 款限制了可以包含在单一申请中的独立权利要求的数量。一件申请在一个相同种类上(即:产品、方法、设备或用途)不能包含一个以上的独立权利要求,除非有细则第 43 条第 2 款的例外情况适用并且满足公约第 82 条规定的单一性要求。根据细则第 43 条第 2 款的规定,对来自美国优先权的申请,权利要求通常需要重新撰写。如果审查员的反对意见是根据细则第 43 条第 2 款提出的而申请人未能满足该规定的要求,则可能导致根据公约第 97 条第 1 款的规定驳回该申请。

4. 从属权利要求(第 3—5 款)。细则第 43 条第 3 款允许包括从属权利要求。细则第 43 条第 4 款规定了从属权利要求的形式与内容。多重从属是允许的。对独立权利要求和从属权利要求的数量没有限制(细则第 43 条第 5 款)。不过,根据细则第 45 条的规定,由于需要缴纳权利要求费,较高数量的权利要求可能是不实惠的。权利要求必须以阿拉伯数字编号。

5. 引用说明书或附图(第 6 款)。总括性的权利要求*只有在绝对必要的情况下,才被允许(细则第 43 条第 6 款)。申请人必须说明存在着例外情况因而采用"总括性"的权利要求是正当的(见 T150/82 *IFF* 案)。

6. 参考标记(第 7 款)。在申请中有附图的情况下,为了增进对权利要

---

* 所谓总括性(Omnibus)权利要求,是指权利要求中出现了对说明书或附图的直接引用,而不是用技术特征限定所要求保护的产品或方法。例如,写成"如说明书中描述的设备"或"如图 y 所示的 x"。在我国,这种总括性(Omnibus)权利要求不被允许,所以中国的专利文献中,很少出现这类权利要求。目前对"Omnibus"的翻译尚未达成共识,译者姑且翻译成"总括性权利要求"。——译者注

求的理解,技术特征应标出参考标记。这样的做法不应解读为对权利要求保护范围的限制(细则第43条第7款)。通过修改可以在说明书中包含对这种效果的说明(见T237/84 Philips案)。如果出于清楚的缘故必须有参考标记,但未能应审查员要求插入参考标记,将可能导致不符合公约第84条关于清楚的规定而驳回该申请(见T237/84 Philips案)。

[发明的单一性]
第44条

(1)如果在欧洲专利申请中请求保护一组发明,只有在这些发明中存在着技术上相互关联的一个或多个相同或相应的特定技术特征时,方能满足公约第82条规定的发明单一性要求。"特定技术特征"是指每一项发明作为整体考虑时,对现有技术作出贡献的那些技术特征。

(2)在确定一组发明是否由单一的总发明构思联系在一起时,不应考虑这些发明是在不同的权利要求中请求保护,还是在同一个权利要求中作为选择方案请求保护。

1. 总述。本条的目的是对公约第82条规定的发明单一性要求进行细化。在《欧洲专利公约》与《专利合作条约》中,有关发明单一性的定义已经得到协调统一(细则第44条与《专利合作条约实施细则》第13条第2款和第3款保持一致)。

2. 特定技术特征(第1款)。一件申请中所请求保护的多项发明中,如果存在着技术上相互关联的一个或多个相同或相应的特定技术特征时,则发明具有单一性。这类技术特征的判断与现有技术是相关的。这类特征相对于现有技术而言应是新的,且对创造性作出贡献。然而,这并不要求每一项发明的特定技术特征是相同的,只要他们具有相同的技术效果即可,例如,关于弹性的特定技术特征可以是金属弹簧或者是橡胶块(见《欧洲专利审查指南》C-Ⅲ 7.2,以及《欧洲专利审查指南》C-Ⅲ 7.4a 有关化合物的规定)。T106/06 *lack of unity*(缺乏单一性)案的裁决认为,如果权利要求书中既包括方法权利要求又包括产品权利要求且所请求保护的产品可以通过所请求保护的方法得到,则可以确定发明具有单一性。这与之前的判例法所持的制造方法与其生产出的产品是被认为具有单一性的发明主题的观点是一致的(见 W11/99 *Percarbonate* 案)。

[引起缴费的权利要求]*
第 45 条
(1)任何包含 15 项以上权利要求的欧洲专利申请,自第 16 项起,以及其后的每一项权利要求,都需缴纳权利要求费。
(2)应在第一套权利要求提出之日起一个月内缴纳权利要求费,如果未能按时缴纳,仍可在未能遵守期限的通知之日起一个月内缴纳。
(3)如果未能按时交纳权利要求费,相关的权利要求被视为放弃。

1. 总述。本条对费用缴纳作出了规定。
2. 权利要求费(第 1 款和第 2 款)。欧洲专利申请中,从第 16 项权利要求起及之后的每一项权利要求,都需要缴纳权利要求费。类似的规定适用于国际申请进入欧洲地区阶段(见细则第 162 条)。根据细则第 45 条第 2 款的规定,此费用的缴费期限为自第一套权利要求提出之日起一个月内。如果错过该缴费期限,申请人将收到允许其自通知之日起一个月内缴费的通知,而无须额外的费用。权利要求费的标准规定在《缴费规则》第 2 条第 15 款中,为每项 200 欧元。2009 年 4 月 1 日生效的《缴费规则》规定,自第 51 项权利要求及之后的每项权利要求,权利要求费增加到 500 欧元。
3. 权利要求的放弃(第 3 款)。在宽限期内仍未缴费的情况下,那些未缴费的权利要求将被视为放弃。因此,未缴费并不导致整个权利的丧失,申

---

* 中国《专利法实施细则》第 93 条中所称的"申请附加费",其包括两种类型的附加费,一是说明书(包括附图、序列表)页数超过 30 页的"说明书附加费";二是权利要求超过 10 项时的"权利要求附加费"。本条所称的"引起缴费的权利要求",对应于"权利要求附加费"。值得注意的是,中国的规定是从第 11 项起,以及其后的每一项权利要求,都需缴纳"权利要求附加费"。——译者注

请人可以基于按照细则第 45 条规定哪些无须缴费的权利要求以及已经缴费的权利要求请求继续审查。如果收到根据细则第 45 条第 2 款的规定发出的通知之后还没有按时缴费,唯一的恢复权利要求的救济就是根据公约第 121 条的规定请求继续审查。对于那些被视为放弃的权利要求的主题内容,可以通过根据公约第 123 条第 2 款规定的修改方式重新引入,前提是说明书或附图中提供了如此修改的基础(见 J15/88 *Neorx* 案)。

[附图格式]
第 46 条

(1)在含有附图的纸张上,有用面积不得超过 26.2 cm × 17 cm。在纸张的有用面积周围或在纸张的使用面积周围不要留边框。应最少留出下列大小的空白:

(a)上端 2.5cm;左边 2.5cm;右边 1.5cm;下端 1cm。

(2)附图要求如下:

(a)附图的线条要耐久、黑色、均匀、清晰,有足够的浓度和颜色深度,没有色彩和颜色。

(b)剖面图应用斜线绘制,不应影响参考标记和指示线的清楚阅读。

(c)附图的比例和制图的清晰度应在线条缩小到三分之二的影印图上可以容易地分辨出图中的各个细节。如在特殊情况下,附图上有比例时,应用图例表示。

(d)附图中的数字、字母和参考标记都应简单、清楚。数字和字母不能与圆括号、圆圈以及引号同时使用。

(e)原则上,附图上的一切线条都要用绘图工具划出。

(f)同一张图上的各部分应互成比例,除非为了附图的清晰,必须使用不同比例。

(g)数字和字母的高度低于 0.32cm。如果在附图上有字母时,应用拉丁字母,或习惯用希腊字母时,用希腊字母。

(h)一张图纸上可包含几幅附图。如在几张纸上绘出一幅图时,不要让附图的一部分被其他纸上的部分遮盖住。不同的图应最好以节约空间的方式垂直排列,图与图可明显区分开。当附图不便垂直排列时,应当水平排列,附图的上端应朝着纸的左边,并且用阿拉伯数字顺序编号,页码则另行标明。

(i)说明书及权利要求中未提及的参考标记,不得出现在附图中,反之亦然。在整个申请文件中,参考标记和其所对应的特征应始终保持一致。

(j)除非对附图的理解是必不可少的,附图中不应有文字内容,但可以包含例如"水""蒸汽""开""关""关于 AB 的剖面图"之类的一些较短的关键词。任何此类关键词应以适当的方式排列,以便在进行翻译时不会遮挡住附图的线条。

(3)流程图和曲线图,均视为附图。

1. 总述。本条规定了关于附图的一般性要求。

2. 附图中的文字内容(第 2 款 j 项)。如果在申请日所提交的附图中全部采用文字,附图就构成了所提交的申请的组成部分,即便附图中含有的文字内容使用了程序中所使用的语言以外的官方语言。不能限制申请人基于这些文字内容通过对申请进行修改的方式将其翻译成程序所适用的语言(见 T382/94 *Carl Zeiss* 案)。

[摘要的形式和内容]
第 47 条

(1)摘要中应写出发明的名称。

(2)摘要应包括对包含在说明书、权利要求和附图的公开内容简要地概括。应指出发明所属的技术领域,应清楚了解这一技术问题,用发明解决该问题的要点,以及发明的一种或多种主要应用。有时摘要还包括一化学式,这一化学式是专利申请中最能说明发明特征的化学式。摘要不应有对发明的成就或价值或其引申应用的说明。

(3)摘要最好不超过一百五十个字。

(4)如在欧洲专利申请中有附图,申请人应指出其建议同摘要一起公布哪一幅附图,或例外情况下,公布哪些附图。欧洲专利局如果认为另外一张或一些附图更能说明发明的特征,可自行决定将公布哪张或哪些附图。摘要中提到的并在附图中表示的发明的每个主要特征都应有参考标记,参考标记应括在圆括号中。

(5)摘要应成为在相关技术领域中检索发明的有效工具,尤其是使人们能够评估是否需要查看欧洲专利申请文件。

1. 总述。本条提出了关于摘要的一般性要求。

2. 摘要的内容。摘要的唯一目的是为了提供文件信息(公约第85条)。摘要不能用在公约第123条目的下对申请的内容进行解释的目的(见 T246/86 Bull 案)。无论是在评价新颖性还是创造性时,摘要都可以作为已有技术(见 T160/92 Mead Corporation 案)。然而,如果摘要的指导是错误的并且与详尽的指导相冲突,该摘要就不能作为已有技术(见 T77/87 ICI 案)。

[禁止的内容]
第 48 条

(1)欧洲专利申请不包括下列事项:

(a)违反公序良俗的陈述或其他内容;

(b)对第三方产品或制造方法,或对第三者专利申请或专利的作用或功效的诽谤性陈述。仅仅与现有技术进行比较不认为是诽谤;

(c)与主题完全无关的或多余的陈述或其他内容。

(2)如果一件欧洲专利申请包括第1款a项所指的内容或附图,欧洲专利局在公布时予以删节,并指明被删节文字或附图的位置和数量。

(3)如果一件欧洲专利申请中有第1款b项的陈述,欧洲专利局在公布申请时予以删节。在发生此类情况时,欧洲专利局指出被删去的位置和字数。如提出请求,欧洲专利局应提交一份被删去段落的副本。

1. 总述。本条规定了排除内容的类型。

2. 违反公序良俗的内容。违反公序良俗的例子是诱发犯罪的行为、种族或宗教的宣传和极端淫秽的内容(见《欧洲专利审查指南》C-Ⅲ 7.2)。

3. 诽谤性陈述。中伤他人或诽谤性陈述是不允许的,但仅仅是与现有技术比较或者对公认的优缺点的描述并不属于排除的内容。任何删节的内容要通知申请人。公布的专利申请中,任何被删去的位置和字数必须载明。如提出请求,欧洲专利局应提交一份被删去段落的副本(见《欧洲专利审查指南》A-Ⅲ 8.2)。

4. 无关的内容。欧洲专利申请的说明书中包含着关于参考标记的表述,其不属于《欧洲专利公约实施细则》第48条第1款c项中的"明显无关或多余的"内容,存在着这种可能性,尽管可能性很小,在指定国的国家法院中,遇到缺少相关陈述的情况,可能会考虑将此类参考标记当做对权利要求的限制(见 T237/84 *Phillps* 案)。

[关于提交申请文件的总则]

第49条

(1)根据公约第14条第2款和本细则第40条第3款的规定提交的任何译文,应被视为欧洲专利申请的文件。

(2)欧洲专利申请的文件应能用照相方法、静电方法、胶版印刷方法和微缩胶卷方法大量复制。文件纸张不应有裂纹,不应有皱痕或折痕。只能单面使用纸张。

(3)欧洲专利申请的文件应使用柔软、结实、白色、光滑、无光泽并耐久的A4开本(29.7 cm×21 cm)的纸张。除第10款和本细则第46条的规定外,每张纸在使用时应以窄边作为上下端(竖向)。

(4)欧洲专利申请的每一份文件(请求书、说明书、权利要求书、附图和摘要)都应以新的一页开始。所有纸张的装订应易于翻阅、拆开并重新装订。

(5)除本细则第46条第1款所指的情况外,最小的白边应当是:

上端2cm;下端2cm;左侧2.5cm;右侧2cm。推荐的最大白边是:上端4cm;下端4cm;左侧3cm;右侧3cm。

(6)申请文件的每页都应用阿拉伯数字逐页顺序编号。编号应写在每页上端的中间,但不能写在上端的白边里。

(7)每页说明书和权利要求书上的行数原则上更适合每五行一编号。号码写在纸的左边,白边的右侧。

(8)欧洲专利请求书、说明书、权利要求书和摘要,应用打字机打出或铅印。只有在必要时,才可以对标记和字符、化学式或数学式,采用手工书写或手工绘制。打字的行距应为1.5倍。全文都应用印刷字体,大写字体高度不低于0.21cm,颜色用擦不掉的深色。

(9)欧洲专利请求书、说明书、权利要求书和摘要不得有附图。说明书、权利要求书和摘要可以有数学式或化学式。说明书和摘要可以有表格。只有当主题内容适合用图表表达的,权利要求才可以含有表格。如果表格、化学式或数学式不便以垂直方式放置,可以采用使图标或公式的顶部位于该页左边的水平方向放置。

(10)凡是便于使用国际单位制的情况,表达数值的单位应符合国际标准的规定。任何不符合这一要求的数据都应按照国家标准来表示。只有在有关领域中通常被人们接受的技术术语、协定、标记和符号方可使用。

(11)整个欧洲专利申请中的术语和标记应前后统一。

(12)每页纸上都不得有用橡皮过分擦改、修改的现象。在内容的真实性不受影响、不影响良好复制的情况下,可不受上述规定的限制。

1. 总述。本条规定了申请文件的一般要求,包括将提交时采用可以允许的非官方语言的申请翻译成官方语言的译文(公约第14条第2款)。

[后来提交的文件]
第50条

(1)本细则第42条、第43条及第46—49条的规定适用于对欧洲专利申请文件的替换。本细则第 49 条第 2—12 款的规定也适用于本细则第 71 条所指的权利要求书译文。

（2）除申请文件以外的各种文件原则上应打字或印刷。在纸的左侧留一条宽约 2.5 cm 的白边。

（3）提出欧洲专利申请以后提交的各种文件，除附件外，都应签字。如未签字，欧洲专利局将要求当事人在指定的期限内补正。在指定的期限内补正的文件将保持其原申请日；未在规定期限内补正的，该文件视为未收到。

1. 总述。本条含有在最初提出申请之后所提交文件的要求。虽然欧洲专利申请可以向被允许的成员国（公约第 75 条第 1 款 b 项）的国家专利局提交，但所有的后续的文件必须向欧洲专利局的受理处提交（《欧洲专利局官方杂志》，2005 年，第 44 页）。通过传真提交的文件通常不需要副本确认，除非传真件的品质低下（《欧洲专利局官方杂志》，2007 年特刊第 3 号，第 10 页）。如果出现这种情况，欧洲专利局将通知申请人在两个月内予以确认。

2. 申请文件的替换（第 1 款）。对于原始申请文件的替换页，必须满足本细则第 42 条（说明书）、第 43 条（权利要求书）、第 46 条（附图）、第 47 条（摘要）、第 48 条（排除的内容）和第 49 条（总则）的规定。根据本细则第 71 条第 3 款规定提交的权利要求书译文也必须符合本细则第 49 条的要求。替换的文件也仍需要满足公约第 14 条规定的语言要求，并且应该使用程序中所使用的语言。

3. 签字（第 3 款）。除附件之外的所有向欧洲专利局提交的文件必须由被授权的人签字。如果所提交的文件缺少签字，欧洲专利局将要求在期限内补正，通常是两个月内。传真本上的签字也作为签字予以接受，正如使用欧洲专利局的在线申请系统的电子签字一样。

第三章 维持费

[维持费的缴纳]
第 51 条

(1) 缴纳一项欧洲专利申请下一年度的维持费的期限是对应该专利申请的申请日周年所在月的最后一日。如在早于到期日前一年以上缴纳维持费,该维持费缴纳无效。

(2) 如果没有按期缴纳维持费,仍可在到期日之后的六个月内缴纳,假设在该期限内缴纳了滞纳金。

(3) 在先申请的维持费已经到期时递交的分案申请,该分案申请也应该缴纳维持费,并且该维持费在分案申请提出时到期。这些费用和其他在提出分案申请后四个月内应缴的任何维持费可在该期限内缴纳,而无须缴纳滞纳金。否则,将适用第 2 款的规定。

(4) 如果由于未遵守期限导致一件欧洲专利申请已经被驳回或者被视为撤回,并且根据公约第 122 条的规定恢复申请人的权利,则维持费:

(a) 从权利丧失之日起直到权利恢复的决定通知之日,根据第 1 款的规定此期间内已经到期的,以后者的日期为到期日。该维持费以及任何自后者的日期起四个月内到期的维持费,可在后者的日期起四个月内缴纳。否则适用第 2 款的规定。

(b) 对于在权利丧失之日已经到期但第 2 款规定期限尚未届满,可在权利恢复决定通知之日起六个月内缴纳,同时在该期限内按照第 2 款的规定缴纳滞纳金。

(5) 如果扩大上诉委员会根据公约第 112a 条第 5 款第二句话,针对上诉委员会的决定重启程序,则维持费:

(a) 在考虑复审请求下,自上诉委员会作出决定之日起,直至扩大上诉委员会针对上诉委员会再审的决定通知之日,此期间内已经到期的,以后者的日期为到期日。该维持费以及任何自后者的日期起四个月内到期的维持费,可在后者的日期起四个月内缴纳。否则适用第2款的规定。

(b)在上诉委员会作出决定之日已经到期的但第2款指定的期限尚未届满,可在扩大上诉委员会针对上诉委员会再审的决定通知之日起六个月内缴纳,同时在该期限内按照第2款的规定缴纳滞纳金。

(6)对于按公约第61条第1款b项所提出的一件新的欧洲专利申请,不要求缴纳提出该申请当年的和提出申请以前年份的维持费。

1. 到期日(第1款)。每一次的维持费都应在下一年度到来之前缴纳。其到期日就是申请日周年所在月的最后一日。例如,如果一件欧洲专利申请是在2005年3月25日申请的,第三年度的维持费是在2007年3月31日到期。进一步地,维持费可以在到期日之前至多一年缴纳。因此,在这个例子中,维持费可在2006年3月31日至2007年3月31日之间缴纳。对于一旦在到期日前上调该维持费的情况而言,这个实质上可提前缴纳维持费的机会是特别有利的。由于缴纳日期是按照确定该费用数额的相关日期设定好的,在到期日之前并且上调费用未生效时缴费,可获得在该缴费日期仍有效的较低费用的好处。另一方面,如果在到期日由于其他原因该申请不再处于未审定状态,欧洲专利局要返还已缴纳的费用。对于 Euro-PCT 申请,到期日推迟到该国际申请向欧洲专利局提出进入欧洲地区阶段的31个月期限的到期日(见本细则第159条第1款g项)。

2. 最迟缴费日和滞纳金(第2款)。(1)一般规则。如果未在到期日缴纳维持费,仍可在到期日之后的六个月内缴纳,并附加缴纳维持费的10%作为滞纳金(《缴费规则》第2条第5款)。但并不要求同时缴纳维持费与滞纳金。为了简化欧洲专利局的行政程序,本条规定,这两笔费用只要是在六个月的附加期间内缴纳的,就认为是同时缴纳。例如,如果由于某种原因在到期日之后才向欧洲专利局缴纳维持费,再支付10%的滞纳金就足够了,不需要在缴纳滞纳金的同时再缴纳一笔维持费。否则,欧洲专利局必须将第一次缴纳的维持费返还给申请人。六个月的附加期间于对应月份的最后一天到期,而不是到期日的六个月的对应日。如果欧洲专利局在到期日六个月的最后一日不上班,则可在之后的第一个工作日缴纳仍有效。**(2) Euro-PCT 申请**。对于 Euro-PCT 申请而言,其维持费的到期日推迟到第 31 个月,六个月的额外期限届满于 31 个月到期日之后的六个月的对应日(见 L5/93 *Legal Advice* 案及 J1/89 *Liesenfeld* 案)。**(3) 分案申请**。对于分案申请的累积的维持费的六个月,其起始日自分案申请提出日起算(本细则第 51 条第 3 款)。**(4) 未缴纳维持费的通知**。如果未在到期日前缴纳维持费,欧洲专利局可能会发出通知告知申请人缴纳维持费连同滞纳金。然而,发出此类通知并非欧洲专利局的义务。这只是欧洲专利局的一种服务,如果欧洲专利局没有发出此类通知,申请人对此也没有任何法律上的权利。

3. 分案申请(第 3 款)。分案申请的申请日与母案的申请日相同(公约第 76 条第 1 款)。由于这个原因,应付的维持费与母案申请是一样的。如果在提出分案申请之日母案申请的维持费已经到期,则在分案申请提出之日累积的维持费也已到期。不过,在提出分案申请之日起的四个月内,可缴纳这些维持费而不用缴纳滞纳金。例如,母案申请于 2002 年 2 月 4 日提出,分案申请于 2007 年 1 月 20 日提出。对于母案申请而言,其第三年到第五年的维持费已经于 2004 年 2 月 29 日,2005 年 2 月 28 日和 2006 年 2 月 28 日到期。对于分案申请而言,其维持费也在上述时间到期,但是,申请人仍可在 2007 年 5 月 20 日前缴纳,并无须缴纳滞纳金。对于这些维持费支付滞纳金的六个月期限于 2007 年 7 月 20 日届满。请注意,该附加期限的到期日为原到期日的周年对应日,而不是相应月份的最后一日。第 6 年的维持费,其到期日为 2007 年的 2 月 28 日,仍可推迟到 2007 年 5 月 20 日而无须缴纳滞纳金,而缴纳滞纳金的届满日为 2007 年 8 月 31 日。

4. 权利恢复(第 4 款)。如果由于申请人未能遵守绝限,导致申请被驳回或被视为撤回而恢复权利的请求正处在欧洲专利局的审批程序之中,则不需要缴纳任何维持费,除非欧洲专利局决定使该申请重新复活。这条新规定免除了在请求审查期间连续缴纳维持费的负担。仅当允许申请人的恢复权利请求的决定作出之日,维持费才到期。进一步地,这些维持费可以在该决定之日起四个月内缴纳而无须缴纳滞纳金。六个月的附加期限届满于原到期日后六个月的那一天,即与到期日的数字相对应的那一天。另一方面,对于在权利丧失发生之前就已经到期而可缴纳滞纳金的六个月期限未到期的维持费,在该申请的权利恢复之后,应再给予完整的六个月期限。

5. 请求扩大上诉委员会进行复审(第5款)。由于申请人受到上诉委员会决定的不利影响,根据公约第112a条的规定提出司法审查请求时,有关缴纳维持费的情况类似于权利丧失请求恢复的做法:缴纳维持费的到期日可推迟到扩大上诉委员会重启程序作出决定的通知之日。

6. 有资格的人提出的新申请(第6款)。本款规定涉及最终决定的特殊情况,例如国家法院作出判决:欧洲专利申请的申请人是一个无资格提出该申请的人。真正有资格的人可以在此后可以就同样的发明提出新的专利申请。对于申请日而言,此新申请按照分案申请来对待,即新申请享有在先申请的申请日的利益。但新申请只缴纳将来到期的维持费。对于新申请提出的当年和提出申请以前年份的维持费,没有缴纳义务。

第四章 优先权

[优先权声明]
第 52 条

(1)公约第88条第1款所指的优先权声明中应写明原申请日、提出原申请的属于巴黎公约成员或者世界贸易组织成员的国家,或原申请所在的属于巴黎公约成员或者世界贸易组织成员的国家及该申请号。

在公约第87条第5款的情形下,第一句话仍同等适用。

(2)优先权声明最好是在提出欧洲专利申请时提交。最迟应在所要求的最早的优先权日起16个月届满前提交。

(3)申请人可以自所请求的最早的优先权日起16个月内对优先权声明作出更正,或者,当此更正引起所请求的最早的优先权日改变时,在更正后的所请求的最早的优先权日起16个月内,以最先届满的16个月期限为准,假设此更正是在欧洲专利申请的申请日起四个月内提交的。

(4)但是,在根据公约第93条第1款b项提出请求之后,不得再提出优先权请求或对优先权作出更正。

(5)在公布的欧洲专利申请和欧洲专利说明书单行本中刊登优先权声明的详细信息。

1. 总述。本条规定了提出优先权要求的条件。

2. 优先权声明(第1款和第2款)。优先权声明必须包括所要求的优先权日和提出原申请的国家或原申请所在国,声明最好是在提交专利申请时一并提出,填写在请求授予专利的请求书中(细则第41条第2款g项)。最迟必须在优先权日起16个月内提出。必须在优先权日起至16个月届满前写明申请号。如果在此期限到期后仍不符合要求,欧洲专利局根据本细则第59条的规定将通知申请人对缺陷进行补正。

3. 优先权的更正(第3款和第4款)。优先权声明必须在最早的优先权日起16个月更正,假如此更正是在该申请的申请日内四个月之内提出的。16个月的期限是指更正前的所请求的优先权日起,或者更正后的所请求的优先权日起,以最早届满的为准。要求公布该专利申请的请求提出之后,任何情况下都不得对优先权提出更正。

4. 公布优先权请求。专利申请的公布本和专利说明书单行本中,将包括优先权请求的详细信息。对优先权请求中的错误更正而言,根据本细则第139条的规定,通常情况下,只有当优先权日更正后的规定时间内在专利申请的公布本中存在着更正的预兆时才被允许更正(见J3/82 *Taisho* 案)。但是,如果从专利申请公布本的外观上就能看出的明显错误,在更晚一些更正也是允许的。

[优先权文件]
第53条

(1)在提出优先权请求时,应在优先权日满期前的16个月内提交原申请的副本。副本应由接受原申请的主管局证明,并应附有主管局关于提出原申请的申请日证明。

(2)如果原申请的副本是根据欧洲专利局局长确定的条件包含在欧洲专利局可以获取的欧洲专利申请的档案中,就视为原申请的副本已经适时提交。

(3)如果优先权申请的语言不是欧洲专利局的官方语言,且优先权请求的有效性与有关发明的专利性相关联,则欧洲专利局将通知申请人或者欧洲专利的所有人在指定的期限内提交原申请的官方语言译文。另一做法是,申请人可以作出该欧洲专利申请就是优先权申请的完整译本的声明。第2款的规定将同等适用。

1. 总述。本条规定了提交优先权文件的要求。

2. 原申请副本(第1款和第2款)。优先权申请的证明副本必须在自所请求的优先权日起16个月内向欧洲专利局提交。如果到期未提交,欧洲专利局将根据本细则第57条g项的规定通知申请人补正缺陷。如果欧洲专利局已经可以获取优先权申请的副本,则不需要申请人提供进一步的副本。如果优先权申请是欧洲申请,或者是日本申请,或者,是向欧洲专利局或日本特许厅提出的PCT申请,或者是韩国申请或美国申请,就认为欧洲专利局可以获取到优先权申请的副本(《欧洲专利局官方杂志》,2007年特刊第3号,第22页)。分案申请的优先权文件也属于欧洲专利局从母案申请档案中可以获取的。

3. 原申请的译文(第3款)。如果优先权申请的语言不是欧洲专利局的官方语言,且优先权请求的有效性与发明的专利性相关,则按照公约第88条第1款的规定,申请人需要提交该优先权申请的译文。另一做法是,申请人可以声明该欧洲专利申请就是优先权申请的完整译本;在欧洲专利局制定的请求书第1001号表格中,就含有用来标注该声明的空格。为了答复欧洲专利局的通知,必须采用两种方式中的任何一种。

[出具优先权文件]
第 54 条
　　一经请求,欧洲专利局根据欧洲专利局局长确定的条件,包括优先权文件的表格,并且在已缴纳手续费的情况下,应向申请人出具欧洲专利申请(优先权文件)的证明副本。

　　1. 总述。本条涉及对出具希望作为优先权文件的欧洲专利申请证明副本的管理。具体做法的规定见 2007 年 7 月 12 日发布的关于文件查阅的欧洲专利局局长令(见《欧洲专利局官方杂志》,2007 年刊第 3 号,J. 2 第 2 条第 3 款)。必须作出请求并缴纳适当的手续费。

第四编　适用于本公约第四编的实施细则

第一章　受理处的审查

[提交申请的审查]
第 55 条
　　如果在根据公约第 90 条第 1 款规定的审查中发现所提交的申请不符合本细则第 40 条第 1 款 a 项或者第 1 款 c 项、第 2 款或第 3 款第一句的要求,欧洲专利局将所发现的缺陷通知申请人,并告知申请人,如不能在两个月内补正缺陷,其申请将不被当作欧洲专利申请处理。如果申请人在规定期限补正其申请的缺陷,欧洲专利局将确定申请日并通知申请人。

　　1. 总述。本条是对公约第 90 条第 1 款规定的补充,涉及对所提交的申请文件的初步核查,以判断该申请是否能确定其申请日。
　　2. 审查的范围。此阶段的审查被限制在本细则第 40 条规定的事项。本细则第 40 条的要求是《专利法条约》第 5 条所规定的世界范围的标准要求。申请日一旦确定,就根据公约第 90 条第 3 款的规定对该申请进行形式要求方面的审查。

3. 有关申请人的信息。虽然本细则第 40 条第 1 款 b 项要求提供向欧洲专利局识别申请人或允许与申请人联系的信息以便于申请日的确定,但如果申请时未提供此类信息,欧洲专利局就不能联络申请人告知其缺陷所在。如果申请人自收到原始文件的收据日起两个月主动对此缺陷补正,则申请日以满足本细则第 40 条规定的所有要求的那一天来确定。

4. 补救缺陷的期限。两个月的期限是不可延长的。根据本细则第 135 条第 2 款的规定,公约第 121 条规定的继续审查的期限被明确地禁止。因此,如果在此期限内有任何缺陷被补救,则申请日即为满足本细则第 40 条的要求的那一日。如果未能满足期限要求,允许根据公约第 122 条的规定恢复权利,尽管这一点尚无判例支持。反对给予权利恢复的观点认为,对于没有根据本细则第 55 条发出的通知作出回复的事实后果而言,是该申请将不作为欧洲专利申请来对待。这不是公约第 122 条第 1 款所设想的情况。相反的观点认为,公约第 122 条第 1 款适用于任何其他的权利丧失的情形。由于允许在申请之后要求优先权,申请日也体现了一种权利。

5. 递交日。递交日是指欧洲专利局或主管的国家专利局实际收到申请文件的日子(见 J18/86 *N.N.* 案)。文件可以通过传真提交。根据本细则第 134 条的规定,提交文件的期限可以被延长,但文件的实际申请日不能改变。如果欧洲专利局或主管的受理局在期限到期日的当日关闭不办公,或者在邮路传递上出现了通常的中断或后续的紊乱,本细则第 134 条允许根据公约第 87 条第 1 款的规定延长优先权期限。

6. 不作为欧洲申请对待。如果申请日不能确定,则该申请不能作为欧洲申请对待。这意味着不存在有效递交的欧洲申请,申请人已缴纳的任何费用将悉数退还。此在先申请也不能作为优先权申请。

[说明书的遗漏部分或附图的遗漏]
第 56 条
　　(1)如果在根据公约第 90 条第 1 款规定的审查中发现说明书的部分或者

在说明书中或者权利要求书中提到的附图有遗漏,欧洲专利局将通知申请人在两个月内提交所遗漏的部分。申请人不能对未发出这样的通知行使权利。

(2)如果在申请日之后,但在申请日起两个月内提交说明书的遗漏部分或遗漏的附图,或者,如果根据第1款规定发出了通知,在通知后的两个月内,该申请应按照提交说明书的遗漏部分或遗漏的附图之日重新确定申请日。欧洲专利局应因此通知申请人。

(3)如果在第2款指定的期限内提交说明书的遗漏部分或遗漏的附图,并且该申请主张了在先申请的优先权,假如该说明书的遗漏部分或遗漏的附图完全包含在在先申请中,当申请人在第2款指定的期限提出请求并提交遗漏文件时,如果满足本细则第40条第1款规定的要求,则保留原申请日:

(a)在先申请的副本,除非根据本细则第53条第2款的规定,欧洲专利局可以获取该副本;

(b)如果在先申请不是采用欧洲专利局的官方语言,应提供采用任何一种官方语言的译文,除非根据本细则第53条第2款的规定,欧洲专利局可以获取该副本;以及

(c)关于说明书的遗漏部分或遗漏的附图完全包含在在先申请中的说明,必要时,提供译文。

(4)如果申请人未能

(a)在第1款或第2款指定的期限内提交说明书的遗漏部分或遗漏的附图,或者

(b)依照第6款规定,撤回了根据第2款规定所提交的说明书的遗漏部分或遗漏的附图,则第1款所涉及的任何证明文件将视为删除,且任何已提交的说明书的遗漏部分或遗漏的附图视为未提交,欧洲专利局应因此通知申请人。

(5)如果申请人未能在第2款指定的期限内符合第3款a—c项的要求,则该申请应按照提交说明书的遗漏部分或遗漏的附图之日重新确定申请日。欧洲专利局应因此通知申请人。

(6)在第2款和第5款的最后一句所指的通知之日起一个月内,申请

人可以撤回所提交的说明书的遗漏部分或遗漏的附图,在此情形下,视为没有作出申请日的重新确定。欧洲专利局应因此通知申请人。

1. 总述。本条细则涉及最晚提交附图和说明书的程序。本条也是落实公约第 90 条第 1 款的规定。

2. 最晚提交附图和说明书遗漏部分。细则第 56 条设置了两种不同的期限。如果欧洲专利局注意到了遗漏附图或说明书,从欧洲专利局通知申请人提交遗漏的附图或说明书之日起,申请人有两个月的时间提交。若欧洲专利局没有发出通知,从原始文件提交之日,申请人仍有两个月时间提交。因此,如果注意到了有附图或说明书遗漏,申请人坐等要求其提交遗漏的附图或说明书的通知的做法是不可取的,因为欧洲专利局有可能不发出此通知。如果没有可依赖的优先权文件,该申请将会以所遗漏的附图或说明书的提交日重新确定申请日,所以应避免延误。

3. 依赖于优先权文件。为了依赖于优先权文件,在本条第 3 款中还规定了附加要求,主张对所依赖的优先权文件的优先权,必须在不晚于请求遗漏部分基于所依赖的优先权文件之时提出。如果按照细则第 52 条第 2 款规定提出优先权主张的期限尚未届满,在提出请求依赖于优先权文件的同时提出优先权主张是可能的。关于遗漏部分基于所依赖的优先权文件的规定是根据 2000 年的《欧洲专利公约》新增加的,也符合《专利法条约》的规定。

4. 期限的延长。本条中的期限没有一个是可延长的。根据公约第 121 条规定对本条的任何期限的继续审查也被本细则第 135 条第 2 款所禁止。由于没有关于这一问题的判例法,涉及根据公约第 122 条关于权利恢复的情形并没有明确规定。例如,未能在第 6 款指定的期限内撤回错误提交的遗漏部分,将导致优先权日的丧失。此种情况并没有明确地体现在公约第 122 条第 1 款中。但是,公约第 122 条适用于"任何的权利丧失"。

5. 根据本细则第 139 条的更正。根据本细则第 139 条的规定,在不丧失申请日的情况下,有可能通过增加原来就应该存在的文件对申请文件进行更正。为了援引本细则第 139 条,必须说明所作的更正其实就是原来文件中所包含的内容,这一点对本领域技术人员而言,是直接地、明显地可以看出的。而且,任何更正都不能含有原始提交申请的内容中所没有的主题内容(公约第 123 条第 2 款)。举一个可行的例子是,在所公开的内容不超出文字内容限定下,增加遗漏的流程图。在说明书撰写得当时,根据本细则第 139 条的规定,还可能引入线路图或方框图。无论如何,通过替代方式请求根据本细则第 43 条*规定重新确定申请的申请日,不失为一个明智的做法。

[形式要求的审查]
第 57 条

如果欧洲专利申请已经确定了申请日,则欧洲专利局将根据公约第 90 条第 3 款的规定进行审查,即是否:

(a)按期提交了按照公约第 14 条第 2 款、本细则第 36 条第 2 款的第二句,或者本细则第 40 条第 3 款的第二句规定所要求的译文;

(b)请求授予欧洲专利的请求书符合本细则第 41 条的规定;

(c)申请含有符合公约第 78 条第 1 款 c 项规定的一项或多项权利要求,或者,关于符合本细则第 40 条第 1 款 c 项、第 2 款和第 3 款规定的在先提出的申请的说明文件,写明其还可以替代权利要求书;

(d)申请含有符合公约第 78 条第 1 款 e 项规定的摘要;

(e)按照本细则第 17 条第 2 款、第 36 条第 3 款和第 38 条的规定已经缴纳了申请费与检索费;

(f)按照本细则第 18 条第 1 款的规定已经作出了对发明人的指定;

(g)必要时,本细则第 52 条和第 53 条关于主张优先权规定的要求已经满足;

(h)必要时,公约第 133 条第 2 款的规定的要求已经满足;

(i)申请满足本细则第 46 条和第 49 条第 1—9 款和第 12 款规定的要求;

---

* 本细则第 43 条是关于权利要求的形式和内容的规定,与本条规定无关,但原文的确如此,请读者予以注意。——译者注

(j)申请满足本细则第 30 条规定的要求。

1. 总述。一旦一件欧洲申请确定了申请日,就要根据公约第 90 条的规定对其是否满足本细则提出的形式要求进行形式审查。本条是为了落实公约第 90 条第 3 款的规定,并且是根据 2000 年《欧洲专利公约》的新条款。此前,关于本细则的要求是规定在 1973 年《欧洲专利公约》的第 91 条中。

2. 译文(a 项)。当一件申请以不同于公约第 14 条第 2 款规定的官方语言之一的语言提出的,根据本细则第 6 条第 1 款的规定,译文必须在两个月内提交。当该申请中包含有与说明书相对照的关于在先提出的申请的说明时,如果该在先提出的申请在原始提交时不是用欧洲专利局官方语言之一提出的话,本细则第 40 条第 3 款为提交该在先提出的申请的译文设置了两个月的期限。

3. 关于请求书的要求(b 项)。尽管使用合适的正式表格不是获得申请日的必要条件,但为了之后的审查程序,申请人必须通过补正提交正式的表格(细则第 41 条)。请求书中必须包含下列事项:授予专利的请求;发明名称;申请人的姓名、地址、国籍以及申请人的居住地或企业的主要营业地;代表人的姓名和地址(只需要写出一人);申请是否为分案申请,申请是分案申请时的标注以及母案的申请号;如果申请是根据公约第 61 条第 1 款 b 项规定在资格纠纷程序后提出的,写出原始专利申请的号码;写明所要求的优先权日和优先权申请的提出国家的优先权声明;申请人或代表人的签字;与请求书一起提交的清单;当申请人是发明人时,发明人的指定;以及在申请人为一人以上时,指定一名申请人或代表人作为共同代表。

4. 权利要求书(c 项)。根据 2000 年《欧洲专利公约》的规定,权利要求书已不再是确定申请日所必备的文件[*]。因此,欧洲专利局第一次核查所提出的权利要求书是根据公约第 90 条第 3 款进行审查的时候。虽然并

---

[*] 根据中国《专利法实施细则》第 39 条的规定,权利要求书是受理的必备文件,即其属于确定申请日的必备文件。因此,如果申请人在申请时未提交权利要求书,其法律后果是"不予受理"。这一点与《欧洲专利公约》的规定不同。——译者注

不要求权利要求书在申请时就提交,但任何在申请之后增加的权利要求都不能与公约第 123 条第 2 款关于严格限制所增加的主题内容的要求相违背。因此,明智的做法是在申请时就提交权利要求书。

5. 摘要(d 项)。摘要主要是用来帮助负责审查员检索的技术信息。

6. 申请费与检索费(e 项)。对于"正式的"申请,必须在申请日起一个月内缴纳本细则第 38 条要求的检索费,本细则第 17 条第 2 款的规定适用于申请资格纠纷程序处理后的申请,而本细则第 36 条第 3 款的规定适用于分案申请。如果申请费与检索费未在指定的期限内缴纳,该申请将被视为撤回并根据本细则第 112 条第 1 款的规定通知申请人。申请人可以根据公约第 121 条的规定请求继续审查。

7. 发明人的指定(f 项)。如果没有指定发明人或者指定含有严重的错误,欧洲专利局将按照本细则第 60 条规定的程序处理。

8. 优先权(g 项)。本细则第 52 条规定了提交优先权声明的要求,其包括优先权申请的日期、优先权申请的国家和优先权申请的申请号。优先权声明的提出,或者作出更正以及再次提出的,必须在自最早的优先权日起 16 个月内。而且,优先权必须在主张优先权之申请的申请日四个月内提出。本细则第 53 条规定了优先权文件的证明副本应该在优先权日起 16 个月之内提交。如果优先权申请是欧洲申请、向欧洲专利局提交的 Euro-PCT 申请、向日本特许厅提出的申请(包括 PCT 申请)、韩国专利申请或美国专利申请,由于这类申请与欧洲专利局有文件交换协议,欧洲专利局可以自动获取到这些文件,因此不需要提交优先权文件的证明副本。

9. 代理(h 项)。还需要审查的是,确定申请人是否由专业人士进行代理(公约第 133 条)。所谓专业人士,既可以是欧洲专业代理人登记簿上记载的专业代理人、申请人的雇员,如果申请人在欧洲专利公约的成员国内有居住地或主要营业地,也可以是在成员国有其营业地的授权代表客户处理专利事务的法律人士。如果一件欧洲专利申请有多个申请人,他们必须指定一个共同代表人,之后,欧洲专利局将要求其指定专业的代理人。任何人都可以提出欧洲专利申请,但如果其代表人不符合规定,欧洲专利局将要求申请人指定适格的代表人。

10. 关于其他要求(i项)。本细则第46条的规定涉及附图和有关表示面积的尺寸、白边、颜色、剖面线的标示、参考标记、字体大小和允许在附图中出现的文字数量。本细则第49条涉及所有申请文件和有关照相或扫描的擦除、纸张的型号和大小、申请格式、空白尺寸和要求,以及字体大小。还要其他一些要求也必须满足。例如申请中所使用的任何单位,都必须是国际标准(SI制)单位制(《欧洲专利审查指南》C-Ⅱ,附件)。但是,这些是在后面的审查程序中处理。

[申请文件的缺陷补正]
第58条

如果欧洲专利申请不符合本细则第57条a—d项、h项和i项的要求,欧洲专利局将因此通知申请人,并要求申请人在规定的两个月内对所指出的缺陷进行补正。只有在足以补救这些缺陷的范围内才可以对说明书、权利要求书和附图作出修改。

1. 总述。本条规定了根据本细则第57条的规定对所指出的申请文件中的缺陷进行补正处理的程序。本条并没有涵盖对根据本细则第57条规定审查的所有问题的处理程序。对于所指出的指定发明人的缺陷是按照本细则第60条的规定处理,关于要求优先权的缺陷则根据本细则第59条的规定处理。

2. 关于期限延长。本条设置的期限是不可延长的。也即,按照本细则第135条第2款的规定,禁止适用公约第121条的规定进行继续审查。

3. 法律后果。如果申请人未能按时对根据本条发出的通知作出回应,该申请将被驳回。但可以根据公约第122条的规定恢复权利。

[关于要求优先权的缺陷]
第59条

如果在规定的时间内,未提交根据本细则第52条第1款规定的在先申请的申请号,或者未提交根据本细则第 53 条第 1 款规定的申请副本,欧洲专利局将因此通知申请人,要求其在指定的期限内提交。

1. 总述。本条规定了根据本细则第 57 条的规定对所指出的要求优先权的缺陷进行补正处理的程序。

2. 期限。根据本细则第 132 条第 2 款,指定的期限将不少于两个月。需要注意的是,根据本细则第 59 条规定的通知仅在本细则第 52 条和第 53 条指定的期限届满之后才会发出,也即:早于自申请日起四个月或自优先权日起 16 个月。本细则第 135 条第 2 款禁止对本细则第 59 条规定进行的继续审查程序。

3. 法律后果。如果申请人未能按时对根据本条发出的通知作出回应,将丧失优先权。

[发明人的随后指定]
第 60 条
 (1)如果没有按照本细则第 19 条的规定对发明人作出指定,欧洲专利局应通知申请人该欧洲专利申请将被驳回,除非在该申请的申请日起,要求优先权的,自优先权日起 16 个月内,作出指定,如果指定的信息是在该欧洲专利申请出版公布的技术准备完成之前发出的,该期限视为得到了遵守。
 (2)在分案申请或者根据公约第 61 条第 1 款规定提出的新申请情况下,没有按照本细则第 19 条对发明人作出指定,欧洲专利局将要求申请人在指定的期限内作出指定。

1. 总述。本条对没有按照本细则第 19 条的规定在申请提出时指定发明人的情况提出了应遵守的程序。

2. 公布的技术准备(第 1 款)。技术准备被视为完成的时间是在自优先权日起 18 个月,如果没有要求优先权的,自申请日起 18 个月届满前的 5 个星期的到期日(见欧洲专利局的公告,载《欧洲专利局官方杂志》,2006 年第 6 期,第 406 页)。

3. 分案申请或判决给有资格申请的人提出的新申请（第2款）。 在分案申请或者根据公约第61条第1款b项提出的申请（判决作出后的新的当事人，而不是原先申请中列明的所有人）时，16个月的期限可能已经用完。根据本细则第132条第2款的规定，指定的期限最低为两个月。

4. 期限延长。 尽管上面的第1款和第2款指定的期限是不可延长的，但可以利用根据公约第121条规定的继续审查程序。未能对根据本细则第60条规定发出的通知进行答复的，将导致申请被驳回。

第二章 欧洲检索报告

[欧洲检索报告的内容]
第61条

（1）欧洲检索报告引用在写出检索报告之日欧洲专利局所掌握的、评价作为欧洲专利申请对象的发明的新颖性和创造性的文献。

（2）每次引用的文献都应是涉及权利要求的相关文献。必要时，应指出引用文献的有关部分。

（3）欧洲检索报告应把所引用的优先权日前公开的文献，优先权日和申请日之间公开的文献及以后公开的文献区别开。

（4）一切关系到口头公开、使用公开和提出欧洲专利申请日之前以任何一种其他方式公开的文献，在欧洲检索报告引用时应指出文献的公开日期（如果有公开日的话）以及非书面公开日期。

（5）欧洲检索报告用审查程序中所使用语言撰写。

（6）欧洲检索报告中按照国际专利分类法对欧洲专利申请进行分类。

1. 总述。 本细则第61条为落实公约第92条关于涉及检索报告规定而制定的。检索报告通常与申请同时公布，但有时检索报告未能及时完成。

2. 所引用文件的类型。 检索报告中所引用的文件是按照类型划分的。对于那些仅仅考虑文件自身就认为十分相关的文件，用"X"标注，对于那些需要与其他文件相结合的相关文件,则用"Y"标注。涉及技术背景而不十分相关的文件用"A"标注。而对于与本发明相关的理论或基本原理的文件但其显示本发明的推理或事实是不正确的,用"T"标注。如果文件是在优先权日与申请日之间公开的,通常但并不总是这样的,引用时用"P"与"X"、"Y"或"A"标注。如果所引用的文件是作为根据公约第 54 条第 3 款仅用来评价新颖性理由而引用的,则标注为"E"。在被检索的申请中所引用的文件用"D"表示。最后,如果公开的方式是口头形式,这类公开的证据用"O"或者有时候用"L"表示。"L"包括了所有的除了上述说明解释的理由之外的各种所引用的文件类型,但鲜有使用。

3. 主题内容的分类(第 6 款)。根据本细则第 8 条的规定,欧洲专利局采用基于与国际专利分类(IPC)十分接近的欧洲分类系统(ECLA)。ECLA 使用与 IPC 相同的基本分类类型,但其有更多的子组。除 ECLA 之外,欧洲专利局还采用其自己研发出的利用"专家标签"的定制检索,用于难以检索的各个领域,比如纳米技术。如果使用了"专家标签",其进一步的分类就与所使用的 IPC 或 ECLA 无关了。

4. 附件。检索报告中包括给出其所引用的专利和专利申请的同族号码的附件。如果检索报告中的文件是用申请人不熟悉的语言,这些信息可以帮助申请人锁定采用申请人自己语言的等同申请。

[扩展的欧洲检索报告]
第 62 条

(1)欧洲检索报告还包括一份有关该申请和与该申请相关的发明是否符合欧洲专利公约要求的意见书,除非可以发出根据本细则第 71 条第 1 款或第 3 款规定的通知。

(2)根据第 1 款规定作出的意见书不与检索报告一起公布。

1. 总述。所有自 2005 年 7 月 1 日当日及之后提出的欧洲专利申请或分案申请,其检索报告都包括一份意见书。对于自 2005 年 7 月 1 日当日及之后要求进入欧洲地区阶段的PCT申请,也同样作出意见书(见《欧洲专利局官方杂志》,2005年,第5页以下)。扩展的欧洲检索报告的引入是因为欧洲专利局正在推行由同一个审查员来担任检索与审查的机制。

2. 意见书的范围。意见书涵盖了审查报告中可能涉及的所有事项,并不限于基于现有技术的反对意见。

3. 对意见书的答复。并不要求申请人对意见书进行答复。如果未提交答复,该意见书将视同为第一次审查报告。

4. 根据本细则第71条第1款或第3款规定发出的通知(第1款)。一旦提出申请,申请人可以提交进行审查请求并在检索报告作出之前缴纳审查费。正常情况下,在检索报告作出之后,根据本细则第70条第2款的规定要求,欧洲专利局询问申请人是否希望继续进行审查。如果检索报告的结论已经使得申请人改变了想法,申请人可以提出请求免去根据本细则第70条第2款规定发出通知。在这种情况下,将不会在作出检索报告时给出书面意见。在检索报告作出后,欧洲专利局将根据本细则第71条第1款的规定发出通知,要求申请人要么对缺陷进行补正、作出修改,要么针对欧洲专利局提出的问题陈述意见。另一个做法是,如果欧洲专利局满意,则可能该申请以当前的版本或者微小的修改后核准授权。根据本细则第71条第3款的规定,欧洲专利局将准备授权的申请文本的内容通知申请人。

5. 意见书不被公布(第2款)。与检索报告一起的意见书并不公布。但是,一旦申请被公布,则第三方可以获取到该意见书。

[含有多个独立权利要求的申请]
第62a条[*]

(1)如果欧洲专利局认为所提出的权利要求书不符合本细则第43条第2款的规定,欧洲专利局将要求申请人在两个月内,以其所作出的

---

[*] 本条是根据行政理事会于2009年3月25日所作出的CA/D3/09决定而插入的,生效日为2010年4月1日,见《欧洲专利局官方杂志》,2009年,第299页。由于本书的英文原版是2008年出版的,故本条的规定并未出现在本书中,为了方便读者,译者特将此条也插入进来。——译者注

检索为基础,说明解释该权利要求书符合本细则第 43 条第 2 款的规定。如果申请人未能按时提交此种说明解释,则按照每一类型的第一个权利要求进行检索。

(2)审查部应要求申请人将其权利要求限制在检索的主题内容,除非审查部发现根据第 1 款作出的反对意见是不公正的。

[不完全检索]
第 63 条

如果欧洲专利局认为欧洲专利申请不符合公约规定,以致基于一些权利要求或所有权利要求,不可能对已有技术作出有意义的检索,欧洲专利局将对不能进行这类检索作出详尽论述的声明,或尽可能地作出部分检索报告。在未来的程序中,该声明或者部分检索报告,将视为欧洲检索报告。

1. 总述。如果审查员不能作出检索报告,他将根据本细则第 63 条的规定作出声明,该声明按照检索报告对待根据公布时间来计算期限。声明可以与仅针对某些权利要求检索的部分检索报告一道使用。对于已经进入欧洲地区阶段的 PCT 申请,声明可以代替补充检索报告。

2. 有意义的检索。审查员作出声明有两种理由:第一,权利要求涉及公约第 52 条或第 53 条规定的不可专利的主题内容。第二,权利要求撰写得过于宽泛且不能得到说明书的支持,或者说明书与权利要求书缺乏一致性,或者撰写时使用的术语无法与现有技术进行比较。对于涉及计算机程序的权利要求,在检索阶段所进行的任何检索都是不容易的,使得审查员难以确定在不考虑现有技术情况下,是否驳回这些权利要求。过多的独立权利要求也是作出此声明的理由。如果检索审查员认为权利要求的限定过宽而无法作出有意义的检索,他通常的做法是只考虑第一个独立权利要求,限制在这个范围内检索,并且,要求对剩下的权利要求缴纳进一步检索费,这种做法好过发出声明。

3. 在以后阶段的进一步检索。当申请进入实质审查阶段时,审查员将根据《欧洲专利审查指南》B-Ⅱ 4.2 的规定进行进一步检索。为了确保在实质审查阶段尽早完成此进一步检索,当申请人请求进一步审查时,针对根据本细则第 63 条规定所作出的声明进行意见陈述,或者针对所提出的反对意见作出修改,是一个明智的做法。

4. 被当作欧洲检索报告的声明。根据本细则第 63 条所作的声明是随着按照公约第 93 条规定申请公布一起被公布,或者当申请已经被公布稍后公布。请求根据公约第 94 条第 2 款规定的审查及根据公约第 79 条第 2 款缴纳指定费的期限,是根据声明公布的日期计算的。

[发明缺少单一性时的欧洲检索报告]
第 64 条

(1)如果欧洲专利局认为欧洲专利申请不符合发明单一性要求,其将撰写出与欧洲专利申请中某一项发明有关的部分检索报告,或在公约第 82 条规定的意义内,写出在权利要求中首先述及部分的部分检索报告。欧洲专利局应通知申请人,如要求对其他发明进行检索,应在指定的期限内缴纳每一发明的检索费。该期限不得少于两个星期,也不得多于六个星期。欧洲专利局针对欧洲专利申请中所涉及已缴纳检索费的发明部分作出欧洲检索报告。

(2)在欧洲专利申请的审查过程中,如果申请人要求退还检索费,并且审查部发现第 1 款中所指的通知是不公正的,则退还按第 1 款所缴纳的所有费用。

1. 总述。公约第 82 条要求一件欧洲专利申请应仅涉及一项发明,或者在一个单一的总的发明构思下的一组发明。本条规定了在缺乏单一性的情况下所遵循的程序。

2. 检索审查员的工作方式(第 1 款)。如果负责检索的审查员认为缺乏单一性,他将按照权利要求书的排序确定第一个发明,且针对该发明作出

281 部分检索报告。审查员会要求对其他发明的进一步检索缴纳进一步检索费。检索报告只针对已经缴纳检索费的相关发明作出。

3. 不缴纳进一步检索费的后果。如果不缴纳进一步检索费,申请人就放弃了申请中未被检索的那部分主题内容(见 G2/92 *IBM* 案)。举例来说,这意味着在审查过程中不可能基于未被检索的那部分主题内容作出任何修改,即便是存在着将权利要求书中的未被检索部分的特征与已检索部分结合的基础。如果没有缴纳进一步的检索费,在实质审查过程中,也不可能挑战检索审查员作出的结论。但是,根据公约第 76 条第 1 款的规定,任何未被检索的主题内容可以通过分案申请的方式请求保护。

4. 部分检索报告(第 1 款)。如果申请人提出进一步检索的请求,则部分检索报告并不公布。因此,没有对部分检索报告的公布设置期限(但除缴纳进一步检索费外)。如果未缴纳进一步检索费,则所公布的检索报告视同为部分检索报告。

5. 进一步检索费的退还(第 2 款)。审查部门会始终复核检索审查员作出的关于缺乏单一性的结论。但是,除非有足够充分的理由采纳不同的观点,否则实质审查的审查员都会同意检索审查员的结论。因此,如果申请人希望检索费能得到退还,申请人应该向负责实质审查的审查员来说明为什么应退还进一步检索费的理由。

6. 进入欧洲地区阶段的申请。根据本细则第 164 条的规定,欧洲专利局还必须考虑进入欧洲地区阶段的 PCT 申请是否满足单一性的规定要求。然而,在此阶段,并不要求申请人缴纳进一步的检索费。如果要作出补充检索,根据本细则第 164 条第 1 款的规定,仅仅针对权利要求书首先述及的那一项发明或一组发明进行检索。只有在欧洲专利局没有承担国际检索的情况下,才进行补充检索。如果欧洲专利局承担过国际检索,则根据本细则第 164 条第 2 款的规定对国际阶段已经检索过的权利要求进行审查。

7. 缴费期限。形式上,该缴费期限是不可延长的。但通常情况下,如果在期限届满前就相关事宜与审查员讨论,审查员一般会允许晚些时候缴纳。

[欧洲检索报告的送达]
第 65 条

欧洲检索报告作出之后,就应连同任何所引用的文件副本立即送达给申请人。

1. 总述。本条涉及按照本细则第 61—64 条的规定作出的检索报告。根据本细则第 66 条规定确定的摘要也随检索报告一起送达给申请人。

[摘要的确定内容]
第 66 条

欧洲检索报告一经作出,欧洲专利局将决定摘要的确定内容并连同欧洲检索报告一起送达给申请人。

1. 总述。公约第 85 条规定了摘要仅作为检索的工具,但不能用作确定申请的范围。根据本条规定,如果检索部认为摘要不符合检索要求及形式上的要求,其将重写或修改摘要。对此种修改申请人不能提出质疑。

2. 关于摘要的形式要求。本细则第 47 条规定了摘要的形式要求。

第三章 欧洲专利申请的公布

[公布的技术准备]
第 67 条

(1)欧洲专利局局长决定何时可以认为已完成公布欧洲专利申请的技术准备。

(2)在公布的技术准备结束前,被最后驳回的、撤回的或视为撤回的欧洲专利申请,将不予公布。

1. 总述。技术准备的期限是有意义的,因为根据本条的第 2 款,如果申请是在该期限前被撤回或者被驳回,申请将不予公布。

2. 公布的技术准备的期限(第1款)。 在自优先权日起,没有要求优先权的,自申请日起18个月结束前的五个星期的那一天,视为技术准备的完成之日(见《欧洲专利局公告》,2006年第6期,第406页)。

3. 如果期限已过。 如果申请人在技术准备期限之后撤回申请,欧洲专利局将尽量阻止公布申请(见 J5/81 *Hoermann* 案),但不保证能够做到阻止公布。

4. 对技术准备完成设置的其他期限。 技术准备的期限是有意义的,因为任何在检索报告作出之后、但在技术准备期限到期之前提出的修正,都会与原始提出的权利要求书一起(见细则第68条第4款),包括在被公布的文件中。如果在技术准备期限到期之前放弃优先权,将推迟到申请日起的18个月时公布(OJEPO 1-2/1993,55)。

283 [欧洲专利申请及欧洲检索报告的公布形式]
第68条

(1)欧洲专利申请的公布将包括提交时的说明书、权利要求和任何附图及摘要,或者,如果这些构成申请的文件没有使用欧洲专利局的官方语言,翻译成程序中所使用语言的译文,以及,如果在公布的技术准备到期前可以获取,一份欧洲检索报告作为附件。如果检索报告或摘要不能随申请同时公布,其将单独公布。

(2)欧洲专利局局长决定公布欧洲专利申请书以及有关资料的形式。本规定也同样适用于单独公布的欧洲专利检索报告和摘要。欧洲专利局局长可以决定公布摘要的特别方式。

(3)在公布的欧洲专利申请书中应写明被指定的成员国。

(4)如果申请提交之日没有提交权利要求书,当申请公布时应予以写明,如果在申请的技术准备结束前,对按本细则第137条第2款的规定修改了权利要求书,新的权利要求书或经修改后的权利要求书同最初提交的权利要求书一起公布。

1. 总述。本条规定了关于公布欧洲专利申请和检索报告的要求。其为落实本细则第73条的规定,该规定涉及授权专利的公布。欧洲专利申请和检索报告是根据公约第93条的规定公布的,其确定了公布所包含的事项。

2. 指定的成员国(第3款)。自1997年6月1日起,在提出欧洲专利申请时,所有国家作为预先指定*。自2007年12月13日起,提出申请时就指定了所有成员国。公布的专利说明书将指定所有的国家,除非申请人在公布的技术准备完成之前向欧洲专利局写信明确表示撤回对一个或多个国家的预先指定。在缴纳指定费的期限逾期之后,对实际上已经缴纳指定费的国家而言,将在专利登记簿上通告。

3. 公布及检索报告。如果在专利说明书公布时检索报告还没有准备好,检索报告将尽可能快地与摘要在之后公布。如果专利说明书与检索报告一起公布,将使用字母"A"或"A1"标注。如果专利说明书公布时不带有检索报告,则专利说明书将使用字母"A2"标注,单独公布检索报告时,用"A3"标注。

4. 公布的形式。欧洲专利局仅采用电子形式公布专利申请(见《欧洲专利局官方杂志》,2007年特刊第3期,D3)。获取电子形式的公布的网址是:https:/publications.european-patent-office.org。

5. 技术准备的期限。在自优先权日起,没有要求优先权的,自申请日起18个月结束前的五个星期的那一天,视为技术准备的完成之日(见欧洲专利局的公告,OJEPO 6/2006,406)。

6. 阻止公布(第3款)。如果申请是在技术准备完成之前撤回或者被驳回,该申请将不予公布(本细则第67条第2款)。如果申请人在技术准备期限之后撤回申请,欧洲专利局将尽量阻止公布申请(见J5/81 *Hoermann*案),但不保证能够做到阻止公布。如果在技术准备期限到期之前放弃优

---

* 所谓"预先指定",是指在提出欧洲专利申请时,就要求写明打算要指定的国家,并按照指定国家的数量缴纳指定费,对于未预先指定的国家,该申请对这些国家没有效力。而自2007年12月13日起,改为自动地全部指定。此举免除了申请人在提出申请时对指定国家的"艰难选择"。——译者注

先权,将推迟到申请日起的18个月时公布(OJEPO 1-2/1993,55)。

[有关公布的资讯]

第69条[*]

(1)欧洲专利局应通知申请人关于在欧洲专利公报上公布欧洲专利检索报告的日期,并在通知中提醒申请人注意本细则第70条第1款、公约第94条第2款、本细则第70a条第1款的规定。

(2)如果根据第1款规定的通知上指定的日期晚于实际公布的日期,则后一日期在计算本细则第70条第1款、本细则第70a条第1款所指的期限时,从该后一日期算起,除非有明显的错误。

1. 总述。2005年4月1日以后,根据本细则第69条第1款规定的通知还告知申请人检索报告采用电子方式公布(OJEPO 2005,11)。

2. 请求审查的期限。根据本细则第70条第1款的规定,检索报告公布后,通常会设定请求审查的期限。这个期限是从欧洲专利公报上公布欧洲专利检索报告的日期起算。但例外的情况是根据第1款规定的通知是晚于该六个月期限开始的日期。申请人的责任就在于:他要监视公报以确保知晓正确的期限。

[请求审查]

第70条

(1)自欧洲专利公报上公布欧洲专利检索报告的日期起,申请人可以请求对欧洲专利申请进行审查,此请求不可以撤回。

(2)如果申请人在欧洲检索报告尚未传送到之前提出审查请求,欧洲专利局应在指定的期限内,要求申请人就是否希望继续对该申请进行审查表明态度,给予其就检索报告发表意见的机会,并在需要时修改说明书、权

---

[*] 本条译文是根据2010年4月1日生效的《实施细则》第69条的原文(http://www.epo.org/law-practice/legal-texts/html/epc/2010/e/r69.html)翻译的,对该条的修改是行政理事会2009年3月25日的CA/D 3/09决定通过的。参见《欧洲专利局官方杂志》,2009年,第299页。——译者注

利要求书和附图。

（3）如果申请人未能按期对根据第 2 款的要求做出答复,该申请将视为撤回。

1. 总述。本条涉及提出审查请求的期限。其适用于已经在欧洲专利局提出的专利申请,但通常不适用于根据公约第 150 条规定进入欧洲地区阶段的申请。审查请求包括两部分:审查的书面表示和请求费(参见 J25/93 Ostolski 案)。

2. 提前缴纳审查费。审查费可以在检索报告发出之前缴纳,对此欧洲专利局将通知申请人要求其就是否希望继续对该申请进行审查表明态度。答复此通知的期限是自欧洲检索报告的通报公布之日起六个月内。申请人可以在专利申请提出时表示不需要根据第 2 款规定的通知。如果申请人这样做并且专利申请是在 2005 年 7 月 1 日或之后提出的,则检索报告与审查报告会一起发出。

3. 错过期限。如果根据第 1 款规定的审查请求或者继续审查的请求都没有按时提出,还可以根据公约第 121 条的规定请求继续审查。

4. 地区阶段的申请。本细则第 159 条第 1 款 f 项规定审查请求应在提出地区阶段申请时提出。继续审查可资利用。对于地区阶段申请作为母案申请的分案申请,其请求审查的期限也适用本细则第 70 条的规定。

第四章　审查部的审查

[对扩展的欧洲检索报告的答复]
第 70a 条[*]

（1）在与欧洲检索报告一起作出的意见书中,欧洲专利局应给予申请人对扩展的检索报告发表意见的机会,且在适当的情况下,邀请申请人在本

---

[*] 本条在原书中没有纳入,是根据行政理事会于 2009 年 3 月 25 日所作出的 CA/D3/09 决定插入本条的(见 OJEPO 2009，299),并于 2010 年 4 月 1 日生效。——译者注

细则第70条第1款指定的期限内,对与欧洲检索报告一起做出的意见书中指出的缺陷进行补正,以及修改说明书、权利要求书和附图。

(2)在本细则第70条第2款所指的情况下,或者如果针对Euro-PCT申请作出了补充检索报告,欧洲专利局应给予申请人针对扩展的检索报告发表意见的机会,且在适当的情况下,邀请申请人在表明其是否希望该申请继续下去的规定期限内对与欧洲检索报告一起作出的意见书中所指出的缺陷进行补正,以及修改说明书、权利要求书和附图。

(3)如果申请人既没有遵守第1款或第2款的规定也没有按照第1款或第2款对所述邀请陈述意见,则该申请将视为撤回。

[要求提交审查结果的副本]
第70b条[*]

(1)如果欧洲专利局注意到在审查部履行职责时,申请人未提交本细则第141条第1款所称的文件副本,且也不属于根据本细则第141条第2款规定视为适时提交的情况,则欧洲专利局将通知申请人在两个月的期限内提交这一副本,或者提交作出申请人没有获取本细则第141条第1款所称的文件副本的声明。

(2)如果申请人未能对根据第1款规定作出的通知按时答复,该欧洲专利申请将视为撤回。

[审查程序]
第71条[**]

(1)在根据公约第94条第3款规定发出的通知中,审查部在适当的情

---

[*] 本条是根据行政理事会于2009年10月28日所作出的CA/D 18/09决定插入本条的(OJEPO 2009,585),并于2011年1月1日生效。——译者注

[**] 根据行政理事会2010年10月26日作出的CA/D2/10决定,本条第3—7款已经被修改,第8—11款被删除,并且插入第71a条,该决定于2010年4月1日起生效(OJEPO 2010,637),译者按照修改后的条文翻译,其中,第3款中的最后一句话,在修改后的条文中已经被删除,但译者仍保留了该句。——译者注

况下,应要求申请人在规定的时间内对通知中所指出的缺陷进行补正以及修改说明书、权利要求书和附图。

(2)在适当的情况下,任何根据公约第 94 条第 3 款规定发出的通知应包含有覆盖所有说理详尽的与授予欧洲专利相关的全部理由。

(3)审查部在决定授予欧洲专利之前,应通知申请人其打算授予专利的文本和相关的著录项目数据。审查部在此通知中,应要求申请人缴纳授权及公布费,并在四个月期限内提交除程序中使用语言之外的两种欧洲专利局官方语言的权利要求书译文。如果申请人缴纳了上述费用且在期限内提交了译文,视为申请人同意将要授权的文本。

(4)如果欧洲专利申请中将要授权的文本包括 15 项以上的权利要求,审查部将通知申请人在第 3 款指定的期限内就自第 16 项起的后续的每一个权利要求缴纳权利要求费,除非已经根据本细则第 45 条或第 162 条的规定缴纳了所述的费用。

(5)如果申请人在第 3 款指定的期限内,缴纳了第 3 款以及在适当的情况下第 4 款规定的费用,并且根据第 3 款的规定提交了译文,将视为申请人同意了通知中的内容并核实了著录事项的数据。

(6)如果申请人根据第 3 款指定的期限内,请求对通知的文本作出合理的修改或补正,或者提交最新的文本,如果审查部对此表示同意,则审查部将根据第 3 款的规定发出新的通知;否则审查部将继续审查程序。

(7)如果没有按时交纳授权及公布费或权利要求费,或者没有按时提交译文,该欧洲专利申请将视为撤回。

1. 总述。本条为落实公约第 94 条并规定了审查程序。

2. 根据公约第 94 条第 3 款规定所指出的缺陷补正(第 1 款)。根据公约第 94 条第 3 款的规定,审查部必须要求申请人(通常是必要的)提交意见陈述并针对审查员所指出的申请中的缺陷进行补正。如果未作出补正或者未能以不需要补正为理由来说服审查员,则审查员会根据公约第 131 条第 1 款的规定,作出驳回该申请的决定。此驳回决定只可以根据申请人已经能够作出意见陈述的理由或证据作出。审查部必须在申请人获得适当保护的利益与欧洲专利局审查结案的利益之间作出平衡（见 G7/93 *Whitby II* 案）。在 T84/82 *Macarthys Pharmaceuticals* 案中，该案认为，只有在审查程序中呈现出导致专利授权的情形下，才作出要求对较早的报告中提出的反对意见作出答复的进一步通知。本细则第 132 条规定了对根据公约第 94 条第 3 款的通知进行答复的期限。

3. 对根据公约第 94 条第 3 款规定所指出缺陷补正进行修改（第 2 款）。根据本细则第 137 条第 3 款的规定，如果在答复通知的同时提出修改，申请人可以有一次依照自己的意愿对说明书、权利要求书和附图进行主动修改的机会。未经审查部同意，申请人不能作出进一步的修改。实务中，对于提交给予再一次修改机会的补充请求，都必须予以考虑（见 T1105/96 *Hamamatsu* 案）。根据本细则第 62 条作出的意见不认为是审查报告。因此，如果申请人对根据本细则第 62 条发出的意见进行答复，他就有两次提交主动修改的机会。本细则第 50 条规定了对根据公约第 94 条第 3 款作出的通知进行答复时的修改方式。

4. 电话会谈与会晤。根据审查员的自由裁量，非正式的交流例如电话会谈与会晤是允许的。会晤应该是同意的，除非审查员认为该会晤没有实际意义。电话会谈与会晤几乎总是与一个审查员单独进行的。因此，任何决定都应该要得到审查部的另外两名成员的批准。会晤的请求与口头审理程序的请求是不相同的。

5. 口头审理程序。在答复根据公约第 94 条第 3 款的通知时申请人可以请求进行口头审理程序。在根据公约第 97 条第 2 款规定准备驳回的情况下，明智的做法是请求进行口头审理程序。口头审理程序是由审查部的三名成员参加举行的正式程序。

6. 批准程序（第 3 款）。如果审查部持对申请准备授权的态度，它将以第 3 款规定的方式通知申请人。如果这是审查部发出的第一次通知，允许申请人对欧洲专利局打算授权的文本作出主动修改。当出现本细则第 62 条规定的情形时，审查部根据第 3 款规定发出第一次通知的机会已经增加。

勉强接受。可能出现勉强接受的情况,但审查部必须要认可这些修改克服了缺陷(见 T171/85 *Gillette* 案)。在 G7/93 *Whitby Research* 案中,认为在答复根据 1973 年《欧洲专利公约实施细则》第 51 条第 4 款的通知(相当于上述第 3 款的通知)时,审查部对修改所行使的裁量权必须考虑所有的相关因素。具体地说,必须考虑申请人在法律上对所有成员国有效的利益与欧洲专利局通过授予专利权的决定结束审查程序的利益之间的平衡。当答复根据第 3 款规定的通知时,申请人必须提交以欧洲专利局其他两种官方语言的权利要求书译文。

7. 修改与文本的批准(第 4 款)。在答复根据第 3 款规定的通知时请求进行修改,必须同时提交所修改文本的译文。如果申请人提交了译文并缴纳了印刷费,就推定申请人同意专利的授权文本。必要时,申请人必须明确表示只在修改被接受的条件下同意了专利的授权。

[授权程序的结束]
第 71a 条[*]

(1)如果所有的费用已经缴纳,同时提交了使用不同于欧洲专利局程序中所使用的其他两种官方语言的译文并且对授权的文本达成一致,则作出授予欧洲专利的决定。决定中应说明欧洲专利申请中的哪一个文本构成了决定的基础。

(2)在决定授予欧洲专利之前,在任何时候审查部都可以重新进行审查程序。

(3)如果在根据本细则第 71 条第 3 款规定的通知之后指定费到期未缴纳,则不公布授予欧洲专利的公报,直到指定费已经缴纳。申请人将收到相应的通知。

(4)如果在根据本细则第 71 条第 3 款规定的通知之后,下一次的授予欧洲专利的公报的公布日期到来之前维持费到期,则不公布授予欧洲专利

---

[*] 第 71a 条是根据行政理事会 2010 年 10 月 26 日作出的 CA/D2/10 决定插入本条的,该决定于 2010 年 4 月 1 日起生效(OJEPO 2010,637)。——译者注

的公报,直到维持费已经缴纳。申请人将收到相应的通知。

(5)如果在答复根据本细则第71条第3款规定的通知时,申请人已经缴纳了授权公布费和权利要求费,如果发出进一步的此种通知,其所缴纳的金额将作为存款。

(6)如果在授予欧洲专利的通知之前欧洲专利申请被驳回、撤回,或者在任何时候,被视为撤回,则退还授权公布费。

[针对不同申请人授予的欧洲专利]
第72条

当不同的个人在欧洲专利登记簿中针对不同的成员国登记为申请人时,欧洲专利局应当授予每一成员国相应的欧洲专利。

1. 总述。本条是对公约第97条的补充。根据公约第59条的规定,一件欧洲专利可能具有多个申请人且这些申请人可能是不同成员国的国民。发明人对每一成员国应当是相同的,但是,每一申请人必须声明他们如何根据发明人针对特定成员国来划分专利权的。

2. 共同代表人。即使已经针对不同的成员国指定了不同的申请人,仍需要按照公约第133条的规定选定共同代表人。

第五章 欧洲专利说明书

[欧洲专利说明书的内容和形式]
第73条

(1)欧洲专利说明书应当包括说明书、权利要求书和附图。欧洲专利说明书还应当指明对欧洲专利提出异议的期限。

(2)欧洲专利局局长应当确定说明书的公开形式及其包括的数据。

(3)欧洲专利说明书应当指明被指定的成员国。

1. 总述。本条涉及细则第 68 条(关于专利申请的公开)规定的核准授予专利的公布和实施。

2. 对申请进行异议的期限。提出异议的期限是自欧洲专利公报公开该专利被授予之日起 9 个月(公约第 99 条第 1 款)。

3. 公布的形式。《欧洲专利局官方杂志》(OJEPO)的专刊第 3 期中的 D.3 规定,说明书应当以电子格式公开。公众可在 http://publications.european-patent-office.org 上获得电子格式的说明书。但是,专利权人还可以请求获得已经与证书一起发出的纸本说明书(OJEPO 2007, Speciel Edition 3, D.2)。

[欧洲专利证书]
第 74 条

一旦公布欧洲专利说明书,欧洲专利局应当向该欧洲专利的所有人颁发欧洲专利证书。欧洲专利局局长应当规定证书的内容、格式和颁发形式并确定要求缴纳手续费的情形。

1. 总述。除了核准授予的专利说明书之外,专利权人还可以收到证书。该证书通过邮寄的方式寄给所有人。《欧洲专利局官方杂志》(OJEPO)的专刊第 3 期中 D.2 规定,证书应当写明专利号且应当写明专利已经针对特定的所有人在指定国核准。证书还应当写明每一位专利权人的姓名和地址。如果所有人为多个人,应当将证书寄给每一位所有人。

第五编 适用于公约第五编的实施细则

第一章 异议程序

[专利的放弃或失效]
第 75 条

即便是欧洲专利已经在所有成员国放弃或者在这些国家已经失效,仍可以对该欧洲专利提出异议。

1. 异议程序*适用于放弃或失效的专利。本条的规定是有意义的,因为根据公约第 68 条的规定,撤销专利的效力是自始不存在(ex tunc,即从授权日算起),而放弃或失效专利的效力仅从放弃或失效日起算(ex nunc,从放弃或失效日往后有效),并不影响放弃或失效日之前所取得的权利。因此,为了规避仍有效力的这种权利要求,竞争对手可能还有必要提出异议。

[异议的内容和形式]
第 76 条

(1) 异议书应以书面的说理充分的声明书方式提出。
(2) 异议书应包括:
(a) 本细则第 41 条第 2 款 c 项规定的具体信息;
(b) 异议所针对的欧洲专利号、该专利权人的姓名及发明名称;
(c) 一份声明书,声明书中要明确对欧洲专利提出异议的范围、提出异

---

* 欧洲专利的异议程序,类似于我国的专利无效宣告程序,都必须要在专利授权之后才能提出。——译者注

议所基于的理由及为说明支持其理由的事实和证明；

（d）如果异议人指定了代表人，写明本细则第 41 条第 2 款 d 项规定的具体信息。

（3）本细则第三部分的规定同样适用于异议书。

1. 总述。本条是落实公约第 99 条第 1 款和第 101 条第 1 款的规定。欧洲专利局按照其自己的意志审查异议是否可接受。

2. 异议书的形式（第 1 款）。异议书必须以书面形式提交。其必须符合第 2a、2b 和 2c 款规定的形式要求以及第 2d 款的实质上的异议要求。

3. 异议人的具体信息（第 2 款 a 项）。异议书必须以欧洲专利局的第 1001 号表格（授予欧洲专利的请求书）同样的方式写明异议人的具体信息（姓名、地址、居住国或主要营业地），并应写明申请人的详细信息（本细则第 41 条第 2 款）。异议人的身份认证是必须的，以便欧洲专利局决定是否对异议人适用任何特别的条款规定，即公约第 14 条第 2 款、第 4 款和本细则第 3 条第 1 款和第 6 条第 2 款的规定，根据本细则第 6 条第 3 款关于异议费减收的规定，以及根据公约第 133 条第 2 款、第 3 款关于专业代理人的要求。根据本细则第 77 条第 2 款规定，异议人的具体信息有瑕疵将导致异议不被接受，除非在收到通知后作出补正。值得注意的是，指定某人作为异议人代表第三方（俗称"稻草人"）是可以的，假如该人的介入不被当做是通过滥用程序来规避法律的话。因为专业的代理人以自己的名义代表客户，所以这种规避法律的行为并不总是出现。同样地，其居住地或主要营业地位于《欧洲专利公约》成员国之一的异议人，代表不符合这些条件的第三方，并不等于此种程序的滥用（见欧洲专利局的 G3/97 Indupack 案和 G4/97 Genentech 案）。由两人或多人共同提出异议也是可接受的，并且只需缴纳一份异议费（见欧洲专利局的 G3/99 Howard Florey Institute of Experimental Physiology & Medicine 案）。

4. 被异议专利的具体信息（第 2 款 b 项）。应该给出专利号以及该专利权人的姓名及发明名称。根据本细则第 77 条第 2 款规定，假如专利能被确认的话,其中一些具体信息可以在之后补充。例如,仅提供专利号或专利申请号就足以确认被异议的专利。但是,所提供的信息不清楚或者出现矛盾就不能认为是足够的。如果所给出的具体信息不能用来确认专利,根据本细则第77条第1款规定,其就成为异议不被接受的理由,除非在异议期内得以补正。

5. 异议的范围与实质要求(第2款c项)。(1) 异议的范围。通常,专利被请求全部撤销,如果从异议书的全部内容可以合理、明显地看出的话,缺少全部撤销的声明也通常被解释为具有专利是整体上被异议的表示。不过,在异议程序中,欧洲专利局审查和维持专利的范围取决于异议书中所提出的专利被异议范围的意思表示(见欧洲专利局的 G9/91 *Rohm and Haas* 案)。此外,如果异议范围的意思表示不清楚,其可能成为根据本细则第77条第1款规定(该条规定具体援引本细则第76条第2款c项)不予接受的理由。异议可以仅就专利的某一部分提出,例如仅仅针对两个或者多个独立权利要求中的一个权利要求提出异议。(2) 异议的理由。异议的理由应该在异议书中说明。公约第100条列出了可资利用的理由。单独的理由是:公约第100条a项,不属于可专利的客体;公约第100条b项,公开不充分;公约第100条c项,增加了新内容。新颖性和创造性是两个明显的理由(见欧洲专利局的 G7/95 *Ethicon* 案)。异议部通常只审查异议人所提出的理由,例外的情况是利用公约第114条的规定允许其考虑其他理由。这种例外适用于出现了其他理由,从整体上或部分上看,如果维持欧洲专利有效是明显地不公正的情况(见欧洲专利局的 G10/91 *Examination of opposition appeals* 案)。(3) 事实。应该提出事实以支持理由。事实可能需要证据来支持。例如,在异议中有时候提出在先公开使用的事实以支持缺乏新颖性的理由;必须对所声称的公开行为在何时、何地、什么样的,以何种方式发生的事实进行说明,而证据必须显示出这些事实的真相。(4) 证据。异议书中至少包括用来确定事实所依赖的证据。证据本身可以在异议期届满前出示,通常在接到异议部的通知时。但是,为了程序上的效率,证据应尽可能早提交,最好是与异议书一起提交。

6. 代表人的具体信息(第2款d项)。异议人的任何代表人应通过姓名与地址来确认。在此阶段不需要授权书,但必须提出请求。

7. 异议书的形式(第3款)。异议书必须满足与专利申请的请求书一样的形式要求(本细则第35—54条)。

[不能接受的异议书的驳回]
第77条

(1)如果异议部认为异议书不符合公约第99条第1款、本细则第76条第2款c项的要求,或者其未能充分确认所异议的专利已经提出申请,将以不可接受而驳回异议,除非在异议期届满前补正上述缺陷。

(2)如果异议部认为异议书不符合第1款以外的其他规定,则通知异议人并要求异议人在其指定的期限内补正所发现的缺陷。如在指定的期限未补正上述的缺陷,异议部将以不可接受而驳回异议书。

(3)任何由于不可接受而驳回的决定都将通知专利权人并附上异议书副本。

1. 总述。本条是落实公约第101条第1款的规定。只有已经视为提出的异议才由形式审查官员核查是否接受。有些缺陷只能在异议期届满前进行补正,而另一些缺陷则可以在异议期届满之后补正。在异议和所有人提出上诉的过程中,可能出现一些不可接受的理由。

2. 不需要事先通知的不可接受的驳回(第1款)。第1款中所指出的缺陷构成了不可接受的理由,除非其在异议期届满前得以补正。如果在异议期内有时间对缺陷进行补正,形式审查的官员将这些缺陷通知申请人。但是,他们没有义务发出此类通知,并且,异议人也不能以未能发出此种通知为理由,要求允许在异议期届满之后补正。第1款所涉及的缺陷是不符合公约第99条规定的,其包括:(1)未能以书面形式提交异议书;(2)未能在九个月的异议期内向欧洲专利局(慕尼黑、海牙和柏林)提交异议书,包括如果是向成员国的中央工业产权局提交的并由该局后来转交的异议书;或(3)被异议的专利并不能确认。此外,显示不符合本细则第 76 条第 2 款 c 项的规定,包括:异议书不包含被异议的欧洲专利的范围的说明,异议所基于的理由的说明,或关于支持其异议的事实、证据和观点的说明。如果异议书中写明了关于事实、证据和观点的至少一个异议理由,则认为异议是实质上充分的。所声称的事实、证据和观点的实质内容并不影响可接受性。不符合本细则第 3 条第 1 款规定并不导致不可接受,但导致该异议被视为从来就没有提交。

3. 需要事先通知的不可接受的驳回(第 2 款)。 形式审查的官员就第 1 款之外的缺陷通知异议人并要求其在指定的期限内对这些缺陷进行补正。一旦未对通知要求作出答复,则异议被认为是不可接受的。这类缺陷包括:异议书没有以规定的方式写明异议人的具体信息(本细则第 76 条第 2 款 a 项);被异议的专利号或所有人的姓名或发明名称没有写明(本细则第 76 条第 2 款 b 项);异议书没有以规定的方式写明代表人(如果有代表人)的具体信息(本细则第 76 条第 2 款 d 项);异议人既不是成员国之一的居民,又没有在成员国内有主要营业地(公约第 133 条第 2 款)且没有提供可供联络的指定的专业代理人(公约第 134 条);异议书未能满足除第 1 款之外的其他形式要求。需要注意的是,如果一个人代表第三方而以自己名义提出异议且该人的介入被认为是通过滥用程序规避法律的话(稻草人),则异议可能不被接受,见上面的细则第 76 条规定。

4. 关于不可接受的决定(第 3 款)。 如果缺陷没有按期补正,该异议以不可接受被拒绝。决定也通知到专利权人。对于异议人而言,不可利用继续审查(公约第 121 条和本细则第 135 条)和权利恢复(公约第 122 条和本细则第 136 条)的程序,尽管可以根据本细则第 132 条的规定对答复第 2 款的补正缺陷的通知的期限可以请求延长期限。如果异议被认为是不可接受的,异议费将不予退回。

[专利权人不具有资格时的程序]
第 78 条
(1)如在异议程序中或在异议期间,第三方提出证据,他已经针对欧洲专利权人启动程序,请求作出公约第 61 条第 1 款规定意义上的决定,欧洲专利局中止异议程序,除非该第三方以书面方式通知欧洲专利局其同意继续审查程序。一旦同意就不得撤回。然而只有异议部认为异议是可接受时,才决定中止异议程序。本细则第 14 条第 2—4 款的规定可同等适用。

(2)如果按照公约第 99 条第 4 款的规定,第三方在一个或一些指定的成员国中取代专利权人,继续进行异议程序的欧洲专利可在这些成员国中包括与其他指定成员国专利所不同的权利要求、说明书和附图。

1. 总述(第 1 款)。此第 78 条是在 2000 年修订《欧洲专利公约》时新引入的。本条将本细则第 14 条在有关欧洲专利授予资格的共同待决程序涉及审查程序中止的规定扩展到异议程序。本细则第 14 条第 2—4 款的规定可同等适用。

2. 在不同国家的不同的权利要求、说明书和附图(第 1 款)。如果国家法院作出的判决仅与一个或一些指定的成员国有关,在按照公约第 99 条第 5 款规定提交证据之后,新的第三方可以请求作为所有人替代这些国家。然后,新的所有人就成为共有的所有人,与公约第 118 条的第二句话不同的是,他可以在异议程序中提出不同的权利要求、说明书和附图。在此情形下,通常不认为前专利权人与第三方作为共同所有人,除非特别请求。在异议程序中维持的欧洲专利在不同的成员国中含有不同的权利要求、说明书和附图。

[异议审查的准备]
第 79 条

(1)异议部应将异议书通知专利权人,并给予其在规定的时间内提出意见,且在必要的情况下修改说明书、权利要求书和附图的机会。

(2)如果提出了多份异议书,异议部应在进行第一款所指通知的同时,将这些异议书转送给各异议人。

(3)异议部应将专利权人的意见及其所作的各种修改转送给其他各当事人,并在认为有必要时,要求其他各当事人在指定的期限内予以答复。

(4)如果出现公约第105条规定的介入情况,异议部可以不执行第1—3款的规定。

1. 总述。本条是落实公约第101条第2款的规定。

2. 对异议的答复(第1款)。在异议期结束时,或者在形式审查官员确定的根据本细则第77条第3款规定的缺陷补正或提交证据的期限届满时,专利权人将收到异议的通知。通知要求专利权人在形式审查官员规定的时间内就异议提出意见和/或在必要的时候修改说明书、权利要求书和附图(通常是四个月,但可以根据本细则第132条的规定请求延长期限)。这也适用于在尚未作出或尚未成为终局的视为未提出异议或异议不可接受的决定的情况下所提出的异议。专利权人没有作出答复的义务。此外,对于延后提交的答复也没有惩罚措施,且事实上,如果是在异议部作出决定之前收到答复的,延后提交的答复也视为按时收到。

3. 多个异议(第2款)。如果已经提出了多份异议书,只有在这些异议书转交给专利权人后,形式审查官员才将这些异议书转送给其他异议人以供其参考。

4. 异议人的答复(第3款)。专利权人针对异议作出的意见陈述将通知到异议人,可以请异议人在规定的时间内提出回应意见(通常是四个月,但可以根据本细则第132条规定请求延长期限)。在有必要的情况下,才请求回复意见,例如,如果专利权人已经作出修改。通常,如果专利权人和某个异议人都请求进行口头审理程序时,则不发出这样的通知要求。异议人没有提出答复意见的义务,所以不作答复也没有直接的惩罚。

5. 异议的介入(第4款)。为了程序效率起见,介入人只能收到异议程序中到目前为止的所有通知。

[欧洲专利的修改]
第80条

在不违背本细则第138条规定的情况下,可以对说明书、权利要求书和附图进行修改。假如这些修改是针对根据公约第100条所提出的异议理由而作出的,即便是针对异议人没有援引的理由,也可以对说明书、权利要求书和附图进行修改。

1. 总述。 只有在与根据公约第100条规定的理由有关的情况下,即便是针对异议人没有援引的理由,异议程序中所作出的修改也是可接受的。对专利所作的修改仍需要满足《欧洲专利公约》规定的要求。例如,尽管只提出了非专利保护客体(不可专利)的理由,但专利权人仍可将原来所增加的主题内容删去。但是,如果不是针对异议的理由而对专利进行改进性的修改(例如增加新的从属权利要求)是不被接受的。尽管如此,由于国家权利介入＊,其所要求的按照本细则第138条规定所作的修改是可接受的。无论如何,必须小心地确保所作的修改不违反公约第123条第2款和第3款的规定(见公约第100条)。

[异议的审查]
第81条

(1)异议部应对异议人根据本细则第76条第2款c项的规定在异议声明中所援用异议理由进行审查。如果异议人未援用的异议理由对维持欧洲专利是有损害的,异议部可以根据自己的意愿对异议人未援用的异议理由进行审查。

(2)对于根据公约第101条第1款的第二句话的来文,以及所有对这些来文的答复,都应转送给各个当事人。如果异议部认为有必要的,应要求各当事人在指定的期限内予以答复。

(3)对于根据公约第101条第1款的第二句话的任何来文,如有必要,在适当的情况下,都应给予专利权人修改说明书、权利要求书和附

＊ 其原文为"in view of intervening national rights",读者可参考细则第138条的规定。——译者注

图的机会。如有必要,来文应包括覆盖关于驳回欧洲专利的理由的详尽说明。

1. 总述。本条是落实公约第 101 条第 2 款和第 102 条的规定。

2. 异议审查的范围(第 1 款)。除了异议人所援用的理由之外,异议部还可以对那些表面上看有损于所授予的专利的有效性的新的异议理由进行审查。

3. 往来通信(第 2 款)。所有欧洲专利局与某一当事人之间的往来通信都要复制给其他当事人。但是,由于欧洲专利局内部处理所导致的延迟,惯常的做法是在举行口头审理程序的不久前将寄给欧洲专利局的来信转送给其他当事人。为了程序上的便利,异议部可规定一个期限要求各当事人呈送其意见。

4. 修改文件(第 3 款)。在异议的审查过程中,异议部倾向于专利在当前情况下难以维持的观点时,它将因此通知专利权人并请其对专利进行修改(说明书、权利要求书和/或附图)。与专利申请的审查一样,专利权人可以提出一个或多个辅助性的请求以得到对主要请求的决定(见 Legal advice 15/05)。异议部按照提出的顺序对这些请求进行审查。如果主要请求被驳回而补充请求被接受,则这个决定无论是对异议人还是对专利权人都是可以上诉的,因为两者都受到该决定的不利影响。权利要求的修改不能扩大专利的保护范围(公约第 123 条第 3 款)。如果修改的权利要求所对应的主题内容不是之前所请求保护的,还需要进行附加检索并需要交纳相应的检索费。修改可以在口头审理程序前或其过程中提出。但是,对在按照本细则第 116 条指定的期限之后在异议程序中收到的修改文件是否接受,还要得到异议部的批准。在发给专利权人的通知书中,异议部应写明所有驳回专利的理由并详尽说理。按照公约第 113 条第 1 款的规定,这样的做法是必要的,该款规定就决定将要依据的理由和证据必须给予当事人充分发表意见的机会。

[以修改后的文本维持欧洲专利]
第 82 条

（1）在决定维持经修改过的欧洲专利之前，异议部应将其打算维持专利的文本通知各方当事人，并且如有对将要维持的专利文本有不同意见，则应在两个月内提出陈述意见。

（2）如某一方当事人不同意异议部通知的内容，可以继续异议审查。否则，异议部在第 1 款所指定的期限满期后，要求欧洲专利权人在三个月的期限内缴纳规定的费用，并用程序中所用语言以外的欧洲专利局的其他两种官方语言，提交任何修改后的权利要求书译文。异议部的通知中应指明按公约第 65 条第 1 款的规定要求进行翻译的国家*。

（3）如果根据第 2 款所规定的行为未能按期履行，仍可以在关于未能遵守期限的通知作出的两个月继续履行，但应在此期限内缴纳滞纳金。否则，该专利将被撤销。

（4）维持经修改后的欧洲专利的决定中，应指明是哪一个专利修改文本构成了该决定的基础。

1. 总述。本条是落实公约第 101 条第 3 款的规定。

2. 提议修改专利（第 1 款与第 4 款）。这两款要求异议部要得到专利权人对专利能被维持的文本的批准，并给予异议人对该文本发表意见的机会。按照第 1 款的规定，如果不同意该文本，各当事人有两个月的期限陈述意见。如果专利权人对所通知的文本未提出反对意见，则表示其默示同意。如果异议人未发表任何意见，则不能视为其已经同意该文本，并且该沉默行为不会造成使任何后续对决定进行上诉的不予接受（见欧洲专利局的 G1/88 *Hoechst* 案）。如果专利权人和/或异议人反对该文本，则异议程序继续进行。但是，如果异议人有足够的机会对提议修改的文本表示意见且专利

---

* 本条规定于 2010 年 10 月 26 日根据行理事会的 CA/D2/10 号决定作出了修改（OJEPO 2010，637），并于 2012 年 4 月 1 日生效。其中本条中第 2 款的最后一句"异议部的通知中应指明按公约第 65 条第 1 款的规定要求进行翻译的国家"已经被删除。——译者注

权人已经同意,就没有必要也不合适按照本款规定发出通知了。专利权人的明示同意是可以根据实际情况明显得出的(例如,以主要请求或补充请求提交了修改文本)。如果异议部认为,专利可以基于专利权人呈送的或者同意的文本基础上维持,并且异议人有足够的机会对提议修改的文本表示意见——以书面形式或者在口头审理程序中表达——则可以作出一个关于专利的文本符合欧洲专利公约要求的中间决定。如果专利仅可以基于补充请求得以维持,则中间决定必须包含关于主要请求(以及之前的其他补充请求)不符合欧洲专利公约要求的说理详尽的论述。中间决定意在使专利权人免去根据第 2 款规定的不必要的可能导致的无谓上诉的出版印刷费和翻译成本。根据公约第 106 条第 2 款规定对中间决定提出单独的上诉是允许的。如果该中间决定没有争议地将成为一个最终的决定,则表明专利文件将不再进行修改了。

3. 要求缴纳出版印刷费并提供译文(第 2 款与第 3 款)。一旦中间决定变成最终的决定,就要求专利权人在三个月内,缴纳出版印刷欧洲专利的新的专利说明书以及提交采用程序中所用语言以外的欧洲专利局的其他两种官方语言的任何修改后的权利要求书译文。因此,本款与本细则第 71 条第 3 款类似。不需要缴纳根据本细则第 71 条第 6 款规定的附加权利要求费。通知中,必须写明按公约第 65 条第 1 款的规定要求进行翻译的国家。

4. 缴纳印刷费的附加期限和期限(第 3 款)。如果上一段所指的行为没有在三个月内完成,如果缴纳滞纳金,还可以在接到进一步的通知的两个月内有效地完成这些行为。如果有任何一个行为未能在附加的期限内完成,按照公约第 102 条第 4 款的规定,该专利将被撤销。也不得利用公约第 121 条和本细则第 135 条规定的继续审查,但可根据公约第 122 条和本细则第 136 条的规定请求恢复权利。

5. 最终的决定(第 4 款)。异议程序可以通过以修改后文本维持专利的最终的决定来结束程序。在最终的决定中,应指明所维持的是哪一个专利修改文本。

[提交证明文件]
第 83 条

异议程序的某一当事人所引用的文件应随异议书一起或者通过书面形式提交。如果没有按照欧洲专利局通知的要求按期附上或提交这些文件，欧洲专利局可以不考虑任何以这些文件为基础的论据。

1. 总述。本条是落实公约第 101 条第 1 款的规定。

2. 提交文件。提出异议的一方应提交其异议书中所引用的文件一式两份。异议部可以通知要求该异议人提交其遗漏的文件。如果在通知之后仍没有提交，则为了加速程序，对于任何以这些文件为基础的论据可以不予考虑，尽管异议部在初步考虑所呈送的文件时也要考虑公共利益。

[欧洲专利局自行继续的异议程序]
第 84 条

（1）如果专利权人放弃了在各指定国中的欧洲专利权，或欧洲专利在上述国家中已失效，异议人在欧洲专利局将该放弃或失效通知异议人后的两个月内，可提出继续异议程序的请求。

（2）如果异议人死亡或丧失行为能力时，欧洲专利局甚至可在没有异议人的继承人或合法代表参加的情况下，自行继续异议程序。在撤回异议的情况下，也应同样适用。

1. 总述。本条是落实公约第 101 条第 2 款的规定。

2. 放弃或失效的专利（第 1 款）。本款涉及专利权人提出的放弃。如果欧洲专利已经在所有指定国放弃或失效，但一经异议人请求，异议程序可以继续进行。这是因为经过异议后撤销的专利视为自始就不存在。请求必须在欧洲专利局关于放弃或失效通知后的两个月内提出。但是，如果专利权人向欧洲专利局宣布其对专利的放弃/抛弃/断绝关系的效力解释为与异议请求后的专利撤销的效力相同时，异议程序可不再继续。向欧洲专利局提出放弃专利的请求是不被接受的，这是因为放弃是属于成员国管辖的事务。专利权人可以向欧洲专利局表示放弃对所有国家的权利。如果在规定期限内没有收到异议人继续程序的请求，异议程序就将结束。如果专利权人的请求是不明确的，将给予其机会来表达撤销专利的请求或者是宣布同意维持对专利的授予。这将导致专利被撤销（见 Legal advice 11/82）。

3. 异议人死亡或丧失行为能力或撤回异议（第 2 款）。本款规定了在发生了异议人死亡或丧失行为能力的情况下，即便是没有异议人的继承人或合法代表参加的情况下，为了避免程序的不必要的延误，欧洲专利局自行继续异议程序。如果撤回异议，程序也仍可以继续。当决定继续程序时，异议部应兼顾公共利益和效率。就此而论，异议部应根据个案的情况来确定是否继续进行程序：首先，为回应异议书，专利已经作出修改；其次，如果异议部认为，在当前异议程序进行的阶段，在没有异议人的进一步协助且异议部自身也不需要承担过度的调查工作的情况下，该异议就可能导致该欧洲专利受到限制或者被撤销（见欧洲专利局的 T197/88 *ICI* 案）。

[欧洲专利的转让]

第 85 条

本细则第 22 条的规定适用于异议期或异议程序阶段的欧洲专利转让。

1. 总述。本条是落实公约第 71 条和第 99 条的规定。

2. 欧洲专利转让的登记。根据利害关系人的请求，在提交合格的证明并缴纳了相应的费用，欧洲专利的转让记载在专利登记簿中。本条的规定并没有扩大到许可行为上；因此，在异议期或异议程序阶段发生的许可行为，并不会被登记（见欧洲专利局的 J17/91 *Cohen* 案）。

[异议程序中提交的文件]

第 86 条

本细则第三部分的规定同等适用于异议程序中提交的文件。

1. 异议程序中提交文件的形式与内容。 异议程序中提交文件的形式与内容应满足与申请文件同样的要求（本细则第 35—54 条）。

[新欧洲专利说明书的内容与形式]
第 87 条

新欧洲专利说明书中应包括修改后的说明书、权利要求书和附图，本细则第 73 条第 2 款和第 3 款，以及本细则第 74 条的规定适用于新欧洲专利说明书。

1. 新欧洲专利说明书和新的欧洲专利证书。 异议程序之后，将公布异议程序中修改后的专利说明书。除了公布号是以 B2 取代 B1 之外，此项公布与专利授权时的格式相同。此异议程序修改后的专利一经公布，欧洲专利局将颁发专利证书，其后附有专利说明书。但是，此次的再公布并不改变专利的授权日期，故有关维持费的计算不会受到影响（公约第 86 条第 2 款）。

[费用]
第 88 条

（1）在对异议的审查决定中应对费用的分摊作出处理。只有在确保对相关的权利提供合适保护而必须的开销，才考虑费用的分摊。费用中包括了各方代表的报酬。

（2）异议部应基于请求，根据分摊费用的最终决定，确定需要缴纳的费用金额。请求书应附上费用账单及支持的证据文件。一旦费用的可信度得到确认，就可确定费用。

（3）要求异议部对费用的确定作出决定的请求，应在根据第 2 款规定的确定费用通知的一个月内向欧洲专利局提出，请求人应以书面形式提出请求并说明其理由。只有缴纳了规定费用后，该请求才视为已提交。

（4）异议部应对根据第 3 款规定提出的请求作出决定，不需要进行口头审理程序。

1. 总述。本条是落实公约第 104 条的规定。

2. 费用的分摊（第 1 款）。费用的分摊可按照公平原则由异议部根据当事人的请求或按照其自己意愿自行确定（见公约第 104 条）。费用分摊构成异议决定的部分，尽管该决定仅仅规定了一方或各方当事人应负担相关费用的义务，因为实际要付出的数额是根据决定关于费用的判给来确定的（第 3 款）。如果异议部不考虑一方当事人要求公平地判给费用的请求，则在决定中规定各方各自承担自己的费用。需要考虑的费用严格地限制在确保对相关的权利提供合适保护而必须的开销范围内。欧洲专利局《审查指南》中列举了这类费用开销：有关证人和专家的费用，以及由此产生的取证的费用；各方代表出席口头审理程序或者取证的报酬；以及各方当事人产生的直接费用，即出席口头审理程序或者取证的差旅费（见《欧洲专利局审查指南》D-Ⅸ.1.3）。

3. 费用确定的程序（第 2 款）。一旦分摊费用的决定变成最终的（两个月的期限届满），任何一方都可以请求确定费用，如果附上费用账单和有关花费的数额的支持的证据文件，则更便于确定费用的可信度。异议部的登记处必须根据通知到各方当事人的决定来确定要缴纳的费用数额。

4. 对登记处所确定的费用提出上诉（第 3 款）。对于登记处所确定的费用，可请求异议部作出复查的决定。请求此种决定时，应陈述其所依据的理由，必须以书面形式提交给欧洲专利局并在登记处发出的费用确定的通知后的一个月内缴纳规定费用（《缴费规则》第 2 条）。

5. 异议部的决定（第 4 款）。异议部将根据请求作出决定，而不进行口头审理程序。

[侵权嫌疑人的介入]

第 89 条

（1）介入通知应在自公约第 105 条所指的程序启动之日起三个月内

提出。

(2)介入通知应以详尽说理的书面方式提出；本细则第76条和第77条也同样适用。只有缴纳了异议费后，介入通知才被视为已经提出。

1. 总述。本条是落实公约第104条的规定。

2. 介入通知（第1款和第2款）。介入必须由第三方自侵权程序开始之日起三个月内通过向欧洲专利局提交介入通知才能启动。介入通知必须包括侵权程序的证明，受理异议的通知并缴纳异议费，这些行为应在三个月的期限内完成。如果介入通知是在正在审理的上诉程序中提出的，对于除了异议费外是否还需缴纳上诉费这一点来说，是不明确的，尽管在G3/04 EOS案中似乎暗示不需要再缴纳上诉费。

第二章 限制与撤销程序

[程序的主题]
第90条

公约第105a条规定下的限制或撤销程序的主题，是已经授予的欧洲专利，或者是在欧洲专利局的异议程序或者限制程序中修改过的欧洲专利。

1. 总述。这一组新的条款是在《欧洲专利公约》2000年修订时新引入的，并且是落实公约第105a条和第105b条的新规定，以使专利权人能够自己提出限制或撤销其欧洲专利。

2. 限制或撤销的基础。专利权人可以请求对授权的专利或者最新一次的异议或限制程序中修改过的专利提出限制或撤销。

[负责程序的部门]
第91条

审查部应根据公约第105a条的规定对限制或撤销欧洲专利的请求作

出决定。公约第 18 条第 2 款的规定应同等适用。

1. 主管部门。负责授予专利的审查部对限制或撤销欧洲专利的请求进行审查并作出决定。与申请的审查一样,审查部应由三名审查员组成,尽管通常是由一名审查员主导程序。必要时,审查部可以将具有法律资质的审查员纳入进来。

[对请求书的要求]
第 92 条

(1) 对欧洲专利的限制或撤销的请求书应以欧洲专利局官方语言书面提出。如果在本细则第 6 条第 2 款指定的期限内提供欧洲专利局官方语言之一的译文,也可以以成员国的官方语言提出*。本细则第 III 部分规定的要求也同等适用于限制或撤销程序中所提交的文件。

(2) 请求书应包括:

(a) 按照本细则第 41 条第 2 款 c 项的规定,提出请求的欧洲专利的所有人(请求人)的具体信息,以及请求人是关于哪些成员国的专利权人的说明;

(b) 所请求限制或撤销专利的专利号,以及该专利在哪些成员国生效的清单;

(c) 在适当的情况下,请求人不作为专利权人的那些成员国的专利权人的姓名和地址,以及请求人有资格在程序中代表他们的证明;

(d) 在对专利提出限制请求的情况下,修改后权利要求书的完整版本,如果有的话,修改后的说明书和附图的完整版本;

(e) 在请求人指定了代表的情况下,按照本细则第 41 条第 2 款 d 项的规定,关于代表人的具体信息。

---

* 根据 2008 年 10 月 21 日行政理事会所作出的 CA/D4/08 号决定(OJEPO 2008,513),本条已经修改并于 2009 年 4 月 1 日生效。本条是根据该修改后的文本进行的翻译。——译者注

1. 总述。本条是落实公约第105b条第1款的规定。

2. 限制或撤销请求书的表格(第1款)。请求书必须以书面形式提出，并满足与专利申请相同的形式要求(见本细则第35—54条的规定)。

3. 限制或撤销请求书的内容(第2款)。请求书必须写明：(1)与提出授予专利申请相同的提出请求的请求人的资料(本细则第41条第2款)，以及在哪些成员国请求人作为专利权人的信息；(2)请求限制或撤销的专利号和该专利在哪些国家生效的信息，即使在提出请求的同时在其中任何国家之一已经失效；(3)如果请求人不是所有成员国的专利权人，其他的所有人的信息，以及其有资格代表其他所有人请求限制或撤销的证明(如果有的话)；(4)如果请求进行限制，其所希望的修改后的权利要求书(以及说明书和附图)的副本；以及(5)如果有代表人的话，按照本细则第41条第2款d项的规定，写明关于代表人的具体信息。

[异议程序的优先处理]
第93条

(1)在提出请求时，如果关于该专利的异议程序正在处理中，则该限制或撤销的请求视为未提出。

(2)在提出异议程序请求之时，如果关于该专利的限制程序进行处理中，审查部将停止限制程序，并且指令退还限制费。如果请求人已经缴纳了本细则第95条第3款第一句话所指的费用，该费用也将被安排退还。

1. 总述。本条规定了在两种情形下，异议程序优先限制程序或撤销程序的一般原则。

2. 提出限制或撤销程序之时异议程序已经在处理中的情形(第1款)。此种情形下，按照公约第105a条第2款的规定，限制或撤销的请求视为未提出。

3. 提出异议程序之时限制程序或撤销程序已经在处理中的情形(第2款)。异议程序优先于将要终止的限制程序，并且请求人已经缴纳的任何费用(限制费和按照本细则第95条第3款第一句话所缴纳的费用)都将退还。但是,异议程序不能优先于撤销程序,因此,在异议程序提出之后,撤销程序仍将继续。

[对不可接受的请求的驳回]
第94条
　　如果审查部认为限制或撤销的请求不符合本细则第92条的要求,将通知请求人在指定的期限内对所指出的缺陷进行补正。如果缺陷未能在期限内补正,审查部将驳回该不可接受的请求。

　　1. 总述。本条涉及对限制或撤销请求受理的形式审查。
　　2. 形式缺陷的补正。如果不满足本细则第92条规定的要求,将通知请求人在指定的期限内进行补正,否则该请求将不被接受而驳回。但可以利用公约第122条和本细则第136条的权利恢复规定。驳回限制请求的决定将通知请求人,并可以就此提出上诉。

[针对请求的决定]
第95条
　　(1)如果接受了撤销请求,审查部将撤销该专利并将撤销决定通知请求人。
　　(2)如果接受了限制请求,审查部将审查是否修改后的权利要求与授权的权利要求或者在异议程序或限制程序中修改的权利要求相比构成了限制并是否符合公约第84条和公约第123条第2款、第3款的规定。如果不符合这些要求,审查部将给予请求人在指定的期限内一次对所指出的缺陷进行补正以及修改权利要求的机会,适当的情况下,还可修改说明书和附图。
　　(3)如果根据第2款规定接受了限制请求,审查部将通知请求人要求其缴纳规定的费用,并在三个月的期限内,提交不同于程序中使用的欧洲利局官方语言之外的修改后权利要求书的译文;本细则第 82 条第 3 款第一句话将同等适用。如果请求人按时履行了这些行为,审查部将对该专利进行限制。

(4)如果请求人未在指定的期限内对根据第 2 款发出的通知作出回复,或者其限制请求不被接受,或者请求人在指定的期限内未履行第 3 款所要求的行为,审查部将作出驳回请求的决定。

1. 总述。本条是落实公约第 105b 条的规定。

2. 针对撤销请求的决定(第 1 款)。如果接受了撤销请求,则审查部将撤销该专利。按照公约第 105b 条第 3 款的规定,该决定的效力追溯到该专利授予之时并对所有成员国生效*。

3. 对限制请求的审查范围(第 2 款)。对限制请求的审查范围限制在确定修改后的权利要求书与授权时或最后一次修改的权利要求相比,是否构成了限制,且是否符合公约第 84 条和公约第 123 条第 2 款、第 3 款的规定要求。《欧洲专利审查指南》(D-X.4.3)指出,"limitation"(限制)这个术语应解释为缩小权利要求所界定的保护范围的意思。仅是澄清或者改变不同的保护主题("aliud")不能认为是"限制"。导致保护范围变小的限制但至少部分地落在授予的或者最后一次修改的权利要求以外的范围可根据公约第 123 条第 3 款规定拒绝。无论如何,公约第 52—57 条规定的专利性要求,在此阶段都不进行审查。

4. 限制请求的接受(第 3 款)。如果接受了限制请求,就要求请求人缴纳规定的费用并且在三个月内提交以欧洲专利局另外两种官方语言的修改后权利要求的译文。如未能按时完成这些要求,在收到进一步通知的两个月内(本细节第 82 条第 3 款),如果缴纳了滞纳金,完成这些要求仍是有效的。根据公约第 122 条和本细则第 136 条的规定进行权利恢复是可以利

---

* 中国《专利法》第 47 条规定,被宣告无效的专利自始即不存在。这与"该决定的效力追溯到该专利授予之时"是一样的意思。——译者注

用的。

5. 驳回限制或撤销请求(第4款)。 如果限制请求不被接受(或者请求人既没有对根据第2款规定发出的通知作出回复也没有根据第3款规定履行行为),则审查部将驳回限制或撤销请求。

[修改后的欧洲专利说明书的形式和内容]
第96条

修改后的欧洲专利说明书应包括经修改的说明书、权利要求书和附图。本细则第73条第2款、第3款和第74条的规定予以适用。

1. 修改后的专利说明书的公布。 经过限制程序后的专利说明书应包括修改后的说明书、权利要求书和附图,与根据本细则第73条第2款、第3款和第74条规定的欧洲专利说明书及其证书的形式相同。

第六编 适用于公约第六编的实施细则

第一章 上诉程序

[针对费用确定和分摊的上诉]
第97条

(1)异议程序的费用分摊问题不能是上诉的唯一原因。

(2)只有在费用数额高于上诉费的数额时,才能对确定异议程序费用数额的决定提出上诉。

1. 针对异议程序费用分摊的上诉(第1款)。 如果异议程序中已经对费用作出了决定,该费用分摊的决定不能成为唯一的上诉理由。在T753/92 *Nordson* 案中,除了费用分摊之外,一方没有受到异议部决定的不利影响时不得上诉,因为其没有上诉的实质理由。尽管该方当事人有权参加上诉程序,但其关于费用分摊的请求不被接受而驳回。

2. 针对费用数额的上诉(第 2 款)。针对异议程序中确定费用数额的决定不允许上诉,除非该数额超过了缴费规则规定的数额。

[专利的放弃或失效]
第 98 条
　　即使欧洲专利在所有指定的成员国中已经放弃或已失效,对异议部的决定仍可以提出上诉。

　　1. 即使欧洲专利已经放弃或失效仍可针对异议部决定提起上诉。在异议已经提出的情况下,在异议程序中,即便是专利已经被放弃或者是在所有的指定国已经失效(本细则第 84 条第 1 款),异议部仍可作出决定。即使专利不再有效仍可以对这样的决定提出上诉。这可能是很重要的,因为专利权是连续的,一直持续到放弃或失效之日。例如,在放弃或失效之日后,对被许可人来说,仍有义务支付专利在失效之前那段时期的许可使用费。同样地,除了国内法另有限制规定以外,在专利的有效期内,专利权人仍保留有针对发生的有关行为启动专利侵权程序的权利。但是,异议部或者上诉委员会的决定具有溯及到专利授予时的效力。因此,撤销决定剥夺了专利权人有关专利的任何权利。

[上诉书的内容和陈述理由]
第 99 条
　　(1)上诉书应包括:
　　(a)本细则第 41 条第 2 款 c 项所规定的上诉人的姓名与地址;
　　(b)写明被上诉的决定;以及
　　(c)限定上诉理由的请求。
　　(2)上诉人在陈述上诉理由部分应写明撤销该被上诉决定的原因,或者写明决定要被修改的范围,以及上诉所基于的事实和证据。

(3)本细则第三部分的规定同等适用于上诉书、上诉程序中提交的理由陈述和文件。

1. 总述。本条是落实公约第 108 条和第 111 条的规定。《欧洲专利公约》2000 年修订本中所引入的修正,旨在清晰地区分上诉书与上诉理由陈述部分。

2. 上诉书的形式和内容(第 1 款)。欧洲专利局没有规定上诉的表格。书状中必须用类似于授予专利的请求书表格写明上诉人的姓名和地址(本细则第 41 条第 2 款 c 项)。书状必须进一步写明被上诉的决定和上诉的原因。因此,未含有明确争辩可上诉决定的不清晰的含糊的意思表示的书状将不被接受(见欧洲专利局 T460/95 *SOMAB* 案)。类似地,也不可以提交一个附条件的上诉,例如,作为一种辅助性的请求提出(见欧洲专利局 J16/94 *N. N.* 案)。对决定提出上诉的范围也应明确写明,除非在书状中暗指。例如,可以写明上诉是针对决定的整体而提出的。决定中的未争辩的部分在法律上于上诉期结束时生效(见欧洲专利局 J27/86 *Kureha Kagaku* 案)。未能满足本条规定要求的法律后果详见本细则第 101 条的规定。

3. 上诉理由陈述(第 2 款)。提出上诉理由的陈述必须包括:(1)对决定提出上诉的理由或所针对决定的部分,以及(2)支持上诉理由的事实和证据。

4. 上述文件的格式(第 3 款)。上诉书、上诉理由陈述和上诉中提交的文件必须满足与申请专利同样的形式要求(见本细则第 35—54 条的规定)。

[上诉的审查]
第 100 条

(1)除非另有规定,有关作出被上诉决定的部门进行审理的相关规定,应适用于上诉程序。

（2）在上诉审查中，上诉委员会应把自己的要求或者对方提交的意见通知当事人（经常是必要的），要求其在指定的期限内作出意见陈述。

（3）如果申请人未能按期对第 2 款的通知作出答复，该欧洲专利申请将视为撤回，除非被上诉的决定是由法律部作出的。

1. 上诉的审查（第 1 款）。本条第 1 款是落实公约第 110 条的规定。与作出被上诉决定的第一审级部门相关的审理规定适用于上诉程序，除非在《欧洲专利公约》中（公约第 106—108 条和本细则第 99—103 条）或者在上诉委员会的程序规则中有具体的规定。

2. 进行上诉的程序（第 2 款）。**（1）书面意见**。一旦提交了上诉理由和对上诉理由的答复，上诉委员会将规定后续程序的方向。当事人可能被要求作进一步的陈述意见，这通常是必要的，取决于案情的复杂程度。一般来说，提交进一步意见陈述的时间，上诉委员会将指定四个月的期限。一旦提出请求理由，此期限可能被例外地延长，虽然这属于相关的委员会的自由裁量的范围。**（2）口头审理程序**。任何一方当事人都可以请求进行口头审理，这通常出现在书面程序终结之后。如果有任何一方当事人提出，至少应举行一次口头审理程序，或者，作为另一种选择，在委员会认为必要时举行（公约第 116 条第 1 款）。**（3）新材料**。在上诉程序中是否接受新材料（即证据或前一审级未曾使用过的现有技术）需要个案判断，取决于由新材料所引起的案情复杂性以及上诉程序效率的考量。如果接受新材料必须给出合适的理由。如果新材料是可被接受的，在尽可能早的时机呈交增加了有利于提交方的可能性。如果口头审理程序的延期是接受新材料必然出现的结果，则一般不接受新材料。一旦口头审理程序确定，仅在极端例外的情况下才接受新材料。**（4）新的权利要求**。新提出的权利要求可随对上诉理由的意见陈述一起提交，或者在稍后的阶段，即使在口头审理程序已经开始时。是否考虑新提出的权利要求属于上诉委员会的裁量权。对于请求考虑新的权利要求而言，如果没有留给上诉委员会和其他当事人对其所提出的问题进行评价的足够的时间，则该请求不被接受。**（5）中间通知**。上诉委员会可以就当事人之间的争点进行总结,或者是在口头审理程序中要讨论的问题的其他意见,在口头审理程序之前发出通知。**(6)决定**。决定通常在口头审理程序结束后发出。随后,决定及其作出决定的理由以书面形式通知给当事人。上诉委员会可以接受或驳回上诉请求,或者在某些特定的情况下,在认为有必要的时候,发回第一审部门。**(7)加快程序**。在有合理理由的情况下,经请求可以按照加快程序处理上诉。例如,此种理由可能是:遇到涉嫌侵犯专利的行为或者授予专利许可的磋商,需要等到上诉结果出来才能进行。如果有可能,应提供证据文件以支持其请求。按照欧洲专利局1998年5月19日的通知,欧洲专利公约的成员国法院也可以请求加快程序。**(8)费用返还**。如果第一审级的审理未遵守程序规则,上诉人可以根据本细则第103条第2款规定,以实质上违反程序为由请求返还上诉费。**(9)上诉权的转让**。上诉权是可以转让给另一方的,如果受让方在业务或利益上与上诉有关的话(见 T4/88 *MAN* 案)。**(10)上诉的撤回**。如果唯一的上诉人或者所有的上诉人撤回上诉请求,程序将因此终止相关的实体问题(而不包括费用问题),并不考虑专利权人的态度,也不考虑上诉委员会是否就专利有效性问题已经有了自己的观点(见 G7 和 G8/91 *Maschinenfabrik* 案)。这与异议程序中的第一审级是相反的。

3. 未作出答复(第3款)。如果专利申请人在上诉程序中未对要求提交意见陈述的通知作出答复或者未按时作出答复,则对于针对受理处或者审查部决定提出的上诉,该专利申请视为撤回。本条规定不适用于针对法律部的决定提出的上诉。同样地,这样惩罚也不适用于针对异议部作出的必然与授予专利有关的决定而提出的上诉,因为第3款既没有涉及专利权人也没有涉及异议上诉人。但可以采用根据公约第121条和本细则第135条规定的继续审查。

[对不予受理的上诉书的驳回]
第101条

(1)如果上诉书不符合公约第106—108条的要求,以及本细则第97条或第99条第1款b项、c项或者第2款规定的要求,上诉委员会则以不予受理而驳回上诉,除非缺陷在第108条规定的相关期限届满前得以补正。

(2)如果上诉委员会认为上诉书不符合本细则第99条第1款b项的规定,则通知上诉人并要求其在指定的期限内补正缺陷。如在指定的期限内未予补正,上诉委员会以不予受理而驳回上诉。

1. 总述。本条是为了落实公约第110条第1款的规定。

2. 不预先通知的不予受理的理由(第1款)。一旦上诉请求视为已经提出就进行受理审查。不予受理的上诉是:所作出的决定不属于上诉的主题事项(公约第106条);上诉是由不具有请求资格的一方提出的(公约第107条);上诉不是按照指定的期限和形式提出的(公约第108条);上诉书中没有明确写明所针对的决定以及争议的范围(细则第99条第1款b项、c项);上诉理由的陈述未能充分地表明撤销所作出的决定的原因或所修正的范围,或者上诉所基于的事实或证据(细则第99条第2款);唯一的上诉主题是对异议的费用分摊(细则第97条第1款);或者,针对异议程序中确定费用数额的决定提出的上诉,除非该数额超过了《缴费规则》规定的上诉费数额(细则第97条第2款)。如果有这些缺陷的话,上诉委员会也不会通知上诉人(见欧洲专利局 G2/97 Unilever 案)。如果上诉人在公约第108条指定的期限内未能对缺陷作出补正,则上诉请求被驳回,并且不退还上诉费。不得采用公约第121条和本细则第135条所规定的继续审查程序;专利申请人作为上诉人时,可以利用公约第122条和本细则第136条规定的权利恢复,而异议人作为上诉人时,只能在所提出的异议理由不满足规定的四个月期限内提出权利恢复(见欧洲专利局 G1/86 Re-establishment of rights of opponents/ Voest Alpine 案)。

3. 预先通知的不予受理的理由(第2款)。如果上诉人的姓名和地址没有按照本细则第99条第1款的规定写明,上诉委员会必须通知申请人在指定的期限内补正缺陷,否则上诉就视为不予受理。上诉费也不予退还。不得采用公约第121条和本细则第135条所规定的继续审查程序;专利申请人作为上诉人时,可以利用公约第 122 条和本细则第 136 条规定的权利恢复,而异议人作为上诉人时,只能在所提出的异议理由不满足规定的四个月期限内提出权利恢复(见欧洲专利局 G1/86 *Re-establishment of rights of opponents/ Voest Alpine* 案)。

[上诉委员会的决定书]

第 102 条

决定书经上诉委员会主席及该上诉委员会在册的主管该案的审查员以签字或任何其他适合的手段签发生效。

决定书包括:

(a)上诉委员会所作决定的说明;

(b)作出决定的日期;

(c)上诉委员会主席的姓名及参加该委员会的姓名;

(d)上诉各方及其代表的姓名;

(e)当事人的意见;

(f)案情的简单介绍;

(g)决定的理由;

(h)决定的正文,必要时包括关于程序费用的裁决。

1. 总述。本条是落实公约第 111 条的规定,并规定了上诉委员会决定中所必须包含的最少内容。

[上诉费的退还]

第 103 条

(1)出现下列情况的,应退还上诉费:

(a)在非最后修改或上诉委员会允许进行上诉的情况下,如果由于实质性违反程序的缘故,退还费用是公平合理的,或者

(b)如果在提交上诉理由的陈述意见之前且在提交该陈述的期限届满

之前撤回上诉请求的。

（2）作出被上诉的决定的部门如果修改了其决定且认为由于实质性违反程序的缘故退还费用是公平合理的，由该部门命令退还上诉费，在其他情况下，由上诉委员会决定退费事宜。

1. 上诉费退还的条件（第1款）。上诉费仅在两种规定情形下可以退还。第一种退费的理由是如果由于实质性违反程序的缘故且退还费用是公平合理的情况下，作出中间的修改决定或者接受了上诉。实务中，由于出现实质性违反程序的情况是少见的，故退费是很少发生的。实质性违反程序的情况包括第一审级作出的决定缺少说理或者未给某一方当事人对文件或权利要求以陈述意见的机会。对专利性问题作出的不正确评价不属于实质性违反程序。对不予受理（细则第101条）引起的驳回上诉并不导致上诉费的退还，也不会因此作出中间的修改决定。如果上诉费的缴纳是由于整体上或部分上违反程序所引起的，且退费是公平合理的，就应退还上诉费。当确定退费是否公平合理时，可以考虑提出请求退费的当事人的行为。第二种退费的情况是由欧洲专利公约2000年修订所规定的，如果在提交上诉理由的陈述意见之前且在提交该陈述的期限届满之前撤回上诉请求的，就会发生退费的情况。

2. 退费的主管部门（第2款）。上诉委员会是负责命令退还费用的主管部门，除非在出现了中间决定的情况下，由作出被上诉的决定的部门命令退还费用。

第二章　请求扩大上诉委员会进行复审

［进一步的根本性程序缺陷］
第104条
　　可能出现公约第112a条第2款d项规定的根本性程序缺陷的情形是，

384　简明欧洲专利法

如果上诉委员会：
　　（a）违反公约第 116 条的规定，对于请求人请求口头审理程序未予安排，或者
　　（b）在上诉决定中未对与被上诉决定相关的请求作出裁决。

1. 总述。本条是落实公约第 112a 条第 2 款 d 项的规定，且穷举式地列出了除公约第 112a 条第 2 款 a 项、b 项和 c 项规定之外的引起复审请求的进一步的根本性程序缺陷。这些缺陷基本上源自于上诉委员会未能对当事人的请求进行考虑，例如，未能根据公约第 116 条的规定，对当事人的请求举行口头审理（a 项），或者在上诉决定中未对与被上诉决定相关的请求作出裁决（b 项）。

[犯罪行为]
第 105 条
　　如果主管法院或者权力机构最终确定有犯罪行为发生，可以基于公约第 112a 条第 2 款 e 项的规定请求复审，但定罪不是必须的。

1. 总述。本条是落实公约第 112a 条第 2 款 e 项的规定，并且阐明了在什么条件下可能对决定产生影响的犯罪行为可以引发向扩大上诉委员会提出复审请求，即：主管法院或者权力机构最终确定有犯罪行为发生，但是否定罪则不是必须的。

[提出反对意见的义务]
第 106 条
　　只有在上诉程序中针对有关程序缺陷提出过反对意见并被上诉委员会驳回的情况下，才接受根据公约第 112a 条第 2 款 a—d 项提出的请求，除非此种反对意见并没有在上诉程序中提出。

1. 总述。 本条是落实公约第 112a 条第 2 款 a—d 项的规定,并且阐明了在什么条件下所提交的基于程序缺陷的理由的复审请求才可被接受。所述的程序缺陷必须是在上诉程序中已经提出过反对意见且被上诉委员会拒绝,除非此种反对意见压根儿就没有在上诉程序中提出过。

[复审请求书的内容]
第 107 条

(1) 请求书应包含:

(a) 按照本细则第 41 条第 2 款 c 项的规定,请求人的姓名和地址;

(b) 写明请求复审的决定。

(2) 请求书应写明撤销上诉委员会决定的理由,以及支持该理由的事实和证据。

(3) 本细则第三部分的规定同等适用于复审请求书及在程序中所提交的文件。

1. 总述。 本条是落实公约第 112a 条的规定。

2. 由扩大上诉委员会复审的请求书的内容。 请求书中必须包含与提出专利申请时申请人信息(本细则第 41 条第 2 款 c 项)相同的请求人的信息资料,并写明请求扩大上诉委员会复审的上诉委员会决定的信息(第 1 款)。请求书还必须说明撤销所述决定的理由以及支持该理由的事实和证据(第 2 款)。复审请求书必须符合与专利申请相同的形式要求(本细则第 35—54 条)。

[对请求书的审查]
第 108 条

(1) 如果请求书不符合公约第 112a 条第 1 款、第 2 款、第 4 款,以及本细则第 106 条或者第 107 条第 1 款 b 项或第 2 款的规定,扩大上诉委员会应以不予受理驳回请求,除非根据公约第 112a 条第 4 款规定,在相关期限届满前已经补正所有缺陷。

(2)如果认为请求书不符合本细则第107条第1款a项的规定,扩大上诉委员会应向请求人发出通知并要求他在指定的期限内补正所指出的缺陷。如果该缺陷未能按期补正,扩大上诉委员会应以不予受理驳回请求。

(3)如果请求书是可接受的,则扩大上诉委员会应撤销上诉委员会的决定,并命令上诉委员会根据本细则第12条第4款的规定,重启程序进行审理。扩大上诉委员会可以命令更换参与作出被撤销决定的上诉委员会的成员。

1. 总述。本条规定了扩大上诉委员会根据公约第112a条对复审请求审查时所遵循的程序。

2. 予以受理的条件(第1款和第2款)。与本细则第77条第1款、第2款的规定相类似,本条第1款涉及必须在提出请求复审的规定期限内(公约第112a条第4款)缺陷得到补正的不予受理的理由,第2款所涉及的不予受理的理由是在期限届满后必须事先发出通知进行补正的不予受理的理由。**(1)不需要事先发出通知的不予受理的理由**(第1款)。在满足下列情形时复审请求是可接受的:请求人是受到上诉委员会决定不利影响的当事人(公约第112a条第1款),依照公约第112a条第2款规定的理由之一,在公约第112a条第2款规定的相应的两个月内期限内,必要时(针对程序缺陷提出的请求),符合本细则第106条规定的要求,指明请求复审的决定并说明是否根据本细则第107条第1款b项规定充分证实的理由。**(2)需要事先发出通知的不予受理的理由**(第2款)。请求人接到关于请求人姓名与地址存在缺陷(本细则第107条第1款b项)的通知并要求其在规定到期限内补正该缺陷。一旦未对该通知作出答复,该请求就被认为是不予受理的。

3. 扩大上诉委员会的审查(第3款)。扩大上诉委员会对是否接受复审请求进行审查。如果认为请求是正当的,扩大上诉委员会应撤销上诉委员会的决定,并命令上诉委员会重启程序进行审理,包括必要的时候,更换上诉委员会的成员。

[处理复审请求的程序]
第 109 条

（1）在根据公约第 112a 条规定的程序中，除非另有规定，应适用于与上诉委员会有关的程序。不适用本细则第 115 条第 1 款的第一句话、本细则第 118 条第 2 款的第一句话以及本细则第 132 条第 2 款的规定。扩大上诉委员会可以规定与本细则第 4 条第 1 款的第一句话不同的期限。

（2）扩大上诉委员会：

（a）由两名具有法律资格和一名具有技术资格的审查员组成，对所有请求复审的内容进行审查，对明显地不予受理的或不可接受的请求予以驳回，此驳回决定需要全体一致同意；

（b）由四名具有法律资格和一名具有技术资格的审查员组成，对不能根据上述 a 项规定驳回的任何请求进行审查。

（3）扩大上诉委员会审慎按照上述 a 项规定，在不需要其他当事人的参与下，针对请求作出决定。

1. 总述。 本条是落实公约第 112a 条的规定并提出了复审请求的程序方面规定。

2. 关于上诉的规定。 有关上诉委员会的上诉程序规定适用于请求复审的程序。此外，有关举行口头审理程序通知的两个月期限（细则第 11 条第 1 款）、举证通知的两个月期限（细则第 118 条第 2 款）、改变程序使用的语言通知的一个月期限以及细则第 132 条第 2 款指定的期限不适用于复审请求的程序。

3. 扩大上诉委员会的组成方式。 根据复审请求的不同，扩大上诉委员会有两种不同的组成方式。复审请求的初始审查由两名具有法律资格和一名具有技术资格的审查员组成，如果该请求是明显不予受理或不可接受的，扩大上诉委员会在一致同意并且没有其他当事人介入下驳回该请求。如果该请求不属于明显不予受理或不可接受的情况，将由四名具有法律资格和一名具有技术资格的审查员进行审查。

[复审请求费的退还]
第110条
　　如果上诉委员会重新启动程序,则扩大上诉委员会应命令退还复审请求费。

　　1. 总述。本条是落实公约第112a条的规定,并规定如果由于复审请求导致上诉程序重新启动,则退还昂贵的请求费。

第七编　适用于本公约第七编的实施细则

第一章　欧洲专利局的通知和决定

[决定书的形式]
第111条
　　(1)欧洲专利局在口头审理程序范围中,可以口头方式作出决定。该决定随后将以书面方式通知各方当事人。
　　(2)欧洲专利局作出的可以提起上诉的决定中,应陈述理由并附具通知书。通知书告知可以对该决定提出上诉。通知书还应提请当事人注意公约第106—108条的规定,并将该三条条款内容附在通知书后面。当事人不得以未发出该通知来寻求救济。

　　1. 总述。本条是落实公约第90条、第97条、第101条、第104条、第111条和第112条的规定。欧洲专利局的决定可以由受理处作出(公约第90条);由审查部作出(公约第97条);由异议部作出(公约第101条和第104条);由法律部、上诉委员会作出(公约第111条);以及由扩大上诉委员会作出(公约第112条)。这些决定可以给出形式上的或者实质上的理由。决定的效力是使当前的程序结束(尽管可能有新的程序开始,例如第一审级的决定是可以上诉的,参见下面第3点中的讨论)。在口头审理程序中,可以用口头方式作出决定（参见第2点）。由于决定导致当前程序的结束，当事人只能在作出决定的过程完成后才可以提出意见陈述。在第一审级的书面程序中，决定的发出通知日期是对应于转交欧洲专利局邮政服务的日期。该通知发生在决定的邮戳日前三天（见欧洲专利局 G12/91 *Novatome* II 案）。书面决定通常记载着参与程序的当事人的名称（申请人、权利人、异议人），以及必要时，他们的代理人、有关规则、事实和呈送的文件、说理、上诉的可能性（细则第111条第2款，参考公约第106—108条），以及承办人的姓名和签字。

2. 口头审理程序中的决定。口头审理程序中所作出的决定导致程序结束，所以在此之后当事人呈送的文件不予考虑。随后，决定会以书面方式通知给当事人。尽管决定在其作出时生效，但上诉期（公约第108条）自决定的书面通知之日起计算。但是，通常，授予专利或者以修改方式维持一项专利的决定不能在口头审理程序中作出，因为有关授予专利、印刷和权利要求的翻译费用的缴纳（见公约第97条第1款、第2款和公约第101条第2款、第3款的规定）尚未完成。

3. 可上诉的决定。只有受理处、审查部、异议部和法律部作出的决定，才是可以上诉的（公约第106条第1款）。因此，由上诉所导致的决定本身是不能上诉的。发出通知时，可上诉的决定应该说理充分并附有关于上诉权利的通知以及对应的法律部门（公约第106—108条）。决定中的当事人可以不放弃收到通知书的权利。说理中必须包含逻辑顺序、论证规则的观点。虽然本细则第11条第2款不适用于上诉委员会的决定，但本细则第102条的规定要求决定要进行说理。

[权利丧失的通告]

第112条

（1）如果欧洲专利局发现，在没有涉及任何驳回欧洲专利申请的决定、批准欧洲专利的决定、废除或维持欧洲专利的决定或有关举证的决定的情况下，某一权利已经丧失，欧洲专利局应将此事通知相关的当事人。

（2）如果相关当事人认为欧洲专利局的裁决是错误的，可在自第 1 款所指的通知后的两个月内请求欧洲专利局对此作出决定。欧洲专利局仅在不需要提出请求的当事人提供意见的前提下作出决定；否则，欧洲专利局将通知该当事人。

1. 总述。本条涉及由于权利丧失导致的欧洲专利局的裁决，并且具体涉及专利申请被视为撤回或者异议被视为未提出的情况。

2. 权利丧失的通知（第 1 款）。由于权利丧失并不是源自于某一决定，欧洲专利局仅仅是告知相关当事人。

3. 权利丧失通知与决定的比较。一些决定是可以上诉的（主要是第一审级部门作出的决定），而权利丧失的通知是不可以上诉的。通常，在适当的情况下，欧洲专利局发出的通知书会清楚地标注其是一份决定还是根据本细则第 112 条第 1 款规定发出的权利丧失通知。也就是说，最终确定是一份决定还是权利丧失的通知，是根据通知书的本质而不是它的外表来判断（见欧洲专利局 J8/81 *Caterpillar* 案）。权利丧失通知为欧洲专利局提供了一个便利的机制，对于那些明显地没有争议的申请，不需要采用说理方式作出决定就进行处置（例如，申请人对其申请失去兴趣而在指定的期限内不做答复），申请人有权要求作出一份决定以便于其提起上诉，但仅限于申请人认为权利丧失通知是错误的情况下。

4. 请求对通知进行复查（第 2 款）。一收到权利丧失通知（按照本细则第 126 条第 2 款规定确定），收信人有两个月的期限启动对通知作出复查而请求作出决定。如果认为申请人的理由是正确的，则欧洲专利局并不作出决定而是通知申请人撤销根据本条第 1 款规定所发出的通知。因此，欧洲专利局仅仅作出相反的决定，即一份驳回当事人请求作出决定的意见。这个程序通常适用于当欧洲专利局认为期限未满足，而申请人可能请求作出决定并且提交证据证明该期限已经正确满足以期撤销该权利丧失通知。如果收到决定，申请人可以提出上诉。欧洲专利公约 2000 年修订本（细则第 135 条第 2 款） 排除了关于本条第 2 款所规定的两个月期限内根据公约第

121 条规定的继续审查。如果本细则第 112 条第 2 款的期限未能满足,唯一所剩的法律救济就是根据公约第 122 条和本细则第 136 条的规定重新恢复权利。

[签字、具名、盖章]
第 113 条

(1)欧洲专利局的任何决定书、传票、通告和通知书都应由承办人签字并具名。

(2)如果第 1 款中所指的文件是承办人使用电脑产生的,盖章可以代替签字。如果文件是由电脑自动产生的,则无须承办人具名。对于事先印刷好的通告与通知书也同样适用。

1. 总述。本条是落实公约第 90 条、第 94 条、第 97 条、第 101 条、第 110 条、第 115 条、第 124 条和第 128 条的规定。

2. 决定书、通知书和通告的形式。由于大多数通告现在是用电脑产生的,盖章就取代了签字。至于决定书,判例法已经确立了必须是由签发决定的部门的承办人签字才合法有效(具体见欧洲专利局 T390/86 *Shell* 案)。

第二章 第三方意见

[第三方意见]*
第 114 条

(1)任何由第三人提出的意见,都应以一种欧洲专利局官方语言书面

---

* 此条规定与我国《专利法实施细则》第 48 条的规定相似。我国《专利法实施细则》第 48 条规定:"自发明专利申请公布之日起至公告授予专利权之日止,任何人均可以对不符合专利法规定的专利申请向国务院专利行政部门提出意见,并说明理由。"根据该条规定,"第三方意见"仅限于针对发明专利申请公布之日未授权的"专利申请",而不适用于授权专利,并且第三人意见并不通知专利申请人。美国于 2012 年 9 月通过的《美国发明法案》(AIA),也新增了关于第三方意见的规定。——译者注

提出,说明意见所基于的理由,并适用本细则第 3 条第 3 款的规定。

(2)任何此类第三方意见都应通知申请人或专利权人,申请人或专利权人可以对此类第三方意见作出评述。

1. 形式要求(第 1 款)。第三人意见必须以书面形式提交并包括对所基于理由的陈述意见。陈述意见必须清楚完整使得其不需要进一步探究就可以直接由欧洲专利局进行审查。第三人意见必须以一种欧洲专利局的官方语言提出。对于任何以欧洲专利局官方语言之外的语言所提交的任何文件,欧洲专利局可以要求将其翻译成一种官方语言(见本细则的第 3 条第 3 款规定)。

2. 通知申请人或者专利权人(第 2 款)。第三方意见要通知申请人或专利权人。此通知在欧洲专利局一收到第三方意见之后就应发出。申请人或专利权人可以对第三方意见作出回应,但这样做并不是必须的义务。

第三章 口头审理程序及取证

[口头审理程序的召集]
第 115 条

(1)根据公约第 116 条的规定,应召集当事人出席口头审理,提请当事人注意本条第 2 款的规定。至少要提前两个月发出召集通知,除非各方当事人同意在更短的时间内举行。

(2)如果被及时召集参加欧洲专利局的口头审理程序的当事人未能按时出席,口头审理程序可在该当事人缺席的情况下正常举行。

1. 口头审理程序的召集。必须向所有当事人适时发出参加口头审理的召集通知。召集通知必须说明口头审理程序的议题、日期和时间。至少提前两个月发出召集口头程序的通知,除非各方当事人同意在更短的时间内举行。只有在某当事人事先以严肃的理由提出新的日期,延期请求才可能被允许。请求改期必须尽可能早地提出并同时附上说明这些理由的充分的书面意见陈述;可接受的与不可接受的改期理由详见2000年9月1日由主管第二地区总部的副局长发出的和2007年7月16日由主管第三地区总部的副局长发出的《关于欧洲专利局和欧洲专利局上诉委员会口头审理程序的通告》。严重疾病、结婚、国家服务和召集前已经确定的固定假期是可以接受的理由。以过度的工作压力为由通常不被认为是可以接受的理由。如果某一代表人不能出席口头程序,应安排另一代表人出席而不是将程序推迟进行。因此,当请求推迟程序时,必须给出不能替换代表人的理由。

2. 当事人缺席。当事人可以选择不出席口头审理程序,惯例上应作出不出席的通知。欧洲专利局对不出席程序又没有事先通知的当事人十分反感,在这种情形下,会让该当事人承担更多的费用。如果被及时召集参加口头审理程序的当事人未能出席,口头审理程序可在该当事人缺席的情况下正常举行。作出对该当事人的不利决定不能基于在口头程序中首次提出的事实,因为根据公约第113条第1款规定,应给予该当事人就这些事实发表意见的机会。同样的,也不可以考虑新的证据,除非该证据是提前告知的且仅是用来支持证据提出一方的断言的。通常,对于新的观点,不需要缺席的当事人对此发表意见,原则上可以用来支持决定的理由(见 G4/92 *Basis of decisions* 案)。已经表明其不参加任何进一步程序的当事人,就放弃了根据公约第113条第1款规定的权利,因而,可以基于在口头程序中首次提出的事实和证据作出决定。

[口头审理程序的准备]
第116条

(1)发出召集口头程序的通知时,欧洲专利局应在通知中提请当事人注意为作出决定所需要讨论的要点意见。同时,确定在准备口头审理程序中呈送书面文件的最后日期。该日期之后提出的新事实与证据不需要考虑,除非以程序议题已经改变这类可接受理由提出。

（2）如果已向申请人或专利权人告知不利于专利的授予或维持的理由，在第 1 款第二句话规定的日期前，申请人或专利权人可以提交符合公约规定要求的文件。第 1 款的第三句话和第四句话同样适用。

1. 总述。本条是落实公约第 114 条和第 116 条的规定。

2. 本细则第 116 条第 1 款的释义。与上诉委员会程序的比较，正如扩大上诉委员会在 G6/95 *GE Chemicals* 案所认为的，由于上诉委员会程序规则中有具体的规定，本细则第 116 条第 1 款的规定不适用于上诉委员会。因此，并不要求上诉委员会在其发出的召集通知中写明口头审理程序中需要厘清的要点。但是，如果上诉委员会发出了此类的召集通知，当事人必须遵守通知确定的提交其意见陈述的期限。

3. 最后的提交日（第 1 款）。召集通知要写明口头审理程序中需要讨论的要点。召集通知中通常包含主管部门的暂定的和非约束性的意见。召集通知中还确定了可以提交书面意见或者提出符合欧洲专利公约规定要求的修改文件的最后日期。通常该日期确定在口头审理程序的前一个月，且不可以根据本细则第 132 条规定延长期限。召集通知是用来准备口头审理程序的使得通过口头审理能够作出决定。在最后日期之后提交的书面文件被认为是延迟提交，通常是不予考虑的。特别是如果所提交的文件涉及复杂问题需要给予当事人足够的时间对此发表意见，就不予考虑这些文件。但是，第 1 款的最后一句话规定如果程序的议题已经改变则可以接受新事实和新证据。这类情况包括：申请人或专利权人提交了修改文件致使其与新的文件相关，或其他当事人或者主管部门提交了新材料。

4. 修改专利或者专利申请文件（第 2 款）。按照本细则第 116 条第 1 款的规定，召集通知还有一个目的在于：如果基于当前的文本，专利或专利申请有可能被驳回或者被撤销，则给予申请人或专利权人修改专利或专利申请文件的机会。第 1 款关于期限不得延长和延迟提交文件的规定也同样适用于这些修改的文件。在上诉程序中，对于口头审理之后所作出的修改，如果在不延长口头审理程序的情况下，其不能被上诉委员会或其他各方当事人合理地预期,则该修改文件不被接受。

[关于取证的决定]
第117条
如果欧洲专利局认为有必要听取当事人、证人或专家的证言,或有必要进行调查,则作出基于此目的的决定,提出其准备调查的问题、需要证实的相关事实,以及进行调查的日期、时间和地点。如果一方当事人提出听取证人或专家证言的请求时,欧洲专利局应要求请求人在指定的期限内告知其希望听取的证人或专家的姓名及住址。

1. 总述。本条是落实公约第117条和公约第131条的规定。

2. 取证的方式。本条专门适用于公约第117条第1款中的a项、b项、e项和f项规定的证据,即听取当事人意见、证人和专家证言,以及调查。本条不适用于其他类型的证据(例如文件类证据)。取证主要发生在异议程序中,尽管其很少被强制要求。如果欧洲专利局的主管部门允许借助于听取当事人意见、证人和专家证言或者调查的手段取证,其必须为此作出决定(取证的命令)。决定应写明调查的类型、待证的事实以及调查的具体细节。该决定要发给欧洲专利局。如果一方当事人请求证人或专家作出口头上的证言但同时没有指出其姓名,在命令中,则要求请求人在指定的期限内告知其希望听取的证人或专家的姓名及住址。期限通常规定为两个月,根据本细则第132条的规定计算。如果该当事人没有对其请求提供相关证据的证人或者专家的身份作出答复,这种未答复的做法通常导致对其不利的后果。

[欧洲专利局召集提供证据]
第118条
(1)欧洲专利局应向当事人、有关的证人或专家发出召集提供证据的通知。

(2)至少应给被召集的当事人、作证的证人或专家两个月的期限,除非当事人同意缩短该期限。召集通知应包括:

(a)根据本细则第 11 条规定作出的决定的摘要,指出安排审理的日期、时间和地点,以及需要听取当事人、证人及专家所陈述的事实;

(b)当事人的姓名及证人和专家根据本细则第 122 条第 2—4 款的规定可以获得的具体权利;

(c)一份说明:当事人、证人或专家都可按照本细则第 120 条的规定请求由其所在国的主管法院听取陈述,并要求当事人、证人或专家在欧洲专利局所指定的期限内,就其是否准备出席欧洲专利局的程序通知该局。

1. 总述。本条是落实公约第 117 条和公约第 131 条的规定。

2. 召集参加提供证据的程序。按照已确定的日期召集听取其意见的证人或专家出席提供证据的程序(第 1 款)。至少给参加听证的人员两个月的期限,除非他们同意缩短期限。召集通知要发给所有当事人。召集通知应包含:命令提供证据的相关摘要,参加程序的当事人的姓名,以及关于出差费用和可能引起的证人或专家的补贴的发放规定。召集通知还应告知当事人、证人或专家都可请求由其所在国的主管法院听取陈述(代替前往欧洲专利局),并且,在欧洲专利局所指定的期限内,就其是否准备出席欧洲专利局的程序通知欧洲专利局。

[欧洲专利局的证据审查]
第 119 条

(1)审查部、异议部或者上诉委员会可以任命一名成员审查所引证的证据。

(2)在听取当事人、证人或专家的陈述之前,他们将被告之:欧洲专利局可以要求他们所在国的主管法院重新听取他们经过宣誓或其他有同样约束力的形式的证言。

(3)当事人可以参加审查并向做证的当事人、证人和专家提出各种有关的问题。

1. 总述。本条是落实公约第 117 条和公约第 131 条的规定。

2. 任命欧洲专利局的一名成员审查证据(第 1 款)。审查部、异议部或者上诉委员会的一名成员可以被指派审查所提出的证据,例如关于某一方法或者位于很远地方的物体的展示方式的证据。按照《欧洲专利审查指南》E-Ⅳ.1.3 的规定,通常,该成员是公约第 18 条第 2 款或公约第 19 条第 2 款规定的初审审查员。

3. 由主管法院可能进行的对证言的重新审查(第 2 款)。欧洲专利局必须通知被听取意见的当事人、证人或专家,其提供的证言可能被所在国的主管法院以有约束力的方式(例如宣誓)重新审查。这样就给在欧洲专利局做证的人施加压力使其在证言中说出事实真相。

4. 当事人参与调查的行为(第 3 款)。当事人可以参加调查活动,并向参与做证的人提出相关问题,例如,在异议程序中,向代表他方做证的证人或专家发问(所谓"交叉审查")。应该避免的问题是:诱导性的问题(这些问题已经包含了愿意从证人的嘴里说出来的陈述)、涉及那些不需要进一步讨论的事实的问题,以及那些与所安排的提供证据无关的问题。可接受的问题必须是由该主管部门所确定的问题,对其所确定问题的决定,按照《欧洲专利审查指南》E-Ⅳ.1.6.7 的规定,是不可上诉的。

[主管的国家法院的听证]
第 120 条

(1)被召集参加欧洲专利局取证程序的当事人、证人或专家,可以请求该局允许由其所在国的主管法院对其听证,如果提出了请求,或者在召集通知指定的期限内未作答复,欧洲专利局可以按照公约第 131 条第 2 款的规定,请求主管法院对相关人员进行听证。

(2)如果已经由欧洲专利局对当事人、证人或专家进行了听证,如果认为所做出的证言以宣誓或其他有约束力的方式作出更为有利,则欧洲专利局可以根据公约第 131 条第 2 款的规定，请求这些相关人员所在国的主管法院按照这样的条件重新审查其证言。

（3）当欧洲专利局请求主管法院进行取证时，其可以请求法院以宣誓或其他有约束力的方式进行取证，并且请法院允许主管部门的有关成员出席听证并向当事人、证人或专家发问，无论是直接提问还是通过该法院进行提问。

1. 总述。如果欧洲专利局认为有必要，当事人、证人或专家可以被召集到欧洲专利局提出口头上的证据。一旦经欧洲专利局请求，口头证据也可由相关人员在其所在国的主管法院面前做出。但是，这种法律上的合作限于加入欧洲专利公约的成员国在其管辖的范围内进行（公约第 131 条第 2 款）。

2. 请求由所在国的法院进行证据听证（第 1 款）。一经被欧洲专利局召集的当事人、证人或专家的请求，欧洲专利局将请求由作为成员国的相关人员所在国的主管法院进行听证。如果在欧洲专利局规定在召集通知中的期限届满后没有收到答复，欧洲专利局也可请求作为成员国的相关人员所在国的主管法院进行听证。此程序由公约第 131 条第 2 款和本细则第 99 条作出规定。

3. 由国家法院按照宣誓的方式重新审查证据（第 2 款）。对由某一当事人、证人或专家提供的证据已经被听证之后，如果欧洲专利局认为该证言以宣誓或其他有约束力的方式作出更为有利，则欧洲专利局可以根据公约第 131 条第 2 款的规定，请求由成员国之一的这些相关人员所在国的主管法院按照同样的条件重新审查其证言。关于重新审查的此种请求规定在公约第 131 条第 2 款和本细则第 150 条中。这样的重新审查由成员国法院适用于该国的本国法进行审查。

4. 欧洲专利局工作人员参与国家法院主持的证据听证（第 3 款）。欧洲专利局可以请求国家法院在不需要欧洲专利局自己进行听证的情况下，直接地以宣誓或其他有约束力的方式进行取证，并且允许该局有关部门的工作人员参与听证,向当事人、证人或专家发问,无论是直接提问还是通过该法院进行提问。

[专家的职责]
第 121 条
(1)欧洲专利局决定其所指定的专家提交专家意见的报告形式。
(2)专家的职责范围和权利应包括:
(a)准确描述其工作任务;
(b)提交专家报告的期限;
(c)参加程序的当事人姓名;
(d)专家按本细则第 122 条第 2—4 款的规定可以享受的权利。
(3)向当事人提交书面报告的副本。
(4)当事人可以对某一专家提出回避请求。由欧洲专利局的有关部门对此请求作出裁决。

1. 总述。本条是落实公约第 117 条第 1 款 e 项的规定。

2. 决定报告的形式(第 1 款)。如果主管部门决定要获得一份专家意见书,其必须确定所指定的专家提交专家意见的报告形式。意见书以书面形式撰写,或引入口头辩论及对专家进行听证,但这取决于意见书的内容。

3. 专家的职责范围和权利(第 2 款)。专家的职责范围和权利必须包含:对其工作任务的准确描述,提交意见书的期限,参加程序的当事人的姓名,以及关于差旅费和补贴费的具体规定。

4. 通知当事人(第 3 款)。欧洲专利局应将专家撰写的意见书副本发给当事人。

5. 对专家提出回避请求(第 4 款)。当事人可以对某一专家提出回避请求;如果提出回避请求,主管部门应对该请求作出裁决。为了避免出现此程序,主管部门应将其打算聘请提出意见的专家以及专家职责范围内的意见主题内容通知当事人。在通知中应写明对专家可以提出回避请求的期限。

[取证的费用]
第 122 条

（1）欧洲专利局可在要求取证的当事人向该局提交保证金后，开始进行取证。欧洲专利局在估计费用后，确定保证金的数额。

（2）被欧洲专利局召集并出庭的证人和专家有权得到适当的差旅费和津贴费。可先向他们预支这笔钱中的一部分。本款第一句话适用于未经欧洲专利局召集而出席，而且作为证人和专家而进行陈述的证人和专家。

（3）按第 2 款规定有权得到差旅费和津贴费的证人，也有权享受其工资损失部分的适当补贴。专家有权索取其工作费。这些补贴和工作费，在专家或证人履行其义务或完成其工作后，方予支付。

（4）行政理事会将制定执行第 2 款、第 3 款规定的具体规定。由欧洲专利局支付根据第 2 款、第 3 款规定的应付款的金额。

1. 总述。本条是落实公约第 117 条的规定。

2. 保证金（第 1 款）。如果依请求人请求，取证是通过对证人的听证或者是征求专家意见的，欧洲专利局的主管部门通常在要求取证的当事人提交根据听证所需的费用估计确定的保证金之后，着手进行审查。如果请求取证的当事人未符合提交保证金的要求，则不进行取证，除非证人或专家放弃了取得补助的权利。在异议程序中，基于公平的原因，在请求方与其他当事人之间的费用分摊可根据公约第 104 条第 1 款以及本细则第 88 条的规定来确定。欧洲专利局负担自身的费用。

3. 有权得到差旅费和津贴费（第 2 款）。被欧洲专利局召集并出席的证人或专家（但不能是当事人）有权得到欧洲专利局的合适的差旅费和津贴费补贴。即使是没有被召集的但作为证人或专家出席听证的人员（例如当事人请求从证人或专家取得证据，且该请求被主管部门批准的情况），或者没有出席听证，例如，在取证之前不久，通过其他手段对其收集证据，也有权得到差旅费和津贴费。在口头审理程序中，为了说明事实而与代表人一起出席的人员（例如在通常的情况下，与申请人授权的代表人一起出席听证并辅助代表人的发明人),并不是作为证人出席的,因此无权得到补贴。

4. 有权得到工资损失、工作费的补偿。有权得到差旅费和津贴费补贴的证人,也有权得到欧洲专利局对工资损失的补偿,专家也有权得到欧洲专利局对他们的工作费补贴。这些费用通常是在证人或专家在完成取证后支付。

5. 证人和专家资格的具体规定(第 4 款)。行政理事会于 1977 年 10 月 21 日发布的规则对本条第 2 款和第 3 款中提出的证人和专家的资格作出了具体规定。差旅费和津贴费补贴以及对证人的工资损失的补偿,是基于欧洲专利局对其雇员所适用的 A4 工资组别的比例;专家工作费要综合专家的建议和当事人对这方面的意见来确定。

[证据保全]
第 123 条

(1)根据请求,如果有理由担心晚些时候进行审理可能使取证变得更加困难、甚至不可能时,欧洲专利局可以对可能构成影响到欧洲专利局对欧洲专利或欧洲申请决定的事实证据立即采取保全措施。应将采取措施的日期及时通知专利申请人或专利权人。专利申请人或专利权人可以提出各种有关问题。

(2)请求书应包括:

(a)本细则第 41 条第 2 款 c 项规定的请求人的具体信息;

(b)旨在辨别涉案的欧洲专利或专利申请的充分说明;

(c)关于需要取证的事实的具体说明;

(d)取证或者得到证据的具体信息;

(e)担心晚些时候进行审理可能使取证变得更加困难、甚至不可能的初步证据的意见陈述;

(3)只有缴纳了规定的费用后,请求书才被视为已经提交。

(4)由其决定可能受到事实影响的欧洲专利局主管部门对请求书以及

任何所导致的取证作出决定。本公约关于在欧洲专利局程序中进行取证的规定应适用。

1. 总述。本条是落实公约第 117 条的规定。

2. 预防性的取证（第 2 款）。此款涉及尽早地取证。一旦提出请求，如果有理由担心晚些时候进行审理可能使取证变得更加困难、甚至不可能时，欧洲专利局可以立即采取保存可能构成影响到欧洲专利局对欧洲专利或欧洲申请决定的事实证据的措施。这种情况可能是关键材料（例如公众可以得到的在先使用的证据）可能被损毁或者消失。采取措施的日期必须通知申请人或专利权人及其他当事人，使其有足够的时间出席。在十分紧急的情况下，不再适用关于根据本细则第 118 条规定的正常取证至少提前两个月发出通知的规定。

3. 关于证据保全的要求（第 2 款）。证据保存的请求书必须包含下列事项：请求人的姓名和地址，以及其所居住的国家或主要营业地；涉案欧洲专利或专利申请的充分说明；关于要取证的证据的指定；取证的具体方式以及担心晚些时候进行审理可能使取证变得更加困难、甚至不可能的初步证据的意见陈述。

4. 保存证据的费用（第 3 款）。保存证据的费用必须在请求时缴纳（见《缴费规则》第 2 条第 17 款的规定）。

5. 主管部门（第 4 款）。通常，作出决定并取证的职责是这样的划分的：(1) 自申请日起，直到作出授予专利或者驳回决定之日止，由审查部负责；(2) 自授予专利之日起，直至允许提出提出异议的期限届满及异议程序过程中（如果有的话），由异议部负责；(3) 自作出最终决定之日起，直至法律上生效或上诉程序进行中，由上诉委员会负责。本细则第 119—122 条适用。

[口头审理程序和取证的记录]

第 124 条

(1) 口头审理程序和取证都要做好记录。记录中要记载口头审理程序和取证的主要情况、当事人的有关陈述及当事人、证人或专家的证言，以及任何检查的结果。

（2）证人、专家或当事人的证词记录应向他们宣读并呈交，以便核实其内容，或者，如果采用技术手段记录，应向证人、专家或当事人回放，除非其放弃该权利。应在记录中记载已完成此种手续，并且要得到作出证言的人同意。如其不同意该记录，应将其异议写入记录中。如果证言是逐字记录并直接使用技术手段的，可不必回放该记录。

（3）记录应有记录人和口头程序或取证的主持者的签字。

（4）应将记录副本交给各当事人。

1. 总述。本条是落实公约第 116 条和第 117 条的规定。

2. 记录的内容（第 1 款）。记录必须先写明举行程序的日期，主管部门出席口头审理程序的人员和记录人的姓名。

3. 口头审理程序的记录（第 1 款和第 2 款）。记录必须包含：口头审理的基本情况，包括对具有或缺乏新颖性、创造性或其他专利性要件的新的辩论意见。此外，还必须包括当事人作出的相关陈述，例如有关对说明书的提交、撤回、放弃或修改。记录中必须包含程序上的信息，例如在口头审理结束后，程序是如何得以延续的。决定中的有效力的部分的措辞，如果有的话，必须在记录中再现。记录中还包括程序中所达成的结论。口头审理的记录必须由欧洲专利局负责记录，而不能由当事人记录（见公约第 117 条，第二地区总部的副局长于 1986 年 2 月 25 日发布的、第三地区总部的副局长于 2007 年 7 月 16 日发布的《关于在欧洲专利局及其上诉委员会进行的口头审理程序中使用声音记录装置的公告》）。

4. 取证程序中的记录（第 1 款和第 2 款）。取证程序的记录必须包含取证中的基本情况，并且以最方便理解的方式记录证人、专家或当事人的证词。记录必须向作证的人宣读或呈送，并得到其同意。否则，其反对的意见应记录在案。证词通常采用录音机记录。作证的人将被要求倾听录音记录并征求其同意，特别是在证词不是逐字、直接记录的情况下。

5. 签字认可（第 3 款）。记录必须由进行记录的人员以及主持口头审理程序或取证的人员签字认可,或者其他合适的手段认可。

6. 记录的副本(第4款)。必须向当事人提供记录的副本,如果适当的话,提供根据录音整理的打印稿。取证程序中所使用的磁带,当事人都有权得到。

第四章 通知

[一般规定]
第125条

(1)在欧洲专利局的程序中,任何通知都应以正本、经欧洲专利局证明或盖章,或者经由电脑打印的带有盖章的形式制成。但是,当事人发出的文件副本不要求此类证明。

(2)通知可通过下列方式发出:
(a)按照本细则第126条的规定邮递;
(b)按照本细则第127条规定的技术通讯手段;
(c)按照本细则第128条规定的欧洲专利局所提出的送交方式;或者
(d)按照本细则第128条规定的公告方式。

(3)通过成员国的中央工业产权局通知时,应符合该局所适用的国内程序法律的规定。

(4)如果收件人已收到通知,而欧洲专利局无法证明其是否按期通知的,或者其是否遵守有关通知的规定,应以欧洲专利局确定收件人已接到通知之日为通知日。

1. 总述。本条是落实公约第119条的规定。

2. 通知的形式(第1款)。术语"通知"是指任何决定、召集通知、公告或通知。这些发自欧洲专利局的通知要采用原件或者盖上欧洲专利局印章的方式传送到有关人员。副本则需要证明或者盖有电脑打印出的印章。由当事人发出的文件副本视为对应的原件,并不需要此种证明方式。

3. 通知的方法(第2款)。通知可通过邮寄、欧洲专利局所提出的送交方式、公告或通过技术通讯手段发出。其中最后一种方法基本上是指通过传真,或者在某些情形下,用电子邮件的方式(见本细则第 127 条的规定)。如果在例外的情况下,通知也可以通过成员国的中央工业产权局来转送。如果是这样的话,适用于该成员国的本国法规定。

4. 有缺陷的通知(第 4 款)。如果文件没有采用适当的通知方式发出,则该文件应以欧洲专利局确认收件人已接到通知之日为发出通知日。《欧洲专利审查指南》(E-Ⅰ.2.5)所指的情况是欧洲专利局不能证明实际的通知日期。在此种情况下,收件人自己发出的信中所写明的日期就被作为证明所接受。如果收信人已经明确表示其收到文件,即便其没有提及通知的日期,则其答复的日期就作为通知的日期。

[邮寄通知]

第 126 条

(1)对于在期限内可提起上诉或者复审请求的决定书、召集通知和欧洲专利局局长决定经邮局投递的其他此类文件时,应采用带有回执的挂号信方式邮寄。通过邮寄的其他通知,应用挂号信的方式。

(2)如通过挂号信进行通知,无论是否要求回执,则从邮件发出后的第十日起认为收件人已得到通知,除非收件人未收到邮件或在第十日以后收到邮件;如发生任何争议,按照具体的情况,欧洲专利局有义务证明收件人已收到邮件,或证明该挂号信已经交到收件人的日期。

(3)通过挂号信进行通知,无论是否要求回执,都认为已进行了通知,即使该信件已被拒收。

(4)在第 1—3 款规定尚不能完全解决通过邮寄进行通知的问题时,适用于通知送达的国家本国关于邮寄的法律。

1. 总述。本条是落实公约第 119 条的规定。

2. 基本规则(第 1 款)。所有邮寄的通知必须采用挂号信的方式。对于在期限内可提起上诉或者复审请求的决定书、召集通知也应采用挂号信的方式邮寄,但必须带有回执以便于追踪投递日期。欧洲专利局局长尚未指明的其他任何决定采用带有回执的挂号信邮寄。申请人组织可以指定一个通信地址（通常是主管部门与申请人协商确定），并且指定一个用于其他事务的地址（例如在欧洲专利局出版物上、登记簿和专利证书上使用的公司总部地址），除非指定了代表人。在指定代表人的情况下，根据本细则第130条的规定，将直接邮寄给代表人（见欧洲专利局局长于1980年10月23日发布的《关于没有代表人时申请人所使用的通信地址的公告》）。

3. 十日规则（第2款）。第2款规定的是法律上推定的通知日。自邮寄日后的第10天就认为是推定的通知日。邮寄日是通知上的邮戳日期。但是，如果是在推定日之后才收到挂号信，通知日就以实际收到日为准。如果需要的话，欧洲专利局要对证明收到日承担举证责任。此"十日规则"是用来计算答复通知的到期日的。如果错误地在答复期届满之后加上该十日规则，就会在到期日的计算上发生错误*。由于本款的规定十分清楚，必须自邮寄日起加上该十日，也即自答复期限的开始就先加上。

4. 拒收通知（第3款）。即便是收件人拒收，通知也视为已送达到。

5. 本国法（第4款）。与通知有关的其他事项（例如，向收件人以外的人送达是否构成对收件人的有效送达问题），适用于通知送达的国家的本国法规定。

［采用技术通讯手段通知］
第127条

按照欧洲专利局局长确定的技术通讯手段并且根据局长所公布的条

---

* 该"十日规则"的计算与我国《专利法实施细则》的规定如出一辙。根据《专利法实施细则》第4条的规定："国务院专利行政部门邮寄的各种文件，自文件发出之日起满15日，推定为当事人收到文件之日。"根据该规定，我国采用的推定日是"15日规则"。15日的计算是自"文件发出之日"后加上，而不是答复文件的期限届满后加上。例如，对于专利局于2012年10月15日发出的第一次审查意见通知书，给予申请人4个月的答复期限。计算的方式是：自2012年10月15日（发出日）加上15天，为10月30日，然后再加上4个月，其对应的期限届满日为2013年2月的最后一日，即2月28日。特别要注意的是，如果先计算答复期限，则将出现错误的结果，即：自2012年10月15日（发出日）"先"加上4个月，其对应的届满日为2013年2月15日，再加上15日，则对应的期限届满日为2013年3月2日。——译者注

件,采用技术通讯手段送达通知也是有效的。

1. 总述。本条是落实公约第 119 条的规定。

2. 采用技术通讯手段送达通知。此种通知方式主要是指采用传真的方式,或者在某些情况下,采用电子邮件的方式(本细则第 127 条)。一经请求,欧洲专利局可向代表人的个人邮箱发送电子邮件。当邮件的栏目被显示,邮件栏目被转移到另一个文件夹中,或者阅读、下载该通知时,此种在线的通知方式就视为已经接收到通知。如果在线方式的通知在发出日起 5 日内没有收到,则从邮箱中移除,并采用纸件副本形式邮寄。(见欧洲专利局于 2003 年 12 月 9 日发布的关于 My.epoline® 门户的公告*)。

[直接通知]
第 128 条

可预先向欧洲专利局提出直接将要通知的文件交给收件人的要求。由收件人确认并签收回执,即使收件人拒绝接收或拒绝给予回执,也视为已进行了通知。

1. 总述。本条是落实公约第 119 条的规定。
2. 对直接通知的限制。预先通知欧洲专利局可直接通知,通常用于大宗文件的送达。

[公示通知]
第 129 条

(1)如无法确定收件人的地址,或者按照本细则第 126 条第 1 款规定的通知方式,经过第二次邮寄后证明是不可能收到的情况下,则以公示的形

---

* 此欧洲专利局 2003 年 12 月 9 日发布的关于 My.epoline® 门户的公告,已经被欧洲专利局 2011 年 12 月 13 日发布的关于欧洲专利局在线服务的公告("Notice from the European Patent Office dated 13 December 2011 concerning EPO online services")所取代。——译者注

式通知；

（2）欧洲专利局局长决定公示的方式及一个月期限的起始日。该期限届满后视为文件已被通知。

1. 总述。本条是落实公约第 119 条的规定。本条是一个例外的规定。

2. 公示通知的公告（第 1 款）。如果收件人的地址不能确定，或者不可能通知到的情况下，则欧洲专利局应采用公示通知的方式公告其决定、召集通知和其他通知。

3. 公示通知的形式（第 2 款）。欧洲专利局局长于 2007 年 7 月 14 日发布《关于根据本细则第 129 条规定在欧洲专利公报上公示》的公告，其具体信息包括欧洲专利号或欧洲专利申请号、收件人的姓名和地址、要通知的文件日期和类型，以及文件能被查阅的地点。在欧洲专利公报上公布公示通知后的一个月，视为文件已被通知到。

[对代表人的通知]
第 130 条

（1）如果指定了代表人，可通知代表人；

（2）如果一方当事人指定了多名代表人时，只需通知其中一名即可；

（3）如果多个当事人有一名共同的代表，只需给该代表发一份通知即可。

1. 总述。本条是落实公约第 119 条的规定。

2. 对代表人的通知（第 1 款）。本条是落实公约第 119 条的规定。一经指定了专业的代表人，可直接向该代表人寄发通知。如果欧洲专利局错发给了申请人、专利权人或者异议人，将以该指定的代表人实际收到的日期作为通知的日期。

3. 多个代表人（第 2 款）。如果指定了多个代表人，欧洲专利局只需要向其中的一个代表人发出通知，尽管实务中，欧洲专利局也可能通知其他代表人。

4. 多个当事人（第 3 款）。如果几个人作为共同申请人、专利权人，或者共同提出异议申请书或介入程序申请，且没有指定一个共同代表人的话，只通知到一个人（即本细则第 151 条所指的人）就足够。

第五章 期限

[期限的计算]

第 131 条

（1）期限以完整的年、月、周或天计算；

（2）期限从相关事件的发生日后的第二天算起。该事件可为一种程序性的步骤或另一个期限的届满。如果该程序性步骤是一个通知，如无相反规定，该相关事件是收到所通知的文件。

（3）如期限是以一年或若干年表示的，则该期限的届满日为后续的相应年的事件发生的相同月份的相同日，该月份无相同日的，该期限在该月份的最后一天届满。

（4）如期限是以一月或若干月表示的，该期限在后续的相应月份与事件发生日相同的日期届满。但是，如果相应月份没有与事件发生日相同的日期，则该期限在相应月份的最后一天届满。

（5）如果期限包括一个或若干个星期表示的，则该期限在后续的相应星期与事件发生日相同的日期届满。

1. 总述。本条是落实公约第 120 条的规定。

2. 由欧洲专利局确定的期限（第 1 款）。虽然本条第 1 款允许欧洲专利局以完整的年、星期或天来确定期限，但欧洲专利局通常是以月来确定期限的。

3. 期限的计算（第 2—5 款）。本条第 2—5 款分别涉及了以天、月或星期表示的期限计算。期限开始于相关事件（例如信函通知）的第二天，其届满日可直接加上相应的期限，当期限是以天表示的，期限届满于后续的相同日;当期限是以星期表示的,期限届满日为后续相应星期的相同日;当期限是以月表示的,以后续月份的相同日为届满日,或者,当期限是以年表示的,期限的届满日为后续的相应年中相同月份的相同日。到某月的第 31 天届满的期限而该月只有 30 天时,将以该月的第 30 天作为届满日(同样的原则也适用于 2 月份,对应地移到第 28 天或闰年的第 29 天)。此原则有一个例外,对于公约第 86 条第 2 款规定的缴纳滞纳金的六个月期限,则于该第六个月的最后一天届满,而不是对应的相同日届满。

4. 期限延长的计算。期限的延长统一地从原期限开始起算(见 Legal Advice L5/93)。举例来说,对 12 月 30 日发出的意见通知书的两个月的答复期限,应于闰年的 2 月 29 日或非闰年的 2 月 28 日届满,因此,对于延长该期限一个月而言,应于 3 月 31 日届满,而不是 3 月 28 日,因为答复的期限是从通知之日起三个月。

[欧洲专利局指定的期限]
第 132 条

(1)本公约或实施细则所称的"指定的期限",是指由欧洲专利局所指定的期限。

(2)除非另有规定,由欧洲专利局指定的期限既不得少于两个月,也不得多于四个月。在某些情形下,该期限可延长至六个月。在特殊情况下,如在期限届满前提出请求,可延长该期限。

1. 总述。本条是落实公约第 120 条的规定。

2. 最初的期限。本条规定了欧洲专利局可以决定的期限的长短。期限通常是在两个月(纯程序性问题)和四个月(特别是来自审查部门的意见通知书)之间,虽然六个月也是可能的(对于意外的复杂情况)。

3. 期限延长。如果在期限届满前提出请求,期限的存续期间是可以延长的。实务中,对于任何来自审查部门的实质性问题的审查意见通知,在总的期限不超过六个月的情况下,请求延长是自动地批准的。更长的延长期,特别是总期限超过了六个月的情况,只有出现例外的情况才能被批准(例如出现代表人或客户有严重疾病,或者需要完成大量的生物学试验或测试的情况)。请求延长更长时间的理由应随延长请求书一起提出。休假或其他工作上的压力不是充分的理由(见主管欧洲专利局第二地区总部的副局长于 1989 年 2 月 28 日发布的关于审查和异议程序中延长期限的公告,以及《欧洲专利审查指南》E-Ⅷ,1.6 的规定)。如果按照 PACE 程序(欧洲专利局局长于 2007 年 7 月 14 日发布的《关于加快欧洲专利申请审查的程序》)已经请求加快审查,申请人应与专利局进行合作而不应请求期限延长,除非发生不可预料的例外情况。如果在审查程序中延长请求被拒绝且申请人未能按照指定期限作出答复,该申请人将被视为撤回(公约第 94 条第 4 款),则必须请求继续审查(公约第 121 条和本细则第 135 条)。

[迟到的文件]
第 133 条
(1)对于欧洲专利局收到的迟到文件,如果该文件是按时交付邮寄的,或者是在期限届满前符合欧洲专利局局长所公布的条件按时交付给认可的速递服务机构的,则该文件被视为按时收到,除非该文件是在期限届满后的三个月之后收到的。

(2)第 1 款的规定同等适用于向符合公约第 75 条第 1 款 b 项或第 2 款 b 项规定的主管机关提交的任何期限。

1. 欧洲专利局收到的迟到文件(第 1 款)。本条第 1 款的规定允许在期限届满后收到的文件视为已按时收到,如果符合(1)该文件是在期限届满前 5 天交邮的;(2)文件是经由认可的方式交付的,以及(3)文件是在期限届满后的三个月内收到的。适用本细则第 133 条规定的欧洲专利局认可的交邮是指:速递服务机构(法国邮政速递公司 Chronopost、DHL、联邦快递、TNT、SkyNET 和 UPS)、挂号信邮寄或者欧洲以外的采用航空邮件的方式。欧洲专利局可要求申请人提供文件是实际按时邮寄的证据(邮局出具的挂号证明或者速递机构的收据)。详见 2007 年 7 月 14 日发布的欧洲专利局局长关于适用《欧洲专利公约实施细则》第 133 条的决定。与《专利合作条约》的相应规定相反(见《专利合作公约实施细则》第 82 条第 1 款 b 项规定),本条并没有规定对文件丢失的救济方式,因为这些文件将不可能满足三个月期限的要求。本条第 1 款的规定不适用于缴费。

2. 国家专利局收到的迟到文件(第 2 款)。第 1 款的规定也适用于向国家专利局提交的文件(见公约第 75 条第 1 款 b 项或第 2 款 b 项)。

[期限的延长]
第 134 条

(1)在期限届满之日,如果本细则第 35 条第 1 款规定的欧洲专利局的任何一个受理处没有上班接收文件,或者在该日,由于第 2 款所指原因之外的原因,邮件不能传送,该期限将延长到所有受理处上班接受文件以及邮件能传送的第一天。如果文件是通过欧洲专利局局长根据本细则第 2 条第 1 款规定允许的通讯手段提交而未能收到该文件的,应同等适用第一句话。

(2)在期限届满之日,如果某成员国的邮件邮寄或传送出现总体上的中断,对于居住在或者其指定的代表人的营业地在该成员国的当事人,该期限将延长到中断结束后的第一天。如果欧洲专利局位于该相关成员国,则本款规定将适用于所有当事人及其代表人。本款规定还同样适用于本细则第 37 条第 2 款所指的期限。

(3)对于根据公约第 75 条第 1 款 b 项或第 2 款 b 项规定向主管机关履行的行为,第 1 款和第 2 款的规定也同样适用。

(4)欧洲专利局应公布对于第 2 款所称的任何中断的起始日和结束日,欧洲专利局应予以公布。

(5)在不违反第 1—4 款规定的前提下,相关当事人可以提供证据,证明在期限届满日之前十天的任一天,由于意外情况发生使邮件的邮递或传送发生中断的,例如自然灾害、战争、内乱、根据本细则第 2 条第 1 款的规定由欧洲专利局局长认可的任何通讯技术手段的一般故障,或者影响到当事人或其代表人居住地或营业地的其他类似原因。如果所提供的证据符合欧洲专利局的要求，且最迟在中断结束后的第五天完成文件的邮寄或传送的，则所迟到的文件视为已经按时收到。

1. **总述**。本条是落实公约第120条的规定。

2. **非工作日届满的期限延长（第1款）**。欧洲专利局的受理处（位于慕尼黑、海牙或柏林）在星期六和星期日或者在其他的官方杂志上每年公布的日子关闭不办公。即便是只有其中的一个受理处关闭而其他受理处上班，也适用于期限的延长。因此，荷兰的4月30日的国家银行假日和德国10月3日的国庆节是值得注意的日子。如果期限届满于欧洲专利局的一个受理处的关闭日，则期限延长至下一个所有受理处都工作的日子。本规定也适用于向国家专利局提交文件的情形（公约第75条第1款b项和第75条第2款b项）。最后，本条也适用于文件通过电子邮件或传真已经发送但没有收到的情形。

3. **由于邮路中断或故障造成的期限延长（第2款）**。如果在某个成员国中或者成员国与欧洲专利局之间出现邮路中断或故障，期限延长至邮路恢复正常的第一天。延长仅适用于居住在该国家的当事人或者当事人指定的代表人所居住的国家。但是，如果邮路中断发生在荷兰或德国（不要求两国同时出现），则对所有当事人都将适用于期限延长。相关的邮政服务中断或故障的持续时间在官方杂志上予以公布。还需要特别注意"总体上"这个词，这暗示着个别的邮路延误并不能导致期限延长。本规定还适用于成员国的国家受理处向欧洲专利局传送申请文件的14个月的期限（本细则第37条第2款）。无论怎样，有关中断的日期要由欧洲专利局在官方杂志上公布并登载在欧洲专利局的网站上。

4. **向国家专利局提交的期限延长（第3款）**。本款专指一年优先权期限的届满。如果该期限届满日是国家专利局的不办公之日，该享有优先权权益的申请可于国家专利局的下一个工作日提交。即便在国家节假日时欧洲专利局的所有受理处都工作，此规定也适用。

5. 由于意外事件导致期限的回溯(第 5 款)。本款规定是在纽约 2001 年 9 月 11 日遭受恐怖主义袭击后新增加的,本条规定除第 1—4 款规定以外的期限的进一步自动延长。这意味着其适用于当事人或其代表人所在地发生的所有的由于意外情况引发的邮路中断或故障。如果迟到的文件是在邮路服务恢复后的 5 天内寄出并提供邮路延误是在期限届满日前的 10 天内发生的证据,欧洲专利局将视为按时收到了该文件。本款的适用在地理范围内要宽于第 2 款的规定,因为当事人或他的代表人可能居住在任何地方,并不仅限于在成员国的范围内。卡特里娜飓风所造成的损害是适用本条规定的案例(欧洲专利局局长于 2005 年 9 月 19 日签发的《关于 2005 年 8 月 28 日美国卡特里娜飓风引发的问题的公告》)。值得注意的是,先前的(前细则第 85 条第 4 款)关于允许欧洲专利局出现意外情况时的期限延长的规定,在《欧洲专利公约(2000 年)》中已删除。

[继续审查]
第 135 条

(1)根据公约第 121 条第 1 款的继续审查,应在接到未遵守期限或权利丧失的通知两个月内缴纳规定的费用,提出请求。在提出请求的期限内,必须履行所疏忽的行为。

(2)对于公约第 12 条第 4 款所指的期限,以及本细则第 6 条第 1 款、第 16 条第 1 款 a 项、第 31 条第 2 款、第 36 条第 1 款 a 项、b 项和第 2 款、第 40 条第 3 款、第 51 条第 2—5 款、第 52 条第 2—3 款、第 55 条、第 56 条、第 58 条、第 59 条、第 62a 条、第 63 条、第 64 条和第 112 条第 2 款所指的期限,不适用继续审查。

(3)负责对所疏忽的行为作出决定的部门,应对此继续审查的请求作出决定。

1. 请求继续审查(第 1 款)。只有申请人有权提出继续审查的请求。此请求必须在到根据本细则第 112 条规定所作出的驳回申请的决定或者申请被视为撤回的通知后的两个月内提出。该两个月的期限是从申请人收到通知之日起算。在这两个月的期限内,申请人必须履行之前所疏忽的行为(《欧洲专利审查指南》E-Ⅷ 2.1),还要缴纳请求继续审查的规费。如果所疏忽的行为没有在该两个月的期限内履行,该继续审查的请求将被拒绝。如果没有在该期限内缴纳继续审查的规费,则该请求视为未提出。除此之外,没有其他的形式要求。同样,对于为什么未能满足期限要求,也不需要提供理由或说明。

2. 不适用于继续审查的期限(第 2 款)。除了公约第 121 条第 4 款已经排除的期限(公约第 87 条第 1 款中的优先权期限)、提出上诉的期限(公约第 108 条)、根据公约第 112a 条规定提出复审的期限(请求继续审查和权利恢复的期限)外,下列期限被排除在继续审查之外:本细则第 6 条第 1 款指定的期限(对未使用任何一种官方语言的申请提交译文的两个月期限);本细则第 16 条第 1 款 a 项的期限(根据公约第 61 条第 1 款规定的确认申请资格决定后的三个月的救济期限);本细则第 31 条第 2 款的期限(生物材料保存的期限);本细则第 40 条第 3 款的期限(提交证明副本和在先申请的欧洲专利申请的译文的两个月期限);本细则第 51 条第 2—5 款(缴纳维持费的期限);本细则第 52 条第 2 款、第 3 款的期限(优先权声明);本细则第 55 条、第 56 条和第 58 条的期限(对形式缺陷、说明书或附图的遗漏部分进行补正的两个月期限);本细则第 64 条的期限(缴纳附加的检索费的期限);以及本细则第 112 条第 2 款的期限(接到权利丧失通知后请求恢复的两个月期限)。

3. 负责部门(第 3 款)。本条第 3 款规定负责对所疏忽的行为作出决定的部门,应对此继续审查的请求作出决定。一旦所疏忽的行为已经履行且缴纳了继续审查的规费,中断的程序则再次启动。

[权利恢复]
第 136 条

(1)任何根据公约第 122 条第 1 款规定的权利恢复的请求,都应在引起未遵守期限的原因消除后的两个月内以书面方式提出，最迟不得超过未遵守期限届满后的一年。但是，有关公约第87条第1款和公约第112a条第4款所规定的任何期限，权利恢复的请求应于该期限届满日后的两个月提出。只有缴纳了权利恢复费后，请求才视为已被提出。

（2）请求应说明理由并提出作为依据的事实。所疏忽的行为应在按照第1款规定提出请求的期限内履行。

（3）权利恢复不适用于可以利用有关公约第121条规定的继续审查的任何期限，也不适用于请求恢复权利的期限。

（4）负责对所疏忽行为作出决定的部门应对此权利恢复的请求作出决定。

1. 关于权利恢复的请求（第1款、第2款）。权利恢复的请求必须用书面形式提出。必须说明理由并提出作为依据的事实（细则第136条第2款）。必须以充分、实质性的方式提供所有事实和证据，向欧洲专利局说明尽管采取了各种努力仍出现了导致未能遵守期限的错误行为或疏忽的高概率（见T13/82 BBC案）。如果需要，欧洲专利局可按照公约第117条的规定取证。只有缴纳了权利恢复费后，权利恢复的请求才视为已被提出（细则第136条第1款的第三句话）。**（1）未遵守期限的原因消除后的两个月期限**。权利恢复的请求应在引起未遵守期限的原因消除后的两个月内提出。所谓未遵守期限的原因消除之时，就是申请人或其代表人已经意识到所疏忽的行为，并且不再存在妨碍履行必须在相关期限内满足要求的情形之时（见J27/90 Brunswick案）。通常，最迟的这个两个月期限的起点是收到欧洲专利局根据本细则第112条发出的告知权利丧失的通知之日（见J27/90 Brunswick案）。在此两个月期限内，所疏忽的行为必须履行完毕。**（2）未遵守期限届满后的一年**。无论如何，第1款规定的权利恢复的请求最迟应在未遵守期限届满后的一年内提出。但是，对于公约第87条第1款（优先权）和公约第112a条第4款（请求扩大上诉委员会复审）所规定的任何期限，存在明确的例外。对这类权利恢复的请求，只能在该未遵守的期限届满日后的两个月提出。**(3) 不得权利恢复**。对于违反公约第 122 条第 4 款规定期限(两个月及一年)或本细则第 136 条第 3 款指定的期限,不得提出权利恢复的请求。

2. 所排除的期限(第 3 款)。对权利恢复的救济明确地排除了某些期限。这些期限并不适用于根据本细则第 136 条第 1 款规定的提出权利恢复请求的两个月期限或者根据公约第 121 条规定可请求继续审查的期限。

3. 负责作出决定的部门(第 4 款)。负责对所疏忽行为作出决定的部门也应对权利恢复的请求作出决定。通常,该部门就是在之前负责对所疏忽的行为进行审查的部门。

第六章　修改与更正

[欧洲专利申请的修改]
第 137 条*

(1)除另有规定外,在收到欧洲检索报告之前,申请人不得修改欧洲专

---

* 根据行政理事会于 2009 年 3 月 25 日作出的 CA/D3/09 决定对本条进行修改,其中,第 2 款作了修改,插入了第 4 款,原第 4 款顺延至现在的第 5 款。此修改于 2010 年 4 月 1 日生效。本书出版于 2008 年,为了方便起见,译者仍就本书的内容进行翻译,但请读者特别注意其与下面的修改后的第 137 条的区别。

新的第 137 条翻译如下：
第 137 条　欧洲专利申请的修改
(1)除另有规定外,在收到欧洲检索报告之前,申请人不得修改欧洲专利申请的说明书、权利要求书或附图。
(2)在答复欧洲专利局按照本细则第 70a 条第 1 款或第 2 款、本细则第 161 条第 1 款规定发出的审查意见通知时,申请人可以在提交意见陈述、补正或修正的同时,自行修改说明书、权利要求书或附图。
(3)未经审查部同意,不得做出进一步的修改。
(4)当提交第 1—3 款所指的任何修改时,申请人应明确指出修改之处并说明其在原始申请中的依据所在。如果审查部认为不符合任何一项要求,可以要求申请人在一个月的规定期限内对缺陷作出补正。
(5)所修改的权利要求不得涉及与原始请求保护的发明或一组发明不能构成单一的总的发明构思的未经检索的主题内容。也不得涉及按照本细则第 62a 条和第 63 条不进行检索的主题内容。——译者注

利申请的说明书、权利要求书或附图。

(2) 在收到欧洲检索报告之后,申请人可自行修改说明书、权利要求书及附图。

(3) 在收到审查部的第一次通知后,申请人可对说明书、权利要求书及附图再作一次修改,条件是在答复审查部的通知时同时进行修改。以后的各种修改都要经审查部批准。

(4) 所修改的权利要求不得涉及与原始请求保护的发明或者一组发明不能构成单一的总的发明构思的未经检索的主题内容。

1. 总述。本条是落实公约第 123 条第 1 款的规定。

2. 检索前禁止修改(第 1 款)。支撑第 1 款规定的原则是修改不应干扰检索进程。在收到检索报告之前,申请人不得自行修改专利说明书(指说明书、权利要求书和附图),除非涉及明显错误的补正(细则第 139 条)或者与公约第 90 条第 3 款和第 4 款有关的形式缺陷(见细则第 56—58 条)。

3. 收到检索报告时的修改(第 2 款)。收到检索报告后,申请人可以修改专利说明书(指说明书、权利要求书和附图)。在公布的技术准备完成之前提交的权利要求修改本,将与原始的权利要求一起公布。

4. 针对审查意见通知的修改(第 3 款)。本条要求对专利说明书(指说明书、权利要求书和附图)的修改是在答复审查部的第一次意见通知书的同时进行,才确保审查流程的顺畅。即便是第一次审查意见是根据本细则第 71 条第 3 款发出的,仍适用于提交修改作为回复。但是,通常,细则第 71 条第 3 款的通知是在审查程序结束时发出的,由于已经给申请人足够充分的机会对申请进行修改,此时的修改是受到限制的。因此,根据本款规定,所进行的修改只有在不会明显延误专利的核准授权的准备的前提下,才是可以接受的(见《欧洲专利审查指南》C-Ⅵ,14.4)。如果申请人希望对建议授权的文本作出微小的修改和/或补正,并且此修改影响到权利要求,应在本细则第 71 条第 3 款指定的期限内,与请求一起提交修改和/或补正的权利要求的译文。如果审查部接受了该修改和/或补正文本,则按照公约第 97 条第 1 款规定该文本可着手被授权。但是,如果请求被拒绝,则根据公约第 113 条第 2 款的规定发出通知书。通知书中写明拒绝接受修改的理由,并给申请人撤回其修改请求或者提交意见陈述及任何审查部认为必要的修改的机会。如果修改权利要求,则应提交修改后的权利要求的译文。如果申请人坚持其修改的请求,而审查部也不改变其初衷,由于在申请人与审查部之间没有一个双方达成一致的文本,则根据公约第 97 条第 2 款规定,该申请必须被驳回。一旦申请人同意按照本细则第 71 条第 3 款规定发出通知的文本,是否允许进一步的修改就属于本款规定赋予审查部的自由裁量权的例外情况。通常,对于微小的修改并不需要重启实质审查,也不会明显地延误授权决定的作出,因而是可接受的(见欧洲专利局 G7/93 Whitby II 案)。无论如何,如果之前在指定国存在着在先权利(见本细则第 138 条),针对该指定国的不同的权利要求,通常是可以接受的(见《欧洲专利审查指南》C-VI,4.10)。

  5. 对修改的单一性要求(第 4 款)。本款对主题内容的修改限制在已经作出检索的部分,并且其与所请求保护的发明具有单一性。目的在于防止申请人放弃已检索过的权利要求而利用未检索的权利要求获利。

[针对不同国家的不同权利要求书、说明书和附图]
第 138 条
  如果欧洲专利局发现一件在先欧洲专利申请或欧洲专利的内容中,存在着属于公约第 139 条第 2 款规定的在先权利,该欧洲专利申请或欧洲专利可包括与一个或一些国家不同的权利要求书。如有必要,还可有与上述国家不同的说明书和附图。

  1. 考虑在先申请或在先权利的不同文本。当需要规避某些国家的在先权利(公约第 139 条第 2 款)时,本条规定允许针对这些国家提出不同的权利要求书(例外情况下,如果欧洲专利局认为有必要,还可以有不同的说明书和附图)。不同的权利要求书只允许在审查过程(或异议程序中)第一次提出。通常,只有在不同的成员国中所请求保护的主题内容的共用说书中不能清晰地说明，才需要提供不同的说明书和附图。根据本细则第 45 条规定所要缴纳的权利要求附加费，只需要针对最长的那份权利要求书缴纳权利要求附加费，一旦准予授权，则按照本细则第 71 条第 3 款需要对所有不同的权利要求书提供译文。

[对提交给欧洲专利局的文件中的错误更正]
第 139 条

根据请求可更正提交欧洲专利局的任何文件中的表述和书写错误，以及任何文件中包含的错误。但是，如果更正涉及到说明书、权利要求书或附图，更正必须是显而易见的，即经更正后明显不会产生申请人未曾考虑过的内容。

1. 总述。 本条是落实公约第 78 条、第 88 条、第 90 条和第 123 条的规定。本条规定涉及出现在任何向欧洲专利局提交的文件中的错误更正。但是，需要注意的是，此规定并不适用于行为上的错误，例如，申请和缴费方面的错误。对于发明人指定的更正要按照本细则第 21 条的规定具体处理。原则上，更正请求可在授权前或者异议程序结束前的任何时候提出，并且通常具有追溯的效力。

2. 按照第一句话规定所作的更正。 本条的第一句话涉及对任何向欧洲专利局提交的文件中的错误进行更正的一般规定。第二句话属于特殊规定，仅适用于对说明书、权利要求书和附图的更正。当决定是否要接受更正时，欧洲专利局要核实错误的出处、错误的性质以及如何更正。在对是否接受更正进行自由裁量时，欧洲专利局要对申请人的利益与第三方的法律确定性进行权衡。基于这个原因，当第三方"权利受到更正的危害"时，特别是当更正影响到优先权要求或国家的指定时，更正请求必须及时提出以加入到欧洲专利申请的公布文件中。如果更正请求在公布的技术准备结束前尚在处理中，公布时在首页做出标记。如果欧洲专利局认为请求人的证据支持其请求，申请人的具体信息更正是可以接受的。"错误"是被解释为与申请人的真实意愿相违背的。如果打算更正错误，申请人的真正意愿必须表达出来。

3. 按照第二句话规定所作的更正。本条的第二句话专指对专利说明书(说明书、权利要求书和附图)的更正。接受更正的要求是非常严格的,就在于所请求的更正必须是不言自明的。具体地说,本领域技术人员借助于一般知识,就能够认识到该错误从申请日提交的申请文件中直接地、毫无疑义地导出(见欧洲专利局 G3/89 *Correction under rule* 88 案和 G11/91 *Celltrix* 案)。如果对可选择的合适的更正存在着怀疑,则该更正就不应被接受。优先权文件和摘要不能作为作出更正的依据(见欧洲专利局 G3/89 *Correction under rule* 88 案)。申请不能以本条规定的更正方式采用申请人已经打算提出授权请求的其他文件来替换(见欧洲专利局 G2/95 *Atotech* 案)。至于遗漏的附图,也不适用于本条规定的更正,而应适用本细则第 56 条的规定。根据本条第二句话的更正并不具有追溯力,因为其仅仅是澄清本领域技术人员在读到申请日时提交的申请文件的理解,因此并没有个改变该申请的内容。

[更正决定书中的错误]
第 140 条

只能对欧洲专利局决定书中的表述、抄写错误及其他明显的错误进行更正。

1. 总述。 本条是落实公约第 123 条的规定。

2. 决定书的更正。 如果涉及明显的错误,可以对决定书更正并具有追溯力。更正可以由欧洲专利局自行作出或者依请求作出。如果需要实质性的更正,仅在第一审的决定书才能具有可能性,且如果该错误影响到该当事人(公约第 107 条)可以通过提出上诉。申请人同意授权的文件或者专利权人同意的以修改的方式维持专利权的文件属于授权决定书或维持专利权有效决定书的组成部分(见欧洲专利局 T850/95 *US Gypsum* III 案)。《欧洲专利审查指南》规定,如果决定书涉及到错误的或不完整的文件,例如,遗漏了已经作为替换的授权专利的权利要求书、说明书或者附图并且在之前的程序中并没有不接受的争议,对此类的权利要求书、说明书或者附图文本的更正应该允许。

第七章 关于现有技术的资讯

[关于现有技术的资讯]
第 141 条
　　欧洲专利局可以要求申请人在指定的期限内提交在国家或地区申请的审查时已使用过的现有技术的资讯,以及与该欧洲专利申请有关的发明。

　　1. 总述。本条是落实公约第 124 条的规定。
　　2. 关于现有技术的资讯。欧洲专利局可以要求申请人在其指定的期限内提供该专利申请已经在先前的国家申请或地区申请的程序中考虑过的现有技术资讯。如果申请人未提供,该申请将被视为撤回(公约第 124 条第 2 款)。因为大多数欧洲专利申请已经要求了国家申请的优先权,故在先的检索报告是可以利用的。这样考虑的好处是可以加快审查并提高检索与审查的品质。

第八章 程序的中止

[程序的中止]
第 142 条
　　(1)发生下列事件,欧洲专利局应中止程序:
　　(a)欧洲专利申请人或专利权人、或按欧洲专利申请人或专利权人的本国法有权代表他们的人死亡或法律上丧失行为能力。如果该事件的发生不影响按公约第 134 条规定对其所指定的代表人的授权效力,只有当代表人要求才能中止程序;

(b)由于发生令某些欧洲专利申请人或专利权人由于某种原因不能行使权利的事件,在法律上阻止程序继续进行;

(c)在欧洲专利申请人或专利权人指定的代表人死亡或法律上丧失行为能力的情况下,或者代表人由于某种原因不能行使权利,在法律上阻止程序继续进行。

(2)在第1款a项或b项的情况下,当欧洲专利局已经得知某人被授权继续参加程序时,欧洲专利局应当通知该人,在适当的时候,通知任何第三方当事人,程序自指定的日期恢复。

(3)在第1款c项的情况下,如果欧洲专利局被告知申请人已指定了新的代表人,或欧洲专利局已将专利权人指定新的代表人的情况通知了参加程序的其他当事人,应当恢复程序。在自程序开始中止后的三个月内,如果欧洲专利局未被告知指定的新的代表人,则欧洲专利局应向申请人或专利权人发出通知:

(a)在公约第133条第2款所指情况下,如果在欧洲专利局发出通知后两个月内未有答复,欧洲专利申请视为被撤回,或欧洲专利被撤销;

(b)在除公约第133条第2款所指情况之外的情况下,自通知申请人或专利权人之日起,恢复程序。

(4)除了请求审查和缴纳维持费外,自中止日起"中止"的所有的期限,从程序恢复之日再次开始计算。如果该恢复之日距其必须提出审查请求的期限结束日不足两个月,该请求可自恢复之日起两个月内提出。

1. 总述。本条是落实公约第120条的规定。其规定当由于申请人、权利人、代表人(包括授权的代表人)遇到困境未能遵守的所有期限的中止。除了第1款a项外,程序是自动中止的。主要注意的是,本条规定并不适用于异议人或第三方当事人(按照本细则第84条第2款规定,欧洲专利局在遇到异议人死亡或者丧失法律上的行为能力时可以依职权继续程序)。

2. 中止的原因(第1款)。中止的原因包括:(1)申请人或者专利权人、代表人的死亡或丧失法律行为能力,法律上的无行为能力由其本国法来确定;由授权的代表人请求程序中止,除非事件本身影响授权的行使。(2)申请人或专利权人破产。(3)授权的代表人丧失法律上的行为能力或者破产。

3. 程序的恢复(第2款、第3款)。在上述的 a 项和 b 项情况下,如果某人被授权继续参加程序且其身份已经告知欧洲专利局,程序应在欧洲专利局指定的日期恢复并通知该人和其他当事人。在 c 项情形下,如果已经指定了新授权的代表人,在通知异议程序的其他当事人后程序应恢复。如果在程序中止的三个月内,欧洲专利局未被告知指定新的代表人,则欧洲专利局应通知申请人或专利权人:(1)如果是属于根据公约第 133 条第 2 款规定强制代理的情况,那么在通知后的两个月内仍没有指定代表人,该申请就被视为撤回,或者专利被撤销;(2)除此之外,自通知之日起,程序向申请人或专利权人恢复。

4. 期限的计算(第4款)。自期限恢复之日所有期限都从该日起重新计算,但有两个例外。其一是:请求实质审查,自中止程序的结束日起继续计算,但仅限于期限所剩余的部分最少在两个月(见欧洲专利局 J7/83 Mouchet III 案);其二是:针对维持费的到期日(见欧洲专利局 Jxx[1]/87 Incapacity 案)。注意:根据本细则第 51 条第 2 款缴纳维持费的六个月的宽限期是可以推迟的。

第九章　信息公开

[欧洲专利局登记簿上的登录项目]
第 143 条

(1)在欧洲专利登记簿上应包含下列登录项目:

(a)欧洲专利申请号;

(b)申请日;

(c)发明名称;

（d）指派给该申请的分类号；

（e）指定的成员国；

（f）本细则第41条第2款规定的专利申请人或专利权人的具体信息；

（g）申请人或专利权人所指定的发明人的姓名和住址,除非发明人放弃按照本细则第20条第1款规定作为指定发明人的权利；

（h）本细则第41条第2款d项规定的专利申请人或专利权人的代理人的姓名及营业所地址。如果有多名代理人,只需注明第一名代理人的姓名,写上"及其他代理人"的字样。对于本细则第152条第11款所指的代理机构,只需写明该机构的名称和地址；

（i）优先权的数据（在先申请的申请日、国家及申请号）；

（j）对于分案申请,写明所有分案申请的申请号；

（k）在分案申请或公约第61条第1款b项所指的新申请的情况下,要写明在先申请中关于本款a项、b项和i项规定的信息；

（l）专利申请的公布日,在适当时,单独公布欧洲检索报告的公布日；

（m）提出审查请求日；

（n）专利申请被驳回、被撤回或视为撤回的日期；

（o）欧洲专利的授权公告日；

（p）在一成员国内,欧洲专利在异议期间或者等待异议程序最终决定的过程中,权利到期日；

（q）提出异议书日；

（r）异议决定日及决定的要点；

（s）在本细则第14条和第78条所指情况下程序中止与恢复日；

（t）在本细则第142条所指情况下的程序中止与恢复日；

（u）在登记簿上进行了本款n项或r项的登录后,权利恢复日；

（v）按公约第135条第3款规定,向欧洲专利局提出转换的请求；

（w）按本细则规定应予登记的涉及欧洲专利申请权及欧洲专利的权利或权利转让；

（x）请求限制或撤销欧洲专利的决定日及决定的要点；

（y）请求扩大上诉委员会进行复审的决定及决定要点。

（2）欧洲专利局局长可以决定在欧洲专利登记簿上登录除第1款所要求之外的项目。

1. 总述。本条是落实公约第127条的规定。

2. 欧洲专利登记簿的形式与内容（第1款）。欧洲专利登记簿可通过欧洲专利局在线登记簿网站免费在线查询获得（www.epolinf.org）。登记簿中所含的登录项目详见第1款中的规定。

3. 附加的登录项目（第2款）。登记簿中还可以含有下列附加的登录项目（见欧洲专利局局长于2007年7月12日发布的关于欧洲专利登记簿所给出信息的决定）：未提出异议的说明（在异议期届满后登录）；专利说明书的补正日；发出欧洲专利补充检索报告的日期；发出第一次审查报告的日期；收到请求恢复权利的日期；请求恢复权利的驳回；异议人的名称、地址和所在国家或其主要营业地；异议人的代表人的名称和营业地；作出欧洲检索报告之后公开的新文件；以欧洲专利局作为指定局提交的PCT申请；国际申请号；国际公布号及国际公布日；请求限制或撤销欧洲专利的日期；请求人的名称、地址和所在国家或其主要营业地；请求扩大上诉委员会复审的日期；请求人的名称和地址；以及请求复审的申请号。

[**不得查阅的部分文件**]
第144条

根据公约第128条第4款的规定，下列文件不供查阅：

（a）关于对上诉委员会或扩大上诉委员会成员的排除或遭反对成员的文件；

（b）决定书和通知书的草案，以及用于准备决定或通知书而不用通知当事人的文件；

（c）根据本细则第20条第1款的规定，当发明人放弃被指定为发明人的权利时，有关指定发明人的文件；

(d) 欧洲专利局局长认为查询无助于公众了解欧洲专利申请或欧洲专利的任何其他不应公开的文件。

1. 总述。本条是落实公约第 128 条第 4 款的规定。其将上述 a—d 项所指的文件当作不应被公众得到的文件。此外,欧洲专利局局长有权决定欧洲专利局依职权进一步排除查阅的文件(见欧洲专利局局长于 2007 年 7 月 12 日发布的《关于不得查询的文件的决定》)。具体包括:医学证明;有关优先权文件的发布;文件查询程序或文件中的信息通知;有关排除查阅的请求;根据 PACE 计划加快检索和加快审查的请求(见欧洲专利局局长于 2001 年 10 月 1 日发布的《关于欧洲专利申请加速审查的通知》),如果所提交的文件使用了欧洲专利局第 1005 号表格或单独文件的话;以及有关当事人或其代表人的合理请求的文件。本条最后一款仅适用于查阅将可能损害自然人或法人的人身权或经济利益的情况,或者,例外情况下,查阅将明显地损害除当事人外的其他自然人或法人的人身权或经济利益的情况。

[案卷查阅的程序]
第 145 条
(1) 公众查阅欧洲专利申请和欧洲专利案卷,可以是原件或者复印件,或者是以技术手段存储的文件。
(2) 所有查阅案卷的行政管理措施由欧洲专利局局长确定,包括缴纳手续费的具体规定。

1. 总述。本条是落实公约第 128 条第 4 款的规定。
2. 查阅方式。实践中,大多数案卷查阅现在可以借助于网络实现。根据欧洲专利局局长于 2007 年 7 月 12 日发布的《关于查询文件的决定》的规定,有关欧洲专利申请和欧洲专利的文件,以及将欧洲专利局作为指定局或选定局的 PCT 国际申请文件,都可以通过欧洲专利局网站 www.european-patent-office.org 的欧洲专利局在线服务区上查阅获得。如果所请求查询的文件不是以电子形式存储的,正常地该文件可在十个工作日内在线获得,而无须单独的书面请求,除非文件已经损坏或者临近口头审理或者已经进行了口头审理。如果文件或其中的部分不能被扫描,则该文件可通过查询原件或原来提交的状态而获得。根据请求,在预先缴纳手续费的情况下,还可能从欧洲专利局得到电子文本或者纸本文件。通常在收到请求之后至少需要四个星期的时间。较大文件的副本(超过 1000 页)将以电子存储介质的形式提供。根据请求,也可以提供此类大文件的纸本文件,同样也应缴纳额外的手续费。证明副本也可依请求而提供,且需要预先缴纳申请费。

[案卷中有关信息的交流]
第 146 条
　　除公约第 128 条第 1—4 款及本细则第 144 条的规定外,欧洲专利局可根据请求提供欧洲专利申请或欧洲专利的案卷信息,但要缴纳手续费。然而,欧洲专利局如果认为要提供的信息量太大,可以要求使用公众查阅案卷的办法。

　　1. 文件中的信息交流。本条规定的初衷是方便欧洲专利局对直接询问的处理,例如法律状态的查询。此类信息现在很容易从专利登记簿上得到。

[案卷的生成、维护与保存]
第 147 条
　　(1)欧洲专利局应该生成、维护与保存有关欧洲专利申请和专利的案卷。
　　(2)欧洲专利局局长应确定案卷生成、维护与保存的方式。
　　(3)电子文档形式的文件应被认为是原始文件。
　　(4)任何案卷,至少保存五年,自发生下列情况的当年年底起算:
　　(a)申请被驳回、被撤回或视为被撤回;

(b) 该专利被欧洲专利局撤销,或者

(c) 该专利或根据公约第 63 条第 2 款规定相应的保护期在最后一个指定国专利失效。

(5) 在不违反第 4 款的规定下,与根据公约第 76 条规定产生分案申请有关的案卷或者与根据公约第 61 条第 1 款 b 项有关的新申请的案卷,至少保存到与该案卷有关的任何一个最后的申请同样长的期限。对与任何产生欧洲专利有关的案卷也同样适用。

1. 总述。本条是落实公约第 128 条的规定。

2. 案卷的形式(第 1—3 款)。自从欧洲专利局局长于 1998 年 5 月 14 日发布《关于逐步推行和适用 PHOENIX 电子档案系统用于创立、维护、保存和查阅文件的决定》以来,与欧洲专利申请、欧洲专利和将欧洲专利局作为指定局或选定局的 PCT 国际申请有关的案卷,已经日益增多地使用欧洲专利局的 PHOENIX 电子档案系统,将案卷以电子形式创建、维护、保存。电子案卷也被认为是原始性的文件。电子案卷以两种不同的存储媒介来存储。

3. 案卷的保存(第 4 款、第 5 款)。直到程序结束(驳回、撤回、撤销)或者专利或任何补充保护证书到期后的至少五年,案卷都不能销毁。欧洲专利局于 1990 年 6 月 1 日发布《关于保存与欧洲专利申请和欧洲专利有关案卷的公告》,附带地规定已经发生上诉或异议程序的案卷,应保存到自申请日起 25 年方能销毁。一旦案卷被销毁,显然就不可能查阅文件了,案卷的销毁并不影响欧洲专利登记簿的登录。

第十章 法律与行政合作

[欧洲专利局与成员国主管当局的联系]
第 148 条

(1) 就有关公约的适用问题,欧洲专利局与成员国的中央工业产权局需直接进行沟通。欧洲专利局与成员国的法院或其他机关的沟通,可通过各成员国的中央工业产权局协调。

(2)有关按照第1款所进行沟通的费用由发起沟通的有关当局承担。对沟通本身不收取任何费用。

1. 总述。 本条是落实公约第130条和第131条的规定。

[成员国法院或者主管当局查阅案卷或经由成员国法院或有关当局查阅案卷]

第149条

(1)成员国法院或有关当局查阅欧洲专利申请或欧洲专利案卷,必须是原件或原件的复制件;不适用本细则第145条的规定。

(2)成员国法院或检察机关在进行相关程序时,可将由欧洲专利局传送的案卷或复制本寄送给第三方当事人。应按公约第128条的规定进行上述寄送,并且不收取任何费用。

(3)欧洲专利局在向成员国的法院或者检察机关传送案卷或副件时,应提请这些机关注意公约第128条第1款和第4款规定的关于第三方当事人查阅欧洲专利申请或欧洲专利案卷的限制规定。

1. 总述。 本条是落实公约第131条的规定。

[司法协助程序]

第150条

(1)每一成员国都指定一中央主管机关负责受理欧洲专利局的司法协助函,并负责将之转交给法院或主管机关执行。

(2)欧洲专利局用该法院或主管机关所用语言起草司法协助函,或在司法协助函中附上该法院或主管机关所用语言的译本。

(3)该法院或主管机关在不违背第5款、第6款规定的基础上,适用本国执行司法协助有关的程序法,尤其是按照本国法采取适当的强制手段。

(4)如果接收司法协助函的法院或主管机关没有执行的能力,应立即将司法协助函转交给第1款所指的中央主管机关。中央主管机关应将司法协助函转交给成员国的另外的法院或主管机关,或在该国任何权力机关都无执行能力时,转交给欧洲专利局。

(5)法院或主管机关应将进行审理或采取其他法律措施的时间及地点告知欧洲专利局,并将此情况通知当事人和有关的证人及专家。

(6)如果欧洲专利局提出要求,法院或主管机关应允许有关部门的成员出席取证程序,并允许其直接或通过该法院或主管机关向提供证据的任何人发问。

(7)司法协助函不应导致对任何性质的费用或成本的赔付。但是执行司法协助函的所在国有权要求本组织偿还支付给专家或翻译的补贴费及执行第6款所指程序的费用。

(8)如果法院或主管机关依其所适用的法律责成当事人收集证据且该法院或主管机关不能单独执行司法协助函,则在欧洲专利局同意时,可指定适当的人员负责此事。法院或主管机关在征得欧洲专利局同意时,应指出进行此项工作所需的大约费用。如果同意,欧洲专利局应承担这笔费用;否则,将不承担这笔费用。

1. 总述。本条是落实公约第131条的规定。

2. 司法协助函。本条清楚地阐明发自欧洲专利局的司法协助请求函是如何呈交到国家的法院的。尤其是涉及请求国家法院协助的取证程序。

第十一章　代表人

[共同代表人的指定]
第151条

(1)如一件请求授予欧洲专利的申请由多人提出,而请求书中未指定共同代表人,则请求书中的第一名申请人被当成是共同代表人。但如果其中的一名申请人被要求必须指定一名专业代表人时,该专业代表人则被视为共同代表人,除非请求书中的第一名申请人已指定了专业代表人。本规定适用于共同提出异议书或上诉请求书的第三方当事人及欧洲专利共有权利人。

(2)如果该欧洲专利申请转让给多人而这些人尚未指定共同代表人时,则同样按第1款规定处理。如果无法达成一致,欧洲专利局则发出通知要求这些权利人在指定的期限内指定共同代表人。如未按通知要求予以指定,则由欧洲专利局指定共同代表人。

1. 总述。本条是落实公约第133条的规定。

2. 共同代表人的自动指定(第1款)。本条规定了当共同当事人(例如共同申请人、共同的专利权人和共同异议人或者共同介入人)未在申请授予欧洲专利的请求书中、异议书或介入请求书中指定共同代表人时,欧洲专利局对有瑕疵的共同代表人进行指定的程序。按照本条规定,共同当事人并不要求明示地签署指定手续。实务中,如果请求书或异议书没有指明一个共同代表人时,本条规定排名第一的当事人被视为共同代表人。例外的情况是,如果当事人之一被要求必须指定专业的代表人时,则在此情况下该专业代表人就被视为是共同代表人,除非排名第一的当事人已经指定了专业的代表人,此人也因此被视为共同代表人。需要注意的是,在多个当事人都需要必须指定专业代表人时,本条并没有明确如何确定共同代表人。

3. 共同当事人的权利转让(第2款)。如果在程序进行中,专利申请、专利权或者异议权转让给了多人,这些人并没有指定共同代表人,则适用本条第1款的规定。如果这些人对指定共同代表人无法达成一致,本条第2款允许欧洲专利局提出在指定的期限内完成共同代表人的指定的要求,否则欧洲专利局就可以自行指定共同代表人。

[授权委托书]

第152条

(1)欧洲专利局应明确在欧洲专利局程序中担任代表人时应向该局提

交签署的授权委托书的各种情形。

(2) 如果代表人未能提交此授权委托书,欧洲专利局应发出通知要求他在指定的期限内提交。授权委托书可以涉及一件或多件欧洲专利申请,或一件或多件欧洲专利。如果涉及多件专利申请或多件专利时,应提供相应数量的副本。

(3) 如果未满足公约第 133 条第 2 款规定的要求,对于代表人的指定以及提交授权委托书,应规定相同的期限。

(4) 可以提交一份使代表人可以为当事人代理所有专利事务的总授权委托书。一份副本就足够。

(5) 欧洲专利局局长可以确定下列授权委托书的形式与内容:

(a) 涉及到公约第 133 条第 2 款规定的当事人的代表人的授权委托书;

(b) 总授权委托书。

(6) 如果未能按时提交所要求的授权委托书,除了提交欧洲专利申请外,该代表人的其他程序性行为都被视为未提出。

(7) 第 2 款和第 4 款的规定适用于对授权委托书的撤销。

(8) 在欧洲专利局收到对代表人的授权委托终止的通知之前,视为对该代表人的授权委托一直有效。

(9) 除非另有明确规定,针对欧洲专利局程序的授权委托书的效力并不因为委托人死亡而终止。

(10) 如果当事人指定了多个代表人,无论是否与代表人的指定或授权委托书的条款相符合,都可以共同或者单独地行使权利。

(11) 对某一机构的授权委托就视为对任何一个能够证明其在该机构中执业的代表人的授权委托。

1. 总述。本条是落实公约第 133 条的规定。

2. 授权委托书的提交(第 1 款)。提交授权委托书是一项一般性的义务,尽管只是在欧洲专利局提出要求后并在指定的期限内提交(可根据本细则第132条规定延期)。按照欧洲专利局局长于2007年7月12日发布的关于提交授权委托书的决定,欧洲专利局在下列三种情况下,要求提交签署的授权委托书或者在已经提交总授权委托书时的证明材料:首先,作为一种例外,专业的代表人只有在离开原来工作的机构时才要求提交签署的授权委托书(尽管原先的代表人通知欧洲专利局其授权委托书终止时不要求其提交签署的授权委托书),或者,对专业代表人的执业资格产生怀疑时需要提交。其次,法律从业者应提交签署的授权委托书。第三,不是专业代表人的雇员应在欧洲专利局指定的期限内提交签署的授权委托书。

3. 多重或总的授权委托书(第2款和第4款)。授权委托书可以涵盖一项或多项指定的专利申请或专利,并且提供相应数量的副本。单独的总委托书允许专业的代表人来代表当事人处理其全部事务。法律部已被授权,其有权核实列在总授权委托书上的代表人的授权,并且有权作出驳回总授权委托书登记的正式决定。(见欧洲专利局J09/99 *DC*案)。

4. 强制性的授权委托(第3款)。如果授权委托是属于根据公约第133条第2款规定的强制性委托,应指定同样的期限提交授权委托书和指定代表人。

5. 授权委托书的形式和内容(第5款)。对于单独的授权委托书和总授权委托书,可分别采用欧洲专利局制作的第1003号和第1004号表格。

6. 未能提交授权委托书(第6款)。如果代表人未能在欧洲专利局指定的期限内提交授权委托书或者写明总授权委托书,该代表人所作出的任何后续行为都不能被承认。但是,可以根据本细则第132条规定延长提交授权委托书的期限,还可以适用公约第121条继续处理的规定。

7. 授权委托的结束(第7—9款)。第5款规定了第1款和第2款的规定同样也适用于授权委托书的撤回。根据第8款的规定,直到欧洲专利局被通知授权委托终止前,被授权的代表人就一直是代表人。第9款规定,即便是作出授权委托的人死亡,该授权委托书仍继续有效。

8. 多个代表人(第10款和第11款)。如果同一当事人给多个代表人授权委托,第10款规定这些代表人既可以共同代理,也可以分别代理。第

11款允许对一个代表人机构的授权委托。一份单独的授权委托书就可授权给该代表人机构中的每一位专业代表人来代表该当事人。按照欧洲专利局 J16/96 N. N. 案的精神,代表人机构可以是私人的合伙组织或者是企业的专利部门。

[代理人—委托人证据特权]*
第 153 条
(1)在法律意见是由专业的代理人基于其专业能力作出的情况下,该专业代理人与其委托人或者其他任何人之间在《专业代理人纪律条例》第 2 条规定的原则和范围内,所有通信都具有永久地免于在欧洲专利局的程序中披露的特权,除非委托人明示放弃此种特权。

(2)特别是,此种免于披露的特权应适用于与下列情形有关的所有通信与文件:

(a)对发明的专利性的评价;

(b)欧洲专利申请的准备与审查;

(c)与欧洲专利或欧洲专利申请有效性、保护范围或侵权相关的任何意见。

1. 总述。本条是落实公约第 134a 条的规定。

2. 证据特权(第 1 款)。《专业代理人纪律条例》第 2 条规定了专业代理人的保密义务。为了捍卫保密性,专业代理人与其他人—委托人之间往来的通信,特别是在欧洲专利局的程序中拥有特权。证据特权最初是从美国的程序中保护此种通信的保密性而引入的。

3. 拥有特权的往来通信(第 2 款)。受证据特权保护的通信具体包括:对一项发明的专利性的评价,申请的准备与审查中的往来通信,以及关于有

---

* 根据 2008 年 10 月 21 日行政理事会的 CA/D4/08 行政决定,本条的名称由"证据特权"修改为"代理人—委托人证据特权"。——译者注

效性、权利要求解释或侵权的任何意见。

[专业代理人名册的修改]
第 154 条

（1）如果专业代理人提出请求，或者经过反复提醒，在九月份缴纳该年度注册费期限届满时，仍未缴纳年度注册费，应将该专业代理人的登记信息从专业代理人名册中删除。

（2）在不影响公约第 134a 条第 1 款 c 项所规定的纪律措施条件下，专业代理人的登记信息可依职权删除：

（a）专业代理人死亡或丧失行为能力时；

（b）专业代理人不再享有任一成员国国籍，除非其符合公约第 134 条第 7 款 a 项所规定的例外；

（c）在任一成员国中已不再有营业地或不再受雇。

（3）根据公约第 134 条第 2 款或第 3 款规定，曾登记在专业代理人名单上的任何人，如果已从名单上删除，在删除的理由不复存在的情况下，经请求后，都可重新登记在专业代理人名册上。

1. 总述。本条是落实公约第 134 条的规定。

2. 从专业代理人名册中删除（第 1 款）。经专业代理人请求，或者未能向欧洲专利局缴纳年度登记注册费，都可从专业代理人名册中将其删除。

3. 依职权删除（第 2 款）。在不影响纪律措施的前提下，欧洲专利局可在下列情况下，删除专业代理人的登记信息：专业代理人死亡或丧失行为能力时；专业代理人不再享有任一成员国国籍（除非有规定的特别例外情形）；在任一成员国中已不再有营业地或不再受雇。

4. 重新登记在专业代理人名册上（第 3 款）。仅在经请求且上述删除的条件不复存在时才重新登记。

第八编　适用公约第八编的实施细则

[转换请求的提交和转送]
第 155 条

(1) 公约第 135 条第 1 款 a 项或 b 项规定的转换请求应在欧洲专利申请被撤回,或在接到专利申请被视为撤回的通知后,或在接到驳回专利申请或撤销欧洲专利通知后的三个月内提出。如果请求不在该期间内提出,第 66 条规定的欧洲专利申请的效力终止。

(2) 当转换请求书转送给该请求书指定的成员国的中央工业产权局时,有关的中央工业产权局或欧洲专利局应随着该请求书附上有关该欧洲专利申请或欧洲专利的文件副本。

(3) 如果在申请日后的 20 个月内,或在要求优先权的情况下,自优先权日起的 20 个月内,公约第 135 条第 1 款 a 项和第 2 款规定的转换请求未被转送,则适用于公约第 135 条第 4 款之规定。

1. 总述。本条是落实公约第 135 条关于欧洲专利申请转换为国家申请的规定。

2. 请求转换的期限(第 1 款)。如果转换请求未能在本细则第 155 条规定的期限内提交,则所要求转换的申请就丧失了作为根据公约第 66 条规定的正规国家申请同等对待的权利。

3. 转送转换请求的期限(第 3 款)。如果转换请求未能在自申请日或优先权日起 20 个月内转送,则其作为根据公约第 66 条规定的正规国家申请同等对待的权利也会丧失。

[发生转换时的信息公开]
第 156 条

(1) 根据本细则第 155 条第 2 款的规定,有关中央工业产权局应按照

国家程序同等条件和同等范围,向公众公开请求书所随附的文件;

(2)由欧洲专利申请的转换所产生的公告印刷的国家专利说明书,应注明其出自于该欧洲专利申请。

1. 总述。本条是关于与转换有关的申请应告知公众的规定。

2. 转换申请的公众查阅(第1款)。与转换有关的文件,应在国家法的规定范围内,供公众查阅。

3. 公告印刷的国家专利(第2款)。授权的专利说明书应标明其原始的欧洲专利申请号。

第九编 适用公约第九编的实施细则

[欧洲专利局作为受理局]
第157条

(1)如果申请人是本公约和《专利合作条约》的成员国的居民或国民,则欧洲专利局应作为在《专利合作条约》意义下的主管受理局。在不影响第3款规定的情况下,如果申请人选择欧洲专利局作为受理局,应直接向欧洲专利局提交国际申请。公约第75条第2款的规定同样适用。

(2)欧洲专利局作为《专利合作条约》的受理局时,国际申请应采用英文、法文或德文提交。欧洲专利局局长可以规定国际申请和任何其他文件应提交一份以上的副本。

(3)如果向一成员国当局提出一件国际申请以便将其转交给作为受理局的欧洲专利局时,该成员国应确保最晚在申请后的第13个月到期前两星期,如要求优先权时,在优先权日起,在第13个月到期前两星期,将该申请传送至欧洲专利局。

(4)国际申请的传送费应在该申请提出后的一个月内缴纳。

1. 总述。本条是落实公约第151条的规定。

2.《欧洲专利公约》成员国的居民或国民(第 1 款)。如果申请人之一,不要求所有申请人(《专利合作条约实施细则》第 19 条第 2 款),是《欧洲专利公约》的成员国的居民或国民,《专利合作条约》也在该成员国有效的话,本条第 1 款允许欧洲专利局作为受理局。

3. 向欧洲专利局提交 PCT 申请的形式要求(第 2 款)。国际申请(包括请求书、说明书、权利要求书、摘要和附图,如果有附图的话)应采用英文、法文或德文提交,因为《专利合作条约》的规定(见《专利合作条约实施细则》第 12 条第 1 款)要优于《欧洲专利公约》关于不甚严格的语言要求的规定(见公约第 14 条第 2 款)。欧洲专利局局长有权决定国际申请以及其他文件应提交的一份以上的副本数量。根据当前的实务,只有《专利合作条约实施细则》第 3.3(a)(ii)条所规定的其他文件和列在 PCT 申请书表格中的第Ⅷ框右侧的栏位的文件,需要向欧洲专利局提交一份副本(授权委托书、优先权文件、序列表、缴费清单或其他任何文件),见欧洲专利局局长于 2006 年 6 月 8 日发布的《关于欧洲专利局作为专利合作条约受理局时构成国际专利申请文件的副本数量的决定》。电子缴费也是接受的。

4. 向成员国的国家局提交的申请(第 3 款)。如果国际申请是向《欧洲专利公约》的成员国的国家专利局提交的但指定欧洲专利局作为受理局的,则国家局仅作为"提交局",且必须及时地转送给欧洲专利局,以使欧洲专利局在不晚于提交申请后的或者在最早的优先权日起 13 个月届满前的两个星期收到。

5. 传送费(第 4 款)。本款重申了《专利合作条约实施细则》第 14 条的规定,该规定授权受理局有权规定缴纳传送费。

[欧洲专利局作为国际检索单位或国际初步审查单位]
第 158 条

(1)在《专利合作条约》第 17 条第 3 款 a 项的情况下,对其他每项要求进行国际检索的发明应缴纳与检索费一样多的检索附加费。

(2)在《专利合作条约》第 34 条第 3 款 a 项的情况下,对其他每项要求进行国际初步审查的发明应缴纳与初步审查费一样多的初步审查附加费。

(3) 除缴纳规定的异议*费之外,如果异议中已经缴纳了附加费,欧洲专利局应按照《专利合作条约实施细则》第 40 条第 2 款 c—e 项或者第 68 条第 3 款 c—e 项的规定审查该异议。有关该审查程序的进一步规定应由欧洲专利局局长确定。

1. 总述。本条是落实在异议中缴纳检索附加费或者初步审查附加费的规定。《欧洲专利公约》2000 年修订本旨在简化异议程序。

2. 不具有单一性时的附加检索费(第 1 款)。如果作为国际检索单位(ISA)的欧洲专利局认为国际申请缺乏单一性,欧洲专利局将只针对该申请中权利要求书首先出现的相关发明部分作出部分检索报告。此部分检索报告包括对不具有单一性理由的说明,并要求申请人就每一附加的发明缴纳进一步的检索附加费。如果申请人不缴纳进一步的检索附加费,欧洲专利局则在已经告知结果的基础上作出国际检索报告。如果申请人在规定的期限内缴纳了进一步的检索附加费,针对已经缴纳附加检索费部分的发明还要进行检索。检索报告必须包括这些已经缴纳的通知中指明的检索附加费的每个发明部分(见欧洲专利局 W1/97 *Promega* 案)。对于异议下附加检索费的缴纳,参见本条第 3 款的规定。

3. 不具有单一性时的附加初步审查费(第 2 款)。如果作为国际初步审查单位(IPEA)的欧洲专利局认为国际申请不符合发明的单一性要求,欧洲专利局应告知申请人就每一已经作过检索的附加的发明部分缴纳初步审查附加费。如果申请人不缴纳所要求缴纳的该项费用,欧洲专利局只针对第一次检索的发明部分作出国际初步审查报告。对于异议下的附加的初

---

* 本条所称的"异议",是指当事人对检索附加费的认定而提出的"异议",其英文为"protest"。该词中文意思是"抗议、不服"的意思;考虑到中国国家知识产权局主持翻译的《专利合作条约实施细则》第 68 条第 3 款中使用了中文的"异议",故译者也借用此翻译。但读者需要注意:此处的"异议"其英文为"opposition",与欧洲专利审查程序中对授权专利所提出的"异议"具有不同的法律意义。——译者注

步审查费缴纳,参见本条第3款的规定。

4. 异议下的附加检索费或者附加初步审查费的缴纳(第2款)。在异议中,即对声称缺乏单一性表示反对的异议中,缴纳附加检索费和/或初步审查费是可能的。根据国际申请的申请日,适用两种不同的程序(见欧洲专利局于2007年6月24日发布的《关于PCT下的异议程序的公告》)。**(1)一阶段程序。**国际申请的申请日是在《欧洲专利公约》2000年修订本生效日或之后的,将有一个三人组成的合议组复查:其中组长一人,一名具有单一性审查经验的审查员,以及一名负责发出通知的审查员(见2007年6月24日欧洲专利局局长发布的《关于执行PCT异议程序的合议组组成的决定》)。如果合议组认为异议是有道理的,则将附加费和异议费退回。如果合议组认为异议仅是部分有道理的,则只退回相应部分的附加费。**(2)两阶段程序。**涉及异议的国际申请是在《欧洲专利公约》2000年修订本生效日之前提出的申请,则在异议呈送给上诉委员会之前,先作一个前置的内部审查。但是,此审查仅仅是欧洲专利局出于服务的性质而作出的。为了允许申请人有时间思考复查的结果,欧洲专利局作出一定的让步,在向申请人发出复查通知之日后的一个月,才要求申请人缴纳异议费。如果复查的结果认为该缴纳附加费的通知是不合理的,将退回附加费和异议费(如果已经缴纳的话)。如果复查的结果认为异议仅是部分有道理的,则只退回相应部分的附加费。一旦缴纳了异议费,则该异议的结果就取决于上诉委员会的审查和决定。如果上诉委员会认为该缴纳附加费的通知是不合理的,将退回附加费和异议费(如果已经缴纳的话)。如果上诉委员会认为该缴纳附加费的通知只是部分合理,则只退回相应部分的附加费。异议的介入并不造成检索或初步审查进程本身延迟。

[欧洲专利局作为指定局或选定局——进入欧洲阶段的要求]
第159条

(1)针对公约第153条规定的国际申请,申请人应当自申请的递交日或优先权日起 31 个月内履行下列行为：

（a）适当时，提供根据公约 153 条第 4 款规定的国际申请的译文；

（b）指明作为欧洲授权程序的基础的申请文件：即原始递交的文件，或经修改的文件；

（c）缴纳公约第 78 条第 2 款规定的申请费；

（d）若本细则第 39 条规定的期限先已届满，则缴纳指定费；

（e）若要进行补充欧洲检索报告，则缴纳检索费；

（f）如果本细则 70 条第 1 款所规定的期限先已届满，则递交公约第 94 条规定的审查请求；

（g）如果根据本细则第 51 条第 1 款的规定，公约第 86 条规定的第三年的维持费的缴纳先已到期，则缴纳该维持费；

（h）适当时，递交公约第 55 条第 2 款和本细则第 25 条规定的展览证明。

（2）审查部应根据《专利合作条约》第 25 条第 2 款 a 项的规定负责作出欧洲专利局的决定。

1. 总述。本条是落实公约第 153 条的规定。自 2002 年 1 月 1 日以来，所有的国际申请都应当在自国际递交日或最早的优先权日起的 31 个月内进入欧洲阶段。早期进入并不会造成较早的处理；欧洲专利局仅在收到申请人的明确请求时才会在 31 个月之前开始处理申请。在该阶段也可以请求根据 PACE 项目进行加速处理（见欧洲专利局于 2007 年 7 月 14 日作出的《关于欧洲专利申请的加速审查程序的公告》）。一件 Euro-PCT 申请的非居民申请人自己就可以启动进入欧洲的程序，只要在上述 31 个月届满前启动就可以。自申请程序进行之日起（即程序步骤完成日之后）或 31 个月届满之后，非居民申请人只能通过专业的代理人作出此行为。除了缴费之外，其不经专业代理人作出的任何行为都没有效力。无论如何，推荐使用合适的进入欧洲专利局的第 1200 号表格（可通过欧洲专利局的官网在线获得）来履行进入欧洲所要求的所有行为。

2. 进入欧洲地区阶段的要求(第1款)。 第1款列举了在最早优先权日起31个月内要在欧洲专利局内进行的步骤。应注意,步骤a、e和h并非必经步骤。如果步骤d和g并未落入上述31个月内,则可在之后进行。**(1)** 如果国际申请不是以英语、法语或德语公布的,则需要提供说明书的以上述语言中的任意一种语言的译文。译文语言将使用欧洲专利局程序所用的语言。该译文还应包括国际阶段中作出的对该申请的所有修改(例如,对明显错误的补正,或针对国际检索报告进行的权利要求的修改,见下面第(2)点)。未能提供译文会导致该申请视为撤回。此外,该申请不具备根据公约第54条第3款的优先权效力(见细则第165条)。作为救济措施,可以根据公约第121条规定请求继续审查。**(2)** 指定申请文件,作为欧洲授权程序基础的申请文件是原始递交的文件,或经修改的文件。修改可能包括国际阶段中引入的修改,例如,明显错误的补正或针对国际检索报告对权利要求的修改,或者针对在欧洲的申请进行的任何进一步修改(包括根据欧洲格式对权利要求进行的形式修改)。可以在欧洲专利局进入声明的第1200号表格中第6部分中的相应方框上打钩。若没有进行任何说明,则默认使用国际申请程序中的最后版本。在进入欧洲之后可以根据细则第161条进行进一步修改。**(3)** 缴纳申请费。如果没有在31个月内缴纳申请费,则该申请视为撤回。此外,该申请也不具备根据公约第54条第3款的优先权效力(见细则第165条)。应注意可以根据公约第121条请求继续审查。**(4)** 缴纳指定费。可以针对国际申请中指定要求保护的每个EPC成员国缴纳指定费,但指定费的数量限于7份(见《缴费细则》第2条第3款)。欧洲专利局进入声明第1200号表格允许申请人以缴纳7份指定费用而用于指定所有国家,否则,在缴纳指定费的情况下最多指定6个国家。一般在31个月期满时缴纳指定费,除非该国际检索报告是在递交日或最早优先权日起25个月之后作出的。可以根据公约第121条请求继续审查。值得一提的是,对于在进入声明表中指出至多6个指定国的情况下,针对指定国如果遗漏指定费是没有任何救济的,因为EPO不会发出通知以要求缴纳遗漏的指定费。针对延伸国(需要在国际申请中指定并在欧洲进入声明第1200号表格中指出该延伸国）的延伸费与指定费的期限相同。**（5）如果请求补充检索报告，则需缴纳检索费**。有关免除检索报告或者减免检索费的细节，参见本书对公约第 153 条第 7 款的介绍。应当在 31 个月届满前缴纳。如果未按时缴纳，则申请视为撤回。可以根据公约第 121 条请求继续审查。**（6）审查请求**。审查请求包括书面请求和缴纳相应的审查费。根据《缴费细则》第 14 条第 2 款的规定，审查费用可以折减。欧洲专利局进入声明表格第 1200 号中包括审查请求，而审查费则一般在 31 个月届满前缴纳，除非国际检索报告是在递交日或最早优先权日起 25 个月后才作出的。如果审查费未能及时缴纳和/或请求未能及时递交，则该申请视为撤回。可以根据公约第 121 条请求继续审查。**（7）适当时缴纳维持费**。第三年的维持费可以在国际递交日起满第二年的当月最后一日之前缴纳（本细则第 51 条第 1 款），或者在自递交日或最早优先权日起 31 个月届满前缴纳。通常情况下，如果国际申请是在其长达一年的优先权期限的末尾附近递交的，则第一次维持费在进入欧洲之后 5 个月内缴纳。然而，如果国际申请没有要求优先权，则应在进入欧洲地区阶段时缴纳维持费。如果错过了该期限，则可以根据本细则第 51 条第 2 款的规定在自期限届满日起 6 个月的宽限期内缴纳。**（8）如果发明在官方举行或官方承认的国际展览会上展览过，则需提交公约第 55 条第 2 款规定的展览证据**。根据本细则第 25 条的规定，相应的证据应当在 31 个月届满之前递交。可以根据公约第 121 条请求继续审查。

  3. 审查费的减收（第 2 款）。如果欧洲专利局作为国际初步审查单位（IPEA）并对该国际申请进行了详细的初步审查，则 Euro-PCT 申请的审查费可以降低 50%（见缴费细则第 14 条第 2 款）。对于《欧洲专利公约》的成员国，若该成员国的官方语言不是英语、法语或德语，则在该成员国内有居所或主要营业所的人，或者该成员国的定居国外的公民，可以以该成员国的官方语言递交审查请求。如果该书面请求是以可接受的非欧洲专利局语言递交的，并且自递交日起一个月内递交了欧洲专利局程序语言的译文，则审查费只可降低 20%（见 14 条第 1 款）。可以在欧洲专利局进入声明表格第 1200 号第 4 部分填写相应的请求。

[未满足特定要求的后果]
第 160 条

（1）如果国际申请的译文或审查请求未按期递交，或者，未按期缴纳申请费或检索费，或者，未按期缴纳指定费，则该欧洲专利申请视为撤回。

（2）对于指定了成员国却未按期缴纳指定费的，对该成员国的指定视为撤回。

（3）如果欧洲专利局根据本条第 1 款和第 2 款的规定认为申请视为撤回，或认为对某一成员国的指定视为撤回，欧洲专利局应当向申请人发出通知。本细则第 112 条第 2 款的规定同等适用。

1. 缺陷对进入欧洲阶段产生的后果（第 1 款）。 如果译文（若要求翻译的话）或审查请求的递交或者申请费、检索费或指定费没有及时缴纳，则该欧洲申请视为撤回。视为撤回的效力一般在 31 个月的期限届满生效。

2. 错过缴纳指定费的后果（第 2 款）。 这一款仅仅适用于在进入欧洲阶段时指定了指定国的情况，也就是欧洲专利局进入声明表格第 1200 号中指定了至多 6 个国家的情况。如果没有及时缴纳指定费，则对相应国的指定视为撤回。

3. 对进入欧洲阶段中的缺陷的救济（第 3 款）。 如果根据本条第 1 款或第 2 款的规定，欧洲申请视为撤回，则欧洲专利局应当通知申请人。作为对于视为撤回的救济，申请人可以根据细则第 112 条第 2 款的规定请求对此作出决定，并证明并不存在该缺陷。可以进行对递交费、指定费、检索费的延迟缴纳或延迟请求继续审查。权利丧失于正常的 31 个月期限的届满之时（见欧洲专利局 G4/98 *Designation fees* 案）。

[对申请的修改]
第 161 条

在不违反细则第 137 条第 2—4 款的情况下，自收到通知的一个月起，可以对申请文件进行一次修改。修改后的申请文件应作为根据公约 153 条第 7 款进行补充检索的基础。

1. 修改申请文件的通知。 欧洲专利局通常在 31 个月期限届满之后即通知申请人在一个月的期限内修改申请文件,这一期限是不可延期的。这表明申请人有机会使其权利要求书符合欧洲权利要求的格式。对于所修改的那一组权利要求,还要作出欧洲补充检索报告。此外,在收到欧洲检索报告后或者审查部发出的第一次审查意见通知书后,仍有机会提出修改。

[权利要求附加费]*
第 162 条

(1)如果欧洲授权程序所基于的申请文件中超过 15 项**权利要求的,应自第 16 项权利要求起的每一项权利要求,按照《收费细则》所公布的相关费用且在本细则第 159 条第 1 款规定的期限内,缴纳权利要求附加费。

(2)如果没有按期缴纳权利要求附加费,仍可以自收到关于未能遵守期限的通知之日起 6 个月内缴纳权利要求附加费。如果在此期限内提交修改的权利要求书,应缴纳的权利要求附加费以修改的权利要求书为基础计算。

(3)任何根据第 1 款的规定在期限内已缴纳的权利要求费,如果按照第 2 款第二句话的规定超出了应缴纳的部分,超出部分应予退回。

(4)如果未按期缴纳权利要求附加费,则视为放弃相关的权利要求。

1. 权利要求附加费的缴纳(第 1 款)。 对于超过 15 项的权利要求,每一项都应缴纳权利要求附加费,且在应在 31 个月届满前缴纳。如果权利要求书在接到根据细则第 161 条或者第 163 条第 2 款的通知作了修改,修改

---

* 本条根据行政理事会于 2010 年 10 月 26 日作出的 CA/D12/10 决定作出修改,参见《欧洲专利局官方杂志》2010 年第 634 期,该决定自 2011 年 5 月 1 日生效。——译者注

** 原第 162 条规定,申请文件超过 10 项权利要求的,应自第 11 项权利要求起,缴纳权利要求附加费。——译者注

后的权利要求书作为计算缴纳权利要求附加费的计算基础。对于在欧洲专利审查阶段提交的超过 15 项权利要求的对应权利要求,也应在细则第 71 条第 3 款规定的期限内缴纳权利要求附加费。在 L3/85 *Legal advice* 案中,制定了计算权利要求附加费的具体程序。

2. 对延迟缴纳的补救手段(第 2 款)。如果权利要求附加费未能在进入欧洲阶段的 31 个月届满时缴纳,仍可以自欧洲专利局发出通知后有不可延期的一个月的期限内,进行有效的缴纳。如果针对根据细则第 161 条或者第 162 条第 2 款的规定发出的该通知提交了修改的权利要求书,修改的权利要求书就构成了计算权利要求附加费的基础。可以利用公约第 122 条的权利恢复的规定。

3. 权利要求附加费的退还。如果权利要求附加费是按照进入欧洲地区阶段时的权利要求的数量缴纳的,但在答复按照本细则第 161 条和第 162 条第 2 款规定发出的通知时,经修改使得权利要求的总数减少了,则可以请求返还相应的权利要求附加费。

4. 放弃权利要求(第 4 款)。如果未缴纳权利要求附加费,则对应的权利要求就视为放弃。按照 L3/85 *Legal advice* 案的意旨,放弃权利要求第 1—10 项并不导致为缴纳附加费目的的权利要求重新编号,因为权利要求附加费是从第 11 项及之后产生的,在审查过程中,如果说明书和附图提供了公约第 123 条第 2 款规定的修改基础,可以引入修改的权利要求书。

[欧洲专利局对某些形式要求的审查]
第 163 条

(1)如果未能在细则第 159 条第 1 款规定的期限内根据细则第 19 条第 1 款规定指定发明人,欧洲专利局应通知申请人在两个月内作出指定。

(2)如果要求在先申请的优先权但未能呈交细则第 52 条第 1 款和细则第 53 条规定的在先申请的申请号或者该申请的副本,欧洲专利局应通知申请人在两个月内提供该申请号或申请副本。细则第 53 条的规定应适用。

(3)如果在细则第 159 条第 1 款规定的期限届满时,欧洲专利局仍未能收到符合《专利合作条约行政规程》规定要求的序列表,应通知申请人在两个月内提交符合欧洲专利局局长公布规则要求的序列表。细则第30条第2款和第3款同等适用。

(4)如果在细则第159条第1款规定的期限届满时,申请人未能提供有关地址、国籍或居住地或主要营业地是所在国信息,欧洲专利局应通知申请人在两个月内作出说明。

(5)如果在细则第159条第1款规定的期限届满时,未能满足公约第133条第2款规定的要求,欧洲专利局应通知申请人在两个月内指定专业的代理人。

(6)如果第1款、第4款或第5款所指出的缺陷未能按期补正,则欧洲专利申请将被驳回。如果第2款所指出的缺陷未能按期补正,则该申请丧失优先权。

1. 指定发明人的通知(第1款)。如果在31个月届满时未能指定发明人,欧洲专利局对此要通知申请人并设置两个月对此缺陷的补正期限。根据本细则第163条第6款规定,未能在此期限内补正,则该申请人被驳回。可根据公约第121条请求继续审查进行补救。

2. 提供优先权号和/或优先权文件的通知(第2款)。优先权文件通常由国际局发给欧洲专利局。如果在31个月届满时仍没有提交优先权号或优先权文件,欧洲专利局要通知申请人在两个月的期限内提供。此条规定不适用于优先权文件是向美国专利商标局、日本特许厅、韩国特许厅和欧洲专利局提出申请的优先权文件,因为这些文件已经包括在欧洲专利局得到的免费文件中(见欧洲专利局局长于2007年6月25日发布的决定)。如果在规定的期限内未能作出补正,则根据本细则第163条第6款的规定丧失了要求优先权的权利。如果优先权文件并非英文、法文或德文,则要求在欧洲专利局通知时或最迟在细则第71条第3款规定的期限内提供这三种语言之一的译文(不要求是程序中使用的语言)。如果Euro-PCT申请(即通过PCT途径进入欧洲阶段的申请)就是对现有全部文件的完整翻译,则作出声明就足够（例如，检查是否选择欧洲专利局表格中的对应方框即可）。

3. 提供序列表的通知（第3款）。如果 Euro-PCT 申请中公开了核苷酸和氨基酸序列，该申请在进入欧洲阶段时，若欧洲专利局还没有得到该序列表，则申请人必须提交符合规定标准的序列表（见欧洲专利局局长于2007年7月12日发布的《关于提交序列表的决定》的附件 C.1.1 的具体规定）。因此，如果该国际申请的国际检索是由欧洲专利局完成的，则欧洲专利局就会存有该序列表。如果不是欧洲专利局完成的国际检索，则欧洲专利局应通知申请人在规定的期限内提供该序列表。公约第121条关于继续审查的规定可作为救济手段利用。

4. 提供申请人相关信息的通知（第4款）。如果未填写地址、国籍或居住地所在的或者主要营业地所在的国家，欧洲专利局应通知申请人在规定的两个月期限内提供这些遗漏的信息。根据本细则第163条第6款的规定，未能在规定的期限内提交这些信息，将导致申请被驳回。

5. 提供授权委托书的通知（第5款）。如果按照公约第133条第2款规定需要强制委托代理的但在31个月届满时仍没有提交授权委托书的，欧洲专利局要通知申请人在规定的两个月期限内对此作出补正。未能在规定的期限内作出补正的，将导致申请被驳回。

[欧洲专利局对单一性问题的审查]
第164条

（1）如果欧洲专利局认为作为补充欧洲检索报告的基础的申请文件不满足发明单一性的要求，则在公约第82条的范围内，基于该申请中权利要求书首先提及的该项发明或该组发明部分撰写补充检索报告。

（2）如果审查部认为作为欧洲授权程序审查基础的申请文件不满足发明单一性的要求，或者发明请求保护的范围没有被国际检索报告，或者在该案的情况下，没有被补充的国际检索报告或补充的欧洲检索报告所包含，欧洲专利局应通知申请人将该申请限制在国际检索报告、补充的国际检索报告或补充的欧洲检索报告所包含的一项发明上。

1. 总述。根据 1973 年《欧洲专利公约》的规定,一件专利申请含有几项发明时,存在着缴纳进一步的检索费后作出检索的可能性(见《欧洲专利公约(1973 年)》实施细则第 112 条)。但在 2000 年的《欧洲专利公约》中,对应的细则第 164 条删除了此规定。

2. 在检索过程中。如果欧洲专利局起草补充检索报告且认为申请文件不满足发明单一性的要求时,将基于该申请中权利要求书首先提及的该项发明或该组发明部分撰写补充检索报告(第 1 款)。如果审查部同意检索审查员的观点,其将向申请人发出通知,要求该申请限制在补充检索报告所包含的一项发明上(第 2 款)。其他项发明可以通过提交分案申请的方式来保护。

3. 在审查过程中。如果审查部认为作为欧洲授权程序审查基础的申请文件不满足发明单一性的要求,或者发明请求保护的范围没有被国际检索报告、补充的国际检索报告或补充的欧洲检索报告所包含,其将通知申请人将该申请限制在国际检索报告、补充的国际检索报告或补充的欧洲检索报告所包含的一项发明上。但是,对于其他的发明或者一组发明,可以采用分案申请的方式处理。

[作为公约第 54 条第 3 款规定的抵触申请的 Euro-PCT 申请]
第 165 条

在符合公约第 153 条第 3 款或第 4 款规定的条件下,如果已经缴纳了细则第 159 条第 1 款 c 项规定的申请费,则 Euro-PCT 申请被认为是构成了公约第 54 条第 3 款规定的现有技术。

1. 总述。根据公约第 54 条第 3 款规定的在先申请,即便是没有公开(因此不能在公约意义下为公众所知),也被视为基于确定在后申请新颖性目的下的现有技术的组成部分。细则第 165 条规定如果根据细则第 159 条第 1 款 c 项规定的申请费已经缴纳,则 Euro-PCT 申请就认为构成了现有技术的部分。

2. 有关在 2000 年《欧洲专利公约》生效之前提出的欧洲申请的规定。根据 2000 年《欧洲专利公约》的过渡规定,1973 年《欧洲专利公约》第 54 条第 4 款和 1973 年《欧洲专利公约》实施细则第 23a 条规定继续适用于在 2000 年《欧洲专利公约》生效之前提出的欧洲申请,这就挽救了有限的一类申请(指在 2000 年《欧洲专利公约》生效之前的一个月内提出的这一类申请,其明确表示请求将该申请以 2000 年《欧洲专利公约》生效日作为申请日,而不是以其实际的申请日)。关于 1973 年《欧洲专利公约》第 54 条第 4 款和 1973 年《欧洲专利公约》实施细则第 23a 条的文字内容,见本书中关于公约第 54 条第 22 点评注(1)的内容。

《关于欧洲专利制度一体化和制度导入的议定书》

(《一体化议定书》)

1973 年 10 月 5 日

1. 总述。本议定书为欧洲专利局在专利申请的检索与审查方面设定了某些职责,专利申请既包括欧洲申请又包括国际申请,并允许欧洲专利局将检索与审查委托给其他专利局。本议定书不但将作为国际检索单位(第一章(2))和国际初步审查单位(第二章)的国家专利局职责赋予欧洲专利局,而且允许某些例外(第三章(1)和第四章(2))。第四章允许欧洲专利局向国家的专利局分包工作。

第一章

(1)

(a)《欧洲专利公约》生效后,各缔约国,同时也是根据 1947 年 6 月 6 日签署的海牙协议成立的国际专利协会的成员国,应当采取一切必要措施,确保在《欧洲专利公约》第 162 条第 1 款规定的日期前将全部资产、负债以及国际专利协会的所有工作人员交接至欧洲专利局。该交接应当在国际专利协会和欧洲专利组织之间的协议下进行。上述国家和其他缔约国应当采取一切必要的步骤确保在《欧洲专利公约》第 162 条第 1 款规定的日期前履行该协议。该协议实施后,既是国际专利协会成员国又是《欧洲专利公约》缔约国的国家应当终止其参与的《海牙协议》。

(b)《欧洲专利公约》缔约国应当遵照上述(a)款的协议,采取一切必要步骤确保所有的资产和负债以及所有国际专利协会的工作人员交接到欧洲专利局。在协议实施后,在《欧洲专利公约》开放签署日由国际专利协会负责的工作,尤其是与其成员国(不论该成员国是否是《欧洲专利公约》的缔约国)面对面进行的工作,以及在《欧洲专利公约》生效时已经开展的与缔约国(既是《欧洲专利公约》缔约国又是国际专利协会成员国)面对面的工作,应当由欧洲专利局负责。此外,欧洲专利组织行政理事会可以将检索领域的进一步职责分配给欧洲专利局。

(c)在遵守国际专利协会和有关缔约国政府之间的协议的情况下,上述义务也应当适用于根据《海牙协议》规定设立的分局。为了协调本议定书的规定与相关的分局的组织、运作和财务的规定条款,有关缔约国政府需要与欧洲专利组织达成新的协议来取代之前与国际专利协会达成的协议。

(2)在符合第三章的规定下,代表《欧洲专利公约》缔约国的中央工业产权局,自《欧洲专利公约》第162条第1款规定的日期起,应当放弃权利,支持欧洲专利局根据《专利合作条约》的规定所进行的作为国际检索单位方面的一切工作。

1. 作为国际检索单位的国家专利局。 尽管有第一章的规定,但根据第三章的规定,习惯上允许奥地利专利局、瑞典专利局、西班牙专利商标局和芬兰专利与注册国家委员会仍作为国际检索单位。

(3)

(a)自《欧洲专利公约》第162条第1款规定的日期起,将在柏林设立一个欧洲专利局的分局。它将在海牙分局的指导下运作。

(b)行政理事会将根据欧洲专利局的通常考虑和要求确定分配给柏林分局的任务。

(c)至少在初期,由于欧洲专利局工作领域的不断扩展,分派至分局的工作量应当足以使在开放签字日时附属在德国专利局的位于柏林的审查员充分发挥作用。

(d)德意志联邦共和国应当承担欧洲专利组织在建立和维护柏林分局中产生的任何额外费用。

1. 柏林分局。柏林分局是负责申请的受理局,与维也纳分局的职责不同,维也纳分局不用于受理申请文件。

第二章

在符合第三章和第四章的规定下,代表《欧洲专利公约》缔约国的中央工业产权局,从《欧洲专利公约》第162条第1款规定的日期起,应当放弃权利,支持欧洲专利局根据《专利合作条约》的规定所进行的作为国际初步审查单位方面的一切工作。这些职责仅适用于欧洲专利局按照《欧洲专利公约》第162条第2款规定审查欧洲专利申请时的情况,不适用于两年后欧洲专利局开始审查技术领域时的情况,欧洲专利局将在五年内逐步扩大其审查的技术领域,该五年计划只有行政理事会可以进行修订。行政理事会还将确定执行这些职责的程序。

1. 作为国际初步审查单位的国家专利局。尽管有上述规定,但根据第三章的规定,习惯上允许奥地利专利局、瑞典专利局、西班牙专利商标局和芬兰专利与注册国家委员会仍作为国际初步审查单位。

第三章

(1) 根据《专利合作条约》的规定,任何缔约国的中央工业产权局的官方语言如果不属于欧洲专利局的官方语言,应当授权该局作为国际检索单位和国际初步审查单位。被授权的相关国家应当承诺将其国际申请工作限制在只针对本国国民或居民以及临近缔约国的国民或居民提出的国际申请。行政理事会可决定授权缔约国的中央工业产权局将工作扩大到涵盖非缔约国的国民或居民提出的国际申请,如果该非缔约国和上述缔约国的官方语言相同并且该国际申请是采用该官方语言撰写的。

1. 作为国际检索单位/国际初步审查单位的国家局。根据本章规定,习惯上允许奥地利专利局、瑞典专利局、西班牙专利商标局和芬兰专利与注册国家委员会仍作为国际检索单位和国际初步审查单位。

(2)为了在欧洲专利授权系统的框架内协调根据《专利合作条约》所进行的检索工作,欧洲专利局和任何根据本章规定被授权的缔约国的中央工业产权局之间,应当建立合作机制。这种合作机制应当基于一个专门的协议,该协议可以包括如检索流程和方法、招聘所需人员的资质、审查员培训、局与局之间检索和其他服务的交流准则,以及其他需要建立的控制和监督的措施。

第四章

(1)

(a)为了便于《欧洲专利公约》缔约国的国家专利局适应欧洲专利制度,行政理事会可在其认为合适并且符合下列条件的前提下,将审查用欧洲专利局官方语言之一撰写的欧洲专利申请的工作委托给可使用该语言从事审查工作的缔约国的中央工业产权局;作为一般准则,根据《欧洲专利公约》第18条第2款的规定,该工作应该被委托给审查部的成员。该工作应当在《欧洲专利公约》所制定的授权程序的框架内进行,对这类申请的决定,应由依照第18条第2款组成的审查部门作出。

(b)根据(a)款委托的工作量不得超过欧洲专利申请总数的40%;委托给一个国家的工作量,不得超过欧洲专利申请总数的三分之一。自欧洲专利局成立起,这些工作的委托期限为15年,并在后5年时间内减少到零

（原则上应每年减20%）。

（c）在考虑到(b)款规定的情况下，行政理事会可根据欧洲专利申请方面的性质、来源和数量决定其审查工作委托给上述缔约国的中央工业产权局。

（d）上述执行程序应当遵守缔约国的中央工业产权局和欧洲专利组织之间签订的专门协议。

（e）根据《专利合作条约》的规定，签订上述特殊协议的中央工业产权局，可作为一个国际初步审查单位，直至15年期限届满。

（2）

（a）如果行政理事会认为能与欧洲专利局的正常工作相兼容，为了缓解对于一些缔约国可能产生的第一章第2款所述的申请困难，行政理事会可将欧洲专利申请的检索工作委托给能使用欧洲专利局官方语言工作的缔约国的中央工业产权局，并保证其拥有《专利合作条约》规定所指定的国际检索单位的相应资格。

（b）在以欧洲专利局的职责承担此项工作时，相关的中央工业产权局应当遵守撰写欧洲检索报告所适用的审查指南。

（c）第1款(b)项第二句的规定和本条(d)项的规定，应适用本款。

第五章

（1）第一章第1款(c)项所述的分局应当被授权进行检索工作，其检索工作的范围包括其已有的文件以及其分局所在国家的国民和居民提交的以其官方语言撰写的文件。此授权应当在不推迟欧洲专利授权程序和不产生额外的欧洲专利组织费用的情况下进行。

（2）第1款所述的分局应当被授权进行检索工作，其检索工作应当考虑到欧洲专利申请人以及其所交的费用，对第1款提到的文件作出检索。

与第六章的规定相一致,当《欧洲专利公约》第 92 条所述的工作被扩大时,该授权才能有效地覆盖到上述文件,同时此授权应当在不推迟欧洲专利授权程序的情况下进行。

(3)行政理事会也可以按照第 92 条第 1 款和第 2 款的规定扩大其授权给官方语言不是欧洲专利局官方语言的缔约国的中央工业产权局。

第六章

原则上,《欧洲专利公约》第 92 条规定的检索,应当扩展至所有的欧洲专利申请文件,包括公布的专利文件、公开的专利申请文件,以及没有包括在《欧洲专利公约》第 162 条第 1 款规定所指日期之日的欧洲专利局的检索文件中的其他有关文件。任何有关范围、条件和时间的此类扩展,应当由行政理事会在仔细考虑具体相关的技术和财政方面的基础上作出。

第七章

任何与公约规定相矛盾之处,均以本议定书的规定为准。

第八章

本议定书所规定的行政理事会的决定,须经四分之三多数票通过(《欧洲专利公约》第 35 条第 2 款)。关于加权票的相关规定也适用(《欧洲专利公约》第 36 条)。

《关于对授予欧洲专利权的决定承认和司法管辖的议定书》

(《承认议定书》)

1973年10月5日

第一章 司法管辖

第1条

(1) 依据第2—6条的规定,对于欧洲专利申请中申请人请求在所指定的一个或多个缔约国获得授予欧洲专利权的,这些缔约国的法院对此具有司法管辖权。

(2) 依据本议定书的目的,术语"法院"应包括根据缔约国之国家法的规定,对确定第1款所指的请求拥有司法管辖权的机构。任何缔约国应当将被授予司法管辖权的任何主管机构通知欧洲专利局,相应地,欧洲专利局应该通知其他缔约国。

(3) 依据本议定书的目的,术语"缔约国"是指那些没有按照《欧洲专利公约》第167条的规定排除适用本议定书的缔约国。

第2条

在不违反第4条和第5条规定的前提下,如果一件欧洲专利的申请人是缔约国之一的居民或者其主要营业地位于其中的缔约国之一的国家内,针对该申请人的诉讼活动由该缔约国的法院负责审理。

第3条

在不违反第4条和第5条规定的前提下,如果一件欧洲专利的申请人是缔约国以外的国家的居民或者其主要营业地位于缔约国以外的国家内,并且,如果主张有权获得欧洲专利的当事人是缔约国之一的居民或者其主要营业地位于该缔约国内,后者的国家法院有排他的管辖权。

第4条

在不违反第5条规定的前提下,如果某一欧洲专利申请的主题内容是由雇员发明的,则根据《欧洲专利公约》第60条第1款第二句话的规定,按照该员工所在国的法律确定有权申请欧洲专利的权利人,如果该员工所在国就是缔约国,则该缔约国的法院对雇员与雇主之间的诉讼有排他的管辖权。

第5条

(1)如果当事人之间对一项已经达成协议的有关有权获得欧洲专利的事宜产生争议,可采用书面形式或者口头与书写确认相结合的方式提出,以便某个特定的缔约国的一个或一些法院对该争议作出裁判,该缔约国的一个或一些法院对此争议有排他的管辖权。

(2)但是,如果当事人是雇员和其雇主,仅在有关雇佣合同的国家法律对争议的协议允许考虑时,方适用第1款的规定。

第6条

如果第2—4条或第5条第1款都不适用时,则德意志联邦共和国的法院拥有排他的管辖权。

第7条

受理第1条所指请求的缔约国的法院,应主动地对其是否拥有符合第2—6条规定的司法管辖权作出裁决。

第8条

(1)对于相同的请求且当事人也相同的情况下而向不同的缔约国法院提出的诉讼请求,在后受理的法院应主动拒绝管辖以有利于在先受理的法院审理。

(2)如果在先受理的法院的管辖权受到质疑,在后受理的法院应中止程序,直到其他法院对此作出终局裁定为止。

第二章 承认

第 9 条

（1）在不违反第 11 条第 2 款规定的前提下，由任何一个缔约国的法院就有关欧洲专利申请中所指定一个或以上的缔约国授予欧洲专利的权利作出的终局裁定，应在不需要特别程序下得到其他缔约国的承认。

（2）对作出被承认的裁定的法院管辖权和此裁定的有效性，可以不进行复查。

第 10 条

在下列情形下，不适用第 9 条第 1 款的规定：

（a）没有对诉讼请求提出质疑的欧洲专利申请人，能够证明：启动诉讼程序的文件没有按时送达且使得他没有充分的时间为自己辩护，或者

（b）申请人能够证明，该裁定与某缔约国在此之前针对相同当事人诉讼已经作出且被承认的另一裁定相冲突。

第 11 条

（1）对于与任何缔约国的关系，任何与本议定书相冲突的关于管辖或裁判承认的其他协议的规定，应优先适用本议定书的规定。

（2）本议定书不应影响在缔约国与不受本议定书约束的国家之间的任何协议的执行。

《关于欧洲专利组织特权与豁免的议定书》

(《特权与豁免议定书》)

1973年10月5日

1. 总述。正如本议定书的名称所意指的,本议定书提出了应给予欧洲组织以特权与豁免,范围包括其职员、访问专家,还包括各个缔约国的代表或轮换代表,以及随这些代表出席行政理事会及其任何其设立机构的会议时的顾问与专家。

第1条

(1) 本组织的房舍不可侵犯。

(2) 除非得到欧洲专利局局长同意,本组织房舍的所在国当局不得进入这些房舍。在发生火灾或其他灾难时需要实施快速保护措施的情况下,应当假设得到了同意。

(3) 在本组织的房舍送达法院传票或者其他的针对本组织诉因的程序上的手段,不构成不可侵犯的范围。

第2条

本组织的档案或者属于本组织的或由本组织保管的任何文件,均属不可侵犯。

第3条

(1) 在本组织的公务活动范围内,应享有免除司法管辖和执行的特权,除非:

(a) 本组织已经明确表示在某具体的情形下放弃此种特权;

(b) 由属于本组织或者以本组织名义使用的机动车发生事故所引起的第三方提起的民事诉讼,或者有关此种车辆的交通肇事犯罪;

(c) 执行有关根据本议定书第 23 条作出的仲裁决定。

（2）本组织的财产和资产，无论位于何处，应免受搜查、征用、没收、征收和扣押。

（3）本组织的财产和资产，对于任何形式的行政或者临时的法律强制手段应享有豁免，除非是在对涉及本组织或者以本组织名义使用的机动车进行事故预防和调查的限度内，可以采取的暂时性的必要措施。

（4）基于本议定书的目的，按照《欧洲专利公约》的规定，本组织的公务活动为本组织进行行政和技术运作所严格必须的活动。

第 4 条

（1）在公务活动的范围内，本组织及其财产和收入应免征一切直接税。

（2）本组织因公务用途而购置大宗财产，且价格中已包含这类税捐时，则缔约国仍应于可能范围内采取适当的措施，免除或退还该类税捐。

（3）仅对公共设施服务课以税捐的，不享有任何例外。

第 5 条

本组织为执行公务活动所进出口的货物，除了服务应缴纳的税费外，应免除关税和进出口的禁止或限制。

第 6 条

欧洲专利局的雇员为个人利益所购买或进口的货物，不能根据第 4 条和第 5 条的规定给予免税。

第 7 条

（1）属于本组织的已经取得的或按照第 4 条和第 5 条规定进口的货物，不得出售或放弃，除非符合缔约国已经颁布给予免除税收的条件。

（2）本组织的各种建筑物之间的货物和服务提供品的转让应免除各种费用和限制条件，适当的情况下，缔约国应采用所有必要的手段，免除或退还这些收费或废除此类限制。

第 8 条

对本组织发出的或收到的出版物、其他信息资料不受任何形式的限制。

第 9 条

缔约国应给予本组织为执行公务活动所必需的货币豁免。

第 10 条

（1）有关本组织的公务信函和所有文件的传送，在每个缔约国应享有与该国给予任何其他国际组织相同的最优惠的待遇。

（2）对本组织的公务信件，无论采用什么通讯手段，不得进行检查。

第 11 条

缔约国应采用方便欧洲专利局雇员的进出和停留的所有合适的措施。

第 12 条

（1）出席行政理事会或者任何其附属机构所召集会议的各成员国代表、轮值代表，以及他们的顾问或专家（如果有的话），在往返开会处所的旅程中，应享有下列各项特权和豁免：

（a）其人身免受逮捕或拘禁，其私人行李不受扣押，除非发现其犯罪、企图犯罪或正在实施犯罪外；

（b）即便是会议结束，其在履行职责时发表的口头或书面言论以及所实施的一切行为，豁免各种法律程序；但对于上述人员所涉及的机动车交通违章犯罪，或者由上述人员自己的或所驾驶的机动车所引起的损害，不适用豁免；

（c）其一切文书和文件均属不可侵犯；

（d）有使用电码及经由信使或用密封邮袋收发文书或信件的权利；

（e）其本人及配偶免除移民限制、外侨登记手续的各种措施；

（f）关于货币或外汇的限制，享有给予负有临时公务使命的外国政府代表同样的便利。

（2）特权和豁免是为了确保第 1 款所指的人员完全独立地行使与本组织有关的职责而给予的，并非为个人本身的私人利益而给予。因此，倘遇有任何情况，缔约国认为此豁免有碍司法的进行，而放弃豁免并不损害豁免的目的时，应有责任放弃该项豁免。

第 13 条

（1）除了第 6 条的规定之外，欧洲专利局局长应享有根据 1961 年 4 月

18 日《关于外交关系的维也纳公约》的规定给予外交人员的特权与豁免。

（2）但是,对于欧洲专利局局长的机动车交通犯罪行为或者由他所有或驾驶的机动车引起的损害,不适用司法管辖的豁免。

第 14 条

欧洲专利局的雇员：

（a）即便是任期结束,其在履行职责时发表的口头或书面言论以及所实施的一切行为,豁免各种法律程序;但是,对于欧洲专利局的雇员的机动车交通犯罪行为或者由雇员所有或驾驶的机动车引起的损害,不适用司法管辖的豁免。

（b）应免除有关服兵役的所有义务;

（c）他们的公文文书和文件不可侵犯;

（d）应享有与国际组织职员所正常享有的免除移民限制、外侨登记手续的各种措施同样的便利,构成他们家庭组成部分的人员也同样享有。

（e）关于外汇限制,享有正常给予国际组织职员的同样便利;

（f）发生国际危机时,给予其本人连同构成他们家庭组成部分的人员以外交人员同样的遣送返国便利;

（g）初次到达有关国家就任时,有免纳关税运入家具及个人用品的权利,结束任期时,有免纳关税运出家具及个人用品的权利,但要在不违反所在国政府认为是必不可少的条件下,且在不违反该国所取得的受出口管制的财产的例外规定下,行使上述权利。

第 15 条

代表本组织或者执行本组织使命而履行职责的专家,在履行其职责所必需的范围内,享有下列的特权与豁免,包括在履行职责和完成使命的旅程中：

（a）有关履行职责时所发表的口头或书面言论以及所实施的一切行为,豁免各种法律程序;但是,对于专家的机动车交通肇事行为或者由他所有或驾驶的机动车引起的损害,不适用司法管辖的豁免;专家在不再受雇于本组织之后,仍继续享有此种豁免;

（b）专家所有的公文文书和文件不可侵犯；

（c）对于专家将其报酬汇出提供必要的外汇便利。

第16条

（1）为了本组织的利益，第13条和第14条所指的人员，应依照行政理事会自《欧洲专利公约》生效之日起一年之内所制定的条件与规则，对由本组织所支付的薪酬进行纳税。从缴税之日起，此种薪酬应免征国家的收入税。但是，在评估其他来源的收入所适用的纳税额时，缔约国可以将据此而免除薪酬部分考虑在内。

（2）第1款的规定应不适用于本组织对欧洲专利局的前雇员所发放的退休金和养老金。

第17条

行政理事会应制定关于第14条规定的雇员的分类，整体或部分地，适用第16条的规定；关于第15条的专家的分类，也应适用。分类中所包括的雇员和专家的姓名、职称和地址，要随时地通知缔约国。

第18条

在本组织已经建立了社会保险计划的情形下，倘不违反按照第25条规定的与缔约国缔结的协议，本组织和欧洲专利局的雇员应免除强制加入各种国家社会保险计划。

第19条

（1）本议定书规定的特权与豁免并非意在给予欧洲专利局的雇员或履行职责的专家以为本组织或代表本组织的个人利益。无论何种情况，特权与豁免是专为确保本组织畅通无阻的运行且被给予之人的完全独立性而设。

（2）如果欧洲专利局局长认为豁免阻碍了司法的正常进程且在不违背本组织利益的情形下此豁免可能是不必要的，其有责任放弃豁免。行政理事会可基于同样的原因放弃对欧洲专利局局长的豁免。

第20条

（1）本组织应始终不渝地与缔约国的主管机构合作以便于正常执法、

确保遵守监督条例和有关公共卫生、劳动监察条例或其他类似的国家法律，以及防止任何滥用特权、豁免和本议定书规定的便利的行为。

（2）第1款所指的合作程序可纳入到第25条所指的补充协定中。

第 21 条

每个缔约国为了其安全利益，有保留采取一切必要的预防措施的权利。

第 22 条

任何缔约国都无义务将第12条、第13条、第14条的b项、e项和g项以及第15条c项的规定延伸到：

（a）缔约国自己的国民；

（b）任何人，其在本组织担当职务时，已经是该国的永久居民且不属于其雇员已经被并入到本组织的任何其他政府间组织的雇员。

第 23 条

（1）在没有放弃豁免的情况下，只要本组织或其雇员、专家已经根据本议定书主张特权或者豁免，任何缔约国可以就与有关本组织或欧洲专利局的雇员、代表欧洲专利局或以其名义履行职务的专家的任何争议提交到国际仲裁法庭。

（2）如果某缔约国打算将争议提交仲裁，该国应通知行政理事会主席，主席应立即将此通知告知每一个缔约国。

（3）本条第1款的程序规定不适用本组织与雇员或专家有关服务条例或雇佣条件或有关雇员的养老金计划条例的争议。

（4）仲裁决定书具有终局的效力，不得提出上诉。仲裁决定书对各方当事人具有约束力。对仲裁决定的有关含义或范围发生争议的，无论是哪一方当事人提出请求，都将由作出该决定的仲裁庭进行解释。

第 24 条

（1）第23条所指的仲裁庭应由三名成员组成，一名仲裁员由参加仲裁的国家或多个国家指定，另一名由行政理事会指定，第三个仲裁员作为首席仲裁员，由上述两名仲裁员指定。

（2）被指定的这些仲裁员来自由每个缔约国任命的不多于六人的仲裁

员和由行政理事会任命的六名仲裁员组成的仲裁团。仲裁团应尽可能在本议定书生效后建立并在认为必要时修改任命。

（3）在第23条第2款所指的通知之日起3个月内，如果上述的任何一方当事人都没有作出第1款所说的指定，根据其他当事人的请求，由国际法院的院长从上述仲裁团中选择仲裁员。如果自第二名仲裁员指定之日起的1个月内，前两名仲裁员对第三名仲裁员的指定未能达成一致，在上述的任何一方当事人提出此请求时，上述规则也同样适用。但是，在上述两种情况下，如果国际法院院长被阻止作出选择，或者他是提出争端的国家的国民时，则需要由国际法院的副院长作出上述的指定，前提是他不是提出争端的国家的国民；如果副院长也是提出争端的国家的国民，则需要由院长或副院长从国际法院的成员中指定一名不是提出争端国家的国民的成员作出上述的指定。

由行政理事会指定的仲裁员职位不能由提出争议申请的国家的国民担任；由提出争议申请的国家指定的仲裁员职位不能由行政理事会指定的合议庭成员担任；这两种人也不能选作为首席仲裁员。

（4）仲裁庭应建立自己的仲裁规则。

第25条

本组织可以按照行政理事会的决定，与一个或者多个缔约国缔结补充协定，以在该缔约国或者多个缔约国使本议定书产生效力，还可以达成其他协定，以确保本组织的有效运作并捍卫本组织的利益。

《关于为医药产品建立的补充保护证书的第 1768/92 号条例》

(1992 年 6 月 18 日)

本条例根据以下法案修改:

《关于奥地利、瑞典和芬兰加入法案》(理事会决定第 95/1/EC、欧洲原子能共同体、欧洲通讯卫星委员会批准);

《关于捷克共和国、爱沙尼亚共和国、塞浦路斯共和国、拉脱维亚共和国、立陶宛共和国、匈牙利共和国、马耳他共和国、波兰共和国、斯洛文尼亚共和国和斯洛伐克共和国的加入条件法案》,以及对《建立欧洲联盟条约》的调整案;

《关于保加利亚和罗马尼亚加入法案》;

欧洲议会和理事会于 2006 年 12 月 12 日发布的《关于兽药用途的医药产品》的第 1901/2006 号条例;以及

对第 1768/92 号(EEC)条例的修正案、第 2001/20/EC 号指令、欧盟第 2001/83/EC 号指令和第 726/2004 号条例(EC)。

[评述]

共同体条例(EEC)第 1768/92 号,为医药产品创立了补充证书制度,已于 1993 年 1 月 2 日生效。按照与委员会的建议一同提出的解释备忘录,本条例旨在改善医药领域的创新保护。具体地,正如绪言前 6 个段落所提出的,本条例意图在共同体层面上提供统一解决方案,以此为医药产业在使医药产品投入市场所必须进行的长期且花费巨大的研究提供足够的激励。以往是借助降低专利保护的力度来提供激励,但却导致医药产品专利申请的提交与该产品的审批之间,出现长时间的迟滞。与依赖于国家立法提供激励的做法不同的是,例如法国与意大利已经建立了补充保护证书制度,本条例提出的是共同体的解决方案。该证书授予的保护期间旨在允许专利和证书的所有人自该被审批的医药产品首次得到批准投放到共同体市场之时起,可享有一个总共最长为 15 年的排他性保护,证书超过专利的正常期限的五年以上的除外。在界定了"医药产品"、"产品"和"基本专利"(第 1 条)这样关键的术语之后,提出本条例医药产品的范围要分别符合公布在《关于人用和兽用药品》的第 65/65 号指令和第 81/851 号指令中的行政流程的规定(第 2 条),取得证书的条件规定在第 3 条中。而在第 4 条与第 5 条中,分别涉及保护的主题与补充保护证书的效力。第 6—11 条,涉及取得证书的资格、提交申请的时限、内容、在何处递交、审查和公布等形式方面。而授权后的年费事务、有效期限、期限届满、权利丧失及无效,则在第 12—17 条中规定。在上诉与程序事务的规定(分别规定在第 17 条和第 18 条中)之后,本条例以过渡条款(第 19 条和第 19a 条)、最早的由国家颁发的补充保护证书、保留国家专利法与期限延长有关的差别等最终条款作为结尾。第 1768/92 号条例之后还跟随着于 1997 年 2 月 8 日颁布的一个平行性的第 1610/96 号条例,即为植物保护建立的补充保护规定。第 1610/96 号条例意在(按照其第 4 段的说法)为植物保护产品提供一个与第 1768/92 号条例为医药产品提供的保护相等同的保护水平。在许多条款的规定上,两条例的规定是相同的。尽管在第 1610/96 号条例中,关于"植物保护产品"和"物质"的定义与第 1768/92 号条例的"医药产品"和"产品"的定义有实质上差别,以及在市场准入规定上存在着差别,但在其他的所有方面,后者照搬了第 1768/92 号条例的规定。在差别方面,第 1610/96 号条例对第 1768/92 号条例的条款,特别是对第 3 条、第 4 条、第 8 条第 1 款 c 项和第 17 条,以及绪言的第 9 段,作了详细的说明。第 1610/96 号条例的绪言第 17 段指出,对于先前条例中的解释,经过必要的修改后,也纳入到该条例的相应条款中。这使得两个条例的效力愈加接近。考虑到共同体规模的扩大,经过 1995 年奥地利、芬兰和瑞典的加入、2004 年的扩大条约而引来 10 个新的缔约国加入,共同体从第 1768/92 号条例生效之初的 10 个国家,已发展到目前的 25 个国家＊，两个条例也不断被修改。此外，两个条例还包括了欧洲经济区（EEA）的范围，这样一来，两个条例都适用于冰岛和挪威（但不包括列支敦士登）。自共同体的补充保护证书制度于 1993 年生效以来，已有大约 1000 个医药和植物保护产品成为共同体范围内的保护主题。典型地，在每个成员国，如果满足有可用的基本专利且相关产品已经得到批准的条件，一年有 50—60 个申请得到保护。共同体对医药产品市场准入的发展，更便利于第 1768/92 号条例在共同体的应用。植物保护产品的情况是其均匀一致性不够，欧洲法院的判例法（case law）有集中于第 1768/92 号条例的倾向——只有一个判决涉及到第 1610/96 号条例。欧洲判例法大多涉及取得证书的条件，欧洲法院至今还没有遇到请求法院对有关证书的保护主题或证书的效力作出判决的案子。两个条例在维护欧洲医药和植物保护产业的竞争方面，扮演着关键的角色。第 1901/2006 号关于儿科药物的条例，基于对本条例（第 1768/92 号条例）的修正，通过给予对本条例建立的证书最初期限以 6 个月延长的回报，意图对医药行业完成临床试验提供进一步的激励。第 1901/2006 号条例对本条例进行修正与补充，例如，对第 1 条、第 7 条、第 8 条、第 9 条、第 10 条、第 11 条、第 13 条、第 16 条和第 17 条进行了修正，补充了第 15a 条。

[绪言]

欧洲共同体理事会

依据建立欧洲经济共同体的条约，特别是该条约第 100a 条的规定，并依据欧盟委员会的建议案，配合欧洲议会的合作，依据经济和社会委员会的意见，

（1）鉴于药物研究在不断改善公共健康方面起着决定性的作用；

＊ 随着罗马尼亚和保加利亚于 2007 年 1 月 1 日正式成为欧盟成员国，欧盟已成为一个拥有 27 个成员国、人口超过 4.8 亿的大型区域一体化组织。截止于 2007 年，欧盟 27 个成员国的名单如下：比利时、荷兰、卢森堡、法国、德国、意大利、丹麦、爱尔兰、英国、葡萄牙、西班牙、希腊、奥地利、芬兰、瑞典、马耳他、塞浦路斯、波兰、匈牙利、捷克、斯洛伐克、爱沙尼亚、拉脱维亚、立陶宛、斯洛文尼亚、罗马尼亚、保加利亚。——译者注

（2）鉴于医药产品，尤其是那些需要花费长期研究才能取得成果且昂贵研究的产品将不会继续在共同体和在欧洲得到开发，除非对此类产品提供足够保护的有利规则以最大限度鼓励此类研究；

（3）鉴于一个新的医药产品，从提交专利申请到批准该医药产品投放市场需要经历一段时间，而专利的有效保护期间尚不足以弥补研究投资；

（4）鉴于这种情况导致了对制药研究的惩罚而保护不足的情况；

（5）鉴于当前情况使得位于成员国的研发中心向已经提供更好保护的国家迁移的风险不断增加；

（6）鉴于应在共同体的层面提供统一解决方案，从而防止国家法律的分化发展所导致的进一步的差距，其可能会阻碍医药产品在共同体内的自由流通并且直接影响到内部市场的建立与运作；

（7）鉴于在相同的条件下，在每一个成员国内，依各国的专利或欧洲专利的所有人的就已经批准市场准入的医药产品的请求，创建授予补充保护证书的制度；鉴于条例是最适合该制度的法律工具；

（8）鉴于授予证书的保护期限应提供如此适当有效的保护；鉴于为此目的，专利和证书的所有人自该被审批的医药产品首次得到批准投放到共同体市场之日起，应享有一个总共最长为15年的排他性保护；

（9）鉴于在如此复杂敏感的医药领域中所有包括公共健康在内的所有各方利益危险攸关，但这些利益必须给予考虑；鉴于，为此目的，授予的证书不能超过5年的期间；鉴于所授予的保护应进一步严格地限制在得到批准进入市场的医药产品上；

（10）鉴于考虑过渡安排的确定必须达成公正衡平；鉴于此种安排必须使得共同体的医药产业在某种程度上达到与其主要的竞争者历经多年的、由法律保障的适当保护相当的水平，但要确保此种安排不会向其他的在国家和欧共体层面上所追求的健康政策方面的立法目标妥协；

（11）鉴于在本条例生效之前，此种适用于按照国家的立法规定提交的证书申请和已授予的证书的过渡安排应该被界定；

（12）鉴于允许成员国在最近的时间内根据其本国法律提出医药产品

专利性要求的具体规定；

（13）鉴于在某些情况下，按照具体的国家法律专利期限已经被延长，应对证书的期限作适当的限制，

兹通过本条例。

1. 总述。(1) 绪言。（注：为方便起见已插入绪言编号，在涉及本条例的时候，欧洲法院通常使用这些编号。）本条例的绪言可用于证实条文中的规定的解释，且法律总顾问*（Advocates General）已经在欧洲法院的初步裁决程序中发表意见时频繁地引用，尽管欧洲法院本身很少这样做。**(2) 统一法律。**在 Pharmacia Italia 案（欧洲法院）中，法院在驳回 Pharmacia 提出关于"首次批准进入共同体市场"的解释建议时，指出该建议妨碍了绪言第6段关于针对不充分的专利保护问题提出在欧共体层面上的统一解决方案之目标实现。在 MIT 案（欧洲法院）中，法律总顾问建议基于绪言的第1、2、4、8段，应对"活性成分"作宽泛的解释，但欧洲法院根据绪言第6段提出的统一性要求，拒绝了该建议。欧洲法院所秉持的观点是，如果缺少法律确定性，则将导致各成员国之间在证书授予的问题上各行其是。**(3) 按照上下文和说明性文件进行解释的原则。**在欧洲法院的 MIT 案中，针对"活性成分"的概念作缩小解释的问题，欧洲法院指出，在本条例缺少对该概念的定义时，与其求助于绪言，不如考虑使用该概念一般的上下文以及其在日常语言中的通常含义。欧洲法院随后依赖关于本条例和最相关的《为植物保护产品建立补充保护证书的第 1610/96 号条例》所提出的建议的解释性备忘录，来支持其缩小解释。

2. 参考第 1610/96 号条例进行解释的原则。本条例的解释已经受到

---

* 参见《牛津法律词典解释》(Oxford Dictionary of Law)，Advocate General：An assistant to the judge of the European Court of Justice whose function is to assist the court by presenting opinions upon every case brought before it. The Advocate General acts as an amicus curiae in putting forward arguments based upon his own view of the interests of the European Union, although it is not open to any of the parties to the legal action to submit observations on his opinion。——译者注

生效的第 1610/96 号条例(为植物保护产品建立补充保护证书的条例)的影响。第 1610/96 号条例中绪言的第 17 段写道:

"鉴于在已作出必要的修正的情况下,本条例中绪言第 12、13 段和第 14 段,以及本条例第 3 条第 2 款、第 4 条、第 8 条第 1 款和第 17 条第 2 款的具体规定,对于具体解释共同体第 1768/92 号条例中的绪言第 9 段,以及该条例第 3 条、第 4 条、第 8 条第 1 款和第 17 条而言,是有效的。"

第 1610/96 号条例中绪言的第 12、13 段和第 14 段如下:

"(12)鉴于在如此复杂敏感的植物保护的领域中所有各方利益危险攸关,但这些利益必须给予考虑;鉴于,为此目的,授予的证书不能超过 5 年的期间;

(13)鉴于本证书所授予的权利应与基本专利所授予的权利相同,鉴于基本专利的保护范围囊括了活性物质及其各种衍生物(盐和酯),本证书也应具有相同的权利范围;

(14)鉴于对一个由活性物质组成的产品授予证书并不妨碍对该物质的衍生物(盐和酯)授予另一个证书,假如这些衍生物是专利具体所包括的主题内容。"

在欧洲法院的 *Pharmitalia* 案中,该法院指出,必须要牢记的是,根据第 1610/96 号条例中绪言的第 17 段的精神,在必要的修正后,该条例绪言的第 13 段在解释与本条例第 3 条一样的事物上,也是有效的。在欧洲法院的 *Novartis* 案中,该法院在解释本条例的第 17 条时,适用第 1610/96 号条例中绪言的第 17 段。在欧洲法院的 *MIT* 案中,该法院参考第 1610/96 号条例中绪言的第 4 段,该第 4 段规定,对于植物保护领域的创新需要将保护水平保持到与本条例授予的医药产品相同的水平。然后,该法院就根据第 1610/96 号条例第 1 条第 8 款的规定,作为解释本条例第 1 条第 2 款中"产品"定义的基础,尽管措辞不同。在欧洲法院的 *Hässle* 案中的脚注中,法律总顾问斯蒂克斯-哈克尔(*Stix-hackl*)认为,如果共同体的立法通过对该条例的具体解释规定了某个条例的具体法律后果,并且,解释本身规定在另一条例中,即便是仅仅出现在绪言中,是否满足"精确性原则"(德语中的"bestimmtheitsgrundsatz"——明确性原则,即法律确定性要件或原则的另一种表达),这个问题也是开放性的。

[定义]
第 1 条
为本条例的目的:
(a)"医药产品"是指任何呈现出用于治疗或防止人类和动物疾病的物质或物质的组合,以及任何着眼于作出医学诊断和着眼于修复、校正或修改人类或动物的生理学上的功能的物质或物质的组合。
(b)"产品"是指医药产品的活性成分或活性成分的组合。
(c)"基本专利"是指某一保护定义与在上述(b)中相同的产品、得到产品的方法或产品用途的专利,且属于被其所有者用于授予一项证书的程序性目的的专利。
(d)"证书"是指补充保护证书。
(e)"期限的延长申请"是指按照本条例第 13 条第 3 款规定和欧洲议会及理事会于 2006 年 12 月 12 日发布的第 1901/2006 号条例中的第 36 条之规定的证书期限延长申请。

1. 总述。本条提出了本条例所采用的重要定义,具体地说,区分了术语"医药产品"与"产品"。尽管医药产品的审批触发了申请补充保护证书的可能性。正是具有活性物质或活性物质组合的医药产品的这样的产品,才是补充保护证书的主题内容。

2. "医药产品"(a 项)。该"医药产品"的定义是与最初在第 65/65 号指令第 1 条第 2 款出现的定义相同的,第 65/65 号指令现已经被第 2001/83/EC 指令所替代。在广义上,"医药产品"等同于市场准入的产品。

3. "产品"(b 项)。产品是被定义为医药产品的活性成分或活性成分的组合。产品在广义上对应于被批准产品的"活性成分"或"活性组分",例如,苯磺酸氨氯地平之于马来酸氨氯地平。然而,在本条例的法语版本中,产品被限定为"principe actif",其正常的用法是指要么是产品中的物质,要么是活性基团，例如"氨氯地平"。按照某些国家的市场准入要求，活性物质可根据活性基团来描述，而不是按照所使用的活性物质，其可以是盐，例如盐酸盐，以及可以进一步地被溶剂化，例如三水合物。许多国家的专利局接受用"X 优选地以医药上可接受的盐的形式，例如盐酸盐"来定义产品的形式，尽管一些请求获得证书的申请人在市场准入请求中所作说明采用例如"X"或"X 的盐酸盐"来确认产品。在欧洲法院的 MIT 案中，法院指出，在本条例中的"活性成分"概念缺少任何定义的情况下，该概念的意思与范围应考虑其所在的上下文内容和其在日常语言中的通常含义。法院解释道，医药界上表达一般接受的"活性成分"，是不包括那些构成医药产品组分部分的但没有对人体或动物身体产生作用的那些物质，这才是通常的理由。因此，法院认为，在解释第 1 条 b 款在其概念的范围内，并不包括两种物质的结合，其中仅有一种物质具有治疗作用，而另一种物质为对于第一种物质的治疗作用所必须的医药产品的制药形式。在与 MIT 案密切相关的 Yissum 案中，欧洲法院认为，在基本专利为保护活性成分的第二医药用途的情况下，本条例的第 1 条 b 项应解释为：该用途并不构成产品定义的整体部分。

4．"基本专利"（c 项）。基本专利既可以是按照国家法律授予的专利，也可以是欧洲专利在相应的成员国有效的专利。其同样地可以保护产品，也即该专利可具有化合物权利要求。作为另一选择，其可以保护得到某一产品的方法，应该是直接用来生产该产品的方法。或者，还可以是某一产品用途的方法。原则上，涉及产品用途的专利，其可写成"瑞士型权利要求*"，即"分子式为 X 的化合物作为制备治疗疾病 Y 药物的应用"。在同一种产品中存在着一个以上的专利的情形下，任何一项专利都可被指定为基本专利——术语"基本的"并不意味着其为保护该产品的首次申请的专利。

---

* "瑞士型权利要求"（Swiss-type claim）或称"瑞士型的用途权利要求"（Swiss-type use claim），是专利申请中权利要求的一种撰写形式，是指覆盖某种已知的物质或化合物的第二种或随后的医学用途（或指征）的权利要求。由于最早在瑞士工业产权局适用而得名。其一般的表述形式为"物质 A 在制备治疗疾病 B 的药物中的应用。"由于当前世界各国大多不给疾病治疗方法以专利保护，瑞士型权利要求是保护医学用途发明的主要途径之一。——译者注

[范围]
第 2 条

任何在某一成员国境内受到专利保护的且在作为医药产品投放市场之前符合公布在第 65/65 号指令或第 81/851 号指令中的行政批准程序规定的产品，按照本条例规定的期限和条件，可作为证书的主题内容。

1. 总述。此规定要求在某一成员国内，产品在作为医药产品投放市场之前，必须符合公布在第 65/65 号指令或第 81/851 号指令中的行政批准程序规定。对于人用医药产品，第 81/851 号指令已经废止并被第 2001/83 号指令所取代。第 2001/83 号指令的第 128 条第 2 款规定，在述及已经被废止的立法规定时应理解为是在述及新的立法规定。接下来，第 2001/83 号指令又被第 2004/27 号和第 2004/24 号指令所修正。对于兽用医药产品，第 81/851 号指令已经废止并被第 2001/82 号指令所取代，第 2001/82 号指令的第 96 条作出了与第 2001/83 号指令的第 128 条第 2 款相同的规定。第 2001/82 号指令已经被第 2004/28 号指令所修正。

2. 市场准入。对医药产品的市场准入可以由国家来批准，例如，采用相互承认的程序，或者由共同体层面来批准，根据第 726/2004 号条例，由欧洲药物管理局*（European Medicines Agency）审批。共同体的准入容许医药产品在共同体内销售，而单一的准入可被用于针对基本专利向每一个成员国启动补充保护证书的申请。

3. 医疗器械。与美国对专利期限延长的立法不同，本条例没有明确地扩展到医疗器械。不过，在 Genzyme（荷兰）案中，申请人要求海牙地方法院考虑：关于根据医疗器械的第 93/42 号指令所批准的医疗器械而言，该医疗

---

* "欧洲药物管理局"的非正式简称 EMA 或 EMEA，其前身为"欧洲药物检验局"（European A-gency for the Evaluation of Medicinal Products），其地位相当于美国的食品及药物管理局（Food and drug Administration）。EMA 在欧盟、制药工业和会员国的赞助下，于 1995 年成立，目的是在协调会员国间国家级的药物检验单位，以节省新药在引进欧洲的过程中，会员国间重复审查的费用，并消弭在新药引进过程中，个别国家中的保护政策。——译者注

器械将某种物质结合进来成为一个整体,该物质如果单独使用,可认为是在第 65/65 号指令的意义下的医药产品,对于该物质,能否得到补充保护证书。该法院的观点是,尽管(本条例)第 2 条没有涉及第 93/42 号指令,但第 2 条不要求禁止适用本条例,如果申请补充保护证书的该物质,其安全性、品质和有用性在批准程序中得到证实,就类似于申请医药产品补充保护证书的程序。相似的论据可适用于关于其他设备的指令,即第 90/385 号关于有源植入性医疗器械的指令,以及第 98/79 号关于体外诊断医疗器械的指令,但这些解释不能被认为是欧洲法院的观点。

[取得证书的条件]
第 3 条

在成员国内提交第 7 条所称的申请且申请时满足如下条件,应授予证书:

(a)产品尚处在有效的基本专利的保护之下;

(b)视实际情况,根据欧共体第 65/65 号指令或者第 81/851 号指令对该产品作为医药产品投放市场的有效市场准入;

(c)该产品尚未成为某个证书的主题内容;

(d)在 b 项中所称的准入是该产品作为医药产品投放市场的首次批准。

1. 总述。本条规定了在相关成员国提出证书申请时应满足的条件。第 7 条规定,申请补充保护证书必须在该产品作为医药产品的相关市场准入之日的 6 个月内提出,或者,如果市场准入是在基本专利之前授予的,则在基本专利被核准后 6 个月内提出。在申请提出之日,受基本专利保护的该专利必须在提出申请的成员国内有效,该产品在此之前也必须还不是该成员国的保护主题,该产品作为医药产品投放到该成员国必须是有效的市场准入,且该市场准入必须是该产品作为医药产品投放到该成员国的首次准入(尽管可能还存在着在共同体内的更早的准入)。无论是第 65/65 号指令或者第 81/851 号指令,都已经被废止并且分别被第 2001/83 和第 2001/82 号指令所取代。市场准入可以是国家层面的准入,仅涉及向其提出申请的成员国,或者是,根据第 726/2004 号条例(该条例取代了第 2303/93 号条例)在共同体层面上的准入,其适用于所有共同体的成员国。尽管证书批准之前,基本专利可能过期,但只是在专利期限届满后,才不能申请补充保护证书。

2. 受到基本专利所保护(a 项)。本条例绪言的第 8 段规定,授予证书的保护期限应提供达到适当有效的保护程度。专利以及与该专利有关的后续授予补充保护证书的所有者将享有自所申请的医药产品首次在共同体市场内得到投放准入起,总共最长达 15 年的排他性的期限。然而,本条例并没有对"受保护"的含义给出定义。正如欧洲法院在 *Farmitalia* 案中所指出的:专利的有关法条至今还没被成为共同体或类似法律协调化的主题内容。基本专利的保护内容因此属于国家法解释的问题,不过,其应该按照权利要求解释的正常原理进行解释。具体地说,应该考虑关于欧洲专利公约第 69 条议定书的解释原理。基于此,英国专利局和德国专利局都将等同于盐的产品解释为基本专利的保护范围,尽管根据字面解释,基本专利的权利要求并不能扩展到活性基团的衍生物。在每一个案子中,说明书必须清楚表明活性基团能够以属于市场准入的主题内容的该物质形式来使用。一种观点认为,这可能暗示了判断某种产品是否被基本专利所保护可通过判断该产品如果被第三方销售是否侵犯基本专利的判别法。但该判别法在一些场合下被拒绝适用,至少涉及活性物质的组合方面的产品并且基本专利仅仅涉及组合中的活性物质之一的情形。因此,在 *AB Hässle* 案中,瑞典最高行政法院认为,根据第 3 条 a 项,非洛地平(*felodipin*)专利并不能保护到非洛地平与美多洛尔(*Metoprolol*)的组合物,因此非洛地平专利并没有包含该组合物本身。在 *Takeda No. 1*(英国)案中,虽然涉及到不同的组合物产品,英国高等法院采取了与 *Merck*(丹麦)案中丹麦高等法院东部分院相类似的观点。无论是瑞典法院还是英国法院,都认为这一点是再清楚不过的,从而拒绝参考欧洲法院的判决。在 *Abbott*(法国)案中,申请补充保护证书的请求中涉及到基本专利说明书通常所描述的内容但没有出现在权利要求中，法国上诉法院也以该专利的权利要求书没有保护该组合物为由拒绝了该补充保护证书的申请。

3. 产品投放市场的准入（b 项）。正如欧洲法院在 Yamanouchi 案中所指出的那样，证书授予的前提条件是，在提出申请之日，在该申请提出的成员国中产品作为医药产品投放市场得到有效准入。对于同样的产品在另一个成员国的市场准入，或者，在相同的成员国内专利到期后再准入的，都不属于是足够充分的有效准入。在其他规定以外，市场准入还必须包括第 8 条第 1 款 b 项所要求的产品特性的概要。这似乎排除了主管机关对于提供给临床试验的产品的批准被当作是一个合适的市场准入，尽管对结合了活性成分物质的医疗器械授予市场准入是否相当于根据第 65/65 号指令的准入，还有待观察。

4. 尚未成为某个证书主题内容的产品（c 项）。本款的字面解释似乎排除了对在成员国中已经成为某个证书主题内容的产品再授予证书。与欧盟委员会的建议一起提出的解释备忘录指出，本款意在防止对医药产品的每一次的微小改进都授予一个新的证书，例如，对于一个新的剂型，也作出一个新的市场准入。这反过来会导致补充保护证书对该产品的保护期限的延长。然而，荷兰专利局和英国专利局都认为，如果对于某项基本专利的持有者的某一产品已经授予了证书，之后，基于同样的市场准入，不同的基本专利的持有人就相同产品又提出证书申请，则在这种情况下，在先已经授予证书的事实不能构成根据本条例第 3 条 c 项规定而拒绝在后申请的理由，参见 Chiron and Novo Nordisk（英格兰）案。

5. 第 1610/96 号条例对第 3 条的效力。第 1610/96 号条例（植物保护条例）的绪言（第 17 段）指出，按照该新条例的第 3 条第 2 款的规定对本条例第 3 条进行解释，该第 3 条第 2 款规定如下：

2. 在同一个产品上拥有多个专利的所有人不应被授予一个以上的关于该产品的证书。然而，涉及同一产品的两个或多个申请且分属于不同的专利所有人的审查时，可以针对该产品向每一位所有人颁发一份证书。

该规定的第二句话与欧洲法院在 Biogen 案中的判决要旨是一致的,该判决解释道:如果医药产品是被某一基本专利所涵盖,则本条例并没有排除向基本专利的每一个所有人授予补充保护证书。欧洲法院没有明确地考虑来自一位专利所有人的对同一个产品提出两个或更多的申请的情形,但在许多专利局的实务中,对这些申请仅允许授予一份补充保护证书。例如 Takeda(No. 2) (英国) 案。

[保护的主题内容]
第 4 条

在基本专利所给予的保护范围之限度下,证书所给予的保护应仅延及到包含在对应的被批准投放市场的医药产品的产品,以及在证书到期前已经作为医药产品的该产品的任何用途。

1. 总述。一份补充保护证书所保护的仅为被市场准入所涵盖的产品。尽管本条例的绪言第 9 段第 3 款规定了所授予的保护应"严格限定"在得到批准投放市场的产品上,但第 1610/96 号条例的绪言(第 13 段)(根据该条例绪言第 17 段的规定,其可以用来解释本条例的绪言第 9 段和本条例第 4 条)规定,该证书所赋予的权利与赋予基本专利的权利相比是同等的权利;因此,如果基本专利包含了一种活性物质及其各种衍生物(盐和酯),该证书也应给予同样的保护。这与欧洲法院在 Farmitalia 案的意见是一致的:如果市场准入中所涉及的活性组分是以盐的形式出现且该盐是受到有效的基本专利所保护的,证书所提供的保护也是同样地能够包含到活性组分,并且,也可以延及到作为医药产品的各种衍生形式,例如盐和酯,以此使其达到包含到由基本专利保护的程度。

2. 证书到期之前所批准的作为医药产品的任何产品用途。正如欧洲法院在 Pharmacia Italia 案中所述的那样,证书所给予的保护涉及到作为医药产品的产品任何用途,且不区分作为医药产品的人用的产品用途还是兽用的产品用途。因此,产品首次作为兽用医药产品被准入后,就不能再颁发作为人用医药产品的补充保护证书。另一方面,在证书届满之前,对于医药产品的进一步用途可不断地被批准。例如,某一产品的补充保护证书首次批准的是治疗女性的压力性尿失禁症,之后,再批准治疗严重的抑郁症的用途,假设相关的基本专利保护该两种用途。

[证书的效力]
第5条

除第4条的规定之外,证书所给予的权利如同基本专利的权利一样,且应该受到与基本专利同样的限制、承担与基本专利同样的义务。

1. 总述。尽管补充保护证书不是对专利本身的延长,而是其构成了对证书客体的产品进行限制的独特的权利,证书授予与基本专利同样的权利。例如侵权等事宜也同样地适用于证书,并按照本国专利法的规定进行处理。

[取得证书的资格]
第6条

证书应该授予基本专利的所有人或其合适的继承人。

1. 总述。基本专利的所有人及启动申请程序的市场准入的所有人通常不是同一个人。例如,市场准入的所有人可能是握有专利的美国公司的欧洲子公司。或者,市场准入的所有人可能是专利所有人的被许可人。实务中,似乎任何人都可以申请证书,尽管最终证书应授予基本专利的所有人或合适的继承人。

[申请证书]
第7条

1. 申请证书应自第3条b项所指的该产品被准入作为医药产品投放

市场之日起 6 个月内提出。

2. 尽管有第 1 款的规定,但如果产品投放市场是在基本专利授权之前获得准入的,申请证书应自该专利授权之日起的 6 个月内提出。

3. 当提出申请证书时,或在证书申请审查中且满足第 8 条第 1 款 d 项或第 8 条第 1a 款规定时,可以申请期限的延长。

4. 对已经授予证书提出期限延长应在不迟于证书到期前的两年内提出申请。

5. 虽然有第 4 款的规定,在欧盟第 1901/2006 条例生效 5 年内,对已经授予证书提出期限延长应在不迟于证书到期前的 6 个月内提出申请。

1. 总述。通常专利的授权是在批准市场准入之前,在此情况下,申请证书应自批准投放市场之日起 6 个月内提出。但是,如果市场准入是在专利授权之前批准的,证书的申请应自专利授权之日起 6 个月内提出。欧洲专利授予后要立即面临 9 个月的异议期,该期间内任何第三方都可以对授权专利提出异议。按照本条例的规定,受到异议的专利并不影响该专利是否被指定为基本专利,虽然,如果该专利被撤销,则任何授予给该专利的证书也被认为是被撤销的。

2. 市场准入的批准日(第 1 款)。对于按照第 726/2004 号条例的集中程序批准的市场准入而言,一般是以按照第 2001/83 号指令,或者适当时,按照第 2001/82 号指令批准医药产品的决定作出日为市场准入的批准日。此日期显示在委员会决定的首页上。对于国家的主管机构的做法,还不是那么明确。某些国家的主管机构并不认可该市场准入的批准日,而仅仅是以书面通知告知申请人该医药产品已经被批准。实践中,在这种情况下通常以书面通知之日当作批准日。英国专利局在 *Abbott*(*England*)案中,认为相关的日期是批准授予的实际日期,但其他的专利局,例如意大利专利局,则认为应以相关专利公报上登载的日期为准。在 *Health research*(*Germany*)案中,德国最高法院提出,在第 7 条第 1 款中所称的"第 3 条 b 项所指的被批准作为医药产品的产品投放市场之日"是按照共同体法律确定还是按照本国法的规定以批准发生效力而定,提请欧洲法院作出初步裁决。如果该日期由共同体法律来确定,则还要请欧洲法院就此目的对哪一天必须被考虑作出裁决。

3. 对延误提交申请的 6 个月期限的救济。本条例第 18 条规定,由于本条例缺少程序性规定,则根据本国法的相应的基本专利的程序性规定也适用于证书申请,除非该国法律有专门的对证书申请的程序性规定。如果专利所有人错过了补充保护证书的申请期限,在某些国家里,例如德国、瑞典和荷兰,有类似于根据《欧洲专利公约》第 122 条的规定,对补充保护证书的申请也适用于权利恢复。在比利时,该规定仅仅适用于错过年费缴纳,所以如果错过了申请证书的期限,似乎没有补救手段可供利用。在英国,按照其专利法实施细则的第 110 条第 1 款的规定,6 个月的期限是可以延期的,参见 Abbott(England)案。在爱尔兰,似乎也没有补救措施。

[证书申请的内容]

第 8 条

1. 申请证书应包含:

(a)请求授予证书的请求书,具体写明:

(i)申请人的名称与地址;

(ii)如果指定了代表人,该代表人的姓名与地址;

(iii)基本专利的申请号及发明名称;

(iv)第 3 条 b 项所指的首次批准产品投放市场的日期和号码,且如果首次批准产品投放市场并不是在共同体内的,注明该批准日期和批准号码;

(b)第 3 条 b 项所指的首次批准产品投放市场的批文副本,该批文的产品是被授权的,具体包含有批文日期和号码,以及第 65/65 号指令第 4a 条或者第 81/851 号指令第 5a 条所列出的产品特点概述;

(c)如果上述 b 项中所指的批准不是在共同体内首次作为医药产品投放市场的产品,有关所批准产品的同一性的信息及批准程序所依据的法律规定,连同在适当的出版物上公布此批准的通知副本;

(d)如果证书申请中包括了延长期限的请求：

(i)表明符合欧盟第 1901/2006 号条例第 36 条第 1 款所称的完整的儿科研究计划的声明副本；

(ii)必要的时候，除了 b 项所指的产品投放市场的批准副本之外，还要提供欧盟第 1901/2006 号条例第 36 条第 1 款所称的批准在所有其他的成员国产品投放市场的证明。

1a. 如果证书申请处在审查之中，则按照第 7 条第 3 款规定的关于期限延长的申请，应包括第 1 款 d 项的具体信息以及已经提交了证书申请的参考资料。

1b. 已经授予的证书申请延长期限的，应提供第 1 款 d 项的具体信息及已经授权的证书副本。

2. 成员国可以规定在提出证书申请时或者申请延长证书期限时缴纳费用。

1. 总述。本条的规定主要是关于管理效力上的规定并规定了申请补充保护证书的内容，其必须对申请人、基本专利和相关的市场准入进行验证。

2. 批准文件的副本。在欧洲法院的 *Biogen* 案中，欧洲法院判决认为如果基本专利的所有人与市场准入文件的所有人不是同一人且专利所有人（在该 *Biogen* 案中）不能按照本条例第 8 条第 1 款 b 项规定提供批准文件副本时，该申请将依据单独的理由予以驳回。实务中，当申请人未能从持有市场准入文件的人手里获得副本时，主管的工业产权局可能首先要求提供这方面的证据以及能够从作出批文的机构获得的此类相关信息。通常，经请求这些信息是可以从作出批文的机构获得的，一些权力机构，包括 EMEA（European Medicines Evaluation Agency，欧洲药品评价局）、荷兰和英国的主管机构，会在新批准医药产品后的几个星期内公布该产品特性介绍。这样，连同同一产品的信息，就足够满足本条例第 8 条第 1 款 b 项规定的要求了。通常，EMEA 会采用共同体的所有官方语言公布产品特性介绍。如果这些数据不能从公共资源获取,申请人必须向主管的中央工业产权局提供足够的需要验证的医药产品的信息,该局会请求作出批准的机构相关产品特性介绍的副本。如果产品特性介绍的信息不进入公众领域,某些中央工业产权局,例如英国,经请求将此信息保密。其他的一些中央工业产权局,例如瑞典,对于用来支持补充保护证书所呈交的材料,没有任何维持其保密的规定。

3. 在共同体内的首次批准。对于 1994 年 7 月 1 日当天及之后提出的申请,为第 8 条第 1 款 a 项 iv 目和第 8 条第 1 款 c 项的,相关的批准信息应包括在欧洲经济共同体的缔约国的首次批准的信息。目前,这意味着除了欧盟成员国之外,还可能包括在冰岛、挪威和列支敦士登的批准信息。实务中,作为列支敦士登与瑞士双边协议的成果,首次在列支敦士登获得批准的也可作为在瑞士得到批准。一直到 2005 年 7 月,在瑞士的批准会自动地延伸到列支敦士登。自 2005 年 7 月起,这个联系被打破了,通常在医药产品在瑞士被批准和在列支敦士登对该批准的认可存在着至少一年的间隙期。此结果导致了瑞士的市场准入现在不大可能被当作在共同体的首次批准。在欧洲法院的 *Novartis* 案中,瑞士作为医药产品的授予批准要比依照集中程序的共同体批准早了两年。

4. 公布批准的通知副本。尽管本条例第 8 条第 1 款 c 项规定如果第 8 条第 1 款 b 项规定所指的批准不是首次在共同体批准的,则必须提供由合适的官方出版物登载的公布首次批准的通知副本,实务中,主管的中央工业产权局可接受市场准入文件的副本或者甚至是在该国公布的作为医药产品的产品特性介绍的资料。此做法与第 1610/96 号条例(植物保护)的规定是一致的,该条例的第 8 条第 1 款 c 项规定"任何已经出版的其他能够证明批准的文件,其出版的日期即对批准产品的验证"可以作为依据。

[证书申请的提出]
第 9 条

1. 除成员国指定了另外的机构之外,证书申请应该向对基本专利作出授权的主管工业产权局或者代表该局作出授权的机构提出,且已经得到第 3 条 b 项所指的将产品投放市场的批准文件。申请证书期限的延长应该向有关成员国的主管机构提出。

2. 证书申请的通告应由第 1 款所指的机构进行公布,通告中至少含有下列信息:

(a)申请人的姓名与地址;

(b)基本专利的专利号;

(c)发明名称;

(d)第 3 条 b 项所指的将产品投放市场的批准文件的号码与日期,以及与该批准文件相同的产品;

(e)如果相关,在共同体内首次投放市场的批准文件的号码与日期;

(f)在适当的情况下,对申请中所保护的期限延长请求的说明。

3. 对于已经批准的申请证书期限延长或者处在审查中的证书申请,适用第 2 款的规定。通告中还应另外包含关于证书期限延长的说明。

1. 总述。本条涉及提出证书申请的行政程序上的规定,有关申请的具体信息应由主管的专利局予以公布。在大多数成员国中,例如比利时、荷兰、冰岛、西班牙和英国,第 9 条第 2 款所规定的申请补充保护证书的具体内容公布在国家专利局的官方网站上。

[授予证书或驳回申请]

第 10 条

1. 如果证书申请以及与其相关的产品满足本条例所公布的条件,第 9 条第 1 款所指的机构应授予证书。

2. 在不违反第 3 款规定的前提下,如果证书申请以及与其相关的产品不满足本条例所公布的条件,第 9 条第 1 款所指的机构应驳回该申请。

3. 如果证书的申请不满足第 8 条所公布的条件,第 9 条第 1 款所指的机构应要求申请人在规定的时间内对不规范之处作出补正,或者缴纳费用。

4. 如果申请人未能在第 3 款规定的时间内对不规范之处作出补正或缴纳费用,则该机构应驳回申请。

5. 成员国可规定第 9 条第 1 款所指的机构在不考虑第 3 条 c 项和 d 项规定的条件下,有权授予证书。

6. 第 1—4 款的规定,对期限延长的申请同样适用。

1. 总述。本条涉及国家工业产权局在确定是否授予证书或驳回申请所遵循的审查程序。根据本条第 3 款的规定,如果申请不符合本条例第 8 款规定的形式要求,必须给予申请人补救缺陷的机会。某些国家的工业产权局,并不超出是否符合第 8 款规定的形式要求的审查范围,相反在另一些国家,特别是英国、德国、瑞典和丹麦的专利局,要审查是否符合第 3 款规定的所有条件。本条第 5 款允许成员国在不考虑第 3 条 c 项和 d 项规定的条件下授予证书,实务中,对于工业产权局而言,要想证实申请中所指的批准是否为将产品作为医药产品投放市场的首次批准,并非易事。2005 年 6 月,欧共体委员会对阿斯利康公司*(Astra Zeneca)罚款 6000 万欧元,理由是涉及对欧洲共同体条约第 82 条的滥用,罚款的一个关键理由在于申请补充保护证书时,在相关的国家工业产权局没有义务核实市场准入文件日期的情况下,阿斯利康公司作出了误导性的陈述**。

[公布]
第 11 条

1. 授予证书的事实应由第 9 条第 1 款所指的机构以通告形式予以公布。通告中应至少包含下列信息:

---

* 阿斯利康公司是全球领先的制药公司,由前瑞典阿斯特拉公司(Astra)和前英国捷利康(Zeneca)公司于 1999 年合并而成。阿斯利康公司总部位于英国伦敦,研发总部位于瑞典。产品销售覆盖全球 100 多个国家和地区。其官方网站为:http://www.astrazeneca.com/。——译者注

** 关于阿斯利康公司的"误导性的陈述",欧盟法院已在 2012 年 12 月 6 日作出最后裁决。有兴趣的读者请参考张伟君著"AstraZeneca 滥用市场支配地位案",见 http://law.tongji.edu.cn/index.php?classid=2434&newsid=3516&t=show。——译者注

（a）证书所有人的名称和地址；

（b）基本专利的专利号；

（c）发明名称；

（d）第3条b项所指的将产品投放市场的批准文件的号码与日期，以及该批准文件所验证的产品；

（e）如果相关，在共同体内首次投放市场的批准文件的号码与日期；

（f）证书的期限。

2. 证书申请已被驳回的事实应由第9条第1款所指的机构以通告形式予以公布。通告中应至少包含第9条第2款所列信息。

3. 对于已经授予证书的期限延长或者驳回期限延长申请的事实之公布，第1款和第2款的规定同样适用。

[年费]

第12条

成员国可以对缴纳证书年费的具体条件作出规定。

1. 总述。在某些成员国，特别是英国，年费缴纳是随着证书发生效力的条件采取单一累进金额计算，要求证书所有人按照证书的有效期间缴纳年费——证书的最长持续期间小于证书所有人不希望该证书有效的期间。如果证书所有人选择的有效期少于证书最长期限，该期限不能再延长。某些国家，例如法国，还要求在专利到期之后仍在审查中的申请缴纳年费。

[证书的期限]

第13条

1. 证书应在基本专利的法定期限结束后发生效力，有效期为基本专利申请提出日与在共同体内首次批准将产品投放市场日之间的时间段减去5年。

2. 尽管有第1款的规定，证书的期限从其发生效力起不得超过5年。

3. 在适用欧共体第 1901/2006 号条例的情况下,第 1 款和第 2 款所规定的期限可以延长 6 个月。在此情况下,本条第 1 款所规定的期限只能延长一次。

1. 总述。如果基本专利的期限是 20 年(通常是这种情况),补充保护证书的最大期限自首次批准进入共同体市场起为 15 年,或者自专利正常终止日起 5 年,以两者最短的为准。为了使补充保护证书发生效力,专利应保持在全期限内有效,即不能在专利正常终止日之前被撤销或者失效。如果证书所有人未能缴纳所规定的年费,不论是故意还是疏忽的,补充保护证书的期限就会小于第 13 条所规定的期限。

2. 在共同体内首次批准。根据欧洲经济区(EEA)协议,按照欧洲自由贸易联盟(EFTA)国家的国家立法规定将产品投放市场的批准应当作符合欧盟第 65/65 号指令(以及其后继者,见本条例的第 2 条规定)的批准。自 1994 年 7 月 1 日起,本条例在奥地利、芬兰、冰岛、挪威和瑞典生效。从该日起,申请补充保护证书必须考虑产品在任何一个欧洲自由贸易联盟(EFTA)国家的市场准入,即便是批准程序不符合第 65/65 号指令。因此,如果产品在一个欧洲自由贸易联盟(EFTA)国家的市场准入是在 1994 年 7 月 1 日之前,且在欧共体的首次批准是在 1994 年 7 月 1 日之后,那么证书的期限应根据在欧洲自由贸易联盟(EFTA)国家的市场准入来确定。举例来说,英国的托瑞米芬(*toremifene*)补充保护证书,是在 2003 年 5 月基本专利到期批准的,该证书的期限届满是在 2003 年 12 月,因为该产品在芬兰的首次批准是 1988 年 12 月,虽然其在欧共体的批准是在 1996 年 2 月。类似地,如果首次在欧共体(例如在葡萄牙、西班牙和希腊)的批准不符合欧盟第 65/65 号指令,因为在该市场准入之时这些国家还没有实施该指令,但是,该市场准入仍被当作为在共同体的首次批准。因此,在英国、荷兰、意大利和瑞典,对醋氯芬酸(*aceclofenac*)授予了补充保护证书,其期限届满于 2005 年 3 月,因为这是基于葡萄牙是在 1990 年 3 月作出市场准入的事实,即便是按照第 65/65 号指令在共同体的首次批准(在英国)是 1995 年 4 月。

在德国,关于醋氯芬酸,基于在英国的市场准入的补充保护证书期限,依赖于欧洲法院在 Hässle 案的说理,德国联邦专利法院持不同观点。但是,后来在比利时发生的无效诉讼中,Merck 案的一审法院(比利时)认定醋氯芬酸补充保护证书的期限应按照葡萄牙市场准入之日来确定,并且允许将终止日期从 2009 年 3 月改为 2005 年 3 月,这也是部分地依赖于欧洲法院的总法律顾问在 Novartis 案中的说理。(1)瑞士和列支敦士登。瑞士与列支敦士登(欧洲自由贸易联盟的成员)有各种专利和海关联盟,根据全民公决[*],瑞士决定不批准欧洲经济区(EEA)协定。因此,欧洲经济区(EEA)协定直至 1995 年 5 月才在列支敦士登生效。按照瑞士与列支敦士登之间的专利联盟,瑞士专利自动地延伸到列支敦士登,列支敦士登不能按照本条例发出任何证书。相反,瑞士的补充保护证书将延伸到列支敦士登。根据本条例,瑞士就补充保护证书的期限的市场准入的效力被欧洲法院在 Novartis 案中所认可,其中法院认定列支敦士登自动承认瑞士的市场准入,该批准构成了在共同体的首次批准。在结论部分,该法院指出,如果瑞士的市场准入被排除在第 13 条目的下构成首次市场准入,则补充保护证书的期限就必须参考后来在欧洲经济区(EEA)的市场准入。2005 年 7 月,瑞士与列支敦士登联盟作出修改,使得瑞士的市场准入不再自动延伸到列支敦士登,但在生效前有 1 年的缓冲期的限制。(2)等同兽药产品。在欧洲法院的 Pharmacia Italia 案中,欧洲法院的判决认为,对于申请人用医药产品的补充保护证书而言,兽药产品在批准构成了在共同体的首次批准,因此,不再给人用医药产品授予证书。

[证书的终止]
第 14 条

如有下列情形之一的,证书将失效:

---

[*] 1992 年 12 月 6 日,瑞士就条约的批准举行公民投票,结果由于 50.3% 的居民反对而否决了瑞士加入欧洲经济区。鉴于列支敦士登和瑞士在司法和行政上的特殊关系,瑞士的否决使列支敦士登也无法加入欧洲经济区,导致欧洲经济区的范围由原来的 19 国缩小到 17 国。——译者注

（a）第 13 条规定期限届满；

（b）证书所有人放弃该证书；

（c）未能按照第 12 条的规定按时缴纳年费；

（d）按照欧洲经济共同体第 65/65 号指令或者第 81/851 指令投放市场的有关批准文件被撤销后证书所涵盖的产品不可再投放市场。

第 9 条第 1 款所指的机构可以依职权或者在第三方的请求下作出证书失效的决定。

1. 总述。除非出现所有人放弃，或者未按时缴纳年费，或者产品的市场准入文件被撤销的情况，否则，证书将在法定期限结束后失效。

[证书的无效]

第 15 条

1. 出现下列情形之一的，证书应被认定无效；

（a）证书的授予违反了第 3 条的规定；

（b）基本专利在法定期限到期前已经失效；

（c）基本专利被撤销，或者基本专利的保护范围受到限制使得证书授予的产品不再受到基本专利的权利要求保护，基本专利过期后，对此种撤销或限制而言是正当合理的撤销理由仍然存在。

2. 任何人都可以向国家法律规定的负责撤销对应基本专利的司法机关提出宣告证书无效的申请或诉讼。

1. 总述。如果不符合授予证书的条件，或者基本专利在其正常期限届满前失效，或者该专利被撤销或受到限制使其不能再保护产品了，则证书是无效的，应该向成员国的主管的法院提出无效的诉讼。虽然从表面上看，本条给出的证书无效的理由是穷尽性的，但欧洲法院在 *Hässle* 案判决中认为，证书的授予不符合本条例第 19 条关于过渡规定的要求，按照第 15 条也是无效的，并且欧洲法院指出，即便不能从第 15 条第 1 款规定的遣词用句中推断出所罗列的证书的无效理由不是穷尽的,也必须当作是不穷尽的。

[期限延长的撤销]
第 15a 条

　　1. 如果违反欧共体第 1901/2006 号条例第 36 条的规定,证书的期限延长可被撤销。

　　2. 任何人都可以向国家法律规定的负责撤销对应专利的主管机构提出撤销期限延长的申请。

[证书失效或无效的公告]
第 16 条

　　1. 如果依照第 14 条 b 项、c 项或 d 项的规定证书失效,或者依照第 15 条的规定证书无效,应由第 9 条第 1 款所指的机构对此撤销或无效进行公告。

　　2. 如果依照第 15a 条的规定撤销了期限的延长,应由第 9 条第 1 款所指的机构对此撤销进行公告。

[上诉]
第 17 条

　　第 9 条第 1 款所指的机构或第 15 条第 2 款所指的司法机关按照本条例作出的决定,应与国家法律规定的按照本国专利法作出的类似决定同样地可提出上诉。

　　1. 第 1610/96 号指令对第 17 条的效力。 第 1610/96 号指令中的第 17 条第 2 款是该条例中的绪言(第 17 段)所指的有效的特别条款之一,同等适用于对本条例第 17 条的解释。第 1610/96 号指令中的第 17 条第 2 款规定如下:

　　　　对于意在纠正证书期限而言,如果按照第 8 条的规定,包含在证书申请中在共同体内将产品投放市场的首次批准日期是不正确的话,授予证书的决定应是可上诉的。

在 Novartis 案中,欧洲法院被问到:对于证书期限的计算错误,欧洲经济区成员国的机构是否有义务去纠正。由于该案判决认为该证书期限的计算是正确的,所以欧洲法院就没有正面回答这个问题。但在该案中,总法律顾问鲁伊斯-亚拉伯·格罗梅尔(Ruiz-Jarabo Colomer)表达了这样的观点:如果发生了这样的计算错误,对用来确定期限的日期,国家机构有纠正的义务。在缺少共同体立法的情况下,他继续解释说,对于获得纠正的详尽的程序规则应由成员国的国内立法来作出规定。实务中,大多数但不是全部国家的工业产权局,对没有基于瑞士的批准作为在共同体的首次批准而错误地计算证书的期限作出了纠正。

[程序]
第 18 条
1. 在本条例缺少程序规定的情况下,国家法中适用对应的基本专利的程序规定应适用于证书的申请,除非另外制定了专门适用证书的程序规定的法律。

2. 尽管有第 1 款的规定,但应排除对于授予证书的异议程序。

1. 总述。本条例并未涉及有关证书申请和维持的具体程序规定。这些程序问题可以根据国家法律的专门的程序规定来处理。某些成员国已经制定了程序规定,例如英国,另外一些国家适用于国家法律中的程序规定。适用不同的国家法律的程序规定的一个例子是,在英国,对于申请第 7 条规定的证书来说,期限可延长至 6 个月,而另一些国家,例如德国和瑞典,只有申请的权利通过请求权利恢复后,才允许延后申请。

[过渡规定]
第 19 条
1. 任何在加入日时受有效专利保护的产品,且该产品在共同体内或者奥地利、芬兰或瑞典的领域内获得的将该产品作为医药产品投放市场的首次准入批准是在1985年1月1日之后的,可以授予证书。

证书是在丹麦和德国授予的情况下,用1988年1月1日替代该1985年1月1日的日期。

证书是在比利时、意大利和奥地利授予的情况下,用1982年1月1日替代该1985年1月1日的日期。

2. 第1款所指的证书申请应自本条例生效日后的6个月内提交。

[与共同体扩大有关的附加规定]
第19a条

在不违背本条例其他规定的情况下,应适用下面的规定:

(a)(i)任何在捷克共和国受到有效的基本专利保护的医药产品,且该产品作为医药产品投放市场的首次批准是1999年11月10日之后在捷克共和国获得的,可以授予证书,但条件是证书申请是在获得首次市场准入后的6个月内提出的;

(ii)任何在捷克共和国受到有效的基本专利保护的医药产品,且该产品作为医药产品投放市场的首次批准是在不早于加入日之前6个月在共同体获得的,可以授予证书,但条件是证书申请是在获得首次市场准入后的6个月内提出的;

(b)任何受到有效的基本专利保护的医药产品,且该产品作为医药产品投放市场的首次批准是在加入日之前在爱沙尼亚获得的,可以授予证书,但条件是证书申请是在获得首次市场准入后的6个月内提出的,或者当这些专利是在2000年1月1日之前授予的,并且在1999年10月的专利法规定的6个月内提出的;

(c)任何受到有效的基本专利保护的医药产品,且该产品作为医药产品投放市场的首次批准是在加入日之前在塞浦路斯获得的,可以授予证书,但条件是证书申请是在获得首次市场准入后的6个月内提出的。尽管有上面的规定,但如果市场准入是在该专利授权前获得的,则证书申请必须是在

专利授权日后的6个月提出的;

（d）任何受到有效的基本专利保护的医药产品,且该产品作为医药产品投放市场的首次批准是在加入日之前在拉脱维亚获得的,可以授予证书。如果第7条第1款规定的期限已经届满,在加入日后的6个月期限内,仍可以提出证书申请;

（e）任何受1994年2月1日之后申请的有效的基本专利保护的医药产品,且该产品作为医药产品投放市场的首次批准是在加入日之前在立陶宛获得的,可以授予证书,但条件是证书申请是在加入日后的6个月内提出的;

（f）任何受到有效的基本专利保护的医药产品,且该产品作为医药产品投放市场的首次批准是在2000年1月1日之前在匈牙利获得的,可以授予证书,但条件是证书申请是在加入日后的6个月内提出的;

（g）任何受1994年2月1日之后申请的有效的基本专利保护的医药产品,且该产品作为医药产品投放市场的首次批准是在加入日之前在马耳他获得的,可以授予证书。如果第7条第1款规定的期限已经届满,在加入日后的6个月期限内,仍可以提出证书申请;

（h）任何受到有效的基本专利保护的医药产品,且该产品作为医药产品投放市场的首次批准是在2000年1月1日之前在波兰获得的,可以授予证书,但条件是证书申请是在加入日后的6个月内提出的;

（i）任何受到有效的基本专利保护的医药产品,且该产品作为医药产品投放市场的首次批准是在加入日之前在斯洛文尼亚获得的,可以授予证书,但条件是证书申请是在加入日后的6个月内提出的,包括第7条第1款规定的期限已经届满的情况;

（j）任何受到有效的基本专利保护的医药产品,且该产品作为医药产品投放市场的首次批准是在2000年1月1日之前在斯洛伐克获得的,可以授予证书,但条件是证书申请是首次市场准入日后的6个月内提出的,或者首次市场准入是在2002年7月1日之前获得的,则在该批准日后的6个月内提出的;

(k) 任何受到有效的基本专利保护的医药产品，且该产品作为医药产品投放市场的首次批准是在 2000 年 1 月 1 日之前在保加利亚获得的，可以授予证书，但条件是证书申请是在加入日后的 6 个月内提出的；

(l) 任何受到有效的基本专利保护的医药产品，且该产品作为医药产品投放市场的首次批准是在 2000 年 1 月 1 日之前在罗马尼亚获得的，可以授予证书；如果第 7 条第 1 款规定的期限已经届满，在加入日后的 6 个月期限内，仍可以提出证书申请。

1. 总述。 本条例在 1993 年 1 月 2 日首次生效时有 12 个共同体成员国。在 1994 年 7 月 1 日，欧洲经济区协议将本条例延伸到批准本协议的欧洲自由贸易联盟国家（奥地利、芬兰、冰岛、挪威和瑞典），但是当奥地利、芬兰和瑞典于 1995 年 1 月 1 日加入共同体后，第 19 条只能修改。第 19a 条规定了由于捷克共和国、爱沙尼亚、塞浦路斯、拉脱维亚、立陶宛、匈牙利、马耳他、波兰、斯洛文尼亚和斯洛伐克共和国于 2004 年 5 月 1 日加入共同体、保加利亚和罗马尼亚于 2007 年 1 月 1 日加入共同体所导致的共同体扩大有关的条款。

2. 过渡措施。 正如本条例绪言第 10 段所指出的那样，过渡安排必须使得共同体的医药产业与其他的在国家和欧共体层面上所追求的健康政策方面的立法目标之间达成公正衡平。这使得针对不同的成员国规定了不同的过渡措施。在本条例首次生效时，第 19 条第 1 款规定，任何产品，自本条例生效之日（1993 年 1 月 2 日）起，受到有效的基本专利保护的且首次在共同体内获得市场准入是在 1985 年 1 月 1 日的，都可以授予证书保护。由于丹麦与德国选择了更迟的日子（1988 年 1 月 1 日），比利时与意大利选择了更早的日子（1982 年 1 月 1 日），使得这个条件发生了改变。由于过渡日期在不同国家的差别，首次批准是在 1985 年 1 月的产品，补充保护证书就被排除在德国与丹麦之外，即便是第 3 条规定的其他条件都得到满足。因此，本条例绪言第 6 段关于为医药产品建立有效保护期限的统一解决方案的目标，就不能达成。随着奥地利、芬兰和瑞典在 1995 年加入共同体，第 19 条第1款就修改成当前的措辞,在有关适用于补充保护证书的过渡措施方面,奥地利选择了更早的日子而芬兰选择了更迟的日子。在任何情形下,根据过渡规定,申请证书都应在本条例(或者本条例的修改)生效之日起6个月内提出。

3. 与第3条的关系。在欧洲法院的 *Yamanouchi* 案中,申请人争辩到:当根据第19条的过渡规定提出申请时,第3条b项要求的有效的市场准入不是必不可少的。欧洲法院指出,第19条规定的是获得第3条规定的证书的附加的规定条例,而不是可选择的,因此判定按照第19条规定授予证书必须先满足第3条b项的要求。在捷克共和国的 *Genentech* 案中,捷克工业产权局局长认为:"第19a条(a)(ⅱ)中的在共同体的首次批准"应参考欧洲药品评价局在共同体的批准日期来理解,而不是由于欧盟扩大而引起的在捷克共和国的生效日期。因此,产品作为医药产品于2003年11月1日之前被欧洲药品评价局批准的,但直至2004年5月1日由于共同体的扩大才允许在捷克共和国销售的,不满足关于补充保护证书的过渡规定和资格的要求。

4. 仅根据第65/65号指令的批准。欧洲法院的 *Hässle* 案中,证书的申请人争辩到:第19条的期限适用在本条例的其他地方时应有不同的解释。欧洲法院认为,第19条第1款规定的在共同体首次批准投放市场,仅指按照第65/65号指令(以及后继的指令,见本条例第2条规定)的根据医药产品规定所要求的在任何成员国授予的首次批准,并非指根据医药产品的招标或者医药产品的补偿的立法规定要求的批准。

[适用]
第20条

1. 对于证书的授予在本条例生效之日前,或者证书申请是按照本条例在欧洲共同体官方杂志上公布之前的法律规定提出的,本条例不予适用。

对于奥地利、芬兰和瑞典,在其加入日之前按照国内立法授予的证书,不适用本条例。

2. 对于捷克共和国、爱沙尼亚、塞浦路斯、拉脱维亚、立陶宛、匈牙利、马耳他、波兰、斯洛文尼亚和斯洛伐克，在各自对应的加入日之前按照其国内立法授予的补充保护证书，适用本条例的规定。

1. 总述。 在本条例公布之日（1992 年 7 月 2 日），法国和意大利各自都有在某些重要方面与本条例规定不同的生效的补充保护证书的立法规定。如果本条例适用于这些在 1992 年 7 月 2 日之前的证书或者在本条例生效之前（1993 年 1 月 2 日）授予的证书，这些证书还将继续受到其相关的国内法的规制。相对于按照本条例授予的证书而言，法国和意大利的补充保护证书常常具有相对长的期限。类似地，在奥地利、芬兰和瑞典，在其加入共同体之前，已经存在补充保护证书的国内制度了，因而本条例不适用于对于这些根据其国内制度授予的补充保护证书。与其相反，由于共同体在 2004 年 5 月 1 日的扩大，本条例适用于根据 10 个成员国（即第 2 款所列出的 10 个国家）的国内法律授予的补充保护证书，以及适用在 2007 年 1 月加入共同体的国家的国内法律授予的补充保护证书。

[效力减损]
第 21 条

于 1990 年 1 月 1 日尚未在其国内法中对医药产品的可专利性作出规定的成员国，自本条例生效 5 年后，在这些成员国开始适用本条例。

第 19 条的规定不适用于上述的成员国。

1. 总述。 本条在 1998 年 1 月 2 日届满，本条规定适用于西班牙、葡萄牙和希腊，这些国家的国内法在 1990 年 1 月 1 日对医药产品本身是不授予专利的，本条规定是本条例绪言第 12 段的具体体现，该绪言第 12 段指出，应允许成员国在最近的时间内，根据其本国法律的规定对医药产品专利性要求作出的具体安排。

[根据具体的本国法规定的期限延长]
第 22 条

在本条例生效之前,如果对受到专利保护的产品的授予证书已经延长了期限,或者适用于本国的专利法规定延长了期限,给予该证书的保护期限应减去超出 20 年专利期限的那部分期限。

1. 总述。本条似乎是涉及到爱尔兰 1964—1966 年的专利法,根据该法,专利期限为 16 年,可以用未得到充分回报为理由延长 5 年,特殊情况时可以延长 10 年。1992 年 8 月 1 日爱尔兰的新专利法生效起,对于根据前专利法所授予专利尚未过期的,可自申请日起延长到 20 年的期限;但是,根据前专利法已经延期的专利,就不能再延长了。因此,这类专利可能有 21 年或 26 年的期限,故在第 22 条规定下将对补充保护证书的期限减去 1 年或者 6 年。第 22 条的规定是本条例绪言第 13 段的具体体现,绪言第 13 段指出:在某些情况下,按照具体的国家法律专利期限已经被延长,应对证书的期限作适当的限制。

最终条款
[生效]
第 23 条

本条例在欧洲共同体官方杂志上公布后 6 个月生效。

本条例以全面且直接的约束力适用于所有成员国。

1. 总述。本条例于 1992 年 7 月 2 日在欧洲共同体官方杂志上公布,因此本条例于 1993 年 1 月 2 日生效。

《关于为植物保护产品建立的补充保护证书的第 1610/96 号条例》

(1996 年 7 月 23 日)

本条例根据以下法案修改：

《关于奥地利、瑞典和芬兰加入法案》(理事会决定第 95/1/EC、欧洲原子能共同体、欧洲通讯卫星委员会批准)；

《关于捷克共和国、爱沙尼亚共和国、塞浦路斯共和国、拉脱维亚共和国、立陶宛共和国、匈牙利共和国、马耳他共和国、波兰共和国、斯洛文尼亚共和国和斯洛伐克共和国的加入条件法案》，以及对《建立欧洲联盟条约》的调整案；

《关于保加利亚和罗马尼亚加入法案》，以及对《建立欧洲联盟条约》的调整案。

[评述]

本条例的颁布是为了提供与已经实施的关于医药产品的第 1768/92 号条例类似的关于植物产品保护的补充保护证书的方案。其目的是相同的：对那些在植物保护研究方面花费大量资金的人，给予足够的排他保护期，即把有可能销蚀掉的时间用来获得这类产品的市场批准。本条例以第 1768/92 号条例为基本模型，条款效力实质上是相同的。因此，下面的注释仅仅与第 1 条和第 2 条相关，其他的条款，可参照第 1768/92 号条例的对应条款的注释。为了方便起见，下面对本条例的条款与第 1768/92 号条例的条款之间的关系作具体的指导性的说明。(1) 与第 1768/92 号条例相同的条款。本条例的第 3 条第 1 款 a—c 项、第 5 条、第 6 条、第 8 条第 1 款 a 项 i—iv、第 8 条第 2 款、第 9—12 条、第 13 条第 1 款和第 2 款、第 14 条 a—c 项、第 15 条、第 16 条、第 17 条第 1 款、第 18 条第 2 款和第 19 条第 2 款，在措辞

《关于为植物保护产品……第1610/96号条例》 501

上与第1768/92号条例的第3条a项和c项、第5条、第6条、第8条第1款a项 i—iv、第8条2款、第9—12条、第13条第1款和第2款、第14条a—c项、第15条、第16条、第17条、第18条第2款和第19条第2款的规定相同。剩下的条款中,第3条第1款b项和d项、第7条、第8条第1款b项和c项、第14条d项与第1768/92号条例的第3条第1款b项和d项、第7条、第8条第1款b项和c项、第14条d项是等同的,除了所涉及的常规条款已经从第65/65号指令和第81/851号指令变为第91/414号指令,以及所涉及的医药产品改为植物保护产品。(2)绪言第17段。虽然第1610/96号条例中的第3条第2款和第17条第2款的规定在第1768/92号条例中没有对应条款,但按照第1610/96号条例中绪言第17段的精神,第1610/96号条例中的第3条第2款和第17条第2款的规定在解释第1768/92号条例的第3条和第17条时是有效的。(3)第4条。本条例第4条与第1768/92号条例的对应条款不同之处仅在于使用了复数的"批准"(authorizations)代替了单数的"批准"(authorization),这就清楚地表明证书可能经历一次及后续的多次批准。(4)第8条第1款c项。第8条第1款c项涉及的是,提供首次在共同体市场批准的公布通知书的副本。这一点与第1768/92号条例的对应条款不同之处在于,该第8条第1款c项还额外包含着短语:"如果没有此通知,其他的能够证明已经批准并被公布的文件,该公布日期,以及所批准的产品视为同一产品的信息。"(5)第13条。本条例第13条与第1768/92号条例的对应条款不同之处在于,本条例包含一个附加条款,即第13条第3款,该款规定,植物保护产品与医药产品在常规管理上的差别。植物保护的市场准入批准可以是临时的,因此第13条第3款规定,如果在首次的临时准入批准之后紧跟着一个正式的准入批准,则只考虑该临时批准。(6)第18条第1款。第18条第1款与第1768/92号条例的对应条款不同之处在于,该第18条第1款还涉及了适用更早的条例中的程序性规定。(7)第19条第1款。第19条第1款与第1768/92号条例的对应条款不同之处在于,该第19条第1款规定参考常规的管理,以及给出一个单一的日期,即1985年1月1日,在此日期之后,可根据过渡安排的规定提出申请。**(8)第20条。**本条例中的第20条是第1768/92号条例的第20条与第21条的集合体,但有关国家补充保护证书的管理已经删除,因此,在本条例生效之时,已经不存在国家法律下的此种制度了。**(9)第1768/92号条例的第22条。**本条例没有与第1768/92号条例的第22条相对应的条款。此外,第1768/92号条例的第1、7、8、9、10、11、13、15a、16条和第17条规定,由于第1901/2006号条例的导入,可适用于兽用医药,本条例也没有与之对应的规定。

[绪言]

欧洲议会与欧盟理事会,依据建立欧洲经济共同体的条约,特别是该条约第100a条的规定,并依据欧盟委员会的建议,以及经济和社会委员会的意见,按照该条约第189b条所指的程序进行运作。

(1)鉴于植物保护产品的研究对不断改进生产和提供具有高品质、价格适当的丰富食品的贡献作用;

(2)鉴于植物保护研究对不断改进农作物生产的贡献作用;

(3)鉴于植物保护产品,尤其是那些周期长且高投资研究出来的产品,若这些产品能在有利的规定下得到足够的保护以鼓励此类研究,这些产品将会不断地在共同体和欧洲得到开发;

(4)鉴于植物保护领域的竞争性,考虑到产业的性质,要求对创新提供与根据共同体于1992年6月18日发布的《关于为医药产品建立的补充保护证书制度》的第1768/92号条例相当的保护水平;

(5)鉴于,在此时,由于在对新的植物保护产品提出专利申请与将该植物保护产品投放市场的审查批准之间所经历的时期,使得根据专利的保护不足以涵盖研究投资和产生维持高水平研究的资源;

(6)鉴于此种情形不利于植物保护的研究以及该领域的竞争导致保护缺乏;

(7)建议补充保护证书的主要目标之一是使得欧洲的产业达到与北美和日本相应产业旗鼓相当的竞争基础;

(8) 鉴于,于 1993 年 2 月 1 日发布的共同体关于环境和可持续发展的政策和行动计划的解决方案中,理事会接受了由委员会提出的该计划的一般性路径和战略,其强调经济增长和环境质量的相互依存性;因而,鉴于颁发补充保护证书能作为有利于环境保护的积极措施;

(9) 鉴于应该在共同体范围内制定统一的解决方案,藉此防止由于国家法律的快速膨胀导致进一步的不一致,其可能在共同体内造成妨碍植物保护产品自由流转,由此直接影响内部市场的功能;鉴于此举符合建立欧洲经济共同体的条约第 3b 条所定义的辅助性原则;

(10) 因此,鉴于存在着建立补充保护证书的需求,该证书是在同等的条件,由每个成员国在有关必须得到市场批准的植物保护产品的国家专利或欧洲专利的所有人请求时授予的;鉴于条例因此是最适合的法律工具;

(11) 鉴于证书授予的保护期限应当规定适当、有效地保护;鉴于在此目的下,无论是专利的所有人还是证书的所有人都应享有自所讨论的植物保护产品首次在共同体获得批准投放市场之日起,总共最长 15 年的排他期限;

(12) 鉴于在某些方面,所有利益相关方的关系复杂且敏感,然而必须考虑植物保护;鉴于在此目的下,证书授予的期限不能超过 5 年;

(13) 鉴于证书享有与基本专利同样的权利;因此,鉴于如果基本专利涵盖了某种活性物质以及其各种衍生物(盐和酯),证书也给予同样的保护;

(14) 鉴于对某个含有活性物质的产品发放证书不影响对衍生物(盐和酯)发放其他证书,假如该衍生物是被专利具体涵盖的主题内容;

(15) 鉴于考虑过渡安排的确定必须达成公正衡平;鉴于此种安排必须使得共同体的植物保护产业在某种程度上达到与其主要的竞争者相当的水平,但要确保此种安排不会造成向其他的在国家和欧共体层面上所追求的农业政策和环境保护政策方面的其他立法目标妥协;

(16) 鉴于只有在共同体层面的行动,才能有效取得确保在植物保护领域的创新得到适当保护,同时又能保证植物保护产品在内部市场发挥适当作用的目标;

(17)鉴于本条例绪言的第12段、第13段和第14段,以及本条例的第3条第2款、第4条、第8条第1款c项和第17条第2款对在共同体第1768/92号条例中的绪言第9段和第3条、第4条、第8条第1款c项和第17条的解释是有效的、同样适用的;

而通过本条例。

[定义]
第1条

为本条例之目的,适用下列定义:

1."植物保护产品"(plant protection products):是指活性物质和含有一种或多种活性物质的制剂,制作成可提供给使用者的形式,用于:

(a)保护植物或植物产品远离所有有害的生物体,或防止这些生物体的侵入,使得这些物质或制剂符合下面的规定;

(b)除了作为营养物(例如植物生长调节剂)外,影响植物的生命过程;

(c)保护植物产品,使得这些物质或产品不违反共同体或欧盟委员会关于防腐剂的规定;

(d)破坏不受欢迎的植物;或

(e)破坏植物的某些部分、检查或防止不受欢迎植物的生长;

2."物质":是指自然存在的或者人工制造的化学元素及其化合物,包括任何在制造过程中不可避免的杂质;

3."活性物质":是指包括病毒在内的物质或微生物体,其具有一般的或具体的作用:

(a)抵御有害生物体,或

(b)作用于植物、植物的某些部分或植物产品的某些部分;

4."制剂":由两种或两种以上的物质构成的混合物或溶液,其中只要一种物质是活性物质,并被用来作为植物保护产品使用;

5."植物":是指活着的植物或者植物活着的部分,包括新鲜果实和种子;

6."植物产品":是指未加工的,或者只经历简单制备的产品,例如碾磨、干燥或压榨,提取植物,但不包括第5点所指的植物本身;

7."有害生物体":是指属于动物或植物领域的植物或植物产品中的害虫,也包括病毒、细菌和支原体以及其他的病原体;

8."产品":是指第3点定义的活性物质,或者植物保护产品的活性物质的组合;

9."基本专利":是指对第8点定义的产品本身、第4点所定义的制剂、获得产品或产品应用的方法进行保护的专利,以及专利所有人指定的用于证书授予程序目的的专利;

10."证书":是指补充保护证书。

1. 总述。本条规定了适用于本条例中的重要的定义以及术语"植物保护产品"与"产品"的区别。虽然由植物保护产品的市场准入触发了申请补充保护证书的可能性,但产品本身,也即植物保护产品中的活性物质或者活性物质的组合,才是证书保护的标的。

2. 定义。"植物保护产品"、"物质"、"活性物质"、"制剂"、"植物"、"植物产品"及"有害的生物体"的定义是与第91/414号指令中的第2条给出的定义是相同的。而"产品"、"基本专利"和"证书"的定义是与第1768/92号条例一样的,除了"产品"是用活性的"物质"术语而不是用活性的"成分"定义的。差别是第91/414号指令关于"活性物质"定义使用了这样的措辞:是指包括病毒在内的物质或微生物体,其具有一般的或具体的作用:抵御有害生物体,或作用于植物。在考虑是否化学物质的杂质水平改变而改变"产品"的识别特性,欧洲法院在 BASF 案中指出:无论其含有什么样的杂质,产品都可以通过化学的化合物以及其对生物体和植物的作用来识别。如果化学化合物含有的杂质和该化合物的作用目标保持不变,只是由于杂质的单位数量上的变化,产品的性质不可能改变。

3. 定义的实际效果。虽然第91/414号指令给出了"植物保护产品"和"活性物质"的定义,这些术语并不必然在由成员国批准的市场准入批准中使用。市场准入可能是对准入标的产品进行的验证;这等同于对"植物保护产品"的识别验证。而"活性物质"则可能是指"活性材料"或者"活性成分"。

[范围]
第 2 条
　　任何在成员国的地域范围内受到专利保护的产品,在作为植物保护产品投放市场之前,除了按照欧洲共同体第 91/414 号指令第 4 条规定的行政准入程序之外,或者,如果该产品作为植物保护产品提出准入申请是在相关成员国执行第 91/414 号指令之前的,除按照该国家法律的等同规定之外,根据本条例规定的期限和条件,可以作为证书的标的。

　　1. 总述。成员国被要求在 1993 年 7 月 26 日之前执行第 91/414 号指令的规定。但是,不是所有的根据本条例的规定出发获得证书条件的植物保护产品,都能按照本条例被授予证书。具体地说,在 1985 年 1 月 1 日之后至 1993 年 7 月 26 日之前获得市场准入的植物保护产品,根据本条例第 19 条的过渡规定条款,可以被授予证书。第 2 条所处理的问题是:要求该产品符合与第 91/414 号指令的第 4 款规定相等同的国家法律下的行政程序。在第 91/414 号指令生效之前,在共同体的范围内有关植物保护产品的市场准入没有统一的方式。某些国家的制度,例如英国的《农药安全防范纲要》,一直到 1986 年 10 月,还是以自愿的方式施行的,此后该《纲要》才被《农药管制规则》所替代。国家的工业产权部门必须确定其具体的国家规定是否被认为是等同的规定,第 91/414 号指令的第 8 条规定了到 2003 年 7 月 25 日之前的一系列过渡安排,允许对已经准入到共同体市场的活性物质进行连续的重新评估。这些过渡安排之一就是减损第 4 条的效力,允许临时性的准入、并且这些临时性准入可以作为证书申请的出发条件。第 13 条第 3 款规定了在计算证书的期限目下,如果相同的产品在首次临时性准入之后直接跟着一个正式的准入,则该首次批准的临时性准入应予以考虑。通常,此正式批准的准入发生在该首次批准临时性准入的一年之内。

[取得证书的条件]
第 3 条

1. 在成员国内提交第 7 条所称的申请且申请时满足如下条件,应授予证书:

（a）产品尚处在有效的基本专利的保护之下；

（b）视实际情况,根据欧共体第 91/414 号指令或者国家法律的等效规定,对该产品作为植物保护产品投放市场的有效市场准入；

（c）该产品尚未成为某个证书的主题内容；

（d）在 b 项中所称的首次准入是该产品作为植物保护产品投放市场的第一次批准。

2. 在同一个产品拥有多个专利的所有人不应被授予一个以上的关于该产品的证书。然而,涉及同一产品的两个或多个申请且分属于不同的专利所有人的审查时,可以针对该产品向每一位所有人颁发一份证书。

[保护的主题内容]
第 4 条

在基本专利所给予的保护范围之限度下,证书所给予的保护应仅延及到包含在对应的被批准投放市场的植物保护产品,以及在证书到期前已经作为植物保护产品的该产品的任何用途。

[证书的效力]
第 5 条

除第 4 条的规定之外,证书所给予的权利如同基本专利的权利一样,且应该受到与基本专利同样的限制、承担与基本专利同样的义务。

[取得证书的资格]
第 6 条

证书应该授予基本专利的所有人或其合适的继承人。

［申请证书］
第 7 条

1. 申请证书应自第 3 条 1 款 b 项所指的该产品被准入作为植物保护产品投放市场之日起 6 个月内提出。

2. 尽管有第 1 款的规定,但如果产品投放市场是在基本专利授权之前获得准入的,申请证书应自该专利授权之日起 6 个月内提出。

［申请证书的内容］
第 8 条

1. 申请证书应包含:

(a) 请求授予证书的请求书,具体写明:

(i) 申请人的名称与地址;

(ii) 如果指定了代表人,该代表人的姓名与地址;

(iii) 基本专利的申请号及发明名称;

(iv) 第 3 条 b 项所指的第一次批准产品投放市场的日期和号码,且如果第一次批准产品投放市场并不是在共同体内的,该批准日期和批准号码;

(b) 第 3 条 b 项所指的第一次批准产品投放市场的批文副本,该批文的产品是相同的,具体包含有批文日期和号码,以及在欧洲共同体第 91/414 号指令的附录 II 中的 A-I 部分(第 1—7 点)或 B-I 部分(第 1—7 点)或者在提出申请时成员国的等同的国家法律所列出的产品特点概述;

(c) 如果 b 项中所指的批准不是在共同体内首次作为植物保护产品投放市场的产品,有关所批准产品的同一性的信息及批准程序所依据的法律规定,连同在适当的出版物上公布此批准的通知副本;或者,如果没有此通知,其他的能够证明已经批准并被公布的文件,该公布日期,以及所批准的产品视为同一产品的信息。

2. 成员国可以规定申请证书所缴纳的费用。

[证书申请的提出]
第 9 条

1. 除成员国指定了另外的机构之外,证书申请应该向对基本专利作出授权的主管工业产权局或者代表该局作出授权的机构提出,且已经得到第 3 条第 1 款 b 项所指的将产品投放市场的批准文件。

2. 证书申请的通告应由第 1 款所指的机构进行公布,通告中至少含有下列信息:

(a)申请人的姓名与地址;

(b)基本专利的专利号;

(c)发明名称;

(d)第 3 条 b 项所指的将产品投放市场的批准文件的号码与日期,以及与该批准文件相同的产品;

(e)如果相关,在共同体内首次投放市场的批准文件的号码与日期。

[授予证书或驳回申请]
第 10 条

1. 如果证书申请以及与其相关的产品满足本条例所公布的条件,第 9 条第 1 款所指的机构应授予证书。

2. 在不违反第 3 款规定的前提下,如果证书申请以及与其相关的产品不满足本条例所公布的条件,第 9 条第 1 款所指的机构应驳回该申请。

3. 如果证书的申请不满足第 8 条所公布的条件,第 9 条第 1 款所指的机构应要求申请人在规定的时间内对不规范之处作出补正,或者缴纳费用。

4. 如果申请人未能在第 3 款规定的时间内对不规范之处作出补正或缴纳费用,则该机构应驳回申请。

5. 成员国可规定,在不考虑第 3 条第 1 款 c 项和 d 项规定的条件下,第 9 条第 1 款所指的机构有权授予证书。

[公布]
第 11 条
　　1. 授予证书的事实应由第 9 条第 1 款所指的机构以通告形式予以公布。通告中应至少包含下列信息：
　　（a）证书所有人的名称和地址；
　　（b）基本专利的专利号；
　　（c）发明名称；
　　（d）第 3 条第 1 款 b 项所指的将产品投放市场的批准文件的号码与日期，以及该批准文件所验证的产品；
　　（e）如果相关,在共同体内首次投放市场的批准文件的号码与日期；
　　（f）证书的期限。
　　2. 证书申请已被驳回的事实应由第 9 条第 1 款所指的机构以通告形式予以公布。通告中应至少包含第 9 条第 2 款所列信息。

[年费]
第 12 条
　　成员国可以对缴纳证书年费的具体条件作出规定。

[证书的期限]
第 13 条
　　1. 证书应在基本专利的法定期限结束后发生效力，有效期为基本专利申请提出日与在共同体内首次批准将产品投放市场日之间的时间段减去 5 年。
　　2. 尽管有第 1 款的规定，证书的期限从其发生效力起不得超过 5 年。
　　3. 为了计算证书期限的目的，只有在相同的产品首次临时性准入之后直接跟着一个正式准入的情况下，该首次的临时性准入才予以考虑。

[证书的终止]
第 14 条

如有下列情形之一的,证书将失效:

(a)第 13 条规定期限届满;

(b)证书所有人放弃该证书;

(c)未能按照第 12 条的规定按时缴纳年费;

(d)按照欧洲经济共同体第 91/414 号指令的第 4 条规定或者国家法律的等同规定,证书所涵盖的产品在投放市场的有关批准文件被撤销后不可再投放市场。第 9 条第 1 款所指的机构可以依职权或者在第三方的请求下作出证书失效的决定。

[证书的无效]
第 15 条

1. 出现下列情形之一的,证书应被无效:

(a)证书的授予违反了第 3 条的规定;

(b)基本专利在法定期限到期前已经失效;

(c)基本专利被撤销,或者基本专利的保护范围受到限制使得证书授予的产品不再受到基本专利的权利要求保护,基本专利过期后,对此种撤销或限制而言是正当合理的撤销理由仍然存在。

2. 任何人都可以向国家法律规定的负责撤销对应基本专利的司法机关提出宣告证书无效的申请或诉讼。

[证书失效或无效的公告]
第 16 条

如果依照第 14 条 b 项、c 项或 d 项的规定证书失效,或者依照第 15 条的规定证书无效,应由第 9 条第 1 款所指的机构对此撤销或无效进行公告。

[上诉]
第 17 条

1. 第 9 条第 1 款所指的机构或第 15 条第 2 款所指的司法机关按照本条例作出的决定,应与国家法律规定的按照本国专利法作出的类似决定同样地可提出上诉。

2. 对于意在纠正证书期限而言,如果按照第 8 条的规定,包含在证书申请中在共同体内将产品投放市场的首次批准日期是不正确的话,授予证书的决定应是可上诉的。

[程序]
第 18 条

1. 在本条例缺少程序规定的情况下,国家法中适用对应的基本专利的程序规定,也应适用于证书的申请,因此,在适当情况下,适用于欧洲共同体的第 1768/92 号条例所指证书的程序规定,也应适用于本条例所指的证书,除非国家法律对本条例所指的证书制定了特别程序规定。

2. 尽管有第 1 款的规定,但应排除对于授予证书的异议程序。

[过渡规定]
第 19 条

1. 任何在本条例生效之日受到有效的基本专利保护的产品,且该产品作为植物保护产品在共同体投放市场的首次准入是在 1985 年 1 月 1 日之后,根据欧洲共同体第 91/414 号指令第 4 条规定或者等同的国家法律的规定获得的,可以授予证书。

2. 根据第 1 款规定的申请证书的,应自本条例生效日后的 6 个月内提交。

[与共同体扩大有关的规定]
第 19a 条

在不违背本条例的其他规定下,应适用下面的规定:

(a)(i)任何在捷克共和国受到有效的基本专利保护的植物保护产品,且该产品作为植物保护产品投放市场的首次批准是1999年11月10日之后在捷克共和国获得的,可以授予证书,但条件是证书申请是在获得首次市场准入后的6个月内提出的;

(ii)任何在捷克共和国受到有效的基本专利保护的植物保护产品,且该产品作为植物保护产品投放市场的首次批准是在不早于加入日之前6个月在共同体获得的,可以授予证书,但条件是证书申请是在获得首次市场准入后的6个月内提出的;

(b)任何受到有效的基本专利保护的植物保护产品,且该产品作为植物保护产品投放市场的首次批准是在加入日之前在爱沙尼亚获得的,可以授予证书,但条件是证书申请是在获得首次市场准入后的6个月内提出的,或者当这些专利是在2000年1月1日之前授予的,在1999年10月的专利法规定的6个月内提出的;

(c)任何受到有效的基本专利保护的植物保护产品,且该产品作为植物保护产品投放市场的首次批准是在加入日之前在塞浦路斯获得的,可以授予证书,但条件是证书申请是在获得首次市场准入后的6个月内提出的;尽管有上面的规定,但如果市场准入是在该专利授权前获得的,证书申请必须是在专利授权日后的6个月提出的;

(d)任何受到有效的基本专利保护的植物保护产品,且该产品作为植物保护产品投放市场的首次批准是在加入日之前在拉脱维亚获得的,可以授予证书。如果第7条第1款规定的期限已经届满,在加入日后的6个月期限内,仍可以提出证书申请;

(e)任何受1994年2月1日之后申请的有效的基本专利保护的植物保护产品,且该产品作为植物保护产品投放市场的首次批准是在加入日之前在立陶宛获得的,可以授予证书,但条件是证书申请是在加入日后的6个月内提出的;

(f)任何受到有效的基本专利保护的植物保护产品,且该产品作为植物保护产品投放市场的首次批准是在2000年1月1日之前在匈牙利获得的,可以授予证书。但条件是证书申请是在加入日后的6个月内提出的；

（g）任何受1994年2月1日之后申请的有效的基本专利保护的植物保护产品，且该产品作为植物保护产品投放市场的首次批准是在加入日之前在马耳他获得的，可以授予证书，如果第7条第1款规定的期限已经届满，在加入日后的6个月期限内，仍可以提出证书申请；

（h）任何受到有效的基本专利保护的植物保护产品，且该产品作为植物保护产品投放市场的首次批准是在2000年1月1日之前在波兰获得的，可以授予证书，但条件是证书申请是在加入日后的6个月内提出的；

（i）任何受到有效的基本专利保护的植物保护产品，且该产品作为植物保护产品投放市场的首次批准是在加入日之前在斯洛文尼亚获得的，可以授予证书，但条件是证书申请是在加入日后的6个月内提出的，包括第7条第1款规定的期限已经届满的情况；

（j）任何受到有效的基本专利保护的植物保护产品，且该产品作为植物保护产品投放市场的首次批准是在2000年1月1日之前在斯洛伐克获得的，可以授予证书，但条件是证书申请是首次市场准入日后的6个月内提出的，或者首次市场准入是在2002年7月1日之前获得的，则在该批准日后的6个月内提出的；

（k）任何受到有效的基本专利保护的植物保护产品，且该产品作为植物保护产品投放市场的首次批准是在2000年1月1日之前在保加利亚获得的，可以授予证书，但条件是证书申请是在加入日后的6个月内提出的；

（l）任何受到有效的基本专利保护的植物保护产品，且该产品作为植物保护产品投放市场的首次批准是在2000年1月1日之前在罗马尼亚获得的，可以授予证书，如果第7条第1款规定的期限已经届满，在加入日后的6个月期限内，仍可以提出证书申请。

第20条

1. 于1990年1月1日尚未在其国内法中对植物保护产品的可专利性作出规定的成员国，本条例将于1998年1月2日起开始适用于这些国家。

第19条将不适用于这些国家。

2. 对于捷克共和国、爱沙尼亚、塞浦路斯、拉脱维亚、立陶宛、匈牙利、马耳他、波兰、斯洛文尼亚和斯洛伐克,在各自对应的加入日之前按照其国内立法所授予的补充保护证书,适用本条例的规定。

[最终条款生效]
第21条
本条例在《欧洲共同体官方杂志》上公布后6个月生效。

本条例以全面且直接的约束力适用于所有成员国。

深度参考文献
判例法
欧洲法院判例法

BASF案	*BASF AG v. Bureau voor de Industriële Eigendom* (BIE) 欧洲专利法院,2001年5月10日,案号C-258/99[2003]ECR

立法
国际立法

第1768/92号条例	欧盟理事会于1992年6月18日发布的《关于为医药产品建立的补充保护证书的(EEC)第1768/92号条例》
第1610/96号条例	欧洲议会及理事会于1996年6月23日发布的《关于为植物保护产品建立的补充保护证书的(EC)第1610/96号条例》,见官方出版物OJL 198,1996年8月8日
第91/414号指令	欧盟理事会于1991年7月15日发布的关于植物保护产品投放市场的指令第91/414EEC号指令,见官方出版物OJL 230,1991年8月19日

缩写

EJC	欧洲法院
EPC	欧洲专利公约
SPC	补充保护证书
EEA	欧洲经济区

《关于生物技术发明的法律保护指令(98/44/EC)》

(生物技术指令)

1998年7月6日

欧洲议会与欧洲联盟理事会考虑到《建立欧洲共同体条约》,尤其是其中的第100a条。

考虑到委员会的建议*

考虑到经济和社会委员会的观点**,按照条约第189b条设定之程序***

(1)鉴于生物技术和基因工程在广泛的产业领域正发挥着日益增长的重要作用,而且生物技术发明的保护对共同体的产业发展将必然地具有根本性的重要意义;

(2)鉴于,尤其是在基因工程领域,研发工作需要相当数额的高风险投资,并且因此只有充分的法律保护才能使他们赢利;

(3)鉴于在全体成员国内有效和一致的保护对保持和鼓励生物技术领域的投资非常重要;

(4)鉴于根据欧洲议会否决了对由协调委员会批准的欧洲议会和理事会关于生物技术发明的法律保护指令的共同文本****,欧洲议会和理事会认为生物技术发明的法律保护问题需要明晰;

---

* 《官方公报C类(OJC)第296号》,1996年10月8日,第4页和《官方公报C类(OJC)第311号》,1997年10月11日,第12页。——译者注

** 《官方公报C类(OJC)第295号》,1996年10月7日,第11页。——译者注

*** 1997年7月16日《欧洲议会的观点》,见《官方公报C类(OJC)第286号》,1997年9月22日,第87页;1998年2月26日《理事会共同立场》,见《官方公报C类(OJC)第110号》,1998年4月8日,第17页;1998年5月12日的《欧洲议会的决定》,见《官方公报C类(OJC)第167号》,1998年6月1日;1998年6月16日《理事会决定》。——译者注

**** 《官方公报C类(OJC)第68号》,1995年3月20日,第26页。——译者注

(5)鉴于由不同成员国的法律和惯例提供的对生物技术发明的法律保护存在差异;鉴于此差异可能产生贸易障碍,并且因此阻碍国内市场正常发挥其功能;

(6)鉴于该差异可能因各成员国采取新的不同的立法和行政惯例而进一步扩大,或者鉴于各国对这些立法的解释导致判例法的发展不一致;

(7)鉴于在共同体内各国国家法关于生物技术发明的法律保护的不协调发展可能导致对贸易的进一步阻碍,以及损害这些发明的产业发展和国内市场的平稳运行;

(8)鉴于对生物技术发明的法律保护并不需要创设单独法律以代替国家专利法的规定;鉴于为充分考虑满足专利性要求的有关生物材料的技术发展,生物技术发明的某些特别方面需要调整到或加入专利法中,国家专利法的规定仍然是对生物技术发明给予法律保护的主要基础;

(9)鉴于在某些情况下,比如排除植物和动物品种以及生产动植物产品的主要是生物学方法的可专利性,建立在以关于专利和植物新品种的国际公约基础上的一些国家法的概念,对于生物技术和某些微生物发明的保护产生了不确定性;鉴于统一澄清这些不确定性是必要的;

(10)鉴于应该考虑到生物技术的发展对环境,尤其是这些技术的应用对发展能减少污染和更经济地使用土地的种植方法的潜在影响;鉴于专利制度应该用于鼓励这些方法的研究和利用;

(11)鉴于生物技术的发展无论是在健康方面和与传染性、地方性疾病作斗争方面以及在世界范围内与饥饿作斗争方面对发展中国家的重要性;鉴于专利制度也应该用于鼓励这些方面的研究;鉴于这些技术在第三世界传播和有利于有关群体的国际程序应予以增强;

(12)鉴于欧洲共同体及其成员国已签字的《TRIPS 协议》*已生效,该协议规定专利权应当授予一切技术领域的产品和方法;

(13)鉴于共同体保护生物技术发明的法律框架,当适用于生物材料本

---

* 《官方公报 L 类(OJL)第 336 号》,1994 年 12 月 23 日,第 213 页。——译者注

身的专利性时可限于设定一些原则,这些原则特别旨在确定有关人体某个部分的专利性时发明和发现的区别,生物技术发明专利所提供的保护范围,除书面公开外采用的一种保存机制,及选择对相互依存的植物品种和发明(或者反之)颁发非排他的强制许可;

(14)鉴于一项发明专利未授权持有者实施该发明,而仅授权其禁止第三方为工业或商业的目的而利用该发明;鉴于,实体专利法不能因此用于取代国家法、欧洲法或国际法或导致它们变得多余,因为它们可以增加限制或禁止的规定,或者对研究进行管理和对该结果进行使用或商业化等,尤其是从公共健康、安全、环境保护、动物福利、保存基因多样性以及遵循一定的道德标准等的要求的角度来考虑;

(15)鉴于各国专利法或欧洲专利法(《慕尼黑公约》)中都没有一律排除生物材料专利性的排除性或禁止性规定;

(16)鉴于专利法必须同时尊重捍卫人的尊严和完美这一基本原则;鉴于声明包括生殖细胞在内的、在形成和发展的任何阶段的人体,以及关于其某个部分或某种产品,包括人类基因序列或部分基因序列的任何简单发现,都不能被授予专利这一原则是很重要的;鉴于这些原则与专利法中的可专利性标准,即单纯的发现不能被授予专利,是一致的;

(17)鉴于有从人体中分离或用其他方法取得药品的存在,它们在疾病处理方面已取得重大进展,并且这些药品所用的技术方法的目的在于获得同人体中自然存在的结构相同的元素;鉴于,旨在得到或分离出对这些药品的生产有重要价值的这些元素的研究工作应通过专利制度予以鼓励;

(18)鉴于,由于专利制度未能对鼓励对与罕见或"孤儿"疾病作斗争的生物技术药品的研究和生产提供充分激励,共同体和成员国有义务对这些问题作充分的反应;

(19)鉴于已考虑了"生物技术伦理影响咨询组"对欧洲委员会的第八号意见的观点;

(20)鉴于,由此应明确,基于一个从人体分离出来的元素或通过其他技术方法获得的发明,只要有工业实用性,就未被排除可专利性,即使该元

素的结构与自然元素的结构相同,条件是专利授予的权利不延及人体和处在自然环境中的组成元素;

(21)鉴于从人体中分离的或用其他方式产生的元素未被排除可专利性,因为该元素是用例如技术手段进行区分、提纯、分类或在人体之外复制而产生,并且这是一些人类自己能独立付诸实施但自然界自身不能完成的技术;

(22)鉴于对基因序列或部分基因序列的可专利性问题一直争论不休;鉴于根据本指令,对涉及基因序列或部分基因序列的发明授予专利应与其他所有技术领域的可专利性适用同样的标准:新颖性、创造性和工业实用性;鉴于基因序列或部分基因序列的工业实用性必须在专利申请中公开;

(23)鉴于未说明功能的单纯 DNA 序列不包含任何技术信息,因此属于不具有可专利性的发明;

(24)鉴于,为符合工业实用性标准,当基因序列或部分基因序列用于生产蛋白质或其中某部分时,有时有必要指明生产了哪种蛋白质或某种蛋白质的哪个部分或指明其可实现什么功能;

(25)鉴于,为解释专利授予的权利之目的,当序列的重叠仅涉及发明的非实质性部分时,每个序列应视为专利法中所说的独立序列;

(26)鉴于,如果一项发明是基于人体的生物材料或使用了这些材料,在提交专利申请时,该材料从其身体中被提取的人应有机会根据国家法律自由表达和知情同意权;

(27)鉴于如果一项发明是基于植物或动物的生物材料或者是对这些材料的使用,在适当的情况下,专利申请应包含,如果知道时,这些材料的地理来源的信息;并鉴于这些不应影响专利申请的处理或授予的专利权的有效性;

(28)鉴于,在任何情况下,本指令都不影响现有专利法的基础,即对一项专利产品的新应用可授予一项专利;

(29)鉴于,本指令不应影响排除植物和动物品种的可专利性;鉴于,在另一方面,有关植物或动物的发明具有可专利性的前提是此发明的应用在技术上未限于单个植物或动物品种；

(30)鉴于"植物品种"的概念已由保护植物品种的立法进行了定义，即类别由其染色体决定，并因此而具有个性特征并明显区别于其他品种；

(31)鉴于以一个特别的基因（但不是整个染色体）为特征的某一植物群不受植物新品种保护，并且因此即使它构成植物新品种也不能排除其可专利性；

(32)但是鉴于，如果一项发明仅为对某种特殊植物品种进行基因修饰，并且如果一个新品种是繁殖出来的，即使该基因修饰并非主要是由于生物学的方法而是生物技术方法的结果，它将同样被排除可专利性：

(33)鉴于，为本指令之目的，有必要定义在什么情况下繁殖植物和动物的方法乃主要是生物学的方法；

(34)鉴于，本指令对由国家、欧洲或国际专利法律中定义的发明和发现的概念一视同仁，不持偏见；

(35)鉴于本指令对国家专利法中关于对人或动物的外科治疗方法和对人或动物的诊断或治疗方法不具有可专利性的规定不持偏见；

(36)鉴于TRIPs协议已为世界贸易组织各成员国排除某些发明的可专利性提供了可能性，前提是为了保护公共秩序和公共道德，包括保护人类、动物或植物的生命或健康，或者为了避免对环境的严重损害而有必要禁止他们在商业领域内的利用，但这种排除不能仅仅是因为此利用被法律所禁止而作出；

(37)鉴于当发明的商业性利用违反了公共秩序或公共道德时必须排除其专利性这一基本原则也必须在本指令中强调；

(38)鉴于，本指令的执行部分也应包括一个说明被排除可专利性的发明性的清单，以便为国家法院和专利当局提供一个解释公共秩序和公共道德的一般指导；鉴于该清单显然不可能列举穷尽；鉴于其使用侵犯了人的尊严的方法，比如从人和动物的生殖细胞或全能细胞中生产嵌合体的方法，显然也不应具有可专利性；

(39)鉴于公共秩序和公共道德尤其与各成员国承认的伦理或道德原

则相对应,在生物技术领域,根据该领域的发明的潜在范围和它们与生物的固有关系,该原则应得到尊重格外重要;鉴于这些伦理或道德原则补充了根据专利法在任一发明技术领域的法律审查标准;

(40)鉴于在共同体内一致认为,介入人类生殖细胞系列和克隆人违背了公共秩序和公共道德;因此,鉴于应毫不含糊地排除对人类生殖细胞系的遗传同一性进行修饰的方法和克隆人的方法的可专利性是很重要的:

(41)鉴于克隆人的方法可被定义为任何旨在,包括用胚胎分裂方法,制造与另一活人或死人的核遗传信息相同的人体的方法;

(42)鉴于,除此之外必须排除为工业和商业的目的对人体胚胎的使用的可专利性;鉴于在任何情况下,这种排除并不影响为治疗或诊断的目的而应用于人类胚胎且对其有用的发明;

(43)鉴于依照《欧盟条约》第F(2)条的规定,联盟应尊重由1950年11月4日在罗马签署的《保护人权和基本自由的欧洲公约》所保证的、来源于成员国共同宪法传统的、作为共同体法的一般原则的基本权利;

(44)鉴于委员会关于"科学和新技术伦理问题欧洲组"应对生物技术领域的伦理问题进行评价;鉴于在此应该指出该小组仅从基本伦理原则的层面对生物技术进行评价时接受咨询,包括就专利法问题接受咨询;

(45)鉴于对改变动物遗传同一性的方法,如可能导致动物痛苦,并对人和动物及由该方法产生的动物从研究、预防、诊断或治疗的角度看没有任何实质性医学利益的,其可专利性应予排除;

(46)鉴于,根据专利的功能在于通过授予一定时间的排他性权利以对发明人的创造性努力给予回报,并以此鼓励创造活动的事实,专利权应被授予禁止使用可自我复制的专利材料的权利,相当于应被允许禁止使用不能自我复制的专利产品一样,即生产专利产品本身;

(47)鉴于当专利权人或经其同意,带有受保护的发明的繁殖材料为农业之目的出售给农民时,有必要规定专利权人权利的首次弱化;鉴于首次弱化必须保证农民在其农场上为进一步增殖或繁殖之目的使用其收获的产品;鉴于这种弱化的范围和条件应当限于1994年7月27日签订的关于共同体植物品种权的《理事会条例(EC)》第 2100/94 号的规定*；

（48）鉴于，仅可以要求农民支付植物品种权共同体法中设定的费用作为要求弱化共同体植物品种权的条件；

（49）然而，鉴于专利权人也可以通过反对农民滥用这种弱化或反对未能履行其承诺的培育者开发含有受保护的发明的植物品种以捍卫其权利；

（50）鉴于对专利权人的第二次弱化必须授权农民为农业之目的使用受保护的种畜；

（51）鉴于既然没有关于动物品种权的共同体立法，第二次弱化的范围和条件应该由国家的法律、法规和实践来决定；

（52）鉴于，在利用其特性源于基因工程的新植物方面，当对有关的类或种，该植物品种与现有专利中的要求保护的发明相比具有相当经济效益的重大技术进步时，必须保证在缴纳费用的前提下，能以授予强制许可证的形式获得该植物；

（53）鉴于，在利用新植物方面，如果该新植物的特性源于基因工程中的新植物品种时，当该发明存在相当经济效益的重大技术进步时，必须保证在缴纳费用的前提下能以授予强制许可证的形式获得该品种；

（54）鉴于 TRIPS 协议第 34 条包含了对所有成员国有约束力的关于举证责任的详细规定；因此，本指令中没必要作规定；

（55）鉴于根据第 93/626/EEC 号决定**，共同体是 1992 年 6 月 5 日的《生物多样性公约》的成员；鉴于，考虑到此点，当成员国应与本指令保持一致的法律、法规和行政规章生效时，必须特别注意该公约第 3 条、第 8 条 j 项、第 16 条第 2 款的第二句和第 16 条第 5 款的规定；

（56）鉴于 1996 年 11 月召开的《生物多样性公约》成员第三次会议在《决定》第Ⅲ/17 中声明"为作出关于知识产权权利与 TRIPs 协议和《生物多样性公约》之间的关系的共同评价报告，尤其是关于技术转移、生物多样性

---

* 《官方公报 L 类(OJL)第 227 号》，1994 年 9 月 1 日，第 1 页，最后被《条例(EC)第 2506/95 号》修订的《条例》(《官方公报 L 类(OJL)第 258 号》，1995 年 10 月 28 日，第 3 页)。——译者注

** 《官方公报 L 类(OJL)第 309 号》，1993 年 12 月 31 日，第 1 页。——译者注

的保存和可持续利用,以及公平和平等地分享使用基因资源带来的利益等主题,包括与生物多样性的保存和可持续利用相关的知识的保护、革新和体现传统生活方式的本土和地方社区的实践,尚需继续做工作",

而通过本指令:

第一章 可专利性

第1条

(1)成员国应通过本国专利法保护生物技术发明。在必要的时候,应当根据本指令调整其本国专利法。

(2)本指令不影响各成员国履行国际协议尤其是 TRIPS 协议和《生物多样性公约》中规定的义务。

1. 与国家法的关系(第1款)。本条第1款要求每个成员国应确保其国家法符合本指令的规定。本指令不是用来代替国家法的,但在必要的时候,本指令的规定必须体现在国家法中。

2. 国际条约(第2款)。本指令不能越过 TRIPS、《生物多样性条约(CBD)》和其他国际协定(例如 UPOV 公约*)所规定的国家义务。不过,还是存在着与这些条约不一致的地方。欧盟已经采用了生物多样性条约(理事会决议 93/626/EEC)。本指令绪言第 55 段要求成员国落实本指令的规定时必须特别注意该公约第 3 条、第 8 条 j 项、第 16 条第 2 款的第二句和第

---

* UPOV 是 International Union for the Protection of New Varieties of Plants(国际植物新品种保护联盟)的简称,它是一个政府间的国际组织,总部设在瑞士日内瓦,其职责是"以造福社会、鼓励植物新品种的开发为目的,建立发展一个有效的植物品种保护体系"。首字母缩略词 UPOV 是由该组织的法语名称派生出来的,其法语全称为"Union Internationnale pour la Protection des Otentions Vegetales"。——译者注

16 条第 5 款的规定。

3. 地理来源。本指令的绪言第 27 段表明生物材料的地理来源应包含在专利申请中,如果是适合的并且是已知的情况下。然而,这显然不属于强制性的规定,因为本指令规定了其对专利申请或由于授权而产生的权利有效性的处理不持偏见。

第 2 条

(1) 为本指令之目的:

(a) "生物材料"意指含有基因信息的、且能自我复制或在生物学系统中进行复制的任何材料;

(b) "微生物方法"意指涉及微生物材料、作用于微生物材料或由微生物材料所产生的任何方法。

(2) 产生植物或动物的方法如果完全由自然现象如杂交或选择构成,则其是一种主要是生物学的方法。

(3) 植物品种的概念已由欧共体第 2100/94 号条例第 5 条定义。

1. "植物品种"。植物品种这个概念是由欧共体第 2100/94 号条例中的第 5 条第 2 款所定义的,即"品种"是已知植物最低分类单元中单一的植物群,不论授予植物品种权的条件是否完全满足,该植物群可以是:以某一特定基因型或基因群的组合产生的特性表达来确定;至少表现出上述的一种特性,以区别于任何其他植物群;并且,作为一个分类单元,其适用性经过繁殖而不发生改变。第 2100/94 号条例中的第 5 条第 3 款还进一步规定:"植物分类由植物整体或能够产生植物整体的部分植物所构成,两者在下面都被简称为'品种要素'"。参见《欧洲专利公约》第 53 条的规定。

第 3 条

(1) 为本指令之目的,新的、有创造性,而且能够在工业上应用的发明,应具有可专利性,即使它们涉及由生物材料组成或含有生物材料的产品,或者涉及一种使生物材料得以复制、产生或应用的方法；

(2) 从自然环境中分离的或通过技术手段产生的生物材料可以成为发明的客体，即使它曾存在于自然界中。

1. 总述(第1款)。 本条确认了原则上若这些发明满足了新颖性、创造性和工业实用性的基本的专利性标准，则生物技术的产品或方法是可专利的。绪言第22段承认，围绕着基因序列或部分基因序列的专利性存在着争论。但是，对所有其他技术领域所适用的专利性标准也同样适用于有关基因的发明。进一步地，绪言第22段强调，基因序列或部分基因序列的工业实用性也需要适当地公开。的确，未公开功能的DNA序列缺乏技术信息，因此是不可专利的发明(绪言第23段)。当基因序列或部分基因序列用于生产蛋白质或其中某部分时，必须指明生产了哪种蛋白质或某种蛋白质的哪个部分(绪言第24段)。

2. 发明与发现。 本指令不应影响由国家、欧洲或国际专利法律中定义的发明(潜在的可专利)和发现(不可专利)之间的差别(绪言第34段)。该差别被本指令第3条第2款所强化。

3. 从自然环境中分离的材料。 欧洲专利局判例法中关于松弛肽的T272/95案，就是根据《欧洲专利法公约》第53条的旨意，考虑了从自然环境中分离出的物质的一个案例。

4. 借助技术方法产出的材料。 欧洲专利局判例法中关于植物细胞的T356/93案，就是考虑了借助于技术方法产生出生物材料的例子。该植物被修饰成对某些化学制品具体抵抗力。在扩大的上诉委员会关于转基因植物的G1/98案中也同样考虑了此原则。

第4条

(1) 以下各项，不具有可专利性：

(a) 植物和动物品种；

(b) 繁殖植物和动物的主要是生物学的方法。

(2) 有关植物和动物的发明如果其技术可行性不是仅限于特定的植物或动物品种,则它具有可专利性。

(3) 第 1 款 b 项不影响有关微生物的发明或者其他技术方法或依该方法获得的产品的发明的可专利性。

1. 总述。本条既排除了某些客体的可专利性,又确认了其他一些客体是可专利的。本条是对《欧洲专利公约》第 53 条 b 项的扩展。排除植物和动物品种以及实质上是生物学方法的背后,其基本原理是混杂一起的。植物品种的排除是为了避免既得到植物品种权又得到专利权的双重保护。动物品种没有类似的其他保护,所以,其被排除大概是为了防止对长期存在的动物繁殖构成限制。同样地,通过杂交繁殖和选择所发展出的新品种,由于排除了实质上的生物学方法,所以也是不可专利的。

2. "植物品种"。见本指令第 2 条第 3 款。

3. "动物品种"。本指令第 2 条缺乏关于动物品种的定义,并且按照欧洲专利局的判例法也没有对术语进行明确定义。由于《欧洲专利公约》的三种正式文本之间存在着语言上的差别,使问题更加复杂化(见 T315/03 哈佛鼠案)。因此,单独的动物品种(或种类,或种族,取决于《欧洲专利公约》的哪一种语言文本)是不可专利的。通过参考分类学上的等级,动物品种(或者种类、种族)的定义是与适用于植物品种的定义相一致的。

4. 实质上是生物学方法。见本指令第 2 条第 2 款,也可参见 T320/87 杂交植物案和 T356/93 关于植物细胞案。

5. 可专利的发明(第 2 款)。本指令明确地规定如果一项发明的技术可行性不限于某个特定的植物和动物品种。因此,举例来说,一项涉及以一个特别的基因(但不是整个染色体)为特征的某些物的发明,是可专利的(见绪言第 30 段和第 31 段)。同样地,一项具有一个产生某种功效的基因、由基因工程得到的动物的发明,如果该基因也能插入到其他种类的动物中,则该发明是可专利的。

6. 微生物方法或其他技术方法。本指令定义的微生物方法是指涉及微生物材料、作用于微生物材料或由微生物材料所产生的任何方法(第2条第1款b项)。技术方法是指需要由人工干预的方法,例如,与构成自然现象的某一方法不同的步骤顺序是由人工操纵处理的并且对最终产品有决定性的功效的情形。类似地,由某一方法构成的发明至少包含一个利用技术应用的步骤,例如基因工程步骤,就是一个设计技术方法的发明,因而是可专利的(T356/93 关于植物细胞案)。

第5条

(1)在其形成和发展的不同阶段的人体,以及对其某一元素的简单发现,包括基因序列或基因序列的某一部分,不构成可授予专利的发明。

(2)脱离人体的或者通过技术方法而产生的某种元素,包括基因序列或基因序列的某一部分,可以构成可授予专利的发明,即使该元素的结构与一个自然界的结构完全相同。

(3)基因序列或基因序列的某一部分的工业实用性必须在专利申请中公开。

1. 人体(第1款)。根据本条的规定,从两个方面排除可专利性。首先,基于道德的理由,人体是不可被专利的。这包括人体的胚胎。其次,仅仅发现了人体中的众多元素之一,包括全部或部分的基因序列,也是不可专利的。然而,第二方面的排除必须确保符合本条第2款和第3款的规定。关于转基因干细胞的 T1079/03 案就是这样考虑的。

2. 脱离人体的或者通过技术方法而产生的元素(第2款)。从人体中分离出的元素或其他的通过技术方法产生的某种元素,可以构成可授予专利的发明。这个规定确认了即使是曾出现在自然界的这类生物材料,也是可授予专利的(见第3条第2款)。

3. 基因序列的工业实用性(第3款)。基因序列或基因序列的某一部分的工业实用性必须在专利申请中公开。这并不是限制涉及人类基因的申请。当序列用于生产蛋白质或其中某部分时,必须指明是哪种蛋白质或某种蛋白质的哪个部分或指明其可实现的功能(绪言第 24 段)。为了确定专利授予的权利,当序列的重叠仅涉及发明的非实质性部分时,每个序列应视为专利法中所说的独立序列(绪言第 25 段)。同时,工业实用性的要求在具体的背景下并不总是起到重要的作用。如果能够在实验室环境下分离或合成基因,也足以满足工业实用性的判断标准。然而,最近欧洲专利局的异议部在适用《欧洲专利公约》第 53 条和实施细则第 29 条第 3 款(先前的实施细则第 29e 条第 3 款)时,认为某个预知的蛋白质功能结合用于证实该功能的方法的公开,并不足以满足工业实用性的判断标准(见 T1191/01 关于七跨膜受体[Seven Transmembrane Receptor]的案例)。

第 6 条

(1)当发明的商业性利用违背公共秩序和公共道德时,该发明应视为不具有可专利性;但是,不能仅仅因为其利用被法律或法规所禁止就认为存在前述的违背公共秩序和公共道德。

(2)根据第 1 款,特别是下列各项,应视为不具有可专利性:

(a)克隆人的方法;

(b)改变人的生殖系统基因同一性的方法;

(c)为工业或商业目的的使用人的胚胎;

(d)改变动物基因特征的方法,该方法可能导致动物痛苦,而对人类或动物以及由该方法产生的动物没有任何实质性的医学利益。

1. 总述。第 6 条确定了当发明的商业性利用违背公共秩序和公共道德时,该发明不具有可专利性的原则。本指令涉及"商业性利用",但没有涉及《欧洲专利公约》第 53 条 a 项所称的"公布和利用"。然而,受到专利保护的发明在任何情况下必须总是能够商业性利用(也包括公布和非商业性利用),因此,两种说法的意思应该是相同的。第 6 条第 1 款明确规定了不能仅仅因为某项发明的利用被法律或法规所禁止就认为其违背了公共秩序和公共道德。

2. 公共秩序和公共道德。 本指令并没有给"公共秩序"和"公共道德"下定义。而是改为由第 2 款列出了具体的违背"公共秩序"和"公共道德"中的两者之一或者两者都违背的发明类型清单，以对国家法院作出指引。该清单并非列举穷尽。在绪言第 38 段中，进一步给出了使用侵犯了人的尊严的方法的例子，比如，从人和动物的生殖细胞或全能细胞中生产嵌合体的方法，也不应具有可专利性。参见《欧洲专利公约》第 53 条 a 项，该条规定排除了任何违背公共秩序和公共道德的发明类型的可专利性。

3. 对人的克隆。 克隆人的方法被定义为任何可被定义为任何旨在，包括用胚胎分裂方法，制造与另一活人或死人的核遗传信息相同的人体的方法（绪言第 41 段）。

4. 使用人的胚胎。 排除使用人的胚胎的可专利性，已被欧洲专利局广泛地解释。在 T1079/03 关于转基因干细胞的案例中，异议部认为适用本指令的第 6 条第 2 款和《欧洲专利公约实施细则》第 28d 条的规定。权利要求书中包含着请求保护分离包括人体干细胞方法的权利要求，尽管不是排他地直接涉及人体干细胞，这些权利要求被驳回。

5. 动物痛苦。 第 6 条第 2 款要求在确定是否一个修改动物基因特征的方法或者由该方法产生的动物的是否可专利时，必须在动物痛苦与人类或动物的实质性利益之间作出权衡。如果存在实质性的医学利益（T315/03 关于哈佛鼠的案例）的可能性，一项可能引起动物痛苦的发明仍是可专利的。可能值得注意的是，这个观点表明其与较早时的判例法中要考虑其他因素，特别是环境风险的观点，有一些改变。这在涉及修改动物基因特征方法的发明中不再适用。

第 7 条

委员会的"科学和新技术伦理问题欧洲组"负责评价生物技术领域的所有伦理问题。

1. 总述。 在实务中，第 7 条不太可能是重要的条款。委员会的工作组负责评价生物技术领域的所有伦理问题,它也仅仅是在基本道德层面上,而不能在可能引发专利法争议的方面提出咨询意见。

第二章　保护范围

第 8 条

（1）具有发明特性的生物材料专利的保护,应延及于任何通过相同或不同的方式对该生物材料进行繁殖或增殖而获得的具有该同样特性的生物材料;

（2）能产生具有发明特性的生物材料的方法专利,其专利的保护应延及于通过该方法直接获得的生物材料以及任何其他通过相同或不同的方式从该生物材料直接繁殖或增殖而产生并具有该特性的生物材料。

1. 总述。第 8 条的规定确保涵盖了生物材料的权利要求也能涵盖该生物材料的后代,如果这些后代是复制第一代的所获得的。**(1) 第 2 款。**第 8 条第 2 款容易理解的,因为其克服了《欧洲专利公约》第 64 条第 2 款所提出的限制,该第 64 条第 2 款的规定以其他形式严格限缩涉及自我复制的材料的专利价值和范围。根据该第 64 条第 2 款的规定,由所述方法获得的产品是有可能得到保护的,但仅限于由该方法"直接获得"的产品。在某些生物技术发明的情况下,权利要求保护的是方法,根据该方法可以直接得到生物材料。对此种情况来说,问题并不大,但这可能是通过复制得到进一步生物材料的发明的重要特征。第 8 条第 2 款的规定确保这些进一步得到的后代也被专利所涵盖。**(2) 第 1 款。**表面上看,第 8 条第 1 款旨在取得与产品权利要求相关的同样结果。然而,问题在于这种情况并不被鼓励,因为权利要求采用正常的措辞包含所讨论的材料,而与该材料的世系血统无关。同样,第 8 条第 1 款也不是将其效力被限制在产品权利要求上。就此,它适用于由所要求保护的方法而得来的产品。

2. 具有发明特性。第8条创立了对具有发明特性的生物材料的进一步保护。此种发明特性可包括例如某些基因序列的表达或者对某些催化剂的易感受性。

3. 繁殖或增殖。可以发现,使用"繁殖或增殖"这个术语是为了在第8条的范围内既包含植物繁殖(无论是否有人工干预)又包含动物和微生物的增殖。

4. 以相同或不同的方式。保护范围被扩展到通过第一代生物材料的繁殖或增殖得到的任何生物材料。第二代和后续各代的生物材料必须具有与第一代相同的特性,不过其可以是以"相同或不同的方式"。所允许的"不同"的范围尚不清晰。

5. 成员国的实施执行。法国的实施文本(《知识产权法典》第L.613-2-3条)中,并不包括"以相同或不同的方式",其中的争议导致了保护范围的限缩。在德国,实施文本规定:第8条第1款将不适用任何偶然或以技术不可避免的方式得到的生物材料(《专利法》第9c条第3款)。

第9条

除第5条第1款另有规定外,对一项含有基因信息或由基因信息组成的产品专利的保护应延及于与该产品结合在一起的、含有该基因信息且执行其功能的所有材料。

1. 总述。第9条扩展了含有基因信息或由基因信息组成的产品专利的保护范围。例如,一项请求保护人类基因序列的权利要求,将会被一项结合该基因的基因型且执行其功能的转基因动物所侵害。本条明确表示对第5条第1款不持偏见,该第5条第1款规定人体是禁止授予专利的。所以,继续前述的例子,甚幸的是,任何人体都不可能被侵权。第9条的效力明显地不限于产品权利要求,还平等地适用于根据《欧洲专利公约》第64条第2款规定保护通过方法权利要求得到的产品。需要注意的是,第9条的效力要受到第10条和第11条的限制。

2. 与产品的结合。如果请求保护的权利要求是动物基因,似乎将产生难题。在此种情形下,第5条第1款就将不再适用,因此,从字面意思看,该权利要求将涵盖提供原始基因的动物,故,由于缺乏新颖性,可提出该权利要求无效。因而,"结合"一词似乎可以被解释为其意思是"与技术方法的结合"。

3. 实现。第9条扩大的保护范围并不要求专利能够实施与产品结合的生物材料。在上面的例子中,本领域技术人员能否复制出全部转基因动物或者部分转基因动物,并不是重要的。

4. 后代。第8条与第9条联系在一起的效力是当生物材料与产品结合时,根据第9条的规定,权利要求的保护涵盖了产品,如果生物材料可以自我复制的话,还包括生物材料后代的范围。

5. 成员国的实施。在法国,当专利涉及基因序列的情况下,实施文本(《知识产权法典》第L.613-2-2条)受到两个条款的限制。首先,保护范围限制到与专利说明书实施例中的与具体的功能相联系的部分基因序列。进一步地,专利不得援引在后的不同的基因序列申请的权利要求(《知识产权法典》第L.613-2-1条)。在德国,实施文本规定:第8条第1款将不适用任何偶然或以技术不可避免的方式得到的生物材料(《专利法》第9c条第3款)。

第10条

第8条和第9条所说的保护不延及于用专利持有人或经其许可而投放成员国市场的生物材料经繁殖或增殖而获得的生物材料,因为该繁殖或增殖行为是已进入市场的生物材料应用的必然结果,但该获得的材料其后不得为其他繁殖或增殖目的而使用。

1. 总述。第10条通过权利用尽原则的规定来限制第8条和第9条的效力。一般来说,该原则防止知识产权权利人依赖其由权利所有人自己或经过其同意投放与欧洲经济区市场有关的产品的权利。因此,关于保护生物材料的一件专利,一旦该生物材料由专利所有人或经过其许可投放到成员国的市场,该专利所有人就永远用尽了其关于第一代生物材料的权利(按照一般用尽原则),并且通常也用尽了其关于由复制第一代材料而得到的材料的权利(根据第10条的规定)。按照第10条规定的用尽,要受到两个附带条件的限制(见下面的第4点与第5点)。

2. 成员国。第10条目下的"成员国"包括欧洲经济区(EEA)的国家。尽管本指令对于是否适用于欧洲经济区(EEA)国家的质疑是开放的(即便挪威表明其按照1992年5月的EEA协定*受本指令的约束,见欧洲法院关于"荷兰"案的判决),但是第10条的权利用尽原则也明显属于EEA协定应有之义的一部分。

3. 第8条第1款的适用。正如上面所指出的,第8条第1款的作用从其字面上不容易辨别出。但结合第10条的规定可以得出其确保将权利用尽原则适用于产品权利要求的答案。产品权利要求正常地包括了经过最初的生物材料的复制所得到的材料(因为权利要求的字面上包括了任何所描述的材料)。缺少第8条第1款及第10条的适用,这样的权利要求将规避了通常的权利用尽原则的效力。例如,专利权人可以将最初的生物材料投放到欧洲经济区的市场,但复制后的产品并非其原来的产品本身,经过专利权人或者其许可再被投放到欧洲经济区的市场上,因此专利权人对这些产品的权利并没有用尽。明显地,这个法律上的漏洞必须堵上,因此才有了第10条的规定。

4. 繁殖或增殖行为是已进入市场的生物材料应用的必然结果。根据第10条的规定。专利所有人的权利并非总是用尽的。按照第一个限制条件,如果通过复制行为而得到的材料不是已进入市场的最初的生物材料应用的必然结果,专利所有人的权利仍能够行使。例如,由专利所有人投放市

---

* 欧洲经济区协定(EEA)是1992年5月2日在葡萄牙的波尔图签订的。欧洲经济区(EEA)在欧洲自由贸易联盟(EFTA)与欧盟(EU)达成协议后,于1994年1月1日生效,旨在让欧洲自由贸易联盟的成员国,无须加入欧盟也能参与欧洲的单一市场。详见 http://zh.wikipedia.org/wiki/%E6%AD%90%E6%B4%B2%E7%B6%93%E6%BF%9F%E5%8D%80。——译者注

场的种子而得到的谷物就不包括在保护的范围内,但销售从该谷物中得到的种子则在保护的范围内。

5. 所获得的材料其后不得为其他繁殖或增殖目的而使用。按照第10条的第二个限制条件,权利用尽不适用于通过繁殖或增殖行为得到的材料但其后作为其他繁殖或增殖目的而使用的情况。"其后作为其他繁殖或增殖目的而使用"这句话旨在将第一轮复制所生的后代置于权利用尽的范围之外。不过,其本意是否为防止该材料的最初(以及后面的)使用者使用该后代,或者其本意仅是防止从最初的使用者手里获得了该后代的后来的使用者作这样的使用,即权利用尽仅仅是适用于第一轮的复制或最初的使用者,这些问题还不是清楚明了的。

6. 成员国的实施。大多数成员国的实施方式是将本指令第10条作文字上的转换,但英国、法国或德国却没有这样做。西班牙的实施本指令第10条的方式是本指令第10条的规定适用于包括所有的经由投放市场的材料复制或增殖后得到的材料的专利权,无论是否出于本指令第8条或第9条的缘故(《西班牙专利法》第52条第3款)。这应该没有什么差别。根据经专利所有人或其许可投放在市场的复制的产品是一个新事物而不是其本身这一事实,第10条明显地要求以权利用尽原则来堵住法律漏洞。在任何情形下,所有这样的新事物,都被第8条和第9条的两者或其中之一所涵盖。

第11条

(1)与第8条和第9条的规定不同,专利所有人或经其同意为农业使用的目的向农民出售植物繁殖材料或以其他形式对该材料进行商业化,意味着授权农民自己在农场上为繁殖或增殖的目的而使用其收获的产品,这种不同的范围和条件与第2100/94号条例(EC)第14条相当;

(2)与第8条和第9条的规定不同,专利所有人或经其同意而向农民出售种畜或以其他形式对其他动物繁殖材料的商业化,意味着授权农民为农业之目的使用受保护的种畜。这包括为进行农业活动之目的使该动物或

其他动物繁殖材料能够得到,但不包括在该范围内销售或为商业性繁殖活动目的的行为;

(3)第2款所述不同的范围和条件应由国家法律、法规和惯例决定。

1. 总述。第11条规定的与第8条和第9条的规定不同,通常被称为"农民特权",因为这些不同就是专为保护农业的特权。在其他方面农民也会受益于第10条的不同规定,但在落入第10条的限制条件内的材料情形下,农民还另外受到第11条的保护。

2. 农民使用其收获的植物繁殖材料(第1款)。这一条款是基于第2100/94号条例(EC)第14条的规定所给予农民的类似的权利。例如,如果被专利保护的种子经专利所有人或者经其同意卖给了农民,则专利所有人就不能反对农民在农民自己的农场中种植并收获种子的下一代。这是在第2100/94号条例(EC)第14条中明确提出的约束条件。该条文由于太长不便在此写出来,但权利被限制在农业植物种类的规定清单中,且农民要受到必须遵守的一些具体的判别标准的限制。

3. 农民为农业之目的而使用种畜(第2款)。有关种畜在第2100/94号条例(EC)中没有相类同的规定,所以类似的农民特权仅出自于本指令的规定。例如,如果被专利保护的种畜经专利所有人或者经其同意卖给了农民,就会适用于本条款的规定。在这样的情形下,专利所有人不能对农民"为农业之目的"使用种畜提出反对。虽没有明确说明,但第11条第2款给出指引。所适用的规则是农民可以自由地喂养动物以使用在其农场中。有关种畜的特权,目前在共同体的层面上还没有在立法上规定范围和限制条件,故第11条第3款规定这些将留给国家法律、法规和惯例来决定。对绝大部分来说,可能的情况是,这些条件是经过专利所有人或者被许可人与农民进行磋商同意的。

4. 成员国的实施。西班牙与英国已将第11条第1款与第11条第2款的不同规定,适用于所有的专利权,而不仅仅适用于源于第8条和第9条的规定(分别见西班牙《专利法》第53条和英国《专利法》第60条第5款g项和 h 项）。这基本上也没有什么差别。由于通过复制所得到的材料不是专利权人或经其同意投放市场的材料本身，且可能落入了第 10 条所规定的限制性条款的范围内，就可能规避通常的权利用尽原则，因此，特权还是需要的。然而，无论如何，表面上落入第 8 条和第 9 条两者或者之一的所有这类材料，按照本指令的措辞，都将适用于所述特权的规定。

第三章　交叉强制许可

448　**第 12 条**

（1）当一名育种者不侵犯一项已有的专利权就无法获得或利用一项植物品种权时，在缴纳适当使用费的前提下，他可申请一项使用该专利所保护的发明的普通强制许可，条件是该许可对其使用应受保护的植物品种是必要的。成员国应规定，当授予此种许可时，专利所有人应有权在合理的条件下得到使用该受保护品种的交叉许可。

（2）当一项生物技术发明的专利权人不侵犯已有的植物品种权就无法实施该专利时，在缴纳适当费用的前提下，他可申请一项使用受保护的植物品种的普通强制许可。成员国应规定，当授予此种许可时，植物品种权持有人应有权在合理的条件下得到使用该受保护的发明的交叉许可。

（3）申请前述第 1 款和第 2 款中规定的交叉许可证的申请人应表明：

（a）他们已向专利权或植物品种权所有人请求了协议许可但未成功；

（b）该植物品种或发明与在专利申请求保护的发明或受保护的植物品种相比，具有可观经济效益的重大技术进步。

（4）每个成员国应指定负责颁发这种许可证的主管机构。当植物品种许可证只能由共同体植物品种局颁发时，第 2100/94 号条例（EC）第 29 条应予适用。

1. 总述。第 12 条要求，如果专利阻碍了植物品种权的获得或利用，成员国应规定授予强制许可的法律制度,反之亦然。问题源自《欧洲专利公约》第53条b项的规定被如此解释为:在界定对应的品种时,其标准是专利与植物品种权的保护主题相互之间是排他的,两者可能重合,但不能低于或者高于这个标准。这也能从本指令的第4条第1款a项和第4条第2款的规定得到证实。对专利授予强制许可已经在一些国家的专利法中作出了规定(例如英国1977年《专利法》第48B条第1款d项ii目,德国《专利法》第24条以及法国的《知识产权法典》第L613-15条的规定)。同样地,在涉及公共利益时,第2100/94号条例(EC)第29条总体上允许共同体授予植物品种权强制许可。对相互依赖的专利与植物品种权,本指令规定了交叉强制许可。

2. 许可的范围。许可被限制在利用在后的权利是必不可少且支付合理的使用费这些行为内。在先权利的所有人以合理的条款也可自动地获得互惠的许可。该许可也基本上限制在为利用在先权利所必不可少的行为内。

3. "在先的"专利或植物品种权。从第1款和第2款的字面上看,可能仅针对在先的专利或植物品种权授予强制许可。这样就意味着某项权利具有较早的申请日或优先权日,即该权利具有一个较早的评价其新颖性和创造性的日期。只有在后权利(即非在先的)的所有人才可以启动强制许可的申请。这样导致了一个不正常的现象,即在后权利可以妨碍在先权利,在在后权利的所有人主张许可因而引发在先权利的所有人的互惠许可之前,在先权利的所有人将无所作为。

4. 授予强制许可的条件(第3款)。申请人必须说明,他们已请求了协议许可但未成功。此外,他必须证明他的发明或植物品种与他所寻求许可的在先权利相比,构成了"具有可观经济效益的重大技术进步"。本指令中,没有对"具有可观经济效益的重大技术进步"给出定义。但是,在TRIPS协议中的第31条的L(1)款中出现了"具有可观经济效益的重要技术进步"一词,该条款提出在未经权利所有人授权的情况下根据该款规定有可能授予强制许可的条件。对TRIPS协议中的第31条的L(1)款中出现的与本指令相同的术语是否应做同样的解释,这一点尚有争议。

5. 授予强制许可的主管机构(第 4 款)。除了共同体植物品种权的强制许可(按照第 2100/94 号条例(EC)实施细则第 Ⅳ 章的规定,向设在法国南特的共同体植物品种保护局提出申请)之外,应该向成员国国家以立法方式指定的主管机构提出强制许可申请。本指令关于强制许可条款在成员国的落实实施,由各个成员国自行制定强制许可的规定,范围或大或小。因此,英国除了 1977 年《专利法》(第 48 条)之外,还有一套强制许可的规定(2002 年第 247 号法令)。另一方面,在德国,关于本指令的强制许可条款的落实,见于《专利法》第 24 条和《品种保护法》第 12a 条的规定。类似地,在法国,其实施条款(法国《知识产权法典》第 L613－15 条和第 613－15－1 条)是受到一般的专利强制许可条款(第 L613－12 条和第 613－14 条)的限制的。各国负责审查强制许可申请的主管机构也存在不同:在英国是由专利局与植物品种保护事务局负责(英国 2002 年第 247 号法令第 3 款和第 11 款),在法国和马耳他的例子中,两种类型的许可,都是由法院负责审理的(分别规定在法国《知识产权法典》第 L613－12 条和马耳他《专利与外观设计法》第 39 条第 8 款和第 9 款中)。

第四章　生物材料的保存、提供和重新保存

第 13 条

(1)当一项发明包含生物材料的使用或与生物材料相关,而该生物材料公众既不能获得,也不能在专利说明书描述得使所属技术领域的熟练人员将该发明复制时,该说明书为专利法之目的应视为公开不充分,除非:

(a)该生物材料最迟应于专利申请日前已提交经承认的某保存机构保存。至少,根据 1977 年 4 月 28 日签订的《国际承认用于专利程序微生物保存布达佩斯条约》(以下简称布达佩斯条约)第 7 条获得国际保存单位资格的国际保存机构,应是经承认的保存机构。

（b）申请书中应包含申请人能得到的有关该保存的生物材料的特征的有关信息；

（c）专利申请中写明了保存机构的名称和保存编号。

（2）应能在下述情况下通过样品的提供得到保存的生物材料：

（a）在专利申请的第一次公布前，仅限于根据国家专利法允许获得之人；

（b）在申请第一次公布后至专利授权前，对任何请求人，或者如果申请人要求的，仅限于独立的专家；

（c）专利权授予后，不管该专利是否被撤销或无效，对任何请求人。

（3）在专利权有效期间，该样品应仅在请求人同意下列条件时，才能提供：

（a）不向第三者提供该样品或从该样品得到的任何材料；

（b）除非为实验的目的，不使用该样品或从该样品得到的任何材料；

除非专利申请人或专利权人，在适用的情况下，明确表示放弃上述对承诺的要求。

（4）根据申请人的要求，当一件申请被驳回或撤回时，从专利申请提交日起二十年内，获得该保存材料的人应仅限于独立的专家。此时，第3款应予适用。

（5）第2款b项和第4款所述申请人的要求仅能在公开专利申请的技术准备已视为完成之日之前提出。

1. 总述。若保存机构能够使公众利用生物材料的话，第13条承认在集中的保存机构保存生物材料样品的可能性。生物技术领域的许多发明涉及到不能以结构作出足够说明的材料（如载体、病毒、细胞和抗体）。借助于保存的样品生物材料可以清晰地被识别及复制。在本条第1款规定情形下，这些生物材料的保存样品对于实现其发明是必不可少的（参见《欧洲专利公约》第54条对于"实现"的含义）。若说明书在满足专利法的一般性要件下充分公开到类的发明能够再现，则不需要保存。

2. 保存机构。被布达佩斯条约所承认的保存机构,也即本指令至少承认的保存机构。

3. 必需的信息。专利申请必须写明保存机构的名称和保存编号。此外,申请时还必须说明申请人已经获知的关于所保存的生物材料特性的相关的信息。

4. 获取。第三方获取所保存的生物材料,随着专利申请程序的不同阶段而变化。在所有的阶段,都以由保存机构提供生物材料样品的形式来获取。在专利申请公开之前,按照国家法律的规定获取(第 2 款 a 项);在公开后授权之前的期间,可依请求获取,除非申请人要求仅限于向独立专家提供样品(第 2 款 b 项)。所述申请人仅能在公开专利申请的技术准备已视为完成之日之前提出这样的要求(第 5 款)。限于独立专家获取的要求一直有效至授权前,或者当一件申请被驳回或撤回时,从专利申请提交日起二十年内有效。但是,专利授权后,应向任何请求人提供样品(第 2 款 c 项)。

5. 第三方的承诺。作为按照第 2 款得到样品的条件,请求人必须承诺不向第三者提供该样品或从该样品得到的任何材料(第 3 款 a 项)。而且,除非专利权人明确表示放弃上述对承诺的要求,请求人必须承诺不为实验以外的其他目的使用该样品或从该样品得到的任何材料。

第 14 条

(1)如果根据第 13 条保存的生物材料不能从被承认的保存机构获得时,应允许按布达佩斯条约规定的条件对该材料进行重新保存;

(2)任何重新保存应随附一份由保存人签名的声明,证明其重新保存的生物材料与最初保存的相同。

1. 总述。若在保存机构最初保存的材料不能得到,例如生物材料不再存活,则该生物材料必须重新提交保存。此种情形下,适用布达佩斯条约的规定。保存人必须签署声明,证明其重新保存的生物材料与最初保存的相同。

第五章　最后条款

第 15 条

（1）成员国应使与本指令一致的法律、法规和行政规章最迟于 2000 年 7 月 30 日生效；它们并应立刻将其通知委员会。

当成员国采取这些措施后时，它们应包含一个对本指令的参照或者在其官方出版物中附一份这样的参照。作出此参照的方法应由成员国自己确定。

（2）成员国应将其在本指令涉及领域实施的国家法律的文本传送给委员会。

第 16 条

委员会应向欧洲议会和理事会送交：

（a）从第 15 条第 1 款所述日期起每隔五年，一份关于本指令与各成员国参加的《保护人权国际公约》的关系所遇问题的报告；

（b）从本指令生效之日起两年之内，一份关于当具有可专利性主题的论文未公开或延迟公开对基础基因工程研究的影响的评价报告；

（c）从第 15 条第 1 款所述之日起每年，送交一份关于在生物技术和基因工程领域专利法的发展及其影响的报告。

第 17 条

本指令生效日出版其在欧洲共同体官方杂志上。

第 18 条

本指令给各会员国。

1. 生效。本指令于 1998 年 7 月 30 日公布于共同体官方杂志上,因此根据第 17 条的规定,本指令自该公布日起生效。

2. 报告。第 16 条要求,欧盟委员会应就发展情况和遇到的问题向欧洲议会和理事会作出报告。2002 年 1 月 14 日,根据第 16 条 b 项的规定,委员会公布了关于当具有可专利性主题的论文未公开或延迟公开对基础基因工程研究的影响的评价报告(COM[2002]2,最终版本)。2002 年 10 月 7 日,根据第 16 条 c 项的规定,委员会提交了关于在生物技术和基因工程领域专利法的发展及其影响的报告(COM[2002]545,最终版本)。

《专利合作条约》

1970年6月19日签订于华盛顿
1979年9月28日修正
1984年2月3日和2001年10月3日修改
(2002年4月1日生效)

绪　　则

[联盟的建立]
第1条

(1) 参加本条约的国家(以下简称"各缔约国")组成联盟,对保护发明的申请的提出、检索和审查进行合作,并提供特殊的技术服务。本联盟称为国际专利合作联盟。

(2) 本条约的任何规定不应解释为有损《保护工业产权巴黎公约》缔约国的任何国民或居民按照该公约应该享有的权利。

1. 总述。本条阐明了条约的目的,并且强调《巴黎公约》规定的权利不受此条约的影响。

[定义]
第2条

除非另有明文规定,根据本条约和实施细则的目的:

(i) "申请"是指保护发明的申请;所述"申请"应解释为关于发明专利、发明人证书、实用证书、实用新型、增补专利或增补证书、增补发明人证书和增补实用证书的申请；

(ii)"专利"应解释为关于发明专利、发明人证书、实用证书、实用新型、增补专利或增补证书、增补发明人证书和增补实用证书的专利；

(iii)"国家专利"是指由某一国家机关授予的专利；

(iv)"地区专利"是指有权授予在一个以上国家发生效力的专利的国家机关或政府间机关所授予的专利；

(v)"地区申请"是指地区专利的申请；

(vi)"国家申请"应解释为关于国家专利和地区专利的申请，但按本条约提出的申请除外；

(vii)"国际申请"是指按本条约提出的申请；

(viii)所述"申请"应解释为国际申请和国家申请；

(ix)所述"专利"应解释为国家专利和地区专利；

(x)所述"本国法"应解释为各缔约国的本国法，或者，如果涉及地区申请或地区专利的，则指规范提出地区申请或授予地区专利的条约；

(xi)为计算期限的目的，"优先权日"是指：

(a)国际申请中包含按第8条提出的一项优先权要求的，指作为优先权基础之申请的申请日；

(b)国际申请中包含按第8条提出的几项优先权要求的，指作为优先权基础之最早申请的申请日；

(c)国际申请中不包含按第8条提出的优先权要求的，指该申请的国际申请日；

(xii)"国家局"是指缔约国授权发给专利的政府机关；凡提及"国家局"时，应解释为也是指几个国家授权给地区专利的政府间机关，但这些国家中至少应有一国是缔约国，而且这些国家已授权该机关承担本条约和细则为各国家局所规定的义务并行使该条约和细则为各国家局所规定的权力；

(xiii)"指定局"是指申请人按本条约第一章所指定的国家之国家局或代表该国的国家局；

（xiv)"选定局"是指申请人按本条约第二章所选定的国家之国家局或代表该国的国家局；

（xv)"受理局"是指受理国际申请的国家局或政府间组织；

（xvi)"本联盟"是指国际专利合作联盟；

（xvii)"大会"是指本联盟的大会；

（xviii)"本组织"是指"世界知识产权组织"；

（xix)"国际局"是指本组织的国际局和保护知识产权联合国际局（在后者存在期间）；

（xx)"总干事"是指本组织的总干事和保护知识产权联合国际局（在该局存在期间）的局长。

第一章 国际申请和国际检索

[国际申请]
第3条

（1）在任何缔约国，保护发明的申请都可以按照本条约作为国际申请提出。

（2）按照本条约和细则的规定，国际申请应包括请求书、说明书、一项或几项权利要求、一幅或几幅附图（需要时）和摘要。

（3）摘要仅作为技术信息之用，不能考虑作为任何其他用途，特别是不能用于对所请求保护的范围进行解释的目的。

（4）国际申请应该：

（i）使用规定的语言；

（ii）符合规定的形式要求；

（iii）符合规定的发明单一性的要求；

（iv）按照规定缴纳规费。

1. 总述。第 3 条涉及国际申请的一般性要求。国际申请仅可以在本条约的各缔约国家中提出，截至 2005 年 11 月,《专利合作条约》的缔约国*已达 128 个。

2. 内容（第 2 款）。第 3 条规定了国际申请必须包含请求书（参见第 4 条）、说明书（参见第 5 条）、一项或多项权利要求（参见第 6 条）、一幅或几幅附图（需要时）（参见第 7 条）和摘要。

3. 摘要（第 3 款）。第 3 条第 3 款规定了摘要不能用来界定发明的保护范围，这与《欧洲专利公约》第 85 条的规定相类似。有关摘要内容与格式的一般性要求，见本条约细则第 8 条的规定。

4. 其他的要求（第 4 款）。（1）**权利要求书的语言**。第 3 条第 4 款规定申请必须使用规定的语言。对于说明书、权利要求书及请求书的语言，存在着不同的要求。对于说明书和权利要求书的规定语言，取决于受理局的规定（《细则》第 12 条第 1 款）。不过，对于提交申请而言，受理局必须按照《细则》第 12 条第 1 款 b 项的要求，至少接受一种国际检索单位所接受的语言（或者至少一种国际检索单位用来对提交给受理局的申请进行检索和审查的语言），且该语言也是国际公布的语言（见第 21 条中关于公布语言的评述）。例如，欧洲专利局作为受理局，接受使用英文、法文或德文的申请；中国国家知识产权局接受以英文或中文提交的申请，而美国专利商标局只接受以英文提交的申请。国际局作为受理局可接受以任何语言提交的国际申请。（2）**请求书的语言**。对请求书的语言要求不同于上面所讨论的对于说明书和权利要求书的语言。请求书必须使用受理局以受理目的接受的任何一种公布语言（《细则》第 12 条第 1 款 c 项），如果请求书未使用规定的语言，则可要求申请人提供译文以供公布之用（《细则》第 26 条第 3 款 c 项）。国际局作为受理局接受规定在《细则》第 48 条第 3 款的所有公布语言。在根据《细则》第 91 条第 1 款的要求对请求书作出改正时，更正文件

---

* 截至 2013 年 5 月，专利合作条约（PCT）的缔约国已达 147 个，见 http://www.wipo.int/pct/zh/pct_contracting_states.html，2013 年 5 月 31 日访问。这个数字随着时间的推移还会有变化。——译者注

应使用译文使用的语言。(3)摘要和附图中的文字内容使用的语言。《细则》第26条第3款规定了如果摘要和附图中的文字内容使用了与申请不同的语言提交,受理局应通知申请人提供译文,所述译文应使用该国际申请公布所要使用的语言,除非译文是符合《细则》第12条第3款的要求的,或者,摘要和附图中的文字内容使用了该国际申请公布所要使用的语言。(4)形式要求。第3条第4款ii涉及国际申请的形式要求是规定在《细则》第11条中(见第5条、第6条、第7条的评述)。(5)单一性。第3条第4款iii涉及单一性的要求,《细则》第13条第1款规定了一件国际申请应只涉及一项发明或者由一个总的发明构思联系在一起的一组发明。按照《细则》第13条第2款的规定,如果一组发明中的发明之间存在着技术关联,含有一个或者多个特定的技术特征时,才被认为是具有单一性的。"特定技术特征"是指,在将每一项要求保护的发明作为一个整体考虑时,对现有技术作出贡献的技术特征。(6)规费。第3条第4款iv规定了国际申请须缴纳规定的费用。这些费用是《细则》第14条规定的传送费、《细则》第15条规定的申请费和《细则》第16条规定的检索费。这些费用向受理局缴纳且必须在自国际申请收到之日起一个月内缴纳(《细则》第14条第1款c项;第15条第4款;第16条第1款f项)。《细则》第16条第2款规定了缴费期限的延长。根据申请人的国籍与缔约国的人均国民收入,费用表中规定了某些费用减免。如果国际申请在提交时使用了 PCT-SAFE 软件,申请人也可以获得费用减免。有关退款,涉及《细则》第15条第6款和第16条第2款的规定。

[请求书]

第4条

(1)请求书中应该包括:

(i)请求将国际申请按照本条约的规定予以处理;

(ii)指定一个或几个缔约国,要求这些国家在国际申请的基础上对发明给予保护("指定国");如果对于任何指定国可以获得地区专利,并且申请人希望获得地区专利而非国家专利的,应在请求书中说明;如果按照地区专利条约的规定,申请人不能将其申请限制在该条约的某些缔约国的,指定这些国家中的一国并说明希望获得地区专利,应认为指定该条约的所有缔约国;如果按照指定国的本国法,对该国的指定具有申请地区专利的效力的,对该国的指定应认为声明希望获得地区专利;

(iii) 有关申请人和代理人(如果有的话)的姓名和其他规定事项;

(iv) 发明的名称;

(v) 发明人的姓名和其他规定事项——如果指定国中至少有一国的本国法中规定在提出国家申请时应该提供这些事项。在其他情况下,上述这些事项可以在请求书中提供,如果该国的本国法要求提供这些事项并允许在提出国家申请以后提供这些事项,也可以在写给每一个指定国的通知中提供这些事项。

(2) 都应在规定的期限内缴纳规定的费用。

(3) 除申请人要求涉及第 43 条所述的其他任何一种保护外,"指定"的意思是指所希望得到的保护是由指定国授予专利或者代表指定国授予专利。在本款的目的下,第 2 条(ii)的规定不再适用。

(4) 指定国的本国法要求提供发明人的姓名和其他规定事项,但允许在提出国家申请以后提供的,请求书中没有提供这些事项的话,则在这些指定国不应产生任何后果。指定国的本国法不要求提供这些事项的,若没有另行提供这些事项的,在这些指定国也不应产生任何后果。

1. 总述。第 4 条涉及请求书的一般要求。请求书表格方面的有关细节规定在《细则》第 3 条中,而第 4 条则涉及请求书的内容。

2. 请求书。(1) 请求书。第 4 条第 1 款 i 项具体规定了请求书必须含有将国际申请按照本条约的规定予以处理的请求。请求的内容规定在第 4 条第 2 款中。请求书应符合行政规程的要求,填写在印制的表格上或者用计算机打印出来(《细则》第 3 条第 1 款)。请求书的表格为 PCT/RO101 表,可通过受理局、WIPO 或上网获得。(2) 指定国。自 2004 年 1 月 1 日或之后提交的国际申请,请求书的提交就意味着自动构成了对所有缔约国的指定(《细则》第 4 条第 9 款 a 项),尽管某些国家(德国、韩国和俄罗斯联邦)可能特别放弃。不需要支付单独的指定费。**(3) 申请人和代理人**。请求书应含有申请人和代理人事项(条约第 4 条第 1 款 iii 项)。《细则》第 4 条第 1 款 a 项规定的申请人的名称、地址、国籍和居所必须提供。针对不同的缔约国,可以有不同的申请人。因此,按照美国法律的规定,为指定美国的目的,发明人也作为申请人。如果指定了代理人,代理人的姓名和地址也要给出,代理人的注册号码也需提供(在适用的情况下)。关于申请人的进一步细节要求,规定在条约第 9 条中。**(4) 发明名称**。条约第 4 条第 1 款 iv 项和《细则》第 4 条第 3 款涉及发明名称的规定。**(5) 发明人**。条约第 4 条第 1 款 v 项和《细则》第 4 条第 6 款规定了对发明人的详细要求。按照条约第 4 条第 4 款的规定,如果指定国允许在提出国家申请以后提供发明人信息的,在请求书中未提供发明人信息的,不产生任何后果。**(6) 其他**。在适用的情况下,请求书可包含优先权要求(《细则》第 4 条第 1 款 b 项),并且,可写明对国际检索单位的选择(《细则》第 4 条第 14 款)。为一个或者多个指定国所适用的本国法的目的,请求书可选择包括一项或多项声明(《细则》第 4 条第 17 款)。自优先权日起 16 个月内,申请人可以向国际局发出通知对声明进行改正(《细则》第 26 条之三)。请求书应由申请人或其代表签字(《细则》第 4 条第 15 款和《细则》第 90 第 3 款)。

[说明书]
第 5 条

说明书应对发明作出清楚和完整的说明,足以使本领域的技术人员能实施该项发明。

1. 总述。本条给出了关于国际申请的说明书的要求。这些要求涉及说明书的内容,其进一步规定在《细则》第 5 条中。说明书构成国际申请的一部分(条约第 3 条),且为了获得申请日,国际申请中,必须有一部分表面上看像是说明书的文件(条约第11条第1款d项)。

2. 说明书的内容。 根据《细则》第5条第1款,说明书应给出包括适当的子标题的下列部分(《细则》第5条第1款c项):"发明名称"、"技术领域"、"背景技术"、"充分公开"、"附图说明"、"最佳方式"和"工业实用性"。按照《细则》第5条第1款b项的规定,这些部分应尽可能地遵守上述的顺序。发明名称应与请求书上的发明名称相同(《细则》第5条第1款a项)。在进入欧洲地区阶段时,涉及背景技术的参考文献可以纳入说明书中,而不被认为有违反《欧洲专利公约》第123条的增加新事项的问题(见T11/82 *Langsing Bagnall* 案)。条约第5条要求说明书应对发明作出清楚、完整的说明,使得本领域的技术人员能实施该项发明。然而,在《专利合作条约》中,何谓"本领域技术人员"并没有定义,而且,在各个缔约国的本国法中,评价本领域技术人员的能力还存在分歧。如果申请人未能按照《细则》第13条之二的规定提交生物材料的保存,可引发出缺乏条约第5条规定的"充分公开"而被拒绝。关于"最佳方式",当前在国际局与指定局之间,也存在着不同的实务做法。《细则》第5条第1款v项所提出的要求,是基于美国专利法第112条的规定提出的。不过,《细则》第5条第1款v项允许各指定局按照其本国法的规定来评价最佳方式公开的程度(例如,《欧洲专利公约》就不对最佳方式作要求)。《细则》第5条第2款规定了核苷酸和/或氨基酸序列的公开。如果国际申请包括一个或多个核苷酸和/或氨基酸序列,那么,说明书应包括作为说明书的单独部分的序列表(《细则》第5条第2款a项)。所述序列表应符合附件C中行政规程的具体形式要求。序列表可以用电子形式或者打印本呈交。不过,为了便于检索的目的,国际检索单位可以要求提供电子形式的序列表(《细则》第13条之三)。

3. 形式要求。 说明书构成国际申请的单独的组成部分;因此,其要求另起一页(《细则》第11条第4款)。有关说明书的形式要求,例如空白边缘、编号、数学/化学公式规定在《细则》第11条第1—10款中。流程图和图表应认为是附图(《细则》第7条第1款),因此,根据《细则》第11条第10款a项的规定,应排除在说明书之外。不过,说明书中可以含有表格

(《细则》第 11 条第 10 款 c 项）。有关术语与标记,例如计量单位和重量单位,在《细则》第 10 条中给出了规定。

4. 更正与修改。 根据《细则》第 91 条的规定,可以对说明书中的明显错误进行更正。在按照条约第 34 条第 2 款 b 项规定审查之前或审查过程中,或者国家阶段中,也可以修改说明书。

[权利要求书]
第 6 条

权利要求书应确定要求保护的内容。权利要求书应清楚和简明,并应得到说明书的充分支持。

1. 总述。 本条明确规定了对权利要求书的要求。权利要求书应满足三个标准。首先,权利要求书应定义请求保护的主题。第二,权利要求书应清楚、简要。第三,权利要求书应得到说明书的完全支持。《细则》第 6 条第 1—5 款进一步规定了关于权利要求的数量与编号、参考国际申请的其他部分、请求保护的方式、从属权利要求以及实用新型等内容。按照条约第 11 条第 1 款 e 项,为了获得申请日*,国际申请应含有表面上看像是权利要求或权利要求书的部分。

2. 权利要求书的内容。 对独立权利要求和从属权利要求没有数量上的限制;《细则》第 6 条第 1 款 a 项仅规定考虑到要求保护的发明的性质,权利要求的数量应适当。《细则》第 13 条第 4 款规定权利要求书应包括数量合理的从属权利要求。对于国际申请来说,并没有基于权利要求数量确定收费的规定。不过,一旦进入国家或地区阶段,则基于权利要求数量确定收费数额。对单一种类的权利要求的数量也没有限制。措辞不同但实质上保护范围相同的两个权利要求会造成重复限定,此举将违反权利要求应清楚

---

* 对于 PCT 国际申请来说,权利要求书是获得申请日的必备文件,即没有权利要求书就不能确定申请日。这一点与《欧洲专利公约》的规定不一样。根据《欧洲专利公约》的规定,权利要求书并不是确定申请日的必备文件。——译者注

简要的要求。按照条约第3条第4款和《细则》第13条第3款的要求,国际申请还必须满足发明的单一性要求。《细则》第13条第3款规定,在确定一组发明是否有一个总的发明构思联系在一起时,不应考虑这些发明是以不同的权利要求请求保护,还是在同一权利要求中作为选择的方案请求保护。按照《细则》第6条第2款的规定,在表征技术特征时,除非绝对必要,不得依赖于引用说明书或附图。特别是,《细则》第6条第2款规定了不得采用"如附图中的第……图所示"的引用方式。这样的总括式的权利要求(omnibus claims)如果其给出具体解释还是能够被检索出来的,但由于其违反了《细则》第6条第2款的规定,审查员会在检索报告或意见中标注出来。然而,按照某些指定国的本国法,总括式的权利要求是可接受的,例如英国。权利要求书应以发明的技术特征来撰写(《细则》第6条第3款a项)。这表明权利要求中不应含有任何评述,例如商业上的优点。在适当的情况下,权利要求书应写成两部分形式(《细则》第6条第3款b项)。第一部分为前序部分,其应含有写明对确定要求保护的所必要的技术特征,但这些技术特征的结合是现有技术的一部分(《细则》第6条第3款b项i目)。第二部分为特征部分,其为请求保护的并与第一部分的特征结合在一起的技术特征。欧洲专利局对两部分的撰写方式是推崇的。《细则》第6条第3款c项考虑到各国的本国法对权利要求的撰写方式可能有不同的规定,其规定如果指定国的本国法并不要求按照两部分的方式撰写权利要求,假如其撰写方式满足该国的要求,那么不采取两部分方式撰写权利要求对该国不产生影响。《细则》第6条第4款涉及多项从属权利要求,其规定引用一个以上其他权利要求的从属权利要求(即多项从属权利要求)只能择一地引用这些权利要求,多项从属权利要求不得作为另一多项从属权利要求的引用基础。一些国际检索审查单位,例如欧洲专利局和美国专利商标局,对多项从属权利要求有着不同的实务做法。最终,还取决于指定国的本国法对多项从属权利要求是如何规定的,因此,只要能满足本国法的要求,任何从属权利要求的撰写方式都是允许的。

3. 形式要求。权利要求书构成了国际申请的单独一部分;其应另起一页(《细则》第 11 条第 4 款 a 项)。有关权利要求书的形式要求规定在《细则》第 11 条第 1—10 款中,与关于说明书的形式要求一样。流程图与图表属于附图(《细则》第 7 条第 1 款),因此,根据《细则》第 11 条第 10 款 a 项的规定,应排除在权利要求书之外。不过,权利要求书中可以包含表格或者化学式或者数学式(《细则》第 11 条 a 项、b 项、c 项)。

4. 更正与修改。根据《细则》第 91 条的规定,可以更正权利要求书中的明显错误。根据条约第 19 条的规定,在收到国际检索报告后可以修改权利要求书,在按照条约第 34 条第 2 款 b 项审查之前或审查过程中,或者国家阶段中,也可以修改权利要求书。

[附图]
第 7 条
(1)除本条(2)(ii)另有规定外,对理解发明有必要时,应有附图。
(2)对理解发明虽无必要,但发明的性质允许用附图说明的:
(i)申请人在提出国际申请时可以将这些附图包括在内;
(ii)任何指定局可以要求申请人在规定的期限内向该局提供这些附图。

1. 总述。本条规定了提交附图的要求。按照本条第 1 款的规定,申请人没有被要求在国际申请中一定要提供附图。不过,在一些国际申请中,如果没有附图就不能理解发明方案的话,则提供附图则是必需的,美国专利法第 113 条也采用了类似措辞的规定。本条第 2 款中规定了申请人在提出国际申请时可以选择将附图包括在内,以便于理解发明方案。本条第 2 款 ii 目规定了各指定局可以要求申请人在进入国家阶段时提交这些附图,进一步的细节规定参见《细则》第 7 条。

2. 提交期限。如果国际申请提及附图但实际上没有提交附图,将导致丧失国际申请日,或从国际申请中删除提及这些未提交的附图的地方(条约第 14 条第 2 款)。如果受理局发现提交的国际申请中缺少附图,受理局应相应地通知申请人,申请人可在自该不完整的国际申请的提交日起30天内提供这些附图。如果申请人在30天内提供了这些附图的,则以收到这些附图之日确定国际申请日。因此,由于重新确定申请日而导致任何优先权要求落到12月期限之外的,则认为未要求优先权(《细则》第4条第10款)。为了避免丧失申请日以及潜在地丧失优先权,申请人可以不对改正缺陷的通知进行回复。在这种情况下,任何提及所遗漏的附图的地方,都应删除掉(条约第14条第2款)。条约第7条第2款ii目所述的期限规定在《细则》第7条第2款,根据案件的具体情况应该适当合理,但无论如何,不能比根据该规定书面通知要求申请人提交附图或者补充附图之日起两个月的期限更短。

3. 附图的内容与形式要求。国际申请的形式要求规定在《细则》第11条第2—7款和《细则》第11条第12款,其适用于国际申请的所有部分,包括附图。《细则》第11条第13款规定了关于附图的具体要求。附图构成国际申请的单独组成部分;其应另起一页,且根据《细则》第11条第4款a项和《细则》第11条第10款a项的规定,附图不能出现在请求书、说明书、权利要求书及摘要中。虽然摘要中不能含有附图(《细则》第11条第10款a项),但摘要之后可以跟随一幅或几幅申请人建议的图,或者是按照国际检索单位建议的一幅或几幅图(《细则》第3条第3款和《细则》第8条第2款)。对于附图的空白边缘的具体要求规定在《细则》第11条第6款c项。除非绝对必要,附图中不得含有文字内容(《细则》第11条第11款a项)。按照《细则》第11条第13款的规定,附图应用黑色的线条制成,这个要求要一直持续到国际局能够在国际申请的国际公布中接受彩色附图为止。对于每一个单独的图,根据《细则》第11条第13款i项和j项的规定,并没有要求必须布置在一页纸上,一页纸上可以包含不止一幅附图,并且不同的附图安排在一页纸上应注意节约篇幅。

4. 更正与修改。如果附图不符合《细则》第11条的规定,根据条约第3条第4款i目和条约第14条第1款的规定,申请人在收到通知后将有机会更正缺陷。根据《细则》第91条的规定,可以更正附图中的明显错误。在按照条约第34条第2款b项审查之前或审查过程中,也可以修改附图。

[要求优先权]
第 8 条

（1）国际申请可以按细则的规定包含一项声明，要求在《保护工业产权巴黎公约》缔约国提出或对该缔约国有效的一项或几项在先申请的优先权。

（2）（a）除 b 项另有规定外，按第 1 款提出的优先权要求的条件和效力，应按照《保护工业产权巴黎公约》的斯德哥尔摩议定书第 4 条的规定。

（b）国际申请要求在一个缔约国提出或对该缔约国有效的一项或几项在先申请的优先权的，可以包含对该国的指定。国际申请要求在一个指定国提出或对该指定国有效的一项或几项国家申请的优先权的，或者要求仅指定一个国家的国际申请的优先权的，在该国要求优先权的条件和效力应按照该国本国法的规定。

1. 总述。条约第 8 条给出了要求优先权的规定，并与《细则》第 4 条第 10 款、《细则》第 17 条和《细则》第 26 条之二第 1 款相关联。《保护工业产权巴黎公约》的斯德哥尔摩议定书第 4 条涉及优先权的规定（条约第 8 条第 2 款）。如果国际申请是在巴黎公约成员国提交的，或者是在 2000 年 1 月 1 日之后在世界贸易组织成员国提交的，是可以要求在先申请的优先权的。如果国际申请是在 2000 年 1 月 1 日之前提交的，就只能是在巴黎公约成员国提交的国际申请。然而值得注意的是，欧洲专利局不承认来自于非巴黎公约成员国的世界贸易组织成员国的优先权要求，例如台湾（《细则》第 4 条第 10 款 d 项）（G2/02 Astra Zeneca AB 案）。

2. 声明（第 1 款）。《细则》第 4 条第 10 款规定任何优先权要求应写在请求书中，并应写明在先申请的申请日、申请号和申请国别/地区组织。如果优先权申请是地区申请，其必须指定至少一个巴黎公约或世界贸易组织的成员国。《细则》第 17 条规定了收到优先权证明文件副本的期限。《细则》第 26 条之二则允许对优先权声明作出更正。

3. 要求优先权的效力（第 2 款）。要求优先权的效力规定在《巴黎公约》中。按照条约第 8 条第 2 款,本国优先权是可行的,但本国优先权的效力应按照该国本国法的规定。

[申请人]
第 9 条
(1)缔约国的任何居民或国民均可提出国际申请。
(2)大会可以决定,允许《保护工业产权巴黎公约》缔约国但不是本条约缔约国的居民或国民提出国际申请。
(3)居所和国籍的概念,以及这些概念在有几个申请人或者这些申请人对所有指定国并不相同的情形的适用,由《细则》作出规定。

1. 总述。条约第 9 条规定了可以提出国际申请的主体。需要注意的是,如果申请人不是发明人[*],在进入美国国家阶段时,其申请是可以被拒绝的(条约第 27 条第 3 款)。

2. 缔约国的居民或国民(第 1 款)。缔约国的任何居民或国民均可提出国际申请。关于申请人是否为某一缔约国的居民或国民的问题,应取决于该国的本国法,并应由受理局决定(见《细则》第 18 条)。

3. 巴黎公约国家(第 2 款)。虽然条约第 9 条第 2 款规定大会可以决定允许《保护工业产权巴黎公约》的缔约国但不是本条约缔约国的居民或国民提出国际申请,但这一条从来没有使用过。不过,非缔约国的居民或国民的申请人仍可以作为一个有资格提出国际申请的人,例如,一个缔约国的代表,一个为了提交申请目的的第二申请人。一旦申请日被确认后,可将这些第二申请人去掉。

4. 几个申请人(第 3 款)。一个国际申请可以有几个申请人(条约第 9 条第 3 款,《细则》第 4 条第 5 款 d 项),但是其中至少一个申请人是有资格

---

[*] 美国总统奥巴马于 2011 年 9 月 16 日签署了由美国参众两院通过的《美国发明法案》(America Invents Act),简称 AIA 法案。根据该法案,自 2013 年 3 月 16 日起,美国专利制度由"先发明制"改为"先申请制"。对美国的申请人必须是发明人的要求,已不复存在。——译者注

提出国际申请的(《细则》第18条第3款)。对于不同的指定国,可以写明不同的申请人(《细则》第4条第5款d项)。

[受理局]
第10条

国际申请应向规定的受理局提出。该受理局应按本条约和细则的规定对国际申请进行检查和处理。

1. 主管受理局。受理局必须是对申请人(《细则》第19条第1款)或者对多个申请人中的至少一人(《细则》第19条第2款)来说适合的主管专利局。由申请人的居所或国籍来确定主管局。国际局可作为任何申请人的主管局,任何缔约国的国家局可以与另一个缔约国的国家局或者任何政府间组织达成协议,例如,欧洲专利局就代表欧洲专利组织的所有成员国。

2. 向国际局传送国际申请。如果受理局收到了一份不是由其主管的国际申请,或者如果该国际申请不是用该受理局可接受的语言提出的,或者是申请人同意的某种其他原因,受理局应把该国际申请传送给国际局。

[国际申请的申请日和效力]
第11条

(1)受理局应以收到国际申请之日作为国际申请日,但以该局在收到申请时认定该申请符合下列要求为限:

(i)申请人并不因为居所或国籍的原因而明显缺乏向该受理局提出国际申请的权利;

(ii)国际申请是用规定的语言撰写;

(iii)国际申请至少包括下列项目:

(a)说明是作为国际申请提出的;

(b)至少指定一个缔约国;

(c)按规定方式写明的申请人的姓名或者名称;

(d)有一部分表面上看像是说明书；

(e)有一部分表面上看像是一项或几项权利要求。

(2)(a)如果受理局在收到国际申请时认定该申请不符合本条第1款列举的要求,该局应按细则的规定,要求申请人提供必要的改正。

(b)如果申请人按细则的规定履行了上述的要求,受理局应以收到必要的改正之日作为国际申请日。

(3)除第64条第4款另有规定外,国际申请符合本条第1款第i—iii项列举的要求并已被给予国际申请日的,在每个指定国内自国际申请日起具有正规的国家申请的效力。国际申请日应认为是在每个指定国的实际申请日。

(4)国际申请符合本条第1款i—iii列举的要求的,即相当于《保护工业产权巴黎公约》所称的正规国家申请。

1. 总述。国际申请的提交等同于正规的国家申请,并且在提交日当天就具有在每一个指定国提交国家申请的效力(第3款)。条约第11条规定了受理局必须接受并给予确定申请日的事项。《细则》第20条第4款涉及根据条约第11条第1款确定申请日的问题。

2. 申请日(第1款)。第1款规定了确定申请日的最低要求。如果申请文件是分几次收到的,应以申请文件完备之日作为申请日。

3. 不完备的文件材料(第2款)。对已经收到的申请文件,受理局应立即检查文件是否符合要求。如果文件不符合要求,通常在10天之内,受理局应向申请人发出通知,要求申请人改正缺陷并提出答复期限(《细则》第20条第7款)。此外,受理局应通知申请人是否该期限超过了12个月内的优先权期限。如果申请人按照通知的要求作了改正,则以受理局收到的改正之日为国际申请日(条约第11条第2款b项)。如果逾期不答复,或者改正后仍不完整,则该申请将不被当作国际申请对待(《细则》第20条第7款)。若申请人无权向该受理局提交申请,或者申请使用的语言不是该受理局可接受的语言,则应根据《细则》第19条第4款a项规定的程序处理。

4. 等同于国家申请(第 3 款、第 4 款)。如果确定了申请日,则该国际申请就被认为等同于在每一个指定国和巴黎公约国家提出的正规国家申请。涉及在指定国的现有技术效力的例外,见条约第 64 条第 4 款的规定。

[将国际申请传送国际局和国际检索单位]
第 12 条
(1)按照细则的规定,国际申请一份由受理局保存("受理本"),一份传送国际局("登记本"),另一份传送第 16 条所述的主管国际检索单位("检索本")。

(2)"登记本"应被视为是国际申请的正本。

(3)如果国际局在规定的期限内没有收到"登记本",国际申请即被视为撤回。

1. 传送副本。条约第 12 条第 1 款涉及对国际申请副本的处理。具体的程序规定在《细则》第 22 条中。如果没有传送国际申请副本,国际局应及时询问受理局,如果没有收到副本,应通知申请人并给予申请人提供副本的机会。期限规定见条约第 12 条第 3 款。

2. 真实的副本(第 2 款)。国际申请真实的副本应该是"登记本"。

3. 申请的撤回(第 3 款)。条约第 12 条第 3 款规定的期限是 3 个月(《细则》第 22 条第 3 款)。

[向指定局提供国际申请副本]
第 13 条
(1)任何指定局可以要求国际局在按第 20 条规定送达之前将一份国际申请副本传送该局,国际局应在从优先权日起一年期满后尽快将一份国际申请副本传送该指定局。

(2)(a)申请人可以在任何时候将其一份国际申请副本传送任一指定局。

（b）申请人可以在任何时候要求国际局将其一份国际申请副本传送任一指定局。国际局应尽快将该国际申请副本传送该指定局。

（c）任何国家局可以通知国际局,说明不愿接受 b 规定的副本,在这种情况下,b 项规定不适用于该局。

1. 总述。条约第 13 条的规定是通过《细则》第 31 条来实施的,涉及在优先权届满后,指定局专门向国际局请求尽快传送国际申请副本的事宜。本条款尚未被指定国采用。提早进入国家阶段需要满足条约第 20 条的规定,申请人是有可能提交国际申请副本给指定局的,或者申请人请求国际局将国际申请副本传送给指定局（条约第 13 条第 2 款和《细则》第 31 条第 1 款）。

[国际申请中的某些缺陷]
第 14 条

（1）（a）受理局应检查国际申请是否有下列缺陷,即:

（i）国际申请没有按《细则》的规定签字；

（ii）国际申请没有按规定载明申请人的情况；

（iii）国际申请没有发明名称；

（iv）国际申请没有摘要；

（v）国际申请不符合《细则》规定的形式要求。

（b）如果受理局发现上述缺陷,应要求申请人在规定期限内改正该国际申请,期满不改正的,该申请即被视为撤回,并由受理局作相应的宣布。

（2）如果国际申请提及附图,而实际上该申请并没有附图,受理局应相应地通知申请人,申请人可以在规定的期限内提供这些附图；

如果申请人在规定期限内提供这些附图的,应以受理局收到附图之日为国际申请日。否则,应认为该申请没有提及附图。

（3）（a）如果受理局发现在规定的期限内没有缴纳第 3 条第 4 款 iv 点所规定的费用,或者对于任何一个指定国都没有缴纳第 4 条第 2 款规定的费用,国际申请即被视为撤回,并由受理局作相应的宣布。

（b）如果受理局发现,已经在规定的期限内就一个或几个指定国家(但不是全部国家)缴清第 4 条第 2 款规定的费用,对其余指定国家没有在规定期限内缴清该项费用的,其指定即被视为撤回,并由受理局作相应的宣布。

（4）如果在国际申请被给予国际申请日之后,受理局在规定的期限内发现,第 11 条第 1 款 i—iii 列举的任何一项要求在该日没有履行,上述申请即被视为撤回,并由受理局作相应的宣布。

1. 总述。条约第 14 条规定了受理局在收到国际申请后要进行形式审查。

2. 国际申请中的缺陷(第 1 款)。如果受理局发现任何属于条约第 14 条之 a 项 i—v 的缺陷,应通知申请人在规定的期限内改正(条约第 14 条 b 项)。期限由受理局设定,但至少要给一个月的期限(《细则》第 26 条第 2 款)。改正应使用提交国际申请时使用的语言(《细则》第 12 条第 2 款 c 项)。如果不作出改正,则该国际申请就被视为撤回(《细则》第 26 条第 5 款)。申请人可提前进入国家阶段并请求复查(条约第 25 条)。除了为保证国际申请的适度统一之外,某种程序上不满足形式要求(《细则》第 11 条)的国际申请不能被视为撤回。

3. 遗漏附图(第 2 款)。如果国际申请提及附图,但没有提交这些附图,应给予申请人在自收到其他文件起 30 天的规定期限内提交这些附图的机会(条约第 14 条第 2 款),如果收到这些遗漏的附图,则以收到附图之日重新确定该申请的申请日。否则,申请中提及这些附图的部分将被视为不存在。

4. 遗漏缴费(第 3 款)。如果没有在规定的期限内缴纳规定的费用(条约第 3 条第 4 款 iv 项和条约第 4 条第 2 款),申请将被视为撤回。这些费用包括传送费(《细则》第 14 条)、国际申请费(《细则》第 15 条第 1 款)、检索费(《细则》第 16 条),如果需要,还包括滞纳金(《细则》第 15 条第 1 款)。指定费(条约第 4 条第 2 款)现已作为国际申请费的一部分。上述费用如果遗漏缴费,该申请将被视为撤回,申请人仍可申请提前进入国家阶段并请求对视为撤回进行复查(条约第 25 条)。

5. 申请日的不当确定(第 4 款)。如果受理局在审查日后的四个月内发现条约第 11 条第 1 款 i—iii 项列举的任何一项要求实际上未满足,该申请将被宣布视为撤回。不过,在作出宣布之前,应通知申请人在一个月内提出不能作出这项宣布的申辩意见(《细则》第 29 条第 4 款)。如果申辩不成功,该申请将被视为撤回,申请人仍可申请提前进入国家阶段并请求复查(条约第 25 条)。

[国际检索]

第 15 条

(1) 每一件国际申请都应经过国际检索。

(2) 国际检索的目的是发现相关的现有技术。

(3) 国际检索应在权利要求书的基础上进行,并适当考虑到说明书和附图(如果有的话)。

(4) 第 16 条所述的国际检索单位应在其条件允许的情况下,尽量努力发现相关的现有技术,但无论如何应当查阅《细则》规定的文献。

(5)(a) 如果缔约国的本国法允许,向该国或代表该国的国家局提出国家申请的申请人,可以按照该本国法规定的条件要求对该申请进行一次与国际检索相似的检索("国际式检索")。

(b) 如果缔约国的本国法允许,该国或代表该国的国家局可以将向其提出的国家申请交付国际式检索。

(c) 国际式检索应由第 16 条所述的国际检索单位进行,这个国际检索单位也就是假设国家申请是向 a 项和 b 项所述的专利局提出国际申请时有权对之进行国际检索的国际检索单位。如果国家申请是用国际检索单位认为自己没有人能处理的语言撰写的,该国际式检索应该用申请人准备的译文进行,该译文的语言应该是为国际申请所规定并且是国际检索单位同意接受的国际申请的语言。如果国际检索单位有要求,国家申请及其译文应按照为国际申请所规定的形式提出。

1. 确定检索(第1款)。对每一件国际申请都要进行检索。

2. 国际检索的目的(第2款)。国际检索的目的是发现相关的现有技术。所谓"相关的现有技术"规定在《细则》第33条第1款中,其是指在国际申请日以前,包括世界上任何地方公众可以通过书面方式(包括绘图和其他演示方式)得到,并有助于确定所请求保护的发明是否为新的且是否为具有创造性(即是否为显而易见的)的一切事物。当任何书面公开涉及口头公开、使用、展览或者其他方式,公众通过这些方式可以得到书面公开的内容,并且公众通过这些方式可以得到的事实发生在国际申请日以前时,但如果公众可以得到该书面公开的事实发生在国际申请日的当天或之后,国际检索报告应分别说明该事实以及该事实发生的日期(《细则》第31条第1款b项)。更进一步说,任何公布的申请或者专利,其公布日在被检索的国际申请的国际申请日之后或者当天,而其申请日或者其所要求的优先权日(在可适用的情况下)在该被检索的国际申请日之前,对于这些专利申请或者专利,应在国际检索报告中特别地指明(《细则》第33条第1款c项)。假如它们是在国际申请日之前公布的,就构成了条约第15条第2款目的之相关的现有技术。注意,对于这些专利申请或者专利,在PCT的意义下,不认为是"现有技术",而在某些国家的专利局中,可能被视为"现有技术"*。

3. 国际检索的基础(第3款)。国际检索应在权利要求书的基础上进行,并适当考虑到说明书和附图(如果有的话),且特别要强调的是考虑权利要求所指向的发明构思。在可能的、合理的范围内,国际检索应涵盖权利要求所涉及的所有主题内容,或者涵盖可以合理预期的经过修改后权利要求所涉及的所有主题内容。

4. 现有技术的检索(第4款)。国际检索应涵盖可能包含与发明有关

---

* 我国2008年《专利法》第22条中,涉及"在申请日以前向国务院专利行政部门提出过申请,并记载在申请日以后公布的专利申请文件或者公告的专利文件"的规定,这类专利文件被称之为"抵触申请"。我国认为抵触申请不属于现有技术,但在评价新颖性问题上,抵触申请仍具有现有技术的效力。——译者注

564　简明欧洲专利法

的材料的所有技术领域。因此,既要检索发明所属分类的技术领域,又要检索那些与发明相近的技术领域,而不论这些相近的技术领域是如何被分类的。对于什么领域属于与发明相近的技术领域,应根据看上去属于发明的必要的实质性功能或者用途来考虑,而不应仅考虑该国际申请中明确写明的特定功能。国际检索单位应在其能力允许的范围内,尽最大努力去发现相关的现有技术,并且在任何情况下都要达到所谓的"最低限度文献"的要求(《细则》第34条)。一般来说,所谓"最低限度文献"包括:1919年以后法国公布的专利文件;1920—1945年德国公布的专利文件和1945年以后德意志联邦共和国公布的专利文件;日本以国际检索单位的名义而不是作为日本特许厅公布的专利文件,这些文件通常有英文摘要;苏联,现在的俄罗斯联邦,以国际检索单位的名义而不是本国局的名义公布的专利文件,这些文件通常有英文摘要;瑞士(除意大利语)、英国、美国、非洲知识产权组织*(OAPI)、非洲区域知识产权组织**(ARIPO)、欧亚专利局、欧洲专利局公布的专利文献;专利合作条约组织(PCT)公布的国际申请,此外,还包括从各个日期后,大约135种技术期刊。如果国际检索单位根据其自己的建

---

* 非洲知识产权组织(African Intellectual Property Organization,简称OAPI,该简称由组织的法文名称而来),是由前法国殖民地中的官方语言为法语的国家组成的保护知识产权的一个地区性联盟。1962年9月,这些国家在加蓬首都利伯维尔签订了一个成立非洲及马尔加什工业产权局的协定,决定成立一个统一的机构来提供对商标、专利和外观设计的法律保护,该协定于1964年1月1日起生效。1977年2月该协定在班吉进行过修改,通过《班吉协定》,将上述"工业产权局"改名为"非洲知识产权组织"。总部设在喀麦隆首都雅温得,统一管理各个成员国的商标事务。——译者注

** ARIPO的历史应当追溯到七十年代初期非洲英语国家在内罗毕召开的关于专利和版权的地区研讨会,该研讨会建议成立一个地区性的工业产权组织。1973年,联合国非洲经济委员会(UN-ECA)和世界知识产权组织(WIPO)对这些非洲英语国家提出的请求作出回应,支持他们对工业产权领域的资源予以整合。经在ECA总部Addis Ababa和WIPO总部日内瓦的一系列会议后,形成了《创建非洲英语国家工业产权组织的协议》草案(ESARIPO)。该协议,即目前被称为卢萨卡协议,于1976年12月9日在赞比亚卢萨卡召开的外交大会上通过。因此ESARIPO于1976年12月9日诞生。卢萨卡协议于1978年2月15日生效。从那时起,ECA和WIPO作为ESARIPO的联合秘书处,直到1981年6月1日该组织建立自己的秘书处。

1985年12月,卢萨卡协议进行了修订,以使该组织的成员资格面向所有的UNECA或非洲统一组织(OAU)成员国,并将其名称改为非洲地区工业区产权组织(ARIPO),以反映新的泛非洲的状况。——译者注

议可超过"最低限度文献"的要求,那么,该国际检索单位就有义务在其建议的范围内包括这些附加的文件。自2007年4月1日起,"最低限度文献"包括了由韩国知识产权局(KIPO)公布的专利文献。正如日文、俄文、西班牙文的专利文献包括在"最低限度文献"之内那样,对于韩语不是其官方语言的一些国际检索单位,在其检索收集的过程中,则不需要考虑韩国公布的专利文献,除非其含有英文摘要。故实际情况是,除韩国知识产权局以外的那些国际检索单位,其检索报告中就不必包括1979年之前的韩语专利文献了。

5."国际式检索"(第5款)。国际检索单位可被委托对其国家专利申请进行"国际式检索"。这类检索方式可被界定为与国际检索相类似,一般来说,两者应采用同样的考量。例外的情况是在对待涉及单一性的情形上。例如,欧洲专利局在进行国际式检索中发现了单一性问题时,就会导入到欧洲专利审查程序的轨道上。这意味着在缺乏单一性问题上,对国家申请进行国际式检索时,不必给出缺乏单一性的理由,也不必公布国际检索单位的书面意见。按照条约第15条第5款c项的规定,国际式检索应由第16条所述的国际检索单位进行,这个国际检索单位也就是假设国家申请是向a项和b项所述的专利局提出的国际申请时有权对之进行国际检索的国际检索单位。

[国际检索单位]
第16条

(1)国际检索应由国际检索单位进行。该单位可以是一个国家局,或者是一个政府间组织,如国际专利机构,其任务包括对作为申请主题的发明提出现有技术的文献检索报告。

(2)在设立单一的国际检索单位之前,如果存在几个国际检索单位,每个受理局应按照本条第3款b项所述的适用协议的规定,指定一个或几个有权对向该局提出的国际申请进行检索的国际检索单位。

(3)(a)国际检索单位应由大会指定。符合c项要求的国家局和政府间组织均可以被指定为国际检索单位。

(b)前项指定以取得将被指定的国家局或政府间组织的同意,并由该局或该组织与国际局签订协议为条件,该协议须经大会批准。

该协议应规定双方的权利和义务,特别是上述局或组织正式承诺执行和遵守国际检索的所有各项共同规则。

(c)细则应规定,国家局或政府间组织在其被指定为国际检索单位之前必须满足,而且在其被指定期间必须继续满足的最低要求,尤其是关于人员和文献的要求。

(d)指定应有一定的期限,期满可以延长。

(e)在大会对任何国家局或政府间组织的指定或对其指定的延长作出决定之前,或在大会听任此种指定终止之前,大会应听取有关局或组织的意见,一旦第56条所述的技术合作委员会成立之后,还应征求该委员会的意见。

1. 国际检索单位(第1款)。每个受理局指定一个或几个有权对向该局提出的国际申请进行检索的国际检索单位。国际检索单位既可以是某一国家局,例如美国专利商标局,也可以是例如欧洲专利局的政府间组织。受理局在指定多个国际检索单位时,既可以宣布这些多个国际检索单位都可以对向该局提出的国际申请进行检索,也可以宣布区分不同类型指定不同的国际检索单位。例如,如果申请人以美国专利商标局作为受理局提出国际申请,在满足某种要求下,美国专利商标局与欧洲专利局都可以作为国际检索单位。在这些国际检索单位中,指定主管的国际检索单位取决于国际申请提交的语言;或者,取决于国际申请译文所使用的语言。例如,瑞典专利与登记局可以作为受理局是丹麦、芬兰、爱尔兰、挪威和瑞典本国的任何国际申请的国际检索单位,如果受理局为此目的指定了瑞典专利与登记局并且该国际申请是使用或翻译成丹麦文、英文、芬兰文、挪威文或瑞典文,且可以适用的话,申请人可以选择瑞典专利与登记局。受理局要通知国际局其关于主管的国际检索单位的指定信息,国际局应公布这一信息。如果国际申请是以国际局作为受理局提出的,其国际检索单位应指定与若该国际申请是向条约第 10 条规定意义下的主管的国家局或地区专利局提交的相同的国际检索单位。因此，对于由德国居民向国际局提出的国际申请，欧洲专利局作为其主管的国际检索单位，就好比该国际申请是直接向德国专利与商标局提出的一样。国际局本身并不必指定任何其他的国际检索单位。如果有一个以上的主管的国际检索单位可进行国际检索，应留给申请人在其中进行选择(《细则》第 35 条第 3 款 c 项)，申请人应在请求书的表格中具体指明其选择的国际检索单位，还应在费用计算页中载明。

2. 国际检索单位的规范(第 2 款)。如果主管的国际检索单位有几个但尚未确定其中的某一个时，每一个受理局应根据条约第 16 条第 3 款 b 项所述的有关协议，将负责对该局受理的国际申请进行国际检索的国际检索单位通知国际局。国际局应迅速公布这一信息。

3. 国际检索单位的指定(第 3 款 a 项)。大会可指定国际检索单位，其中任何符合第 16 条第 3 款 c 项要求的国家局和政府间组织均可以被指定为国际检索单位。目前，作为国际检索单位[*]的有下列的国家局或组织：奥地利、澳大利亚、加拿大、中国、欧洲专利组织、西班牙、芬兰、日本、韩国、俄罗斯联邦、瑞典和美国。

4. 协议的批准(第 3 款 b 项)。被指定的国家局或政府间组织与国际局的协议，以取得该国家局或政府间组织的同意并由该局或该组织与国际局签订协议为前提条件，该协议须经大会批准。该协议应规定双方的权利和义务，条约第 16 条第 3 款 b 项明确地规定涉及上述国家局或组织正式承诺执行和遵守国际检索的所有各项共同规则。在相关的涉及作为国际检索单位的某些国家局在执行功能方面的框架内，国际检索单位可规定提出他们对主管某些国际申请的限制。例如，指定中可表明国际检索单位不需要进行检索的主题内容。实务中，对于在 2002 年 3 月至 2004 年 1 月之间由美国公民或居民向美国专利商标局或者国际局提交的国际申请中，如果有

---

[*] 其实，在 2008 年，PCT 组织已经增加印度、巴西作为国际检索单位和国际初步审查单位。原文中没有更新这一信息。请读者注意的是，今后还可能增加新的国际检索单位和国际初步审查单位。——译者注

一个或多个权利要求涉及生物技术的某些领域时,欧洲专利局就规定其检索范围的限制。对于2002年3月1日之前的涉及商业方法领域的国际申请,其检索范围的限制目前仍然有效。(见《欧洲专利局官方杂志》,2002年,第52—55页;2005年,第149页;2006年,第555页)

5. 最低要求(第3款c项)。 按照最低要求(《细则》第36条),国家局或者政府间组织至少必须拥有100名足以胜任检索工作的技术资格的专职人员。进一步地,该局或者该组织至少必须拥有能够利用涉及条约第15条第4款并详细规定在《细则》第34条中的最低限度文献,并且为了检索目的而妥善整理的载于纸本、缩微品或者储存在电子媒介上;该局或者该组织必须拥有对所要求的技术领域进行检索,并且具有至少能够理解用来撰写或者翻译条约第15条第4款所规定的最低限度文献语言的能力的工作人员;最后,该局或者该组织必须被指定为国际初步审查单位。

6. 指定的期限(第3款d项)。 指定是有时间限制的,但可以延长一定的期限。

7. 大会的决定(第3款e项)。 在作出指定任何国家局或政府间组织,或者延长指定,或者终止这样的指定的决定之前,大会应听取相关的国家局或组织的意见,并按照条约第56条的规定征求技术合作委员会的意见。

8. 欧洲专利局作为国际检索单位。 根据欧洲一体化协议的第一章第2条规定,欧洲专利公约的各成员国,代表其各自的中央工业产权局,放弃自己的权利,转而支持欧洲专利局作为国际检索单位。因此,对于以欧洲专利局作为受理局提交的国际申请,只有欧洲专利局作为国际检索单位。此外,根据欧洲一体化协议第三章的规定,瑞典专利局作为国际检索单位负责对来自丹麦、芬兰、冰岛、和瑞典作为受理局的国际申请的国际检索。西班牙规定西班牙国家专利局作为国际检索单位;奥地利国家专利局对于向其提交的国际申请可以作为国际检索单位。还有一些国家指定欧洲专利局作为国际检索单位,如美国和日本,其中,日本的国际申请必须是用英文提交的。欧洲专利局接受英文、法文与德文,对于比利时和荷兰作为受理局的国际申请,荷兰文作为国际检索的语言。

[国际检索单位的程序]
第17条

(1) 国际检索单位的检索程序应依本条约、细则以及国际局与该单位签订的协议的规定,但该协议不得违反本条约及实施细则的规定。

(2)(a) 如果国际检索单位认为:

(i) 国际申请涉及的内容按实施细则的规定不要求国际检索单位检索,而且该单位对该特定案件决定不作检索;或者

(ii) 说明书、权利要求书或者附图不符合规定要求,以至于不能进行有意义的检索的;

上述检索单位应作相应的宣布,并通知申请人和国际局将不作出国际检索报告。

(b) 如果a项所述的任何一种情况仅存在于某些权利要求,国际检索报告中应对这些权利要求加以相应的说明,而对其他权利要求则应按第18条的规定作出国际检索报告。

(3)(a) 如果国际检索单位认为国际申请不符合细则中规定的发明单一性的要求,该检索单位应要求申请人缴纳附加费。国际检索单位应对国际申请的权利要求中首先提到的发明("主要发明")部分作出国际检索报告;在规定期限内付清要求的附加费后,再对国际申请中已经缴纳该项费用的发明部分作出国际检索报告。

(b) 指定国的本国法可以规定,如果该国的国家局认为a项所述的国际检索单位的要求是正当的,而申请人并未付清所有应缴纳的附加费,国际申请中因此而未经检索的部分,就其在该国的效力而言,除非申请人向该国的国家局缴纳特别费用,否则即被视为撤回。

1. 程序(第1款)。国际检索单位进行国际检索的程序是根据《专利合作条约》、《实施细则》的条款以及国际局与有关的国际检索单位之间的协议进行的。协议中,包含例如关于国际检索单位的基本义务与主管事项的规定、不需要检索的发明主题、缴费、可能的费用退还,以及国际检索单位所

使用的语言。

478　　**2. 不需要检索的发明主题(第2款)**。国际申请的主题中有下列事项之一的,国际检索单位无须对该国际申请进行检索(《细则》第39条):(1)科学与数学理论;(2)植物或者动物品种,或者主要是用生物学方法生产植物或者动物的方法,但微生物学方法和以该方法获得的产品除外;(3)经营方法、纯智力行为或者玩游戏的方案、规则与方法;(4)处置人体或者动物体的外科手术方法或治疗方法,以及诊断方法;(5)单纯的信息呈现;(6)电脑程序,在国际检索单位不具备条件检索与该程序有关的现有技术的限度内。然而,实务中,一些国际检索单位在检索范围内会有所变化。此外,若国际检索单位发现进行检索没有实质意义的情况下,就无须对国际申请进行检索。对未能按照规定的标准和技术要求或者未提供电子格式的核苷酸和/或氨基酸序列表和/或与之有关的表格情况下的某些国际申请,国际检索单位也可以不进行检索(《细则》第13条第1款d项)。如果仅有某些主题不需要检索或者不能进行有实质意义检索的那些主题,应在检索报告中载明,并应对剩下的权利要求进行检索。如果国际检索单位无须对任何权利要求进行检索,它应宣布不提供国际检索报告。在这种情况下,缺少国际检索报告对国际申请的有效性在本质上没有任何影响。不过,按照条约第17条第2款的规定,该宣布被公布在国际申请的小册子的扉页上。

　　3. 发明不具单一性(第3款)。国际申请在提交时就应缴纳检索费,检索费是用于对国际检索单位进行国际检索工作的补偿,但仅仅是当国际申请满足了"发明单一性"时才进行的。这就意味着,国际申请应仅涉及一项发明,或者涉及由一个总的发明构思联系在一起的一组发明(《细则》第13条第1款)。如果国际检索单位发现国际申请不满足发明单一性要求,它应通知申请人缴纳附加检索费,具体说明发明不具有单一性的理由并指出应缴纳的附加检索费的数额(《细则》第40条)。此附加的检索费应在自通知之日起1个月内缴纳(《细则》第40条第1款)。在国际检索单位通知申请人缴纳附加费时,它可随附通知一道提供仅限于权利要求书中先出现部分的国际检索的结果。相关的权利要求应在通知中载明。当作出国际检索报告后,应将部分检索的检索结果,连同申请人在通知规定的期限内缴纳附加检索费后对发明作出的进一步检索的结果,都包括在国际检索报告内。申请人可以在缴纳附加费时提出异议(《细则》第40条第2款c项),即附上说明理由的声明,阐述该国际申请符合发明单一性的理由,或者说明要求缴纳的附加费数额过高。该异议应由设立在国际检索单位内的复查机构进行审查并作出决定。在其认为异议有理的限度内,应将附加费的全部或者一部分返还给申请人。根据申请人的请求,异议及其决定的副本应连同国际检索报告一起通知指定局。在这种情形下,申请人应按照条约第22条的规定,在提交国际申请译文的同时,提交异议文件的译文。对于异议的审查,国际检索单位为其自身利益,可以要求申请人缴纳异议费(《细则》第40条第2款e项)。在此情形下,在要求申请人缴纳附加费的通知书中,应含有通知申请人自通知之日起1个月内缴纳异议费的内容,并说明应缴纳费用的数额(《细则》第40条第1款iii目)。若申请人未在期限内缴纳异议费,则该异议就视为未提出。若复查机构认为异议完全成立,异议费应退还给申请人(《细则》第40条第2款e项)。如果申请人在规定的期限内,并没有缴纳国际检索单位所载明的所有附加费,而只缴纳其中一部分,或者未缴纳任何附加费,则该国际检索单位不对国际申请中对应的部分进行检索。国际检索报告中,缺少对国际申请中部分内容的检索,其本身对国际申请的有效性没有任何影响,包括向指定局的传送的程序处理,延续到所有的权利要求。然而,任一指定局的本国法可以规定,就其在该国的效力而言,这些未经检索的部分被视为撤回,除非申请人向该指定局缴纳特别费用。目前仅有一些国家适用这样的规定。

[国际检索报告]
第18条

(1)国际检索报告应在规定的期限内按规定的格式作出。

(2)国际检索单位作出国际检索报告后,应尽快将报告传送申请人和国际局。

(3)国际检索报告或依第17条第2款a项所述的宣布,应按细则的规定予以翻译。译文应由国际局作出,或在其承担责任的情况下作出。

1. 总述。国际检索的结果记载在国际检索报告中,并在作出检索报告的同时,连同国际检索单位的书面意见一起,传送给申请人和国际局。检索报告由国际局出版公布,并作为国际检索单位所作出的书面意见、任何关于专利性的国际初步审查报告,以及任何指定局或国际初步审查单位对国际申请进行审查的基础。

2. 国际检索报告(第1款)。国际检索单位应在自收到受理局传送给该国际检索单位检索本的3个月或者自优先权日起9个月内作出国际检索报告,期限以后到期者为准(《细则》第42条)。该期限还适用于国际检索单位根据条约第17条第2款所作的宣布。即在下面的情况下,由于国际申请涉及不要求国际检索单位进行检索的内容,或者由于国际申请不符合条约规定的要求以至于不能进行有意义的检索,将不再作出国际检索报告。国际检索报告上,应当载明负责作出国际检索报告的国际检索单位以及国际申请。此外,国际检索报告应写明国际检索单位的名称、国际申请号、申请人名称,以及国际申请日(《细则》第43条第1款)。国际检索报告应记明日期,并应写明该国际检索实际完成的日期,以及所要求的最早的优先权日期(《细则》第43条第2款)。国际检索报告还应含有至少按对国际检索单位有效的国际专利分类法对发明主体所作的分类号(《细则》第43条第3款)。国际申请公布时使用的语言就是相关的国际检索报告使用的语言。该语言同时也是任何不作出国际检索报告的公布所使用的语言,或者是译成另一种国际检索单位所希望语言的译文语言。国际检索报告应包括对被认为是相关文件的引证(《细则》第43条第5款a项)。特别相关文件的引证应专门予以标明(《细则》第45条第5款c项),对不是与全部权利要求都相关的印证,应注明其与哪些权利要求相关(《细则》第43条第5款d项)。如果被引证的文件中只有某些段落相关或者特别相关,应予指明,例如,指出这些段落所在的页、栏或者行数。如果整篇文章都相关,而其中某些段落特别相关,应指明这些段落,除非实际上无法指明。国际检索报告应列明已检索领域的分类号(《细则》第 43 条第 6 款 a 项)。如果国际检索扩展到不包括在按照条约第 15 条第 4 款的最低限度文献内的出版物,国际检索报告应在实际可行的情况下,标明其扩展的文件种类、状态、期间和语言(《细则》第 43 条第 6 款 b 项)。国际检索报告可以写明其扩展的任何电子数据库,写明所用的检索术语(《细则》第 43 条第 6 款 c 项)。如果申请人根据《细则》第 91 条第 1 款的许可请求对明显错误进行更正,在进行检索之前国际检索单位收到了申请人的通知,则更正应予以考虑(《细则》第 43 条第 6 款)。在缺乏单一性的情况下,国际检索报告要写明国际申请的哪些部分已经检索,并写明申请人是否缴纳了国际检索附加费(《细则》第 43 条第 7 款)。国际检索报告应表明国际检索单位同意申请人所提交的发明名称和摘要,或者国际检索报告应附有国际检索单位确定的发明名称和/或摘要的文本(《细则》第 37 条、第 38 条和《细则》第 44 条第 2 款)。国际检索报告应标明国际检索单位对该报告负责的官员姓名(《细则》第 43 条第 8 款)。除了条约第 17 条第 1 款规定的事项,以及对相关的权利要求不作出国际检索报告的说明之外,其他事项不应包括在国际检索报告中(《细则》第 43 条第 9 款),但行政规程可以允许国际检索报告中包括行政规程规定的任何附加内容。值得注意的是,《专利合作条约》的实施细则目前已允许随检索报告一起作出书面意见(见《细则》第 43 条第 2 款,以及后面的第 6 款)。

3. 国际检索报告的传送(第 2 款)。国际检索单位应在同一日将国际检索报告,或者根据条约第 17 条第 2 款不作出国际检索报告的所述宣布的副本,传送给申请人和国际局(《细则》第 44 条第 1 款)。国际局将国际检索报告(条约第 21 条第 3 款)与小册子一道出版公布(《细则》第 48 条第 2 款 a 项、v 项),在小册子的公布时间已到但尚未作出国际检索报告时,则另行出版公布(《细则》第 48 条第 2 款 g 项),并送达给指定局(条约第 20 条,《细则》第 47 条)。鉴于某些国际检索单位,在不给申请人增加额外负担的情况下,向申请人传送国际检索报告时,一并传送国际检索报告中的引证文件,申请人可向其他的国际检索单位请求得到这些文件的副本。

4. 国际检索报告的翻译(第3款)。国际检索报告如果不是用英文作成的,应翻译成英文(《细则》第45条)。对于根据条约第17条第2款规定不作出国际检索报告的宣布,也同样适用。译文应由国际局作出,或在其承担责任的情况下作出。

5. 欧洲专利局。根据《欧洲专利公约》第153条的规定,国际检索报告或者任何不作出国际检索报告的宣布,以及它们的出版公布,将起到替代欧洲检索报告的作用,并在欧洲专利局的公告中作出说明。不过,是否作出补充检索报告,取决于不同的国际检索单位,检索费用则下调。例如,如果国际检索报告是由美国专利商标局、日本特许厅、俄罗斯联邦知识产权专利商标局、中国国家知识产权局或韩国特许厅作出的,则检索费将适当下调一些。而且,如果国际检索报告是由瑞典专利局、奥地利专利局、芬兰专利局或西班牙专利局作出的,则检索费将大幅下调。如果国际检索报告是由欧洲专利局作出的,则无须进行补充的检索,也就无需缴纳补充检索费。

6. 书面意见。(1)**总述**。对于2004年1月1日当天或之后提交的每一件国际申请,国际检索单位应该在其作出国际检索报告或者作出条约第17条第2款a项的所述宣布的同时,就以下内容作出书面意见:其请求保护的发明是否表面看上去为新的,包含创造性(非显而易见性),并且能在工业上应用,其范围很类似国际初步审查阶段由国际初步审查单位作出的书面意见。此种书面意见为初步的、无约束力的。为作出书面意见的目的,条约和细则中关于国际初步审查的条款和规定应比照适用。为作出书面意见的目的确定现有技术的相关日为国际申请日,或者要求最早申请的优先权日——此日期不同于作出国际检索报告的日期,但与国际初步审查使用的日期相一致。书面意见的语言即作出国际检索报告的语言,并且书面意见是随同国际检索报告一起传送给申请人和国际局的。(2)**对书面意见的评述**。细则中没有专门条款规定申请人可对国际检索单位作出的书面意见进行评述。不过,按照PCT大会的决议,申请人可以用非正式的方式将评述意见呈交国际局。这样的非正式的评述,给申请人对国际检索单位的书面意见争辩的机会,而在国际初步审查中则没有这样的机会。任何对国际检索单位的书面意见作出正式的回应,作为本条约第二章规定程序的一部分,必须直接呈交给国际初步审查单位。**(3) 书面意见的效力。**如果国际初步审查报告不作出或将不被作出,国际检索单位的书面意见将构成国际局代表国际检索单位作出专利性国际初步审查报告(IPRP)(《专利合作条约》第一章)进行公布的基础,该报告将连同申请人以正式方式呈交的评述意见一起传送给所有指定局。自优先权日起 30 个月届满后,公众可在用于检查的目的下,获得专利性国际初步审查报告(《专利合作条约》第一章)。如果国际申请请求进行国际初步审查,已经由国际检索单位作出的书面意见,通常地将作为国际初步审查单位自己的第一次书面意见,除非国际初步审查单位通知国际局它将不这样做。在国际检索报告和书面意见传送给申请人之日起三个月届满前,或者自优先权日起 22 个月届满前,以后到期的为准,允许申请人向国际初审单位呈送书面回复意见,如果合适的话,连同修改文本一起。**(4) 保密性。**除非经申请人请求或允许,国际局和国际检索单位不应允许任何单位或个人在自优先权日起 30 个月届满之前,获得书面意见或者任何书面意见的译文,或者任何由申请人自优先权日起 30 个月前提交的对译文的书面意见[*]。"获得"一词包含任何第三方可以获得认知的方式,包括个别传达和整体公开。

[向国际局提出对权利要求书的修改]
第 19 条

(1) 申请人在收到国际检索报告后,有权享受一次机会,在规定的期限内对国际申请的权利要求向国际局提出修改。申请人可以按细则的规定同时提出一项简短声明,解释上述修改并指出其对说明书和附图可能产生的影响。

(2) 修改不应超出国际申请提出时对发明公开的范围。

---

[*] "对译文的书面意见"的原文为"written observations on such translation",读者可参考 PCT 细则第 44 条第 4 款的规定。——译者注

(3)如果指定国的本国法准许修改超出上述公开范围,不遵守本条第2款的规定在该国不应产生任何后果。

1. 权利要求书修改的可能性(第1款)。根据条约第19条第1款的规定,在国际阶段,申请人有权享有对国际申请的权利要求书进行修改的机会。按照条约第19条,对权利要求书的任何修改,必须提交给国际局。修改必须是采用国际申请公布的语言。申请人收到国际检索报告之后,才获得修改权利要求书的机会。**(1)期限**。提交权利要求的修改期限是自国际检索报告传送日(即邮寄日)起两个月或者自优先权日起16个月,以后到期者为准(《细则》第46条第1款)。但国际局在上述的适用期限届满后收到根据条约第19条所作修改的,如果该修改在国际公布的技术准备工作完成之前到达国际局,应认为国际局已在上述期限的最后一日收到该修改。国际公布的技术准备工作在公布日之前的15日完成(见《申请人指南》第305节),公布日在优先权日期满18个月后迅速办理公开(条约第21条第2款),除非申请人请求提前公开。如果国际检索单位根据条约第17条第2款的规定宣布不进行国际检索,申请人可不对权利要求书进行修改。**(2)替换页**。当依照条约第19条对权利要求书进行修改时,申请人必须针对含有权利要求修改的每一页提交替换页。**(3)附上信件**。替换页应附有一封信件,指出替换页与被替换页之间的差别(《细则》第46条第5款)。在申请人在与国际检索报告一起收到的PCT/IAS/220号表格的注意事项中,给出了例子。**(4)简要声明**。申请人可以在提交修改的权利要求同时,提出一个简短的声明,解释上述修改并指出其对说明书和附图可能产生的影响。《细则》第46条第4款就涉及此声明。此项解释修改内容的声明不应与指明原始提交的权利要求书与修改后权利要求书差别的信件相混淆,两者必须明确区分开。声明应冠以"根据条约第19条第1款所作的声明"字样,并与国际申请一起被公布。不涉及具体修改的声明不得提出。声明用英文撰写或者被译成英文,应不超过500字。声明中不得包含对国际检索报告或者该报告中引证文件是否相关的贬损性评论。只有对特定权利要求进行修改时，声明才可涉及国际检索报告中与该权利要求有关的引证。声明应使用国际公布时使用的语言。如果声明不符合上述要求，则该声明既不被国际局公布，也不传送给指定局。**(5)提交修改文本的好处。**按照条约第19条对权利要求书进行修改，由于该修改是与国际申请一起公布，如果有更好地界定权利要求范围的理由，申请人可以得到的好处是可以在本国法中有临时保护规定的指定国中获得临时保护*。**(6)进一步修改权利要求书的可能性。**如果按照本条约第二章的规定(第31—42条)进行国际初步审查，申请人有权根据条约第34条第2款b项的规定向国际初步审查单位提交修改的权利要求书(同时也可修改说明书和附图)。存在这种修改的可能性与申请人是否按照条约第19条向国际局提出修改权利要求书无关。因此，正常情况下，如果提出了国际初步审查请求，则不需要按照条约第19条对权利要求书进行修改，除非有涉及临时保护的具体原因或者其他的在国际公布前修改权利要求的原因存在。

2. 不能增加新内容(第2款)。 条约第19条第2款规定了对权利要求的修改不能超出原始提交的国际申请的公开范围。这个要求在第一章规定的国际阶段中不具有直接的可执行性，但在国际初步审查期间和国家阶段中，如不满足这一要求，对申请人来说可能导致不利的结果。

3. 涉及新内容的本国法(第3款)。 如果指定国的本国法准许修改超出原始申请的公开范围，不遵守条约第19条第2款的规定在该国不应产生任何后果。尽管在大多数国家的本国法和《欧洲专利公约》中包含着这一惯例，但就《专利合作条约》的本质属性来说，这一要求对任何缔约国都不具有约束力。将其纳入到《专利合作条约》中规定是因为该规定是对所有打算在国际阶段进行修改的申请人来说，是一个相当有用的警示。

---

* 中国《专利法实施细则》第114条第2款规定："要求获得发明专利权的国际申请，由国际局以中文进行国际公布的，自国际公布日起适用专利法第十三条的规定；由国际局以中文以外的文字进行国际公布的，自国务院专利行政部门公布之日起适用专利法第十三条的规定。"可见，以"由国际局以中文进行国际公布的"，自国际公布日起适用专利法第十三条关于"临时保护"的规定，而"由国际局以中文以外的文字进行国际公布的，"就只能等待该国际申请进入中国国家阶段后进行"国家公布"，方可自公布之日起适用专利法第十三条关于"临时保护"的规定。——译者注

[向指定局的送达]
第20条
（1）(a)国际申请连同国际检索报告（包括按第17条第2款b项所作的任何说明或者按第17条第2款a项所作的宣布），应按细则的规定送达各个指定局，除非该指定局全部或部分放弃这种要求。

(b)送达的材料应包括上述报告或宣布的(按规定的)译文。

（2）如果根据第19条第1款对权利要求作出了修改，送达的材料应包括原提出的和经过修改的权利要求的全文，或者包括原提出的权利要求的全文并具体说明修改的各点，并且还应包括第19条第1款所述的声明(如果有)。

（3）国际检索单位根据指定局或申请人的请求，应按细则的规定，将国际检索报告中引用的文件副本分别送达上述指定局或申请人。

1. 向指定局的送达(第1款a项)。(1)一般规则。一旦收到指定局的请求，并且在指定局确定的不早于国际申请公布的时间内，国际局以国际申请公布时的语言向指定局送达国际申请的副本，除非申请人和指定局已经提交了迅速送达的请求(条约第23条第2款，《细则》第47条第4款)。这种送达给指定局的请求可以就个别文件或者某一类或多类文件提出(《细则》第93条第2款)。在国际局和指定局或选定局同意之下，所述送达应认为是在自国际局以电子形式使得该局能够获得到该文件时生效。对于不适用30个月期限的指定局来说，国际局应自优先权日起19个月届满后，或者对于适用30个月期限的指定局来说，国际局应自优先权日起28个月届满后，迅速向申请人发出通知(第一次通知是19个月，第二次和补充通知是28个月)，说明已经请求送达的各指定局的名称和向这些指定局送达的日期；以及没有请求送达的各指定局的名称(《细则》第47条第1款c项)。所有指定局收到的通知应作为送达已按照通知中要求的日期传送的确实证据(《细则》第47条第1款c项)。一旦收到了这些通知，申请人就知晓他不用再向任何标明在通知中已经被送达到的那些指定局传送申请文件副本了。如果任何指定局在自优先权日起 28 个月届满之前没有请求国际局进行规定的送达,以该局作为指定局的缔约国应被视为已经通知了国际局,其不要求申请人提供国际申请的副本(《细则》第 47 条第 1 款 e 项)。国际局必须通知各个指定局收到登记本的事实与日期,以及收到优先权文件的事实与日期。假如指定局已经通知国际局所适用的本国法要求提供相关的与声明关联的内容的文件和证据,该通知则包括关于发明人身份、申请人申请发明和要求优先权的资格的任何声明、发明人资格的声明,以及无偏见的公开、任何国际局已经收到的更正文件的声明。实务中,通过传送按照条约第 21 条公布的国际申请的小册子副本(在出版公布的时候如果有的话),国际检索报告和任何修改以及相关的声明,都属于有效的送达。每个指定局如果提出要求,还应得到国际检索报告和涉及条约第 17 条第 2 款所述的以非英文作出的翻译成英文的宣布的译文(《细则》第 47 条第 1 款 d 项)。(2)**放弃**。向各个指定局送达国际申请的要求可被指定局以部分或全部的方式放弃。例如,欧洲专利局就没有利用放弃这些要求的可能性。因此,国际局就要将国际申请的副本以及国际检索报告传送到作为指定局的欧洲专利局。欧洲专利局并不要求申请人提供国际申请的副本,即使国际局在条约第 22 条规定的期限届满前没有传送副本。

2. 译文(第 1 款 a 项)。国际申请以其公布时的语言送达到各个指定局。如果国际申请公布时所用的语言与该申请提出时所用的语言不同,根据任何指定局的请求,国际局应向其提供提出时所用语言的该申请的副本(《细则》第 47 条第 3 款)。

3. 修改(第 2 款)。对于根据第 19 条第 1 款对权利要求作出了修改,送达的材料应包括原提出的和经过修改的权利要求的全文,或者包括原提出的权利要求的全文。任何在期限内国际局收到的未送达给指定局的按照条约第 19 条进行的修改,国际局都应迅速地送达给指定局。并且,国际局也因此要通知申请人。

4. 引证文件的副本(第 3 款)。关于请求引证文件的副本,可以自该国际检索报告涉及的国际申请的国际申请日起 7 年内随时提出,其中有些国际检索单位可以要求提出请求的申请人或指定局支付准备和邮寄副本的成本,不过,某些国际检索单位,例如欧洲专利局,并不收取额外的费用,而是与国际检索报告一起自动地传送这些副本。

[国际公布]
第21条

(1)国际局应公布国际申请。

(2)(a)除本款 b 项和第 64 条第 3 款规定的例外以外,国际申请的国际公布应在自该申请的优先权日起满 18 个月迅速予以办理。

(b)申请人可以要求国际局在本款 a 项所述的期限届满之前的任何时候公布其国际申请。国际局应按照细则的规定予以办理。

(3)国际检索报告或第 17 条第 2 款 a 项所述的宣布应按细则的规定予以公布。

(4)国际公布所用的语言和格式以及其他细节,应按照细则的规定。

(5)如果国际申请在其公布的技术准备完成以前被撤回或被视为撤回,即不进行国际公布。

(6)如果国际局认为国际申请含有违反道德或公共秩序的词句或附图,或者国际局认为国际申请含有细则所规定的贬低性陈述,国际局在公布时可以删去这些词句、附图和陈述,同时指出删去的文字或附图的位置和字数或号数。根据请求,国际局提供删去部分的副本。

1. 国际公布(第 1 款)。国际申请由国际局公布。只有在某些例外的情况下,不进行国际公布。这些例外为:首先,受理局没有给国际申请确定国际申请日;其次,如果国际申请在公布的技术准备工作完成前(条约第 21 条第 5 款)撤回或者视为撤回(国际公布的技术准备通常在国际公布日前 15 天完成);第三,如果唯一的指定国,或者在技术准备完成时所保留的唯一指定国为美国,因为美国根据本条约第 64 条第 3 款 a 项的规定作了保留,也即美国宣布,就涉及美国的国际申请,不需要进行国际公布。不过,如果有规定在条约第64条第3款c项的例外适用,仍要进行国际公布。**(1)公布的形式。**自2006年4月1日起,《专利合作条约》下提交的国际申请全部采用电子形式(《细则》第48条第1款和《行政规程》第406节)。以电子形式公布的国际申请,可以通过WIPO的官方网站获取,网址为:www.wipo.int/pctdb。公布包含国际申请,如果在公布时有的话,还包含国际检索报告或者按照条约第17条第2款规定的国际检索单位不作出国际检索报告的宣布(《细则》第48条第2款a项、v项),以及任何修改,包括根据条约第19条的声明(《细则》第48条第2款a项vi项,《细则》第48条第2款a项、f项)。如果修改的期限没有超过国际公布的技术准备完成时间,则国际申请公布时,带有相应的注释说明,对期限内收到的修改稍后进行公布。类似地,如果国际检索报告或者国际检索单位的声明在公布时没有完成,则国际申请公布时也带有相应的注释说明,国际局收到检索报告或声明之后,再单独对其进行公布。每一个被公布的国际申请,都被指派一个国际公布号,代码WO后,跟随年份标识和流水号(例如WO2004/123456)。**(2)WIPO网站上的公布。**国际申请公布的同时,该国际申请的著录项目数据、发明名称、摘要、代表图(如果有的话),就可以在WIPO网站上查询到,网址为:www.wipo.int/pctdb。

2. 公布日期(第2款)。国际申请的国际公布应在自该申请的优先权日起满18个月迅速予以办理。然而,如申请人请求国际局提前公布该国际申请时,国际局应予以办理。若申请人请求提前公布该国际申请时国际检索报告或根据条约第17条第2款a项所述的宣布还不能提供而无法一起公布,则需要向国际局缴纳一笔特别公布费(《细则》第48条第4款)。收到申请人要求提前公布的请求后,由国际局迅速进行,如果需要收取特别公布费,则应在收到该笔费用后迅速进行。如果适用条约第64条第3款的规定,则自该申请的优先权日起满18个月不进行公布,见上面的第1点评注(3)。

3. 国际检索报告或条约第17条第2款a项所述的宣布(第3款)。如果在公布时可以提供,则国际检索报告或根据条约第17条第2款a项的规定国际检索单位作出不进行国际检索的宣布,将作为国际申请公布的一部分被公布(《细则》第 48 条第 2 款 a 项 v 目)。根据条约第 17 条第 2 款 a 项的宣布记载在公布的小册子的扉页上。如果不能提供国际检索报告或根据条约第 17 条第 2 款 a 项的规定国际检索单位作出不进行国际检索的宣布,则国际申请公布时要进行相应的说明,并且,国际局一旦收到检索报告或声明之后,再单独对其进行公布(《细则》第 48 条第 2 款 g 项)。

4. 公布语言(第 4 款)。如果国际申请是用阿拉伯文、中文、英文、法文、德文、日文、俄文或西班牙文*提出的,该申请应以其提出时的语言公布(《细则》第 48 条第 3 款)。如果公布语言是用阿拉伯文、中文、法文、德文、日文、俄文或西班牙文,则由国际局准备发明名称、摘要和国际检索报告或根据条约第 17 条第 2 款 a 项的规定作出的宣布的英文译文,并将这些译文纳入到小册子。发明名称和摘要公布在 WIPO 的网站上:www.wipo.int/pctdb。如果国际申请是用除阿拉伯文、中文、英文、法文、德文、日文、韩文、西班牙文的另一种语言提出的,且为国际检索单位进行国际检索所接受的语言,申请人必须提供将国际申请翻译成受理局可接受的公布语言的译文。该国际申请将仅以译文的语言进行公布。如果国际申请是以公布语言(阿拉伯文、中文、英文、法文、德文、日文、俄文或西班牙文)之外的语言提出的,也不视为国际检索单位进行国际检索所接受的语言,该国际申请应以申请人提供的译文语言进行公布。

5. 不进行国际公布(第 5 款)。如果国际申请在公布的技术准备工作完成之前被撤回或被视为撤回,该国际申请将不进行国际公布。国际公布的技术准备工作通常在国际公布日前 15 天完成。

6. 违反道德或公共秩序的词句或附图,或贬低性陈述(第 6 款)。如果

---

* 目前,《专利合作条约》的"公布语言"为"阿拉伯文、中文、英文、法文、德文、日文、韩文、葡萄牙文、俄文或西班牙文"这十种语言,其中,韩文、葡萄牙文是在 2007 年 9 月 27 日举行的世界知识产权组织(WIPO)第 43 届大会的全体会议上,新增加韩文和葡萄牙文作为国际公布语言。本书原文所采用的资料为在 2007 年 9 月 27 日以前的。请读者注意:凡是提到公布语言,都应以最新的信息为准。——译者注

国际局认为国际申请含有违反道德或公共秩序的词句或附图,国际局在公布时可以删去这些词句、附图和陈述,同时指出删去的文字或附图的位置和字数或号数。根据请求,国际局提供删去部分的副本。如果国际局认为国际申请含有贬低性陈述,即这些陈述对申请人以外任何特定人的产品或方法进行贬低,或者对申请人以外任何特定人的专利申请或专利的优点或者有效性进行贬低,则同理,作出与上述相同的处理。仅仅与现有技术进行比较的本身,不应认为是贬低行为(《细则》第9条第1款 iii 目)。

[向指定局提供副本、译文和缴纳费用]
第22条
(1)申请人应在不迟于自优先权日起30个月届满之日,向每个指定局提供国际申请的副本(除非已按第20条的规定送达)及其译文(按照规定)各一份,并缴纳国家费用(如果有这种费用的话)。如果指定国的本国法要求写明发明人的姓名和其他规定的事项,但准许在提出国家申请之后提供这些说明的,除请求书已包括这些说明外,申请人应在不迟于自优先权日起的30个月届满之日,向该国或代表该国的国家局提供上述说明。

(2)如果国际检索单位按照第17条第2款 a 项的规定,宣布不作出国际检索报告,则完成第1款所述各项行为的期限与第1款所规定的期限相同。

(3)为完成本条第1款或第2款所述的行为,任何缔约国的本国法可以另行规定期限,该期限可以在前两款规定的期限之后届满。

1. 总述。对于一件国际申请来说,集中的国际程序之后就跟随着分散的指定局的程序;国际申请被分解成众多个按照本国法对待的国家申请。国际申请可以在经过或不经过国际初步审查进入国家/地区阶段。尽管两种情形是类似的,但本条规定了第一种选择。如果国际申请不请求进行国际初步审查就直接进入国家/地区阶段,缔约国的国家局就称为"指定局"。只要申请人履行了某些行为,不管是期限届满前还是在请求提前进入的同时,国家阶段就开始了。

2. 期限(第1款)。国际申请进入国家阶段的期限是自申请日起30个月,有优先权的,自优先权日起30个月。30个月的期限生效于2002年4月1日;原先的期限是20个月。不过,由于期限的延长与某些国家的本国法不协调,20个月的期限仍适用于某些国家,目前有瑞士、卢森堡、坦桑尼亚和乌干达。需要注意的是,假如欧洲被PCT申请所指定,通过PCT途径指定了这两个欧洲国家的欧洲专利申请,则可在31个月进入。国际局会在其简报(newsletter)中定期地公布最新的信息(第2款)。这个期限也同样适用于不用作出国际检索报告的国际申请。在这种情况下,由于国际申请所涉的主题(例如商业方法)使得国际检索单位不需要进行检索,或者基于说明书(例如说明书不清楚的情况)不可能进行有意义的检索(第3款)。任何国家的本国法,可以规定一个最后期限。一些国家,例如欧洲专利局,延长到31个月。任何指定局不得在30/31个月届满之前正式处理或审查国际申请。指定局通常不对期限问题向申请人作任何提醒。不过,欧洲专利局会通知申请人最后的期限和规定应履行的行为。

3. 规定的行为。向指定局有效进入国家阶段的规定行为是呈送国际申请的副本和译文(如果有的话),并且缴纳相应的国家阶段的费用。此外,对申请的最后修改也可呈送。**(1)国际申请的副本**。如果指定局提出请求,国际局都要把以公布语言公布的国际申请副本传送给各个指定局(条约第20条,《细则》第47条)。国际局还要以通知的方式告知申请人这些指定局已经传送过副本。一旦收到这类通知,申请人就会明白他不需要再向这些指定局传送国际申请副本。因此,申请人如果在国家阶段提交副本通常发生在提前进入的情况,也即,在国际局向指定局传送副本之前进入国家阶段。根据条约第19条对权利要求的修改和生物材料保存的证明文件被认为是国际申请的组成部分。**(2)修改**。如果本国法有规定,申请人可以在进入国家阶段之时,可按照其所希望的对申请进行修改,并将修改文本提交上去。**(3)译文**。如果国际申请不是使用指定局所接受的提交语言或公布语言,本国法要求申请人提供译文。若存在几种提交语言或公布语言,而国际申请使用其中的一种语言,则不要求提供译文。若存在几种官方语言(例如欧洲专利局的官方语言为英文、法文和德文),而且必须提供译文,则申请人可以选择其中的某一种语言(《细则》第 49 条第 2 款)。国际申请的译文应包含说明书(可包含在序列表的任何文字内容除外)、权利要求书、附图的任何文字内容和摘要。指定局可以要求提供提出国际申请时的请求书表格的译文。指定局还可以要求提交国际阶段修改的权利要求书的译文,以避免该修改被忽视。如果申请人仅提供原始权利要求和修改的权利要求这两份所需译文的一份译文,则该指定局可以对未提交译文的权利要求不予理睬,或者通知申请人补交所缺漏的译文。译文不要求被认证(certify);不过,一些国家要求鉴证(verification)译文。如果国际申请的译文出现错误,该错误可以在国家阶段更正。**(4)国家费用**。国家费用由各个指定局作出规定。指定局可以要求缴纳与国家申请相当的几项不同的费用,例如国家申请费、检索费、审查费等。在国家阶段开始之时,如果权利恢复费是应缴纳的,申请人还需缴纳恢复费。**(5)发明人的姓名**。如果在提出国际申请之时,发明人的姓名和地址没有显示在请求书中,但根据指定局的本国法可以显示,则在进入国家阶段之际,应向该指定局提供。此外,除了发明人的姓名和地址外,如果根据本国法,要求标明发明人向申请人转让权利情况的,如果在进入国家阶段之际申请人未标明该情况,该指定局将通知申请人提供这类信息。例如,德国专利商标局根据德国专利法第 37 条的规定要求申请人标明转让权利的情况(例如让与,或者雇员的发明),并且说明不存在对本发明作出了贡献的其他发明人。

4. 保护类型。提出国际申请本身就表明希望得到在指定国获得每一种可获得的保护类型的授权。因此,申请人在进入国家阶段时,应通知指定局其希望获得哪一种具体的保护类型(例如,实用新型、增补专利)。某些国家甚至允许一件国际申请可以请求不止一种保护类型的保护*(例如在

---

* 我国《专利审查指南》规定,申请人只能选择一种保护类型,不允许同时选择发明和实用新型。——译者注

德国,可以同时请求发明和实用新型)。类似地,如果申请人希望指定局对其国际申请作为在先申请的接续申请或者部分接续申请对待,他就应指明母案申请的相关信息。如果申请人没有明确地指明其所期望保护的类型,但申请人缴纳了与某一特定保护类似的国家费用相同的费用,则缴纳该费用本身应被看作是申请人希望国际申请得到保护的那种类型的说明(《细则》第 49 条第 2 款 e 项)。

5. 对期限耽误的宽恕。耽误进入国家阶段正常期限可能得到指定局的宽恕(《细则》第 49 条第 6 款)。事实上,缔约国被要求至少规定符合本国法的请求恢复的可能性。这种恢复请求应提交给指定局,同时完成规定的行为。请求恢复的期限应该是下列期限中第一个届满日之前:自未能满足适用期限的原因消除之日起两个月,或者自进入国家阶段届满日起 12 个月(《细则》第 49 条第 6 款 b 项)。指定局的本国法可以规定更长的期限。恢复请求应陈述未能满足适用期限的原因(《细则》第 49 条第 6 款 c 项)。指定局的本国法还可以规定缴纳提出请求的费用并提交支持其请求理由的声明或证据。不过,这一规定从 2003 年 1 月 1 日起生效,其并不兼容于所有指定局的本国法,例如欧洲专利局,就对这一规定予以保留。

[国家程序的推迟]
第 23 条
    (1)在按照第 22 条适用的期限届满以前,任何指定局不应处理或审查国际申请。
    (2)尽管有本条第 1 款的规定,指定局根据申请人的明确的请求,可以在任何时候处理或审查国际申请。

1. 国家程序的启动(第(1)款)。通常情况下,指定局只能在条约第 22 条规定的期限届满后才能开始对国际申请的审查。因此,国际申请的主要效力之一就在于,在自优先权日起 30 个月届满之前,任何指定局不应处理或审查国际申请。2002 年 4 月以前,条约第 22 条规定的期限是自优先权日起20个月。对于某些指定局来说,其适用的期限仍是先前的20个月,而不是新规定的30个月。这是因为,这些指定局的本国法暂时还与修改后的条约第22条第1款不兼容,因此,这些指定局宣布他们仍将保留这种不兼容的做法,直至撤回保留为止。而且,某些指定局根据情况不同,规定了比30个月更长的届满期限,或者比20个月更长的届满期限。例如,欧洲专利局就规定了自优先权日起31个月的期限(《欧洲专利公约实施细则》第107条)。条约第23条第1款的效力,即指定局对国际申请的处理或审查只能在条约第22条适用的期限届满以后进行,通常是指国家或地区局的专利审查和授权程序的"推迟"效力。

2. 国家局对国际申请的提前审查(第2款)。尽管条约第23条第1款规定,国家局在条约第22条适用的期限届满前不得对国际申请进行审查,但申请人仍有机会通过明确请求提前处理国际申请来加速国际申请的审查。然而,除非申请人已经完成了条约第22条规定的行为,否则这样的请求是不生效的,也就是说,申请人已经提供了国际申请的副本和译文(按照规定)并交纳了国家费用(如果有规定)。这意味着除非申请人作出明确的请求并完成了规定的行为,否则不能提前进入国家处理程序。

[在指定国的效力可能丧失]
第24条

(1)有下列情况之一的,根据第25条规定,除下列第 ii 点的情况外,第11条第3款规定的国际申请的效力,在任何指定国家中应即终止,其后果和该国的任何国家申请的撤回相同:

(i)如果申请人撤回其国际申请或撤回对该国的指定;

(ii)如果根据第12条第3款、第14条第1款b项、第14条第3款a项或第14条第4款,国际申请被视为撤回,或者如果根据14条第3款b项,对该国的指定被视为撤回;

(iii)如果申请人没有在适用的期限内履行第22条所述的行为。

(2)尽管有本条第1款的规定,任何指定局仍可以保持第11条第3款所规定的效力,甚至这种效力根据第 25 条第 2 款并不需要保持也一样。

1. 总述。国际申请在每一指定国具有正规国家申请的效力(条约第 11 条第 3 款)。国际申请日被视为每一指定国的实际申请日。然而,国际申请以同样的方式具有与国家申请同样的效力,在某些情况下,好比撤回国家申请一样,这种效力在任何指定国效力终止。

2. 专门的撤回。国际申请在某一指定国的撤回具有撤回该国正规申请同样的效力。并且,如果仅仅是撤回对某一国家的指定而不是撤回整个国际申请,则该国际申请仅在该国不再具有效力。

3. 申请被视为撤回。在某种情况下,国际申请可以被视为撤回。但是,按照条约第 25 条,该结果并非终局定论,可以进行复查。**(1) 没有登记本(条约第 12 条第 3 款)**。提出国际申请后,受理局通知申请人和国际局国际申请号和登记的申请日。如果国际局已经收到这样的通知但在自优先权日起 14 个月届满时没有受到受理局传送的国际申请的登记本,国际局对此应通知申请人和受理局。如果在国际局发出通知后的 3 个月内仍没有收到国际申请的登记本,该国际申请就视为撤回。**(2) 国际申请中的缺陷(条约第 14 条第 1 款 b 项)**。受理局检查国际申请是否有签字,是否含有明确的申请人、发明名称和摘要,以及是否满足形式要求。如果受理局发现任何缺陷,应就此通知申请人对该申请进行补正。期限不超过 1 个月,受理局可以延长这一期限。如果申请人未能在要求的期限内补正,受理局宣布该申请视为撤回。**(3) 费用**。对于一件国际申请来说,自申请日起一个月内,必须缴纳几项费用(国际申请费、传送费、检索费)。如果在规定的期限内没有缴费,该申请就被视为撤回。不过,受理局首先要给申请人缴纳费用的最后机会。如果在向国际局传送登记本之前,该国际申请被视为撤回,则国际申请费应退还给申请人。同样地,如果在向国际检索单位传送检索本之前,该国际申请被视为撤回,则检索费应退还给申请人。**(4) 不满足要求的最终后果**。如果受理局在确定国际申请日后发现,该国际申请仍不满足条约规定的要求,受理局将宣布该申请被视为撤回。然而,在这样的宣布作出之前,受理局应告知申请人理由并给申请人争辩的机会,期限为自收到通知之日起1个月内。

4. 指定国被视为撤回(条约第14条第3款b项)。2004年1月1日之前,指定费是按照每一国家的指定计算的,如果指定5个国家就视为指定了所有国家。然而,由于大多数的申请都是指定所有国家的,为了简化程序,单个的指定费就被废除,而全部包含在国际申请费中。因此,由于没有缴纳有关的指定费,对某一国家的指定视为撤回的情况就不再可能发生了。如果国际申请费没有照章缴纳,不仅仅是指定,整个国际申请就被视为撤回。

5. 表格。某些指定局对进入国家阶段制定了专门的表格,以协助申请人完成规定的行为。不过,并不强制要求申请人使用专门的国家表格。

6. 延迟进入国家阶段。如果申请人没有完成进入国家或地区阶段的行为(条约第22条),在通常的情况下,相应地,对于指定局来说,作为该国国家申请的效力就被终止。规定的行为是呈送国际申请的译文(如果需要的话),并支付国家费用。在欧洲专利局,假如缴纳了额外费用的话,申请人在发出通知后两个月延迟进入是可能的。

7. 效力维持。(1)总述。在上述的情况下,如果国际申请将丧失在各个指定国的效力,申请人可以在每一指定国请求维持效力。由于在国际申请的国际阶段,《专利合作条约》本身并不提供救济或上诉到高一层级单位的机会,保持国际申请效力的唯一方式是在国家/地区层级上连续不断地进行处理。这一机会不仅适用于国际单位的不公正结果,也适用于申请人自身错误造成的后果,例如耽误相关期限。在后者的情况下,指定局根据条约第48条的规定应对延误期限予以宽恕,如果该国的本国法也规定应予宽恕的话(例如,规定权利恢复或者尽管不符合期限但可进一步处理的条款,以及规定期限延长的条款)。(2)程序。由于本条中并没有给出关于申请人如何请求制定局维持国际申请效力的具体做法,通常的理解是可适用条约第25条的规定。简言之,申请人必须在丧失权利的通知发出后的两个月内办理进入国家阶段的恢复手续,并请求复查及请求宽恕失误。申请人还必须在该两个月期限内请国际局将完整的官方文档传送给申请人希望进入的任何指定局。在欧洲专利局,耽误国际单位设定的期限可以按照进一步处理的规定得到宽恕。对于由条约规定的期限,申请人需要提交恢复请求。通常,请求复查的两个月期限与请求进一步处理或者恢复的期限是同一个期限。

[指定局的复查]
第 25 条

(1)(a)如果受理局拒绝给予国际申请日,或者宣布国际申请已被视为撤回,或者如果国际局已经按第 12 条第 3 款作出认定,国际局应该根据申请人的请求,立即将档案中任何文件的副本传送申请人指明的任何指定局。

(b)如果受理局宣布对某一国家的指定已被视为撤回,国际局应该根据申请人的请求立即将档案中任何文件的副本传送该国的国家局。

(c)根据 a 项或 b 项的请求应在规定的期限内提出。

(2)(a)除 b 项另有规定外,如果在规定的期限内国家费用已经缴纳(如需缴费),并且适当的译文(按规定)已经提交,每个指定局应按本条约和细则的规定,决定第 1 款所述的拒绝、宣布或认定是否正当;如果指定局认为拒绝或宣布是由于受理局的错误或疏忽所造成,或者认定是由于国际局的错误或疏忽所造成,就国际申请在指定局所在国的效力而言,该局应按未发生这种错误或疏忽一样对待该国际申请。

(b)如果由于申请人的错误或疏忽,登记本到达国际局是在第 12 条第 3 款规定的期限届满之后,本款 a 项的规定只有第 48 条第 2 款所述的情况下才应适用。

1. 指定局作出复查决定的可能性(第 1 款)。本条约规定,指定局对任何受理局拒绝给予国际申请日或者宣布国际申请已被视为撤回的决定可以进行复查。**(1)可以请求复查的决定**。具体地说来,对于下述的决定,可以请求指定局进行复查:由于申请中含有某些缺陷,受理局拒绝给予国际申请日;由于申请中存在某种缺陷或者由于没有缴纳规定的费用,受理局已宣布国际申请被视为撤回,或者某一指定被宣布视为撤回;由于没有在规定的期限内(条约第 12 条第 3 款)收到登记本,国际局已经作出国际申请视为撤回的认定。因此,这些在国际阶段作出的决定并影响国际申请本身效力的决定,由各个指定局进行复查。指定局的复查包括对受理局的拒绝或宣布或者国际局的认定是否为这些相关局的错误或疏忽所致的查明。**(2)请求书**。如果申请人想要复查某个决定,其必须请求国际局根据条约第 25 条的规定,将档案中任何文件的副本传送申请人指定的各个受理局。请求书必须使用英文或法文。而且,申请人必须向每一个指定局分别提出请求对该影响其国际申请效力的决定进行复查,根据不同情况,提供由受理局或者国际局所导致的错误或疏忽的事实和证据。此外,在提出请求的同时,申请人必须向相关的指定局缴纳用于进入国家阶段的国家费用,并在必要时提供国际申请的译文。如果有译文,则向指定局提出复查的请求书必须使用译文的语言。如果所请求的复查涉及到按照条约第 11 条第 1 款的规定拒绝给予国际申请日的情况,申请人必须随附上告知他拒绝给予国际申请日的通知书的副本。**(3)提交请求书的期限**。不论向国际局还是向任何指定局提出请求必须在告知申请人的不利的决定通知发出的两个月内向这些相关单位提出。

2. 指定局的复查(第 2 款)。假如自告知申请人不利决定的通知书发出起两个月内,国家费用(如果有的话)已经缴纳,且适当的译文(按规定)已经提供,请求对根据条约第 25 条第 1 款所作决定进行复查的有关指定局,应考虑该请求(《细则》第 51 条第 3 款)。如果申请人已经达到了这些要求,该指定局应对争议的决定是否公正作出认定。如果认为该决定是由于错误或疏忽所导致的,该局应该像这些错误或疏忽未发生一样对待该国际申请,并与具有国际申请日的国家申请一样维持该国际申请的效力。如果认为该决定不是由于错误或疏忽所导致的,该指定局可以根据条约第 24 条第 2 款的规定,维持该国际申请在该国的效力。后者可能是未能满足规定的期限的结果(例如提供补正或者缴费的期限)。如果出现这种情况,建议申请人不仅要提出对决定复查的请求,还要请求对延误宽恕。特别是,无论是在国际阶段还是在国家阶段,在某些情况下,未满足期限的延误是可以宽恕的。对延误宽恕的效力就好像期限没有错过一样。在国际阶段对期限的延误不能请求宽恕。只能由各个指定局在国家阶段(无论是针对国际阶段还是国家阶段的延误)单独决定,且仅仅就该局本身而言,可以接受请求。在确定是否必须宽恕还是可以宽恕的问题上,起决定性的作用的是各个指定局本国法规定的具体条件。所有关于宽恕的本国法的规定,都应以适用本国申请同样的方式和同样的条件适用于国际申请。这些规定的例子是:允许权利恢复、复位、恢复原状、已放弃申请的复活、进一步处理和连续处理等。相关的期限是规定在PCT(条约和实施细则)中、任何由PCT成员单位规定的期限,以及任何是要么由指定局规定的期限,要么是由指定局适用的本国法规定的期限,在这些期限内申请人都要向指定局完成任何行为,包括进入国家阶段的期限。关于请求宽恕延误应单独提出,并与请求复查由于在一定的期限内未能符合任何要求原因被受理局作出宣布国际申请撤回的决定一起提出。一旦出现由于申请人自身的错误或疏忽造成在按照条约第12条第3款规定的期限之后才收到登记本的情况,条约第25条第2款a项的规定仅在符合条约第48条第2款规定的情况下,才能适用,也就是说,指定局只能根据其本国法所许可的理由,对期限的任何延误予以宽恕。

[向指定局提出改正的机会]
第26条

任何指定局在按照本国法所规定的对国家申请在相同或类似情况下允许改正的范围和程序,给予申请人以改正国际申请的机会之前,不得以不符合本条约和细则的要求为理由驳回国际申请。

1. 总述。一旦国际申请已经进入了某指定局的国家或地区,该指定局可以指出该国际申请在某些方面事实上存在着不符合专利合作条约规定的要求。例如,指定局可以意识到PCT单位没有识别出的某些缺陷。在这样的情况下,不允许指定局简单地驳回该申请。相反地,指定局必须按照本国法的规定,给申请人改正该申请的机会,以满足此种情形下国家程序的规定。例如,欧洲专利局就会根据《欧洲专利公约实施细则》第 88 条的规定通知申请人对该申请进行改正。

[国家的要求]
第 27 条

（1）任何缔约国的本国法不得就国际申请的形式或内容提出与本条约和细则的规定不同的或其他额外的要求。

（2）指定局一旦开始处理国际申请后,第 1 款的规定既不影响第 7 条第 2 款规定的适用,也不妨碍任何缔约国的本国法要求提供下列各项:

（i）申请人是法人时,有权代表该法人的职员的姓名;

（ii）并非国际申请的一部分,但构成该申请中提出的主张或声明的证明的文件,包括该国际申请提出时是由申请人的代表或代理人签署,申请人以签字表示对该申请认可的文件。

（3）就指定国而言,如果申请人依该国本国法因为不是发明人而没有资格提出国家申请,指定局可以驳回国际申请。

（4）如果从申请人的观点看,本国法对国家申请的形式或内容的要求比本条约和细则对国际申请所规定的要求更为有利,除申请人坚持对其国际申请适用本条约和细则规定的要求外,指定国或代表该指定国的国家局、法院和任何其他主管机关可以对该国际申请适用前一种要求以代替后一种要求。

（5）本条约和细则的任何规定都不得解释为意图限制任何缔约国按其意志规定授予专利权的实质性条件的自由。特别是,本条约和细则关于现有技术的定义的任何规定是专门为国际程序使用的,不构成对申请的形式和内容的要求。因而,各缔约国在确定国际申请中请求保护的发明的专利性时,可以自由适用其本国法关于现有技术及其他专利性条件的标准。

（6）缔约国的本国法可以要求申请人提供该法规定的关于专利性的任

何实质条件的证据。

(7)任何受理局或者已开始处理国际申请的指定局,在本国法有关要求申请人指派有权在该局代表其自己的代理人以及(或者)要求申请人在指定国有一地址以便接受通知的范围,可以适用本国法。

(8)本条约和细则中,没有一项规定的意图可以解释为限制任何缔约国为维护其国家安全而采用其认为必要的措施,或者为保护该国一般经济利益而限制其居民或国民提出国际申请的权利的自由。

1. 禁止额外的形式要求(第1款)。条约第27条第1款阐明任何缔约国的本国法不得就国际申请的形式或内容提出与本条约和细则的规定不同的或其他额外的要求。因此,在进入国家阶段届满日之前,不允许任何指定局要求申请人完成不同于条约第22条第1款规定的行为,即缴纳国家费,提供译文(如果有规定的),并在例外的情况下,提供国际申请的副本,以及标明发明人的姓名和地址。条约第27条与《细则》第51条第2款相关联,该《细则》第51条第2款允许某些国家要求适用于国际申请,这些要求统称为"特别要求"。下面列出了最常见的一些要求。国家阶段开始之后,给予申请人以满足这些特别规定的机会(《细则》第51条第3款),通常地,要么在期限内发出通知要求申请人满足通知列明的要求,要么不经通知,根据本国法的规定,要求申请人在一定的期限内必须满足这些要求。自通知日期起期限不应少于两个月。指定局可以要求申请人为满足这些国家要求对通知进行答复缴纳费用。国家局适用的最常见的"特别要求"如下(《细则》第51条第2款):提供发明人身份的任何文件;提供该申请人有权申请或被授予专利的任何文件;如果申请人与提出在先申请的申请人不是同一人,或者申请人在提出在先申请后姓名改变,包含申请人有权要求该在先申请优先权的证明的任何文件;任何包括发明人资格的宣誓或声明的文件;含有不影响新颖性的公开或者丧失新颖性的例外的任何证据,例如滥用导致的公开、在某些展览会上的公开,以及申请人自己在一定期间内的公开;提供一份以上的国际申请、该申请的译文或者任何与该申请有关的文件;由该申请人或者翻译该国际申请的译者以声明证实,就其所知,该译文是完整和忠实于原文的(若指定局有理由怀疑译文的准确性时,由公共主管单位或者经过宣誓的译者对国际申请的译文进行认证);提供优先权文件的译文。

2. **本国法许可的可以要求的信息和文件(第 2 款)**。指定局有权向申请人要求提供某些信息和文件,例如,根据条约第 7 条第 2 款,指定局可以要求申请人在规定的期限内(根据情况而定的合理期限,但不得少于两个月)提交按照发明性质允许用图示进行说明的附图。此外,当申请人是法人实体时,指定局可要求申请人提供有权代表该法人实体的职员姓名。指定局也可要求申请人提供不属于国际申请的一部分但构成该申请中的主张或声明证明的文件,并且,如果该申请提出时是由其代表或者代理人签字的,指定局也可要求申请人对该国际申请进行证实。

3. **作为申请人的发明人(第 3 款)**。任何指定国的本国法可以要求,为指定该国的目的,申请人必须是发明人*。目前有一个国家,即美国,有这样的要求。如果基于指定美国的目的,某个发明人被列明但同时没有将其作为指定美国目的的申请人,或者没有一个发明人被列明,则对美国的指定被视为撤回,受理局要通知申请人,该申请将被作为指定局的美国专利商标局驳回,因为只有发明人才有权在美国提出国家申请。根据《细则》第 92 条第 2 款,申请人可以通过请求将发明人列明为对美国的申请人来回应这样的通知。然而,如果请求书上列明某法人实体作为向包括美国的所有国家的申请人,且请求书上也列明了某个人为了指定美国作为发明人和申请人,则受理局可以依职权将请求人改正为该法人实体作为除美国之外的所有指定国目的之申请人。类似地,在没有相反说明的情况下,任何对涉及上述请求将发明人列明为指定美国的申请人的通知进行的回复,都认为是包括了请求将列明任何法人实体为指定美国目的之申请人改变为作为除美国以外的所有指定国的申请人。当发明人已被列明为指定美国目的的申请人,如果该发明人过世,则该过世的申请人/发明人的法律上的代表人或继

---

* 参考第 9 条的译者注。——译者注

承人必须作为指定美国目的的新申请人予以列明。在此种情况下,应提出请求书以登记这种体现申请人的变化。

4. 符合国家要求的可能性(第4款)。条约第27条第4款规定,如果指定国的本国法对国家申请的要求比《专利合作条约》的规定更为有利于申请人,该国的国家主管机关可以适用这些更为有利的要求。不过,如果申请人坚持适用《专利合作条约》的要求,该国的国家主管机关应适用《专利合作条约》的要求。

5. 专利性要件(第5款)。条约第27条第5款规定,专利合作条约或其细则的规定都不得理解或解释为限制任何缔约国规定授予专利权的实质性条件的自由。这就是说,《专利合作条约》留给各个缔约国自主地根据其自己的意愿对这些专利性的实质性条件作出规定,特别是涉及现有技术的构成内容。由于《专利合作条约》及其细则用于国际申请目的的对于现有技术的定义严格于或者更加严格于本国法对现有技术的定义,在国家阶段出现以前没有引用过的现有技术文件的令人不愉快的突袭情况,通常是很低的。

6. 专利性的证据(第6款)。本条约规定,指定国的本国法可以要求申请人提供该法规定的关于专利性的任何实质条件的证据。

7. 保留(第7款)。条约第27条第7款规定,指定局可以要求申请人指派有权在该局代表其自己的代理人以及(或者)要求申请人在指定国有一地址以便接收通知,大多数指定局要求非本国居民的申请人指派代表他自己的代理人。另外有一些指定局要求非本国居民的申请人在指定国有一地址以便接收官方发出的通知。

8. 本国安全的保留(第8款)。根据条约第27条第8款的规定,条约的各缔约国为其国家安全都有权保留其认为必要的措施。例如,受理局有权将申请不作为国际申请对待,并不向国际局传送登记本,不向国际检索单位传送检索本。如果以国际局作为受理局提交国际申请,国际局对是否满足国家安全规定不作审查,满足国家安全的要求是申请人自己的责任。如果国际申请日已经确定,但出于国家安全考虑不能传送登记本,受理局必须在 13 个月届满前,最迟在自优先权日期 17 个月前,向国际局作出上述的宣布。

[向指定局提出对权利要求书、说明书和附图的修改]
第 28 条
　　(1)申请人应有机会在规定的期限内,向每个指定局提出对权利要求书、说明书和附图的修改。除经申请人明确同意外,任何指定局,在该项期限届满前,不应授予专利权,也不应拒绝授予专利权。
　　(2)修改不应超出国际申请提出时对发明公开的范围,除非指定国的本国法允许修改超出该范围。
　　(3)在本条约和细则所没有规定的一切方面,修改应遵守指定国的本国法。
　　(4)如果指定局要求国际申请的译文,修改应使用该译文的语言。

　　1. 修改的期限(第 1 款)。一旦国际申请进入国家或者地区阶段,相应地,任何指定局应给予申请人修改该申请的机会,也即,修改权利要求书、说明书和附图。在国际阶段,除非请求国际初审,否则是不可能修改说明书和附图的(条约第 19 条和第 34 条 b 项)。在国家阶段,各个指定局对源自国际申请的修改要求可以是不同的,彼此相互独立。期限由本国法作出规定,但至少在进入国家/地区阶段的一个月内向指定局提出修改(《细则》第 12 条)。除经申请人明确同意外,任何指定局,只可以在该项期限届满后,授予该申请专利权,或者驳回该申请。**(1)不需要专门请求启动审查**。在任何不需要专门请求启动审查的指定国(例如欧洲专利局),申请人可在进入国家阶段后一个月内呈送修改文本。然而,如果在进入国家阶段期限届满时,国际局还没有向该指定局传送连同国际检索报告的国际申请,申请人可在该期限届满后四个月内呈送修改文本。**(2)需要专门请求启动审查**。在任何本国法要求专门请求启动审查的指定国(例如德国),申请人可在进入国家阶段后一个月内呈送修改文本,申请人呈送对专利文件修改的期限或时间应与指定局本国法规定的国家申请提出请求审查的时间修改规定相同。但该期限不应提早届满或者在进入国家阶段后的一个月之前届满，在国际申请以及检索报告没有传送给该指定局的情况下，不应该比期限届满后四个月的期限更早。

2. 修改的性质（第 2 款和第 3 款）。相对于原始提交的国际申请，对权利要求书、说明书和附图的修改不能引入新的主题内容。但是，任何指定局的本国法可以允许修改超出国际申请原始公开的范围。在任何情况下，修改都应该符合本国法的规定，而不受本条约和细则条款规定的限制。

3. 修改的译本（第 4 款）。如果国际申请所使用的语言不是指定局的官方语言，按照条约第 22 条的规定，申请人必须提交译本。在这种情况下，向指定局呈送的修改也要使用与译本相同的语言。

[国际公布的效力]
第 29 条

（1）就申请人在指定国的任何权利的保护而言，国际申请的国际公布在该国的效力，除第 2—4 款另有规定外，应与指定国的本国法对未经审查的本国申请所规定的强制国家公布的效力相同。

（2）如果国际公布所使用的语言和在指定国按本国法公布所使用的语言不同，该本国法可以规定第 1 款规定的效力仅从下列时间起才能产生：

（i）使用后一种语言的译本已经按本国法的规定予以公布；或者

（ii）使用后一种语言的译本已经按本国法的规定通过公开展示而向公众提供；或者

（iii）使用后一种语言的译本已经由申请人送达实际的或未来的未经授权而使用国际申请中请求保护的发明的人；或者

（iv）上列 i 和 iii 所述的行为，或 ii 和 iii 所述的行为已经发生。

（3）如果根据申请人的要求，在自优先权日起的 18 个月期限届满以前国际申请已经予以国际公布，任何指定国的本国法可以规定，本条第 1 款规定的效力只有自优先权日起 18 个月期限届满后才能产生。

(4) 任何指定国的本国法可以规定:第 1 款规定的效力,只有自按第 21 条公布的国际申请的副本已为该国的或代表该国的国家局收到之日起才能产生。该局应将收到副本的日期尽快在其公报中予以公布。

1. 国际申请所受到的保护(第 1 款)。在满足某些条件下,条约第 29 条确保国际申请在进行国际公布之后,获得与未经实质审查的国家申请在国家公布后同样的临时保护。这些条件是这样的:提供译本(在某些情形下),自优先权起 18 个月届满,和/或指定局一收到根据条约公布的国际申请的副本,允许缔约国对已经国际公布的国际申请进行保护。

2. 译本的提交(第 2 款)。条约第 29 条第 2 款允许缔约国对已经国际公布的国际申请在提交译本的情况下进行保护。具体的是,如果国际公布的语言不同于缔约国根据本国法进行具有效力的公布语言的,缔约国可以在其本国法规定:使用国家公布语言的译本已经按本国法的规定予以公布;使用国家公布语言的译本已经按本国法的规定通过公开展示而向公众提供;或者,使用国家公布语言的译本已经送达暂定的未经授权而使用请求保护的发明的人。

另外,缔约国可以要求:对国际公布提供保护之前,要么公布译本和译本已经送达暂定的未经授权的使用人的行为已经发生,要么已经通过公开展示而使公众能够获得译本和已经送达暂定的未经授权的使用人的行为已经发生。在缔约国要求提供译本的情况下,对国际公布保护的效力只有当译本已经公布、译本通过公开展示而向公众提供,或者已经向未经授权的使用人提供译本的行为发生(无论适用哪一个),对国际公布保护的效力才适用。

3. 18 个月后的保护(第 3 款)。根据条约第 21 条第 2 款 a 项,自国际申请的优先权日起满 18 个月后,国际申请应迅速予以公布。但是,根据条约第 29 条第 2 款 b 项,申请人可以请求将国际申请提早公布。在提早公布的情况下,条约第 29 条第 3 款规定,任何指定国的本国法有权规定,根据条约第 29 条第 1 款规定的国际申请的国际公布在该国的效力,只有自优先权日起 18 个月期限届满后才能产生。

4. 从收到国际申请副本之日起保护（第 4 款）。 根据条约第 29 条第 4 款,缔约国有权规定,条约第 29 条第 1 款规定的国际申请的国际公布在该国的效力,取决于是否收到由国际局发出的按条约第 21 条公布的国际申请的副本。保护的生效日期为代表该国的国家局收到副本之日。在此情况下,该国家局要公布收到副本之日。

[国际申请的保密性]
第 30 条

(1)(a)除 b 项另有规定外,国际局和国际检索单位除根据申请人的请求或授权外,不得允许任何人或机构在国际申请的国际公布前接触该申请。

(b)上列 a 项的规定不适用于将国际申请传送主管国际检索单位,不适用于按第 13 条规定的传送,也不适用于按第 20 条规定的送达。

(2)(a)除根据申请人的请求或授权外,任何国家局均不得允许第三人在下列各日期中最早的日期之前接触国际申请:

(i)国际申请的国际公布日;

(ii)按第 20 条送达的国际申请的收到日期;

(iii)按第 22 条提供国际申请副本的收到日期。

(b)上列 a 项的规定并不妨碍任何国家局将该局已经被指定的事实告知第三人,也不妨碍其公布上述事实。但这种告知或公布只能包括下列事项:受理局的名称、申请人的姓名或名称、国际申请日、国际申请号和发明名称。

(c)上列 a 项的规定并不妨碍任何指定局为供司法当局使用而允许接触国际申请。

(3)上列第 2 款 a 项的规定除涉及第 12 条第 1 款规定的传送外,适用于任何受理局。

(4)为本条的目的,"接触"一词包含第三人可以得知国际申请的任何方法,包括个别传递和普遍公布,但条件是在国际公布前,国家局不得普遍公布国际申请或其译本,或者如果在自优先权日起的 20 个月期限届满时,还没有进行国际公布,那么在自优先权日起的 20 个月届满前,国家局也不得普遍公布国际申请或其译本。

1. 国际单位。(1) 总述。在国际局公布国际申请之前,国际申请是保密的。国际申请通常在申请日起,如果要求优先权的,自优先权日起 18 个月公布(条约第 21 条)。通常情况下,除根据申请人的请求或授权外,国际局和国际检索单位不得允许任何人或机构在国际申请的国际公布之前接触到该申请。但是,国际局将国际申请传送主管国际检索单位,则不受保密规定的约束。此外,应指定局或申请人的请求,向该局提前传送国际申请副本,或者正常地将国际申请,连同国际检索报告送达给各个指定局,也不认为是接触到该正式文件。对每一件国际申请文件,国际局要保存至少 30 年。国际检索单位要至少要保存 10 年。**(2) 申请人调取文件。**在国际申请公布之前或者之后,应申请人或者申请人授权的第三人请求,国际局向其提供正式文件中的任何文件副本。国际局对此项服务收费。**(3) 第三人调取文件。**对 1998 年 1 月 1 日或之后提出的国际申请,仅在国际公布之后,对任何第三人开放(1998 年 1 月 1 日前提出的国际申请,第三人不得接触该正式文件)。国际申请公布之后,任何人可以从国际局得到申请文件副本,除了与国际检索单位的书面意见和国际初步审查相关的文件外。因此,仅有限的文件可授权第三人接触到。书面意见、任何申请人为回应书面意见所提交的意见,以及国际初步审查报告只在自优先权日起 30 个月后开放。此外,提供任何文件都要缴纳成本费。

2. 国家单位。(1) 总述。国际申请公布之前、指定局从国际局收到国际申请之前,或者申请人向指定局提交国际申请之前,第三人也不得通过国家局接触到国际申请,除非有申请人的请求或授权。此时,三个日期中的最早日期是起决定性作用的,其中典型的是,自申请日或优先权日起 18 个月的国际公布。指定局可以规定不以早于国际公布日的国际局向该局送达日作为有效日。只有申请人明确表示请求指定局根据条约第 23 条第 2 款提早对该申请进行处理,国际申请的送达才是最快的。申请人必须在不晚于申请日或优先权日起 30 个月向指定局提交该申请。此外,国家局不得在国际公布之前公布该申请及其译本。(2)例外。国家专利局可以将国际申请指定该局的事实告知公众,并且,公布按照本条规定的具体事项。例如,对每一件国际申请,欧洲专利局通过在线的欧洲专利登记簿提供这些具体事项。此外,由指定局所在地的法院发布的允许接触的命令可替代申请人的授权。

第二章 国际初步审查

总述。国际初步审查程序是申请人在进入花费不菲的国家或地区阶段之前得到的关于 PCT 申请的审查报告的程序。由哪一个专利局进行国际初步审查取决于申请人的居所或国籍以及申请人提交国际申请时的受理局。对于 PCT 申请来说,国际初步审查程序并非必经的程序,最近一些年来,其越发不够普及。普及率下降的原因在于:对于那些审查能力较强的国家或组织来说,如果其不是承担国际初步审查的单位,则通常还要对国际申请进行重新审查;请求国际初步审查通常要在进入国家或地区阶段之前留给申请人更多的时间;但对于大多数国家和组织不考虑是否请求国国际初步审查而一视同仁地给予相同的时间;并且,书面意见现在已随着检索报告一并公布。

[要求国际初步审查]
第 31 条

(1)经申请人要求,对国际申请应按下列规定和细则进行国际初步审查。

(2)(a)凡受第二章约束的缔约国的居民或国民(按照细则的规定)作为申请人,在其国际申请已提交该国或代表该国的受理局后,可以要求进行国际初步审查。

(b)大会可以决定准许有权提出国际申请的人要求国际初步审查,即使他们是没有参加本条约的国家或不受第二章约束的国家的居民或国民。

(3)国际初步审查的要求应与国际申请分别提出,这种要求应包括规定事项,并使用规定的语言和格式。

(4)(a)国际初步审查的要求应说明申请人预定在哪些缔约国使用国际初步审查的结果("选定国")。以后还可选定更多的缔约国。

选定应只限于按第4条已被指定的缔约国。

(b)上列第2款a项所述的申请人可以选定受第二章约束的任何缔约国。本条第2款b项所述的申请人只可以选定已经声明准备接受这些申请人选定的那些受第二章约束的缔约国。

(5)要求国际初步审查,应在规定的期限内缴纳规定的费用。

(6)(a)国际初步审查的要求应向第32条所述的主管国际初步审查单位提出。

(b)任何以后的选定都应向国际局提出。

(7)每个选定局应接到其被选定的通知。

1. 总述。本条对提出国际初步审查的要求作出了规定。提出要求就标志着进入了《专利合作条约》第二章的程序。进入条约第二章的好处在于,申请人在国际阶段就使得其申请得到审查,并且在有限的一些国家,可以允许得到额外的时间来进入国家阶段。

2. 要求国际初步审查(第1款)。《细则》第53条规定的要求书的内容应包含:请求;有关申请人和代理人(有代理人时)的记载;有关所涉及的国际申请的记载;在适用的情况下,有关修改的声明。要求书应使用国际申请的语言,如果国际申请所使用的语言不同于其公布的语言,应根据《细则》第55条第1款的要求使用其公布时的语言。但是,如果上述这两种语言都不被主管的国际初审单位(IPEA)所接受,申请人应将国际初步审查要求和国际申请一起翻译成该国际初审单位所接受的语言和公布时的语言(《细则》第55条第2款)。如果申请人修改了申请,例如,在公布之前就提出了修改,则申请人应表明其是否希望在国际初步审查中对这些修改予以考虑。如果要求提供国际申请的译文,修改的译文也要求提供。

3. 提出要求书的期限。 为了确保国际初步审查程序的进行,对提出要求书规定了期限。从传送国际检索报告(或根据条约第 17 条第 2 款 a 项不作出检索报告的宣布)后的 3 个月,以及自优先权日起 22 个月,以后到期的日期为准。如果考虑到要求书,还有一个更重要的期限规定,即条约第 39 条第 1 款规定的期限。该期限要求自优先权日起 19 个月内选定缔约国,这对于有利于较长的进入国家或地区阶段的第二章期限是必须的。但是,近些年来,此 19 个月的限期已经变得意义不大,因为大多数国家对于根据第一章和第二章规定进入国家或地区阶段采取相同的期限。仅剩下的没有延长第一章期限的国家是瑞士、乌干达和坦桑尼亚。此外,卢森堡、瑞典和瑞士可以在进入欧洲专利组织的地区阶段所覆盖。欧洲专利组织规定根据第一章和第二章的进入有相同的期限。根据 PCT 行政规程第 601(a)节,如果耽误了 19 个月的期限,国际初步审查单位应尽快通知申请人。

4. 缔约国的居民或国民(第 2 款)。 申请人是否为某个国家的居民或国民,是该国本国法决定的事情,其受到两个至关重要的规则约束:在该国拥有实际有效的工商营业所,应认为在该国有居所;按照该国的本国法成立的法人,应认为是该国的国民(《细则》第 18 条和《细则》第 54 条第 1 款)。如果有两个或更多的申请人,其中之一是缔约国的国民或居民即可。

5. 受第二章约束的缔约国(第 2 款)。 目前所有缔约国都受到第二章的约束。

6. 规费(第 5 款)。 第 5 款所称的规费,是指根据《细则》第 57 条规定的处理费和根据《细则》第 58 条规定的审查费。缴纳上述两种费用的期限规定在《细则》第 57 条第 3 款中,即自提交国际初步审查要求书之日起 1 个月内或自优先权日起 22 个月,以后到期的为准。如果未能按时缴费,适用《细则》第 58 条第 2 款规定的缴费延长期限。

7. 要求书中的某些缺陷。 不正确的语言、忘记签字等诸如此类的缺陷,可根据《细则》第 60 条的规定获得补救。国际初步审查单位写信给申请人,要求其通常在一个月内对这些缺陷进行补正,该期限可以延长。如果在期限内改正了这些缺陷,那么要求书就视为在提交日已经收到,有一个例外的情况是:如果缺陷在于该要求书不足以确定该国际申请,则要求书的提出日将被重新确定为缺陷改正之日(《细则》第 60 条第 1 款 b 项)。

8. 之后提出的选定国(第 6 款 b 项)。根据《细则》第 53 条第 7 款,要求书的提交应构成对所有受条约第二章约束的缔约国的选定。因此,第 6 款 b 项的关于之后提出的选定国的规定,是多余的。

[国际初审单位]
第 32 条

(1)国际初步审查应由国际初审单位进行。

(2)受理局(指第 31 条第 2 款 a 项所述的要求的情形)和大会(指第 31 条第 2 款 b 项所述的要求的情形)应按照有关的国际初审单位与国际局之间适用的协议,确定一个或几个主管初步审查的国际初审单位。

(3)第 16 条第 3 款的规定比照适用于国际初审单位。

1. 总述。本条是关于主管的国际初审单位要求的规定。

2. 受理局(第 2 款)。所有缔约国现在都是第二章的成员,因此不会出现根据条约第 31 条第 2 款 b 项的规定提出要求书的情况。每个指定局被指派至少一个国际初审单位。有一些指定局被指派一个以上的国际初审单位。例如,如果申请人有效地向作为受理局的美国专利局提出国际申请,申请人可选择美国专利商标局或欧洲专利局作为国际初审单位。

3. 条约第 16 条第 3 款(第 3 款)。条约第 16 条第 3 款对国际检索单位及其应该具备的最低要求作出了规定。本条第 3 款也是对国际初审单位提出了最低要求并规定在《细则》第 63 条中。目前所有现行的国际检索单位都是国际初审单位。当前的国际初审单位是以下这些国家的专利局:澳大利亚、奥地利、加拿大、中国、芬兰、日本、韩国、俄罗斯联邦、西班牙、瑞典、美国和欧洲专利局*。

[国际初步审查]
第 33 条

（1）国际初步审查的目的是对下述问题提出初步的无约束力的意见，即请求保护的发明看来是否有新颖性，是否有创造性（非显而易见性）和是否有工业实用性。

（2）为国际初步审查的目的，请求保护的发明如果是细则所规定的现有技术中所没有的，应认为具有新颖性。

（3）为国际初步审查的目的，如果按细则所规定的现有技术考虑，请求保护的发明在规定的相关日期对本行业的技术人员不是显而易见的，它应被认为具有创造性。

（4）为国际初步审查的目的，请求保护的发明如果根据其性质可以在任何一种工业中制造或使用（从技术意义来说），应认为具有工业实用性。对"工业"一词应如同在《保护工业产权巴黎公约》中那样作最广义的理解。

（5）上述标准只供国际初步审查之用。任何缔约国为了决定请求保护的发明在该国是否可以获得专利，可以采用附加的或不同的标准。

（6）国际初步审查应考虑国际检索报告中引用的所有文件。该审查也可以考虑被认为与特定案件有关的任何附加文件。

1. 总述。本条涉及国际初步审查的功能。正如第 1 款所言，其旨在按照专利性的主要标准提供初步的无约束力的意见。典型地，那些具有信誉卓著的专利审查制度的国家，在国际申请进入国家或地区阶段后，还要进行

---

* 请读者注意，关于国际初步审查单位的确定，会随着时间的推移而发生变化，本书的信息已经陈旧。截止到 2009 年 1 月，国际初步审查单位已达 15 个，即奥地利、澳大利亚、中国、欧洲专利局、西班牙、日本、韩国、俄罗斯、瑞典、美国、加拿大、芬兰、北欧专利协作组织、印度、巴西。其中最后的三个局是新增加的。另请注意：国际初步审查单位与国际检索单位是相同的，即某个专利局如果属于国际检索单位，则其也一定具有国际初步审查单位的资格。——译者注

其自己的后续审查。而那些不具有如此审查能力的国家,则高度依赖国际初审单位的意见。

2. 现有技术。《细则》第 64 条定义了什么是现有技术。自申请日或优先权日以前能够获得的所有书面公开文献都被认为是现有技术。按照《细则》第 64 条第 2 款,如果非书面公开在申请日或优先权日的当日或之后又记载在公众可以得到的书面证据中,则这样的非书面公开将不被考虑。但是,根据《细则》第 70 条第 9 款的规定,国际初审单位可以在审查报告中提请申请人注意这类公开。对于某些其公开日在国际申请日或有效的优先权日当日或之后,但其申请是在国际申请日或有效的优先权日之前提出的已公布的专利申请或者专利*,《细则》第 64 条第 3 款也允许在审查报告提请申请人注意这类已公布的文件。然而,对于新颖性和创造性,则仍依照《细则》第 64 条规定的现有技术来评述。

3. 创造性(第 3 款)。 对于如何评价创造性,本条没有给出任何实际的指引。在这个问题上没有国际的判例法可循,因为所有已作出的决定或判决都出现在国际申请进入国家或者地区阶段。《细则》第 65 条规定,国际初步审查应考虑每项特定的权利要求与现有技术的整体之间的关系。如果这些文件的结合或者文件的各个部分的结合对于本领域技术人员来说是显而易见的,还应考虑这种结合。通常,每个国际初步审查单位在评价创造性时,将采用与审查国家申请或地区申请时同样的标准。具体方式可有所不同。

4. 工业实用性(第 4 款)。 根据《巴黎公约》第 1 条第 3 款,对于"工业"一词,应在最广泛的意义上理解,其不仅适用于工业和商业本身,还适用于农业和其他加工业,以及适用于所有的制造品和天然产品,例如,烟草、谷物、酒、水果、牛、矿物质、矿泉水、啤酒、花卉和面粉。但对于这个定义,通

---

* 对于这类"其公开日在国际申请日或有效的优先权日当日或之后,但其申请是在国际申请日或有效的优先权日之前提出的已公布的专利申请或者专利",在专利法原理中,称其为"抵触申请"。我国现行《专利法》第 22 条第 2 款中,就有这样的规定。在我国,"抵触申请"不属于现有技术,但在评价新颖性的时候,却赋予"抵触申请"具有现有技术的效力。——译者注

常,在审查国际专利申请时,作为国际初审单位的专利局来说,适用其自己的工业实用性标准。

[国际初审单位的程序]
第 34 条
(1)国际初审单位的审查程序,应遵守本条约、细则以及国际局与该单位签订的协议,但该协议不得违反本条约和细则的规定。

(2)(a)申请人有权以口头和书面形式与国际初审单位进行联系。

(b)在国际初步审查报告作出之前,申请人有权依规定的方式,并在规定的期限内修改权利要求书、说明书和附图。这种修改不应超出国际申请提出时对发明公开的范围。

(c)除国际初审单位认为下列所有条件均已具备外,申请人应从该单位至少得到一份书面意见:

(i)发明符合第 33 条第 1 款所规定的标准;

(ii)经该单位检查,国际申请符合本条约和细则的各项要求;

(iii)该单位不准备按照第 35 条第 2 款最后一句提出任何意见。

(d)申请人可以对上述书面意见作出答复。

(3)(a)如果国际初审单位认为国际申请不符合细则所规定的发明单一性要求,可以要求申请人选择对权利要求加以限制,以符合该要求,或缴纳附加费。

(b)任何选定国的本国法可以规定,如果申请人按 a 项规定选择对权利要求加以限制,国际申请中因限制的结果而不再是国际初步审查对象的那些部分,就其在该国的效力而言,应该认为已经撤回,除非申请人向该国的国家局缴纳特别费用。

(c)如果申请人在规定的期限内不履行本款 a 项所述的要求,国际初步审查单位应就国际申请中看来是主要发明的那些部分作出国际初步审查报告,并在该报告中说明有关的事实。任何选定国的本国法可以规定,如果该国的国家局认为国际初步审查单位的要求是正当的,该国际申请中与主要发明无关的那些部分,就其在该国的效力来说,应认为已经撤回,除非申请人向该局缴纳特别费用。

(4)(a)如果国际初审单位认为:

(i)国际申请涉及的主题按照细则的规定并不要求国际初审单位进行国际初步审查,并且国际初步审查单位已决定不对该特定案件进行这种审查;或者

(ii)说明书、权利要求书或附图不清楚,或者权利要求在说明书中没有适当的依据,因而不能对请求保护的发明的新颖性、创造性(非显而易见性)或工业实用性形成有意义的意见,则所述单位将不就第33条第1款规定的各项问题进行审查,并应将这种意见及其理由通知申请人。

(b)如果认为本款 a 项所述的任何一种情况只存在于某些权利要求或只与某些权利要求有关,该项规定只适用于这些权利要求。

1. 总述。本条提出了国际初审单位的程序,以作出国际初步审查报告并向选定局传送。在作出国际初步审查报告之前,申请人应至少得到一份书面意见。

2. 国际初步审查的启动。在收到全面的文件后,国际检索单位应启动国际初步审查:按照条约第 33 条规定的要求书、手续费、初步审查费和延误的费用,以及国际检索报告(或关于不制作检索报告的宣布)。此外,在检索报告(或宣布)作出 3 个月或自优先权日起 22 个月届满之前(以后到期为准),也不应启动国际初步审查,除非申请人明确请求提早启动(《细则》第 69 条第 1 款 a 项)。还有,如果申请人在提出要求书的同时,明确表示要进行修改,则国际初审单位应给予申请人作出修改的机会。

3. 书面意见(第 2 款 c 项)。申请人至少收到国际初审单位发出的一份书面意见,除非:发明符合新颖性、创造性和工业实用性的标准;经过该国际初审单位检查,国际申请符合《专利合作条约》的要求;国际初审单位不打算根据条约第 35 条第 2 款的最后一句提出任何意见。后者包括了提及审查中的形式或内容的缺陷。国际初步审查单位作出的书面意见与国际检

索单位的书面意见相同,否则,国际初审单位可作出不同的意见。如果国际初审单位不使用国际检索单位的书面意见,它必须通知国际局。自 2005 年 4 月 1 日起,国际申请开始启动检索与审查相结合的程序,即所谓"压缩程序*"。按照《细则》第 69 条第 1 款 b 项,如果国际检索单位也作为国际初审单位,在进行国际检索的同时,可启动国际初步审查。在此情形下,只公布国际初审单位的书面意见。

4. 书面意见的内容(第 2 款 c 项)。《细则》第 66 条第 2 款提出了书面意见应包含的事项。书面意见还给出了国际初审单位出具这些意见的理由并提请申请人在规定的时间内作出答复(见下面的内容)。由于审查时限的限制,不可能作出一次以上的书面意见。

5. 对书面意见的答复(第 2 款 d 项)。答复书面意见的期限,正常情况下一般为两个月,但无论什么情况都不能少于 1 个月,并且也不能多于 3 个月(《细则》第 66 条第 2 款 d 项)。延长答复期限也是可能的(《细则》第 66 条第 2 款 e 项)。答复不是义务。但是,某些国际初审单位在某些事项上以特别严格而著称,因此他们希望将关于这些事项的争论一直保留至国家阶段。答复的方式可以是书面或者是口头的。答复中可以作出争辩和/或修改。如果提交了修改,则必须用书面形式提供替换页。对于为了澄清目的所做的小改动或者删除某些段落的修改,如果可以复印的话,可在原稿上修改。《细则》第 66 条第 8 款规定了修改的形式。按照《细则》第 66 条第 9 款,任何修改以及任何所附的书信都应采用公布时的语言,除非该语言不被国际初审单位所接受。在这种情况下,修改文件应以国际申请的译文语言来提交。如果使用了不正确的语言,则国际初审单位将允许申请人以正确的语言重新提交修改文件。在国际初审单位尚未开始起草国际初步审查报告前,申请人提交的任何争辩意见或修改文件都应被考虑。如果申请人没有克服书面意见所涉及的问题,国际初审单位将作出否定性的国际初步审查报告(见下面的论述)。

---

* "压缩程序"的英文原文是"telescope procedure"。——译者注

6. 期限。《细则》第69条第2款设置了程序的期限。国际初步审查应在以下的最后到期期限届满前完成：自优先权日起28个月；或者自国际初步审查启动之时起6个月；或者，自收到国际申请译文的6个月（如果需要，见下面的论述）。

7. 发明的单一性（第3款）。 在《细则》第68条的范围之内，国际初审单位处理发明的单一性问题上享有某些自由。国际初审单位可以审查所有权利要求，但在国际初步审查报告中标明不具单一性的部分并给出理由。或者，国际初审单位可以通知申请人要么限制权利要求的数目，要么缴纳附加费，并说明其认为不存在单一性的理由，还要以国际初审单位的观点，说明其认为权利要求书中的哪一组权利要求符合单一性的要求。申请人有一个月的期限答复。如果申请人不认同该结论，申请人可以提交他为什么认为结论错误的意见陈述并缴纳异议费（《细则》第68条第3款）。然后，国际初审单位就要复查其作出的决定。如果原先的决定是不正确的，那么异议费将退还给申请人。如果国际初审单位通知申请人对权利要求作出限制，而申请人没有在规定的期限内履行通知的要求，则国际初审单位应就国际申请中看上去是主要发明的那些部分作出国际初步审查报告。在此情况下，国际申请一旦进入欧洲地区阶段，欧洲专利局将根据《欧洲专利公约实施细则》第112条的规定，针对其余部分的权利要求进行检索的机会。

8. 国际申请涉及的主题不需要审查的情形（第4款）。 根据《细则》第67条的规定，如果国际申请的主题是以下各项之一，国际初审单位无须进行国际初步审查：科学和数学理论；植物、动物品种或者主要是生物学方法生产植物和动物的方法，但微生物学方法和用该方法获得的产品除外；经营业务，单纯的智力活动或者玩游戏的方案、规则或者方法；治疗人体或者动物体的外科手术或者疗法以及诊断方法；单纯的信息呈现方式；计算机程序，在国际初审单位不具备对其进行国际初步审查条件的限度内。

9. 优先权文件。《细则》第66条第7款提出了国际初审单位处理优先权文件的程序。优先权文件的副本必须由国际局送达给国际初审单位。如果申请人没有提交优先权文件，或者国际初审单位无法接触到优先权文件，则将以没有要求优先权的方式进行审查。如果优先权文件使用的语言不是国际初审单位使用的语言,则要求申请人提交适合语言的译文,如果不提交译文,则以没有要求优先权的方式进行审查。

[国际初步审查报告]
第35条

(1) 国际初步审查报告应在规定的期限内并按规定的格式写成。

(2) 国际初步审查报告不应包括关于下列问题的说明,即请求保护的发明按照任何国家的本国法可以或看来可以取得专利或不可以取得专利。除第3款另有规定外,报告应就每项权利要求作出说明,即该权利要求看来是否符合第33条第1—4款为国际初步审查的目的所规定的新颖性、创造性(非显而易见性)和工业实用性的标准。说明中应附有据以认为能证明所述结论的引用文件的清单,以及根据案件的情况可能需要作出的解释。说明还应附有细则所规定的其他意见。

(3)(a) 如果国际初步审查单位在作出国际初步审查报告时,认为存在着第34条第4款a项所述的任何一种情况,该报告应说明这一意见及其理由。报告不应包括第2款所规定的任何说明。

(b) 如果发现存在着第34条第4款b项所述的情况,国际初步审查报告应对涉及的权利要求作出a项所规定的说明,而对其他权利要求则应作出本条第2款规定的说明。

1. 总述。 本条涉及在国际初步审查结束时产生的国际初步审查报告。报告中的意见对国家局没有约束力。然而,对于那些没有良好完善的审查程序制度的国家局来说,往往认为国际初步审查报告有重大的意义。

2. 期限与规定的格式(第1款)。 作出国际初步审查报告的期限规定在《细则》第69条第2款中,即自优先权日起28个月;或自启动国际初步审查时6个月;或者,如果有要求,自收到国际申请的译文的6个月,以后到期的为准(见条约第31条第1款)。报告的格式规定在《细则》第70条中。

3. **国际初步审查报告的基础（第2款）**。撰写国际初步审查报告的基础规定在《细则》第70条中。简言之，如果权利要求作出过修改，则应按照修改后的权利要求制定报告。如果认为修改对原申请增加了新的主题内容，则按照该修改视为没有提出的情况制定报告，并说明该修改没有被审查的理由。如果申请中包含的某些权利要求没有被审查，国际初步审查报告中应说明为什么没有审查的理由。

4. **国际初步审查报告的内容（第2款）**。《细则》第70条详述了规定在本条（第2款）中的国际初步审查报告的内容要求。在说明权利要求是否具备新颖性、创造性和工业实用性时，报告中对每一项权利要求采用"是"或"否"来表示，或者其他类似的标识。引用文件随审查报告一道提供。报告中还带有国际申请公布后所提交修改的附件。

5. **其他意见（第2款）**。本条第2款中所指的其他意见通常是关于在进入国家或者地区阶段时本国法可能禁止核准专利的说明或要点问题的意见。

[国际初步审查报告的传送、翻译和送达]
第36条

（1）国际初步审查报告，连同规定的附件，应传送申请人和国际局。

（2）（a）国际初步审查报告及其附件应译成规定的语言。

（b）上述报告的译本应由国际局作出或在其承担责任的情况下作出，而上述附件的译本则应由申请人作出。

（3）（a）国际初步审查报告，连同其译本（按规定）以及其附件（用原来的语言），应由国际局送达每个选定局。

（b）附件的规定译本应由申请人在规定期限内传送各选定局。

（4）第20条第3款的规定比照适用于国际初步审查报告中引用而在国际检索报告中未引用的任何文件的副本。

1. 总述。本条涉及向申请人和选定局分发国际初步审查报告和附件的程序规定。国际初审单位应在同一日向申请人和国际局传送(《细则》第71条第1款)。

2. 规定的附件(第2款)。附件规定在《细则》70条第16款,附件中包含国际申请公布后提交的修改或补正文件。

3. 规定的语言(第2款)。如果国际初步审查报告不是使用其官方语言作出,任何选定局都可要求将国际初步审查报告翻译成英文(《细则》第72条第1款)。将国际初步审查报告的译文送达到有关的选定局时,应同时将该译文的副本传送给申请人(《细则》第72条第2款)。如果申请人关注到译文的准确性,其可按照《细则》第72条第3款的规定提出意见。

4. 国际局的送达(第3款)。国际局应准备送达选定局的文件及副本。包括国际初步审查报告在内的文件,其送达不得早于自优先权日期30个月届满日,除非申请人根据条约第40条第2款向选定局明确要求立即处理。

5. 附件的译文(第3款b项)。《细则》第74条规定如果国际申请进入地区或国家阶段时被要求提供译文,则附件的译文也应在同样的期限内提交。如果选定局不要求提供国际申请的译文,其仍可要求申请人将附件翻译成国际申请公布时的语言。

6. 条约第20条第3款(第4款)。应选定局或申请人的请求,国际初审单位应适用于国际初步审查报告中引用而在国际检索报告中未引用的文件副本。国际初审单位可以向请求人收取费用(《细则》第71条第2款b项),该请求可以在该国际申请的国际申请日起7年内提出(《细则》第71条第2款a项)。

[国际初步审查要求或选定的撤回]
第37条

(1)申请人可以撤回任何一个或所有的选定。

(2)如果对所有选定国的选定都撤回,国际初步审查的要求应视为撤回。

(3)(a)任何撤回都应通知国际局。

（b）国际局应相应通知有关的选定局和有关的国际初步审查单位。

（4）（a）除本款 b 项另有规定外,撤回国际初步审查的要求或撤回对某个缔约国的选定,就该国而言,除非该国的本国法另有规定,应视为撤回国际申请。

（b）如果撤回国际初步审查的要求或撤回选定是在第 22 条规定的适用期限届满之前,这种撤回不应该视为撤回国际申请;但是任何缔约国可以在其本国法中规定,只有在其国家局已在该期限内收到国际申请的副本及其译本(按照规定),以及国家费用的情形,本规定才适用。

1. **总述**。《细则》第 90* 条提出了撤回程序的详细规定。
2. **按照条约第 22 条的期限(第 4 款 b 项)**。期限**是自优先权日起 30 个月。
3. **撤回的效力(第 4 款)**。撤回国际初步审查的要求或选定并不必然导致丧失该国际申请。这是因为撤回只不过是对第二章的撤回。如果第一章的期限尚未到期,则第一章的效力不受影响。如果国际局已经收到了国际初步审查报告,它仍要向已经撤回的选定局送达国际初步审查报告。

[国际初步审查的保密性]
第 38 条

（1）国际初步审查报告一经作出,除经申请人请求或授权,国际局或国际初步审查单位均不得准许除选定局外的任何个人或单位,以第 30 条第 4 款规定的意义并按其规定的限制,在任何时候接触国际初步审查的档案。

（2）除本条第 1 款、第 36 条第 1 款和第 3 款以及第 37 条第 3 款 b 项另有规定外,如未经申请人请求或授权,无论国际局或国际初步审查单位均不得就国际初步审查报告的发布或不发布,以及就国际初步审查要求或选定

---

* 此处应为《细则》第 90 条第 2 款。——译者注
** 指撤回国际初步审查要求或选定的期限。——译者注

的撤回或不撤回提供任何信息。

1. 总述。本条要求无论是国际局还是国际初步审查单位都应对国际初步审查的档案保密。《细则》第 94 条第 3 款规定允许选定局在国际申请公布后,仅在与本国法规定的查阅国家申请档案的相同限度内,可允许公众查阅任何国际申请文件。

2. 条约第 30 条第 4 款的意义和限制(第 1 款)。条约第 30 条第 4 款规定"接触"一词涵盖了第三人可以得知国际申请的任何方法,包括个别传递和普遍公布。限制条件是,在国际公布日之前,或者自优先权日起 20 个月,以先到期为准,不得进行上述的个别传递和普遍公布。

3. 条约第 36 条第 1 款、第 3 款和第 37 条第 3 款 b 项(第 2 款)。条约第 36 条第 1 款、第 3 款允许国际初步审查单位将国际初步审查报告及附件传送国际局和申请人,并且由国际局向选定局送达。条约第 37 条第 3 款 b 项允许国际局向选定局传送关于撤回国际初步审查的要求或选定的通知。

[向选定局提供副本、译文和缴纳费用]
第 39 条

(1)(a)如果在自优先权日起第 19 个月届满前已经选定缔约国,第 22 条的规定不适用于该国,申请人应在不迟于自优先权日起 30 个月届满之日向每个选定局提供国际申请副本(除非已按第 20 条的规定送达)和译本(按照规定)各一份,并缴纳国家费用(如果需要缴纳)。

(b)为履行本款 a 项所述的行为,任何缔约国的本国法可以另行规定期限比本条 a 项所规定的期限届满更迟。

(2)如果申请人没有在按第 1 款 a 项或 b 项适用的期限内履行第 1 款 a 项所述的行为,第 11 条第 3 款规定的效力即在选定国终止,其结果和在该选定国撤回国家申请相同。

(3)即使申请人不遵守第 1 款 a 项或 b 项的要求,任何选定局仍可维持

第 11 条第 3 款所规定的效力。

1. 总述。本条的规定是重要的,因为其提出了若申请人希望利用第二章规定的优点进入地区或国家阶段而提出要求的 19 个月期限,该期限与第一章的期限相对应。但是,请注意,这些期限可以是相同的(见下面的论述)。

2. 条约第 22 条(第 1 款)。条约第 22 条规定了第一章进入国家或地区阶段的期限。从 2002 年 4 月 1 日起,其从优先权日起 20 个月改为 30 个月。这样使得第一章的期限与第二章的期限一致。由于本国法未修改,还有一些国家不执行新延长的第一章期限,但这些仍执行按第一章进入国家阶段的 20 个月期限的国家所剩无几:即乌干达、坦桑尼亚、卢森堡、瑞士和瑞典。这些国家当中,卢森堡、瑞士和瑞典可被欧洲专利申请所涵盖,而欧洲规定按照第一章进入的期限是 31 个月。同样,坦桑尼亚和乌干达可被非洲地区知识产权组织(ARIPO)的进入地区阶段申请所涵盖。欧洲与非洲地区知识产权组织利用本条第 1 款 b 项,都规定为 31 个月。

3. 根据条约第 20 条的送达(第 1 款)。所称的送达是指由国际局向指定局传送的国际检索报告和国际申请。出现必须由申请人直接向指定局提供这些文件的情形非常罕见。通常,申请人收到这些文件之时,这些文件也被传送到指定局了。

4. 条约第 11 条第 3 款的效力(第 2 款)。条约第 11 条第 3 款规定对于指定局或者选定局,国际申请具有与国家申请相同的效力。即使未满足本条第 1 款的要求,仍允许国际申请进入国家或地区阶段。许多专利局,例如欧洲专利局,一旦缴纳罚款后,给予进入国家阶段的宽限期。还有一些国家,例如德国,如果延误了进入国家阶段的期限,允许通过恢复程序进入。《欧洲专利公约》的一些缔约国,例如法国,指定或选定该缔约国,就视同对欧洲专利局的指定或选定。因此,在法国,国际申请从根本上是作为欧洲专利申请来对待的,故可适用《欧洲专利公约实施细则》。

[国家审查和其他处理程序的推迟]
第 40 条
　　(1) 如果在自优先权日起第 19 个月届满之前已经选定某个缔约国,第 23 条的规定不适用于该国,该国的国家局或代表该国的国家局,除第 2 款另有规定外,在第 39 条适用的期限届满前,对国际申请不应进行审查和其他处理程序。
　　(2) 尽管有本条第 1 款的规定,任何一个选定局根据申请人的明确请求,可以在任何时候对国际申请进行审查和其他处理程序。

　　1. 总述。根据本条规定,在条约第 39 条规定的适用的期限届满前,任何选定国不得对国际申请启动国家或地区处理程序,除非申请人明确请求在期限届满前进行处理。所适用的期限为自优先权日起 30 个月,或者,根据条约第 39 条第 1 款 b 项,如果本国法有比该 30 个月更长的期限规定。

　　2. 条约第 23 条的规定(第 1 款)。条约第 23 条的规定涉及在第一章下指定国的国家局或地区局的程序,与之相对的是在第二章下的选定国的程序,这是本条规定的主题。条约第 23 条要求在第一章期限届满前不得启动第一章的国家程序。

　　3. 申请人的明确请求(第 2 款)。在 30 个月或者更长的期限届满之前,申请人可以请求对国际申请进行处理。但是,大多数国家在国际检索报告作出之前,不会处理国际申请。

523　[向选定局提出对权利要求书、说明书和附图的修改]
第 41 条
　　(1) 申请人应有机会在规定的期限内向每一个选定局提出对权利要求书、说明书和附图的修改。除经申请人明确同意外,任何选定局,在该项期限届满前,不应授予专利权,也不应拒绝授予专利权。
　　(2) 修改不应超出国际申请提出时对发明公开的范围,除非选定国的本国法允许修改超出该范围。

（3）在本条约和细则所没有规定的一切方面，修改应遵守选定国的本国法。

（4）如果选定局要求国际申请的译文，修改应使用该译文的语言。

1. 总述。本条涉及申请人应被允许向选定局提出修改的规定。在所有的主要国家中，除本条规定的主动修改之外，申请人还应有机会为满足官方提出的任何意见而作出修改。

2. 规定的期限（第1款）。《细则》第78条中规定了期限。当国际申请进入欧洲专利局的地区阶段，欧洲专利局会写信通知申请人要求其在一个月的期限内作出主动修改。

3. 修改应符合选定国本国法的规定。一旦国际申请进入地区或国家阶段，将按照该国家或地区的本国法要求对该申请进行审查。可以在《专利合作条约》之外增加限制条件。

[选定局的国家审查的结果]
第 42 条

接到国际初步审查报告的选定局，不得要求申请人提供任何其他选定局对同一国际申请的审查有关的任何文件副本或有关其内容的信息。

1. 总述。条约第42条的规定有些令人误解。尽管任何专利局不得因为没有收到他局就相同国际申请的资料而拒绝申请人，但还是有一些专利局要求申请人提供其他的国家或地区局审查该国际申请资料的情况。美国、澳大利亚、英国和印度的"信息披露要求*"就是一个例子，若未能提供他局审查相同专利申请的检索结果，在专利授权后可能导致严重后果。在美国，未向美国专利商标局提交他局的相关引证文件将导致该美国专利不

---

* 所谓"信息披露要求"，在美国，称之为" information disclosure statement"，业内简称其"IDS"。——译者注

可执行。同样在某些国家,例如新加坡,提交其他国家的导致专利申请被授权的文件,例如美国或者欧洲的这类文件,将促使该局不做进一步的审查而直接授予新加坡专利。

第三章　共同规定

[寻求某些种类的保护]
第 43 条

　　在任何指定国或选定国,按照其法律授予发明人证书、实用证书、实用新型、增补专利或增补证书、增补发明人证书或增补实用证书的,申请人可以按细则的规定,表示其国际申请就该国而言是请求授予发明人证书、实用证书或实用新型,而不是专利,或者表示请求授予增补专利或增补证书,增补发明人证书或增补实用证书,随此产生的效果取决于申请人的选择。为本条和其细则中有关本条的目的,第 2 条 ii 点的规定将不应适用。

　　总述。本条允许申请人在多种专利法保护类型中选择其中的一种类型,例如发明人证书、适用证书、实用新型、专利或者类似的增补专利。这些保护类型对申请人可能是有吸引力的,对于实用新型或者类似的类型,其专利性的要求可以是低一些的,对于增补专利或者类似的类型,只要超越申请人自己的较早的现有技术即可。PCT 的请求表自动地向所有的指定国请求所有的保护类型。进入国家阶段后,进一步的单独的选择也是有效力的。《专利合作条约》的"申请人指南"中提供了每个缔约国可提供保护类型的清单。

[寻求两种保护]
第 44 条

　　在任何指定国或选定国,按照其本国法律允许一项申请要求授予专利或第 43 条所述的其他各种保护之一的同时,也可以要求授予所述各种保护中另一种保护的,申请人可以按细则的规定,表明他所寻求的两种保护,随此产生的效果取决于申请人的表示。为本条的目的,第 2 条 ii 点的规定将不应适用。

总述。本条规定允许申请人请求根据条约第 43 条所列类型中的两种保护[*]。

[地区专利条约]
第 45 条
（1）任何条约规定授予地区专利("地区专利条约"),并对按照第 9 条有权提出国际申请的任何人给予申请此种专利的权利的,可以规定,凡指定或选定既是地区专利条约又是本条约的缔约国的国际申请,可以作为请求此种专利的申请提出。

（2）上述指定国或选定国的本国法可以规定,在国际申请中对该国的指定或选定,具有表明要求按地区专利条约取得地区专利的效力。

1. 地区专利的指定(第 1 款)。假如地区专利的缔约国同时也是《专利合作条约》的缔约国,本条的第 1 款规定允许以指定其他缔约国的方式来指定地区专利。自 2006 年 5 月起,地区专利可按照《欧洲专利公约》(欧洲国家)、非洲地区知识产权组织(OAPI,涵盖非洲的法语国家)、非洲地区工业产权组织(ARIPO)的《哈拉雷协定书》(涵盖非洲的英语国家)、《欧亚专利公约》(涵盖东欧和亚洲国家)来指定。根据当前的信息,《专利合作条约》的简报(newsletter)的封底上,给出了缔约国的清单,连同注明每一个缔约国所属的地区专利的信息。

---

[*] 国际申请进入中国国家阶段时,相关规定只允许申请人明确在"发明"和"实用新型"中选择一种类型。具体规定详见《中国专利法实施细则》第 104.1(1)条,以及《专利审查指南》第三部分第一章第 3.1.2 节(保护类型)。——译者注

2. 申请的资格（第 1 款）。按照条约第 9 条提出国际专利申请的权利，也扩展到任何人都有权根据《专利合作条约》的规定提出任何地区专利的申请。

3. 关闭国家路径（第 2 款）。本条第 2 款允许缔约国关闭国家路径，即是说，对待一个对缔约国的指定，如果该缔约国也是地区专利条约缔约国的话，就如同对地区专利条约的指定一样。例如，法国已经利用本条规定，使得仅通过欧洲（《专利合作条约》）途径并随后在法国有效的 PCT 申请得到与法国的国家申请一样的效力。《专利合作条约》的简报（newsletter）的封底上，给出了缔约国的清单，连同注明缔约国是否关闭国家路径的信息。

[国际申请的不正确译文]
第 46 条

如果由于国际申请的不正确译文，致使根据该申请授予的专利的范围超出了使用原来语言的国际申请的范围，有关缔约国的主管当局可以相应地限制该专利的范围，并且对该专利超出使用原来语言的国际申请范围的部分宣告无效。这种限制和无效宣告有追溯既往的效力。

1. 译文错误的改正。本条规定，如果国际申请的译文出现错误，允许缔约国对源于 PCT 申请而授权的专利范围进行限缩。这是由译文错误引起该申请增加了新主题程度上的问题。对于译文错误而使申请增加了新主题的改正，缔约国的本国法可以规定，通过授权后的修改来限制所扩展的保护范围*。

---

* 我国《专利法实施细则》第 117 条即对应于《专利合作条约》第 46 条的规定，其内容如下："基于国际申请授予的专利权，由于译文错误，致使依照《专利法》第五十九条规定确定的保护范围超出国际申请的原文所表达的范围的，以依据原文限制后的保护范围为准；致使保护范围小于国际申请的原文所表达的范围的，以授权时的保护范围为准。"即我国对于译文错误导致的保护范围的变化，以不利于专利权人的解释为准，而不必通过授权后的修改程序来限制。——译者注

[期限]

第 47 条

（1）计算本条约所述的期限的细节，由细则规定。

（2）(a) 本第一章和第二章规定的所有期限，除按第 60 条规定的修改外，可以按照各缔约国的决定予以修改。

(b) 上述决定应在大会作出，或者经由通讯投票作出，而且必须一致通过。

(c) 程序的细节由细则规定。

1. 总述。 对于《专利合作条约》中所涉及的期限，本条规定指向了细则（见本条第 1 款以及《细则》第 80 条的细节规定），并且对于期限的修改也指向了细则（见本条第 2 款以及《细则》第 81 条的细节规定）。

2. 期限的计算。《细则》第 80 条详细规定了期限的计算方式。期限的表示涉及了以年为期限、以月为期限和以日为期限（分别见《细则》第 80 条第 1 款、第 2 款和第 3 款），确定任何期限的起始日和届满日是按照当地时间来考虑的（《细则》第 80 条第 4 款），《细则》第 80 条第 5 款是关于届满日为非工作日的规定，《细则》第 80 条第 7 款是关于工作日结束的规定。《细则》第 80 条第 6 款规定了"七日规则"，如果显示向申请人或其代表人的文件传送已经超出文件的记载日期起七日，则允许延长到若干日届满。

[延误某些期限]

第 48 条

（1）如果本条约或细则规定的任何期限由于邮政中断或者由于邮递中不可避免的丢失或延误而未能遵守的，应视为该期限在该情况下已经遵守，但应有细则规定的证明和符合细则规定的其他条件。

（2）(a) 任何缔约国，就该国而言，应按照其本国法所许可的理由，对期限的任何延误予以宽恕。

(b) 任何缔约国，就该国而言，可以按照 a 项所述理由以外的理由，对期限的任何延误予以宽恕。

1. 总述。由于条约第 47 条涉及发送给申请人通知的期限,条约第 48 条就涉及到申请人发出回复的期限。本条允许在符合某些条件时,某个期限将视为已经满足,即便是在申请人的回复没有按时到达的情况下。

2. 邮政业务的中断与延误。《细则》第 82 条第 2 款是关于邮政业务中断的规定,由于《细则》第 82 条第 1 款规定了关于邮政业务延误的"五日规则",这对业内人士更为有用。如果答复是在至少所适用的期限届满前 5 日寄出的,该"五日规则"是对延迟交付的宽恕。进一步地可适用于:例如答复是如何寄出的,以及申请人是在多久得知邮政的延误的,详细的规定见《细则》第 82 条。

3. 根据第 2 款的宽恕。本条第 2 款规定,一旦 PCT 申请进入国家阶段,允许国家局对延误的期限予以宽恕。在本国法所许可的宽恕下,应当以期限已经满足来对待。如果由于耽误期限国际申请已经被视为撤回,进入国家阶段的通常程序应该遵循所期望进入的国家局或地区局的规定,并且应同时提出有必要的证据支持的宽恕请求国家局可以为宽恕的请求设定期限,通常不超过自进入国家阶段期限的两个月。《细则》第 82 条第 2 款为澄清本条第 2 款所指的期限给出了宽泛的定义。本条第 2 款 b 项与《细则》第 82 条第 2 款相关联,允许缔约国利用本国法关于延误期限的规定,例如欧洲专利局根据《欧洲专利公约》第 121 条规定进行进一步的处理,以及根据《欧洲专利公约》第 122 条关于恢复权利的规定。

[在国际单位执行业务的权利]
第 49 条
　　任何律师、专利代理人或其他人员有权在提出国际申请的国家局执行业务的,应有权就该申请在国际局和主管的国际检索单位以及主管的国际初步审查单位执行业务。

1. 代表人。任何有权向国家局提出PCT申请的人,都有权在国际局、国际检索单位和国际初步审查单位的业务中代表申请人。因此,代理人可以在外国局执行业务,例如一个美国律师,可以在作为国际检索单位的欧洲专利局代表申请人。在国际检索单位和国际初步审查单位的业务中转授权给当地的代理人也是可以的,如果该代理人有权在上述机构中执行业务,按照《细则》第90条第1款d项ii目的规定是允许的。例如,上面提到的美国律师可以指定欧洲专利代理人在作为国际检索单位的欧洲专利局代表申请人。关于代表人执行业务的权利,《细则》第83条第1款规定,允许国际局、国际检索单位或国际初步审查单位要求提供代表人的证明文件,或者合适的国家局的证实文件。

2. 向国际局提出申请。《细则》第83条第1款第2项的规定针对直接向国际局提出申请的情形。在此情形下,有权在申请人(或者多个申请人之一)是其居民或国民的缔约国的国家局执行业务的任何人,都有权在国际局、国际检索单位和国际初步审查单位执行业务。

3. 代理人和共同代表的指派。《细则》第90条规定了代表人的指派,以及共同代表人及其指派。《细则》第90条还允许接受总委托书,尽管个别局可以放弃提交委托书的要求。

第四章 技术服务

[专利信息服务]
第50条

(1)国际局可以根据已公布的文件,主要是已公布的专利和专利申请,将其所得到的技术信息和任何其他有关信息提供服务(在本条中称为"信息服务")。

(2)国际局可以直接地,或通过与该局达成协议的一个或一个以上的国际检索单位或其他国家的或国际的专门机构,来提供上述信息服务。

(3)信息服务进行的方式,应特别便利本身是发展中国家的缔约国获得技术知识和技术,包括可以得到的已公布的技术诀窍在内。

(4)信息服务应向缔约国政府及其国民和居民提供。大会可以决定也可以向其他人提供这些服务。

(5)(a)向缔约国政府提供的任何服务应按成本收费,但该政府是一个发展中国家的缔约国政府时,提供服务的收费应低于成本,如果不足之数能够从向缔约国政府以外的其他人员提供服务所获得的利润中弥补,或能从第 51 条第 4 款所述的来源中弥补。

(b)本款 a 项所述的成本费应该理解为高于国家局进行服务或国际检索单位履行义务正常征收的费用。

(6)有关实行本条规定的细节应遵照大会和大会为此目的可能设立的工作组(在大会规定的限度内)作出的决定。

(7)大会认为必要时,应建议筹措资金的方法,作为本条第 5 款所述办法的补充。

[技术援助]
第 51 条

(1)大会应设立技术援助委员会(本条简称为"委员会")。

(2)(a)委员会的委员应在各缔约国中选举产生,适当照顾发展中国家的代表性。

(b)总干事应依其倡议或经委员会的请求,邀请向发展中国家提供技术援助的有关的政府间组织的代表参加委员会的工作。

(3)(a)委员会的任务是组织和监督对本身是发展中国家的缔约国个别地或在地区的基础上发展其专利制度的技术援助。

(b)除其他事项外,技术援助应包括训练专门人员、借调专家以及为表演示范和操作目的提供设备。

(4)为了依据本条进行的计划项目筹措资金,国际局应一方面寻求与国际金融组织和政府间组织,特别是联合国、联合国各机构以及与联合国有联系的有关技术援助的专门机构达成协议,另一方面寻求与接受技术援助的各国政府达成协议。

（5）有关实行本条规定的细节，应遵照大会和大会为此目的可能设立的工作组（在大会规定的限度内）作出的决定。

总述。本条涉及向发展中国家提供技术援助，包括人员和设备，使得发展中国家能够建立和发展自己的专利制度。尽管技术援助委员会从来就没有召集过，但国际局、一些缔约国的国家局以及欧洲专利局，已经向发展中国家提供过援助。

[与本条约其他规定的关系]
第 52 条

本章中的任何规定均不影响本条约其他章中所载的财政规定。其他章的财政规定对本章或本章的执行均不适用。

第五章　行政规定

[大会]
第 53 条

（1）（a）除第 57 条第 8 款另有规定外，大会应由各缔约国组成。

（b）每个缔约国政府应有一名代表，该代表可以由副代表、顾问和专家辅助。

（2）（a）大会应：

（i）处理有关维持和发展本联盟及执行本条约的一切事项；

（ii）执行本条约其他条款特别授予大会的任务；

（iii）就有关修订本条约会议的筹备事项对国际局给予指示；

（iv）审议和批准总干事有关本联盟的报告和活动，并就有关本联盟职权范围内的事项对总干事给予一切必要的指示；

(v)审议和批准按第9款建立的执行委员会的报告和活动,并对该委员会给予指示;

(vi)决定本联盟的计划,通过本联盟的三年预算,并批准其决算;

(vii)通过本联盟的财务规则;

(viii)为实现本联盟的目的,成立适当的委员会和工作组;

(ix)决定接纳缔约国以外的哪些国家,以及除第8款另有规定外,哪些政府间组织和非政府间国际组织作为观察员参加大会的会议;

(x)采取旨在促进本联盟目的的任何其他适当行动,并履行按本条约是适当的其他职责。

(b)关于本组织管理的其他联盟共同有关的事项,大会应在听取本组织的协调委员会的意见后作出决定。

(3)一个代表只可代表一个国家,并且以该国名义投票。

(4)每个缔约国只有一票表决权。

(5)(a)缔约国的半数构成开会的法定人数。

(b)在未达到法定人数时,大会可以作出决议,但除有关其自己的议事程序的决议以外,所有决议只有在按照细则规定,依通信投票的方法达到法定人数和必要的多数时,才有效力。

(6)(a)除第47条第2款b项、第58条第2款b项、第58条第3款和第61条第2款b项另有规定外,大会的各项决议需要有所投票数的三分之二票。

(b)弃权票不应认为是投票。

(7)对于仅与受第二章约束的国家有关的事项,第4款、第5款和第6款中所述的缔约国,都应认为只适用于受第二章约束的国家。

(8)被指定为国际检索单位或国际初步审查单位的任何政府间组织,应被接纳为大会的观察员。

(9)缔约国超过40个国家时,大会应设立执行委员会。本条约和细则中所述的执行委员会,一旦该委员会设立后,应解释为这种委员会。

(10)在执行委员会设立前,大会应在计划和三年预算的限度内,批准由总干事制定的年度计划和预算。

（11）（a）大会应每两公历年召开一次通常会议，由总干事召集，如无特殊情况，应和本组织的大会同时间和同地点召开。

（b）大会的临时会议由总干事应执行委员会或四分之一的缔约国的要求召开。

（12）大会应通过其自己的议事规则。

1. 联盟的计划与预算（第2款vi目和第10款）。自1980年以来，本联盟的计划和预算为两年制。

2. 不足法定人数（第5款b项）。《细则》第85条规定采用通信投票方式时的确定法定人数的相关程序。

3. 执行委员会（第9款）。尽管缔约国的数目现在远远超过了40个国家，但在缔约国或总干事提议考虑建立之前，PCT大会已经表示不再考虑建立执行委员会（见PCT Gazette,1985,3305）。一旦建立了执行委员会，应按照条约第54条的规定运作。

[执行委员会]
第54条

（1）大会设立执行委员会后，该委员会应遵守下列的规定。

（2）（a）除第57条第8款另有规定外，执行委员会应由大会从大会成员国中选出的国家组成。

（b）执行委员会的每个委员国政府应有一名代表，该代表可以由副代表、顾问和专家若干人辅助。

（3）执行委员会委员国的数目应相当于大会成员国数目的四分之一。在确定席位数目时，用四除后的余数不计。

（4）大会在选举执行委员会委员时，应适当考虑公平的地理分配。

（5）（a）执行委员会每个委员的任期，应自选出该委员会的大会会议闭幕开始，到大会下次通常会议闭幕为止。

(b)执行委员会委员可以连选连任,但连任的委员数目最多不能超过全体委员的三分之二。

(c)大会应制定有关执行委员会委员选举和可能连选连任的详细规则。

(6)(a)执行委员会的职权如下:

(i)拟定大会议事日程草案;

(ii)就总干事拟定的本联盟计划和两年预算草案,向大会提出建议;

(iii)[已删除]

(iv)向大会递交总干事的定期报告和对账目的年度审计报告,并附具适当的意见;

(v)按照大会的决定并考虑到大会两次通常会议之间发生的情况,采取一切必要措施,以保证总干事执行本联盟的计划;

(vi)执行按照本条约授予的其他职责。

(b)关于与本组织管理下的其他联盟共同有关的事项,执行委员会应在听取本组织协调委员会的意见后作出决定。

(7)(a)执行委员会每年应举行一次通常会议,由总干事召集,最好和本组织协调委员会同时间和同地点召开。

(b)执行委员会临时会议应由总干事依其本人倡议,或根据委员会主席或四分之一的委员的要求而召开。

(8)(a)执行委员会每个委员国应有一票表决权。

(b)执行委员会委员的半数构成开会的法定人数。

(c)决议应有所投票数的简单多数。

(d)弃权票不应认为是投票。

(e)一个代表只可代表一个国家,并以该国的名义投票。

(9)非执行委员会委员的缔约国,以及被指定为国际检索单位或国际初步审查单位的任何政府间组织,应被接纳为观察员参加委员会的会议。

(10)执行委员会应通过其自己的议事规则。

[国际局]

第 55 条

（1）有关本联盟的行政工作应由国际局执行。

（2）国际局应提供本联盟各机构的秘书处。

（3）总干事为本联盟的最高行政官员，并代表本联盟。

（4）国际局应出版公报和细则规定的或大会要求的其他出版物。

（5）协助国际局、国际检索单位和国际初步审查单位执行本条约规定的各项任务，细则应规定国家局应提供的服务。

（6）总干事和他所指定的工作人员应参加大会、执行委员会以及按本条约或细则设立的其他委员会或工作小组的所有会议，但无表决权。总干事或由他指定的一名工作人员应为这些机构的当然秘书。

（7）（a）国际局应按照大会的指示并与执行委员会合作，为修订本条约的会议进行准备工作。

（b）关于修订本条约会议的准备工作，国际局可与政府间组织和非政府间国际组织进行磋商。

（c）总干事及其指定的人员应在修订本条约会议上参加讨论，但无表决权。

（8）国际局应执行指定的任何其他任务。

总述。国际局负责执行专利合作条约、实施细则与行政规程所规定的众多任务。包括其作为受理局、将申请传送给指定局（条约第 20 条）、公布申请（条约第 21 条）、制作含有技术信息的可供公众利用的文件（条约第 50 条）、向发展中国家提供技术援助（条约第 51 条）、提供秘书处（条约第 55 条）以及专利合作条约大会的组织使命。（1）所在地。国际局位于瑞士的日内瓦。（2）公报（第 4 款）。《细则》第 86 条规定了公报的出版。

[技术合作委员会]

第 56 条

（1）大会应设立技术合作委员会（在本条中简称为"委员会"）。

(2)(a)大会应决定委员会的组成,并指派其委员,适当注意发展中国家的公平代表性。

(b)国际检索单位和国际初步审查单位应为委员会的当然委员。如果该单位是缔约国的国家局,该国在委员会不应再有代表。

(c)如果缔约国的数目允许,委员会委员的总数应是当然委员数的两倍以上。

(d)总干事应依其本人倡议或根据委员会的要求,邀请有利害关系组织的代表参加与其利益有关的讨论。

(3)委员会的目的是提出意见和建议,以致力于:

(i)不断改进本条约所规定的各项服务;

(ii)在存在几个国际检索单位和几个国际初步审查单位的情况下,保证这些单位的文献和工作方法具有最大程度的一致性,并使其提出的报告同样具有最大程度的高质量;并且

(iii)在大会或执行委员会的倡议下,解决在设立单一的国际检索单位过程中所特有的技术问题。

(4)任何缔约国和任何有利害关系的国际组织,可以用书面就属于委员会权限以内的问题和委员会进行联系。

(5)委员会可以向总干事或通过总干事向大会、执行委员会,所有或某些国际检索单位和国际初步审查单位,以及所有或某些受理局提出意见和建议。

(6)(a)在任何情况下,总干事应将委员会的所有意见和建议的文本传送执行委员会。总干事可以对这些文本表示意见。

(b)执行委员会可以对委员会的意见、建议或其他活动表示其看法,并且可以要求委员会对属于其主管范围内的问题进行研究并提出报告。执行委员会可将委员会的意见、建议和报告提交大会,并附以适当的说明。

(7)在执行委员会建立前,本条第 6 款中所称执行委员会应解释为大会。

(8) 委员会议事程序的细节应由大会以决议加以规定。

[财务]
第 57 条

(1)(a) 本联盟应有预算。

(b) 本联盟的预算应包括本联盟自己的收入和支出,及其对本组织管理下各联盟的共同支出预算应缴的份额。

(c) 并非专属于本联盟而同时也属于本组织管理下的一个或一个以上其他联盟的支出,应认为是这些联盟的共同支出。本联盟在这些共同支出中应负担的份额,应和本联盟在其中的利益成比例。

(2) 制定本联盟的预算时,应适当注意到与本组织管理下的其他联盟的预算进行协调的需要。

(3) 除本条第 5 款另有规定外,本联盟预算的资金来源如下:

(i) 国际局提供有关本联盟的服务应收取的费用;

(ii) 国际局有关本联盟的出版物的出售所得或版税;

(iii) 赠款、遗赠和补助金;

(iv) 租金、利息和其他杂项收入。

(4) 确定应付给国际局的费用的金额及其出版物的价格时,应使这些收入在正常情况下足以支付国际局为执行本条约所需要的一切开支。

(5)(a) 如果任何财政年度结束时出现赤字,缔约国应在遵守本款 b 项和 c 项规定的情况下,缴纳会费以弥补赤字。

(b) 每个缔约国缴纳会费的数额,应由大会决定,但应适当考虑当年来自各缔约国的国际申请的数目。

(c) 如果有暂时弥补赤字或其一部分的其他办法,大会可以决定将赤字转入下一年度,而不要求各缔约国缴纳会费。

(d) 如果本联盟的财政情况允许,大会可以决定把按 a 项缴纳的会费退还给原缴款的缔约国。

(e) 缔约国在大会规定的应缴会费日的两年内没有缴清 b 项规定的会

费的,不得在本联盟的任何机构中行使表决权。但是,只要确信缴款的延误是由于特殊的和不可避免的情况,本联盟的任何机构可以允许该国继续在该机构中行使表决权。

(6)如果在新财政期间开始前预算尚未通过,按财务规则的规定,此预算的水平应同前一年的预算一样。

(7)(a)本联盟应有一笔工作基金,由每个缔约国一次缴款构成。如果基金不足,大会应安排予以增加。如果基金的一部分已不再需要,应予退还。

(b)每个缔约国首次向上述基金缴付的数额,或参与增加上述基金的数额,应由大会根据与本条第 5 款 b 项所规定的相似的原则予以决定。

(c)缴款的条件应由大会按照总干事的建议并且在听取本组织协调委员会的意见后,予以规定。

(d)退还应与每个缔约国原缴纳的数额成比例,并且考虑到缴纳的日期。

(8)(a)本组织与其总部所在国签订的总部协议中应规定,在工作基金不足时,该国应给予贷款。贷予的数额和条件应按每次的情况由该国和本组织订立单独的协议加以规定。只要该国仍负有给予贷款的义务,该国在大会和执行委员会就应享有当然席位。

(b)本款 a 项中所述的国家和本组织每一方都有权以书面通知废除贷款的义务。废除自通知发出的当年年底起 3 年后发生效力。

(9)账目的审核应按财务规则的规定,由一个或一个以上缔约国或外部的审计师进行。这些缔约国或审计师应由大会在征得其同意后指定。

[实施细则]

第 58 条

(1)本条约所附的细则规定以下事项的规则:

(i)关于本条约明文规定应按细则办理的事项,或明文规定由或将由细则规定的事项;

(ⅱ)关于管理的要求、事项或程序;

(ⅲ)关于在贯彻本条约的规定中有用的细节。

(2)(a)大会可以修改细则。

(b)除本条第 3 款另有规定外,修改需要有所投票数的四分之三票。

(3)(a)细则应规定哪些规则只有按照下列方法才能修改:

(ⅰ)全体一致同意;或者

(ⅱ)其国家局担任国际检索单位或国际初步审查单位的各缔约国都没有表示异议,而且在这种单位是政府间组织时,经该组织主管机构内其他成员国为此目的授权的该组织的成员国兼缔约国并没有表示异议。

(b)将来如从应予适用的要求中排除上述任何一项规则,应分别符合 a 项 i 或 ii 规定的条件。

(c)将来如果将任何一项规则包括在 a 项所述的这一项或那一项要求中,应经全体一致同意。

(4)细则应规定,总干事应在大会监督下制定行政规程。

(5)本条约的规定与细则的规定发生抵触时,应以条约规定为准。

总述。本条允许专利合作条约的大会创设包含实施细则在内的规则并规定经由大会可对规则进行修改。本条还规定了在大会的范围内对不同的规则允许进行不同程度上的修改。当出现了抵触的情况时,本条约条款的效力高于实施细则条款的效力(第 5 款)。

第六章 争议

[争议]
第 59 条

除第 64 条第 5 款另有规定外,两个或两个以上缔约国之间有关本条约或细则的解释或适用发生争议,通过谈判未能解决的,如果有关各国不能就其他的解决方法达成协议,有关各国中任何一国可以按照国际法院规约的规定将争议提交该法院。将争议提交国际法院的缔约国应通知国际局;国际局应将此事提请其他缔约国予以注意。

第七章　修订和修改

[本条约的修订]
第 60 条

(1)本条约随时可以由缔约国的特别会议加以修订。

(2)修订会议的召开应由大会决定。

(3)被指定为国际检索单位或国际初步审查单位的政府间组织,应被接纳为修订会议的观察员。

(4)第 53 条第 5 款、第 9 款和第 11 款,第 54 条,第 55 条第 4—8 款,第 56 条和第 57 条,可以由修订会议修改,或按照第 61 条的规定予以修改。

《专利合作条约》的修订。本条约的修改需要举行修订会议(第 1 款),除按照条约第 61 条允许的例外情况,由大会决定会议的召集(第 2 款)。

[本条约某些规定的修改]
第 61 条

(1)(a)大会的任何成员国、执行委员会或总干事可以对第 53 条第 5 款、第 9 款和第 11 款,第 54 条、第 55 条第 4—8 款,第 56 条以及第 57 条提出修改建议。

(b)总干事应将这些建议在大会进行审议前至少 6 个月通知各缔约国。

(2)(a)对本条第 1 款所述各条的任何修改应由大会通过。

(b)通过需要所有投票数的四分之三票。

(3)(a)对第 1 款所述各条的任何修改,应在总干事从大会通过修改时的四分之三成员国收到按照其各自宪法程序办理的书面接受通知起 1 个月后开始生效。

(b)对上述各条的任何修改经这样接受后,对修改生效时是大会成员的所有国家均具有约束力,但增加缔约国财政义务的任何修改只对那些已通知接受该修改的国家具有约束力。

(c)凡按 a 项的规定已经接受的任何修改,在按该项规定生效后,对于以后成为大会成员国的所有国家都具有约束力。

总述。对涉及第五章规定的某些行政条款的修改,可以由任何的大会成员国、执行委员会或总干事启动。

第八章 最后条款

[加入本条约]
第 62 条

(1)凡保护工业产权国际联盟的成员国,通过以下手续可以加入本条约:

(i)签字并交存批准书;或

(ii)交存加入书。

(2)批准书或加入书应交总干事保存。

(3)《保护工业产权巴黎公约的斯德哥尔摩议定书》第 24 条应适用于本条约。

(4)在任何情况下,本条第 3 款不应理解为意味着一个缔约国承认或默示接受有关另一缔约国根据该款将本条约适用于某领地的事实状况。

1. 新缔约国。根据本条第 1 款,只有《巴黎公约》的成员国,才可以成为《专利合作条约》的签字者。通常,每隔若干月,就会有成为专利合作条约成员的新缔约国。PCT 的简报(Newsletter)的封底,包含着有用的清单、当前的和即将加入的缔约国信息。《细则》第 32 条的规定涉及有关的后继国,即获得独立的国家,如从苏联独立出来的国家。

[本条约的生效]
第 63 条

(1)(a)除本条第 3 款另有规定外,本条约应在 8 个国家交存其批准书或加入书后 3 个月生效,但其中至少应有 4 国各自符合下列条件中的任一条件:

(i)按照国际局公布的最新年度统计,在该国提出的申请已超过 4 万件;

(ii)按照国际局公布的最新年度统计,该国的国民或居民在某一外国提出的申请至少已达 1000 件;

(iii)按照国际局公布的最新年度统计,该国的国家局收到外国国民或居民的申请至少已达 1 万件。

(b)为本款的目的,"申请"一词不包括实用新型申请。

(2)除本条第 3 款另有规定外,在本条约按第 1 款生效时未成为缔约国的任何国家,在该国交存其批准书或加入书 3 个月后,应受本条约的约束。

(3)但是,第二章的规定和附于本条约的细则的相应规定,只是在有 3 个国家至少各自符合本条第 1 款规定的三项条件之一而加入本条约之日,并且没有按第 64 条第 1 款声明不愿受第二章规定的约束,才能适用。但是,该日期不得先于按第 1 款最初生效的日期。

1. 生效。《专利合作条约》于 1978 年 1 月 21 日生效,当时有 18 个缔约国。从 1978 年 6 月 1 日起开始接受 PCT 专利申请。

[保留]
第 64 条

(1)(a)任何国家可以声明不受第二章规定的约束。

（b）按 a 项作出声明的国家,不受第二章的规定和细则的相应规定的约束。

（2）（a）没有按第 1 款 a 项作出声明的任何国家可以声明：

（i）不受第 39 条第 1 款关于提供国际申请副本及其译文（按照规定）各一份的规定的约束；

（ii）按第 40 条的规定推迟国家处理程序的义务并不妨碍由国家局或通过国家局公布国际申请或其译本,但应理解为该国并没有免除第 30 条和第 38 条规定的限制。

（b）作出以上声明的国家应受到相应的约束。

（3）（a）任何国家可以声明,就该国而言,不要求国际申请的国际公布。

（b）如果在自优先权日起 18 个月期满时,国际申请只包含对作出本款 a 项声明的国家的指定,该国际申请不应按第 21 条第 2 款的规定予以公布。

（c）在适用本款 b 项规定时,如遇下列情况,国际申请仍应由国际局公布：

（i）按细则的规定,根据申请人的请求；

（ii）当已经按 a 项的规定作出了声明的任何以国际申请为基础的国家申请或专利已被指定国的国家局或代表该国的国家局公布,立即在该公布后并在不早于自优先权日起 18 个月届满前。

（4）（a）当任何本国法规定,其专利的现有技术效力自公布前的某一个日期起计算,但不将为现有技术的目的,把按照《保护工业产权巴黎公约》所要求的优先权日等同于在该国的实际申请日的,该国可以声明,为现有技术的目的,在该国之外提交的指定该国的国际申请不等同于在该国的实际申请日。

（b）按本款 a 项作出声明的任何国家,在该项规定的范围内,不受第 11 条第 3 款规定的约束。

（c）按本款 a 项作出声明的国家,应同时以书面声明指定该国的国际申请的现有技术效力在该国开始生效的日期和条件。该项声明可以在任何时候通知总干事予以修改。

（5）每个国家可以声明不受第59条的约束。关于作出这种声明的缔约国与其他缔约国之间的任何争议，不适用第59条的规定。

（6）（a）按本条作出的任何声明均应是书面的声明。它可以在本条约上签字时或交存批准书或加入书时作出，或者除第5款所述的情况外，在以后任何时候以通知总干事的方式作出。在通知总干事的情况下，上述声明应在总干事收到通知之日起6个月后生效，对于在6个月期满前提出的国际申请没有影响。

（b）按本条所作的任何声明，均可以在任何时候通知总干事予以撤回。这种撤回应在总干事收到通知之日起3个月后生效，在撤回按本条第3款所作声明的情形，撤回对在3个月期满前提出的国际申请没有影响。

（7）除按本条第1—5款提出保留外，不允许对本条约作任何其他保留。

1. 保留。第1款允许缔约国声明不受第二章的约束。然而，到2006年5月，还没有任何一个缔约国作出这样的声明。某些缔约国利用了本条的其他声明的规定。例如美国按照第3款和第4款，分别作出了关于出版物和现有技术效力的声明。超过20个国家声明不受条约第59条关于争端的约束。《PCT申请人指南》第Ⅰ卷中的附件A提供了缔约国的清单、国别代码以及加入《专利合作条约》的时间：若已经按照本条的规定提出保留，则以国别代码下的脚注标示出来。此外，根据本条作出保留的国家清单可参见网址：http://www.wipo.int/pct/en/texts/reservations/res_in comp.pdf。

[逐步适用]
第65条

（1）如果在与国际检索单位或国际初步审查单位达成的协议中，对该单位承担处理的国际申请的数量或种类规定临时性的限制，大会应就某些种类的国际申请逐步适用本条约和细则采取必要措施。本规定应同样适用于按第15条第5款提出的国际式检索的请求。

（2）除本条第 1 款另有规定外，大会应规定可以提出国际申请和可以要求国际初步审查的开始日期。这些日期应分别不迟于本条约按第 63 条第 1 款的规定生效后 6 个月，或按第 63 条第 3 款第二章适用后 6 个月。

[退出]
第 66 条

（1）任何缔约国可以通知总干事退出本条约。

（2）退出应自总干事收到所述通知 6 个月后生效。如果国际申请是在上述 6 个月期满以前提出，并且，在宣布退出的国家是选定国的情况下，如果是在上述 6 个月届满以前选定，退出不影响国际申请在宣布退出国家的效力。

[签字和语言]
第 67 条

（1）（a）本条约在用英文和法文写成的一份原本上签字，两种文本具有同等效力。

（b）总干事在与有利害关系的各国政府协商后，应制定德文、日文、葡萄牙文、俄文和西班牙文的官方文本，以及大会可能指定的其他语言的官方文本。

（2）本条约在 1970 年 12 月 31 日以前可以在华盛顿签字。

1. 同等效力。《专利合作条约》有两种同等效力的文本，即英文和法文文本。根据本条的规定，还可能存在其他的官方文本。《专利合作条约》的实施细则也有同样效力的英文和法文文本。

[保管的职责]
第 68 条

（1）本条约停止签字后，其原件由总干事保管。

（2）总干事应将经其证明的本条约及其附件细则两份传送《保护工业产权巴黎公约》的所有缔约国政府，并根据要求传送任何其他国家的政府。

（3）总干事应将本条约送联合国秘书处登记。

（4）总干事应将经其证明的本条约及其细则的任何修改的副本两份，传送所有缔约国政府，并根据要求传送任何其他国家的政府。

[通知]
第 69 条

总干事应将下列事项通知《保护工业产权巴黎公约》的所有缔约国政府：

(i) 按第 62 条的签字；

(ii) 按第 62 条批准书或加入书的交存；

(iii) 本条约的生效日期以及按第 63 条第 3 款开始适用第二章的日期；

(iv) 按第 64 条第 1—5 款所作的声明；

(v) 按第 64 条第 6 款 b 项所作任何声明的撤回；

(vi) 按第 66 条收到的退出声明；

(vii) 按第 31 条第 4 款所作的声明。

《专利法条约》

(2000年6月1日日内瓦修订)

[缩略语]
第1条

在本条约中,除另有明确说明外:

(i)"主管局",是指缔约方委托授予专利或处理本条约所涉其他事项的机关;

(ii)"申请",是指第3条中所述的请求授予专利的申请;

(iii)"专利",是指第3条中所述的专利;

(iv)述及"人"时,应解释为尤其是包括自然人和法人;

(v)"来文",是指向主管局提交的任何申请,或与申请或专利有关的任何请求、声明、文件、信函或其他信息,而无论其是否与本条约所规定的程序有关;

(vi)"主管局的文档",是指主管局所保存的涉及并包括向该局或另一机关提交的对该有关缔约方有效的申请和由该局或另一机关授予的对该有关缔约方有效的专利的信息汇集,而无论保存此种信息的媒体如何;

(vii)"登录",是指在主管局的文档中登录信息的任何行为;

(viii)"申请人",是指主管局的文档中依照可适用的法律载明为申请专利的人,或提交申请或进行申请的另一人;

(ix)"所有人",是指主管局的文档中载明为专利权人的人;

(x)"代表",是指可适用的法律所规定的代表;

(xi)"签字",是指任何用以证明身份的手段;

(xii)"主管局接受的语言",是指主管局为该局的相关程序所接受的任何一种语言;

(xiii)"译文",是指意译成主管局接受的语言的译文,或在适当情况

下,应译成主管局接受的字母或文字集的译文;

(xiv)"主管局的程序",是指在主管局进行的关于申请或专利的任何程序;

(xv)除上下文另有所指外,以单数形式出现的词包括复数形式,反之亦然,阳性人称代词包括阴性;

(xvi)"《巴黎公约》",是指于 1883 年 3 月 20 日签订并经修订和修正的《保护工业产权巴黎公约》;

(xvii)"《专利合作条约》",是指于 1970 年 6 月 19 日签订并经修订、修正和修改的《专利合作条约》以及该条约的实施细则和行政规程;

(xviii)"缔约方",是指参加本条约的任何国家或政府间组织;

(xix)"可适用的法律",缔约方是国家的,是指该国的法律;缔约方是政府间组织的,是指该政府间组织据以运作的法律文书;

(xx)"批准书",应解释为包括接受书或认可书;

(xxi)"本组织",是指世界知识产权组织;

(xxii)"国际局",是指本组织国际局;

(xxiii)"总干事",是指本组织总干事。

1. 总述。《专利法条约》缔结于 2000 年 6 月,并对世界贸易组织的成员国和《巴黎公约》的成员国开放。《专利法条约》还对某些政府间组织开放。《专利法条约》已于 2005 年 4 月 28 日生效,即该条约在 10 个国家向总干事交存了批准书或加入书后三个月生效。截止到 2008 年 8 月,已有 18 个缔约方:巴林、克罗地亚、丹麦、爱沙尼亚、芬兰、吉尔吉斯斯坦、尼日利亚、阿曼、摩尔多瓦、罗马尼亚、斯洛伐克、斯洛文尼亚、匈牙利、瑞典、瑞士、乌克兰、英国和乌兹别克斯坦。

2. 缔约方。有 59 个国家和组织已经签署了《专利法条约》。欧洲专利局、《欧洲专利公约》的大多数缔约国和美国已经签署但还没有交存它们的批准书,澳大利亚、中国、日本、韩国和南非共和国也在未交存批准书的国家之列。

3.《欧洲专利公约(2000年)》。2000年11月修订《欧洲专利公约》时,将大部分《专利法条约》的规定纳入其中。该《欧洲专利公约(2000年)》于2007年12月13日生效(《专利合作条约》现也纳入了大部分《专利法条约》的规定中)。

4.《专利法条约》的目的。《专利法条约》的目的在于,对涉及国家或地区的专利申请、专利以及使其更加对用户友好等诸多方面进行协调并理顺正式程序。对于申请日要求的重要的例外,《专利法条约》提出了缔约国专利局可以适用的最大限度的要求。这意味着缔约方可自由规定从申请人和所有人的观点看来更为有利的要求,但不能规定不利的要求。特别地,《专利法条约》包含下列问题的规定:(1)关于按照申请日的要求(第5条);(2)关于申请及相关表格的内容(第6条);(3)一些程序上的简化(代表人、发文和通知)(第7—9条);(4)避免权利丧失的程序(对恢复理由的限制、关于时限的救济、已作出应作的努力或认为非故意行为之后的权利恢复,包括要求优先权)(第10—13条)。

5. 实施细则。实施细则是与《专利法条约》同时通过的。实施细则可经由有投票权的四分之三多数的同意进行修改,但对于条款的增加或删除,需要全体一致通过。

[总则]

第2条

(1)[更为有利的要求]

除第5条外,缔约方应可自由规定从申请人和所有人的观点看来比本条约和实施细则所述的要求更为有利的要求。

(2)[不对实体专利法作任何规定]

本条约或实施细则中,没有任何一项规定的意图可以解释为将限制缔约方按其意志规定可适用的实体专利法要求的自由。

1. 总述。本条确定了《专利法条约》的主要原则之一,即,缔约方可始终对待申请人和所有人比本条约的规定更为有利。其遵循的是,如果缔约方愿意的话,专利权人的权利可进一步优于第三方的权利。

2. 关于申请日要求的例外。 第1款的一般规则有一个例外。缔约方不可能规定比第5条关于申请日的规定更为宽松的要求。

3. 实体专利法（第2款）。《专利法条约》对实体专利法没有任何影响。在世界知识产权组织的范围内,关于采用《实体专利法条约》（SPLT）以协调诸如发明定义、现有技术、新颖性、创造性及工业实用性等实体问题的讨论一直在进行着。当前停滞不前的原因一方面是关于发展中国家的定位问题,另一方面是美国在保护传统知识和自然界物质问题上分歧很大。

[本条约适用的申请和专利]
第3条

（1）[申请]

（a）本条约和实施细则的规定应适用于向缔约方的主管局或就该局提交的国家和地区发明专利申请和增补专利申请,这些申请属于:

（i）允许依《专利合作条约》作为国际申请提交的申请类型;

（ii）本项第 i 目所述申请类型中的发明专利申请或增补专利申请按《巴黎公约》第4G条第1款或第2款所述的分案申请。

（b）在遵守《专利合作条约》的规定的前提下,本条约和实施细则的规定应在以下方面适用于依《专利合作条约》的国际发明专利申请和国际增补专利申请:

（i）缔约方的主管局依《专利合作条约》第22条和第39条第1款可适用的期限;

（ii）在依该条约第23条或第40条可开始处理或审查国际申请之日或在该日之后开始的任何程序。

（2）[专利]

本条约和实施细则的规定应适用于已经授权并对缔约方有效的国家和地区发明专利和国家以及地区增补专利。

总述。本条所关注的是专利申请和专利的定义问题,其为本条约的任务。

[安全例外]
第 4 条
　　本条约和实施细则的任何内容均不得限制缔约方采取它认为是为保护基本安全利益所必须采取的任何行动的自由。

　　总述。许多国家的专利局不允许首次申请是先向主管局之外的其他专利局提出。这个规则依国家不同而不同,但重要的是本地的从业者应进行核实。许多国家仅在某些技术领域对首次申请进行限制,而其他的一些国家则对所有的技术领域的首次申请都加以限制。一些国家在程序上规定准许某类申请可以首次向其他国家的专利局提出申请。随着研究部门更加国际化,通常需要考虑不止一个国家的安全要求。

[申请日]
第 5 条
　　(1)[申请的组成部分]
　　(a)除实施细则另有规定外,并在遵守本条第 2—8 款规定的前提下,缔约方应规定,以其主管局收到根据申请人的选择以纸件或该局为申请日的目的所允许的其他形式提交的下列所有组成部分之日为申请的申请日:
　　(i)明示或暗示所提交的组成部分意图是作为一份申请的说明;
　　(ii)能使该局确定申请人身份或与申请人取得联系的说明;
　　(iii)从表面看上去为一份说明书的部分。
　　(b)为申请日的目的,缔约方可接受附图作为本款 a 项第 iii 目所述的组成部分。
　　(c)为申请日的目的,缔约方可要求提供能确定申请人身份的信息和能使主管局与申请人取得联系的信息,或者缔约方可接受能确定申请人身份或能使主管局与申请人取得联系的证据,作为本款 a 项第 ii 目所述的组成部分。

(2)[语言]

(a)缔约方可要求本条第 1 款 a 项第 i 目和第 ii 目所述的说明使用主管局接受的语言。

(b)为申请日的目的,本条第 1 款 a 项第 iii 目所述的部分可用任何语言提交。

(3)[通知]

如果申请未遵守缔约方依本条第 1 款和第 2 款所适用的一项或多项要求,主管局应尽可能迅速地通知申请人,并为在实施细则规定的期限内遵守任何此种要求和陈述意见提供机会。

(4)[随后遵守要求]

(a)如果最初提交申请时缔约方依本条第 1 款和第 2 款所适用的一项或多项要求未得到遵守,除本款 b 项和本条第 6 款规定以外,应以缔约方依本条第 1 款和第 2 款适用的所有要求随后得到遵守之日为申请日。

(b)缔约方可规定,如果本款 a 项所述的一项或多项要求在本实施细则规定的期限内未得到遵守,申请应被视为未提交。申请被视为未提交的,主管局应就此通知申请人,并说明其理由。

(5)[关于遗漏说明书某部分或附图的通知]

如果在确定申请日时,主管局发现申请中似乎遗漏说明书某部分,或发现申请中述及某附图但却似乎遗漏该附图,主管局应立即就此通知申请人。

(6)[提交遗漏的说明书部分或附图时的申请日]

(a)如果遗漏的说明书部分或遗漏的附图是在实施细则规定的期限内向主管局提交的,该说明书部分或附图应包括在申请中,并且除本款 b 项和 c 项规定以外,应以主管局收到该说明书部分或该附图之日,或以缔约方依本条第 1 款和第 2 款所适用的所有要求得到遵守之日为申请日,二者中以日期晚者为准。

(b)如果依本款 a 项提交遗漏的说明书部分或遗漏的附图,是为了补齐在主管局第一次收到本条第1款a项所述的一项或多项组成部分之日对某在先申请提出优先权要求的申请中遗漏的部分,则应根据申请人在实施细则规定的期限内提交的请求,并在遵守实施细则规定要求的前提下,以缔约方依本条第1款和第2款所适用的所有要求得到遵守之日为申请日。

(c)如果依本款a项提交的遗漏的说明书部分或遗漏的附图在缔约方确定的期限内撤回,应以缔约方依本条第1款和第2款所适用的要求得到遵守之日为申请日。

(7)[述及以前提交的申请以取代说明书和附图]

(a)在遵守实施细则规定要求的前提下,提交申请时用主管局接受的语言述及以前提交的申请的,为该申请的申请日的目的,应取代说明书和任何附图。

(b)如果本款a项所述的要求未得到遵守,申请应被视为未提交。申请被视为未提交的,主管局应就此通知申请人,并说明其理由。

(8)[例外]本条中的任何内容均不得限制:

(i)申请人依《巴黎公约》第4G条第1款或第2款保留该条所述的第一次申请的日期为该条所述的分案申请的日期的权利,以及如果有优先权,并保有优先权的利益的权利;

(ii)缔约方对实施细则规定的任何类型的申请,为给予在先申请申请日的利益而适用任何必要要求的自由。

1. 总述。本条规定了确定申请日的基本要求,以及若这些要求没有得到遵守时的可能的救济。请注意,如果要求在先申请的优先权,则不需要提交全部的说明书。参考在先申请就足够了。

2. 申请的组成部分(第1款)。第1款a项规定了申请中必须包含的组成部分。目前,还没有进一步考虑的具体规定。**(1)申请的介质**。根据第8条第1款,基于确定申请日的目的,缔约方不可以对具体的申请介质作出限制。**(2)有关申请人的要求**。本条第1款a项ii目关于确定申请人身份或与申请人取得联系的要求要比大多数专利局的认定宽松得多。允许联系到申请人的信息可简单到填写申请人的代表人的地址即可。不过,本条第 1 款 c 项允许缔约方适用进一步的要求,为申请日的目的,缔约方可要求提供能确定申请人身份的信息和能使主管局与申请人取得联系的信息。

(3)说明书。尽管本条第 1 款 a 项 iii 目涉及到说明书,主要注意的重要问题是,按照本条第 7 款的规定,该说明书可以通过参考在先提出的申请而被取代。

3. 通知(第 3 款)。第 3 款所涉及的期限不应少于自发出不符合第 3 款要求的通知之日起两个月(《细则》第 2 条第 1 款)。

4. 随后遵守要求(第 4 款)。如果根据第 3 款发出的不符合要求的通知是有效的,则有两个可能的结果。其一是,如果未得到遵守的行为在期限内完成,则以该行为完成日来确定该申请的申请日;其二是,如果未得到遵守的行为在期限内仍未完成,则申请人不能确定,该申请被当作从未提交过一样。这意味着将返还费用(如果已缴纳)且该申请不能作为优先权文件。期限应不少于自通知发出日起两个月(《细则》第 2 条第 1 款)。然而,如果由于没有提供足够的信息致使主管局不能联系到申请人,主管局在将该申请被当作从未提交过之前,如果根据第 5 条第 1 款规定提交了至少一个组成部分,则主管局应自提交之日起至少给予两个月的期限。

5. 遗漏部分说明书或附图(第 5 款和第 6 款)。如果遗漏了部分说明书或附图,并且主管局已经注意到了,根据第 5 款 a 项应尽快地向申请人寄送通知。**(1)期限。**回复该通知的期限为自通知之日起至少两个月(《细则》第 2 条第 3 款)。如果主管局没有注意到遗漏了部分说明书或附图,则期限应自主管局第一次收到第 1 款 a 项所述的一项或多项组成部分之日起不少于两个月(《细则》第 2 条第 3 款)。**(2)遗漏部分说明书或附图的后果。**如果遗漏了部分说明书或附图,有以下三种可能的结果:其一,遗漏部分在期限内提交,根据收到遗漏部分的日期重新确定该申请的申请日;其二,可撤回遗漏部分使该申请在没有这些遗漏部分的情况下得以继续;其三,申请人可以依赖于优先权申请的公开内容以恢复申请日。**(3)依赖于在先申请。**对于申请人依赖于在先申请的公开内容,《细则》第 2 条第 4 款规定了缔约方可以加以限制的要求。简言之,对于遗漏的部分说明书或附图,须在期限内提交在先申请的副本;须根据主管局的通知,在该通知之日起不少于四个月的期限内或在优先权日起16个月期限内(二者中以期限先届满者为准),提供经受理在先申请的主管局证实无误的在先申请副本和在先申请的申请日;在先申请未使用主管局接受的语言的,须在提交遗漏的说明书部分或遗漏的附图期限内提交该在先申请的译文;遗漏的说明书部分或遗漏的附图须完全包括在在先申请中;在主管局第一次收到本条第1款a项所述的一项或多项组成部分之日,申请中载有关于在先申请的内容已通过援引加入而包含在该申请中的说明中;须在提交遗漏的说明书部分或遗漏的附图的期限内提交关于在先申请中或译文中,哪一部分载有遗漏的说明书部分或遗漏的附图的说明。

6. 述及以前提交的申请以取代说明书和附图(第7款)。根据本条第7款的规定,《细则》第2条第5款规定了提交以前提交的申请的要求。根据《细则》第2条第5款a项,述及以前提交的申请时应说明,为申请日的目的,说明书和任何附图已通过述及以前提交的申请而已被取代;该述及还应说明该申请的申请号以及受理该申请的主管局。缔约方可要求述及时还须说明以前提交申请的申请日。进一步地,如果没有使用主管局可接受的语言,则缔约方可以要求提供在先申请的副本和译文。在主管局收到所称的述及的申请之日起不少于四个月的期限内,可以要求提交一份以前提交的申请的经认证的副本(《细则》第2条第5款b项)。但是,对于以前提交的申请是向同一个主管局提交的,或者在用于提交以前的申请的被主管局所接受的数字图书馆中,该主管局已经存有其以前提交的申请时,则不允许缔约方再要求提供经认证的申请副本。最后,缔约方可要求述及以前提交的申请是由申请人,或其前手权利人或权利继承人提交的以前提交的申请(《细则》第2条第5款c项)。需要注意的是,此项最后的要求并非强制性的。

7. 例外(第8款)。依《巴黎公约》第4G条第1款和第2款的规定,申请人可以按照主管局的审查意见或者其自己的意愿,提出分案申请。分案申请可享有母案申请的优先权。第 8 款 ii 目所指的申请,包括分案申请、继续申请和部分继续申请(为美国法律下的申请),以及涉及对在先申请享有权利的争端之后的申请(《细则》第 2 条第 6 款)。

[申请]
第 6 条

(1)[申请的形式或内容]

除本条约另有规定外,任何缔约方不得要求遵守任何不同于或超出以下各项的关于申请的形式或内容的要求:

(i)《专利合作条约》对国际申请所规定的形式或内容的要求;

(ii)一旦按《专利合作条约》第 23 条或第 40 条所述开始对国际申请进行处理或审查,该条约的任何缔约国的主管局或代表该条约的任何缔约国的主管局可依该条约要求遵守的形式或内容的要求;

(iii)实施细则规定的任何进一步要求。

(2)[请求书表格]

(a)缔约方可要求,符合《专利合作条约》所规定的国际申请请求书内容的申请内容,须用该缔约方规定的请求书表格提出。缔约方还可要求,该请求书表格中须载有本条第 1 款第 ii 目所允许的或实施细则根据本条第 1 款第 iii 目所规定的任何进一步内容。

(b)尽管有本款 a 项的规定,在遵守第 8 条第 1 款的前提下,缔约方应接受用实施细则规定的请求书表格提交本款 a 项所述的申请内容。

(3)[译文]

缔约方可要求提供申请中未使用其主管局接受的语言的任何部分的译文。缔约方还可要求,申请中使用主管局接受的语言提交的、实施细则所规定的部分,须提供译成该局所接受的任何其他语言的译文。

(4)[费用]

缔约方可要求对申请缴纳费用。缔约方可适用《专利合作条约》有关缴纳申请费用方面的规定。

(5)[优先权文件]

对在先申请提出优先权要求的,缔约方可要求,须根据实施细则规定的要求提交一份该在先申请的副本,并在该在先申请未使用主管局接受的语言的情况下,提交一份译文。

(6)[证据]

缔约方可要求,只有在其主管局可能有理由对本条第 1 款或第 2 款中或优先权声明中所述任何事项的真实性,或对本条第 3 款或第 5 款所述任何译文的准确性产生怀疑的情况下,方须在处理申请的过程中向该局提供该事项或该译文的证据。

(7)[通知]

如果缔约方依本条第 1—6 款所适用的一项或多项要求未得到遵守,主管局应通知申请人,并为在实施细则规定的期限内遵守任何此种要求和陈述意见提供机会。

(8)[未遵守要求]

(a)如果缔约方依本条第 1—6 款所适用的一项或多项要求在实施细则规定的期限内未得到遵守,除本款 b 项以及第 5 条和第 10 条规定以外,缔约方可根据其法律规定实行制裁。

(b)如果缔约方依本条第 1 款、第 5 款或第 6 款对优先权要求所适用的任何要求在实施细则规定的期限内未得到遵守,除第 13 条规定以外,可视为该优先权要求不存在。除第 5 条第 7 款 b 项规定以外,不得实行任何其他制裁。

1. 总述。本条涉及申请的形式或内容以及相关的事项。

2. 申请的形式或内容(第 1 款)。值得注意的是,第 1 款只是规定了缔约方可以对申请人提出的要求,而并非是最低限度的要求。这些要求属于《专利合作条约》的基本要求。根据《专利合作条约》的规定,一件申请必须要有请求书(见第 2 款)、说明书、一项或多项权利要求、一幅或多幅附图(如果需要)和摘要。而且,一旦开始对申请进行处理,缔约方必须按照

PCT申请一样来对待该申请。**(1)附加的要求**。附加的要求规定在《细则》第3条第1款中。即:如果申请是被当作分案申请对待的,缔约国可要求申请人对此作出说明,并且要求提供母案申请的申请号或申请日。(注意《专利合作条约》对分案申请没有任何规定。)**(2)更早的对申请享有权利的争端**。缔约方可以要求由被确定为对在先申请中所载的发明享有权利而提出申请的新申请人提供信息。在此情形下,缔约方可要求申请人说明他希望将他作为对在先申请中所载的发明享有权利而提出申请的申请人,并要求他提供在先申请的申请日和申请号。

3. 请求书表格(第2款)。请求书表格为根据《专利合作条约》规定用来申请的申请表格。简言之,请求书须含有请求该申请根据《专利合作条约》进行处理的请求,指定至少一个《专利合作条约》的缔约国,申请人的名字和其他数据,当指定国家中的至少一个国家的本国法要求在申请提出时提供这类信息的时候,还应提供发明名称和发明人的名字和其他数据。当前的请求书表格正在根据本条约《细则》第20条进行修改,以容纳根据《专利法条约》规定可以要求提供的额外说明。根据《细则》第3条第2款,可以使用当前的PCT请求书表格并且新的信息可以随着请求书表格一起提交。为了确定申请日,除了第8条第1款另有规定之外,缔约方不能限制申请人以纸件或电子形式提出申请。

4. 译文(第3款)。《细则》第3条第3款规定即便是申请文件已经使用主管局接受的语言提交,缔约方仍可要求提供将该申请的发明名称、权利要求书和摘要译成该局所接受的任何其他语言的译文。

5. 优先权文件(第5款)。《细则》第4条规定,缔约方可要求在自在先申请的申请日起,不少于16个月的期限内,向主管局提交用于确定优先权的在先申请的副本。并且,缔约方可要求所述的副本须经受理该在先申请的主管局证实无误。不过,如果在先申请或以前提交的申请是向缔约方的主管局提交的,或是在该局为该目的所接受的数字式图书馆中向该局提供的,任何缔约方不得要求提交所述的在先申请的副本(《细则》第4条第3款)。如果在先申请没有使用缔约方可接受的语言,可要求提交译文。提交该译文的期限自发出要求提交译文通知之日起不应少于两个月。

6. 证据(第6款)。 如果缔约方要求提供证据,应发出通知,该通知应说明其对相关事项的真实性或对译文的准确性产生怀疑的理由(《细则》第5条)。

7. 通知(第7款)。 通知是根据本条约第9条作出的,并规定任何发给相应的地址或者法律服务机构的地址的通知,被视为充分的通知。按照第7款答复通知的期限应在通知之日起不少于两个月(《细则》第6条第1款)。不过,如果是根据第4款的关于费用的通知,缔约方可适用《专利合作条约》有关缴纳国家基本费用中的基本费用部分的期限来代替同样的缴费期限(包括最近的缴费)。

8. 未遵守要求(第8款)。 如果缔约方按照第8款的规定适用制裁,所遵守的期限应从按照第7款规定发出通知之日起不少于两个月(《细则》第6条第1款)。如果由于主管局没有有效地联系地址而不可能按照第7款发出通知,则期限应自申请的至少一部分是按照第5条递交的日期起不少于三个月。根据第10条的规定,如果未遵守标准的原因是由于受到欺诈干扰所致,申请可以不被拒绝(第10第1条款)。如果根据第5条规定申请日的要求已经满足,则不可能以丧失申请日作为对未遵守要求的制裁措施。

[代表]
第7条
(1)[代表]
(a)缔约方可要求,为进行主管局任何程序的目的指定的代表:
(i)有权依可适用的法律就申请和专利在该局执行业务;
(ii)提供一个该缔约方规定领土内的地址作为该代表的地址。
(b)除本款c项规定以外,由符合缔约方依本款a项所适用的要求的代表采取的或与其相关的涉及主管局任何程序的行动,应具有由指定该代表的申请人、所有人或其他利害关系人采取的或与其相关的行动的效力。

（c）缔约方可规定，就宣誓或声明或委托书撤销而言，代表的签字不具有指定该代表的申请人、所有人或其他利害关系人的签字的效力。

（2）[强制代表]

（a）缔约方可要求，申请人、所有人或其他利害关系人，为进行主管局的任何程序的目的，须指定一名代表，但申请的受让人、申请人、所有人或其他利害关系人在主管局的下列程序中可自己办理：

（i）为申请日的目的提交申请；

（ii）纯粹缴纳费用；

（iii）实施细则规定的任何其他程序；

（iv）主管局就本款第 i—iii 目所述的任何程序出具收据或发出通知。

（b）维持费可由任何人缴纳。

（3）[指定代表]

缔约方应接受，代表的指定须以实施细则规定的方式向主管局作出。

（4）[禁止其他要求]

除本条约或实施细则另有规定外，任何缔约方不得要求在本条第 1—3 款所涉事项方面须遵守各该款所述以外的形式要求。

（5）[通知]

如果缔约方依本条第 1—3 款所适用的一项或多项要求未得到遵守，主管局应通知申请的受让人、申请人、所有人或其他利害关系人，并为在实施细则规定的期限内遵守任何此种要求和陈述意见提供机会。

（6）[未遵守要求]

如果缔约方依本条第 1—3 款所适用的一项或多项要求在实施细则规定的期限内未得到遵守，缔约方可根据其法律规定实行制裁。

1. 总述。本条提出了缔约方可以不要求指定代表的情形以及指定代表的基本要求。《细则》第 7 条贯彻了条约第 7 条的规定，规定了这些情形和要求的细节。

2. 细则规定的其他程序（第 2 款 a 项 iii 目）。根据《细则》第 7 条第 1

款的规定,缔约方可以不要求当事人在没有指定代表而单独出现的其他程序是:提交当前申请所要求优先权的在先申请的副本;提交以前提交的申请的副本(见条约第5条第7款)。

3. 指定代表人(第3款)。根据《细则》第7条第2款的规定,代表人的指定可以是:以由申请人、所有人或其他利害关系人签字并说明代表的名称和地址的单独来文("委托书")的方式;或以条约第6条第2款所述的由申请人签字的请求书表格的方式。这些与《专利合作条约》下的国际申请所采用的方式相同。采用请求书表格形式或者使用单独的委托书形式,决定权在于申请人而非缔约方。根据《细则》第7条第2款b项的规定,一份单独的委托书可以用于许多件申请。如果委托书是以纸本形式提交的,那么对于每一件申请都要求单独提交委托书。如果委托书没有使用缔约方接受的语言,缔约方可以要求提交委托书的译本。还有,如果委托书的真实性值得怀疑,则可以要求提供证据。在此情形下,主管局将发出来文,说明需要提供证据的理由。

4. 其他正式要求(第4款)。当前,对于细则规定的代表人,尚无进一步的正式要求。

5. 通知(第5款)。对缺陷的补正或者对所指出缺陷的意见陈述的期限应自通知发出之日起不少于两个月(《细则》第7条第5款)。因未提交能使主管局与申请人或其代表取得联系的说明而未作出本条约第7条第5款所述通知的,则对缺陷的补正或者对所指出缺陷的意见陈述的期限应自条约第7条第5款所述程序开始之日起不少于三个月。

6. 未遵守要求的期限(第6款)。对于未遵守要求的期限应自按照第5款规定发出通知之日起至少两个月(《细则》第7条第5款)。如果不可能根据第5条发出所述通知,则期限应自条约第7条第5款所述程序开始之日起不少于三个月。

[来文;地址]

第8条

(1) [传送来文的形式和手段]

(a) 除依第5条第1款确定申请日之外,并在遵守第6条第1款的前提下,实施细则应除本款b—d项规定以外,对允许缔约方在传送来文的形式和手段上所适用的要求作出规定;

(b) 任何缔约方均无义务接受以非纸件形式提交来文;

(c) 任何缔约方均无义务将以纸件形式提交来文排除在外;

(d) 缔约方应接受为遵守某期限的目的而以纸件形式提交来文。

(2) [来文的语言]

除本条约或实施细则另有规定外,缔约方可要求来文使用主管局接受的语言。

(3) [示范国际表格]

尽管有本条第1款a项的规定,在遵守本条第1款b项和第6条第2款b项的前提下,缔约方应接受用与实施细则对此种来文规定的示范国际表格相符(如有的话)的表格提交来文的内容。

(4) [来文的签字]

(a) 如果缔约方要求为任何来文的目的必须签字,该缔约方应接受任何与实施细则规定的要求相符的签字;

(b) 除任何准司法程序以外或除实施细则规定以外,任何缔约方不得对传送给其主管局的任何签字要求出具证明、公证、认证、法律认可或其他证明材料;

(c) 在遵守本款b项的前提下,缔约方可要求,只有在主管局可能有理由对任何签字的可靠性产生怀疑的情况下,方须向该局提供证据。

(5) [来文中的说明]

缔约方可要求任何来文中均载有实施细则所规定的一项或多项说明。

(6) [通信地址、送达地址及其他地址]

在遵守实施细则所作任何规定的前提下,缔约方可要求申请人、所有人或其他利害关系人在任何来文中说明：

(i)通信地址；

(ii)送达地址；

(iii)实施细则规定的任何其他地址。

(7)[通知]

如果缔约方依本条第1—6款对来文所适用的一项或多项要求未得到遵守，主管局应通知申请人、所有人或其他利害关系人，并为在实施细则规定的期限内遵守任何此种要求和陈述意见提供机会。

(8)[未遵守要求]

如果缔约方依本条第1—6款所适用的一项或多项要求在实施细则规定的期限内未得到遵守，除第5条和第10条的规定和实施细则所规定的任何例外以外，缔约方可根据其法律规定实行制裁。

1. 总述。本条涉及申请人或者其代表与缔约方专利局之间来文的要求。

2. 传送来文的形式和手段(第1款)。以电子形式提交文件对于许多专利局来说，已经变得越来越普及，如果使用电子形式提交，在费用上还有所减免。**(1)媒介的选择**。第1款禁止缔约方限制申请人为确定申请日或提交PCT申请而采用的具体的媒介。《细则》第8条第1款补充了对第1款的进一步要求，所有缔约国到2005年6月应允许以纸件提交来文，2005年6月以后，可以拒绝纸件来文提交。然而，任何缔约方不得强迫接受电子提交或者拒绝纸件来文。第1款规定了如果满足相关期限的来文以纸件提交则不丧失期限的进一步限制。**(2)难以处理的纸件来文**。如果纸件来文难以处理，例如，DNA序列表、主管局可以要求以电子形式提交这样的来文。**(3)关于电子形式提交的要求**。对于以电子形式或通过电子传送手段(包括传真)向其主管局提交来文，缔约方应适用与PCT申请处理相关形式来文同样的要求(《细则》第8条第2款a项)。这些要求应该通知国际局(《细则》第8条第2款b项)。假若缔约方在处理 PCT 申请时也有同样的要求(《细则》第 8 条第 3 款),则缔约方对以电子形式或采用电子手段提交的任何来文可以要求提交证实的副本(《细则》第 8 条第 2 款 c 项)。

3. 示范国际表格(第 3 款)。《细则》第 20 条规范了示范国际表格。由大会确定的表格涉及如下诸方面:委托书;名称或地址变更登录请求;申请人或所有人变更登录请求;转让证明;许可证的登录或登录撤销请求;质权登录或登录撤销请求;错误更正请求。现有的专利合作条约的请求书表格加以修改后可作为《专利法条约》的表格使用。

4. 来文的签字(第 4 款)。除要求对任何来文签字以外,根据《细则》第 9 条的规定,缔约方还可要求:须用字母写明该人的姓或主姓和名或副名,或根据该人的选择,写明该人所惯用的一个或几个名字;如果从来文中看,签字的人身份不明显,须写明该人的身份;以及写明签字的日期。如果未写明日期,则缔约方可以已经收到的签有日期的文件的日期作为签字日期。签字可以是手写签字,或者,如果缔约方允许,可以是印刷或戳记等其他形式的签字,或使用印章或条形码标签(《细则》第 9 条第 3 款)。在某些情况下,缔约方可以要求使用印章代替手写签字(《细则》第 9 条第 3 款 iii 目)。如果来文以电子形式提交,则要求有签字的图形表示形式的签字,除非缔约方已经确定了关于 PCT 申请的其他要求。在此情况下,应满足 PCT 申请的要求(《细则》第 9 条第 5 款)。缔约方还可要求,以电子形式来文的签字须经认证程序确认。如果根据第 4 款的要求提供签字的证据,主管局应发出通知说明对签字怀疑的理由(《细则》第 5 条)。

5. 来文中的说明(第 5 款)。根据《细则》第 10 条 a 项和 b 项的规定,缔约方可以要求在任何来文中:需说明申请人、所有人或其他利害关系人的姓名和地址;需说明其所涉及的申请号或专利号;申请人、所有人或其他利害关系人已在主管局登记的,需说明其登记号或其他说明。进一步地,如果来文是由代表人寄送的,主管局可以进一步要求来文中包含:代表人的姓名和地址;对代表人据以采取行动的委托书或指定该代表人的其他来文的述及;代表人已在主管局登记的,其登记号或其他说明。

6. 通信地址、送达地址及其他地址(第6款)。《细则》第10条第2款规定,缔约方可要求,所述的通信地址和所述的送达地址须在该缔约方所规定的领土内。如果未指定代表人,而且申请人、所有人或其他利害关系人提供了一个在缔约方领土内的地址作为其地址,该缔约方应认为该地址,即为通信地址或送达地址,除非该申请人、所有人或其他利害关系人明确说明另一地址为此种地址。需要指出的是,如果客户不在缔约国的司法管辖区内,需以缔约方所坚持要求的位于其司法管辖区内职业的代表人的地址作为此种地址。如果指定了代表人,缔约方应认为该代表人的地址,即为通信地址或送达地址,除非该申请人、所有人或其他利害关系人依据条约第8条第6款明确说明另一地址为此种地址。

7. 通知(第7款)。 回复通知的期限应自通知之日起不少于两个月。

8. 未遵守要求(第7款)。 允许满足所遵守要求的最短时间为通知之日起两个月。如果申请未能满足第1—6款所规定的要求,本国法可以规定拒绝该申请。然而,未能提供根据第5款规定的某些已登记文件的登记号的,不能作为拒绝该申请的理由。而且,如果未遵守要求的原因是由于欺诈干扰所致,也不能拒绝该申请(本条约第10条第1款)。最后,未能满足第1款到第6款所规定的要求不能导致申请日的丧失。因未提交能使主管局与申请人、所有人或其他利害关系人取得联系的说明而未依本条第7款作出通知的,在作出制裁之前所遵守的期限应适用自该局收到本条第7款所述来文之日起不少于三个月的期限。

[通知]

第9条

(1)[充分通知]

依本条约或实施细则的任何通知,只要是由主管局按照依第8条第6款所说明的通信地址或送达地址或者按照实施细则为本条规定的目的所规定的任何其他地址发出的,并符合有关该通知的各项规定,即应构成为本条约和实施细则目的的充分通知。

(2)［如未提交能与之取得联系的说明］

如果未向主管局提交能与申请人、所有人或其他利害关系人取得联系的说明，本条约和实施细则的任何内容均不得要求缔约方必须向申请人、所有人或其他利害关系人发出通知。

(3)［未作出通知］

除第 10 条第 1 款规定以外，如果主管局未将本条约或实施细则的任何规定未得到遵守这一事实通知申请人、所有人或其他利害关系人，不得因未作出通知而免除申请人、所有人或其他利害关系人遵守该要求的义务。

1. **总述**。本条规定了通知的具体含义和关于通知的最低要求。

2. **通信地址、送达地址（第 1 款）**。见本条约第 8 条第 6 款。

3. **如未提交能与之取得联系的说明（第 2 款）**。《专利法条约》并未责成缔约方的专利局在未收到足够的联系信息时与申请人进行联系。然而，缔约方应给予申请人时间以便对某些事项补正（《细则》第 7 条第 6 项和《细则》第 11 条第 2 款）。期限应不少于三个月。

4. **未作出通知（第 3 款）**。如果主管局未将某个要求未得到遵守的事实通知申请人，不得因此而免除申请人遵守该要求的义务。

［专利的有效性；撤销］
第 10 条

(1)［专利的有效性不受未遵守若干形式要求的影响］

不得以第 6 条第 1 款、第 2 款、第 4 款和第 5 款以及第 8 条第 1—4 款所述的关于申请的一项或多项形式要求未得到遵守为由，而全部或部分地撤销专利或宣告其无效，但因欺诈的意图致使未遵守形式要求者除外。

(2)［在准备撤销或宣告无效时陈述意见、作出修正或更正的机会］

未给予所有人机会以在合理期限内对准备撤销或宣告无效陈述意见，并在可适用的法律的允许下作出修正或更正的，不得全部或部分地撤销专利或宣告其无效。

(3)[无设立特别程序的义务]

本条第 1 款和第 2 款不产生任何设立用于专利权执法的、有别于一般执法程序的司法程序的义务。

1. 总述。本条规定了对专利有效性可不受影响的事项,以及申请人应对宣告无效或撤销程序挑战的权利。重要的是,本条的规定涉及专利而非专利申请。

2. 专利的有效性不受未遵守若干形式要求的影响(第 1 款)。形式要求不能影响专利的有效性,也不能用作撤销专利的理由。这些形式要求是:申请的形式和内容规定在条约第 6 条第 1 款中,常用的请求书表格规定在条约第 6 条第 2 款中,与申请相关的费用缴纳规定在条约第 6 条第 4 款中,需要提交的优先权文件规定在条约第 6 条第 5 款中。并且,用于提交来文的媒介和所要求的签字也不能作为无效或撤销的理由(条约第 8 条第 1—4 款)。但令人惊讶的是,按照条约第 6 条第 3 款提交译文的要求可以作为无效或撤销的理由。**(1)欺诈意图导致的例外。**上述所有的形式要求有一个例外。如果造成未遵守若干形式要求的原因是由于欺诈意图所导致的,则可以作为申请无效或撤销的理由。在目前《专利法条约》的早期阶段,不可能对何谓欺诈意图给出清晰的指引。在美国,专利法中给出的欺诈含义相当宽泛,申请人的偶然疏忽可能被解读为欺诈。而欧洲专利法中,最接近欺诈概念的是"背信"(bad faith),通常,这需要显示出专利权人有故意地误导专利局的意图。

3. 在准备撤销或宣告无效时陈述意见、作出修正或更正的机会(第 1 款)。尽管按照《专利法条约》的规定专利所有人始终有机会针对已提出的专利撤销或无效陈述意见,但作出修改的权利要受到本国法的控制。对于已经授权的专利,《专利法条约》对什么是合理的期限没有作出指引。《专利法条约实施细则》的第 6 条明确地仅涉及专利申请。对于《专利法条约》第 10 条的实施,《细则》没有规定。

[期限上的救济]
第11条
　　(1)[期限的延长]
　　缔约方的主管局收到对按实施细则规定的要求向该局提出的延长期限的请求,并且该请求根据缔约方的选择是在以下时间提交的,该缔约方可按实施细则规定的时间将该局对申请或专利采取该局程序中的行动所确定的期限延长:
　　(i)期限届满之前提交的;或
　　(ii)期限届满之后,但在实施细则规定的期限内提交的。
　　(2)[继续处理]
　　申请人或所有人未能遵守缔约方的主管局对申请或专利采取该局程序中的行动所确定的期限,并且该缔约方未依本条第1款ii目规定将期限延长的,如果符合以下规定,该缔约方应规定可继续对申请或专利进行处理并在必要时恢复申请人或所有人对该申请或专利的权利:
　　(i)按实施细则规定的要求向该局提出这一内容的请求;
　　(ii)该请求是在实施细则规定的期限内提交的,而且采取有关行动所适用的期限方面的所有要求在实施细则规定的期限内均得到遵守。
　　(3)[例外]
　　不得要求任何缔约方对实施细则所规定的例外给予本条第1款或第2款所述的救济。
　　(4)[费用]
　　缔约方可要求对本条第(1)款或第(2)款所述的请求缴纳费用。
　　(5)[禁止其他要求]
　　除本条约或实施细则另有规定外,任何缔约方不得要求在本条第1款或第2款所规定的救济方面需遵守本条第1—4款所述以外的要求。
　　(6)[在准备驳回时陈述意见的机会]
　　未给予申请人或所有人机会以在合理期限内对准备驳回陈述意见的,

不得驳回依本条第 1 款或第 2 款提出的请求。

1. 总述。本条责成缔约方对期限的耽误提供救济。此种救济可以采取期限的延长和/或继续处理的方式。根据第 4 款的规定,对此种救济的限制是必须提出请求并且缴纳所规定的费用。因此,不可要求申请人或所有人提供其请求所基于的理由。此外,与按照条约第 12 条关于恢复权利的规定相比,在主管局认为已作出应作的努力或认为缺乏故意行为时,不允许缔约方按照条约第 11 条的规定给予批准救济。责成缔约方按照条约第 11 第 1 款和第 2 款规定提供的救济限于主管局确定的用于某一行为的主管局的程序。术语"主管局的程序"规定在第 1 条 xiv 目中。其包括任何申请人或所有人与主管局往来的程序,启动该主管局的处理程序,或者是处在此种处理之中。因此,它包括所有主管局的程序,并且不限于按照条约第 5—14 条规定述及特别术语的程序。这些程序的例子是:提交申请,提交许可协议备案请求书,缴费,提交对主管局发出的通知的答复意见,或者提交专利申请或专利的译文。而且,它包括主管局在相关的申请或者专利的处理过程中联系申请人或专利所有人的程序,例如,发出关于申请人未遵守某种要求的通知,或者出具收到文件或费用的收据。术语"主管局的程序"并不包括用于法律目的的但不构成关于申请或专利的主管局程序的一部分的程序,例如,购买申请公开文件副本,或者主管局对公众提供信息服务的付费账单。如果需要的话,每个缔约方可以决定由主管局确定的期限。不属于主管局的一些行为的期限也不适用,例如,法院审理中的一些行为。因此,尽管缔约方针对上述的其他期限有权适用同样的要求,但缔约方也有权适用其他的要求,或者,针对这些其他期限,不对救济作出任何规定(除按照本条约第 12 条规定的恢复程序之外)。

2. 期限的延长(第 1 款)。第 11 条第 1 款规定了由主管局确定的期限以延长的方式进行救济。但该条没有责成缔约方规定按照该第 11 条第 1 款中 i 项或 ii 项对主管局确定的期限进行延长。不过,没有规定按照第 11 条第 1 款 ii 项在期限届满后延长的缔约方,其必须根据第 11 条第 2 款规定进行继续处理。**(1) 请求**。为了获得期限的延长,申请人或专利所有人必须提出请求书。缔约方可以要求期限延长的请求书必须有申请人或专利所有人的签字,请求书中含有关于请求延长期限的说明和对该期限的具体说明,即应该被延长的期限的说明(《细则》第12条第1款)。**(2) 提交请求的期限**。各缔约方可以按照下面的选项作出规定:条约第11条第1款所述的期限延长时间应为自延长前的期限届满之日起不少于两个月;或者,条约第11条第1款第ii项所述的期限不得在延长前的期限届满之日起两个月之前届满。这样的规定,使提交延长请求的期限不得在未延长期限届满之日起两个月之前届满(《细则》第12条第2款)。如果缔约方在期限届满之后所提出的期限延长请求,则该缔约方可以要求在请求书提交的同时,应满足关于该项行动所适用期限的所有要求。**(3) 延长的长度**。作为一个总的原则,期限延长的时间不应少于自未延长期限届满之日起两个月。

3. 继续处理(第2款)。如果缔约方没有对缔约方的主管局对申请或专利采取该局程序中的行动所确定的期限的延长可能性作出规定,本条约第11条第2款为确保那些未能遵守期限的申请人或专利所有人提供了继续处理的可能性,或者如果需要的话,恢复申请人或所有人的权利。申请人或专利所有人必须提交向该主管局提交相应的请求,并且必须满足关于该项行动所适用期限的所有要求。提交继续处理并完成所有要求的期限的届满时间不得早于在主管局发出关于申请人或所有人未遵守该局所确定期限的通知之后的两个月(《细则》第12条第4款)。缔约方可要求申请人或所有人在继续处理的请求书上签字,并且,请求书中含有关于请求对未遵守期限给予救济的说明和关于该期限的具体说明(《细则》第12条第3款)。此种继续处理的效力是主管局继续进行程序的处理,权当作期限已经满足的情况一样。进一步地,如果有必要,主管局必须对所涉的申请或专利来恢复申请人或所有人的权利。

4. 例外(第3款)。在某些情况下,缔约方可以规定不能适用期限延长或继续处理。《细则》第12条第5款规定了这些情况。例如,任何缔约方不得被要求对已给予救济的期限再一次或随后又给予任何救济;进一步地,任何缔约方不得被要求对提交的期限延长和继续处理的请求或者根据本条约第 12 条第 1 款提出的恢复请求进行救济（即延长时间或继续处理）。缔约方也不可被要求规定对有关的维持费缴纳的期限延长或继续处理的可能性。缔约方还有权决定不对关于本条约第 13 条第 1 款、第 2 款、第 3 款中优先权的更正与增加、后一申请的推迟提交已经优先权申请副本的最晚提交的期限规定期限延长或继续处理的可能性。进一步地，缔约方不被要求对向上诉委员会或在主管局的框架中所设立的其他复审机构采取行动所确定的期限规定期限延长或继续处理的可能性。最后，缔约方有权对双方当事人所采取的行动的期限不规定期限延长或继续处理的可能性。

5. 费用（第 4 款）。本条约第 11 条第 4 款条允许缔约方要求对与期限延长或继续处理相关的请求缴纳费用。

6. 禁止其他要求（第 5 款）。当请求期限延长或继续处理时，任何缔约方不得要求申请人或专利所有人遵守本条约第 11 条第 1—4 款所述以外的要求，除非本条约或实施细则对这些意外的要求另有明确规定。特别是，不能要求申请人或专利所有人对请求所基于的理由进行说明，也不能要求其向主管局提交证据。本款所指的"除本条约或实施细则另有规定外"的要求，具体说是，根据本条约第 7 条和第 8 条的要求，以及实施细则第 7—10 条的要求。

7. 在准备驳回时陈述意见的机会（第 6 款）。本条约第 11 条第 6 款规定，未给予申请人或所有人以在合理期限内对准备驳回陈述意见的机会，不得驳回其延长期限或继续审查的请求。其仅规定在准备驳回根据本条约第 11 条第 1 款而提出的请求时陈述意见的权利，例如，主张本条约 11 条第 4 款所要求的费用事实上已经缴纳。对任何在提出请求时未遵守的但符合本条约第 11 条的要求，其没有规定附加的期限。

[在主管局认为已作出应作的努力或认为非故意行为之后的权利恢复]
第 12 条
　　(1)[请求]

缔约方应规定,申请人或所有人未能遵守采取主管局的程序中的行动所适用的期限,并且因未遵守期限而直接带来丧失对申请或专利的权利的后果的,如果符合以下规定,该局应恢复申请人或所有人对该有关申请或专利的权利:

(i)按实施细则规定的要求向主管局提出这一内容的请求;

(ii)该请求是在实施细则规定的期限内提交的,而且采取这一行动所适用的期限方面的所有要求在实施细则规定的期限内均得到遵守;

(iii)该请求说明未遵守期限的理由;并且

(iv)主管局认为尽管已作出在具体情况下应作的努力而仍未能遵守期限,或根据缔约方的选择,主管局认为任何延误并非出于故意。

(2)[例外]

不得要求任何缔约方对实施细则所规定的例外予以本条第1款所述的权利恢复。

(3)[费用]

缔约方可要求对本条第1款所述的请求缴纳费用。

(4)[证据]

缔约方可要求在主管局确定的期限内,向该局提供证实本条第1款第iii项所述理由的声明或其他证据。

(5)[在准备驳回时陈述意见的机会]

未给予请求方机会以在合理期限内对准备驳回陈述意见的,不得全部或部分地驳回依本条第1款提出的请求。

1. 总述。尽管申请人或所有人已作出在具体情况下应作的努力但由于差错或非故意而仍未能遵守期限,而直接带来丧失对申请或专利的权利的后果的,本条规定了保护申请人或所有人利益的条款。对申请人或所有人未能遵守采取主管局的程序中的行动所适用的期限,本条要求缔约方应规定恢复申请人或所有人对有关申请或专利的权利。尽管本条第2款规定了某些例外,但此种恢复不受主管局所确定的期限的限制。根据缔约方的选择,对于并非出于故意的任何延误,例如,如果邮件丢失或者邮政服务中断,是可以原谅的。"因未遵守期限而直接带来丧失对申请或专利的权利的后果"这个条件是用于防止发生对《细则》第 13 条第 3 款规定的例外进行规避的情况。例如,因未遵守有关要求优先权或优先权的期限而直接带来丧失要求优先权或优先权权利的后果,接下来,基于在先出版物的理由,间接地导致了驳回该申请的后果,就不能要求缔约方对恢复由于驳回导致的丧失权利作出规定。

2. 请求(第 1 款)。如果对恢复权利这一内容提出请求,且所有相关的要求也满足,则允许恢复权利。**(1)期限**。《细则》第 13 条第 2 款所涉及的期限是自错误被确认之日起不少于两个月。不过,除此之外,请求应自期限届满之日起不少于十二个月内提出。后一期限保证了公众的法律上的确定性,因为此期限届满后请求恢复就不再可能。然而,十二个月的期限是最多要求,缔约方有权规定更宽松的期限。两个月与十二个月这两个期限是符合《欧洲专利公约》以及许多国家的专利法的规定的,例如德国专利法。而英国专利法中,则规定了最高期限为十九个月。但在缴纳维持费用方面,存在着例外的规定(《细则》第 13 条第 2 款第 ii 项)。对于请求涉及未缴纳维持费的,自依《巴黎公约》第 5 条第 2 款规定的至少六个月的宽限期届满之日起不少于十二个月。这比当前《欧洲专利公约》第 122 条规定的期限更为自由,该第 122 条规定六个月的宽限期应从一年的期限中扣除。**(2)要完成的行为**。在两个月的期限内,所呈交的合理的请求要解释未能遵守期限的具体情况,以及尽管已作出在具体情况下应作的努力但仍出现延迟的原因。请求方对未能遵守所失去的期限和已经作出所有应作的努力的事实部分负有举证责任。

3. 例外(第 2 款)。《细则》第 13 条第 3 款规定了例外事项。对以下的情形,缔约方不得被要求作出规定:未遵守向上诉委员会或在主管局的框架中所设立的其他复审机构采取行动的期限而恢复权利;对有关期限提出救济请求或提出权利恢复请求;请求优先权要求的更正或增加;或者关于优先权以及提交者优先权申请文件副本以及采取当事人之间程序中行动的恢复请求。在此情况下,正如外交会议*所理解的那样,虽然本条规定将有关采取当事人之间程序中行动的救济排除在外是适合的,但考虑到第三方的竞争利益以及不在该程序当事人之中的他人的利益,仍希望缔约方在适用的法律规定中,对此情况提供适当的救济。

4. 费用(第3款)。本条第3款允许但不强制缔约方对请求权利恢复收取费用。

5. 证据(第4款)。通常地,除了在请求恢复权利中提出的事实外,为了证明已作出在具体情况下应作的努力的情形,需呈送声明或者宣誓书。按照本条第4款的规定,是否要求提交这些证明以支持其恢复请求,这是缔约方的裁量权。提交此类证据的期限也由缔约方自己来确定。

6. 陈述意见(第5款)。本条第5款规定了对准备驳回恢复权利请求时的陈述意见的权利。在合理的期限内,请求方可以呈交对主管局的初步决定的意见。不过,对于在提出请求时未遵守的任何要求,本条第5款并没有规定满足这些要求的另外的期限。

7. 中用权。《专利法条约》与实施细则都没有对中用权作出规定。所谓中用权是指:在因为未遵守相关期限导致权利丧失与权利恢复日期间,第三方出于善意开始实施的任何行为,或者已经完成了有效且真实的准备工作,则可以继续使用的权利。这类规定留给缔约国的相关法律去作出规定。例如,《欧洲专利公约》第122条第5款规定,在权利丧失后和权利恢复公告期间,已经出于善意使用了某项发明或者作好了使用准备的人,可以在其业务中有继续使用的自由。《德国专利法》第123条也有类似的规定。

[优先权要求的更正或增加;优先权的恢复]

第13条

(1)[优先权要求的更正或增加]

---

* 此处的"外交会议",是指世界知识产权组织外交会议于2000年5月11日至6月2日在日内瓦举行的外交会议。《专利法条约》就是在此次世界知识产权组织外交会议上获得通过。——译者注

除实施细则另有规定外,如果符合以下规定,缔约方应规定可更正或增加一项申请("后一申请")的优先权要求:

(i)按实施细则规定的要求向主管局提出这一内容的请求;

(ii)该请求是在实施细则规定的期限内提交的;并且

(iii)后一申请的申请日不晚于自优先权要求所根据的最早申请的申请日算起的优先权期限届满之日。

(2)[后一申请的推迟提交]

考虑到本条约第 15 条,缔约方应规定,对某在先申请提出优先权要求或本可提出优先权要求的申请("后一申请"),其申请日晚于优先权期限届满之日但在实施细则规定的期限之内的,如果符合以下规定,主管局应恢复优先权:

(i)按实施细则规定的要求向主管局提出这一内容的请求;

(ii)该请求是在实施细则规定的期限内提交的;

(iii)该请求说明未遵守优先权期限的理由;并且

(iv)主管局认为尽管已作出在具体情况下应作的努力而仍未能在优先权期限内提交后一申请,或根据缔约方的选择,主管局认为未提交该申请并非出于故意。

(3)[未提供在先申请副本]

缔约方应规定,在实施细则根据第 6 条所规定的期限之内未向主管局提交第 6 条第 5 款所要求提交的在先申请副本的,如果符合以下规定,该局应恢复优先权:

(i)按实施细则规定的要求向主管局提出这一内容的请求;

(ii)该请求是在实施细则根据第 6 条第 5 款对提交在先申请副本所规定的期限之内提交的;

(iii)主管局认为提供该副本的请求已在实施细则规定的期限内向受理该在先申请的主管局提交;并且

(iv)在实施细则规定的期限之内提交在先申请副本。

(4)[费用]

缔约方可要求对本条第 1—3 款所述的请求缴纳费用。

(5)［证据］

缔约方可要求在主管局确定的期限之内,向该局提交证实本条第 2 款第 iii 项所述理由的声明或其他证据。

(6)［在准备驳回时陈述意见的机会］

未给予请求方机会以在合理期限内就准备驳回陈述意见的,不得全部或部分地驳回依本条第 1—3 款提出的请求。

1. 更正或增加优先权要求(第 1 款)。本条第 1 款与《专利合作条约实施细则》第 26 条第 2 款的规定类似,允许申请人在申请日当天或之后,对可以要求更早的申请的优先权但没有提出的申请,更正或增加优先权要求。本款规定既适用于未要求优先权的申请,也适用于已经要求了一个或以上优先权的申请。本款规定是与《巴黎公约》兼容的,因为《巴黎公约》并未规定优先权要求(《巴黎公约》第 4D 条第 1 款所称的"声明")应包含在后一申请中。为了改正或增加一申请的优先权要求,必须向相关的主管局提出请求。缔约方可要求所述的请求由申请人签字(《细则》第 14 条第 2 款)。请求改正或增加优先权要求必须在期限内提出,该期限应不少于依《专利合作条约》可适用于国际申请的在国际申请提交之后提出优先权要求的期限(《细则》第 14 条第 3 款)。根据《专利合作条约实施细则》第 26 条第 2 款,对所提交的国际申请,可以请求改正或增加优先权要求,期限是优先权日起 16 个月内,或者如果所作的改正或增加只是优先权日改变,期限是自改变了的优先权日起 16 个月内,以其中先届满的 16 个月期限为准,但是,此项请求改正或增加优先权要求的通知,可以在自国际申请日起 4 个月内提交为限。允许请求改正或增加优先权要求的进一步的前提是后一申请的申请日不晚于自优先权要求所根据的最早申请的申请日算起的优先权期限届满之日。正像本条约第 13 条第 1 款规定的那样,在细则中(《细则》第 14 条第 1 款)有规定的情况下,不要求任何缔约方对可以改正或增加优先权要求作出规定。具体地说,如果改正或增加优先权要求的请求是在申请人提出关于提早公布或关于紧急或快速处理的请求之后收到的,除非关于提早公布或关于紧急或快速处理的请求在为公布该申请所进行的技术性准备工作完成之前撤回,否则任何缔约方均无义务规定可更正或增加优先权要求。

2. 后一申请的推迟提交(第2款)。 本条约第13条第2款规定了即便后一申请的申请日晚于优先权期间的届满日,仍有要求优先权的可能性。仍然能够有效地要求优先权的一个前提是后一申请的申请日是处在自优先权届满日起算的某个期限内(《细则》第14条第4款)。该期限为自优先权期届满之日起不少于两个月届满。而且,申请人必须向主管局提出相应的请求。该请求必须在自优先权期届满之日起不少于两个月届满的规定期限内,或任何为公布后一申请所进行的技术性准备工作完成的时间,二者中以期限先届满者为准。缔约方可以要求此种请求由申请人签字;如果申请中未对在先申请提出优先权要求的,应附上优先权要求(《细则》第14条第5款)。并且,该请求必须说明未能遵守优先权期限的原因。根据条约第13条第5款,缔约方可要求在主管局确定的期限之内,向该局提交证实本条第2款第iii项所述理由的声明或其他证据。对于未能在优先权期间内提出后一申请的情况,如果主管局认为申请人已作出应作的努力,或者根据主管局的判断,认为非故意行为,该主管局应允许恢复优先权权利。

3. 未提供在先申请副本(第3款)。 根据本条约第6条第5款的规定,如果要求了在先申请的优先权,且该在先申请没有采用相应的主管局可接受的语言提出的,缔约方可要求在规定的期限内,提交在先申请的副本和译本。此期限在自在先申请的申请日起,不少于十六个月的期限;或在先申请有一件以上的,自各该在先申请中最早的申请日起,不少于十六个月的期限(《细则》第4条第1款)。如果在规定的期限内未得到遵守,优先权要求就视为不存在(本条约第6条第8款b项)。本条约第13条第3款规定了尽管已经适时地要求提供副本,但由于申请人由于未能遵守在本条约第6条规定的期限内向受理该在先申请的主管局提供副本的规定而导致丧失优先权的,应给予申请人救济。由于此期限通常是由本国立法或地区条约规定而不是由主管局确定,对此的救济也不能正常地依照本条约第 11 条的规定以期限延长或继续处理的方式进行适用。根据本条约第 13 条第 3 款关于优先权权利恢复的规定,要求申请人向有关主管局提交相应的请求。缔约方可要求该请求由申请人签字,并说明已向哪一个主管局提出要求提供在先申请副本的请求以及该请求的日期。该请求必须在本条约第 6 条第 5 款规定的提交在先文件副本的期限内提出,即:自在先申请的申请日起,或在先申请有一件以上的,自各该在先申请中最早的申请日起,不少于十六个月的期限。如果主管局认为申请人已经在规定的期限内向受理在先申请的主管局提出了要求提供在先申请副本的请求,则该主管局应恢复优先权。此期限应于提供在先申请人副本的期限届满之前的两个月届满。此期限为申请人提供了法律上的保证,即如果申请人在此期限内请求在先申请的副本,在相关的主管局未能及时地在期限内提供在先申请文件副本的情况下,他就有权要求恢复优先权。进一步地,恢复优先权的前提是在先申请的副本是在自受理在先申请的主管局向申请人提供所述的在先申请副本之日起不少于一个月的期限内向主管局提交该副本。缔约方还可要求提供声明或其他证据以支持其恢复优先权的请求。提交此种声明或其他证据的期限可由主管局确定。

4. 费用(第 4 款)。本条约第 13 条第 4 款允许缔约方规定对根据本条约第 13 条第 1 款请求改正或增加优先权要求的,或者根据本条约第 13 条第 2 款或第 13 条第 3 款请求恢复优先权缴纳费用。

5. 证据(第 5 款)。对由于优先权期间届满后才提交的后一申请引发的恢复优先权的请求,缔约方可以要求申请人在其请求中提供支持对其未能遵守优先权期期限的理由的声明或其他证据,并且此种证据是向有关的主管局确定的期限内向该局提交的。

6. 在准备驳回时陈述意见的机会(第 6 款)。在有关的主管局准备对根据本条约第 13 条第 1 款规定请求改正或增加优先权的请求全部或部分地驳回时,或者根据本条约第 13 条第 2 款或第 13 条第 3 款请求恢复优先权时,本条约第 13 条第 6 款确保申请人有陈述意见的机会。该主管局应规定在准备驳回时,给予请求方于合理的期限内有陈述意见的机会。

[实施细则]
第14条
　　(1)[内容]
　　(a)本条约所附实施细则对涉及以下内容的细则作出规定:
　　(i)本条约明文规定将由"实施细则规定的"事项;
　　(ii)对实施本条约的规定有用的细节;
　　(iii)行政要求、事项或程序。
　　(b)实施细则也对涉及允许缔约方在以下请求方面所适用的形式要求的细则作出规定:
　　(i)名称或地址变更登录;
　　(ii)申请人或所有人变更登录;
　　(iii)许可证或质权登录;
　　(iv)错误更正。
　　(c)实施细则还对大会在国际局的协助下制定示范国际表格,以及为第6条第2款b项的目的制定请求书表格事宜作出规定。
　　(2)[实施细则的修正]
　　除本条第3款规定以外,对实施细则的任何修正需所有投票数的四分之三。
　　(3)[对一致同意的要求]
　　(a)实施细则可规定实施细则中的哪些条款只能经一致同意修正。
　　(b)对实施细则作出的会致使在实施细则根据本款a项所规定的条款中增加条款或删除条款的任何修正需经一致同意。
　　(c)在确定是否达成一致同意时,只应考虑实际投票。弃权不被认为是投票。
　　(4)[本条约与实施细则之间相抵触]
　　本条约的规定与实施细则的规定之间发生抵触时,应以前者为准。

1. 总述。伴随着本条约的实施细则含有关于本条约某些方面的详细规定。这种以本条约为主辅以细则配套的概念也是常见和广为知晓的,例如《专利合作条约》及《欧洲专利公约》就是如此。事实上,本条规定是十分类似《专利合作条约》第 58 条。只有通过外交会议才能对本条约进行修改,而细则的修改则相对容易,通过缔约方代表大会修改即可。

2. 内容(第 1 款)。(1)总述。本条列举了必须包含在细则中的详细方面的指导方针。对实施本条约和执行方面有用的具体问题明确地规定在本条约中。**(2)形式措施。**本条还规定了涉及对请求申请人或所有人的名称或地址变更登录(《细则》第 15 条)、申请人或所有人变更登录请求(《细则》第 16 条)、许可证或质权(《细则》第 17 条),以及错误更正(《细则》第 18 条)的最高要求的基本规则。除了详细指明每一项请求之外,缔约方可要求缴纳费用。而且,只有在主管局可能有理由对请求书中所载任何说明真实性产生合理怀疑的情况下,才需向该局提供支持其理由的证据。提出这类请求的申请人或当事人未满足缔约方规定的要求时,主管局需发出更正或补正的通知,期限不应少于两个月。**(3)名称或地址变更。**关于名称或地址变更问题,缔约方可要求提交关于请求登录名称或地址变更、有关的专利申请号或专利号、需登录的变更;变更前的申请人或所有人名称和地址的说明。这些规定也适用于代表人的名称和地址的变更。**(4)所有权变更。**所有权变更的处理也是类似的。不过,需要提供更多的关于变更的细节,也就是关于新的所有人和请求变更的基础的细节情况。如果申请人或所有人的变更是由于合同引起的,实施细则允许基于合同的副本、合同的摘要或未经公证的由双方签署的转移所有权的证明文件进行登录;如果申请人或所有人变更是由合并或因法人的重组或分立引起的,主管局可要求请求书中附有由主管机关发出的证实该项合并或法人的重组或分立的文件的副本以及任何所涉权利的归属,例如商务注册簿中的摘要副本。**(5)许可证或质权。**本条约也允许基于含有许可证权利和范围的合同副本或合同摘要对许可证或质权进行登录。**(6)错误更正。**专利申请、专利或任何请求文件中出现的错误可被更正,但与检索、审查相关的错误,被排除更正之外。

(7)表格(《细则》第20条)。大会负责制定示范国际表格,包括:委托书;名称或地址变更登录请求;申请人或所有人变更登录请求;转让证明;许可证登录或登录撤销请求;质权登录或登录撤销请求;错误更正请求。进一步地,大会应对《专利合作条约》请求书表格作出修改。国际局应就这些示范国际表格向大会提出建议。申请人使用这些示范国际表格,可确保不会出现由于未遵守形式要求而引起的形式上的驳回。下列表格可以从世界知识产权组织的互联网主页上获取:示范的国际请求书、委托书、名称或地址变更登录请求书、错误更正请求书。

3. 修改(第2款)。除了对特定的条款需要全体一致同意才能修改外,其他条款的修改需要四分之三的多数通过。根据本条第2款的规定,对细则的修改需要四分之三的多数通过,这与《专利合作条约实施细则》的修改原则是一样的。

4. 一致同意(第3款)。细则中的下列条款,其修改或删除只能由全体一致同意才能确定(《细则》第21条):申请获得申请日的最低要求、没有规定在本条约中但规定在细则中的申请表格和内容的其他要求、译文的要求、细则程序规定的关于强制代理,以及向电子来文联络的过渡阶段。

5. 抵触(第4款)。本款的规定强调了一旦本条约的规定与实施细则的规定之间出现抵触,本条约条款的地位优先于细则的条款。这也与《专利合作条约》的第58条第5款规定相吻合。

[与《巴黎公约》的关系]

第15条

(1)[遵守《巴黎公约》的义务]

每一缔约方均应遵守《巴黎公约》关于专利的规定。

(2)[依《巴黎公约》的义务和权利]

(a)本条约的任何内容均不得减损缔约方相互之间依照《巴黎公约》承担的义务。

(b)本条约的任何内容均不得减损申请人和所有人依照《巴黎公约》享

有的权利。

1. 遵守《巴黎公约》的义务（第1款）。本条要求缔约方遵守《巴黎公约》关于专利方面的相关规定，即第2—5条第4款、第11条和第12条。即便不是《巴黎公约》的成员国，也应履行义务，因为本条约第20条授权世界知识产权组织的成员以及某些政府间组织的成员成为本《专利法条约》成员的权利。

2. 依《巴黎公约》的义务和权利（第2款）。本条约第15条第2款a项保留了缔约方相互之间依照《巴黎公约》所承担义务的规定。为避免疑惑，本条约第15条第2款b项保留了申请人和所有人依照《巴黎公约》所享有权利的规定。

[《专利合作条约》的修订、修正和修改的效力]
第16条

(1)[《专利合作条约》的修订、修正和修改的可适用性]

除本条第2款规定以外，2000年6月2日之后对《专利合作条约》作出的与本条约的各条规定相一致的任何修订、修正或修改，如果大会经投票的四分之三票数就各具体情况作出关于予以适用的决定，即应适用于本条约和实施细则。

(2)[《专利合作条约》过渡规定的不可适用性]

如果根据《专利合作条约》的任何规定，该条约的经修订、修正或修改的规定，只要继续与该条约的缔约国或者此种缔约国的主管局或代表此种缔约国的主管局所适用的国内法不一致，即不适用于该国或该主管局，则该前述的任何规定不得适用于本条约和实施细则。

1. 总述（第1款）。本条强调旨在通过本条约使国家、地区的专利申请和专利在形式程序方面达到协调一致。通过将依照《专利合作条约》提交的国际申请的形式和内容加入到本条约中，达到国际和地区申请在形式要求上的标准一致。这样一来,不同制度下的不同要求之间的差距被消除,或者至少也是被缩小了。为了确保本条约所确定的目标得以实现,本条规定大会可以决定任何《专利合作条约》所作出的修订、修正和修改都将适用于本条约。根据外交会议协商同意的声明,当大会决定《专利合作条约》所作出的修订、修正和修改适用于本条约时,大会可以根据本条约制定过渡规定。

2. 过渡规定(第2款)。《专利合作条约》的变更适用于本条约甚至可以扩展到那些与《专利合作条约》缔约方的本国法不兼容的要求。在这一方面的任何过渡规定都将不得适用于本条约。这样的过渡规定有损于本条约的清晰性与简洁性。然而,大会可以依据本条约制定过渡规定。

[大会]
第17条
(1)[组成]
(a)缔约方应设大会;
(b)每一缔约方应在大会中有一名代表,该代表可由副代表、顾问和专家辅助。
每一代表只能代表一个缔约方。
(2)[任务]
大会应:
(i)处理有关维持和发展本条约以及适用和执行本条约的一切事宜;
(ii)在国际局的协助下制定第14条第1款c项所述的示范国际表格和请求书表格;
(iii)修正实施细则;
(iv)确定本款第ii目所述的每一示范国际表格和请求书表格,以及本款第iii目所述的每一修正案的适用日期的条件;
(v)根据第16条第1款,决定《专利合作条约》的任何修订、修正或修改是否应适用于本条约和实施细则;
(vi)履行按照本条约是适当的其他职责。

(3)[法定人数]

(a)大会成员国的半数构成法定人数。

(b)尽管有本款a项的规定,如果在任何一次会议上,出席会议的大会成员国的数目不足大会成员国的半数,但达到或超过三分之一,大会可以作出决定,但除关于大会本身程序的决定外,所有决定只有符合下列条件才能生效。国际局应将所述决定通知未出席会议的大会成员国,并请其于通知之日起三个月的期限内以书面形式进行表决或表示弃权。如果在该期限届满时,以此种方式进行表决或表示弃权的成员数目达到构成会议本身法定人数所缺的成员数目,只要同时法定多数的规定继续适用,所述决定即应生效。

(4)[在大会上表决]

(a)大会应努力通过协商一致作出决定;

(b)无法通过协商一致作出决定的,应通过表决对争议的问题作出决定。在此种情况下:

(i)每一个国家缔约方有一票表决权,并只能以其自己的名义表决;以及

(ii)任何政府间组织缔约方可代替其成员国参加表决,表决票数与其参加本条约的成员国的数目相等。如果此种政府间组织的任何一个成员国行使其表决权,则该组织不得参加表决,反之亦然。此外,如果此种政府间组织的任何一个参加本条约的成员国是另一此种政府间组织的成员国,而该另一政府间组织参加该表决,则前一组织不得参加表决。

(5)[多数]

(a)除第14条第2款和第3款、第16条第1款以及第19条第3款规定以外,大会的决定需所有投票数的三分之二;

(b)在确定是否达到所需多数时,只应考虑实际投票,弃权不被认为是投票。

(6)[会议]

大会应每两年由总干事召集举行一次例会。

(7)[议事规则]

大会应制定自己的议事规则,包括召集特别会议的规则。

1. 组成(第1款)。根据本条约第17条第1款的规定,确定设立由《专利法条约》的缔约方组成的大会。术语"缔约方"是指加入本条约的任何国家或政府间组织。每一缔约方在大会中有只能有一名代表一个缔约方的代表。该代表可由副代表、顾问和专家辅助。大会处理有关维持和发展本条约以及适用和执行本条约的一切事宜。

2. 任务(第2款)。大会的任务是多种多样的。**(1)维持和发展《专利法条约》。**大会的一个重要的方面就是全面负责有关维持和发展本条约以及适用和执行本条约的一切事宜。**(2)**示范国际表格。大会还负责制定以下内容的示范国际表格(本条约第14条第1款,《细则》第20条):委托书;名称或地址变更登录请求;申请人或所有人变更登录请求;转让证明;许可证登录或登录撤销请求;质权登录或登录撤销请求;错误更正请求。而且,修改的PCT请求书也由大会来准备。国际局应对这些表格提出建议。申请人使用这些表格可确保不会因为任何的未符合形式要求而导致形式上被驳回。**(3)细则的修订。**此外,大会还负责关于细则的任何修订。与本条约所配套的细则中含有关于本条约某些方面的详细规定。这种以本条约为主辅以细则配套的概念也是常见和广为知晓的,例如《专利合作条约》及《欧洲专利公约》就是如此。与本条约条款的修正只能通过缔约方外交会议才能修改相比,细则的修订相对容易,通过缔约方的代表会议即可。对细则的任何修订都需要大会的四分之三多数的同意。然而,细则中规定某些特定的条款(《细则》第21条)只能由全体一致同意才能修订:专利申请获得申请日的最低要求;涉及本条约没有规定但细则中有规定的关于形式和内容的附加要求;对译文的要求;规定在细则中的关于强制代理的程序和电子来文联络的过渡规定。**(4)示范表格和修订的适用日期。**大会还制定关于示范国际表格、请求书和细则的任何有效修订的适用日期和条件。**(5)《专利合作条约》修订的可适用性。**按照本条约第16条第1款的规定,大会可决定《专利合作条约》的任何修订、修正和修改是否也适用于本条约以及配套的细则。此决定要求经投票的四分之三的多数同意。根据外交会议达成一致的声明,如果大会决定《专利合作条约》的修订、修正和修改也适用于本条约,则大会可根据本条约的规定制定过渡规定。因此,本条约第16条第1款旨在强调通过本条约使国家、地区的专利申请和专利在形式程序方面达到协调一致。通过将依照《专利合作条约》提交的国际申请的形式和内容加入到本条约中,达到国际和地区申请在形式要求上的标准一致。这样一来,不同制度下的不同要求之间的差距被消除,或者至少也是被缩小了。通过规定大会可决定任何《专利合作条约》所作出的修订、修正和修改都可能适用于本条约,可以确保本条约关于和谐协调的目的。**(6)其他职责**。最后,大会可履行按照本条约是适当的其他职责。

3. 法定人数(第3款)。大会成员国的半数是出席任何一次会议使会议有效举行的最少的成员数目。然而,如果在任何一次会议上,出席会议的大会成员国的数目不足大会成员国的半数,但达到或超过三分之一,大会可以作出决定。除非该决定涉及关于大会本身程序,例如决定只有符合某些条件才能生效。特别是,国际局应将所述决定通知未出席会议的大会成员国。请其于通知之日起三个月的期限内以书面形式进行表决或表示弃权。如果以书面形式进行表决或表示弃权成员数目达到法定人数,同时满足法定多数的规定,所述决定即应生效。

4. 大会表决(第4款)。作为一项总的原则,大会应试图通过协商一致作出决定。如果不可能达成协商一致,应通过表决作出决定。在此种情形下,每一个国家缔约方有一票表决权,并只能以其自己的名义表决。作为政府间组织的成员,例如欧洲专利组织,可参加表决,表决票数与其参加专利法条约成员国的数目相等。然而,如果其中的任何一个成员国行使其表决权,则该组织不得参加表决,反之亦然。此外,如果此种政府间组织中的任何一个加入本条约的成员国也是另一此种政府间组织的成员国,而该另一政府间组织参加了该表决,则前一组织就不得参加表决。对于同时拥有一个或多个国家的两个政府间组织来说,例如欧洲共同体与欧洲专利组织,此规定保证了在同一个表决中两组织不会代表成员国同时参与表决。

5. 多数(第 5 款)。一般说来,大会的决定需有三分之二的投票数支持。但也有例外:根据第 14 条第 2 款和第 3 款的规定,其要求所有投票数的四分之三多数,或者一致同意;根据第 16 条第 1 款关于对《专利合作条约》所作的任何修订、修正和修改适用于本条约及其细则的规定,其要求所有投票数的四分之三;根据第 19 条第 3 款关于专利法条约的修正,其也要求达到所投票数的四分之三。在计票时,只应考虑实际投票,弃权不应认为是投票。

6. 会议(第 6 款)。大会应每两年举行一次例会,由总干事负责召集。

7. 议事规则(第 7 款)。大会的议事规则应由大会自己来制定,涉及召集特别会议的规则也由大会来制定。

[国际局]

第 18 条

(1)[行政任务]

(a)国际局应执行有关本条约的行政任务;

(b)特别是,国际局应为大会及大会可能设立的专家委员会和工作组筹备会议并提供秘书处。

(2)[除大会会议以外的会议]

总干事应召集举行大会所设立的任何委员会和工作组的会议。

(3)[国际局在大会及其他会议中的作用]

(a)总干事及其指定的人员应参加大会的所有会议、大会所设立的委员会和工作组会议,但没有表决权。

(b)总干事或其指定的一名工作人员是大会以及本款 a 项所述的委员会和工作组的当然秘书。

(4)[会议]

(a)国际局应按照大会的指示,筹备一切修订会议。

(b)国际局可就所述筹备工作与本组织的成员国、政府间组织和国际及国家非政府组织进行协商。

（c）总干事及其所指定的人员应参加修订会议的讨论，但没有表决权。

（5）[其他任务]国际局应执行所分派的与本条约有关的任何其他任务。

1. 国际局。本条约由世界知识产权组织（WIPO）*的国际局负责管理，该组织的总部设在瑞士的日内瓦。国际局还负责有关《专利合作条约》的行政任务，因为其经验丰富，从实务的视角出发，由国际局来处理所有行政事务是适宜的。与《专利合作条约》一样，本条约的缔约方由每一方出一个代表组成大会。大会处理有关维持和发展本条约以及适用和执行本条约，即执行本条约的一切事宜。大会由国际局负责支援。国际局还负责支援由大会设立的专家组和工作组。除了行政任务之外，国际局可受托设立与本条约有关的其他任务。例如，国际局协助大会制定示范国际表格。进一步地，国际局配合成员国，组织外交修订会议。

2. 总干事。世界知识产权组织的总干事应负责召集任何大会的会议和工作组的会议。此外，总干事不但出席大会的各种会议，他还是各个委员会和工作组的当然秘书。此规定基于《专利合作条约实施细则》中的相应条款。

[修订]

第 19 条

（1）[本条约的修订]

除本条第 2 款规定以外，本条约可由缔约方的会议加以修订。任何修

---

* 世界知识产权组织（WIPO）是联合国下设的保护知识产权的专门机构。它的宗旨是通过国家之间的合作，促进在世界范围内的知识产权的保护，保证和促进各联盟之间的行政合作。世界知识产权组织是根据 1967 年 7 月 14 日在斯德哥尔摩签署的《建立世界知识产权组织公约》于 1970 年 4 月 26 日正式成立的（每年的 4 月 26 日为世界知识产权日）。这个组织是政府间国际组织，1974 年 12 月 17 日成为联合国组织系统下的 15 个专门机构中的第 14 个组织，总部设在日内瓦。世界知识产权组织成立背景可以追溯到 1883 年的《保护工业产权巴黎公约》和 1886 年的《保护文学艺术作品伯尔尼公约》。根据这两个公约，分别成立有保护工业产权巴黎联盟和保护文学艺术作品伯尔尼联盟，在两个联盟之下又分别设立国际局。——译者注

订会议的召集应由大会决定。

(2)[本条约若干条款的修订或修正]

第 17 条第 2 款和第 6 款可由修订会议或由大会根据本条第 3 款的规定加以修正。

(3)[大会对本条约若干条款的修正]

(a)由大会对第 17 条第 2 款和第 6 款加以修正的提案,可由任何缔约方或由总干事提出。此类提案应至少于提交大会审议前六个月由总干事转交各缔约方;

(b)对本款 a 项所述各条款的任何修正的通过,需所有投票数的四分之三;

(c)对本款 a 项所述各条款的任何修正,应于总干事收到大会通过该修正之时为大会成员的四分之三缔约方依照各自宪法程序所作出的书面接受通知起一个月后生效。以此种方式接受的对所述各条款的任何修正,应对该修正生效时的所有缔约方或于随后日期成为本条约缔约方的国家和政府间组织有约束力。

1. 本条约的修订(第 1 款)。对于《专利法条约》的修订,必须召开缔约方会议。只有对条约第 17 条第 2 款的修订,因其涉及大会的任务,以及对条约第 17 条第 2 款的修订,其规定了大会应该举行会议的时间间隔,并不必然要求召开缔约方会议。召集本条约的修订会议的决定,属于大会的职权。

2. 本条约若干条款的修订或修正(第 2 款)。对条约第 19 条第 1 款的对于《专利法条约》的修订必须召开缔约方会议的原则之例外,涉及条约第 17 条第 2 款和第 17 条第 6 款。这些条款分别涉及大会的任务和大会应该举行会议的时间间隔。对这些条款的修订并不必然要求召开缔约方会议。按照条约第 17 条第 3 款的规定,这些条款既可以在缔约方会议上修正,也可以由大会修正。

3. 大会对本条约若干条款的修正(第 3 款)。如果相应的修正提案是由任何缔约方或者总干事提出建议的,条约第 17 条第 2 款和第 17 条第 6

款可由大会进行修正。此类提案应至少于提交大会审议前六个月由总干事转交各缔约方。此外,对大会关于条约第 17 条第 2 款和第 17 条第 6 款修正的通过,需有所投票数的四分之三。对由大会决定的关于条约第 17 条第 2 款和第 17 条第 6 款修正,应于总干事收到大会通过该修正之时为大会成员的四分之三缔约方所作出的书面接受通知起一个月后生效。此种修正,应对该修正生效时的所有缔约方有约束力,而且,对于随后日期成为本条约缔约方的国家和政府间组织也有约束力。

[成为本条约的缔约方]
第 20 条

(1)[国家]

任何参加《巴黎公约》或属本组织成员并且通过其本国的主管局或通过另一国家或政府间组织的主管局能授予专利的国家,均可成为本条约的缔约方。

(2)[政府间组织]

如果任何政府间组织至少有一个成员国参加《巴黎公约》或属本组织的成员,并且该政府间组织作出关于其根据内部程序被正式授权要求成为本条约缔约方的声明以及以下声明,则该政府间组织可成为本条约的缔约方:

(i)该组织主管授予对其成员国发生效力的专利;或

(ii)该组织主管本条约所涉事项,并订有对其所有成员国均有约束力的关于本条约所涉事项的其自己的立法,而且设有或委托一个地区局负责根据该立法授予在其领土内有效的专利。

除本条第 3 款规定以外,任何此种声明均应在交存批准书或加入书时作出。

(3)[地区专利组织]

在通过本条约的外交会议上作出本条第 2 款第 i 目或第 ii 目所述声明的欧洲专利组织、欧亚专利组织和非洲地区工业产权组织,在交存批准书或接受书时声明,其根据内部程序被正式授权要求成为本条约缔约方的,可作为政府间组织成为本条约的缔约方。

(4)[批准或加入]

满足本条第1款、第2款或第3款要求的任何国家或政府间组织:

(i)已签署本条约的,可交存批准书,或

(ii)尚未签署本条约的,可交存加入书。

1. 国家(第1款)。《专利法条约》是一个开放性的条约。任何加入了《保护工业产权巴黎公约》的国家,或者世界知识产权组织的成员,都可以成为本条约的缔约方。对于那些未设立主管机关但可通过另一国家或者政府间组织获得专利的国家,也有资格成为本条约的缔约方。因此,除了那些自己授予专利的国家,那些自己不直接授予专利但可通过其他主管局获得专利的国家也能成为本条约的缔约方。

2. 政府间组织(第2款)。此外,任何政府间组织,如果该组织中至少一个成员是《巴黎公约》的缔约国或者是世界知识产权组织的成员国,该组织也可以成为本条约的缔约方。这样就保证了由《巴黎公约》提供的并由世界知识产权组织所确立的标准得以遵守。进一步地,该政府间组织必须作出声明:(1)该组织主管授予对其成员国发生效力的专利;或(2)该组织主管本条约所涉事项,并订有对其所有成员国均有约束力的关于本条约所涉事项的其自己的立法。本条第3款所列出的地区局负责主管授予对其成员国发生效力的专利。政府间组织成为本条约缔约方的正式授权属于政府间组织和其成员国的内部事务。

3. 地区专利组织(第3款)。欧洲专利组织、欧亚专利组织和非洲地区工业产权组织,其作为地区专利组织,在本条第3款中有专门的规定。这些组织已经作出声明,其主管授予对其成员国发生效力的专利,并订有对其所有成员国均有约束力的关于本条约所涉事项的其自己的立法。例如,《欧洲专利公约》和欧洲专利组织的欧洲专利局。此外,随着其2000年的修订(即《欧洲专利公约2000年》),《欧洲专利公约》已经与本条约保持一致。

4. 批准或加入(第 4 款)。本条第 4 款是对《日内瓦条约》*第 27 条第 2 款的模仿。已经签署了本条约的国家或政府间组织,可通过交存批准书随时加入本条约。批准书包括接受书或批准书。尚未签署本条约的国家,可通过交存加入书随时加入本条约。批准书或加入书必须交给世界知识产权组织的总干事保存。在世界知识产权组织的互联网主页上,可以得到最新的名单。

[生效;批准和加入的生效日期]
第 21 条
(1)[本条约的生效]
本条约应在十个国家向总干事交存了批准书或加入书后三个月生效。
(2)[批准和加入的生效日期]
本条约应:
(i)自本条约生效之日起,对本条第 1 款所述的十个国家有约束力;
(ii)自各其他国家向总干事交存批准书或加入书之日后三个月期限届满时起,或自该文书中所指明的任何更晚的日期起,但最晚于交存日之后六个月,对各该其他国家有约束力;
(iii)自欧洲专利组织、欧亚专利组织和非洲地区工业产权组织每一组织交存批准书或加入书之后三个月期限届满时起,或如果此种文书是在本条约根据本条第 1 款生效之后交存的,自该文书中所指明的任何更晚的日期起,或如果此种文书是在本条约生效之前交存的,于本条约生效之后三个

---

* 所谓《日内瓦条约》(Geneva Act),是指英文名称为"Geneva Act of the Hague Agreement Concerning the International Registration of Industrial Designs",即《关于工业品外观设计国际注册海牙协定的日内瓦条约》,该条约于 1999 年 7 月 2 日在日内瓦召开的外交会议上通过。读者可以访问世界知识产权组织的网站获取全文(http://www.wipo.int/hague/en/legal_texts/wo_haa_t.htm)。

其第 27 条第 2 款的原文如下:
[Ratification or Accession] Any State or intergovernmental organization referred to in paragraph (1) may deposit
(i) an instrument of ratification if it has signed this Act, or
(ii) an instrument of accession if it has not signed this Act. ——译者注

月,但最晚于交存日之后六个月,对各该组织有约束力;

(ⅳ)自有资格成为本条约缔约方的任何其他政府间组织交存批准书或加入书之后三个月期限届满时起,或自该文书中所指明的任何更晚的日期起,但最晚于交存日之后六个月,对该组织有约束力。

1. **本条约的生效(第1款)**。《专利法条约》于2005年4月28日生效,即在下面的十个国家交存了批准书或加入书之后的三个月开始生效:摩尔多瓦共和国(2001年9月27日);吉尔吉斯共和国(2002年4月24日);斯洛文尼亚共和国(2002年5月8日);斯洛伐克共和国(2002年7月16日);尼日利亚联邦共和国(2002年12月19日);乌克兰(2003年3月31日);爱沙尼亚共和国(2003年4月14日);丹麦王国(2004年3月16日);克罗地亚共和国(2004年12月20日);罗马尼亚(2005年1月28日)。根据条约第21条第2款的规定,交存十份批准书或加入书使本条约生效的要求是在专利法常设委员会的第二次会议上通过的。在《日内瓦条约》第28条第2款的情形下,以及世界知识产权组织的其他条约中,例如《专利合作条约》,只有国家交存了批准书才能纳入考虑。这些要求旨在本条约生效之时确保最初的大会是由实质性的成员国组成。达到所需批准书或加入书的数量与本条约生效的三个月期间,是与《日内瓦条约》第28条第2款以及世界知识产权组织的其他条约例如《专利合作条约》的规定是相同的。

2. **批准和加入的生效日期(第2款)**。《专利法条约》自2005年4月28日生效后,对第一批交存其批准或加入书的十个国家具有约束力,这十个国家是:摩尔多瓦共和国、吉尔吉斯共和国、斯洛文尼亚共和国、斯洛伐克共和国、尼日利亚联邦共和国、乌克兰、爱沙尼亚共和国、丹麦王国、克罗地亚共和国和罗马尼亚。对于后来加入本条约的每一个其他国家,自该国向总干事交存其批准或加入书之日后三个月期限届满时起,本条约对该国具有约束力。如果该文书中指明了任何更晚的日期起,但最晚于交存日之后六个月,可以在该较晚时日起对该国有约束力。巴林王国是本条约生效后第一个这样的国家,该国于 2005 年 9 月 15 日交存其加入《专利法条约》的加入书。本条约自 2005 年 12 月 15 日起对巴林产生约束力。本条约还对下述各国有约束力:芬兰(2006 年 3 月 6 日)、英国(2006 年 3 月 22 日)、乌兹别克斯坦(2006 年 7 月 19 日)、阿曼(2007 年 12 月 16 日),以及瑞典(2007 年 12 月 27 日)。对欧洲专利组织、欧亚专利组织和非洲地区工业产权组织,自交存批准书或加入书之后三个月期限届满时起,或如果自该文书中所指明的任何更晚的日期起,但最晚于交存日之后六个月,本条约对各该组织有约束力。对于任何其他有资格成为《专利法条约》缔约方的其他政府间组织,自其交存批准书或加入书之后三个月期限届满时起,或如果自该文书中所指明的任何更晚的日期起,但最晚于交存日之后六个月,本条约对该组织有约束力。本条约第 21 条第 2 款第 iii 目和第 iv 目所述的三个月期限与《专利合作条约》第 63 条规定的期限是相同的。考虑到条约第 19 条第 3 款所指的政府间组织的批准书或加入书不在最初使本条约生效的十份批准书之列,其他的政府间组织仅可以在本条约生效之后交存加入书,因为其加入本条约的请求须由大会来决定,而只有当本条约生效后大会才开始履行其职责。"自该文书中所指明的任何更晚的日期起"这句话也是仿照《日内瓦条约》第 28 条第 3 款 b 项的规定。

[本条约对现有申请和专利的适用]
第 22 条
(1)[原则]
除本条第 2 款规定以外,缔约方应将除第 5 条和第 6 条第 1 款和第 2 款以及相关实施细则以外的本条约和实施细则的规定适用于在本条约依第 21 条对该缔约方有约束力之日未决的申请和已生效的专利。

(2)[程序]
如果处理本条第 1 款所述的申请和专利的任何程序在本条约依第 21 条对缔约方有约束力之日前已经开始,任何此种缔约方均无义务将本条约和实施细则的规定适用于这一程序。

1. 原则(第1款)。 缔约方一旦受本条约的约束,即自向世界知识产权组织总干事交存批准书或加入书之日起三个月后,就应将本条约及其细则的规定适用到所有的未决的专利申请和专利中。如果所交存的文书中指明了任何更晚的日期,但不晚于交存日之后六个月,此期限可以在该较晚的时间起算。然而,此条规定也有例外。对由于未遵守其他形式要求而请求获得申请日和避免丧失申请日的程序的要求,就被排除在一般可适用性之外。进一步地,关于申请的形式和内容以及申请人所用的请求书表格的适用要求也被排除在本条的可适用性之外。因此,这些特别的要求仅适用于本条约在缔约方国家生效之后向该缔约方提出的申请,且对未决的申请和专利不具有追溯力。

2. 例外(第2款)。 根据本款的规定,如果处理有关的专利申请和专利的程序在本条约对缔约方有约束力之前已经开始,则缔约方无义务将本条约及实施细则的规定适用于这一程序。对术语"程序"一词的解释是开放性的,任何缔约方都可以自主地认定此种程序的开始是否在本条约对缔约方具有约束力的之前或者之后。例如,如果某个不受本条约约束的国家的主管局发出的关于某个程序行动的期限小于实施细则规定的期限,即便该国在该期限之内成为受本条约约束的国家,由于所涉程序始于该国受本条约约束之前,该国仍无义务改变已通知的期限。

[保留]

第23条

(1)[保留]

任何国家或政府间组织均可通过保留的形式声明,第6条第1款的规定不适用于依《专利合作条约》可适用于国际申请的任何有关发明单一性的要求。

(2)[形式]

本条第1款所述的任何保留应采用声明的形式,附于作出保留的国家或政府间组织批准或加入本条约的文书中。

（3）[撤回]

本条第1款所述的任何保留可随时撤回。

（4）[禁止其他保留]

除本条第1款所允许的保留外，不得对本条约有任何其他保留。

1. 保留（第1款）。本条约第23条第1款规定，允许在有关发明的单一性方面进行保留。这里需要介绍一下美国代表团所表达的关于本条约第6条第1款关于保留的说明。具体地说，美国代表团已经对关于与《专利法条约》第6条第1款与发明的单一性方面相关的《专利合作条约实施细则》第13条持保留态度，其理由是发明的单一性属于实体法的问题，而不是形式问题。本条中引入任何进一步的保留都属于外交会议的职责。正如本条约第23条第4款的规定，缔约方不允许作出本款之外的任何保留。

2. 形式（第2款）。有意成为缔约方的国家或政府间组织要想依照条约第23条第1款的规定作出保留，其必须在提出批准或加入《专利法条约》的文书中作出相应的声明。

3. 撤回（第3款）。缔约方一旦依照条约第23条第1款和第2款的规定作出保留的声明，可随时撤回。

4. 禁止其他保留（第4款）。本条约第23条第4款阐明，缔约方不允许作出没有规定在本条约第23条第1款中的任何保留。

[退出本条约]

第24条

（1）[通知]

任何缔约方可通过向总干事发出通知的形式退出本条约。

（2）[生效日期]

任何退出应于总干事收到通知之日起一年或于通知中所指明的任何更晚的日期生效。

退出不得影响本条约对在退出生效时就宣布退出的缔约方提出的任何未决申请或任何已生效的专利的适用。

1. 通知(第1款)。每个缔约方都有机会退出本条约。退出必须通知世界知识产权组织的总干事。本规定与《专利合作条约》第66条是一样的。

2. 生效日期(第2款)。退出的生效日期不少于自总干事收到通知之日起一年。退出方可确定一个更晚的生效日期。进一步地,任何退出都不得对任何未决申请或任何专利产生追溯力。这样就保证了对专利申请人和专利所有人的法律确定性。

[本条约的语言]
第25条

(1) [作准文本]

本条约的签字原始文本为一份,用中文、阿拉伯文、英文、法文、俄文和西班牙文写成,各种文本分别同等作准。

(2) [正式文本]

总干事在与有关各方协商后,应制定本条第1款所述以外的任何其他语言的正式文本。为本款的目的,有关各方是指涉及其官方语言或官方语言之一的任何参加本条约或依第20条第1款有资格成为本条约缔约方的国家,并指欧洲专利组织、欧亚专利组织和非洲地区工业产权组织,以及如果涉及其官方语言之一,任何参加本条约或有可能成为本条约缔约方的其他政府间组织。

(3) [以作准文本为准]

对作准文本和正式文本之间的解释出现不同意见时,应以作准文本为准。

1. 作准文本(第1款)。条约第25条第1款规定《专利法条约》的签字原始文本为一份,用六种语言写成,即中文、阿拉伯文、英文、法文、俄文和西班牙文。并规定各种文本分别同等作准。本条对解释本条约具有重要的作用。1969年5月23日订立的《维也纳条约法公约》中,其第33条含有关于"以两种以上文字认证之条约之解释"的指导原则,并指出在此种情况下,其必要前提是"每种文字之约文应同一作准"(《维也纳公约》第33条第1款)。《维也纳公约》第33条第4款补充道:"倘比较作准约文后发现意义有差别而非适用第31条及第32条所能消除时,应采用顾及条约目的及宗旨之最能调和各约文之意义。"在2000年6月1日外交会议作出的一致同意的声明中,其指出,任何由两个以上的《专利法条约》的缔约方就适用本条约的解释或适用所产生的争端,可通过友好协商解决,或在总干事的主持下调解解决。

2. 正式文本(第2款)。本条约第25条第2款规定,总干事在与有关各方协商后,应制作其他语言的正式文本。第二句话中的"有关各方"的定义,应考虑按照本条约第19条第1—3款*关于有资格成为本条约缔约方的国家和政府间组织的规定。

3. 以作准文本为准(第3款)。本条约第25条第3款明确规定:对作准文本和正式文本之间的解释出现不同意见时,应以作准文本为准。

[本条约的签字]
第26条
　　本条约通过之后应以一年为期在本组织总部开放供任何依第20条第1款有资格成为本条约缔约方的国家,以及欧洲专利组织、欧亚专利组织和非洲地区工业产权组织签字。

---

　　* 本条约第19条是关于"修订"的规定,而本条约第20条才是关于"成为本条约缔约方"的规定。由此认为,原文的"第19条第1—3款"可能是指"第20条第1—3款"。——译者注

[保存人;登记]

第 27 条

(1)[保存人]

总干事为本条约的保存人。

(2)[登记]

总干事应将本条约交联合国秘书处登记。

1. 保存(第 1 款)。本条约第 27 条第 1 款规定,世界知识产权组织的总干事为本条约的保存人。保存人的职责包括:负责本条约签字副本的档案管理;向希望并有权利签署本条约的国家提供原始的副本;制定并分发本条约的证明副本;接受交存的批准或加入以及退出的文书;以及单独向有关各方通知这些事项;并且,公布所有的签字、批准、加入及退出和本条约的生效日期。

2. 登记(第 2 款)。本条约第 27 条第 2 款规定总干事应将《专利法条约》交联合国秘书处登记。

参 考 文 献[*]

1. 欧洲专利局判例法（Case Law EPO）

扩大上诉委员会（Enlarged Board of Appeal）

Case G5/83	Second medical indication/Eisai, OJEPO 1985, 64	36, 48
Case G1/86	Reestablishment of rights of opponent/Voest Alpine, OJEPO 1987, 447	167
Case G1/88	Opponent's silence/Hoechst, OJEPO 1989, 189 and OJEPO 1990, 469 (corr.)	135, 144, 297
Case G2/88	Friction reducing additive/ Mobil Oil Ⅲ, OJEPO 1990, 93	45, 70, 77, 103, 175
Case G4/88	Transfer of opposition/Man, OJEPO 1989, 480	309
Case G6/88	Agent for regulation of vegetable growth/Bayer, OJEPO 1990, 114	45, 77
Case G3/89	Correction under rule 88, OJEPO 1993, 117	171, 172, 342, 343
Case G1/90	OJEPO 1991, 275	
Case G2/91	OJEPO 1992, 206	
Case G3/91	Re-establishment of rights/Fabritius Ⅱ, OJEPO 1993, 8	166
Case G4/91	Intervention/Spanset, OJEPO 1993, 339	139
Case G5/91	Appealable decision/Discovision, OJEPO 1992, 617	17
Case G6/91	Fee reduction/Asulab Ⅱ, OJEPO 1992, 491	221
Cases G7 & 8/91	Withdrawal of appeal, OJEPO 1993, 346, 356 and 478	309
Case G9/91	Power to Examine/Rohm & Haas, OJEPO 1993, 408	133, 148, 156, 157, 291
Case G10/91	Examination of opposition appeals, OJEPO 1993, 420	129, 133, 148, 156, 291

---

[*] 参考文献右侧页码为本书边码。

Case G11/91	*Glu-Gln/Celtrix*, OJEPO 1993, 125	172, 342
Case G12/91	*Final decision/Novatome*, OJEPO 1994, 285	139, 155, 158, 316
Case G2/92	*Non-payment of further search fees/IBM*, OJEPO 1993, 591	281
Case G3/92	*Unlawful applicant*, OJEPO 1994, 607	227, 228
Case G4/92	*Basis of decisions*, OJEPO 1994, 149	155, 319
Case G9/92	*Non-appealing pary/BMW*, OJEPO 1994, 875	157
Case G10/92	*Divisional application*, OJEPO. 1994, 633	248
Case G1/93	*Limiting feature/Advanced Semiconductor Products*, OJEPO 1994, 541	169, 170, 174, 175
Case G2/93	*Hepatitis A virus*, OJEPO 1995, 275	243
Case G4/93	*Non-appealing party/Motorola*, OJEPO 1995, 875	145
Case G7/93	*Late amendments/Whitby* Ⅱ, OJEPO 1994, 775	123, 124, 155, 156 287, 288, 341
Case G9/93	*Opposition by patent proprietor/Peugeot and Citroen*, OJEPO 1994, 891	127
Case G10/93	*Scope of Examination in ex parte appeals/Siemens*, OJEPO 1995, 172	143, 149, 157
Case G1/94	*Intervention/Allied Colloids*, OJEPO 1994, 787	139
Case G2/94	*Representation/Hautau*, OJEPO 1996, 401	183
Case G1/95	*Fresh grounds for opposition/De La Rue*, OJEPO 1996, 615	129
Case G2/95	*Replacement of application documents/ Atotech*, OJEPO 1996, 555	343
Case G4/95	*Representation/Bogasky*, OJEPO 1996, 412	159, 183
Case G6/95	*Interpretation of Rule71(a)(1)/GE Chemicals*, OJEPO 1996, 649	157, 160, 320
Case G7/95	*Fresh grounds for opposition/Ethicon*, OJEPO 1996, 626	129, 291
Case G1/97	*Request with a view to revision/ETA*, OJEPO 2000, 322	143, 177
Case G2/97	*Good faith/Unilever*, OJEPO 1999, 123	146
Case G3&4/97	*Opposition on behalf of a third party*, OJEPO 1999, 245	290
Case G1/98	*Transgenic Plant/Novartis II*, OJEPO 2000, 111	34, 35, 70, 238, 439
Case G4/98	*Designation Fees*, OJEPO 2001, 131	72, 75, 93, 96, 363
Case G1/99	*Reformatio in Peius/3M*, OJEPO 2001, 381	145

Case G3/99	*Admissibility of joint opposition or joint ap peal/ Howard Florey Institute*, OJEPO 2002, 347	16,127, 183, 290
Case G1/02	*Formalities officers' powers*, OJEPO 2003, 165	223
Case G2/02	*Priorities from India/AstraZeneca*, OJEPO 2004, 483	465
Cases G1&2/03	*Admissibility of disclaimer*, OJEPO 2004, 413 and 448	107,170,171, 173,191
Case G3/03	*Reimbursement of the appeal fee/ Highland Industries*, OJEPO 2005, 344	148
Case G1/04	*Diagnostic Methods*, OJEPO 2006, 331	35,36,38
Case G2/04	*Transfer of opposition/Hoffmann-La Roche*, OJEPO 2005, 549	128,234
Case G3/04	*EOS* (not reported), 142	302
Case G1/05	*Validity of divisional applications*, pending	92
Case G1/06	*Sequence of divisionals*, pending	92
Case G1/90	OJEPO 1991, 275	143
Case G1/97	OJEPO 2000, 322	143,177
Case G1/99	OJEPO 2001, 381	145
Case G2/91	OJEPO 1992, 206	145
Case G2/97	OJEPO 1999, 123	146,310
Case G3/03	OJEPO 2005, 344,	148
Case G4/93	OJEPO 1995, 875	145
Case G7/91	OJEPO 1993, 356 and OJEPO 1993, 478	145,157
Case G8/91	OJEPO 1993, 346	145,157,309
Case G10/93	OJEPO 1995, 172	143,149,157

技术上诉委员会(*Technical Board of Appeal*)

Case T2/80	*Bayer*, OJEPO 1981, 431	102
Case T4/80	*Bayer*, OJEPO 1982, 149	106
Case T11/82	*Lansing Bagnall*, OJEPO 1983, 479	460
Case T13/82	*BBC*, OJEPO 1983, 411	339
Case T32/82	*ICI*, OJEPO 1984, 354	102
Case T84/82	*Macarthys Pharmaceuticals*, OJEPO 1983, 451	287
Case T94/82	*ICI*, OJEPO 1984, 75	104
Case T128/82	*Hoffman-La Roche*, OJEPO 1984, 164	48
Case T150/82	*Bayer*, OJEPO 1984, 309	105
Case T150/82	*IFF*, OJEPO 1984, 309	257
Case T181/82	*Ciba Geigy*, OJEPO 1984, 401	58
Case T2/83	*Rider*, OJEPO 1984, 265	55, 57
Case T36/83	*Roussel-Uclaf*, OJEPO 1986, 295	106
Case T49/83	*Propagating Material*, OJEPO 1984, 112	35
Case T144/83	*Du Pont*, OJEPO 1986, 301	37

Case T219/83	*BASF*, OJEPO 1986, 211	161
Case T13/84	*Sperry*, OJEPO 1986, 253	55, 257
Case T81/84	*William H Rorer*, OJEPO 1988, 207	37
Case T170/84	*Bossert*, OJEPO 1986, 400	257
Case T171/84	*Air Products*, OJEPO 1986, 95	101
Case T208/84	*Vicom*, OJEPO 1987, 14	31, 32, 257
Case T237/84	*Philips*, OJEPO 1987, 309	106, 257, 262
Case T258/84	*Etat Francais*, OJEPO 1987, 119	150
Case T287/84	*Brunswick*, OJEPO 1985, 333	167
Case T68/85	*Ciba-Geigy*, OJEPO 1987, 228	104
Case T116/85	*Wellcome Foundation Ltd*, OJEPO 1989, 13	61, 62
Case T123/85	*BASF*, OJEPO 1989, 336	108
Case T149/85	*Bredero*, OJEPO 1986, 103	11
Case T171/85	*Gillette* OJEPO 1987, 160	288
Case T292/85	*Genentech*, OJEPO 1989, 275	100, 101
Case T19/86	*Duphar International Research BV*, OJEPO 1989, 25	48
Case T246/86	*Bull*, OJEPO 1989, 199, 259	261
Case T281/86	*Unilever*, OJEPO 1989, 202	100
Case T385/86	*Brukker*, OJEPO 1988, 308	37
Case T390/86	*Shell*, OJEPO 1989, 30	318
Case T433/86	(not reported)	106
Case T77/87	*ICI*, OJEPO 1990, 280	261
Case T170/87	*Sulzer*, OJEPO 1989, 441	106
Case T230/87	(not reported)	108
Case T301/87	*Biogen*, OJEPO 1990, 195	101, 108, 134
Case T320/87	*Hybrid Plants/ Lubrizol*, OJEPO 1990, 71	35, 238, 440
Case T416/87	OJEPO 1990, 415	
Case T144/83	*Du Pont*, OJEPO 1992, 552	37
Case T73/88	*Flessner*, OJEPO 1992, 557	145
Case T197/88	*ICI*, OJEPO 1989, 412	300
Case T182/89	*Sumitomo*, OJEPO 1991, 391	101
Case T418/89	*Ortho*, OJEPO 1993, 20	243
Case T482/89	*Telemechemique*, OJEPO 1992, 646	40, 161
Case T611/89	*Hüls Troisdorf AG* (not reported)	99
Case T780/89	*Bayer*, OJEPO 1993, 440	37
Case T19/90	*Harvard*, OJEPO 1990, 476	101
Case T89/90	*Sprecher and Schuh*, OJEPO 1992, 456	144
Case T97/90	*Takemoto Yushi*, OJEPO 1993, 719	150
Case T182/90	*See-Shell Biotechnology Inc.*, OJEPO 1994, 641	36
Case T553/90	*Marlboro*, OJEPO 1993, 666	87
Case T227/91	*Codman & Schurtleff*, OJEPO 1994, 491	37
Case T267/91	*Plüss-Staufer AG* (not reported)	99

Case T409/91	*Exxon/Fuel oils*, OJEPO 1994, 653	100,101,107
Case T522/91	*Amoco* (not reported),	103
Case T523/91	*Bayer* (not reported),	106
Case T548/91	*Schering Corporation* (not reported)	101
Case T688/91	(not reported)	106
Case T766/91	*Boeing* (not reported)	53
Case T160/92	*Mead Corporation*, OJEPO 1995, 35	261
Case T164/92	*Robert Bosch*, OJEPO 1995, 305	52
Case T455/92	*Alcatel* (not reported)	106
Case T465/92	*Alcan International*, OJEPO 1996, 32	57, 60
Case T694/92	*Mycogen*, OJEPO 1997, 408	52, 100, 101
Case T753/92	*Nordson* (not reported)	144, 306
Case T820/92	*General Hospital Corp*, OJEPO 1995, 113	37
Case T939/92	*Agrevo*, OJEPO 1996, 309	61
Case T39/93	*Allied Colloids*, OJEPO 1997, 134	51, 79
Case T74/93	*Re. British Technology Group*, OJEPO 1995, 712	61
Case T167/93	*Procter & Gamble*, OJEPO 1997, 229	151, 177
Case T187/93	*Genentech* (not reported)	101
Case T204/93	*American Telephone & Telegraph Company* (not reported)	62
Case T356/93	*Plant Genetic Systems*, OJEPO 1995, 545	34, 35, 238, 439, 440
Case T378/93	*Toshiba* (not reported)	53
Case T419/93	*Röhm GmbH* (not reported)	255
Case T422/93	Case T422/93 *Jalon*, OJEPO 1997, 24	52
Case T583/93	*HYMO*, OJEPO 1996, 496	102
Case T848/93	*Siemens* (not reported)	103
Case T1050/93	*Rohm and Haas* (not reported)	106
Case T20/94	*Enichem* (not reported)	105
Case T382/94	*Carl Zeiss*, OJEPO 1998, 24	260
Case T958/94	*Therapeutiques substitutive*, OJEPO 1997, 241	48
Case T272/95	*Howard Florey Institute*, OJEPO 1995, 388	238, 439
Case T460/95	*SOMAB S. A.*, OJEPO 1998, 587	307
Case T506/95	*Grote & Hartmann* (not reported)	54
Case T727/95	*Weyershaeuser Company* (not reported)	101
Case T931/95	*PBS Partnership*, OJEPO 2001, 441	32, 257
Case T541/96	*Zachariah* (not reported)	62
Case T574/96	*American Cyanamid* (not reported)	106
Case T986/96	*M. A. I. L. Code Inc.* (not reported)	52

Case T1105/96	*Hamamatsu Photonics K. K.* OJEPO 1998, 249	287
Case T1173/97	*IBM*, OJEPO 1999, 609	15, 31
Case T728/98	*Albany*, OJEPO 2001, 319	103
Case T964/99	*Cygnus*, OJEPO 2002, 4	37
Case T641/00	*Comvik*, OJEPO 2003, 319	31, 32, 51, 54
Case T1191/01	*Icos Corp.* (not reported)	240, 441
Case T39/93	*Allied Colloids*, OJEPO 1997, 134	51, 79
Case T258/03	*Hitachi*, OJEPO 2004, 575	31, 32
Case T315/03	*Harvard*, OJEPO 2006, 15	35, 238, 239, 440, 442
Case T1020/03	*Genentech Inc.* (not reported)	108
Case T1079/03	*Edinburgh University* (not reported)	240, 441, 442
Case W1/97	*Promega*, OJEPO 1999, 33	359
Case T0020/94	*Amorphous TPM/Enichem*[1998]	77
Case T39/93	OJEPO 1997, 134	51, 79
Case T73/88	OJEPO 1992, 557	145
Case T89/90	OJEPO 1992, 456	144
Case T106/06	*Lack of unity* (not reported)	256
Case T167/93	OJEPO 1997, 229	151, 177
Case T258/84	OJEPO 1987, 119	150
Case T326/87	OJEPO 1992, 552	150
Case T870/04	*Max-Planck*[unpublished]	62
Case T788/05	*Terumo*[unreported]	113
Case W11/99	*Percarbonate*, OJEPO 2000, 186	258

法律上诉委员会(*Legal Board of Appeal*)

Case J3/80	*Chubb*, OJEPO 1980, 92	94
Case J5/81	*Hoernann*, OJEPO 1982, 155	122, 282, 284
Case J8/81	*Caterpillar*, OJEPO 1982, 10	317
Case J3/82	*Taisho*, OJEPO 1983, 171	268
Case J8/82	*Fujitsu*, OJEPO 1984, 155	67, 233
Case J23/82	*Clouth*, OJEPO 1983, 127	96
Case J7/83	*Mouchet*, OJEPO 1984, 211	345
Case J18/84	*Entry into patent register*, OJEPO 1987, 215	88
Case J20/84	*Strabag*, OJEPO 1987, 95	97
Case J20/85	*Zenith*, OJEPO 1987, 102	161
Case J25/86	*Warheit*, OJEPO 1987, 475	252
Case T27/86	*Kureha Kagaku* (unpublished)	308
Case J15/88	*Neorx*, OJEPO 1990, 445	259
Case T25/88	*New Flex*, OJEPO 1989, 486	15, 75
Case J1/89	*Liesen feld*, OJEPO 1992, 17	266
Case J19/89	*Professional Representative*, OJEPO 1991, 425	185
Case J6/91	*Du Pont*, OJEPO 1994, 349	121, 268

Case J14/91	*Alt*, OJEPO 1993, 479	178
Case J17/91	*Cohen*, OJEPO 1994, 225	89,235, 300
Case J25/92	*Ostolski*, Marian (not reported)	123, 285
Case J18/93	*Cardiac Pacemakers,Inc.*, OJEPO 1997, 326	63
Case J16/94	*N. N.*, OJEPO 1997, 331	308
Case J28/94	*Suspension of grant proceedings*, OJEPO 1997, 400	226
Case J7/96	*Suspension of the proceedings*, OJEPO 1999, 443	227
Case J16/96	*Association of representatives*, OJEPO 1998, 347	354
Case J18/96	*Filing date*, OJEPO 1998, 403	9
Case J15/98	*Benas de Brigante*, OJEPO 2001, 183	144
Case J9/99	*DC*, OJEPO 2004, 309	354
Case J29/94	OJEPO 1998, 147	149

欧洲专利局公告 (*EPO Announcements*)

Announcement by the President of the EPO of 23 October 1980 concerning the use of an address for correspondence by applicants acting without a representative OJEPO 1980, 397ff.   330

欧洲专利局决定 (*EPO Decisions*)

Decision of the President of the European Patent Office dated 14 May 1998 concerning phased implementation and use of the PHOENIX electronic file system for the creation, maintenance, preservation and inspection of files OJEPO 1998, 360   349 – 350

Decision of the President of the European Patent Office dated 12 July 2007 concerning the designation of the EPO filing offices. Special edition No. 3 OJEPO 2007 A. 1.   141, 217, 218, 223,270, 347, 348, 353, 366

Decision of the President of the European Patent Office dated 14 July 2007 concerning the application of Rule 133 on the late receipt of documents OJEPO Special Edition 3/2007   332,334, 335,360

Decision of the President of the European Patent Office dated 12 July 2007 concerning the information given in the European Patents Register OJEPO Special Edition 3/2007   141, 217, 218, 223, 347

Decision of the President of the European Patent Office dated 12 July 2007 concerning documents excluded from file inspection, OJEPO Special Edition 3/2007   270, 348, 366

Decision of the President of the European Patent Office dated 12 July 2007 on the filing of authorizations, OJEPO Special Edition 3/2007   353

Decision of the President of the European Patent Office dated 8 June 2006 concerning the number of copies to be filed of the documents making up the international patent application for which the European Patent Office (EPO) acts as receiving Office under the Patent Cooperation Treaty (PCT) OJEPO 2006, 439	358
Decision of the President of the European Patent Office dated 24 June 2007 providing for review panels for the implementation of the protest procedure under the PCT, Special Edition 3/2007	359

欧洲专利局的通知 (EPO Notices)

Notice of the Vice-President of the Directorate-General 2 of the EPO dated 28 February 1989 concerning extensions of time periods in examination and opposition proceedings OJEPO 1989, 180	334
Notice of the President of the EPO dated 1 October 2001 concerning the programme for accelerated prosecution of European patent applications OJEPO 2001, 459	348
Notices of the Vice-President Directorate-General 2 and 3 concerning sound recording devices in oral proceedings before the EPO dated 25 February 1986, OJEPO 1986, p. 63ff.	328
Notice from the Vice-President Directorate-General 3 dated 19 May 1998 concerning accelerated processing before the boards of appeal OJ 1998, 362	149,309
Notice of the European Patent Office dated 1 June 1990 concerning the keeping of files relating to European patent applications and patents OJEPO 1990, 365	350
Notice of the Vice-President Directorate-General 2 and 3 dated 1 September 2000 concerning oral proceedings before the EPO OJEPO 2000, 456	319
Notice from the European Patent Office dated 9 December 2003 concerning the My. epoline portal OJEPO 2003,61	331
Notice of the President of the EPO dated 19 September 2005 concerning the problems caused by Hurricane Katrina in the USA on 28th August 2005 EPO website	337
Notice from the European Patent Office dated 12 July 2007 concerning the availability of the EPO filing offices. Special edition no. 3 OJEPO 2007 A. 2.	141,217,218, 223,270,347, 348,353,366
Notice from the European Patent Office dated 24 June 2007 concerning the protest procedure under the PCT, Special Edition 3/2007	359
Notice of the President of the European Patent Office dated 14 July 2007 concerning the programme for accelerated prosecution of European patent applications OJEPO Special Edition 3/2007	332,334,335,360

Notice of the Vice-President of Directorate-General 3 concerning sound recording devices in oral proceedings before the boards of appeal of the EPO dated 16 July 2007 OJEPO Special Edition 3/2007 ... 328
Notice of the Vice-President of Directorate-General 3 dated 16 July 2007 concerning oral proceedings before the boards of appeal of the EPO OJEPO Special Edition 3/2007 ... 319

欧洲专利局行政理事会条例(*EPO Regulation*)

Regulation of the Administrative Council of 21 October 1977 on compensation and fees payable to witnesses and experts OJEPO 1983, 102ff. ... 186—326

2. 欧洲法院的判决 (*ECJ decisions*)

Duijnstee	*Duijnstee v Goderbauer*, ECJ 15 November 1983, Case 288/82 [1983] ECR 3663	67, 229
Netherlands	*Netherlands v European Parliament*, ECJ 9 October 2001, Case C-377/98 [2001] ECR I-7079	445
Rutten	*Rutten v Cross Medical Ltd.*, ECJ 9 January 1997, Case C-383/95 [1997] ECR I-57	64
BASF	*BASF AG v Bureau voor de Industriële Eigendom (BIE)*, ECJ 10 May 2001, Case C-258/99 [2003] ECR I-14781	429
Biogen	*Biogen Inc v. Smithkline Beecham Biologicals SA*, ECJ 23 January 1997, Case C-181/95, [1997] ECR I-357	58, 101, 108, 134, 397, 401
Farmitalia	*Farmitalia Carlo Erba Srl*, ECJ 16 September 1999, Case C-392/97 [1997] ECR I-5553	391, 395, 397
Hässle	*Hässle AB and Ratiophann GmbH*, ECJ 11 December 2003, Case C-127/00, [2003] ECR I-14781	391, 396, 406, 407, 412
MIT	*Massachusetts Institute of Technology*, ECJ 4 May 2006, Case C-431/04 [2006] ECR	390, 391, 393
Novartis	*Novartis AG, University College London, Institute of Microbiology and Epidemiology v. Comptroller-General of Patents, Designs and Trade Marks for the United Kingdom, and Ministre de l' Econonie v. Millennium Pharmaceuticals Inc., formerly Cor Therapeutics Inc.*, ECJ 21 April 2005, Joined Cases C-207/03 and C-252/03, [2005] ECR I-3209	70, 391, 402, 406, 408

Pharmacia Italia	Pharmacia Italia SpA, ECJ 19 October 2004, Case C-31/03. ECR [2004] ECR I-10001	390, 397, 406
Yamanouchi	Yamanouchi Pharmaceuticals Co. Ltd v. Comptroller, General of Patents, Designs and Trade Marks, ECJ 12 June 1997, Case C-110/95, [1997] ECR I-3251	396, 412
Yissum	Yissum Research and Development Company of the Hebrew University of Jerusalem v. Comptroller-General of Patents, Case C-202/05, 17 April 2007, unreported	393

3. 各成员国法院的判决 (*National Court decisions*)

Austria(奥地利)

Backschienenbefestigung	Supreme Patent and Trademark Senate PBl 1993, 34	
Holzlamellen	Austrian Supreme Court (OGH) of 20.10.1992-ÖBl. 1993, 154 = GRUR Int. 1994, 65	67
Lock System	Supreme Court ÖBl 1986, 147, IIC 1989, 80	
Sliding Gate	Supreme Patent and Trademark Senate 19 IIC 676 (1988), 77	81
Supreme Court	4Ob 1128/94 [unpublished]	81
Shower Partition	OHG 12 February 1991, OJ 1993, 87; IIC 1992, 687	87, 88
Vienna Court of Appeals	15 R 158/98 [unpublished]	79

Belgium(比利时)

Merck nv	Merck v. Almirall Prodesfarma, Docket Nr 06/10.756/A, Register Nr. 07/26125, 15 June 2007, unreported	406

Czech Republic(捷克共和国)

Genentech	Genentech's SPC Application SPC/CZ 2004/63, Case ID-3321 (unreported)	412

Denmark(丹麦)

Merck	Merck and Co., Inc v The Patent Board of Appeal, 12 December 2003, Eastern Division of the High Court, B-2667-01 (*Unreported*)	396

England and Wales(英格兰和威尔士)

Assidoman Multipac	Assidoman Multipack v Mead Corp. [1995] RPC 321	81
Bristol-Myers Squibb	Bristol-Myers Squibb v Baker Norton [1999] RPC 253	78
Catnic	Catnic Components Ltd. v Hill & Smith Ltd. [1982] RPC 183	81
Gillette	Gillette Safety Razor Co. v Anglo-American Trading Co. (1913) 30 RPC 465	83,288
Improver Corporation	Improver Corporation v Remington [1990] FSR 181	81
Kirin-Amgen	Kirin-Amgen Inc. v Hoechst Marion Roussel Ltd. [2005] RPC 9	78, 79, 82, 83, 84
Pioneer Electronics	Pioneer Electronics v Warner Music [1995] RPC 487 (High Court); [1997] RPC 757 (Court of Appeal)	70
STEP v Emson	STEP v Emson [1993] RPC 513	84
Windsurfing	Windsurfing International Inc. v Tabur Marine (Great Britain) Ltd. [1985] RPC 59	60,83
Abbott	Abbott Laboratories' SPC Application [2004] RPC 20	399,400
Chiron and Novo Nordisk	Chiron Corp. and Novo Nordisk A/S [2005] RPC 24	396
Pozzoli	Pozzoli SPA v BDMA SA [2007] EWCA Civ 588	61
Takeda No 1	Takeda Chemical Industries Ltd's Applications [2004] RPC 3	396
Takeda No 2	Takeda Chemical Industries Ltd's Applications [2004] RPC 2	397

France(法国)

Bobst	Bobst v USM, Paris Court of Appeal, Ann. 1999, n° 3, p. 291 with note P. Mathély	84
Cosmao	Cosmao v Materiel Marchand, Paris Court of Appeal, Ann. 1975, n°2, p. 113	78, 84
Dolle	Dolle v Emsens, Paris Court of Appeal, Ann. 1990, n°3, p. 235, with note P. Mathély	78
Furmanite International	Furmanite International Ltd v Lamotte, SA, Paris Court of Appeal, PIBD 1997, 644, III, p. 633	79
Garets and Perigot	Garets and Perigot v LCM, Paris Court of Appeal, JURINPI: B19980168	78

Marchal	Marchal v Journée, Cour de Cassation, Annales 1988, 117	84
Suspa	Suspa v Morel, Paris Court of Appeal, PIBD 1994, 563, III, p. 173	78
Tecmobat	Tecmobat and Marteau v SEJ BOF, Paris Court of Appeal, D. B. 1995, IV, 2	84
Abbott	Abbott Laboratories v M. le Directeur de l'INPI, 19 January 2005, Cours d'Appel,04/14435 (Unreported)	396 399,400

Germany(德国)

Advertising Mirror	BGH GRUR 1977, 107, IIC 1977, 448 with comment Pagenberg	75
Alkylendiamine II	BGH GRUR 1977, 100	70
Apparatus for washing Vehicles (Autowaschvorrichtung)	BGH IIC 1992, 120	84
Bridge Building Tank I	BGH IIC 1984, 531, GRUR 1983, 237	75
Bottom Separating Mechanism (Bodenseitige Vereinzelungseinrichtung)	BGH IIC 2005, 971, GRUR 2004, 1032	79
Building Elements	BGH GRUR 1969, 439	70
Covering Sheeting with Slits	BGH IIC 1991, 395, GRUR 1990, 505	70
Custodiol II	BGH IIC 2003, 197	79, 81, 84
Cutting Blade I (Schneidmesser I)	BGH IIC 2002, 873	81, 83, 84
Cutting Blade II (Schneidmesser II)	BGH GRUR 2002, 519, IIC 2003, 197	78
Handle Cord for Battery Case (Batteriekastenschnur)	BGH IIC 1991, 104	
Heatable Breathing Air Hose (Beheizbarer Atemluftschlauch)	BGH IIC 1993, 259	84
Lens Grinder	BGH GRUR 1992, 839; OJ 1993, 331	86
Magazinbildwerfer	BGH GRUR 1982, 692	88
Metal Frame	BGH IIC 1994, 420, GRUR 1969, 409	75—78
Moistening Device (Weichvorrichtung)	BGH IIC 1987, 795, GRUR 78, 583	64—81
Moulded Curbstone (Formstein)		
Motorkettensäge		
Plastic Pipe (Kunststoffrohrteil)	BGH IIC 2003, 302	78, 79

Removal Plate (*Räumschild*)	BGH IIC 2002, 525, GRUR 1999, 977	83
Roasting Pots (*Bratgeschirr*)	BGH IIC 2002, 349	
Schmierfettszuammensetzung (*Lubricant Composition*)	BGH GRUR 2000, 296	59
Semiconductor elements	District Court Düsseldorf, Mai 6, 1997, Case 4 O 246/95	70
Side View Mirror (*Seitenspiegel*)	BGH GRUR 2006, 131	79
Spanplatte	BGH GRUR 66, 558	64
Tension Screw (*Spannschsraube*)	BGH IIC 1999, 932	78
Verwandlungstisch	BGH GRUR 1957, 595	75
Case No. XZR 4/73	Case No. XZR 4/73 of June 3, 1976, German Federal Supreme Court (unpublished)	79
Health Research	X ZB 30/05 Porfirmer, 27 June 2007, (unreported) referred to ECJ as Case C-452/07	399
Aceclofenacl	14 W (pat) 42/04 Aceclofenac, 18 July 2006, (Unreported)	405, 406

Italy(意大利)

Cam Srl v Ego Car Component Srl	GADI 1998, 3792	78
Euralluminio v Schüco	Court of Appeal of Venice, GADI 1994, 3048	84
Iemca v Cucch	Court of Milan, Dec. 4, 1999 [unpublished]	83

The Netherlands(荷兰)

Contacts Lens Liquid	Hoge Road, OJEPO 1998, 142[1998]78	78
Geotechnic/Meeuwissen	The Hague Court, 16 April 2003, BIE 2004/2	60
Meyn v Stork	Meyn v Stork SC NJ 1989, 506	84
NASBA	Gerechtshof Den Haag, GRUR Int. 1998, 58	77
Parteurose/Modulmed	The Hague Court of Appeal 24 March 2005, BIE 2004/1	60
Genzyme	Genzyme Biosurgery Corporation, v Industrial Properly Office, BIE 70 (2002)360-362	394

Sweden(瑞典)

Svea Court of Appeal (NIR) 1981	Svea Court of Appeal (NIR)1981 pp. 152-56	78

AB Hässle	*AB Hässle*, 2 January 2000, Supreme Administrative Court Case Number 3248—1996	391, 396, 406, 407, 412

Switzerland(瑞士)

Dental Abrasive Disk	Commercial Court Zurich IIC 1994, 105	81
Polyurethane Rigid Foam Boards (Polyurethan-Hart Schaumplatten)	BGE 23 IIC268 (1992), 115 II 401	83

USA(美国)

Festo	*Festo Corp. v Shoketsu Kinzoku Kogyo Kabushiki Co. Ltd.*, US Supreme Court (May 28, 2002) (2002) 535 US 722; [2003] FSR 10	78
Wilson	*Wilson Sporting Goods Co. v David Geoffrey & Associates*, 14 USPQ2d 1942, Fed. Cir. 1990	83

4. 国际立法(*International legislation*)

Brussels Convention (《布鲁塞尔公约》)	Convention of 27 September 1968 on jurisdiction and the enforcement of judgments in civil and commercial matters	
Brussels Regulation (《布鲁塞尔条例》)	Council Regulation (EC) 44/2001, of 22 December 2000 on jurisdiction and the recognition and enforcement of judgments in civil and commercial matters	67, 71, 229
Budapest Treaty (《布达佩斯条约》)	Budapest Treaty on the International Recognition of the Deposit of Microorganisms for the Purposes of Patent Procedure, of 28 April 1977	241, 242, 246, 450, 451, 452
CPC (《共同体专利公约》)	Convention for the European Patent for the Common Market (Community Patent Convention) as amended by the Agreement relating to Community Patents of 15 December 1989	70, 71, 193, 194, 195, 196
Directive 98/44 (《第98/44号指令》)	Directive (98/44/EC) on the Legal Protection of Biotechnological Inventions	431 et seq.
EPC (《欧洲专利公约》)	European Patent Convention of 5 October 1973 as amended by the act revising Article 63 EPC of 17 December 1991 and by decisions of the Administrative Council of the European Patent Organisation of 21 December 1978, 13 December 1994, 20 October 1995, 5 December 1996 and 10 December 1998. European Patent Convention	3 et seq.

EPO Guidelines (《欧洲专利局审查指南》)	Guidelines for Examination in the European Patent Office June 2005 Edition	47
Lugano Convention (《卢加诺公约》)	Convention of 16 September 1988 on jurisdiction and the enforcement of judgments in civil and commercial matters	67,71,229
Patent Treaty (《专利法条约》)	Treaty between the Swiss Confederat-ion and the Principality of Liechtenstein on Patent Protection (Patent Treaty) of 22 December 1978	193,195,196
PCT (《专利合作条约》)	Patent Cooperation Treaty of June 19, 1970, amended on 28 September 1979 and modified on 3 February 1984 and 3 October 2001	455 et seq.
Protocol on Recognition (《承认协议》)	Protocol on jurisdiction and the recognition of decisions in respect of the right to the grant of a European patent of 5 October 1973	65,66,129, 208,209,211, 228,229,230, 375 et seq.
Regulation 1768/92 (《第1768/92号条例》)	Council Regulation No (EEC) 1768/92, of 18 June 1992, concerning the creation of a supplementary protection certificate for medicinal products, OJ EC L 182/1992, 1	68, 387 et seq.
Regulation 2100/94 (《第2100/94号条例》)	Regulation (EC) No. 2100/94 on Community Plant Variety Rights	237,436, 438,446, 447,448,449
Regulation 1610/96 (《第1610/96号条例》)	Regulation (EC) No 1610/96 of the European Parliament and of the Council of 23 July 1996 concerning the creation of a supplementary protection certificate for plant protection products, OJ EC L 198/1996, 30	68,388,391, 397,402,408, 415 et seq.
Regulation 44/2001 (《第44/2001号条例》)	Council Regulation (EC) No 44/2001 of 22 December 2000 on jurisdiction and the recognition and enforcement of judgments in civil and commercial matters	67
Regulation 772/04 (《第772/04号条例》)	Commission Regulation (EC) No 772/2004 of 27 April 2004 on the application of Article 81(3) of the Treaty to categories of technology transfer agreements	88
Rules relating to Fees (《缴费规则》)	EPO Rules relating to Fees, last amended on 15 December 2005 (amendments entered into force on 1 April 2006)(OJEPO 2006, 8)	21,22,23, 28,144,202, 208,220,306
Rules of Procedure of the Enlarged Board of Appeal (扩大上诉委员会的程序规则)	Version consolidating the amendments OJEPO 1989, 362; OJEPO 1994, 443, and in OJEPO 2003, 58	151,225

Rules of Procedure of the Boards of Appeal（上诉委员会程序规则）	Published OJEPO 2003, 89 Version consolidating the amendments published in OJEPO 1983, 7; OJEPO 1989, 361; OJEPO 2000, 316 and OJEPO 2003	17,157,160, 224,308,320
UPOV Convention（《植物新品种保护公约》）	Convention for the Protection of New Varieties of Plants (UPOV), which was adopted in Paris in 1961 and it was revised in 1972, 1978 and 1991	34, 437
Vienna Convention（《维也纳公约》）	Vienna Convention on the Law of Treaties of 23 May 1969	216, 382,592
Regulation 2309/93（第 2309/93 号条例）	Council Regulation (EEC) No 2309/93 of 22 July 1993 laying down Community procedures for the authorization and supervision of medicinal products for human and veterinary use and establishing a European Agency for the Evaluation of Medicinal Products, OJ L 214, 24 August 1993	394
Regulation 726/2004（第 726/2004 号条例）	Regulation (EC) No 726/2004 of the European Parliament and of the Council of 31 March 2004 laying down Community procedures for the authorisation and supervision of medicinal products for human and veterinary use and establishing a European Medicines Agency (Text with EEA relevance), OJ L 136, 30 April 2004	387, 394, 395, 399
Directive 65/65（第 65/65 号指令）	Council Directive 65/65/EEC of 26 January 1965 on the approximation of provisions laid down by Law, Regulation or Administrative Action relating to proprietary medicinal products, OJ 22, 9 February 1965	387,392, 393,394, 395,396, 400,405, 406,412,415
Directive 81/851（第 81/851 号指令）	Council Directive 81/851/EEC of 28 September 1981 on the approximation of the laws of the Member States relating to veterinary medicinal products, OJ L 317,6 November 1981	387,393, 394,395, 400,406,415
Directive 90/385（第 90/385 号指令）	Council Directive 90/385/EEC of 20 June 1990 on the approximation of the laws of the Member States relating to active implantable medical devices OJ L 189, 20 July 1990	394
Directive 93/42（第 93/42 号指令）	Council Directive 93/42/EEC of 14 June 1993 concerning medical devices, OJ L 169, 12 July 1993	394
Directive 98/79（第 98/79 号指令）	Directive 98/79/EC of the European Parliament and of the Council of 27 October 1998 on in vitro diagnostic medical devices, OJ L 331,7 December 1998	394

Directive 2001/82 (第2001/82号指令)	Directive 2001/82/EC of the European Parliament and of the Council of 6 November 2001 on the Community code relating to veterinary medicinal products, OJ L 311,28, November 2001	394,395, 399
Directive 2001/83 (第2001/83号指令)	Directive 2001/83/EC of the European Parliament and of the Council of 6 November 2001 on the-Community code relating to medicinal products for human use, OJ L 311, 28 November 2001	394,395, 399
Directive 2004/24 (第2004/24号指令)	Directive 2004/24/EC of the European Parliament and of the Council of 31 March 2004 amending, as regards traditional herbal medicinal products, Directive 2001/83/EC on the community code relating to medicinal products for human use, OJ L 136, 30 April 2004	394
Directive 2004/27 (第2004/27号指令)	Directive 2004/27/EC of the European Parliament and of the Council of 31 March 2004 amending Directive 2001/83/EC on the Community code relating to medicinal products for human use (Text with EEA relevance), OJ L 136, 30 April 2004	394
Directive 2004/28 (第2004/28号指令)	Directive 2004/28/EC of the European Parliament and of the Council of 31 March 2004 amending Directive 2001/82/EC on the Community code relating to veterinary medicinal products (Text with EEA relevance), OJ L 136, 30 April 2004	394
Regulation 1901/2006 (第1901/2006号条例)	Regulation (EC) No 1901/2006 of the European Parliament and of the Council of 12 December 2006 on medicinal products for pediatric use and amending Regulation (EEC) No. 1768/92, Directive 2001/20/EC, Directive2001/83/EC and Regulation (EC) 726/2004.	388, 416
Directive 91/414 (第91/414号指令)	Council Directive 91/414/EEC of 15 July 1991 concerning the placing of plant protection products on the market, OJ L 230, 19 August 1991	415,419 420,421,422 424,426,429

5. 欧盟的决定(*European Union Decision*)

Dicision 93/626 (第93/626号指令)	Council Decision 93/626/EEC of 25 October 1993 concerning the conclusion of the Convention on Biological Diversity, OJ L 309, 13/12/1993; Corrigendum OJ L 082, 25/03/1994	437,438

6. 文献

Brinkhof	The Extent of the Protection Conferred by European Patents—Problems and Suggestions IIC 1989, 488
Falconer	The Determination of Subject-matter Protected by a Patent in Grant, Infringement and Revocation Proceedings, 20 IIC 348 (1989)
Grabinski	Can and May Determination of the Extent of Protection Conferred by a European Patent in Different Countries Lead to Different Results? IIC 1999, 855
Meier-Beck	The Scope of Patent Protection—The Test for Determining Equivalence, IIC 2005, 339
Pagenberg/Cornish	Interpretation of Patents in Europe—Application of Article 69 EPC, Edited by Dr. Jochen Pagenberg, LL. M., and Prof. William R. Cornish, Heyrnanns 2006
Pagenberg	The Scope of Art. 69 European Patent Convention: Should Sub-Combinations Be Protected? A Comparative Analysis on the Basis of French and German Law, IIC 1993, 314

索　引

（索引中的页码为原书页码，即本书边码）

A

abandonment of claims,权利要求的放弃,259，364—365
abstracts,摘要
　　definitive content,确定的内容,282
　　European patent applications,欧洲专利申请,108，260—261
　　European search reports,欧洲检索报告,121，282
　　international applications,国际申请,457
　　and Receiving Section,受理处,274
accelerated processing, appeals,加速处理,上诉,309
accession
　　European Patent Convention 2000（EPC 2000）,《欧洲专利公约（2000）年》,209—210
　　Patent Cooperation Treaty（PCT）,《专利合作条约》,540—541
　　Patent Law Treaty（PLT）,《专利法条约》,585—587
Accidental disclosure and novelty,偶然公开和新颖性,44
acquired rights,既得的权利,214—215
active ingredients, supplementary protection certificates for medicinal products,活性成分,医药产品补充保护证书,390
active substances, definition,活性物质,定义,419
addresses, Patent Law Treaty（PLT）,地址,《专利法条约》,560—563，577
administrative and legal co-operation European Patent Office,欧洲专利局行政和法律委员会,181，350—352
　　inspection and communication of files,文件的查阅和传送,181
　　taking of evidence,取证,181
Administrative Council,行政理事会,19—23
　　and appointment of EPO employees,欧洲专利局雇员的任命,7
　　approval of accounts,财务审批,27
　　Board,委员会,19
　　and Boards of Appeal,上诉委员会,224
　　Chairman,主席,19
　　competences,资格,21—22
　　Deputy Chairman,副主席,19
　　European Patent Convention 2000（EPC2000）,《欧洲专利公约（2000年）》,4
　　and European Patent Office,欧洲专利局,6
　　European Patent Organisation,欧洲专利组织,4
　　and exchanges of information,信息交互,180
　　languages,语言,20
　　meetings,会议,20
　　membership,成员,19
　　observers,观察员,20
　　and Patent Cooperation Treaty（PCT）,《专利合作条约》,200，202—204
　　and privileges and immunities,特权与豁免,383
　　select committee,特别委员会,194
　　and special departments,专门部门,194
　　staff, premises and equipment,工作人

员、办公场所和设备, 20
    transitional provisions, 过渡规定, 205—207
    voting rights, 表决权, 22
    voting rules, 表决规则, 22—23
    weighting of votes, 票数计算, 23
Administrative Tribunal of the International Labour Organization, 国际劳工组织行政法庭, 8
admissibility see also inadmissibility 可接受性, 也见"不可接受"
    appeals, 上诉, 148
    opposition, 异议, 132—133
admissible languages, 可接受语言, 11, 220, see also languages, 也见"语言"
advances, European Patent Organisation, 预付账款, 欧洲专利组织, 25
aesthetic creations, 审美创造, 30
"all due care" see due care and re-establishment of rights, 参见"尽所有努力和权利恢复"
ambiguity and novelty, 多种含义和新颖性, 41
amendment, 修改
    addition of claim features, 增加权利要求的技术特征, 173
    allowable amendment test, 准予修改的法律标准, 171
    change in claim category, 改变权利要求的类型, 172
    claims, 权利要求书, 463, 503—504
    and content of application as filed, 原始提交的专利申请内容, 171—172
    deletion of features, 删除技术特征, 172
    description, 说明书, 461, 503—504
    description and/or drawings, 说明书和/或附图, 175
      and disclaimers, 具体放弃, 170—171, 173
    divisional application, 分案申请, 92, 173—174
    and documents referred to in application, 申请中引用的文件, 171
    drawings, 附图, 175, 503—504
    and errors in application as filed, 原始申请中的错误, 172
    Euro-PCT applications, Euro-PCT 申请（通过 PCT 进入欧洲阶段的申请）, 363—364
    European patent applications, 欧洲专利申请, 101, 124, 168—175
    correction of errors, 错误更正, 342—343
    in decisions, 决定中的, 343
    different claims, description and drawings for different states, 针对不同国家的不同的权利要求书、说明书和附图, 341—342
    and Examining/Examination Divisions, 审查部, 288
    Implementing Regulations, 实施细则, 340—343
    prohibition before search, 检索前禁止, 340
European patents, 欧洲专利, 168—175
    as a result of opposition, 异议结论, 134—135
    extension of subject-matter, 主题内容的扩展, 168—170
    generalization of claim feature, 技术特征的概括, 172
    after grant, 授权后, 174—175
    international applications, 国际申请
      before designated Offices, 向指定局, 491, 503—504
      before elected Offices, 向选定局, 523
    before International Bureau, 向国际局, 483—485
    and languages, 语言, 171—172
    and limitation proceedings, 限制程序, 306
    and oral proceedings, 口头审理程序, 320
    and Patent Law Treaty (PLT), 《专利法

条约》,565,577
　　and procedural provisions,程序性的规定,168
　　and relevant subject-matter,相关的主题内容,170—171
　　specification,专利说明书,136,142
amino acid sequences,氨基酸序列,240—241,366
animal suffering and patentability,动物痛苦和专利性,239,442
animal varieties, patentability,动物品种,专利性,35,238,439—440
"anticipation" and novelty,"偶然占先"和新颖性,39
anticipation by single disclosure only see single disclosure only and novelty 参见"仅一篇对比文件和新颖性"
appealable decisions,可上诉的决定,316
appeals,上诉 142—154, see also Boards of Appeal; Enlarged Board of Appeal,也见上诉委员会,扩大上诉委员会
　　accelerated processing,加快审查,309
　　admissibility,受理条件、可接受性,148
　　adverse effect,不利影响,144—145,152
　　binding effect of Boards of Appeal decisions,上诉委员会决定的约束力,150—151
　　on costs,对……成本,306
　　on costs in opposition proceedings,异议程序的费用,144,306
　　criminal acts,犯罪行为,154
　　decisions,决定,150—151,309
　　Enlarged Board of Appeal,上诉委员会,151—152
　　decisions subject to,受……限制的决定,142—144
　　examination,审查,148—150,308—310
　　failure to reply,未予答复,309—310
　　to invitation from Boards of Appeal,上诉委员会要求,149—150
　　fees,规费、费用,147,311—312
　　form,形式要求,145—146

　　form of appeal documents,上诉文件的格式,308
　　grounds for review by Enlarged Board of Appeal,请求扩大上诉委员会复审的理由,153—154
　　Implementing Regulations,实施细则,143,145,306—312
　　inadmissibility,不可接受,310
　　interim communication,中间通知,309
　　against interlocutory decisions,针对中间决定的,144
　　interlocutory revision,程序中间的更正,147—148
　　as judicial procedure,作为司法程序、具有司法程序性质,143
　　merits,实质依据,148
　　new claims,新的权利要求书,309
　　notice of appeal,上诉书,146,307—308
　　opinions, Enlarged Board of Appeal,扩大上诉委员会意见,151—152
　　Opposition Division decisions,异议部决定,307
　　oral proceedings,口头审理程序,308—309
　　parties,当事人、参加人,144—145
　　persons entitled to appeal,有资格提出上诉的人,144—145
　　prior notification,在先通知,310
　　procedural defects,程序缺陷,153—154
　　procedure for conduct,审查程序,148—149,308—309
　　rectification not allowed 不允许的更正,348
　　rectification of decisions,更正决定,147—148
　　reformatio in peius,上诉不加罚,145
　　remittal to Board of Appeal,移送到上诉委员会,148
　　statement of grounds,理由陈述书,146—147,307—308
　　supplementary protection certificates for

medicinal products,医药产品补充保护证书,408

　　and surrendered/lapsed patents,放弃/过期的专利,143—144,307

　　suspensive effect,中止的效力,143

　　time limits for filing,提出的时限,145—146

　　transfer of right,权利的转让,309

　　withdrawal,撤回,309

　　written observations,书面意见,308

applicants correction,申请人的更正,63

　　European patent applications,欧洲专利申请,62—63

　　multiple see multiple applicants 多个,参见"多个申请人"

applications see also European patent applications; international applications,申请,也见"欧洲专利申请,国际申请"

　　content,内容,556—557

　　evidence,证据,557

　　form,表格、形式要求,556—557

　　non-compliance with requirements,不符合要求,557—558

　　notifications,通知、公告,557—558

　　Patent Law Treaty (PLT),《专利法条约》,555—558

　　request form,请求书表格,557

　　translation,译文,557

apportionment of costs,费用分摊,137—138,144,306

approved agreements, International Searching Authorities,批准的协议,国际检索单位,475—476

Article 61, paragraph 1

　　and granted patents,第61条第1款,和授权专利,229

　　and issued final decisions by national authorities,国家机构作出终局决定,228

　　and third parties entitled to ownership in respect of part of subject-matter,仅就部分主题内容拥有申请资格的第三方,228

Assembly 大会

Patent Cooperation Treaty (PCT),《专利合作条约》(PCT),530—532

Patent Law Treaty (PLT),《专利法条约》,579—583

assignment, European patent applications,转让、让与转让,欧洲专利申请,88

assumed infringers and opposition procedure,138—140,302

auditing of accounts, European Patent Organisation,财务审计,欧洲专利组织,27

authentic text,作准文本

　　European patent applications,欧洲专利申请,85—87

　　European patents,欧洲专利,85—87

　　extended subject-matter,超出范围的主题内容,86

　　original text,原始文本,86

　　Patent Cooperation Treaty (PCT),《专利合作条约》,545

　　Patent Law Treaty (PLT),《专利法条约》,592

　　authorizations, representation,授权,代表,182—183,353—354

B

basic patents 基本专利

　　definition,定义,392,419

　　and supplementary protection certificates for medicinal products,医药产品补充保护证书,395—396,398

basis of decisions 决定的依据

　　European Patent Convention 2000 (EPC 2000),《欧洲专利公约(2000年)》,154—156

　　ex officio examination,依职权审查,156—158

　　text of European patents/patent applications,欧洲专利/专利申请的文本,155—156

Berlin sub-office, European Patent Office,欧洲专利局柏林分局,370

biological material,生物材料

availability,可获得性,243—245
definition,定义,438
deposit,保存,241—245,450—452
biological processes and patentability,生物学方法和专利性,35
Biotech Directive, see also biotechnological inventions,生物科技指令,431—453,也见"生物技术发明"
derogations,减损,446—447
and national law,本国法,437
scope of protection,保护范围,443—448
biotechnological inventions see also Biotech Directive,生物技术发明,也见"生物科技指令"
animals,动物,238
compulsory cross-licensing,强制交叉许可,448—450
Convention on Biological Diversity (CBD),《生物多样性公约》,437—438
definition,定义,237
deposit of biological material,生物材料保存,241—243,450—452
enablement,可实现,444
essentially biological processes,本质上的生物学方法,440
European Commission reports,欧洲委员会报告,453
exceptions to patentability,专利性的例外,34,239
geographical origin,地理来源,438
identical or divergent form,相同或不同的方式,443—444
Implementing Regulations,实施细则,236—243
incorporation of product,与产品的结合,444
and International Treaties,国际条约,437—438
invention and discovery,发明与发现,238,439
material isolated from its natural environment,从自然环境分离出的材料,238,439
material produced by means of a technical process,利用技术方法生产的材料,238,439
microbiological or technical processes,微生物的或技术的方法,238,440
multiplication,增殖,443,446
patentability, see also animal varieties, patentability; plant varieties,专利性,34,238,437—442,也见"动物品种,专利性","植物品种"
plants,植物,238
propagation,繁殖,443,446
scope of protection provided by Directive,指令提供的保护范围,443—448
specific characteristics as a result of invention,发明特性,443
subsequent generations,后代,444
and sufficiency of disclosure,充分公开,101—102
Boards of Appeal, see also appeals and Administrative Council,上诉委员会,12,14—15,也见"上诉和行政理事会",224
appointment,任命,7,16—17
Chairmen,主席,224
composition,组成、构成,15,18
decisions,决定,150—151
and Enlarged Board of Appeal,扩大上诉委员会,16
examination of appeals,上诉审查,148—150
exclusion and objection,排除和反对,17—38
form of decision,决定书,311
independence of members,成员的独立性,16—18
Legal,法律的,15
means and Taking of evidence,手段与取证,160—162
oral proceedings,口头审理程序,159—160
organisation,组织架构,224

索引　719

Presidium,主席团,224
remittal to,移交,148
Rules of procedure,程序规则,17
　and summons,召集,320
　Technical,技术的,15
　Vice-President in charge,主管副局长,224
broad claims,保护范围宽的权利要求,106
budget, European Patent Organisation,预算,欧洲专利组织,25—26
burden of proof,举证责任
　European Patent Office,欧洲专利局,161
　and products obtained directly by process,直接由方法得到的产品,70
business distribution scheme, Enlarged Board of Appeal,扩大上诉委员会,225
business methods,商业方法, 31

C

centralisation, Protocol on,一体化,关于……的议定书,369—374
certificates of exhibition,展览证书,236
certification of translations,译文的证明,220
chance and performance without undue burden,偶然侥幸和无需过度试验就可实施发明,100
claims 权利要求书
　abandonment,放弃,259,364—365
　amendment,修改,463,503—504
　broad,委员会,106
　conciseness,简洁、简明,106
　content,内容,256—257,462
　contradictions and inconsistencies,矛盾和不一致,102
　correction,更正,463
　dependent,从属的、依赖的,257
　and disclaimers,具体放弃,106—107
　essential features,必要的（技术）特征,102

European patent applications,欧洲专利申请,102—108
　and fees,费用、规费,257—259
　first medical use see first medical use claims and novelty,第一医药用途,参见"第一医药用途权利要求和新颖性"
　form,形式要求,255—257
　generalization from examples,从实施例中概括（权利要求）,107
　independent,独立的,257
　international applications,国际申请,461—463
　　amendment,修改,483—485
　　replacement sheets,替换页,484
　invention defined in terms of functional features,由功能性特征限定的发明,104
　invention defined in terms of parameters,由参数限定的发明,104—105
　invention defined in terms of result,由效果限定的发明,104
　omnibus,总括性的（权利要求）,106
　physical requirements,形式要件,463
　priority see priority claims and priority,优先权,参见"要求优先权和优先权",117
　process see process claims,方法,参见"方法类权利要求"
　product see product claims, extent of protection,产品,参见"产品类权利要求"
　product A for process B/or use C,适于实施方法或用途 B 的产品 A,105—106
　product by process,由方法限定的产品,105
　and Receiving Section,受理处,274
　reference signs,参考标记,257
　reference to description or drawings,参考说明书或者附图,257
　and references to drawings,参考附图,106
　second medical use see second medical use claims,第二医药用途,参见"第二医药用途权利要求"
　special technical features,特定的技术

特征,258
  supported by description,得到说明书支持,107
  "Swiss" see "Swiss" claims "瑞士",参见"瑞士"型权利要求
    terms used,所使用的术语,103
    use see use claims 用途,参见"用途类权利要求"
classification of subject-matter, European search reports,主题内容的分类,欧洲检索报告,278
cloning of humans and patentability,人体克隆和专利性,239,442
closed national routes,关闭国家路径,525
closest prior art see also prior art and obviousness,最接近的现有技术,也见"现有技术和显而易见性",54—57
co-inventors, European Patent Convention 2000 (EPC 2000),共同发明人,《欧洲专利公约(2000年)》,64
combination of prior art and obviousness,显而易见性和现有技术的结合,55—57
Committee for Technical Assistance,技术援助委员会,529—530
common general knowledge and obviousness,公知常识和显而易见性,56—57
  persons skilled in the art,本领域技术人员,52—53
common provisions 共同规定
  European Patent Convention 2000 (EPC 2000),《欧洲专利公约(2000年)》,154—186
  Patent Cooperation Treaty (PCT),《专利合作条约》,524—528
common representatives,共同代表人,63,528
commonly designated states requirement, prior unpublished patent applications,共同指定国要求,在先的未公布的专利申请,47
communications, Patent Law Treaty (PLT),来文,《专利法条约》,560—563

Community patent,共同体专利,2
Community Patent Convention
  and joint designation,《共同体专利公约》和联合指定,196
  Special Agreements,专门协议,193
  and special departments,专门部门,194
compensation for loss of earnings, witnesses,对收入损失的补偿,证人,326
compulsory authorizations, see also mandatory representation,强制许可,354,也见"强制代理"
computer programs,计算机程序,31—32
Conference of ministers of the Contracting States,成员国部长级会议,4
confidential disclosure and state of the art,保密(限制下)公开和现有技术,40
confidentiality,保密性
  and inspection of files,案卷查阅,507—508
  international applications,国际申请,506—508
  and international authorities,国际单位,507
  international preliminary examination,国际初步审查,520—521
  and national authorities,国家机构、国家当局,508
  professional representatives,专业代理人,186
conflicting applications, Euro-PCT applications as,抵触申请,作为……的PCT进入欧洲的申请,367
conservation of evidence,证据保全,326—327
continuation of proceedings,继续审查程序,227
contractual liability, European Patent Organisation,合同责任,合同义务,欧洲专利组织,5
contractual licensing,合同许可,88—89
conversion requests,转换请求,186—188
  fees,费用,规费,188

索引　721

　　filing, 提交, 187
　　formal requirements, 形式要求, 187
　　Implementing Regulations, 实施细则, 356—357
　　public information, 公开信息, 357
　　time limits, 期限, 187, 356—357
　　translation, 译文, 188
correction applicants, 申请人变更, 63
　　before designated Offices, 向(面对)指定局, 499
　　drawings, 附图, 464
　　European patent applications, 欧洲专利申请, 273, 275—276, 287
　　international applications, 国际申请, 499
　　and Patent Law Treaty (PLT), 《专利法条约》, 565
　　priority claims, 要求优先权, 268, 571—575
　　translation, 译文, 86—87
costs opposition procedure, 成本, 异议程序, 136—138
　　appeals on, 对……提出上诉, 144
　　taking of evidence, 取证, 325—326
'could-would' distinction and obviousness, "可能—必然"的区别与显而易见性, 55
criminal acts and review, 犯罪行为与复查, 312
cross-licensing, biotechnological inventions, 交叉许可, 生物技术发明, 448—450

D

date of filing see filing, dates, 申请日, 参见"提交、日期"
declarations of priority, see also priority; priority documents 优先权声明, 267—268, 也见"优先权, 优先权文件"
　　and Receiving Section, 受理处, 275
　　deficient notifications, 有缺陷的通知书, 329—330
　　deleted subject-matter and divisional application, 分案申请, 91

denunciation, 废止
　　European Patent Convention 2000 (EPC 2000), 《欧洲专利公约(2000年)》, 214
　　Patent Cooperation Treaty (PCT), 《专利合作条约》, 544
　　Patent Law Treaty (PLT), 《专利法条约》, 591
dependent claims, 从属权利要求, 257
deposit of biological material, 生物材料的保存, 241—245, 450—452
　　availability of material, 材料的可获得性, 243—245, 451—452
　　expert solutions, 专家方案, 244
　　new deposits, 重新保存, 246
　　required information, 必须的信息, 451
　　undertakings from third parties, 第三方的承诺, 451
depositary, 保存场所
　　Patent Cooperation Treaty (PCT), 《专利合作条约》, 545
　　Patent Law Treat (PLT), 《专利法条约》, 593
depositary institutions, biological material, 保存机构, 生物材料, 242—243, 451
Deputy Chairman, Administrative Council, 副主席, 行政理事会, 19
derivability from prior art and novelty, 从现有技术推导出和新颖性, 41
description, 说明书
　　amendment, 修改, 175, 461, 503—504
　　content, 内容, 254—255, 460—461
　　international applications, 国际申请, 460—461
　　missing parts, 遗漏部分, 271—273, 552—555
　　reference to, 参考, 257
　　designated Offices and amendments, 指定局和修改, 487
　　availability of international applications to, 向……提供国际申请, 468—469
　　communication of applications, 申请的送达, 485—487

and copies of cited documents, 引证文件副本, 487
　　correction before, 向……提出改正, 499
　　definition, 定义, 456
　　and delays, 延误, 492—493
　　European Patent Office, 欧洲专利局, 199—200, 360—362
　　and fees, 费用、规费, 492
　　and inventor designation, 发明人指定, 492
　　and prescribed acts, 规定的行为, 491—492
　　review, 复查, 496—499
　　and time limits, 期限, 492—493
　　and translation, 译文, 486, 490—492
designation
　　fees, 指定费, 96—97, 250—251
　　inventors, 发明人, 98, 231—232
　　and divisional application, 分案申请, 277
　　and Receiving Section, 受理处, 276—277
　　rectification, 改正, 233
　　of states 国家
　　divisional application, 分案申请, 93—94
　　　on filing, 提交申请, 95—96
　　　international applications, 国际申请, 460
　　　withdrawal, 撤回, 97, 495
diagnostic methods and patentability, 诊断方法与专利性, 37—38
direct and unambiguous access, 直接且毫无疑义地获得, 41
directly obtained products, 直接得到的产品, 70
disclaimers 具体放弃
　　amendment of patents/patent applications, 专利/专利申请的修改, 170—171, 173
　　European patent applications, 欧洲专利申请, 106—107
Disclosure, 公开

accidental see accidental disclosure and novelty, 偶然的, 参见"偶然公开和新颖性"
confidential see confidential disclosure and state of the art by European patent applications, 欧洲专利申请, 99—102
　　across breadth of claim, 权利要求覆盖的范围, 100
　　amendment, 修改, 101
　　biotechnological inventions, 生物技术发明, 101
　　and errors in application, 申请中的错误, 100—101
　　extent required, 要求（公开）的范围, 100
　　Implementing Regulations, 实施细则, 102
　　at least one way of carrying out the invention, 至少一种实现发明的方式, 100
　　and opposition, 异议, 101
　　and performance without undue burden, 无须过度试验就可实施, 100—101
　　and persons skilled in the art, 本领域技术人员, 99—100
　　relevant date, 基准日, 101
implicit see implicit disclosure and novelty, 隐含, 参见"隐含公开和新颖性"
non-prejudicial, see non-prejudicial disclosures, 参见"不丧失新颖性的公开"
　　and patentability, see also novelty, 专利性, 39, 也见新颖性
prior, see prior disclosure, 提前, 参见"提前公开"
　　mistakes in, 在……上犯的错误
　　and priority, 优先权, 117
　　types, 类型
　　　confidential disclosure, 保密义务下的信息公开, 40
　　　making available in any other way, 以任何其他方式获知, 40
　　　oral descriptions, 口头公开, 39
　　　use, 使用, 39—40

written descriptions,书面说明(描述),39
discoveries,发现,30
disparaging statements,诽谤性陈述,262
disputes,争端,争议
    European Patent Convention 2000(EPC 2000),《欧洲专利公约(2000年)》,214
    Patent Cooperation Treaty(PCT),《专利合作条约》,539
divisional application,分案申请,90—94
    and additional fees,附加费,266—267
    amendment,修改,92,173—174
    and deleted subject-matter,删除的主题内容,91
    designation of Contracting States,对成员国的指定,93—94
    and double patenting,重复授权,92
    and earlier patent applications,在先专利申请,248
    and examination requests,请求审查,285
    fees,费用,249
    filing,申请(提交),90—93,248—249
    formalities,手续,93
    Implementing Regulations,实施细则,94
    and inspection of files,案卷查阅,177—179
    and inventor designation,指定发明人,277
    languages,语言,248—249
    publication,公布,122
    reasons to file,提交理由,91
    sequences of,……序列,92
    subject-matter,主题内容,91—92
double patenting and divisional application,重复授权和分案申请,92
drawings,附图
    amendment,修改,175,503—504
    content,内容,464
    corrections and amendments,更正与修改,464
    form,表格,259—260,275,464

    international applications,国际申请,463—464
    missing,错过,271—273,470,552
    reference to,参考,257
due care and re-establishment of rights,尽所有努力和权利恢复,167,569—571

E

early publication,European patent applications,早期公开,欧洲专利申请,121—122
ECLA see European classification system(ECLA) and European search reports,参见"欧洲分类体系和欧洲检索报告"
EESR see extended European search reports(EESR) EESR,参见"扩展的欧洲检索报告"
"effective dates" and novelty,"有效期"和新颖性,40—41
elected Offices,选定局
    amendments before,向……提出修改,523
    definition,定义,456
European Patent Office,欧洲专利局,199—202,204,360—362
    and fees,费用,规费,521
    and international applications,国际申请,521—522
    results of national examination,国家审查的结果,523—524
    time limits,期限,521—522
    and translation,译文,521
electronic filing,电子申请
    Implementing Regulations,实施细则 217—218
    Patent Law Treaty(PLT),《专利法条约》,562
enablement,能够实现
    biotechnological inventions,生物技术发明,444
    and novelty,新颖性,42—43
    without undue burden,无须过度试验,43

England and Wales, 英格兰和威尔士
　　equivalents practice, 等同实务, 81—82
　　obviousness, 显而易见性, 60—61
Enlarged Board of Appeal, 扩大上诉委员会, 15—16, 151—154, see also appeals
　　appointment, 也见"上诉(委员会)的任命", 7, 16—17
　　binding effect of decisions, 决定的约束效力, 152
　　business distribution scheme, 业务分配计划, 225
　　Chairman, 主席, 225
　　composition, 组成, 16, 18, 315
　　decisions, 决定, 151—152
　　exclusion and objection, 回避和反对, 17—18
　　external legally qualified members, 外部的法律专家, 16
　　grounds for review, 复审请求的理由, 153—154
　　independence of members, 成员的独立性, 16—18
　　oral proceedings, 口头审理程序, 159—160
　　and parties to proceedings, 参与程序的当事人, 152
　　petitions for review, 请求复审, 152—154, 312—315
　　references to, 参考, 152
　　review of Board of Appeal decisions, 复查上诉委员会决定, 16
　　Rules of procedure, 程序规则, 17
　　Rules of Procedure, 程序规则, 225
　　and suspensive effect, 中止的效力, 152, 154
　　and third party rights, 第三方当事人的权利, 154
entitlement procedure and opposition procedure, 异议程序, 128—129
entry into force, 生效
　　European Patent Convention 2000 (EPC 2000), 《欧洲专利公约(2000年)》, 210, 212
　　Patent Cooperation Treaty (PCT), 《专利合作条约》, 541
　　Parent Law Treaty (PLT), 《专利法条约》, 587—588
EPC 2000 see European Patent Convention 2000 (EPC 2000), EPC 2000, 参见《欧洲专利公约(2000年)》
EPLA see European Patent Litigation Agreement (EPLA), 参见《欧洲专利诉讼协定》
equivalence, 等同
　　English practice, 英国实务, 81—82
　　German practice, 德国实务, 82
　　Protocol on Interpretation, 关于(权利要求)解释的议定书, 81
　　to regular national filings and priority, 正规国家申请和优先权, 114
equivalent veterinary products and supplementary protection certificates for medicinal products, 等同兽医产品医药产品补充保护证书, 406
equivalents and extent of protection, 等同与保护范围, 76
essential elements rule, Protocol on Interpretation, 必要元素(技术特征)规则, 关于(权利要求)解释的议定书, 84—85
essentially biological processes and patentability, 本质上是生物学方法和专利性, 35
estoppel, file wrapper, 禁止反悔, 申请档案, 78
Euro-PCT applications see also Patent Cooperation Treaty (PCT), Euro-PCT 申请, 也见《专利合作条约》
　　and additional fees, 附加费, 266
　　amendment, 修改, 363—364
　　amino acid sequences, 氨基酸序列, 366
　　applicant details, 申请人相关信息, 366
　　claims incurring fees, 权利要求附加费, 364—365
　　as conflicting applications, 作为抵触申

请,367
consideration of unity by EPO, 欧洲专利局对单一性问题的审查,366—367
designation fees, 指定费,363
and European Patent Convention 2000 (EPC 2000),《欧洲专利公约(2000年)》,197—205
examination fees,(实质)审查费,362
examination of formal requirements, 形式要求的审查,365—366
Implementing Regulations, 实施细则,357—367
information to public or official authorities, 对公众或官方机构的信息,177
and inspection of files, 案卷查阅,179
International Search Reports, publication, 国际检索报告, 公布,201
inventor designation, 指定发明人,365
and national offices, 国家局,358
nomenclature, 命名法,200
non-fulfilment of requirements, 未满足要求,363
and prior rights, 优先权,201
prior unpublished patent applications, 在先的未公布的专利申请,47
and priority, 优先权,112
priority number/document, 优先权号/文件,365—366
and provisional protection, 临时保护,201
publication, 公布,200—201, 205
remittal fees, 费用减免,358
search fee reductions, 减少检索费,202
and state of the art, 现有技术,367
supplementary search reports, 补充检索报告,201—202, 362
translation, 译文,201
unity of invention, 发明单一性,366—367
European classification system (ECLA) and European search reports, 欧洲分类系统(ECLA)和欧洲检索报告,278

European divisional applications see divisional applications 欧洲分案申请,参见"分案申请"
European Group on Ethics in Science and New Technologies, 科学和新技术伦理问题欧洲组,442
European patent applications, 欧洲专利申请, 89—118
abstracts, 摘要,108, 260—261
amendment, 修改,168—175, 340—343
applicants, 申请人,62—63
assignment, 转让、让与,87—88
authentic text, 作准文本,85—87
claims, 权利要求书,102—108, 255—257
co-inventors, 共同发明人,64
common representatives, 共同代表人,63
conflicting applications and priority, 抵触申请与优先权,118
constitution of other rights, 形成其他权利,87
content, 内容,95
content of description, 说明书的内容,254—255
contractual licensing, 合同许可,88—89
conversion into national applications, 转换成国家申请,186—188, 356—357
correction, 更正,273
of deficiencies in application documents, 申请文件中的缺陷,275—276, 287
declarations of priority, 优先权声明,267
designation fees, 指定费,250—251
designation of Contracting States, 指定成员国,95—97
disclosure by, 被……公开,99—102
divisional applications, 分案申请,90—91, 122
documents filed subsequently, 后来提交的文件,263—264

drawing up of European search report, 制作欧洲检索报告, 120—121
　　drawings, 附图, 259—260
　　early publication, 早期公开, 121—122
　　effect, 效果, 68—86
　　entitlement to file, 申请资格, 62—63
　　equivalence of European and national filing, 欧洲和国家申请的等同, 72
　　examination, 审查, 123—124
　　　　and different claims for different states, 对不同的国家的不同权利要求书, 124
　　　　fees paid early, 提前缴费, 123
　　　　on filing, 关于提交, 12, 118—119
　　　　of formal requirements, 形式要求, 119—120
　　　　missed deadlines, 被耽误的期限, 123
　　　　PACE (Programme for Accelerated Prosecution of European Patent), 欧洲专利申请加快审查程序, 124
　　　　process, 程序, 124
　　　　regional phase applications, 进入欧洲地区阶段的申请, 123—124
　　　　requests, 请求书, 123
　　examination requests, 实质审查请求, 284—285
　　extent of protection, 保护范围, 保护的内容, 80
　　fee payment, 缴费, 95
　　filing, 提交, 89—94, 246—253
　　　　dates, 日期, 97—98, 251—253
　　　　fees, 95, 250
　　　　methods, 方法, 247
　　　　with national offices, 向国家局提交, 10
　　　　and national offices, 国家局, 247
　　　　of new application by entitled person, 有资格的人提出的新申请, 229—230, 267
　　　　first to file, 先申请, 64—65
　　　　form and content of claims, 权利要求书的形式与内容, 255—257

　　formal requirements, 形式要件, 273—275
　　forwarding, 转发, 94, 249
　　further processing, 进一步处理, 164—165
　　grant, 批准、授权, 125
　　Implementing Regulations, 实施细则, 253—264
　　international applications, publication, 国际申请, 公布, 122
　　inventor designation, 指定发明人, 98
　　languages, 语言, 8—12, see also languages of proceedings, 也见"审查程序使用的语言", 9—11, 85—86
　　　sanctions for failing to meet requirements, 对不符合要求的制裁, 10
　　legal authenticity of translations, 译文的法律真实性, 221
　　limitation of protection, 限制保护, 74
　　loss of effect of protection, 丧失保护效力, 75
　　multiple applicants, 申请人多个申请人, 63, 254
　　and national offices, 国家局, 249
　　and nucleotide or amino acid sequences, 核苷酸或氨基酸序列, 240—241
　　as object of property, 财产客体, 87—89, 195
　　opportunity to correct deficiencies, 补正缺陷的机会, 119
　　parallel inventions, 平行发明, 64—65
　　performance of invention without undue burden, 无须过度实验实施发明, 100—101
　　persons not entitled, 不具有资格的人, 65—67
　　petitions for review, 复查请求, 267
　　place of filing, 申请提出地, 90—91
　　presentation of application documents, 申请文件提交, 262—263
　　presumption of entitlement, 推定权利资格, 65

prior rights, 在先权利, 190—191
priority, 优先权, 110—118, 267—270
 procedure up to grant, 授权前审查程序, 118—126
 prohibited matter, 禁止的内容, 261—262
 provisional protection and granted claims, 临时保护和授权的权利要求书, 74
 publication, 公布, 11, 121—123
  deadline for technical preparations, 技术准备的期限, 284
  deadlines, 期限, 282
  designated Contracting States, 指定的成员国, 283
  divisional application 分案申请, 122
  form, 形式, 122, 283—284
  Implementing Regulations, 实施细则, 282—285
  international applications, 国际申请, 122
  prevention, 阻止, 284
  prohibited matter, 禁止的内容, 122
  and provisional protection, 临时保护, 122—123
  technical preparations, 技术准备, 122
  re-establishment of rights, 权利恢复, 267
 refusal, 驳回, 125
 regional phase applications, 进入欧洲地区阶段的申请, 123—124, 361 see also EuroPCT applications, 也见 PCT 进入欧洲的申请
  renewal fees, 维持费, 108—110, 269—270
  replacement application documents, 替换的申请文件, 264
  request for grant, 请求批准, 253—254, 274
  requests for examination, 请求审查, 284—285
  requirements, 要求, 95, 97—98

right to amend application, 修改申请文件的权利, 124
right to patent, 专利权, 63—65
rights arising on same date, 由于同一申请日产生的权利, 190—191
rights conferred after publication, 公布后享有的权利, 73—75
search fees, 检索费, 250
statements of entitlement, 享有权利资格的说明, 98
suspension of application procedures, 申请程序中止, 66—67
text as basis for decisions, 作为决定基础的文本, 155—156
transfer, 传送, 87
 translation, 译文, 8—9, see also translation of claims, 也见"权利要求书译文", 74—75
  period for filing, 提交的期间, 10
  publication, 公布, 11
  and Receiving Section, 受理处, 274
 unity of application, 申请的单一性, 162—163
 unity of invention, 发明单一性, 99
European Patent Bulletin, 《欧洲专利公报》, 11—12, 179—180
 amended specifications, 修改的专利说明书, 1.36, 142
 and date of effect, 生效日期, 69
 languages, 语言, 9
 mention of correction of inventorship, 更正发明人信息的登录, 233
 and publication of European search report, 欧洲检索报告的公布, 284
European Patent Convention 2000 (EPC 2000), 《欧洲专利公约（2000 年）》, 3—216
 accession, 批准加入, 209—210
 acquired rights, 既得权利, 214—215
 Administrative Council, 行政理事会, 4, 19—23
 agreements between Contracting

States,成员国之间的协议,196—197,special see Special Agreements,参见"特别协议"

 appeals,上诉,142—154

 basis of decisions,决定依据,154—156

 and central litigation,集中诉讼,196—197

 common provisions,共同条款,154—186

 Conferenceof ministers of the Contracting States,成员国部长级会议,4

 ContractingStates,成员国,209—210

 denunciation,退出,214

 and Directive 98/44,第 98/44 号指令,237

 disputes between Contracting States,成员国之间的争端,214

 duration,持续期间,213

 effects of European patents and European patent applications,欧洲专利申请,68—86

 entitlement to apply for patent,申请专利的资格,62—67

 entry into force,生效,210,212

 and Euro—PCT applications,PCT 进入欧洲地区阶段的申请,197—205

 European patent see European patents,参见"欧洲专利"

 European patent applications,欧洲专利申请,89—118,see also European patent applications as object of property,87—89,也见"作为财产客体的欧洲专利申请"

 European Patent Office,欧洲专利局,4,6—19,see also European Patent Office,也见"欧洲专利局"

 European Patent Organisation,欧洲专利组织,4—5,see also European Patent Organisation,也见"欧洲专利组织"

 extension states,延伸国,210

 final provisions,最终条款,208—216

 financial provisions,财务规定,23—28

 financial rights and obligations of former Contracting States,前成员国财务上的权利和义务,215

 general provisions,一般规定,总则,3—4

 Implementing Regulation,实施细则,217—367

 Implementing Regulations,实施细则,208—209

 initial contributions,首次出资,213

 international applications,国际申请,197—205

 inventor's right to be mentioned,发明人署名的权利,67

 jurisdiction,司法管辖,375—376

 languages,语言,215—216

 and London Agreement,伦敦协议,197

 national equivalence,国家(专利)等同,3

 and national law,国家法、本国法,186—191

 and national utility models/certificates,国家实用新型/实用证书,192

 notifications,通知、公告,216

 opportunity to present arguments,发表意见的机会,155

 opposition procedure,异议程序,126—142

 and Patent Cooperation Treaty (PCT),《专利合作条约》,197—205,525

 and Patent Law Treaty (PLT),《专利法条约》,548

 patentability,专利性,29—62

 privileges and immunities,特权与豁免,379—386

 procedure up to grant,专利审查程序,118—126

 Protocol on centralisation,一体化议定书,369—374

 Protocol on Interpretation,(关于权利要求)解释议定书,80—85

 Protocol on jurisdiction see Protocol on recognition,司法管辖议定书,参见"承认

议定书"
　　Protocol on privileges and immunities，特权与豁免议定书，379—386
　　Protocol on recognition，承认议定书，375—377
　　Protocols，议定书，208—209
　　ratification，批准、承认，209
　　revised texts，修正文本，214
　　recognition，承认，376—377
　　representation，代表，182—188
　　reservations，保留，210—211
　　revision，修改，213—214
　　right to be heard，听审权，154—156
　　signature，签字，209
　　Special Agreements，特别协议，192—197
　　　substantive patent law，实体专利法，29—89
　　　territorial effect，域内效力，3—4
　　　and registration，注册，212
　　　territorial field of application，申请的地域范围，211—212
　　　transitional provisions，过渡规定，205—208
　　　transmission，传送，216
　　　unitary patents，单一专利，192—193
European Patent Institute（EPI），欧洲专利学会，185
European Patent Litigation Agreement（EPLA），2，196—197
European Patent Office，欧洲专利局，6—19
　　　administrative and legal co—operation，行政与法律合作，181
　　　administrative structure，行政机构，222
　　　allocation of duties，职责分配，223
　　　appointment of senior employees，高级雇员的任命，7
　　　basis of decisions，决定依据，154—156
　　　Berlin sub-office，柏林分局，370
Boards of Appeal，see Boards of Appeal，参见"上诉委员会"

burden of proof，举证责任，161
conflicting EPO and national decisions，欧洲专利局和成员国当局决定的冲突，189
continuation of opposition proceedings of its own motion，依自己意愿继续异议审查程序，299—300
decisions，form，决定，形式，315—316
employees，雇员
　　appointment of senior employees，高级雇员的任命，7
　　disputes，争议，争端，8
　　duties of office，义务，8
　　privileges and immunities，特权与豁免，382
Enlarged Board of Appeal，see Enlarged Board of Appeal 参见"扩大上诉委员会"
　　and Euro—PCT applications，通过PCT进入欧洲的申请，197—204，357—367
European Patent Convention 2000（EPC 2000），《欧洲专利公约（2000年）》，4
evidence，means and taking of，证据，手段和取证，160—162
examination of its own motion，依自己意愿审查，156—158
Examining/Examination Divisions，审查部，12—13
　　allocation of duties，职责分配，223
　　amendment of patent applications，专利申请的修改，340—341
　　appeals，上诉，142，151
　　and Boards of Appeal，上诉委员会，14—15
　　examination procedure，审查程序，285—288
　　and grant or refusal，批准或驳回，125
　　means and Taking of evidence，取证，160—162
　　oral proceedings，口头审理程序，159—160，287
　　procedure for approval，批准程序，287—288

responsibilities,责任,职责,222—223
technical opinions,技术意见,18—19
exchange of publications,出版物交换,181
exchanges of information,信息交互,180
expansion of activities,transitional provisions,过渡规定,206—207
formalities officers,形式(程序)审查官员,223
headquarters,总部,5
information on prior art,关于现有技术的信息,175—176
information to public or official authorities,面向公众和官方机构的信息,177
inspection of files,案卷查阅,177—179
and International Patent Classification,国际专利分类,222
languages,语言,8—12
Legal Division,法律部,12,14
allocation of duties,职责分配,223
appeals,上诉,142
means and Taking of evidence,取证,160—162
oral proceedings,口头审理程序,159—160
Liaison sub-office,负责联络的分局,5
management,管理,6—7
and national courts,国家法院,18—19
and national proceedings,国家程序,189
notification,通知,通告,163
noting of loss of rights,权利丧失的通知,317—318
observations by third parties,第三方意见,158—159
offices,办公室,5
Official Journal,see Official Journal of the European Patent Office,参见《欧洲专利局官方杂志》
Opposition Divisions,异议部,12—14
allocation of duties,职责分配,223
appeals,上诉,142,151
and Boards of Appeal,上诉委员会,15
and costs,成本,137,301
examination of opposition,异议审查,131—134,295—296
means and Taking of evidence,取证,160—162
oral proceedings,口头审理程序,159—160
preparation of examination,审查准备,294—295
oral proceedings,口头审理程序,159—160
organisation,Implementing Regulations,组织架构,实施细则,222—225
patent classification,专利分类,222
and Patent Cooperation Treaty(PCT),《专利合作条约》,197—204
periodical publications,定期出版物,179—180
personal liability of employees,雇员的个人义务,6
President,局长,5—7
and auditing of accounts,财务审计财务审计,27
and budget implementation,预算执行,27
and Enlarged Board of Appeal,扩大上诉委员会,16,151
functions and powers,职能与权力,6—7
and professional representatives,专业的代理人,184
and publication of European patent applications,欧洲专利申请,282
and special departments,专门部门,193
Presidential directions,局长职权,7
Receiving Section,受理处,12
appeals,上诉,142,151
examination,审查,270—277
oral proceedings,口头审理程序,159—160

索引　731

　　responsibilities，责任、职责，222—223
　　reference to general principles，参考一般规定，176—177
　　representation before，在……代表，383—185
　　Search Divisions，检索部，12
　　allocation of duties，职责分配，223
　　and Boards of Appeal，上诉委员会，15
　　signatures，签字，318
　　special departments，专利部门，193—194
　　sub-offices，分局，5，370，373
　　technical opinions，技术意见，18—19
　　time limits，期限，163—164
　　Vice-Presidents，副局长，7
European Patent Organisation accounting period，欧洲专利局会计年度，26
　　Administrative Council see Administrative Council advances，行政理事会，参见"行政理事会预付账款"，25
　　appropriations for unforeseeable expenditure，对不可预见费用的拨款，26
　　auditing of accounts，财务审计，27
　　authorisation for expenditure，经费支出授权，26
　　budget，预算，25—26
　　budget implementation，预算执行，27
　　budgetary funding，预算资金，23
　　contractual liability，合同责任，5
　　courts with jurisdiction，管辖法院，6
　　European Patent Convention 2000（EPC 2000），《欧洲专利公约（2000年）》，4—5
　　European Patent Office，欧洲专利局
　　　fee levels，收费水平，24
　　　fees，费用、规费，28
　　financial provisions，财政拨款，23—28
　　Financial Regulations，财政规则，28
　　liability，法律责任，5—6
　　non-contractual liability，非合同责任，6
　　own resources，自有的资产，24

　　Pension Reserve Fund，养老储备金，24
　　privileges and immunities，特权与豁免，5
　　provisional budgets，临时预算，26—27
　　renewal fee payments，专利维持费上缴，24
　　Rules relating to Fees（RFees），缴费规则，28
　　special financial contributions，特别出资，24—25
　　and World Intellectual Property Organization，世界知识产权组织，20
European Patent Register，欧洲专利登记簿，9，11—12，177，345—347
European patents see also European patent applications，欧洲专利，也见"欧洲专利申请"
European Patent Convention 2000（EPC 2000），《欧洲专利公约（2000年）》
　　amended specifications，修改的专利说明书，135
　　amendment，修改，168—175
　　amendment as a result of opposition，根据异议结果所做的修改，295
　　authentic text，作准文本，85—87
　　burden of proof and products obtained directly by process，举证责任和直接由方法得到的产品，70
　　certificates，证书，289，300
　　date of effect，生效日期，69
　　directly obtained products，直接得到的产品，70
　　effects，效果，68—86
　　equivalence of European and national filing，欧洲专利申请和国家专利申请的等同性，72
　　extension of protection to compensate for market authorization，补偿市场准入的保护期延长，68
　　extent of protection，保护范围，76—85
　　comparison between claim and infringing embodiment，权利要求与侵权物的比

较,78
  determination of meaning of claims,权利要求含义的确定,77—78
    and equivalents,等同物,76
    and file wrapper estoppel,申请档案禁止反悔,78
    patent specifications as dictionary for interpretation,专利说明书作为解释的字典,78
    and persons skilled in the art,本领域技术人员,79
  pioneer inventions,开拓性发明,77
  process claims,方法类权利要求,77
  product claims,产品类权利要求,77
  and prosecution history,审查历史,78
  questions of fact and law,事实和法律问题,79
  usage of description and drawings,附图,79
  use claims,用途类权利要求,77
 grant,批准,授予,125,288
 languages of proceedings,程序中使用的语言,85—86,see also languages,也见"语言"
 law governing infringement,侵权判断的适用法律,70—71
 limitation,限制限制,141—142
  effects,效力,75
  publication of amended specification,公布修改后的专利说明书,142
  requests for,请求,140—141
 maintenance in amended form,以修改后的方式维持,134—135
  and national patents,rights conferred,国家专利,享有的权利,69
 opposition procedure,异议程序,126—142
 prior rights,在先权利,190—191
 and products obtained directly by process,直接由方法得到的产品,69—70
 products obtained directly by process and process claims,直接由方法得到的产品和

方法类权利要求,70
 publication of specification,公布专利说明书,126
 re-establishment of rights,权利恢复,165—168
 refusal,驳回,125
 renewal fees,维持费,192
 requests for limitation/revocation,请求限制/撤销,140—141
 revocation,撤销,141—142
  effects,效力,75
  and licence royalties,许可使用费,75
  by national authorities,国家机构,188—189
  publication of amended specification,公布修改的专利说明书,142
  requests for,请求,140—141
 revocation on substantive grounds,根据实质理由撤销,134
 right to patent,取得专利的权利,63—65
 rights arising on same date,由同一日产生的权利要求,190—191
 rights conferred,享有的权利,69—71
 specification see also specification publication of new specification following amendment,specification,也见"修改后的专利说明书公布",136
  translation,译文,69,71—72
 term,期限,68
 text as basis for decisions,作为决定依据的文本,155—156
 unity of patent,专利单一性,162—163
European search reports abstracts,欧洲检索报告摘要,121,282
 annexes,附录,278
 categories of cited documents,引证文件的类别,278
 classification of subject-matter,主题内容的分类,278
 content,内容,120,277—278
 declaration considered as,被认为

索引 733

是……的声明,280
  drawing up,拟定、制定,120—121
  extended,扩展的,120,278—279
  further search,进一步检索,280
  Implementing Regulations,实施细则,277—282
  incomplete search,不完全检索,121,279—280
  information about publication,关于公布的信息,284
  invention lacking unity,发明缺乏单一性,280—281
  meaningful search,有意义的检索,279—280
  partial search reports,部分检索报告,121
  publication,公布,283—284
  transmission,传送,281
  and unity of invention,发明的单一性,280—281
evidence,证据
  administrative and legal co-operation,行政和法律合作,181
  applications,申请,557
  burden of proof,举证责任,161
  commission of EPO member,委任欧洲专利局的成员做,322
  conduct of investigation by parties,当事人参与调查的行为,323
  conservation,保全(证据),326—327
  correction of priority claims,更正优先权要求,575
  costs of taking,取证费用,325—326
  decisions on taking of,作出……决定,321
  European Patent Office,欧洲专利局
  means and taking of,手段和取得(证据),160—162,319—329
  examination before EPO,欧洲专利局的审查,322—323
  experts,专家,324—325
  formal taking of,取得(证据)的方式,321
  languages,语言,161
  means and taking of,手段和取得(证据),161—162,319—329
  minutes of evidence taking,取证笔录,327—328
  national court hearings,国家法院听证,322—324
  Patent Law Treaty(PLT),《专利法条约》,557
  precautionary taking of,预防性的取证,327
  re-establishment of rights,权利恢复,571
  re-examination of testimony by courts,法院对证词的重新审查,322,324
  summons to give,发出召集通知,321—322
evident abuse and non-prejudicial disclosures,证据滥用和不丧失新颖性的公开,49—50
evidentiary privilege see privilege, professional representatives,证据特权,参见"特权,专业代理人"
ex officio examination,依职权审查
  European Patent Office,欧洲专利局,156—158
  ex parse proceedings,单方当事人程序,157
  and facts to be examined,被审查的事实,157
  and late facts/evidence,最新的事实/证据,157—158
  opposition/opposition appeal proceedings,反对的上诉程序,156—157,299—300
  and withdrawal by parties,当事人撤回,157
ex parte proceedings, ex officio examination,单方当事人程序,依职权审查,157
examination,审查
  appeals,上诉,308—310

and different claims for different states，对不同国家的不同的权利要求，124
European patent applications，欧洲专利申请，123—124
ex officio，see ex officio examination，参见"依职权审查"
fast track，加快（快速），124
fees paid early，提前缴费，123，285
on filing，提出申请，受理，118—119
of its own motion，see ex officio examination，依自己意愿，参见"依职权审查"
missed deadlines，耽误的期限，123
opposition，异议，131—134
petitions for review，请求复查，154
regional phase applications，（进入）地区阶段的申请，123—124
requests，请求、请求书，123，284—285
Examining/Examination Divisions，审查部，12—13
allocation of duties，职责分配，223
amendment of patent applications，专利申请的修改，390—341
appeals，上诉，142，151
and Boards of Appeal，上诉委员会，14—15
and grant or refusal，批准或驳回，125
means and Taking of evidence，手段与取证，160—162
oral proceedings，口头审理程序，159—160
responsibilities，责任、职责，222—223
technical opinions，技术意见，18—19
exceptions to patentability see also patentability，专利性的例外，也见"专利性"
animal varieties，动物品种，35
biotechnological inventions，生物技术发明，34
diagnostic methods，诊断方法，37—38
essentially biological processes，本质上是生物学方法，35
European Patent Convention 2000（EPC 2000），《欧洲专利公约（2000年）》，33—38
methods of diagnosis，诊断方法，37—38
microbiological processes，生物学方法，35
morality，道德，34
"ordre public"，公序良俗和道德，34
plant varieties，植物品种，34—35
products for use in excluded methods，不授予专利之方法所用的产品，38
second medical use claims，第二医药用途权利要求，36
surgical methods，外科（手术）方法，36—37
Swiss claims，瑞士型权利要求，36
therapeutic methods，治疗方法，37
treatment by surgery，外科手术，36—37
treatment by therapy，治疗疗法，37
treatment methods，治疗方法，35—37
exchange of publications，European Patent Office，出版物交换，欧洲专利局，181
exchanges of information，European Patent Office，信息交互，欧洲专利局，180
excluded methods and patentability，专利性，38
Executive Committee，Patent Cooperation Treaty（PCT），《专利合作条约》，532—534
exhibitions and non-prejudicial disclosures，展出目的和不丧失新颖性的公开，50
expert solutions，deposit of biological material，专家方案，生物材料的保存，244
experts，专家
commissioning of，任命，324—325
communication of opinion to parties，给当事人的意见通知书，324
fees，费用，规费，326
form of report，报告的格式，报告书，324
objection，反对，325
privileges and immunities，特权与豁免，383
terms of reference，职责范围，324

extended European search reports（EESR），扩展的欧洲检索报告,120,278—279

extended subject-matter，超范围的主题内容
 authentic text，作准文本,86
 opposition procedure，异议程序,130—131
 original text，原始文本,86

extension of subject-matter amendment of patents/patent applications，修改超出专利/专利申请主题内容的范围,168—170
 later developments of invention，提出发明申请之后的技术改进,170
 rationale for rule，规则的法理,169—170
 and unwarranted advantage，无根据的优点,169—170

extension states，延伸国,210

F

facsimile filing，传真提交,217—218
fast track examination，快速审查,124
fees，费用
 additional，附加的,266
  appeals，上诉,147,311—312
  reimbursement，退还,311—312
 and claims，权利要求书,257—259,364—365
 conservation of evidence，证据保全,327
 conversion requests，转换请求,188
 and designated Offices，指定局,492
 designation，指定,250—251,423
 divisional application，分案申请,249
 and elected Offices，选定局,521
 Euro-PCT applications，通过PCT进入欧洲的申请,202,358—360,362—365
 European patent applications，欧洲专利申请,95,250
 European Patent Organisation，欧洲专利组织,24,28
 examination，审查,285—286
 experts，专家,326

filing，提交（申请）,250
 of new application by entitled person，有资格的人提出的新申请,229—230
 and Receiving Section，受理处,274
 international applications，国际申请,458,470
 international preliminary examination，国际初步审查,511
 petitions for review, reimbursement，请求复查,退还,315
 preliminary examination，初步审查,359—360
 printing and translation of amended specifications，修改后专利说明书的出版与译文,298
 for printing new specification/filing claims translations，出版新的专利说明书/提交权利要求书译文,135
 priority claims，要求优先权,575
 reductions and translation，（费用）减收和译文,220—221
 re-establishment of rights，权利恢复,571
 registration of transfers，转让登记,234
 renewal see renewal fees，参见"维持费"
 search，检索,250,359—360
 further search，进一步检索,281
 and Receiving Section，受理处,274
 supplementary protection certificates for medicinal products，医药产品补充保护证书,404
 supplementary protection certificates for plant protection products，植物产品补充保护证书,424
 supplementary search reports，补充检索报告,362
 time limits，期限,568

file wrapper estoppel，申请档案禁止反悔,78

filing，提交
 appeals，上诉,145—146
 applications，申请,246—253

authorizations, 批准、准入, 353—354
conversion requests, 转换请求, 187
　　dates, 日期, 251—253
　　　　appeals, 上诉, 145—146
　　European patent applications, 欧洲专利申请, 97—98, 119
　　　　international applications, 国际申请, 966—468, 470
　　　　new application by entitled person, 有资格的人提出的新申请, 229—230
　　　　Patent Law Treaty (PLT), 《专利法条约》, 550—555
　　　　petitions for review, 请求复查, 154
　　　　translations, 译文, 220—221
　　and deposit of biological material, 生物材料的保存, 243
　　divisional application, 分案申请, 90—91, 248—249
　　electronic see electronic filing European patent applications, 欧洲专利申请, 89—94
　　　　examination on, 对……进行审查, 118—119
　　facsimile see facsimile filing, 参见"传真提交"
　　fees see fees, filing, 参见"费用,提交"
　　Implementing Regulations, 实施细则, 217—218
　　　　methods, 方法, 247
　　　　and national offices, 国家专利局, 247
　　　　new application by entitled person, 有资格的人提出的新申请, 229—230
　　　　notice of opposition, 异议书, 132
　　　　opposition procedure documents, 异议程序中的文件, 298
　　　　petitions for review, 请求复查, 154
　　　　place of filing, 提交地, 90—91
　　　　receipt by EPO of forwarded applications, 欧洲专利局收到转交的申请, 247
　　　　requests for limitation/revocation, 请求限制/撤销(专利), 140
　　　　requests for re-establishment of rights, 请求恢复权利, 167
　　supplementary protection certificates for medicinal products, 医药产品补充保护证书, 402—403
　　supplementary protection certificates for plant protection products, 植物产品补充保护证书, 423
　　　　translation, 译文, 220—221
　　　　and effect of international publication, 国际申请的效力, 505—506
final decisions and partial transfers of rights, 最终决定和权利的部分转让, 230—231
financial rights and obligations of former Contracting States, European Patent Convention 2000 (EPC 2000), 前成员国的财务权利和义务, 《欧洲专利公约(2000年)》, 215
"first application" concept, "首次申请"概念
　　deemed first applications, 视为首次申请, 114
　　first applications from non-Paris Convention/WTO countries, 来自非巴黎公约/WTO 的首次申请, 115
　　lapse of first application, 首次申请的失效, 114—115
　　and priority, 优先权, 112—115
first medical use claims and novelty, 第一医药用途权利要求和新颖性, 48
first to file, 先申请, 64—65
formal requirements for documents, Implementing Regulations, 文件的形式要求, 实施细则, 217—218
formalities officers, 形式审查员, 132, 223
former representatives of parties, 当事人的前任代理人, 17—18
forwarding of European applications, 欧洲申请的转送, 94, 249
France, obviousness, 法国, 显而易见性, 58—59
functional features, invention defined in

索引　737

terms of,功能性特征,由……限定的发明, 104
fundamental procedural defects and petitions for review,请求复查, 312
further processing,进一步审查
　　European patent applications,欧洲专利申请, 164—165
　　　time limits,期限, 165, 337—338

G

games, European Patent Convention 2000 (EPC 2000),游戏,《欧洲专利公约(2000年)》, 30—31
gene sequences and patentability,基因序列和专利性, 240, 441
general principles, reference to,一般规定,参照、参考, 176—177
Germany,德国
　　amendment of divisional application 分案申请的修改, 173—174
　　equivalents practice,等同实务, 82
　　obviousness,显而易见性, 59
grandfather clause, representation,不涉及既往条款(祖父条款),代表、代理人, 184—185
granted patents,授权的专利
　　and Article 61, paragraph 1,公约第61条第1款, 229
　　and persons not entitled,不具有(申请)资格的人, 67
　　and registration of licenses and other rights,许可和其他权利的登记, 235—236

H

hand delivery see notifications, by delivery by hand,直接递交,参见"通知、通告,直接递交"
harmful organisms, definition,有害生物,定义, 419
hindsight and obviousness,显而易见性, 54—55
home copy, international applications,登记的副本,国际申请, 468
human body,人体
　　isolated or technically produced elements,从人体分离的或技术上产生的元素, 240, 441
　　and patentability,(可)专利性, 239—240, 441
human embryos and patentability,人类胚胎和专利性, 239, 442

I

Implementing Regulations to European Patent Convention 2000,《欧洲专利公约(2000年)实施细则》, 208—209, 217—367
　　amendment of patent applications,修改专利申请, 340—343
　　appeals,上诉, 143, 145, 306—312
　　Article 61, paragraph 1,公约第61条第1款, 228—229
　　biotechnological inventions,生物技术发明, 236—243
　　decisions and communications of the EPO,欧洲专利局的发文和决定, 315—318
　　divisional application,分案申请, 94
　　electronic filing,电子申请, 217—218
　　European Patent Office, organisation,欧洲专利局,组织结构, 222—225
　　European Patent Specification,欧洲专利说明书, 288—289
　　European search reports,欧洲检索报告, 277 282
　　evidence,证据, 162, 319—329
　　examination by Examining Division,审查部的审查, 285—288
　　examination by Receiving Section,受理处的审查, 270—277
　　filing of applications,提交申请, 246—253
　　filing of documents,提交文件, 217—218

formal requirements for documents,文件的形式要求,217—218
　　general provisions,一般规定,217—222
　　interruption of proceedings,程序中止,344—345
　　legal and administrative co-operation,法律与行政合作,350—352
　　limitation,限制,302—306
　　notifications,通知、通告,163,328—333
　　observations by third parties,第三方意见,318
　　opposition procedure,异议程序,289—302
　　oral proceedings,口头审理程序,160,319—329
　　Part Ⅰ of Convention,公约第一部分,217—225
　　Part Ⅱ of Convention,公约第二部分,225—246
　　Part Ⅲ of Convention,公约第三部分,246—270
　　Part Ⅳ of Convention,公约第四部分,270—289
　　Part Ⅴ of Convention,公约第五部分,289—306
　　Part Ⅵ of Convention,公约第六部分,306—315
　　Part Ⅶ of Convention,公约第七部分,315—356
　　Part Ⅷ of Convention,公约第八部分,356—357
　　Part Ⅸ of Convention,公约第四部分,357
　　petitions for review,请求复查,312—315
　　prior art information,现有技术信息,343—344
　　provisions governing applications,关于申请的规定,253—264
　　public information,公开信息,345—350
　　publication of European patent applications,欧洲专利申请,282—285
　　renewal fees,维持费,264—270
　　representation,代表,352—356
　　revocation,撤销,302—306
　　signatures,签字,218
　　stay of proceedings,程序的中止,225—227
　　and sufficiency of disclosure,充分公开,102
　　time limits,期限,164,333—340
　　written proceedings,书面程序,217
implicit disclosure and novelty,43—44
inadmissibility see also admissibility appeals,不可接受性,也见"可接受性上诉",310
　　petitions for review,请求复查,314
　　revocation/limitation requests,撤销/限制请求,304
inadmissible oppositions,不予受理的异议,132—133,292—293
incomplete search,European search reports,不完全检索,欧洲检索报告,121,279—280
incorporation of product,biotechnological inventions,与产品的结合,生物技术发明,444
independent claims,从属权利要求,257
industrial application,产业实用性,
　　and inoperative inventions,不可实施的发明,62
　　and international preliminary examination,国际初步审查,513
　　and patentability,专利性,61—62
inferior solutions and Protocol on Interpretation,变劣方案和关于(权利要求)解释的议定书,83
information presentations,信息表达,32—33
infringement or revocation action,national courts,侵权或撤销诉讼,国家法院,18
infringement test and novelty,侵权判别法和新颖性,41—42
infringements,European patents,governing

law,侵权,欧洲专利,准据法,70—71
initial contributions, European Patent Convention 2000（EPC 2000）,最初的贡献,《欧洲专利公约（2000年）》,213
inoperative inventions and industrial application,不可实施的发明和产业实用性,62
inspection of files,案卷查阅
 and confidentiality,保密,507—508
 converted applications,转换申请,357
 European Patent Office,欧洲专利局,177—179
 exceptions,例外,179
 exclusions,排除,347—348
 inventor rights,发明人权利,178
 procedures,程序,348—349
 third party rights,第三方权利,178
 via courts or authorities,经法院或主管当局,350—352
interlocutory decisions, appeals,中间决定,上诉,144
interlocutory revision, European Patent Convention 2000（EPC2000）,中间修改,《欧洲专利公约（2000年）》,147—148
international applications,国际申请
 abstracts,摘要,457
 advantage of filing amendments,提交修改本的好处,484
 agent details,代理人详细信息,460
 amendments
  before designated Offices,向指定局提出修改,491, 503—504
 before elected Offices,向选定局,523
  before International Bureau,向国际局,483—485
 applicant details,申请人详细信息,460
 applicants,申请人,465—466
 claims,权利要求书,461—463
 amendment,修改,483—485
 confidentiality,保密,506—508
 content,内容,457
 correction before designated Offices,向指定局提出更正,499
 defects,缺陷,469—470,494—495
 definition,定义,455
 delaying of national procedures,延误国家程序,493,522
 description,说明书,460—461
 and designated Offices,指定局,468—469, 485—487,490—493
 designation of states,指定国,460
 drawings,附图, 463—464
 early examination by national offices,国家专利局的提前审查,493
 effects,效力,466—468
 and elected Offices,选定局,521—522
 equivalence to national filing,等同国家申请,468
 European patent applications, publication,欧洲专利申请,公布,122
 European Patent Convention 2000（EPC 2000）,《欧洲专利公约（2000年）》,197—205
 express withdrawal,表示撤回,494
 fees,费用,458,495
 filing dates,递交日,466—468
 home copy,登记副本,468
 incorrect award of filing dates,申请日的不当确定,470
 incorrect translation,译文,526
 insufficient material,不充足的材料,467—468
 inventor as applicant,发明人作为申请人,501—502
 inventor details,发明人详细信息,460
 language of publication,公布的语言,489
 languages,语言,457—458
 late entry into national phase,逾期进入国家阶段,495
 loss of effect in designated States,在指定国丧失（进入的）效力,494—496
 maintenance of effect,效力的维持,495—496

missing drawings, 附图, 470
missing fees, 遗漏缴费, 470
multiple applicants, 多个申请人, 466
and national law, 本国法(国内法), 499—503
and national security, 国家安全, 503
no new matter, 禁止新内容, 484
and patentability, 专利性, 502
petitions, 请求, 459—460
priority, 优先权, 464—465
protection, 保护, 492
publication, 公布, 487—489
　effects, 效力, 504—506
　and translation filing, 提交译文, 505—506
receiving Offices, 受理局, 466
record copy, 登记本, 468
and representation, 代表, 502—503
requests, 请求, 458—460
review by designated Offices, 指定局复查, 496—499
search copy, 检索本, 468
time limits, 期限, 490—491, 503—504, 526
　delay in meeting, 延误(某些期限), 527
translation, 译文, 486, 504, 526
transmittal to International Bureau and International Searching Authority, 向国际局和国际检索单位传送, 468
true copy, 真实副本, 468
unity of invention, 发明单一性, 458
withdrawal, 撤回, 494—495
International Bureau, Patent Cooperation Treaty (PCT) administrative provisions, 国际局,《专利合作条约》, 行政规定, 534—536
　and International Preliminary Examination Reports, 国际初步审查报告, 519
　and professional representatives, 专业的代理人, 528
　technical services, 技术服务, 528—529

transmittal of applications, 申请的传送, 468
Patent Law Treaty (PLT),《专利法条约》, 583—584
International Patent Classification and European Patent Office, 国际专利分类和欧洲专利局, 222
　and European search reports, 欧洲检索报告, 278
International Patent Cooperation Union, see also Patent Cooperation Treaty (PCT), 国际专利合作联盟, 也见《专利合作条约》, 455
International Patent Institute, and Protocol on centralisation, 国际专利学会和关于一体化的议定书, 369—370
international preliminary examination, 国际初步审查, 508—523
　confidentiality, 保密, 520—521
　defects in demand, 要求书中的缺陷, 511
　demand for, 提出……要求, 509—511
　fees, 费用, 511
　and industrial applicability, 产业实用性, 513
　and inventive step, 创造性, 513
　and prior art, 现有技术, 512—513
　start, 开始, 515
　time limit for filing demand, 提交要求书的期限, 510
　withdrawal of demand, 撤回要求书, 519—520
　withdrawal of elections, 撤回选定, 519—520
International Preliminary Examination Reports, 国际初步审查报告, 517—519
　basis, 依据, 基础, 517—518
　content, 内容, 518
　European Patent Office, 欧洲专利局, 199
　languages, 语言, 519
　time limits, 期限, 517

索引 741

translation 译文,518—519
transmittal,传送,518—519
International Preliminary Examining Authorities,国际初步审查单位,511—512
 choice,选择,199
 European Patent Office,欧洲专利局,198—199,203,358—360
 and priority documents,优先权文件,516—517
 procedure before,在……的程序,513—517
 and receiving Offices,受理局,511
 subject-matter not required to be examined,不需要审查的主题内容,516
 time limits,期限,516
 and unity of invention,发明单一性,516
 written opinions,书面意见,515
international publication see publication, international applications,参见"公布,国际申请"
International Search Reports,国际检索报告,479—483
 Euro-PCT applications, publication,通过PCT进入欧洲的申请,公布,201
 European Patent Office,欧洲专利局,199,204,481—482
 publication,公布,201,489
 and publication,公布,202
 translation 译文,431
 transmittance,传送,481
international searches,国际检索,471—473, see also International Search Reports,也见"国际检索报告"
 basis,基础,472
 objective,目标,目的,471—472
 prior art to be searched,被检索的现有技术,472—473
International Searching Authorities,国际检索单位,473—479
 appointment,任命,指定,475
 approved agreements,批准协议,475—476

 Assembly decisions,大会的决定,476
 choice,选择,198
 European Patent Office,欧洲专利局,198,202—203,358—360,476
 minimum requirements,最低要求,476
 national offices as,作为……国家专利局,370,372—373
 period of appointment,指定的期限,476
 procedure before,在……程序,476—479
 specification,专利说明书,475
 Subject-matter not required to be searched,不需要进行检索的主题内容,478
 transmittal of applications,申请的传送,468
 and unity of invention,发明单一性,478—479
 written opinions,书面意见,482—483
international-type searches,国际式检索,473
Interpretation Protocol see Protocol on Interpretation,参见"关于(权利要求)解释的议定书"
interruption of proceedings, Implementing Regulations,程序中止,实施细则344—345
intervening publication and priority,在优先权日和申请日之间公开的技术方案和优先权,113
intervening rights and re-establishment of rights,中用权和权利恢复,571
intervention,介入
 opposition appeal proceedings,异议上诉程序,139—140
 opposition proceedings,异议程序,138—139,295,302
interviews,会晤,287
inventions,发明,
 based on a discovery,基于发现的,57
 biotechnological see biotechnological inventions consisting of functionally independ-

ent elements,参见"包括多个功能相互独立的技术特征的生物技术发明",56
 definition in terms of functional features,以功能性特征定义,104
 definition in terms of parameters,以参数特征定义,104—105
 definition in terms of result,以效果定义,104
 disclosure see disclosure,参见"公开"
 inoperative see inoperative inventions and industrial application,参见"不可实施的发明和产业实用性"
 linked,相关联的,99
 patentable see patentable inventions,参见"可专利的发明"
 performance without undue burden,无需过度试验就可实施,100—101
 pioneer see pioneer inventions,extent of protection,参见"开拓型发明,保护内容"
 problem see problem inventions and obviousness,参见"问题发明和显而易见性"
 selection see selection inventions unity of,参见"选择发明单一性",99
inventive step,创造性
 date for assessing,评价日期,53
 definition,定义,50—51
 and international preliminary examination,国际初步审查,513
 and obviousness,显而易见性,53—60
 and persons "skilled in the art",本领域技术人员,51—53
 and state of the art,现有技术,51
inventors,发明人
 addition after filing date,申请日之后增加发明人,233
 designation,指定,98,231—232
 and designated Offices,指定局,492
 and divisional application,分案申请,277
 Euro-PCT applications,通过PCT进入欧洲的申请,365
 and Receiving Section,受理处,275—277
 rectification,233
inspection of files,案卷查阅,178
 and international applications,国际申请,460
 moral rights,道德上的权利,67
 notifications,通知,通告,232
 publication of mentions,指定(发明人)的公布,232—233
 waiver of right to be mentioned,放弃(发明人)署名权,232—233
IPEAs see International Preliminary Examining Authorities,参见"国际初步审查单位"
irrelevant matter,无关的内容,262
ISAs see International Searching Authorities,参见"国际检索单位"
issued final decisions by national authorities and Article 61, paragraph 1,由国家的主管机关作出的最终决定和公约第61条第1款,228

J

joint applicants see multiple applicants,共同申请人,参见"多个申请人"
joint designation,共同指定,195—196
 jurisdiction, European Patent Convention 2000 (EPC 2000),司法管辖,《欧洲专利公约(2000年)》,375—376
 Protocol on see Protocol on recognition,议定书,参见"关于承认的议定书"

K

known technical effects and novelty,已知的技术效果和新颖性,46

L

languages see also translation,语言,也见"译文"
 abstracts,摘要,458
 Administrative Council,行政理事会,20

admissible，可接受的，可受理的，11
and amendment of patents/patent applications，专利/专利申请的修改，171—172
 claims，权利要求书，457—458
 divisional application，分案申请，248—249
 for documents filed，提交的文件，8—9,11
 European Patent Convention 2000（EPC 2000），《欧洲专利公约（2000 年）》，215—216
 European Patent Office，欧洲专利局，8—12
 evidence，证据，161
 international applications，国际申请，457—458
 International Preliminary Examination Reports，国际初步审查报告，519
 minutes，笔录、记录，220
 oral proceedings，口头审理程序，219—220
 original text，原始文本，86
 Patent Cooperation Treaty（PCT），《专利合作条约》，544—545
 Patent Law Treaty（PLT），《专利法条约》，547,351,591—592
 of proceedings，程序，9—11,85—86
 publication of international applications，国际申请，489
 requests，请求、请求书，458
 written proceedings，书面程序，218
lapsed patents and appeals，失效专利和上诉，143—144,307
late facts/evidence and ex officio examination，最新的事实/证据和依职权审查，157—158
legal and administrative co-operation，法律和行政合作
 European Patent Office，欧洲专利局，181
 Implementing Regulations，实施细则，350—352
legal authenticity, translation, see also authentic text，法律真实性，译文，也见"作准文本"，221
Legal Boards of Appeal see Boards of Appeal, Legal，参见"上诉委员会"（法律）
Legal Division，法律部，12,14
 allocation of duties，职责分配，223
 appeals，上诉，142
 means and Taking of evidence，手段与取证，160—162
 oral proceedings，口头审理程序，159—160
 letters rogatory，司法协助函，351—352
liability, European Patent Organisation，法律责任，欧洲专利组织，5—6
license registrations，许可登记，235—236
license royalties and revocation，许可使用费和撤销，75
licensing, European patent applications，许可，欧洲专利申请，88—89
Liechtenstein，列支敦士登
 and joint designation，共同指定，196
 Special Agreement，专门协议，193
limitation，限制，75,141—142
amendment of patent，专利的修改，306
 basis，依据、基础，302
 correction of formal deficiencies，改正形式缺陷，304
 decisions，决定，305—306
 effects，效力，141
 Implementing Regulations，实施细则，302—306
 inadmissibility，不可接受，304
 and opposition proceedings，异议程序，304
 publication of amended specification，公布修改的专利说明书，142
 requests for，对……提出请求，140—141
 requirements for request，请求书的要求，303

responsibility for proceedings, 负责程序的部门, 302—303

scope of patent claims, 专利权利要求的范围, 189

territorial extension, 领土延伸, 141

withdrawals, 撤回, 227

limited patents see European patents, limitation, 受到限制的专利, 参见"欧洲专利, 限制"

London Agreement and European Patent Convention 2000（EPC 2000）,《伦敦协定》和《欧洲专利公约（2000年）》, 197

M

making available in any other way and state of the art, 以任何方式获取和现有技术, 40

making available to the public and state of the art, 为公众所知和现有技术, 40

mandatory representation, 强制代理, 558—559, see also compulsory authorizations, 也见"强制许可"

marketing authorizations, 市场批准（准入）
    and patent term, 专利期限, 68
    and supplementary protection certificates for medicinal products, 医药产品补充保护证书, 394, 396
    copies, 副本, 401
    date of grant, 批准日, 399

material isolated from its natural environment, biotechnological inventions, 从天然环境下分离出的材料, 生物技术发明, 238, 439

Material produced by means of a technical process, biotechnological inventions, 用技术手段产生的材料, 生物技术发明, 238, 439

mathematical methods, 数学方法, 30

meaningful search, 有意义的检索, 279—280

medical devices, supplementary protection certificates for medicinal products, 医疗器械, 医药产品补充保护证书, 394

medical use claims, 医药用途类权利要求, 48

medicinal products, 医药产品
    definition, 定义, 392
    supplementary protection certificates see supplementary protection certificates for medicinal products, 参见"医药产品补充保护证书"

methods of diagnosis see diagnostic methods and patentability, 诊断方法, 参见"诊断方法和专利性"

methods of doing business see business methods, 做生意的方法, 参见"商业方法"

methods of treatment see treatment methods and patentability, 治疗方法, 参见"治疗方法和专利性"

microbiological or technical processes, biotechnological inventions, 微生物的方法或技术方法, 生物技术发明, 238, 440

microbiological processes, definition, 微生物方法, 定义, 438

minutes, 笔录, 记录
    evidence, 证据, 327—328
    languages, 语言, 220
    oral proceedings, 口头审理程序, 327—328

missing parts of description/drawings, 说明书遗漏部分/附图, 271—273, 552—555

model international forms, 示范性的国际表格, 562

moral rights, inventors, 道德上的权利, 发明人, 67

morality, 道德
    and patentability, 专利性, 34, 441—442
    prohibited matter, 排除的（禁止的）内容, 261
    and publication of European patent applications, 欧洲专利申请的公布, 122
    and publication of international applications, 国际申请的公布, 489—490

multiple and general authorizations,多重或总的授权委托书,354
multiple applicants,多个申请人
 European patent applications,欧洲专利申请,63,254
 international applications,国际申请,466
multiple priorities,多项优先权,114,116
multiplication,增殖,biotechnological inventions,生物技术发明,443,446

N

name changes,变更姓名(名称),234,577
national applications see also European patent applications; international applications,国家申请,也见"欧洲专利申请,国际申请"
 definition,定义,455
national authorities see also national offices,国家权力机构,也见"国家专利局"
 and confidentiality,保密,508
 and decisions on persons not entitled,关于不具有申请资格的人的决定,65—66
 and issued final decisions,作出最终决定,228
national courts,国家法院
 and amendment of divisional application,分案申请的修改,173—174
 definition,定义,18
 hearing of evidence,证据听证,323—324
 infringement or revocation action,侵权或撤销诉讼,18
 technical opinion requests,请求提供技术意见,18—19
national equivalence,European Patent Convention 2000(EPC 2000),等同国家(申请),《欧洲专利公约(2000年)》,3
national law,本国法,国内法
 definition,定义,456
 and European Patent Convention 2000 (EPC 2000),《欧洲专利公约(2000年)》,186—191

and new matter,新内容,485
and notifications,通知,通告,331
and patentability,专利性,502
and representation,代表,502—503
national offices,国家专利局
 definition,定义
 Patent Cooperation Treaty(PCT),《专利合作条约》,456
 early examination of international applications,国际申请的提前申请,493
 and Euro-PCT applications,通过PCT进入欧洲的申请,358
 and European patent applications,欧洲专利申请,249
 extension of periods for filings,申请期限的延长,337
 and filing,提交,提出申请,247
 filing of new application by entitled person,由有资格的人提出的新申请,230
 filing of patent applications,languages,提交专利申请,语言,10
 as International Preliminary Examining Authorities,国际初步审查单位,371—372
 as International Searching Authorities,国际检索单位 370,372—373
 legal and administrative co-operation,法律和行政合作,350—352
 notification through,通过……发出通知,163
 power to restrict filing to,有权对专利申请进行限制,90
national patent applications,Conversion of European patent applications,国家专利申请,欧洲专利申请的转换,186—188,356—357
national patents,国家专利
 definition,定义,455
 and European patents,rights conferred,欧洲专利,所授予的权利,69
national prior rights and European patents,国家的在先权利和欧洲专利,191
national security,国家安全

and international applications, 国际申请, 503
and Patent Law Treaty (PLT),《专利法条约》,550
national utility models/certificates and European Patent Convention 2000 (EPC 2000), 国家的实用新型/实用证书和《欧洲专利公约(2000年)》,192
Netherlands, obviousness, 荷兰, 显而易见性,60
new matter, 新内容
　and amendment of international claims, 国际(申请)的权利要求修改,484—485
　and national law, 本国法, 485
non-contractual liability, European Patent Organisation, 非合同责任, 欧洲专利组织,6
non-prejudicial disclosures, 不丧失新颖性的公开,49—50
　and evident abuse, 证据滥用, 49—50
　and officially recognized exhibitions, 官方承认的展览会, 50
non-unity of invention *see* unity of invention, 发明不具有单一性, 参见"发明单一性"
notice of appeal, 上诉书, 146, 307—308
notice of intervention, 介入书,302
notice of opposition, 异议书, 127—128
　details of opposed patent, 被异议专利的具体信息,291
　extent of opposition, 异议的内容, 291
　form and content, 形式与内容, 290—291
　grounds for opposition,异议理由, 291
　opponent's details, 异议人的具体信息, 290
　representative's details, 代表人的信息, 291
　substantiation, 实质要求,291
　valid filing, 有效的提交, 132
notifications, 通知,通告
　basic rule,基本规则, 330

deficient, 有缺陷的,329—330
　by delivery by hand, 当面提交, 331
　documents to be notified, 需要送达的文件,163
　European Patent Convention 2000 (EPC 2000),《欧洲专利公约(2000年)》,216
　European Patent Office, 欧洲专利局,163
　forms, 329
　Implementing Regulations, 实施细则, 328—333
　inventors, 发明人, 232
　loss of rights, 权利丧失, 317—318
　methods, 方法,329
　and national law,本国法, 331
　Patent Cooperation Treaty (PCT),《专利合作条约》, 545
　Patent Law Treaty (PLT),《专利法条约》, 551,553, 557—560,563—564
　plurality of parties, 多方当事人(复数个当事人), 333
　plurality of representatives, 多个代表人(复数个代表人),332
　by post, 邮寄,330—331
　public, 公开,332
　refusal, 驳回,331
　and rejection of inadmissible oppositions, 对不予受理的异议的驳回, 292—293
　to representatives, 代表, 332—333
　by technical means, 技术手段, 331
　ten day rule, 十日规则, 331
　through national patent offices, 通过国家专利局,163
noting of loss of rights, 权利丧失的记录, 317—318
novelty, 新颖性
　and accidental disclosure,偶然公开, 44
　and ambiguity, 不清楚,模糊, 41
　and "anticipation", "占先技术", 39
　dates for interpreting documents, 解释文件的日期,40—41
　and derivability from prior art, 从现有技

术的可导出性,41
 and disclosure of all features,全部技术特征的公开,41—42
 and "effective dates","有效日期",40—41
 and enablement,实现,42—43
 and first medical use claims,第一医药用途权利要求,48
 and implicit disclosure,隐含公开,43—44
 and infringement test,侵权判断法,41—42
 and known technical effects,已知的技术效果,46
 and mistakes in prior disclosure,在先公开文件中的错误,44
 and new classes of animal,动物新种类,48
 and obviousness,显而易见性,53—60
 and patentability,专利性,38—48
 and prior art,现有技术,39,41
 and prior unpublished patent applications,在先公开的专利申请,46—48
 products for use in medical applications,适合医学用途的产品,46
 products for use in other applications,适合其他用途的产品,46
 and selection inventions,选择发明,44,45
 and separate elements disclosed in single document,一篇对比文件中的彼此独立的技术特征,42
 and single disclosure only,仅一篇对比文件,42
 and use claims,用途类权利要求,45—46
nucleotide sequences,核苷酸序列,240—241,366

O

observations by third parties
 communication to applicants/patent proprietors,第三方意见通知给申请人/专利权人,159,318
 European Patent Office,欧洲专利局,158—159
 formal requirements,形式要求,158
 Implementing Regulations,实施细则,318
 patentability,专利性,158
 status of third parties,第三方当事人的法律地位,158
observers,Administrative Council,观察员,行政理事会,20
Obviousness,显而易见性
 bonus effect,意想不到的技术效果,58
 and closest prior art,最接近的现有技术,54
 and combination of prior art,现有技术的结合,55—57
 commercial success,商业上的成功,58
 and common general knowledge,公知常识,56—57
 and "could-would" distinction,"可能—必然"的区别,55
 England and Wales,英格兰和威尔士,60—61
 France,法国,58—59
 Germany,德国,59
 and hindsight,后见之明(事后诸葛亮),54—55
 and inventions based on a discovery,基于发现作出的发明,57
 inventions consisting of functionally independent elements,包含功能性相互独立的技术特征的发明,56
 and inventive step,创造性,53—60
 long felt want,长期渴望,58
 Netherlands,荷兰,60
 and objective technical problem,客观上的技术问题,54—55
 obvious to try,明显可尝试,57—58
 Overcoming a technical prejudice,克服技术偏见,58

and problem inventions, 问题发明, 57
"problem-solution" approach, "问题—解决"范式, 53—55
  not invariably used, 并非总是使用, 57
  and reformulation of problem, 问题的再形成, 55
  and scope of claim, 权利要求的范围, 61
  and separate elements disclosed in single document, 一篇对比文件中的彼此独立的技术特征, 56
  technical features only, 只有技术特征才, 54
Official Journal of the European Patent Office, 《欧洲专利局官方杂志》, 11—12, 180
  languages, 语言, 9
official languages see languages, 官方语言, 见"语言"
OJEPO see Official Journal of the European Patent Office, OJEPO, 参见《欧洲专利局官方杂志》
omnibus claims, 总括性的权利要求, 106
opponents, 异议人, 127
  transfer of status, 身份的转移, 128
Opposition Divisions, European Patent Office, 异议部, 欧洲专利局, 12—14
  allocation of duties, 职责分配, 223
  appeals, 上诉, 142—144, 151, 307
  and Boards of Appeal, 上诉委员会, 15
  and costs, 成本, 137, 301
  examination of opposition, 异议审查, 131—134, 295—296
  means and Taking of evidence, 手段和取证, 160—162
  oral proceedings, 口头审理程序, 159—160
  preparation of examination, 审查的准备, 294—295
opposition procedure, 异议程序
  admissibility of opposition, 异议的受理, 132—133

amendment of patent, 专利的修改, 295, 297—298
  appeals, ex officio examination, 上诉依职权审查, 156—157
  approval of amended text, 批准修改文本, 135
  and assumed infringers, 侵权嫌疑人, 138—140, 302
  content and form of new specification, 新专利说明书的内容与形式, 300
  costs, 成本, 136—138, 300—301
  appeals on, 对……上诉, 144, 301
  death or legal incapacity of opponent, 异议人死亡或丧失法律行为能力, 299—300
  and different claims, description and drawings for different states, 对不同国家的不同的权利要求书、说明书和附图, 294
  document requests, 文件提交, 298
  documents, 文件, 300
  and entitlement procedure, 申请资格的程序, 128—129
European Patent Convention 2000 (EPC 2000), 《欧洲专利公约(2000年)》, 126—142
  ex officio examination, 依职权审查, 156—157
  examination of opposition, 异议审查, 131—134, 295—296
  amended documents, 修改文件, 296
  correspondence, 往来通信, 296
  extension of subject-matter, 超出主题内容, 130—131
  fees for printing new specification/filing claims translations, 印刷新专利说明书的费用/提交权利要求书译文, 135
  filing of documents, 文件提交, 298
  final decisions, 最终(终局的)决定, 298
  form and content, 形式与内容, 290—291

索引　749

grounds for opposition, 异议理由, 129—131, 291
　　extension of subject-matter, 超出范围的主题内容, 130—131
　　invalid, 无效, 130
　　invention not disclosed clearly and completely, 未清楚、完整公开的发明, 130
　　specifying, 具体说明, 129
　　unpatentable subject-matter, 不可专利的主题内容, 130
Implementing Regulations, 实施细则, 136, 289—302
inadmissible oppositions, 不能受理的异议, 132—133, 292—293
intervention, 介入、干预, 295
　　of assumed infringers, 侵权嫌疑人, 138—140, 302
　　invalid grounds, 无效的理由, 130
　　invention not disclosed clearly and completely, 未清楚、完整公开的发明, 130
　　and limitation proceedings, 限制程序, 304
　　maintenance of patent in amended form, 以修改文本维持的专利, 134—135, 297—298
　　non-entitled patent proprietors, 不具资格的专利权人, 293—294
　　notice of intervention, 介入书, 302
　　notice of opposition, 异议书, 127—128, 290—291
　　opponents, 异议人, 127
　　　　transfer of status, 身份的转让, 128
　　parties, 当事人, 128
　　plurality of oppositions, 多个异议程序, 295
　　preparation of examination, 审查的准备, 294
　　prior notification and rejection for, 不可接受, 292—293
　　rejection of opposition, 异议的驳回, 134
　　and requests for limitation/revocation, 请求限制/撤销, 140—141

response of opponent(s), 异议人的答复, 295
response to opposition, 对异议的答复, 294—295
revocation on substantive grounds, 以实质理由撤销, 134
and revocation proceedings, 撤销程序, 304
and sufficiency of disclosure, 充分公开, 101
surrender or lapse of patent, 专利的放弃或失效, 289, 299
territorial effect of opposition, 异议的地域效力, 128
time limits, 期限, 289
　　on amendment, 对……修改, 298
　　and transfer of patent/status as opponents, 专利权的转让/异议人身份的转让, 128, 300
translation of amended claims, 修改的权利要求的译文, 298
unpatentable subject-matter, 不可专利的主题内容, 130
valid filing, 有效申请, 132
withdrawal of opposition, 异议的撤销, 299—300
oral descriptions and state of the art, 口头公开与现有技术, 39
oral proceedings, 口头审理程序
　　absence of party, 当事人缺席, 319
　　and amendments to patent/application, 对专利/专利申请的修改, 320
　　appeals, 上诉, 308—309
　　Boards of Appeal, 上诉委员会, 159—160
　　Decisions, 决定
　　　　during, 在……期间, 316
　　　　on evidence taking, 取证, 321
　　Enlarged Board of Appeal, 扩大上诉委员会, 159—160
　　European Patent Office, 欧洲专利局, 159—160

Examining/Examination Divisions，审查部，287
　　　languages，语言，219—220
　　　late submissions，意见书的最晚提交（日期），320
　　　minutes，笔录，记录，327—328
　　　official languages，官方语言，219
　　　preparation，准备，320
　　　representation at，在……程序中代表，183
　　　requirements，要求，159
　　　rules，规则，160
　　　summons，召集通知，319—321
　　ordre public，公序良俗和道德
　　　and patentability，专利性，34，441—442
　　　prohibited matter，禁止的（排除的）内容，261
　　　and publication of European patent applications，欧洲专利申请，122
　　　and publication of international applications，国际申请，489—490
　　original text，原始文本
　　　correction of translation，译文更正，86
　　　extended subject-matter，超出范围的主题内容，86
　　　state of the art，现有技术，86
　　　own resources，European Patent Organisation，自有的资产，欧洲专利组织，24

P

　　parallel inventions，平行发明，64—65
　　parameters，invention defined in terms of，参数，由……限定的发明，104—105
　　Paris Convention and Patent Law Treaty (PLT)，《专利法条约》，578
　　partial ownership，options，部分所有权，选项，230
　　partial protection，Protocol on Interpretation，部分保护，《关于（权利要求）解释的议定书》，84
　　partial search reports，部分检索报告，121
　　partial transfers of rights，权利的部分转让，230—231
　　patent classification，European Patent Office，专利分类，欧洲专利局，222
　　Patent Cooperation Treaty (PCT)，《专利合作条约》，455—545
　　　accession，加入，540—541
　　　and Administrative Council，行政理事会，200，202—204
　　　administrative provisions，行政规定，530—539
　　　amendment，修改，539—540
　　　Assembly，大会，530—532
　　　authentic texts，作准文本，545
　　　closed national routes，关闭国家途径，525，
　　　common provisions，共同规定，524—528
　　　definitions，定义，455—456
　　　delaying of national procedures，延误国家程序，493，522
　　　denunciation，退出，544
　　　depositary functions，保管的职责，545
　　　designated Offices see designated Offices，designated Offices，参见"指定局"
　　　disputes，争端，539
　　　elected Offices，see elected Offices，参见"选定局"
　　　entry into force，生效，541
　　　and Euro-PCT applications see Euro-PCT applications，也见"通过 PCT 途径进入欧洲的申请"
　　　and European Patent Convention 2000 (EPC 2000)，《欧洲专利公约（2000年）》，197—205，525
　　　and European Patent Office，欧洲专利局，197—204
　　　Executive Committee，执行委员会，532—534
　　　final provisions，最后条款，540—545
　　　finances，财务，536—538
　　　gradual application，逐步适用，544
　　　international applications，国际申请，

索引　751

457—471

International Bureau see International Bureau,参见"国际局"

international preliminary examination,国际初步审查,508—523

International Preliminary Examination Reports see International Preliminary Examination Reports,参见"国际初步审查报告"

International Preliminary Examining Authorities see International Preliminary Examining Authorities,参见"国际初步审查单位"

international search,国际检索,471—473

International Search Reports see International Search Reports,参见"国际检索报告"

International Searching Authorities see International Searching Authorities International Searching Authorities,参见"国际检索单位"

 introductory provisions,绪则,455—457
 languages,语言,544—595
 notifications,通知、通告,545
 professional representatives,专业的代理人,527—528
 publication of international applications,国际申请,487—489
 receiving Offices see receiving Offices,参见"受理局"
 and regional patent treaties,地区性专利条约,525
 Regulations,细则,规则,538—539
 reservations,保留,542—544
 review by designated Offices,指定局复查,496—499
 revision,修正,539
 signatures,签字,544
 technical assistance,技术援助,529—530
 technical services,技术服务,528—530
 two kinds of protection,两种保护类型,524—525
 written opinions see written opinions,参见"书面意见"

Patent Law Treaty（PLT）,《专利法条约》;547—593
 abbreviated expressions,缩略语,547—548
 accession,加入,585—587
 addresses,地址,560—563,577
 aim,目的,548—549
 amendments,修改
  opportunity to make,作出……的机会,565
  applications,申请,555—558
  requirements,要求,550—551,553
 applications to existing applications/patents,对现有申请/专利的适用,589—590
 applications to which Treaty applies,条约适用的申请和专利,549—550.
 Assembly,大会,579—583
 authentic text,作准文本,592
 communications,来文,560—563
 Contracting Parties,缔约国,548
 denunciation,退出,591
 depositary,保管,593
 description,missing parts,说明书,遗漏部分,552—555
 drawings,missing,附图,遗漏,552—555
 effect of revisions,amendments and modifications,修订的效力,修改和修正,578—579
 effective dates of ratifications and accessions,批准和加入的有效日期,588—589
 electronic filing,电子申请,562
 entry into force,生效,587—588
 and European Patent Convention 2000（EPC 2000）,《欧洲专利公约（2000年）》,548
 evidence,证据,557
 filing dates,递交日,550—555
 general principles,总则,549

International Bureau, 国际局, 583—584
invalidation, 无效, 564—565
languages, 语言, 547,551,591—592
model international forms, 示范国际表格, 562
more favorable requirements, 非常有利的要求, 549
name changes, 姓名(名称)变更, 577
and national security, 国家安全, 550
notifications, 通知, 通告, 551, 553, 559—560, 563—564
ownership changes, 所有权变更, 577
and Paris Convention,《巴黎公约》, 578
patents to which Treaty applies, 条约适用的专利, 549—550
priority documents, 优先权文件, 557
registration, 登记, 593
Regulations, 细则, 549,575—577
reinstatement of rights, 权利恢复, 569—571
relief in respect of time limits, 关于救济的期限, 565—569
representation, 代表, 558—560
reservations, 保留, 590—591
revisions, 修订, 589—585
revocation, 撤销, 564—565
signatures, 签字, 562,592
subsequent compliance with requirements, 随后遵守要求, 551,553
substantive patent law, 实体专利法, 549
time limits, 期限, 560
translation, 译文, 547,557
validity of patent, 专利的有效性, 564—565
patent specifications and extent of protection, *see also* specification, 保护范围, 专利说明书及保护范围, 也见"专利说明书", 78
patentability, 专利性
 and animal suffering, 动物痛苦, 239,442
animal varieties, 动物品种, 35, 238, 439—440
animals, 动物, 238
biotechnological inventions, 生物技术发明, 238, 437—442
and cloning of humans, 克隆人, 239,442
and "disclosures", "公开", 39
European Patent Convention 2000 (EPC 2000),《欧洲专利公约(2000年)》,29—62
evidence for, 用于……的证据, 502
exceptions see exceptions to patentability, 例外, 参见"可专利性例外"
and gene sequences, 基因序列, 240,441
and human body, 人体, 239—240,941
and human embryos, 人类胚胎, 239,442
industrial application, 产业实用性, 61—62
and international applications, 国际申请, 502
inventive step, 创造性, 50—61
isolated or technically produced elements of the human body, 分离或用技术方法生产的人体要素, 240
and morality, 道德, 34,441—442
and national law, 本国法, 502
non-prejudicial disclosures, 不丧失新颖性的公开, 49
novelty, 新颖性, 38—48
observations by third parties, 第三方意见, 158
and "ordre public", 公序良俗和道德, 34,441—442
patentable inventions, 可专利的发明, 29—33
persons skilled in the art, 本领域技术人员, 39
plant varieties, 植物种类, 39—35, 238, 439—440

索引　753

plants, 植物, 238
 and "prior art", 现有技术, 39
 and state of the art, 现有技术, 38—48
patentable inventions see also patentability, 可专利的发明, 也见"专利性"
 European Patent Convention 2000 (EPC 2000),《欧洲专利公约（2000年）》, 29—33
  Exclusions, 排除
   aesthetic creations, 审美创造, 30
   business methods, 商业方法, 31
   computer programs, 计算机程序, 31—32
   construction, 解释, 33
   discoveries, 发现, 30
   European Patent Convention 2000（EPC 2000）,《欧洲专利公约（2000年）》, 30
   information presentations, 信息表述, 32—33
   mathematical methods, 数学方法, 30
   schemes, rules and methods for performing mental acts, playing games or doing business, 智力活动、游戏或者商业活动的方案、规则和方法, 30—31
   scientific theories, 科学理论, 30
PCT see Patent Cooperation Treaty（PCT）, 参见《专利合作条约》
Pension Reserve Fund, European Patent Organisation, 欧洲专利组织, 24
performance without undue burden and chance, 无需过度试验就可实施和偶然发现, 100
 inventions, 发明, 100—101
periodical publications, European Patent Office, 欧洲专利局, 179—180
personal liability of employees, European Patent Office, 欧洲专利局, 6
persons skilled in the art, 本领域技术人员
 common general knowledge, 公知常识, 52—53
 and disclosure by European patent application, 由欧洲专利申请所公开的, 99—100
 and extent of protection, 保护范围, 79
 and inventive step, 创造性, 51—53
 and patentability, 专利性, 39, 51—53
 teams as, 作为一个团队, 52
 technical field of expertise, 专门技术领域, 52
petitions for review, 请求复查
 admissibility conditions, 受理条件, 314
 content, 内容, 313
 criminal acts, 312
 Enlarged Board of Appeal, 扩大上诉委员会, 312—315
 European patent applications, 欧洲专利申请, 267
 examination, 审查, 154, 313—314
 and obligation to raise objections, 提出反对意见的义务, 313
 procedure, 程序, 314—315
pioneer inventions, extent of protection, 开拓型发明, 保护范围, 77
place of filing, 申请提出地
 European patent applications, 欧洲专利申请, 90—91
plant products see also plant protection products, 植物产品, 也见"植物保护产品"
plant varieties, 植物品种
 definition, 定义, 419
Plant Protection Product SPC Regulation,《植物保护产品补充专利保护证书条例》, 391, 397
plant protection products, 植物保护产品
 definition, 定义, 418
 supplementary protection certificates for plant protection products, 植物保护产品补充专利保护证书, 415—429
plant varieties, 植物品种
 definition, 定义, 237, 438
 patentability, 专利性, 34—35, 238, 439—440

PLT see Patent Law Treaty（PLT），参见
《专利法条约》
　　plurality，多个、复数个
　　　of oppositions，（多个）异议程序，295
　　　of representatives，（多个）代表人，332,354
postal services, interruption/dislocation，邮政服务，中断/混乱，336—337,527
presentations of information see information presentations，参见"信息表述"
preservation of files，案卷的保存，350
President, European Patent Office，局长，欧洲专利局，5—7
　　and auditing of accounts，财务审计，27
　　and budget implementation，预算执行，27
　　functions and powers，职权与权力，6—7
　　Presidential directions，局长职权,7
　　transitional provisions，过渡规定，205—208
Presidium，主席团
　　Boards of Appeal，上诉委员会,224
previous applications，在先申请
　　copies，副本,269
　　translation，译文，269
principal place of business，主要营业地，11
prior art，现有技术
　　closest see closest prior art，最接近的，参见"最接近的现有技术"
　　combination，结合，55—57
　　defence of，抗辩，83
　　and disclosure of whole invention，整体发明的公开，42
　　information on，关于……的信息，175—176, 343—344
　　and international preliminary examination，国际初步审查，512—513
　　and international searches，国际检索，472—473
　　and novelty，新颖性,41

　　and patentability，专利性，39
　　and Protocol on Interpretation，关于（权利要求）解释的议定书，83
　　and single disclosure only，仅一篇对比文件，42
prior disclosure, mistakes in，在先公开，在……犯错，44
prior notification see also notifications，预先通知，也见"通知"
　　appeals，上诉，310
　　opposition procedure，异议程序，292—293
prior rights，在先权利
　　and Euro-PCT applications，通过PCT进入欧洲的申请，201
　　European patents，欧洲专利，190—191
prior unpublished patent applications
　　commonly designated states requirement，与未公开的在先专利申请有共同指定国的要求，47
　　and conflict with European applications，与欧洲申请的冲突,47
　　date of prior rights，在先权利日期，47
　　Euro-PCT applications，通过PCT进入欧洲的申请,47
　　national，国家的，47—48
　　and novelty，新颖性，46—48
　　relevant content，相关的内容，47
prior use and use claims，在先使用和用途类权利要求，46
priority see also priority claims，优先权，也见"要求优先权"
priority documents，优先权文件
　　claiming，要求、请求,115—117
　　formalities，格式、形式要求，116
　　international applications，国际申请，464—465
　　multiple priorities，多个优先权,116
　　conditions for regenerating priority date，重新确定优先权的日期，114—115
　　and conflicting European patent applications，冲突的欧洲专利申请，118

dates,definition,日期,定义,456
deficiencies in claiming and Receiving Section,要求(优先权)的缺陷和受理处,276
and disclosure,公开,117
effect,效力,效果,112,117—118
entitlement to claim,请求资格,112
and equivalents to regular national filings,等效正规的国家申请,114
and Euro-PCT applications,通过PCT进入欧洲的申请,112
and European patent applications,欧洲专利申请,110—118
and "first application","首次申请",112,114—115
international applications,国际申请,464—465
and International Preliminary Examining Authorities,国际初步审查单位,516—517
and intervening publication,在优先权日和申请日之间公开的技术方案,113
and lapse of first application,首次申请的失效,114—115
meaning of person,人的含义,113—114
multiple priorities,多个优先权,114,116
number/document,Euro-PCT applications,通过PCT进入欧洲的申请,365—366
only elements included in priority document,只有在优先权文件包含的技术特征,116—117
partial claims,部分优先权,113
period for claiming,要求(优先权)的期间,112
and Receiving Section,受理处,275
and "same invention","同样的发明",113
significance for granted patents,对授权专利的重要性,112

and state of the art,现有技术,118
priority claims correction/addition,优先权要求的更正/增加,268,571—575
evidence,证据,575
fees,费用,规费,575
observations,意见,575
and delayed filing,延迟提交,573—574
and failure to file copy of earlier application,未能提交在先文件副本,574—575
publication,公布,268
priority documents,优先权文件,268—269
issuing of,作出、发出,269—270
Patent Law Treaty (PLT),《专利法条约》,557
reliance on,依赖于,272
privilege, professional representatives,特权,专业的代理人,354—355
privileged communication,拥有特权的往来通信,355
privileges and immunities, European Patent Organisation,特权与豁免,欧洲专利组织,5,379—386
Protocol on,议定书,379—386
problem inventions and obviousness,问题专利与显而易见性,57
"problem-solution" approach,"问题—解决"范式
obviousness,显而易见性,53—55
not invariably used,并非总在使用,57
process claims,方法类权利要求
extent of protection,保护范围,77
and products obtained directly by process,直接由方法得到的产品,70
product by process claims,用方法限定的产品权利要求,105
product claims, extent of protection,产品类权利要求,保护范围,77
products for use in excluded methods and patentability,专利性,38
products for use in medical applications,

novelty,不授予专利之方法所用的产品,新颖性,46
products for use in other applications,novelty,用在其他应用上的产品,新颖性,46
products obtained directly by process and European patents,直接得到产品的方法和欧洲专利,69—70
  and process claims,方法类权利要求,70
professional representatives,专业代理人
  amendment of list,名册修改,355—356
  authorization,授权委托,182—183
  confidentiality,保密,186
  deletion from list,从名册中删除,356
  and European Patent Institute(EP1),欧洲专利学会,185
  identification,标明(代理人),182
  and Institute of Professional Representatives before the European Patent Office,欧洲专利局专业代理人协会,185—186
  notifications to,向……发出通知,332—333
  Patent Cooperation Treaty (PCT),《专利合作条约》,527—528
  plurality of,多个(复数个),332
  privilege,特权,354—355
  qualifications and training,资格和培训,185—186
  regulation and disciplinary procedures,管理规范和纪律处分程序,186
  transitional provisions,过渡规定,207—208
programs for computers see computer programs,用于计算机的程序,参见"计算机程序"
prohibited matter,禁止的内容
  disparaging statements,诽谤性陈述,262
  European patent applications,欧洲专利申请,261—262
  irrelevant matter,无关的内容,262
  morality,道德,261

"ordre public",公序良俗和道德,261
proof of national proceedings, stay of proceedings,程序的中止,226
propagation, biotechnological inventions,增殖,生物技术发明,443,446
prosecution history,审查历史档案,78
Protocol on centralisation,关于一体化的议定书,369—374
  and Administrative Council,行政理事会,374
  and International Patent Institute,国际专利学会,369—370
Protocol on interpretation,关于(权利要求)解释的议定书,80—85
  defence of prior art,现有技术抗辩,83
  English practice,英国实务,81—82
  equivalents doctrine,等同原则,81—83
  essential elements rule,必要技术特征规则,84—85
  German practice,德国实务,82
  and inferior solutions,较差的技术方案,83
  new article on equivalence,关于等同原则的新条款,82
  numerical features, ranges and dimensions,数值、范围和维度技术特征,84
  partial protection,部分保护,84
  time of comparison,比较的时间基准,83
Protocol on jurisdiction see Protocol on recognition,关于司法管辖的议定书,参见"关于承认的议定书"
Protocol on privileges and immunities,关于特权与豁免的议定书,379—386
Protocol on recognition,关于承认的议定书,375—377
Protocols, European Patent Convention 2000 (EPC 2000),议定书,《欧洲专利公约(2000年)》,208—209
provisional protection and publication,临时保护和公布,122—123
public information see also inspection of

索引 757

files,信息公开,也见"案卷查询"
  communication of information contained in files,文件信息的交流,349
  constitution, maintenance and preservation of files,案卷的生成、维护与保存,349—350
  conversion requests,转换请求,357
  exclusions from inspection,不得查阅的,347—348
  Implementing Regulations,实施细则,345—350
  Patent Cooperation Treaty (PCT),《专利合作条约》,528—529
public notification,公布通知,332
publication,公布
  declarations under art 17(2) PCT,按照《专利合作条约》第17条第2款的宣布,489
  Euro-PCT applications,通过PCT进入欧洲的申请,200—201,205
  European patent applications,欧洲专利申请,11,121—123,282—285
  European patents, specification,欧洲专利,专利说明书,126,142,306
  international applications,国际申请,487—489
  effects,效力,504—506
  International Search Reports,国际检索报告,201,489
  intervening see intervening publication and priority mentions of inventors,介入,参见"指定发明人的公布",232—233
  and provisional protection,临时保护,122—123
  supplementary protection certificates for medicinal products,医药产品补充保护证书,404
  supplementary protection certificates for plant protection products,植物产品补充保护证书,423—424

R

ratification,批准

European Patent Convention 2000 (EPC 2000),《欧洲专利公约(2000年)》,209
  revised texts,修订本,214
receiving Offices,受理局
  definition,定义,456
  European Patent Office,欧洲专利局,197—198,357—358
  forwarding of applications,申请文件的传送,466
  international applications,国际申请,466
  and International Preliminary Examining Authorities,国际初步审查单位,511
Receiving Section,受理处,12
  appeals,上诉,142,151
  correction of applications,申请的更正,273
  correction of deficiencies in application documents,对申请文件中的缺陷更正,275—276
  and deficiencies in claiming priority,要求优先权中的缺陷,276
  examination,审查,270—277
  as to formal requirements,关于形式要求,273—275
  filing dates,递交日,271
  and missing parts of description/drawings,附图,271—273
  oral proceedings,口头审理程序,159—160
  reliance on priority document,依赖于优先权文件,272
  responsibilities,责任、职责,222—223
  time limits,期限,270—273
recognition,承认,
  Protocol on,关于……的议定书,375—377
record copy, international applications,登记簿,国际申请,468
recordation,记录、备案,547
rectification of decisions,更正决定,147—148

758 简明欧洲专利法

re-establishment of rights, 权利恢复
  and due care, 尽所有努力, 167, 569—571
  entitlement to file request, 提出请求的资格, 167
  European patent applications, 欧洲专利申请, 267
  European patents, 欧洲专利, 165—168
  evidence, 证据, 571
  exceptions, 例外, 571
  excluded time limits, 不适用的期限, 167
  fees, 费用, 规费, 571
  and intervening rights, 中用权, 571
  observations, 意见, 571
  Patent Law Treaty (PLT), 《专利法条约》, 569—571
  relevant rights, 相关权利, 166
  requests, 请求, 570
  and right to continue use, 继续使用的权利, 167—168
  lime limits, 期限, 338—340
  and unintentionailly, 非故意的、无辜的, 569—571
  vis-à-vis national authorities, 向国家当局提出, 168
reference signs, 参考符号, 参考标记, 257
reformatio in peius, 上诉不加罚, 145
refund, 退款
  appeal fees, 上诉费, 311—312
  designation fees, 指定费, 251
  further search fees, 进一步检索费, 281
  petitions for review fees, 请求复审费, 315
regional applications, definition, 地区申请, 定义, 455
regional patent treaties and Patent Cooperation Treaty (PCT), 地区专利条约和《专利合作条约》, 525
regional patents, definition, 地区专利, 定义, 455
regional phase applications
  and examination requests, 进入地区阶段的申请和审查请求, 285
  requirements for entry into regional phase, 进入地区阶段的要求, 361
  and unity of invention, 发明单一性, 281
registration, 登记
  of licenses and other rights, 许可和其他权利, 235—236
  Patent Law Treaty (PLT), 《专利法条约》, 593
  of transfers, 转让, 233—235
reimbursement, 退还
  appeal fees, 上诉费, 311—312
  petitions for review fees, 请求复审费, 315
  travel and subsistence expenses, 差旅和补助费, 325—326
reinstatement of rights *see* re-establishment of rights, 恢复权利, 参见"权利恢复"
relevant subject-matter, amendment of patents/patent applications, 相关的主题内容, 专利/专利申请的修改, 170—171
renewal fees, 维持费
  European patent applications, 欧洲专利申请, 108—110, 264—270
    consequences of non-payment, 未缴费的法律后果, 110
    due dates, 到期日, 109—110, 265—266
    late payment, 延迟缴纳, 266
    refund, 退款, 110
    termination of obligation to pay, 缴费义务的终止, 110
  European Patent Organisation, 欧洲专利组织, 24
  European patents, 欧洲专利, 192
  regional phase applications, 进入地区阶段的申请, 362
  unitary patents, 单一专利, 194—195
replacement application documents, 替换申请文件, 264
representation, 代表

authorization，授权委托，182—183，353—354
　　common representatives，共同代表人，183，352—353
　　European Patent Convention 2000（EPC 2000），《欧洲专利公约（2000年）》，182—188
　　and European Patent Institute（EPI），欧洲专利学会，185
　　before European Patent Office，欧洲专利局，183—185
　　special departments，专门部门，193
　　former representatives of parties，当事人的前任代理人，17—18
　　grandfather clause，祖父条款，184—185
　　identification of representatives，标明代理人，182
　　Implementing Regulations，实施细则，352—356
　　Institute of Professional Representatives before the European Patent Office，欧洲专利局专业代理人协会，185—186
　　and international applications，国际申请，502—503
　　and interruption of proceedings，程序中止，183
　　legal practitioners，法律从业者，185
　　mandatory，强制性的，558—559
　　and national law，本国法，502—503
　　at oral proceedings，口头审理程序，183
　　Patent Law Treaty（PLT），《专利法条约》，558—560
　　and Receiving Section，受理处，275
representatives see professional representatives, representation，代表，参见"专业代理人"
　　requests for limitation/revocation，140—141
　　admissibility requirements，可接受的要求、受理要求，141
　　examination for deficiencies，对缺陷的审查，140

　　and opposition，异议，140—141
　　time limits for filing，提交的时限，140
　　reservations
European Patent Convention 2000（EPC 2000），《欧洲专利公约（2000年）》，210—211
　　Patent Cooperation Treaty（PCT），《专利合作条约》，542—544
　　Patent Law Treaty（PLT），《专利法条约》，590—591
resumption of proceedings，程序恢复，227，345
review, petitions for see petitions for review，复查请求，参见"请求复查"
　　revision，修订
　　European Patent Convention 2000（EPC 2000），《欧洲专利公约（2000年）》，213—214
　　Patent Cooperation Treaty（PCT），《专利合作条约》，539
　　Patent Law Treaty（PLT），《专利法条约》，584—585
revocation，撤销，75，141—142
　　basis，依据，302
　　correction of formal deficiencies，更正形式缺陷，304
　　decisions，决定，305—306
　　effects，效力，141
　　Implementing Regulations，实施细则，302—306
　　inadmissible 不可接受，304
　　and license royalties，许可使用费，75
　　by national authorities，国家有关当局，188—189
　　and opposition proceedings，异议程序，304
　　Patent Law Treaty（PLT），《专利法条约》，564—565
　　publication of amended specification，公布修改的专利说明书，142
　　requests for，请求，140—141
　　requirements for request，对请求书的要

求,303
　　responsibility for proceedings,负责程序的部门,302—303
　　territorial extension,领土延伸,141
RFees see Rules relating to Fees（RFees）,参见《缴费规则》
right of continued use and translation correction,继续使用权和译文更正,86—87
right to amend see amendment right to be heard,修改权,参见"听证权的修改"
　　European Patent Convention 2000（EPC 2000）,《欧洲专利公约（2000年）》,154—156
　　opportunity to present arguments,发表意见的机会,155
　　Rules of Procedure, Enlarged Board of Appeal,程序规则,扩大上诉委员会,225
Rules relating to Fees（RFees）,《缴费规则》,28

S

"same invention" and priority,"同样的发明"和优先权,113
schemes, rules and methods for performing mental acts, playing games or doing business,智力活动、游戏或者商业活动的方案、规则和方法,30—31
scientific theories,科学理论,30
search, international see international searches,国际检索,参见"国际检索"
search copy, international applications,检索本,国际申请,468
Search Divisions,检索部,12
　　allocation of duties,职责分配,223
　　and Boards of Appeal,上诉委员会,15
search fees see fees, search,检索费,参见"费用,检索"
search reports, European see European search reports,欧洲检索报告,参见"欧洲检索报告"
second medical use claims,第二医药用途权利要求,36,48

security exception see national security,安全例外,参见"国家安全"
selection inventions,选择发明,44—45
sequences of divisional application,系列分案申请,92
signatures,签字
　　European patent application documents,欧洲专利申请文件,264
　　European Patent Convention 2000（EPC 2000）,《欧洲专利公约（2000年）》,209
　　Implementing Regulations,实施细则218
　　Patent Cooperation Treaty（PCT）,《专利合作条约》,544
　　Patent Law Treaty（PLT）,《专利法条约》,562,592
single disclosure only and novelty,仅一篇对比文件和新颖性,42
skilled in the art, persons see persons skilled in the art skilled in the art,参见"本领域技术人员"
Special Agreements,专门协议
Community Patent Convention,《共同体专利公约》,193
　　European Patent Convention 2000（EPC 2000）,《欧洲专利公约（2000年）》,192—197
　　and joint designation,共同指定,195—196
　　　　Liechtenstein,列支敦士登,193
　　　　Switzerland,瑞士,193
special departments, European Patent Office,专门部门,欧洲专利局,193—194
special financial contributions, European Patent Organisation,特别出资,欧洲专利组织,24—25
special technical features,claims,特定技术特征,权利要求,258
specification,专利说明书
　　content and form,内容与形式,288—289
　　following opposition,接下来的异议,300

Implementing Regulations,实施细则,288—289

International Searching Authorities,国际检索单位,475

publication,European patents,公布欧洲专利,126,142

translation,译文,翻译

 consequences of failure to provide,未能提供……的后果,72

 deadlines,期限,72

 European patents,欧洲专利,69,71—72

 fees for publication,公布费,72

state of the art,现有技术

 and confidential disclosure,保密限制下的公开,40

 disclosure types,公开的类型,39—40

 and Euro-PCT applications,PCT进入欧洲阶段的申请,367

 and inventive step,创造性,51

 making available in any other way,以任何方式获知,40

 making available to the public,为公众所知,40

 oral descriptions,口头公开,口头表述,39

 original text,原始文本,86

 and patentability,专利性,38—48

 and priority,优先权,118

 relevant date,相关日期,39

 and selection inventions,选择发明,44—45

 use,用途,39—40

 written descriptions,书面描述,39

statement of grounds,appeals,陈述理由,上诉,146—147,307—308

stay of proceedings,程序的中止,225—227

subject-matter,主题内容

 classification see classification of subject-matter,European search reports,分类,参见"主题内容的分类,欧洲检索报告"

 deleted see deleted subject-matter and divisional applications,删除,参见"删除的主题内容和分案申请"

 divisional application,分案申请,91—92

 extended see extended subject-matter,扩大的,参见"超范围的主题内容"

 extension see extension of subject-matter,扩大,参见"主题内容的扩大"

 not required to be examined,International Preliminary Examining Authorities,不需要审查的,国际初步审查单位,516

 not required to be searched,International Searching Authorities,不需要检索的,国际检索单位,478

 relevant see relevant subject-matter,amendment of patents/patent applications,相关的,参见"相关的主题内容,修改专利/专利申请"

 supplementary protection certificates for medicinal products,医药产品补充保护证书,397—398

 supplementary protection certificates for plant protection products,植物产品补充保护证书,421

 unpatentable see unpatentable subject-matter,opposition procedure,不可专利,参见"不可专利的主题内容,异议程序"

subsequent generations,biotechnological inventions,生物技术发明,444

sufficiency of disclosure,充分公开,100—102

summons to give evidence,召集提供证据,321—322

 oral proceedings,口头审理程序,319—321

supplementary protection certificates for medicinal products,医药产品补充保护证书,387—414

 active ingredients,活性成分,390

 annual fees,年费,404

 appeals,上诉,408

application of Regulation, 条例的适用, 413
applications, 申请, 398—404
and basic patents, 基本专利, 392—393, 395—396, 398
conditions for obtaining, 获得……条件, 394—397
derogations from regulation, 条例的减损, 413
and Directive 65/65, 第65/65号指令, 412
duration, 持续期间, 405—406
effects, 效力, 398
and enlargement of Community, 共同体的扩大, 409—412
entitlement, 资格, 398
and equivalent veterinary products, 等效的兽医产品, 406
expiry, 到期, 406—407
extensions under national law, 按照本国法的延长, 414
and first authorization in Community, 在共同体内的首次批准, 401—402, 405—406
invalidity, 无效, 407
and marketing authorizations, 市场准入, 394, 396
date of grant, 批准日期, 399
medical devices, 医药器械, 394
notification of lapse or invalidity, 失效或无效的通知, 407
and Plant Protection Product SPC Regulation, 植物保护产品补充保护证书条例, 391, 397
procedure, 程序, 408—409
product definition, 产品定义, 392—393
product not already subject of certificate, 尚未成为某个证书主题内容的产品, 396
publication of grant, 批准的公布, 404
revocation of extension of duration, 延长期限的撤销, 407

scope of Regulation, 条例的范围, 393—394
subject-matter, 主题内容, 397—398
transitional provisions, 过渡规定, 409, 411—412
uniform law, 统一法律, 390
supplementary protection certificates for plant protection products, 植物保护产品补充保护证书, 415—429
active substances, definition, 活性物质, 定义, 419
annual fees, 年费, 424
appeals, 上诉, 425
applications, 申请, 422—423
basic patents, definition, 基本专利, 定义, 419
conditions for obtaining, 获得……条件, 421
duration, 持续期间, 424
effects, 效力, 421
and enlargement of Community, 共同体的扩大, 426—428
entitlement, 资格, 421
expiry, 到期, 424—425
harmful organisms, definition, 有害生物, 定义, 419
invalidity, 无效, 425
notification of lapse or invalidity, 失效或无效的通知, 425
plant products, definition, 植物产品, 定义, 419
plant protection products, definition, 植物保护产品, 定义, 418
plants, definition, 植物, 定义, 419
preparations, definition, 准备, 定义, 419
procedure, 程序, 425—426
publication, 公布, 423—424
scope of Regulation, 条例的范围, 420—421
subject-matter, 主题内容, 421
substances, definition, 定义, 419
transitional provisions, 过渡规定, 426

索引　763

supplementary search reports，补充检索报告
　　Euro-PCT applications，通过 PCT 进入欧洲的申请,201—202,362
　　and International Search Reports，国际检索报告,202
surgical methods and patentability，外科方法和专利性，36—37
surrendered/lapsed patents and appeals，上诉，143—144
suspensive effect，appeals，上诉，143，152，154
"Swiss" claims，瑞士型权利要求
　　and patentability，专利性，36
　　second medical use claims，第二医药用途权利要求,48
　　supplementary protection certificates for medicinal products，医药产品补充保护证书，393
Swirzerland，瑞士
　　and joint designation，共同指定,196
　　Special Agreement，专门协议，193

T

teams, as persons skilled in the art，本领域技术人员，52
technical assistance，Patent Cooperation Treaty（PCT），《专利合作条约》，529—530
Technical Boards of Appeal see Boards of Appeal, Technical，技术上诉委员会，参见"技术上诉委员会"
technical opinions，技术意见
　　European Patent Office，欧洲专利局，18—19
　　fees，费用，规费，19
technical preparations，技术准备
　　publication of European patent applications，欧洲专利申请，122
telephone conversations，电话会议，287
term, European patents，期限，欧洲专利,68

territorial effect and registration，地域效力和登记
　　European Patent Convention 2000（EPC 2000），《欧洲专利公约（2000 年）》,212
territorial field of application，申请的地域效力
　　European Patent Convention 2000（EPC 2000），《欧洲专利公约（2000 年）》，211—212
therapeutic methods and patentability，治疗方法专利性，37
third parties，第三方
　　and Article，61，paragraph，1，公约第 61 条第 1 款，228
　　inspection of files，案卷查阅,178
　　observations see observation's by third parties，意见，参见"第三方意见"
　　rights and Enlarged Board of Appeal，权利和 扩大上诉委员会,154
　　status，法律地位，158
time limits，期限
　　amended specifications，修改的专利说明书，298
　　amendment of international applications，国际申请的修改，503—504
　　appeals,上诉，145—146
　　calculation of periods，期限计算，333—334
　　and continued processing，继续处理，567—568
　　conversion requests，转换请求，187
　　and designated Offices，指定局，492—193
　　elected Offices，选定局，521—522
　　European Patent Office，欧洲专利局，163—164
　　examination requests,审查请求，285
　　exceptions to relief，救济的例外,568
　　extended, computation，延长，计算，334
　　extensions，延期，延长，334—337，567—568

fees，费用，规费，568
forwarding of European applications，欧洲申请的传送，249
further processing，进一步处理，165，337—338
further search fees，进一步检索费，281
Implementing Regulations，实施细则，164
　　international applications，国际申请，490—491，503—504，526
　　filing of drawings，附图，463—464
　　International Preliminary Examination Reports，国际初步审查报告，517
　　International Preliminary Examining Authorities，国际初步审查单位，516
　　late filing of drawings or parts of description，附图和说明书部分的延迟提交，272
　　late receipt of documents，迟到的文件，335
　　opposition，异议，289
　　Patent Law Treaty（PLT），《专利法条约》，551，553，560，565—569
　　periods specified by EPO，由欧洲专利局规定的期限，334—335
　　publication of European patent applications，欧洲专利申请的公布，282
　　and Receiving Section，受理处，270—271，273
　　re-establishment of rights，权利恢复，165—168，338—340
　　relief in respect of，关于……的救济，565—569
　　for remedying deficiencies，关于缺陷补救，270—271
　　requests for limitation/revocation，关于限制/撤销的请求，140
　　and resumption of proceedings，恢复程序，345
　　retroactive extensions，回溯性延长，337
　　stay of proceedings，程序的中止，227
　　supplementary protection certificates

for medicinal products，医药产品补充保护证书，399—400
　　translation filing，提交译文，274
transfer，转让
　　European patent applications，欧洲专利申请，87
　　partial see partial transfers of rights registration，部分的，参见"权利的部分转让登记"，233—235
　　of right to appeal，上诉的权利，309
　　of rights to joint parties，加入当事人中的权利，352—353
transitional provisions，过渡规定，过渡条款
　　Administrative Council，行政理事会，205—207
　　appointment of employees，雇员的任命、指派，206
　　expansion of activities，工作范围的推进，206—207
　　first accounting period，第一次会议年度，206
　　President，局长，205—208
　　professional representatives，专业的代理人，207—208
translation see also languages，译文，也见"语言"
　　amended claims，修改的权利要求，298
　　applications，申请，557
　　certification，证明，220
　　claims，权利要求，74—75，135
　　conversion requests，转换请求，188
　　correction，更正
　　　　international applications，国际申请，526
　　and right of continued use，继续使用权，86—87
　　and designated Offices，指定局，486，490—492
　　and elected Offices，选定局，521
　　Euro-PCT applications，通过PCT进入欧洲的申请，201

European patent applications，欧洲专利申请，8—9
 period for filing，提交期限，10
 publication，公布、出版，11
 and Receiving Section，受理处，274
and fee reductions，费用减收，220—221
 fees for filing claims translations，提交权利要求译文费，135
 filing，提交、递交，220—221
 international application amendments，国际申请修改，504
 international applications，国际申请，486，526
 correction of errors，错误更正，526
 and effect of publication，公布的效力，505—506
 International Preliminary Examination Reports，国际初步审查报告，518—519
 International Search Reports，国际检索报告，481
 legal authenticity，法律真实性，221
 and London Agreement，《伦敦协定》，197
 and original text，原始文本，86
 Patent Law Treaty (PLT)，《专利法条约》，547，557
 previous applications，在先申请，269
 required by Contracting States，成员国要求的，86
 specifications，European patents，专利说明书，欧洲专利，69，71—72
 transmission，传送
 European Patent Convention 2000 (EPC 2000)，《欧洲专利公约 (2000 年)》，216
 European search reports，欧洲检索报告，281
 travel and subsistence expenses，reimbursement，差旅费，325—326
treatment by surgery see surgical methods and patentability，参见"外科方法和专利性"，

treatment by therapy see therapeutic methods and patentability，参见"治疗方法和专利性"，
treatment methods and patentability，专利性，35—37
true copy，international applications，国际申请，468

U

unforeseeable expenditure，European Patent Organisation，不可预见的费用，欧洲专利组织，26
unintentionality and re-establishment of rights，非故意行为和权利恢复，569—571
unitary patents，单一专利
European Patent Convention 2000 (EPC 2000)，《欧洲专利公约 (2000 年)》，192—193
renewal fees，维持费，194—195
unity of invention，发明单一性，99
 and amendment of patent applications，专利申请的修改，341
 Euro-PCT applications，通过 PCT 进入欧洲的申请，366—367
 European patent applications，欧洲专利申请，99
 and European search reports，欧洲检索报告，280—281
 and groups of linked inventions，多组关联的发明，99，257—259
 international applications，国际申请，458
 and International Searching Authorities，国际检索单位，478—479
 non-unity and search fees，不具单一性和检索费，359—360
 and partial search reports，部分检索报告，281
 and preliminary examination fees，初步复查费，359—360
 and regional phase applications，地区阶段的申请，281
 and search fees，检索费，359—360

unpatentable subject-matter, 不可专利的主题内容

    opposition procedure, see also patentability, 异议程序, 130, 也见 "可专利性"

unpublished patent applications, prior see prior unpublished patent applications, 未公开的专利申请, 在先的, 参见 "在先的未公开的专利申请"

unwarranted advantage and extension of subject-matter, 不正当利益和超出范围的主题内容, 169—170

use and state of the art, 使用与现有技术, 39—40

use claims, 用途类权利要求

    and acts done before date of filing, 申请日之前从事的行为, 46

    extent of protection, 保护范围, 77

    and known technical effects, 已知的技术效果, 46

    and novelty, 新颖性, 45—46

    and prior use, 在先使用, 46

use inventions see use claims, 用途发明, 参见 "用途类权利要求"

utility certificates, national see national utility models/ certificates and European Patent Convention 2000（EPC 2000）, 实用证书, 国家的, 参见 "国家实用新型/实用证书和《欧洲专利公约（2000 年）》"

utility models, national see national utility models/certificates and European Patent Convention 2000（EPC 2000）, 实用新型, 国家的, 参见 "国家实用新型/实用证书和《欧洲专利公约（2000 年）》"

V

variety constituents, 植物多样性, 438

veterinary products, equivalent, 兽医产品, 等同, 406

Vice-Presidents, European Patent Office, 欧洲专利局, 7

voting rights/rules, Administrative Council, 行政理事会, 22—23

W

withdrawal, 撤回

    demand for international preliminary examination, 国际初步审查, 519—520

    designation of states, 指定的国家, 495

    and ex officio examination, 依职权审查, 157

    and filing of new application by entitled person, 有资格的人提出的新申请, 229—230

    international applications, 国际申请, 494—495

    limitation, 限制, 227

World Intellectual Property Organization see also Patent Cooperation Treaty（PCT）, Patent Law Treaty（PLT）, 世界知识产权组织, 参见《专利合作条约》《专利法条约》

    and European Patent Organisation, 欧洲专利组织, 20

written descriptions and State of the art, 书面描述和现有技术, 39

written form and signature, 书面形式和签字

    assignment of European patent applications, 欧洲专利申请的转让, 88

written observations, appeals, 书面意见, 上诉, 308

written opinions, 书面意见

    European Patent Office, 欧洲专利局, 199

    International Preliminary Examining Authorities, 国际初步审查单位, 515—516

    International Searching Authorities, 国际检索单位, 482—483

written proceedings, 书面程序

    Implementing Regulations, 实施细则, 217

    languages, 语言, 218

附录
《简明欧洲专利法》原书作者的分工[*]

引言的作者是哈康、帕根贝格(Hacon/Pagenberg)。

关于《欧洲专利公约》

第1—51条,评注的作者是塔克(Tucker)。

第52条,评注的作者是梅里菲尔德(Merrifield)。

第53条,评注的作者是韦斯特伦德和卡姆斯特拉(Westerlund/Kamstra)。

第54—57条,评注的作者是约翰逊(Johnson)。

第58—66条,评注的作者是赫斯(Hess)。

第67—68条,评注的作者是赫斯和舒斯特(Hess/Schuster)。

第69条,评注的作者是帕根伯格和舒斯特(Pagenberg/Schuster)。

第70—74条,评注的作者是舒斯特(Schuster)。

第75条,评注的作者是欧文和威廉斯(Irvine/Williams)。

第76条,评注的作者是琅和沃纳(Lang/Warner)。

第77—82条,评注的作者是欧文和威廉斯(Irvine/Williams)。

第83—84条,评注的作者是琅和沃纳(Lang/Warner)。

第85—86条,评注的作者是维克托(Viktor)。

第87—89条,评注的作者是约翰逊(Johnson)。

第90—98条,评注的作者是格兰尼斯和阮文安(Granleese/Nguyen Van Yen)。

---

[*] 这是译者据原书各节脚注整理归纳而成。——译者注

第 99—100 条,评注的作者是博吉欧(Boggio)。

第 101—103 条,评注的作者是梅里菲尔德(Merrifield)。

第 104—105c 条,评注的作者是博吉欧(Boggio)。

第 106—112 条,评注的作者是吉瑞(Geary)。

第 113—125 条,评注的作者是琅和范登伯格(Lang)。

第 126—142 条,评注的作者是格兰尼斯和阮文安(Granleese/Nguyen Van Yen)。

第 143—178 条,评注的作者是塔克(Tucker)。

关于《欧洲专利公约实施细则》

第一编
包括本细则第 1—13 条,评注的作者是塔克(Tucker)。

第二编
第一章(包括第 14—18 条),评注的作者是赫斯(Hess)。
第二章(包括第 19—21 条),评注的作者是欧文和威廉斯(Irvine/Williams)。
第三章(包括第 22—24 条),评注的作者是舒斯特(Schuster)。
第四章(包括第 25 条),评注的作者是约翰逊(Johnson)。
第五章(包括第 26—34 条),评注的作者是韦斯特伦德和卡姆斯特拉。(Westerlund/Kamstra)。

第三编
第一章(包括第 35—40 条),评注的作者是欧文和威廉斯(Irvine/Williams)。
第二章(包括第 41—50 条),评注的作者是欧文和威廉斯(Irvine/Wil-

liams)。

第三章(包括第 51 条),评注的作者是维克托(Viktor)。

第四章(包括第 52—54 条),评注的作者是欧文和威廉斯(Irvine/Williams)。

第四编

第一章(包括第 55—60 条),评注的作者是格兰尼斯和阮文安(Granleese/Nguyen Van Yen)。

第二章(包括第 61—66 条),评注的作者是格兰尼斯和阮文安(Granleese/Nguyen Van Yen)。

第三章(包括第 67—70 条),评注的作者是格兰尼斯和阮文安(Granleese/Nguyen Van Yen)。

第四章(包括第 70a—72 条),评注的作者是格兰尼斯和阮文安(Granleese/Nguyen Van Yen)。

第五章(包括第 73—74 条),评注的作者是格兰尼斯和阮文安(Granleese/Nguyen Van Yen)。

第五编

第一章(包括第 75—89 条),其中,

第 75—77 条评注的作者是克林和米基尔斯(Kling/Michiels);

第 78 条评注的作者是赫斯(Hess);

第 79—89 条评注的作者是克林和米基尔斯(Kling/Michiels)。

第二章(包括第 90—96 条),评注的作者是克林和米基尔斯(Kling/Michiels)。

第六编

第一章(包括第 97—103 条),评注的作者是克林和米基尔斯(Kling/Michiels)。

第二章(包括第 104—110 条),评注的作者是克林和米基尔斯(Kling/Michiels)。

第七编
第一章(包括第 111—113 条),评注的作者是克林和米基尔斯(Kling/Michiels)。
第二章(包括第 114 条),评注的作者是琅(Lang)。
第三章(包括第 115—124 条),评注的作者是克林和米基尔斯(Kling/Michiels)。
第四章(包括第 125—130 条),评注的作者是琅和范登伯格(Lang/Van den Berg)。
第五章(包括第 131—136 条),评注的作者是琅和范登伯格(Lang/Van den Berg)。
第六章(包括第 137—140 条),评注的作者是克林和米基尔斯(Kling/Michiels)。
第七章(包括第 141 条),评注的作者是克林和米基尔斯(Kling/Michiels)。
第八章(包括第 142 条),评注的作者是克林和米基尔斯(Kling/Michiels)。
第九章(包括第 143—147 条),评注的作者是克林和米基尔斯(Kling/Michiels)。
第十章(包括第 148—150 条),评注的作者是克林和米基尔斯(Kling/Michiels)。
第十一章(包括第 151—154 条),评注的作者是克林和米基尔斯(Kling/Michiels)。

第八编
包括第 155—156 条,评注的作者是克林和米基尔斯(Kling/Michiels)。

第九编

包括第 157—165 条,其中,

第 157—164 条评注的作者是克林和米基尔斯(Kling/Michiels),

第 165 条评注的作者是约翰逊(Johnson)。

关于欧洲专利组织的三个议定书

1.《关于欧洲专利制度一体化和制度导入的议定书》;
2.《关于对授予欧洲专利权的决定承认和司法管辖的议定书》;
3.《关于欧洲专利组织特权与豁免的议定书》。

其评注的作者是:塔克、米基尔斯和克林(Tucker/ Michiels / Kling)。

与专利有关的三份欧盟法律文件

第 1768/92 号条例:评注的作者是赖特(Wright)。

第 1610/96 号条例:评注的作者是赖特(Wright)。

第 98/44 号指令:评注的作者是韦斯特伦德和卡姆斯特拉(Westerlund/ Kamstra)。

关于《专利合作条约》(PCT)

第 1—14 条,评注的作者是史密斯(Smyth)。

第 15 条,评注的作者是斯托尔增伯格(Stolzenberg)。

第 16 条,评注的作者是维克托(Viktor)。

第 17 条,评注的作者是斯托尔增伯格(Stolzenberg)。

第 18 条,评注的作者是维克托(Viktor)。

第 19 条,评注的作者是斯托尔增伯格(Stolzenberg)。

第 20 条,评注的作者是维克托(Viktor)。

第 21 条,评注的作者是斯托尔增伯格(Stolzenberg)。

第 22 条,评注的作者是维克托(Viktor)。

第 23 条,评注的作者是斯托尔增伯格(Stolzenberg)。

第 24 条,评注的作者是维克托(Viktor)。

第 25 条,评注的作者是斯托尔增伯格(Stolzenberg)。

第 26 条,评注的作者是维克托(Viktor)。

第 27 条,评注的作者是斯托尔增伯格(Stolzenberg)。

第 28 条,评注的作者是维克托(Viktor)。

第 29 条,评注的作者是斯托尔增伯格(Stolzenberg)。

第 30 条,评注的作者是维克托(Viktor)。

第 31—44 条,评注的作者是格兰尼斯和阮文安(Granleese/Nguyen Van Yen)。

第 45—69 条,评注的作者是塔克(Tucker)。

关于《专利法条约》(PLC)

第 1—10 条,评注的作者是格兰尼斯和阮文安(Granleese/Nguyen Van Yen)。

第 11 条,评注的作者是斯托尔增伯格(Stolzenberg)。

第 12 条,评注的作者是维克托(Viktor)。

第 13 条,评注的作者是斯托尔增伯格(Stolzenberg)。

第 14 条,评注的作者是维克托(Viktor)。

第 15 条,评注的作者是斯托尔增伯格(Stolzenberg)。

第 16 条,评注的作者是维克托(Viktor)。
第 17 条,评注的作者是斯托尔增伯格(Stolzenberg)。
第 18 条,评注的作者是维克托(Viktor)。
第 19 条,评注的作者是斯托尔增伯格(Stolzenberg)。
第 20 条,评注的作者是维克托(Viktor)。
第 21 条,评注的作者是斯托尔增伯格(Stolzenberg)。
第 22 条,评注的作者是维克托(Viktor)。
第 23 条,评注的作者是斯托尔增伯格(Stolzenberg)。
第 24 条,评注的作者是维克托(Viktor)。
第 25 条,评注的作者是斯托尔增伯格(Stolzenberg)。
第 26 条,评注的作者是维克托(Viktor)。
第 27 条,评注的作者是斯托尔增伯格(Stolzenberg)。

译 后 记

由于从事专利实务工作,长期服务于欧美客户,加上近年来又在高校兼职讲授专利代理实务课程,当接到商务印书馆"威科法律译丛"项目中的《简明欧洲专利法》的翻译任务时,自以为是能够胜任的。但在长达两年的翻译过程中,却不断地体验着翻译的艰辛。欧洲具有多民族、多语言的特点,本书的作者多达二十五名,这些作者大部分是专利界的律师,还有在高科技企业中从事知识产权工作的人士,由于文化背景差异,语言风格不尽相同,这就需要译者要"瞻前顾后"。自《欧洲专利公约》1973 年签订以来,其在 2000 年作了一次全面的"大修",本书就是体现这次大修的成果。而且,欧洲专利局不断地对其实施细则的某些条款进行修正调整,并不断公布在欧洲专利局官方杂志上。这就要求译者需要全面、准确地掌握这些细微的变化,不断地追踪最新进展,才能正确地进行翻译,由此带来的难度,超出译者的想象。

我国与欧洲同属大陆法系,且师承欧洲专利制度,故欧洲专利制度的结构、发展、演进、经验和教训,对我们都非常有意义。本书的价值就在于,欧洲专利制度面临的大部分问题,在我国也都同样存在着,他山之石,可以攻玉。通过对本书的翻译,使译者加深了对专利制度的理解,也借此机会,向读者诉说一下感慨。

专利制度是在社会经济发展到一定阶段才产生的法律制度,目的是通过对科技进步提供法律保护,以刺激发明人不断创新,从而促进社会经济进步、提高人类福祉。而且,专利制度是具有国际协调化趋势的法律制度,国际社会也一直为之努力。欧洲建立统一的专利制度,可以看作是专利制度国际化的重要实践;再往前,可以追溯到 1883 年的《保护工业产权巴黎公约》这个重要的国际条约,而到了 20 世纪 70 年代,《专利合作条约》的签署标志着国际专利合作联盟的建立,使专利制度的国际化进程迈出了坚实的一步。本书中的《专利法条约》,表明国际社会对程序方面的要件已逐渐实现统一;从2001年开始,在发达国家的推动下,世界知识产权组织(WIPO)开始在实体方面对专利国际保护进行协调,于2002年讨论并形成了《实体专利法条约》(Substantial Patent Law Treaty,简称 SPLT),目的在于确定统一的专利授权标准,减少同一专利申请在各国的不确定性。在这个意义上,可以说"专利法有国界,而专利法原理无国界"。

从根本上说,专利制度是随着产业发展科技进步"应运而生",是为产业服务的,所以专利权被列为一种"工业产权"。因此,专利制度应随着产业的进步与发展而不断完善,而不是产业界要迁就专利制度。本书在这一点上指出,欧洲为了顺应产业发展趋势,通过制定条例、指令的方式完善专利制度,例如建立关于医药产品专利的补充保护证书制度,弥补医药产品专利由于市场准入行政管制导致上市延迟所造成的保护期不足问题,以及关于生物技术发明的特殊性所制定的第98/44号指令等。与此形成鲜明对照的是,我国在面对新的产业进步和大发展所涌现的各种新技术、新材料时,特别是信息、通讯产业的新成果、新产品的不断问世,还固守着传统的审查理念,僵化地适用专利法,试图要求专利申请人适应其审查理论。比如,电子产品普遍采用"虚实结合"的方式,即用软件技术实现某种技术功能的,被审查员认为是"虚拟模块"而拒绝授予专利权。虽然我国在宏观政策方面,比较重视知识产权保护,但面对不断出现的新的科技成果,还沿用陈旧的审查理念让产业界去适应专利审查指南的规定,从而导致对新技术成果拒绝专利保护,这种与专利制度促进产业发展的初衷南辕北辙的做法,正是我国专利实务界所面临的困境,而欧洲面对新情况的与时俱进的做法,值得借鉴。

欧洲专利局中的上诉委员会,也是其特色之一,目前设立了27个技术上诉委员会和一个法律上诉委员会。尽管在欧洲专利局的组织架构中,上诉委员会列在其中,但上诉委员会不受欧洲专利局的行政制约,上诉委员会成员的任期为五年,由他们依据《欧洲专利公约》独立地作出决定。考虑到不服上诉委员会作出的决定不能寻求欧洲法院的救济,译者认为,上诉委员会在某种程度上相当于一级法院的作用,故译者将"Boards of appeal"翻译成上诉委员会(而不翻译为"申诉委员会")。上诉委员会与扩大上诉委员会并不是两个层级的关系。通常情况下,只有上诉委员会或者欧洲专利局局长,向扩大上诉委员会请示法律问题,才启动扩大上诉委员会的程序。扩大上诉委员会不受理败诉一方不服上诉委员会决定的上诉。2000年《欧洲专利公约》修订时,新增加了第112a条,允许当事人对上诉委员会的决定进行有限范围的上诉。当事人仍可以依照原有规定,请求上诉委员会将争议的法律问题提请扩大上诉委员会审理,但是,是否受理要请示扩大上诉委员会,最终决定权在上诉委员会。而且,社会公众也可以请求欧洲专利局局长向扩大上诉委员会请示法律问题。由此可见,只有出现重大的法律问题时,才可能由扩大上诉委员会作出决定。我国的专利复审委员会并没有这样的制度设计,实务中,如果遇到重大的疑难案件,为表示对案件的重视,专利复审委员会可以组成五人的"大合议组",且合议组的组成人员都是资深的审查员。但由于法律上没有"大合议组"的概念,其作出的审查决定的法律效力等同于普通的三人合议组所作出决定的效力。

值得我国借鉴的是,欧洲创设了专利判例法(Case Law)制度,将上诉委员会和扩大上诉委员会的案例分门别类地汇编成集,每五年更新一次(最新一版是2013年9月)。专利判例法不仅吸收了英美法系的优点,而且为执法统一和提高法律预期性提供了制度保证。相比之下,我国的专利复审委员会中的数以百计的合议组,时常出现决定观点不一、各自为政的现象,且针对此现象还以"我国不是判例法国家"来搪塞。因此,译者呼吁我国也应有自己的专利判例法和类似扩大上诉委员会的"大合议组"制度。

除了在专利实体授权条件方面值得我们学习之外,欧洲专利局也十分重视程序正义。例如,在强调依职权审查原则的同时,还强调依职权审查原则要受"上诉不加罚原则"(refonnalio in peius)的限制。比如,申请人不服异议部作出的决定可以上诉,但上诉委员会不得使上诉人处于比其上诉前更为不利的地位。而我国在这一点上,是采用效率优先。《专利审查指南》第四部分关于复审的规定颇耐人寻味,一方面认为"复审程序是因申请人对驳回决定不服而启动的救济程序",另一方面,又认为是"专利审批程序的延续"。这样两种不同的性质是无法调和在一起的。既然认为是"专利审批程序的延续",所以就规定"专利复审委员会可以依职权对驳回决定未提及的明显实质性缺陷进行审查"。因此,可以说,专利复审委员会公开地表明其不遵循"上诉不加罚原则"。专利复审委员会用驳回理由之外的理由作出复审决定的例子也不少见,更奇怪的是,法院也居然作出维持判决。我国的做法是对复审程序性质的误解,更是行政权力的自我膨胀。复审程序的性质十分单纯,就是为当事人提供新的救济途径,以克服独任制审查所固有的弊端,故复审程序采用三人合议制,具有给予申请人听证的机会等特点。复审程序是一个依当事人意愿启动的新程序,需要缴纳复审费,申请人还有机会对专利申请文件作出在前审程序中无法提出的修改,这都表明其并非原审程序的延续。与此形成鲜明对照的是,《审查指南2001》则提出了审查经济原则不能僭越"避免审级损失"原则,即在先审级未处理的事项通常不能由在后审级超前处理。更需要指出的是,以"专利审批程序的延续"为借口"越俎代庖",也明显地违反了审查经济原则,专利复审委员会"上诉也加罚"的做法,并不能使前审级的审查员认识到其驳回决定存在问题,反而会不恰当地鼓励审查员,这无疑会导致更多的复审请求,更有可能伤害申请人对复审程序救济功能的信赖,其危害性犹如汽车没有刹车系统一样可怕。

　　《欧洲专利公约》第69条规定的专利保护范围也值得我们注意。该条第1款指出:"欧洲专利的保护范围应当由权利要求确定。但是,说明书和附图应当用于解释权利要求。"而我国《专利法》第59条规定:"发明或者实用新型专利权的保护范围以其权利要求的内容为准,说明书及附图可以用来解释权利要求的内容。"

　　比较这两条的规定,欧洲认为专利保护范围"应当由权利要求确定",我国认为"专利权的保护范围以其权利要求的内容为准"。在"由权利要求确定"的情况下,欧洲认为"说明书和附图应当用于解释权利要求",而我国则认为"说明书及附图可以用来解释权利要求的内容"。这两者的差距就显现出来了,即有观点认为,"可以用来解释权利要求的内容"的意思就是可有可无,不一定非得用说明书及附图来解释权利要求的内容。司法实践中,的确有法院认为,在权利要求字面清楚的情况下,无须考虑说明书及附图并据此理解作出判决。但即便是在欧洲有"说明书和附图应当用于解释权利要求下"的明确规定,为了避免适用该第69条可能产生的偏差,欧洲还专门制定了《解释公约第69条的议定书》,其特别详尽地规定:

"公约第69条一方面不得解释为,专利的保护范围严格依照权利要求的字面意思确定,说明书和附图只是用于解决权利要求的歧义;另一方面,也不得解释为,权利要求只是专利保护范围确定的参考,而实际的保护范围延伸到专利权人依照本领域技术人员对说明书和附图的理解而预见到的内容。相反,公约第69条应理解为处于上述两个极端之间,既公平地保护专利权人,也确保第三方可以享受合理的法律确定性。"

上述《解释公约第69条的议定书》的规定,在专利界被称之为"折中解释"原则。其实质是表明权利要求与"说明书及附图"的血肉关系,尽管权利要求用来确定保护范围,但"说明书和附图应当用于解释权利要求"。换言之,解释权利要求的时候,离不开说明书和附图,并要求特别警惕两个极端的做法,应在保护专利权人和第三方可以享有合理的法律确定性之间,保持适当的张力与平衡。

从科技创新成果的产生发展轨迹看,一定是先有说明书和附图,而后才有权利要求,权利要求源于说明书和附图(美国专利法中,权利要求书属于说明书的一部分,位于说明书的最后部分),因此,"说明书和附图应当用于解释权利要求"是专利法的基本原理。

上述问题给我们带来的思考是,在体现专利法基本原理的规定上,为什么中国和欧洲的规定竟然有如此明显的差距?

值得思考的是,在我国,在由专利审查机构、法院、申请人和专利代理机构组成的"共同体"内,我们还没有建立平等交流对话的机制和平台,实务界人士忙于日常工作,无暇深入探讨专利法的基本原理,以至于在一些基本问题层面,在专利实务界与专利审查机构发生重大分歧时,话语权倒向强势的一方。而本书恰恰为我国专利共同体提供了丰富的理论与实务的营养。

译者的上述感慨,正是为了说明本书在理论研究方面所具有的实务价值。而正由于译者有幸得到商务印书馆政法编辑室王兰萍主任及其编辑团队的信任与支持,才得以体味翻译过程的甘苦及感慨,而伴随着这些甘苦及感慨,感恩之情溢于言表。

最后,套用刑法学教授张明楷老师的话作为结语:"作为专利共同体中的人,就像坐在一条船上一样,如果我们都坐在船的一边,这个船是不可能往前行的。"

刘国伟
2014年8月写于北京

图书在版编目(CIP)数据

简明欧洲专利法／(英)哈康,(德)帕根贝格编；
何怀文,刘国伟译. —北京：商务印书馆,2015
（威科法律译丛）
ISBN 978-7-100-11153-9

Ⅰ.①简… Ⅱ.①哈…②帕…③何…④刘… Ⅲ.
①专利权法—欧洲 Ⅳ.①D950.3

中国版本图书馆 CIP 数据核字(2015)第 055307 号

所有权利保留。
未经许可,不得以任何方式使用。

威科法律译丛
简明欧洲专利法
〔英〕理查德·哈康
〔德〕约亨·帕根贝格 编
何怀文 刘国伟 译

商 务 印 书 馆 出 版
（北京王府井大街36号 邮政编码100710）
商 务 印 书 馆 发 行
北京中科印刷有限公司印刷
ISBN 978-7-100-11153-9

2015年6月第1版 开本 787×1092 1/16
2015年6月北京第1次印刷 印张 49 1/2
定价：128.00元